"十二五"普通高等教育本科国家级规划教材
"十三五"高等医学院校本科规划教材
住院医师规范化培训辅导教材

供基础、临床、护理、预防、口腔、中医、药学、医学技术类等专业用

神经病学
Neurology
（第4版）

主　编　王拥军

副主编　张星虎　赵世刚　宋景贵　郭　力　刘　斌　李雪梅

编　委　（按姓名汉语拼音排序）

陈金波（滨州医学院附属医院）	苏进营（河北工程大学附属医院）
窦志杰（承德医学院附属医院）	王拥军（首都医科大学附属北京天坛医院）
杜怡峰（山东大学附属省立医院）	王玉芬（长治医学院附属和平医院）
郭　力（河北医科大学第二医院）	邢红霞（新乡医学院第三临床学院）
李　新（天津医科大学第二医院）	徐　平（遵义医科大学附属医院）
李雪梅（潍坊医学院附属医院）	余青云（广东药科大学附属第一医院）
李振东（中山大学附属第五医院）	曾国熙（青海大学附属医院）
刘　斌（华北理工大学附属医院）	张星虎（首都医科大学附属北京天坛医院）
潘速跃（南方医科大学南方医院）	张卓伯（哈尔滨医科大学附属第四医院）
秦海强（首都医科大学附属北京天坛医院）	赵世刚（内蒙古医科大学附属医院）
宋景贵（新乡医学院第二临床学院）	赵文杰（海南医学院第一附属医院）

北京大学医学出版社

SHENJINGBINGXUE

图书在版编目（CIP）数据

神经病学 / 王拥军主编. —4 版. —北京：北京大学医学出版社，2019.12（2025.1 重印）
ISBN 978-7-5659-1938-1

Ⅰ. ①神… Ⅱ. ①王… Ⅲ. ①神经病学－高等学校－教材 Ⅳ. ①R741

中国版本图书馆 CIP 数据核字（2019）第 002638 号

神经病学（第 4 版）

主　　编：王拥军
出版发行：北京大学医学出版社
地　　址：（100191）北京市海淀区学院路 38 号　北京大学医学部院内
电　　话：发行部 010-82802230；图书邮购 010-82802495
网　　址：http://www.pumpress.com.cn
E - mail：booksale@bjmu.edu.cn
印　　刷：中煤（北京）印务有限公司
经　　销：新华书店
责任编辑：畅晓燕　　责任校对：靳新强　　责任印制：李　啸
开　　本：850 mm×1168 mm　1/16　印张：25.5　字数：736 千字
版　　次：2019 年 12 月第 4 版　2025 年 1 月第 5 次印刷
书　　号：ISBN 978-7-5659-1938-1
定　　价：59.00 元
版权所有，违者必究
（凡属质量问题请与本社发行部联系退换）

修订说明

国务院办公厅颁布《关于深化医教协同进一步推进医学教育改革与发展的意见》、以"5+3"为主体的临床医学人才培养体系改革、教育部本科临床医学专业认证等一系列重要举措，对新时期高等医学教育人才培养提出了新的要求，也为教材建设指明了方向。

北京大学医学出版社出版的临床医学专业本科教材，从2001年开始，历经3轮修订、17年的锤炼，各轮次教材都高比例入选了教育部"十五""十一五""十二五"国家级规划教材。为了顺应医教协同和医学教育改革与发展的要求，北京大学医学出版社在教育部、国家卫生健康委员会和中国高等教育学会医学教育专业委员会指导下，经过前期的广泛调研、综合论证，启动了第4轮教材的修订再版。

本轮教材基于学科制课程体系，在院校申报和作者遴选、编写指导思想、临床能力培养、教材体系架构、知识内容更新、数字资源建设等方面做了优化和创新。共启动46种教材，其中包含新增的《基础医学概论》《临床医学概论》《诊断学》《医患沟通艺术》4种。《基础医学概论》和《临床医学概论》虽然主要用于非临床医学类专业学生的学习，但须依托于临床医学的优秀师资才能高质量完成，故一并纳入本轮教材中。《诊断学》与《物理诊断学》《实验诊断学》教材并存，以满足不同院校课程设置差异。第4轮教材修订的主要特点如下：

1. 为更好地服务于全国高等院校的医学教育改革，对参与院校和作者的遴选精益求精。教材建设的骨干院校结合了研究型与教学型院校，并注重不同地区的院校代表性；由各学科的委员会主任委员或理事长和知名专家等担纲主编，由教学经验丰富的专家教授担任编委，为教材内容的权威性、院校普适性奠定了坚实基础。

2. 以"符合人才培养需求、体现教育改革成果、教材形式新颖创新"为指导思想，以深化岗位胜任力培养为导向，坚持"三基、五性、三特定"原则，密切结合国家执业医师资格考试、全国硕士研究生入学考试大纲。

3．部分教材加入了联系临床的基础科学案例、临床实践应用案例，使教材更贴近基于案例的学习、以问题为导向的学习等启发式和研讨式教学模式，着力提升医学生的临床思维能力和解决临床实际问题的能力；适当加入知识拓展，引导学生自学。

4．为体现教育信息化对医学教育的促进作用，将纸质教材与二维码技术、网络教学平台相结合，教材与微课、案例、习题、知识拓展、图片、临床影像资料等融为一体，实现了以纸质教材为核心、配套数字教学资源的融媒体教材建设。

在本轮教材修订编写时，各院校对教材建设提出了很好的修订建议，为第4轮教材建设的顶层设计和编写理念提供了翔实可信的数据储备。第3轮教材的部分主编由于年事已高，此次不再担任主编，但他们对改版工作提出了很多宝贵的意见。前3轮教材的作者为本轮教材的日臻完善打下了坚实的基础。对他们的贡献，我们一并表示衷心的感谢。

尽管本轮教材的编委都是多年工作在教学一线的教师，但囿于现有水平，书中难免有不当之处。欢迎广大师生多提宝贵意见，反馈使用信息，以臻完善教材的内容，提高教材的质量。

"十三五"高等医学院校本科规划教材评审委员会

顾　　　问　王德炳
主 任 委 员　柯　杨　詹启敏
副主任委员　吕兆丰　王维民
秘　书　长　王凤廷
委　　　员　（按姓名汉语拼音排序）

蔡景一　曹德品　崔慧先　邓峰美　丁元林
管又飞　黄爱民　黄元华　姜志胜　井西学
黎孟枫　李春江　李春鸣　李　燕　刘传勇
刘永年　刘志跃　罗自强　雒保军　宋晓亮
宋焱峰　宋印利　唐世英　陶仪声　王　滨
王鹏程　王松灵　温小军　文民刚　肖纯凌
尹思源　于春水　袁聚祥　张晓杰　朱望东

序

国务院办公厅《关于深化医教协同进一步推进医学教育改革与发展的意见》（以下简称《意见》）指出，医教协同推进医学教育改革与发展，加强医学人才培养，是提高医疗卫生服务水平的基础工程，是深化医药卫生体制改革的重要任务，是推进健康中国建设的重要保障。《意见》明确要求加快构建标准化、规范化医学人才培养体系，全面提升人才培养质量。要求夯实5年制临床医学教育的基础地位，推动基础与临床融合、临床与预防融合，提升医学生解决临床实际问题的能力，推进信息技术与医学教育融合。从国家高度就推动医学教育改革发展作出了部署、明确了方向。

高质量的医学教材是满足医学教育改革、培养优秀医学人才的核心要素，与医学教育改革相辅相成。北京大学医学出版社出版的临床医学专业本科教材，立足于岗位胜任力的培养，促进自主学习能力建设，成为临床医学专业本科教学的精品教材，为全国高等医学院校教育教学与人才培养工作发挥了重要作用。

在医教协同的大背景下，北京大学医学出版社启动了第4轮教材的修订再版工作。全国医学院校一大批活跃在教学一线的专家教授，以无私奉献的敬业精神和严谨治学的科学态度，积极参与到本轮教材的修订和建设工作当中。相信在全国高等医学院校的大力支持下，有广大专家教授的热情奉献，新一轮教材的出版将为我国高等医学院校人才培养质量的提高和医学教育改革的发展发挥积极的推动作用。

前　言

神经科学是现代医学研究中最重要和最活跃的领域之一，新理论和新实践不断涌现。例如，神经影像学新技术不断应用于临床，对疾病的诊治发挥了重要作用；神经分子生物学技术应用于基因诊断，使得我们对许多疾病的病因有了更深入的了解；循证医学的快速发展催生了许多有关药物或手术治疗的临床试验，为临床治疗提供了可靠的依据；许多神经系统的诊疗指南进行了更新。因此，我们需要对《神经病学》教材进行更新和完善，使其能够反映当前神经病学领域的重要发展成果。

本次再版是在《神经病学》第3版基础上进行的。第3版教材在许多医学院校中使用，得到了教师和学生的广泛认可，亦收到了良好的效果。在编写过程中，我们始终强调这是一本针对医学生学习专科知识的启蒙书，坚持写作的基本原则：①教材应具权威性，所有的观点应得到目前医学界的广泛认可，不包括不成熟的观点；②教材要与时俱进，能够反映国家规划、指南、循证医学的内容；③教材应重点突出"三基"，即基础理论、基本知识和基本技能，不过分强调少见病和疑难病；④教材要有可读性，文字要简练，图表要清晰、准确。因此，与前版教材一样，本书力求以较少的篇幅、精练的语言来介绍神经系统常见病、多发病，主要目的是帮助医学生建立正确的神经系统疾病诊疗思维。

根据《神经病学》第3版使用过程中收集到的意见和建议，以及神经病学领域的进展，本次修订对部分章节的结构和知识点进行了修正或完善。把颅内压异常作为单独一个章节介绍。对部分章节的内容也进行了适度调整，如颅内静脉窦血栓形成在临床上日益受到重视，神经影像学和神经分子生物学在临床诊断中更加重要，因此本版教材适度增加了相关内容。在知识拓展上，考虑到神经病学所包括的内容很多，不能在纸质教材中充分体现，我们把二维码印入书中，对一些背景知识、人物介绍、新的指南、练习题等，通过扫描不同的二维码，就可以方便地进行阅读，这也是本版教材的一大特色。

本次修订对旧版内容更新较多，我们广泛征求了不同学校的意见，并且对照国际上最新颁布的诊疗指南，对各个章节的内容进行了全面的检查。虽然编者倾尽全力，但限于时间仓促和水平有限，书中难免有不足之处，在使用本教材过程中如有任何宝贵的建议和意见，欢迎与作者或出版社联系，我们将在再版时予以更正。

王拥军

二维码资源索引

资源名称	资源类型	页码
知识拓展：神经病学之父	PDF 文档	4
案例 2-1	PDF 文档	6
案例 2-1 答案及解析	PDF 文档	6
练习题 2-1	PDF 文档	6
练习题 2-1 答案及解析	PDF 文档	6
练习题 3-1	PDF 文档	27
练习题 3-1 答案及解析	PDF 文档	27
案例 4-1	PDF 文档	39
案例 4-1 答案及解析	PDF 文档	39
案例 4-2	PDF 文档	43
案例 4-2 答案及解析	PDF 文档	43
练习题 4-1	PDF 文档	45
练习题 4-1 答案及解析	PDF 文档	45
简答题 5-1	PDF 文档	74
简答题 5-1 答案	PDF 文档	74
练习题 6-1	PDF 文档	111
练习题 6-1 答案及解析	PDF 文档	111
练习题 7-1	PDF 文档	113
练习题 7-1 答案及解析	PDF 文档	113
案例 8-1	PDF 文档	129
案例 8-1 答案及解析	PDF 文档	129
案例 8-2	PDF 文档	136
案例 8-2 答案及解析	PDF 文档	136
案例 8-3	PDF 文档	141
案例 8-3 答案及解析	PDF 文档	141
案例 9-1	PDF 文档	150
案例 9-1 答案及解析	PDF 文档	150
案例 9-2	PDF 文档	158
案例 9-2 答案及解析	PDF 文档	158
练习题 9-1	PDF 文档	169
练习题 9-1 答案及解析	PDF 文档	169
练习题 10-1	PDF 文档	183

资源名称	资源类型	页码
练习题10-1答案及解析	PDF文档	183
案例11-1	PDF文档	194
案例11-1答案及解析	PDF文档	194
案例11-2	PDF文档	196
案例11-2答案及解析	PDF文档	196
案例11-3	PDF文档	198
案例11-3答案及解析	PDF文档	198
案例11-4	PDF文档	200
案例11-4答案及解析	PDF文档	200
案例11-5	PDF文档	202
案例11-5答案及解析	PDF文档	202
练习题11-1	PDF文档	203
练习题11-1答案	PDF文档	203
案例12-1	PDF文档	215
案例12-1答案及解析	PDF文档	215
案例12-2	PDF文档	221
案例12-2答案及解析	PDF文档	221
练习题12-1	PDF文档	221
练习题12-1答案及解析	PDF文档	221
案例13-1	PDF文档	231
案例13-1答案及解析	PDF文档	231
练习题13-1	PDF文档	234
练习题13-1答案及解析	PDF文档	234
练习题14-1	PDF文档	262
练习题14-1答案及解析	PDF文档	262
周围神经节段性脱髓鞘病理活检	PDF文档	265
案例15-1	PDF文档	268
案例15-1答案及解析	PDF文档	268
吉兰-巴雷综合征的研究史	PDF文档	278
吉兰-巴雷综合征病理活检	PDF文档	279
案例15-2	PDF文档	283
案例15-2答案及解析	PDF文档	283
案例15-3	PDF文档	283
案例15-3答案及解析	PDF文档	283
案例15-4	PDF文档	286
案例15-4答案及解析	PDF文档	286
练习题15-1	PDF文档	286

资源名称	资源类型	页码
练习题 15-1 答案及解析	PDF 文档	286
抗癫痫药物之间可能的相互作用	PDF 文档	307
抗癫痫药物与其他非抗癫痫药物的相互作用	PDF 文档	307
案例 16-1	PDF 文档	308
案例 16-1 答案及解析	PDF 文档	308
练习题 16-1	PDF 文档	311
练习题 16-1 答案及解析	PDF 文档	311
练习题 17-1	PDF 文档	323
练习题 17-1 答案及解析	PDF 文档	323
案例 18-1	PDF 文档	331
案例 18-1 答案及解析	PDF 文档	331
案例 18-2	PDF 文档	333
案例 18-2 答案及解析	PDF 文档	333
案例 18-3	PDF 文档	338
案例 18-3 答案及解析	PDF 文档	338
练习题 18-1	PDF 文档	340
练习题 18-1 答案及解析	PDF 文档	340
案例 19-1	PDF 文档	345
案例 19-1 答案及解析	PDF 文档	345
案例 19-2	PDF 文档	347
案例 19-2 答案及解析	PDF 文档	347
练习题 19-1	PDF 文档	347
练习题 19-1 答案及解析	PDF 文档	347
案例 20-1	PDF 文档	351
案例 20-1 答案及解析	PDF 文档	351
案例 20-2	PDF 文档	351
案例 20-2 答案及解析	PDF 文档	351
案例 20-3	PDF 文档	354
案例 20-3 答案及解析	PDF 文档	354
案例 20-4	PDF 文档	356
案例 20-4 答案及解析	PDF 文档	356
案例 20-5	PDF 文档	360
案例 20-5 答案及解析	PDF 文档	360
练习题 20-1	PDF 文档	378
练习题 20-1 答案及解析	PDF 文档	378

目 录

第一章 绪论 …………………………… 1	第三节 脑膜炎 ………………………… 150
第二章 病史采集 ……………………… 4	第四节 脑囊虫病 ……………………… 160
第三章 神经系统体格检查 …………… 7	第五节 神经梅毒 ……………………… 162
第四章 神经系统疾病的常见症状 …… 28	第六节 朊蛋白病 ……………………… 164
第一节 意识障碍及脑死亡………… 28	第七节 艾滋病相关的中枢神经系统
第二节 眩晕 ………………………… 33	损害 ………………………… 166
第三节 头痛 ………………………… 34	第十章 中枢神经系统脱髓鞘疾病 …… 170
第四节 痫性发作 …………………… 35	第一节 概述 ………………………… 170
第五节 晕厥 ………………………… 36	第二节 多发性硬化 ………………… 171
第六节 失语、失用及失认 ………… 38	第三节 视神经脊髓炎 ……………… 178
第七节 睡眠障碍 …………………… 42	第四节 急性播散性脑脊髓炎 ……… 182
第五章 神经系统疾病的辅助检查 …… 46	第十一章 脊髓疾病 …………………… 184
第一节 概述 ………………………… 46	第一节 概述 ………………………… 184
第二节 脑脊液检查 ………………… 46	第二节 急性脊髓炎 ………………… 191
第三节 影像学检查 ………………… 51	第三节 脊髓压迫症 ………………… 194
第四节 神经电生理检查 …………… 59	第四节 脊髓空洞症 ………………… 197
第五节 超声诊断 …………………… 68	第五节 脊髓亚急性联合变性 ……… 199
第六节 神经病理检查 ……………… 71	第六节 脊髓血管病 ………………… 201
第七节 基因诊断技术 ……………… 73	第十二章 锥体外系疾病 ……………… 204
第六章 神经系统疾病的定位诊断 …… 75	第一节 概述 ………………………… 204
第一节 脑及脊髓各部位损害的表现和	第二节 帕金森病 …………………… 205
定位 ………………………… 76	第三节 肝豆状核变性 ……………… 216
第二节 脑神经损害的表现和定位 … 96	第十三章 神经系统变性疾病 ………… 222
第三节 周围神经损害的表现和定位 … 108	第一节 概述 ………………………… 222
第四节 反射异常的定位 …………… 111	第二节 阿尔茨海默病 ……………… 222
第七章 神经系统疾病的定性诊断原则 … 112	第三节 运动神经元病 ……………… 227
第八章 脑血管病 ……………………… 114	第四节 多系统萎缩 ………………… 231
第一节 概述 ………………………… 114	第十四章 骨骼肌及神经肌肉接头疾病 … 235
第二节 缺血性卒中 ………………… 122	第一节 概述 ………………………… 235
第三节 短暂性脑缺血发作 ………… 129	第二节 肌营养不良 ………………… 238
第四节 脑出血 ……………………… 132	第三节 炎性肌病 …………………… 246
第五节 蛛网膜下腔出血 …………… 136	第四节 周期性瘫痪 ………………… 249
第六节 血管性痴呆 ………………… 141	第五节 重症肌无力 ………………… 252
第七节 其他脑血管病 ……………… 143	第六节 线粒体病 …………………… 259
第九章 中枢神经系统感染性疾病 …… 147	第十五章 周围神经疾病 ……………… 263
第一节 概述 ………………………… 147	第一节 概述 ………………………… 263
第二节 单纯疱疹病毒性脑炎 ……… 147	第二节 特发性面神经麻痹 ………… 267

第三节　单神经病 …………… 268
　　第四节　多神经病 …………… 275
　　第五节　吉兰-巴雷综合征 …… 278
　　第六节　慢性炎性脱髓鞘性多发性
　　　　　　神经病 ……………… 283
第十六章　癫痫 ………………… 287
　　第一节　概述 ………………… 287
　　第二节　癫痫分类 …………… 290
　　第三节　癫痫的诊断流程 …… 297
　　第四节　癫痫的治疗 ………… 303
　　第五节　难治性癫痫和癫痫持续
　　　　　　状态 ………………… 308
第十七章　神经系统遗传性疾病 … 312
　　第一节　概述 ………………… 312
　　第二节　遗传性共济失调 …… 315
　　第三节　神经皮肤综合征 …… 318
第十八章　头面痛 ……………… 324
　　第一节　概述 ………………… 324
　　第二节　偏头痛 ……………… 325
　　第三节　紧张型头痛 ………… 331
　　第四节　丛集性头痛 ………… 333

　　第五节　痛性眼肌麻痹 ……… 335
　　第六节　三叉神经痛 ………… 337
　　第七节　枕神经痛 …………… 339
第十九章　颅内压异常 ………… 341
　　第一节　概述 ………………… 341
　　第二节　颅内压增高 ………… 341
　　第三节　低颅压综合征 ……… 346
第二十章　系统性疾病的神经系统损害 … 348
　　第一节　概述 ………………… 348
　　第二节　肝性脑病 …………… 348
　　第三节　肾性脑病 …………… 352
　　第四节　肺性脑病 …………… 354
　　第五节　红斑狼疮性脑病 …… 356
　　第六节　放射性脑病 ………… 360
　　第七节　神经系统副肿瘤综合征 … 365
　　第八节　糖尿病性周围神经病 … 370
　　第九节　慢性酒精中毒性脑病 … 375
中英文专业词汇索引 …………… 379
主要参考文献 …………………… 386
彩图 ……………………………… 391

第1章 绪 论

一、神经病学的定义及发展史

神经病学（neurology）由内科学派生出来，它是研究中枢神经系统、周围神经系统及骨骼肌疾病的病因、病理、发病机制、临床表现、诊断、治疗、康复和预防的一门临床学科。

神经病学一词首先出现于1664年英国医学家Thomas Willis出版的《脑的解剖》中，但当时神经系统疾病只有在患者死后的研究中才能确认。法国神经病学家Jean-Martin Charcot（1825—1893）在巴黎建立了著名的神经学诊所，是现代神经病学奠基人，被誉为"神经病学之父"，他把临床观察到的症状与尸检所看到的神经病变联系起来，以便能够诊断临床患者所患的疾病，并且能够从一些相似的疾病中区分出每种疾病的症候群。近十年来，随着分子生物学技术的广泛应用，神经系统疾病的诊断已经向分子诊断水平发展，遗传性疾病的诊断能力得到了明显提升。神经影像（CT与MRI）技术的广泛应用也极大提高了神经系统疾病诊断的准确性。

神经病学是神经科学的一部分，它的发展与研究神经系统结构与功能、病因与病理等诸多神经基础学科密切相关，它们之间相互渗透，互相推动。这些基础学科包括神经解剖学、神经组织胚胎学、神经生物化学、神经病理学、神经遗传学、神经免疫学、神经流行病学、神经影像学、神经药理学、神经信息学、实验神经病学等。临床神经病学涉及的疾病种类繁多，在发展过程中又逐渐独立出其他专科，如神经眼科学、神经内分泌学、神经介入学、血管神经病学等。神经外科早已从神经病学中分离出来。儿童神经病学、围生期神经病学、新生儿神经病学、老年神经病学也已经或正在发展为独立的学科。

二、神经病学在临床医学中的地位

神经系统疾病是严重影响人类健康的疾病。在当今人类病死率最高的肿瘤、脑血管疾病、心血管疾病、痴呆相关疾病4类疾病中，有2类属于神经病学的研究内容，部分肿瘤也发生在神经系统。随着人口老龄化和生活方式的变化，神经系统疾病发病率有明显增加的趋势，我国最新的统计表明，脑血管病已经成为我国人口死亡和致残的首要原因。神经系统疾病不仅损害患者的健康，而且造成极大的社会负担。美国、欧洲、日本已经分别实施"脑的十年计划""脑的二十年研究计划""脑时代计划"，将神经病学列为医学发展的优先项目。

三、神经系统疾病的特点

1. 病因的复杂性 与机体其他系统疾病一样，引起神经系统疾病的病因很多，如感染、中毒、遗传缺陷、营养障碍、创伤、免疫损伤、代谢紊乱、内分泌紊乱、先天畸形、血液循环障碍、异常增生等。需要强调的是，许多神经系统疾病的病因仍不清楚。了解可能的病因对于正确诊断及恰当治疗是非常重要的。

2. 临床表现的多样性 神经系统疾病的症状及体征多种多样，主要取决于病变部位，了解临床症状及体征的特点对定位诊断非常重要。一般症状可分为四类：①缺损症状，即神经系统病变引起正常功能的缺损。例如，主侧半球脑梗死导致失语、对侧偏瘫和偏身感觉障碍，面神经炎引起同侧面肌瘫痪等。②刺激症状，即神经结构受病变刺激产生过度兴奋的表现。例如，大脑皮质运动区占位性病变导致对侧肢体局灶性运动发作，腰椎间盘突出引起坐骨神经痛，以及病因未明的特发性三叉神经痛等。③释放症状，即高级神经中枢或传导通路受损后，对低级中枢控制功能减弱，使低级中枢功能表现出来。例如，脊髓损伤出现双下肢锥体束征，表现为肌张力提高、腱反射亢进和巴宾斯基（Babinski）征等。④休克症状，即中枢神经系统急性严重的局部病变导致与之功能相关的远隔部位神经功能抑制。例如，大量脑出血急性期的脑休克，偏瘫肢体呈肌张力减低、腱反射消失和巴宾斯基征阴性；急性脊髓横贯性损伤的脊髓休克，受损平面以下出现弛缓性瘫痪，休克期过后才逐渐出现释放症状，转为痉挛性瘫痪、肌张力提高、腱反射亢进和巴宾斯基征等。

3. 诊断及治疗的局限性 尽管目前有多种辅助检查手段应用于临床，但某些神经系统疾病诊断仍然是神经内科医生的难题，有时可能需要肌肉、神经、脑或脊髓活检，即使进行活检有时也难以明确诊断，而且患者对于活检的依从性差。针对神经系统疾病的治疗手段也有限，许多疾病（如神经遗传病）没有特异性治疗方法，某些疾病只能控制临床症状如癫痫，即使神经系统感染也因血脑屏障的存在而使抗感染治疗效果受到限制。特别需要提出的是，神经系统损害后的自我修复能力有限，若神经组织损害严重或治疗时间滞后，最终恢复较差。

四、神经系统疾病的诊断思路

不同于其他系统疾病，神经系统疾病的诊断包括定位诊断和定性诊断。心、肺、肝等器官的疾病受累部位通常相对明确，而神经系统疾病则不同，如肢体无力，受累部位可以是肌肉、神经-肌肉接头、周围神经、脊髓、大脑等。因此，在诊断神经系统疾病时，首先应进行定位诊断，通过定位诊断再来分析和确定定性诊断。

1. 进行神经系统疾病的诊断时，通常可以遵循以下思路：

（1）通过详细的病史询问及体格检查，获取准确的症状及体征。患者在诉说不适症状时，除非遇到少数焦虑症或强迫症患者诉说重复、没有重点，医生应进行适当引导外，在大多数情况下不应该打断患者的描述，这样可以知道患者最关心什么情况。在询问病史和体格检查前，应避免查看患者之前在其他医院的病历记录以及影像学资料，这样虽然多耗费了一些时间和精力，但获取的信息更加真实、准确，医生的思维也更加开阔和活跃，减少了之前医疗行为对本次诊疗过程的干扰。另外，应注意患者的不适描述与实际情况有时并不一致，如患者有时诉肢体麻木，实际上是肢体无力；患者诉头晕，实际上可能是头昏、眩晕，甚至头痛。

（2）利用掌握的解剖学、生理学、病理生理学知识去分析患者的症状及体征，即鉴别患者解剖或生理上发生的异常。

（3）通过上述步骤，可以判断神经系统受累的部位，即解剖诊断或定位诊断。很多情况下，一系列症状或体征可以组成一个综合征，综合征的判定有助于了解疾病的部位及特性。

（4）结合定位诊断以及定性诊断相关的资料，如疾病的起病方式和速度、演变过程、疾病的病程、系统性疾病情况、既往史、个人史、家族史、实验室检查等，判断患者病理上的损害，称为病理诊断。当能够确定发病机制及导致患者发病的病因时，则进行病因诊断。病理诊断和病因诊断统称为定性诊断。

（5）临床医师应该评估残疾的程度，并判断疾病是暂时性的，还是长期性的（功能诊断）。这对于疾病的治疗、康复及判断功能预后是至关重要的。

2. 若遇到疑难疾病，应遵循如下原则进行临床分析：

（1）把重点放在主要的症状和体征上，而不要被一些次要的或不确定的临床表现分散注意力。

（2）下结论不宜武断。当考虑问题只局限于某些临床资料、辅助检查时，会使思维变得狭隘，对其他可能的疾病不进行考虑。临床上的初步诊断只是一个假说，当获取新的信息后，需要对假说进行不断的验证和修订。疾病在某阶段的表现可能不典型，随着时间的推移，可能会展示出疾病的全貌，使得诊断越来越明确。

（3）当疾病的主要特征缺乏时，很多医师，特别是年轻医师会想到罕见疾病。但通常情况下，常见疾病的少见表现，比罕见疾病的典型症状更为常见。

（4）进行诊断时，临床医师要从获取的临床信息中，依靠个体的经验进行诊断，而不要依靠某个症状出现的概率进行诊断。因为分析每一疾病的每个临床症状的重要性是不现实的，所以多数情况下，不能仅依靠概率对病情进行诊断。

（5）在安全且合理的情况下，可以进行组织学检查，这有助于获取病理学信息，并进行正确的诊断。

五、神经系统疾病的治疗及预防

神经系统疾病的治疗可以分为对因治疗、对症治疗。有些疾病具有特异性治疗方法，如结核性脑膜炎的抗痨治疗；有些疾病只能控制症状，如癫痫的抗癫痫药物治疗；有些疾病没有特效疗法，如神经变性疾病、神经遗传病。应充分了解每种疾病的治疗原则，并不断了解治疗新进展，如多发性硬化过去无有效药物预防复发，β-干扰素的应用可减少多发性硬化的复发，改善预后。在治疗神经系统疾病时，不仅要依据循证医学（evidence-based medicine，EBM）证据，还要兼顾个体化治疗的特点，只有二者有机结合，才能提高治疗效果，改善预后，并降低治疗相关的副作用。

采取适当的预防和干预策略有助于减少或防止神经系统疾病的发生或复发，是提高生活质量、减少医疗费用的方法。神经系统疾病的预防有些是针对全民（如通过免疫接种预防急性脊髓灰质炎），有些是针对高危人群（如针对高危人群进行脑血管病的预防）。针对高危人群的预防策略避免了医疗资源的浪费，也提高了患者的依丛性。但筛选高危人群也需要一定的成本，需要权衡其中的利弊。在预防疾病时，还应注意对不同的危险因素采取联合的干预措施，如脑血管病的危险因素有高血压、糖尿病、吸烟、脂代谢异常等，同时对这些危险因素进行联合干预比单一的预防措施能带来更大的益处。

六、神经病学的学习方法

神经病学是一门既复杂又抽象的学科，初学者常感到难以理解及记忆。然而神经病学的逻辑推理性较强，通过复习神经解剖学相关知识，掌握正确的病史询问、神经系统查体方法，以及辅助检查的意义与方法等，进行归纳、分析，可以较快地掌握神经病学的相关知识。当然，作为一门临床学科，深入实践是最为关键的，只有与临床病例相结合，并且不断地分析和讨论，才能逐步掌握神经病学知识。

（王拥军）

第2章 病史采集

神经系统疾病诊断是将病史采集、神经系统体格检查以及各种相关辅助检查的信息进行分析和归纳综合，做出科学判断的过程。其中，病史采集是首要步骤，与体格检查并重，是神经系统疾病正确诊断的关键，也是任何辅助检查手段不可替代的。通过详尽准确的病史采集，医生能够对疾病本身有初步了解，发现对疾病定位诊断（解剖诊断）和定性诊断（病因诊断）有价值的线索。对于无阳性体征的某些神经系统疾病，病史可能是诊断的唯一线索和依据，必要的辅助检查只是为了帮助鉴别诊断或排除其他疾病，以进一步明确治疗方案。

知识拓展：
神经病学之父

神经系统病史采集遵循一般的病史采集原则，但是重点询问神经系统疾病的症状，同时也兼顾其他系统的症状，全程应有鉴别诊断思维。医生采集病史要尊重患者，注意人文关怀，先通过简单的自我介绍和对患者的问候，取得患者的初步信任与合作，以便患者能够充分表达，从而使医生获得详尽的临床资料。病史的内容包括：一般情况［如姓名、性别、年龄、职业、婚姻、民族、居住地、左利手/右利手、发育情况（儿童）］、主诉、现病史、既往史、个人史以及家族史。病史采集中应注意：①系统完整。尽量不打断患者的叙述，必要时可引导患者按症状出现的先后顺序描述其发生、发展和演变情况，重点记录阳性症状，重要的阴性症状也不能忽视。而对门诊/急诊患者，则需简明扼要、有重点问诊。②客观真实。医生对患者提供的病史应加以分析，并向亲属及知情者进一步核实。③重点突出。提醒患者减少无关情况和琐碎情节的叙述。④少用专业术语。问诊语言应通俗易懂，让患者用自己的语言描述疾病的症状，尽量避免其应用医学术语。⑤避免暗示。不要根据医生自己的主观推测对患者进行诱导性提问而让患者认同。最后，病史采集初步完成后，医生应当归纳患者最有关联的症状特点，并加以分析，必要时还应进一步核实。

一、主诉

主诉是患者在疾病过程中感受最痛苦、并促使其就诊的最主要的原因，包括主要症状及其演变时间。医生在采集病史过程中应围绕主诉进行询问。在神经系统疾病中，主诉往往是定位和定性诊断最重要的线索。

二、现病史

现病史是对主诉的扩展，包括发病到本次就诊时症状发生、发展和演变的过程，以及前驱症状和诱发因素等。全面掌握现病史，是疾病正确诊断的法宝。现病史采集过程中应重点了解：①首发症状，是确定疾病性质和初步定位的第一线索；②起病情况，如发病时间、发病急缓、病前有无明显的致病和诱发因素（发病环境和地点、活动状态），为定性诊断提供有力证据；③症状的发展和演变，包括症状的加重、减轻、持续进展或无变化等，症状加重或减轻的可能原因和影响因素，往往暗示特定的疾病性质；④症状特点，包括症状的部位、范围、性质和严重程度等；⑤伴随症状及与现患病有关的其他疾病情况；⑥须与本病鉴别的重要阴性症状；⑦既往诊治情况及病程中的一般状况。

病史采集需重点了解以下常见症状：

1. 头痛（headache） 头痛是神经系统最常见的症状，病史采集中应了解头痛部位和侧别、发生形式、性质、程度、发作持续时间、发作频率，有无规律及先兆，有无诱发因素及伴随症状，加重或缓解的因素（如头痛与情绪波动、睡眠异常、过度紧张疲劳、体位、月经及饮食的关系），头痛的家族史及诊治经过。

2. 头昏、头晕（dizziness）与眩晕（vertigo） 患者述脑子昏昏沉沉、不清晰，称作头昏；头重脚轻、站立或步态不稳、视物模糊，称之为头晕；感觉自身或外界物体的运动性幻觉，如旋转、升降和倾斜等，谓之眩晕。这三种情况的损害部位和发生机制并不相同，患者通常表述不清，需注意区分，后二者有时可以是同一疾病不同阶段的表现，采集过程中应询问患者症状的发生形式、性质特点及伴发症状等。例如症状呈发作性、阵发性、持续性；症状与头位和体位的关系、发作诱因；有无伴随恶心呕吐、耳鸣及听力减退、血压/脉搏变化、心前区不适、发热等；是否存在与症状相关的情况，如服用安眠药、抗惊厥药、脑外伤、颈椎病、贫血、心脏病、高血压/低血压、精神心理因素等。

3. 疼痛（pain） 重点了解：①起病形式（急性、亚急性或慢性）；②分布，注意神经系统定位关系，如局限性、放射性（根痛）、扩散性（牵涉痛）等；③性质（锐痛、钝痛）；④规律（发作性、阵发性或持续性）；⑤伴发症状（局部疱疹、炎症或附近结构有无结核、炎症或肿瘤等）。

4. 感觉异常（paresthesia） 如麻木、冷热感、蚁走感、烧灼感、肿胀感、针刺感或电击感等，注意分布的范围、出现的形式（发作性或持续性）及加重的因素等；有无与感觉异常相关的疾病，如糖尿病、用药史、重金属接触史、长期大量饮酒史等。

5. 瘫痪（paralysis） 应注意询问瘫痪的部位和分布，是单瘫、偏瘫、截瘫还是四肢瘫，是远端还是近端瘫，还是仅限于某肌群的瘫痪；瘫痪的程度，即瘫痪肢体的活动情况，如是否影响坐、站、行走、抬臂、持物等（肌力水平）；起病形式，为急性、亚急性还是慢性起病；瘫痪的诱因或病因，有无上呼吸道感染、肠道感染及疫苗接种史等；既往史、家族史；有无伴发感觉障碍、失语、肌肉萎缩、抽搐、发热等。

6. 抽搐发作（convulsive seizure） 应当由患者、目击者或家人共同描述。首先了解发作的全过程，其次注意了解以下情况：

（1）抽搐部位：全身、局部、不定位或由局部扩展至全身的抽搐。

（2）抽搐形式：肢体是伸直、屈曲还是阵挛，有无头颈或躯干向一侧扭转等。

（3）瞳孔改变：瞳孔扩大、缩小或无变化。

（4）伴随症状：有无意识障碍、二便失禁、舌咬伤、口吐白沫或摔伤等。

（5）抽搐后症状：有无昏睡、头痛、呕吐或肢体一过性瘫痪等。

（6）诱发因素：与情绪、月经、睡眠及饮食等的关系。

（7）先兆症状：有无闻到怪异气味、心前区不适感、眼前暗点或闪光、躯体某部位的异常感觉等。

（8）发作频率：每年、每月、每周或每天发作的次数，以及最近一次发作的时间。

（9）病程经过：最初发病年龄，首次发作的原因，如热性惊厥、脑外伤、脑炎、脑血管病等。

（10）以往的诊断与治疗情况。

7. 晕厥（syncope） 表现为一过性意识丧失并跌倒，跌倒后几秒至几十秒转醒，易误诊为癫痫发作。临床表现为晕厥前期、晕厥期及恢复期。包括反射性晕厥（血管迷走性晕厥，或因直立性低血压、咳嗽、排尿、吞咽等）、心源性晕厥和脑源性晕厥等。应注意发作的时程、伴随症状、地点、体位及诱发因素等。

案例 2-1

案例 2-1
答案及解析

8. 意识障碍（disturbance of consciousness） 首先要让患者及陪同人员理解意识障碍的真正含义，患者或目击者对病情的叙述是判断意识障碍的关键。要了解发病缓急、程度、持续时间，有无伴发抽搐、发热、呕吐、贫血、皮肤出血点等，意识障碍前有无病症、外伤史、中毒史（一氧化碳、农药、乙醇、药物、液化气等中毒）。

9. 视觉障碍（visual disorder） 应注意询问是视物模糊还是完全失明，单眼或双眼视力下降的程度，视野缺损的范围是局部还是全部，是否伴有复视；是急性、慢性还是渐进性起病；是否有缓解和复发；以往诊治情况。

三、既往史

询问以往的健康水平和曾患疾病，重点询问与本次发病相关的疾病，如瘫痪、抽搐、高血压、糖尿病、心脏病、高热、昏迷等；内科系统疾病史及诊治情况，曾经接受过的检查；有无外伤史、手术史、感染史，以及预防接种史和过敏史。

四、个人史

询问出生地、居住地、社会经历、文化程度、职业及工作性质；是否到过疫区、生活习惯、性格特点、左/右利手等；烟酒嗜好、吸毒和药物滥用史及具体情况；婚姻史和冶游史；是否有过严重负性生活事件。女性患者需询问月经史和生育史等。儿童需注意询问围生期、疫苗接种史、成长经过、生长发育情况等。

练习题 2-1

练习题 2-1
答案及解析

五、家族史

家族史对遗传性疾病的诊断极为重要。神经系统遗传性疾病或与遗传有关的疾病在临床上并不少见，如进行性肌营养不良症、脊髓小脑共济失调、偏头痛、脑血管病、腓骨肌萎缩症等。如果两代以上出现相似疾病，或同胞中有两个在相近年龄出现相似疾病，应详细询问发病年龄、临床表现和死亡年龄，记录家族遗传分布情况，分析遗传规律，为预防遗传性疾病提供依据。

（李振东）

第3章 神经系统体格检查

病史采集完成后,应对患者进行详细的神经系统检查,要求与全身体格检查同时进行,检查获得的体征可为疾病的诊断提供重要的临床依据。神经系统检查是神经科医生必须熟练掌握的最重要的基本技能之一。

神经系统检查包括:意识状态、认知功能、语言、脑神经、运动系统、感觉系统、反射系统、自主神经功能、脑膜刺激征及脑血管检查。

一、意识状态

意识是指个体对自身状态及外界环境的感知能力,是大脑功能活动的综合表现,包括意识清醒水平和意识内容两部分。意识清醒水平为觉醒状态,是指与睡眠呈周期性交替的清醒状态;意识内容为高级神经活动,包括感知、思维、记忆、情感和意识活动等。一般而言,脑干上行网状激活系统是维持觉醒的基础,而大脑皮质决定意识内容。正常的意识活动需要大脑皮质、脑干及其联系纤维保持完整。

意识障碍在临床上分为三大类:以意识清醒水平下降为主的意识障碍(包括嗜睡、昏睡、昏迷),以意识内容减少为主的意识障碍(包括意识模糊或谵妄),特殊类型的意识障碍(包括去皮质综合征、无动性缄默症、植物状态等)。

对于意识障碍的患者,采集病史要简明扼要,重点询问意识障碍发生的缓急,有无外伤史、中毒史及药物过量,有无癫痫、高血压、糖尿病、尿毒症及精神障碍等病史,昏迷前是否有其他症状。体格检查强调迅速、准确。一方面要注意观察生命体征是否平稳,可边查体边救治,另一方面还应尽快确定意识障碍的类型及临床分级。意识障碍的神经系统检查主要包括以下几个方面:眼部体征、对疼痛刺激的反应、瘫痪体征、脑干反射、锥体束征和脑膜刺激征等。

1. Glasgow 昏迷量表(Glasgow coma scale,GCS) 这是现今国际上应用最广泛的评价意识障碍程度的量表(表3-1)。最高分为15分,表示意识清楚;8分以下为昏迷,最低分3分,分数越低则意识障碍越重。但此量表对眼肌麻痹、四肢瘫痪、气管插管或切开而不能言语者有一定局限性。

2. 眼部体征 包括以下几个方面。

(1) 瞳孔:检查其形状、大小、对称性及直接和间接对光反射。

一侧瞳孔散大和对光反射消失常见于各种原因造成的动眼神经麻痹,如颞叶钩回疝、后交通动脉瘤等;双侧瞳孔散大、固定见于严重的中脑损害、小脑幕裂口疝、深度昏迷状态、阿托品中毒等。一侧瞳孔缩小、上睑下垂和面部无汗(Horner征),见于颅脑外伤和血管病变等;双侧针尖样瞳孔提示脑桥被盖损伤,如脑桥出血、药物及有机磷中毒、吗啡中毒等。

(2) 眼底:是否有视盘水肿、出血等。视盘水肿多见于颅内压增高,片状出血见于蛛网膜下腔出血等。

(3) 眼球位置及运动:是否有眼球突出、内陷、位置异常等。眼球突出见于甲状腺相关眼病、颅底骨折及眶内肿瘤等,眼球内陷见于Horner征、瘢痕收缩及严重脱水等。一侧眼球外斜视并有瞳孔散大，表明动眼神经麻痹；一侧眼球内斜视见于展神经受损；分离性斜视见于脑干不同层面和小脑损害；眼球游动（眼球由一侧向另一侧缓慢来回移动）提示大脑半球病变；眼球浮动（两眼球快速向下移动，随之恢复到静息位置）提示双侧脑桥下部病损。急性丘脑损害可引起眼球持续向下和向内偏转，中脑顶盖部病变可引起眼球垂直运动障碍，双眼球水平同向偏斜见于额叶或脑桥被盖部病变。

表 3-1　Glasgow 昏迷量表

项目		评分
睁眼	自己睁眼	4
	大声提问时睁眼	3
	捏患者时睁眼	2
	捏患者时不睁眼	1
运动反应	可以执行简单命令	6
	捏痛时能拨开医生的手	5
	捏痛时能抽出被捏的肢体	4
	捏痛时呈去皮质强直	3
	捏痛时呈去大脑强直	2
	毫无反应	1
言语反应	能正确会话，告诉医生他在哪？他是谁？以及年和月	5
	言语错乱，定向障碍	4
	语言能被理解，但无意义	3
	能发声，但不能被理解	2
	不发声	1

3. 对疼痛刺激的反应　压眶反射检查昏迷患者对疼痛的运动反应，有助于判断脑损害水平及昏迷的程度。出现单侧或不对称性姿势反应，健侧上肢可见防御反应，患侧无，提示偏瘫，定位在瘫痪对侧大脑半球或脑干病变。观察面部疼痛表情时的面肌运动，判断有无面瘫。出现去皮质强直，表现为上肢屈曲、下肢伸直、足内旋，见于皮质及基底节广泛损害；出现去大脑强直，表现为上肢伸直、内收和内旋，伴下肢伸展、踝部不能背屈，常见于中脑严重受损。

4. 瘫痪体征　昏迷患者若一侧鼻唇沟变浅、口角低垂、呼气时面颊鼓起、吸气时面颊塌陷，提示该侧面瘫。一侧肢体自发活动减少、下肢呈外旋位，给予肢体皮肤疼痛刺激时回避反应明显减弱或消失，提示偏瘫。坠落试验为持住患者双手将双上肢同时抬起后，突然放开观察双上肢坠落情况，瘫痪侧上肢迅速坠落且沉重，非瘫痪肢体则向外侧倾倒，缓慢坠落。

5. 脑干反射　包括睫脊反射、角膜反射、反射性眼球运动等，其中反射性眼球运动包括头眼反射和眼前庭反射两种检查方法。脑干反射检查有助于确定是否存在脑干功能损害，判断预后。

（1）角膜反射（corneal reflex）：见三叉神经检查。一侧角膜反射消失常见于三叉神经第一支或面神经损害，提示同侧脑桥病变；双侧角膜反射消失见于一侧三叉神经受损或双侧面神经受损，提示两侧大脑半球有广泛性损害及中脑或脑桥受累，昏迷程度较深（图 3-1）。

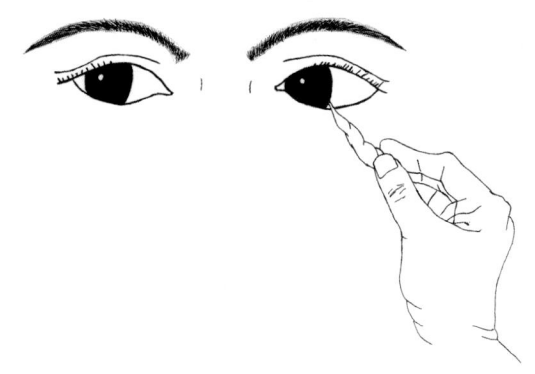

图 3-1　角膜反射

(2) 头眼反射 (oculocephalic reflex)：又称玩偶眼试验 (doll eye test)。轻扶患者头部快速向左右、上下转动时，正常反应是眼球向头部运动相反方向移动，然后逐渐回到中线位，脑干病变时该反射消失。

(3) 眼前庭反射 (oculovestibular reflex)：或称冷热水试验，用注射器向一侧外耳道注入 1 ml 冰水，半球弥漫性病变而脑干功能正常时出现双眼向冰水灌注侧强直性同向运动；昏迷患者，如存在完全的反射性眼球运动提示脑桥至中脑水平的脑干功能完好；中脑病变时，可显示灌注对侧眼球内收不能，同侧眼外展正常；脑桥病变引起昏迷时反射完全丧失。

(4) 睫脊反射 (ciliospinal reflex)：对锁骨上区的颈部皮肤给予疼痛刺激可引起双侧瞳孔散大。此反射消失提示下位脑干、颈髓、上胸段脊髓及颈交感神经功能损害。

(5) 对光反射：手电筒照射瞳孔时，引起瞳孔缩小，移开光线则瞳孔立即复原。此反射减弱或消失常见于昏迷的患者，提示损害累及中脑平面。

6. 呼吸形式　昏迷患者，可出现呼吸节律和呼吸深度的异常，通过观察有助于判断脑损害的部位及病情的严重程度。常见以下类型：

(1) 过度换气后呼吸暂停：表现为每 5~10 次深呼吸后，有 12~30 s 的呼吸暂停，提示大脑半球广泛损害。

(2) 潮式呼吸 (Cheyne-Stokes 呼吸)：渐增渐减的呼吸频率和呼吸深度，随之有一呼吸暂停阶段，重复出现，其周期可长达 30 s~2 min，呼吸暂停时间可长达 5~30 s。见于中线深部结构、双侧大脑半球或弥散性皮质损害。

(3) 中枢神经源性过度通气：快速节律性过度通气，可达 40~70 次/分，提示中脑被盖区病变。

(4) 长吸式呼吸：表现为延长性吸气痉挛，充分吸气后，暂停 2~3 s 才呼气。见于脑桥上部横贯损害。

(5) 丛集式呼吸：频率、幅度不一的周期性呼吸。见于脑桥下部损害。

(6) 共济失调性呼吸：表现为呼吸频率及节律的异常。见于延髓上部损害。

二、认知功能

高级皮质功能可分为认知功能和非认知功能两大部分。认知功能主要包括记忆、计算力、定向力、语言、执行、抽象思维和判断、视空间技能等方面；非认知功能检查包括有无人格改变、行为异常、精神症状和情绪改变等。本部分主要介绍认知功能障碍的检查方法。

第三章 神经系统体格检查

(一) 记忆

按保存时间,一般分为瞬时记忆、短时记忆和长时记忆三类。

1. 瞬时记忆检查方法

(1) 数字广度测试是用于检测注意力和瞬时记忆的有效手段。检查者给出若干位的数字串,一般从 3 或 4 位数字开始给起,1 s 给出一个,让患者重复刚才的数字串,然后逐渐增加数字串的长度,直到患者不能完整重复为止。所用的数字串必须是随机、无规律的,不能使用电话号码;低于 5 位说明瞬时记忆有缺陷。

(2) 词语复述测试,即连续说出 3 或 4 个不相关的词语,每秒读出 1 个词语,然后立即复述,重复 5 遍仍未复述正确则为异常,表明词语复述瞬时记忆障碍。

2. 短时记忆检查方法 先让患者记简单物体,如桌子、雨伞或汽车等,或更为复杂一些的短句如"张三,复兴路 42 号,上海",确认记住后再继续进行其他测试,约 5 min 后再次询问患者对这些词条的回忆情况。

3. 长时记忆检查方法 包括自己的相关信息,如家庭住址、工作单位和电话号码等;学校学习的基础知识,如国家首都、著名人物等。

(二) 计算力

一般常从最简单的计算开始,如 2+2;或者提出简单的数学计算题,如"白菜 2 元 1 斤,10 元买几斤"。更常用的方法是从 100 中连续减 7(如果不能准确计算,则让患者从 100 连续减 3)。此时还需注意力和集中力的参与协助。

(三) 定向力

包括时间定向力(星期、年月日、季节)、地点定向力(所在位置及楼层)和人物定向力(辨清家属、医生等)的检查。需患者在注意力集中的状态下进行。

(四) 语言(见下文)

(五) 失用

给予患者口头和书面命令,观察其执行命令、模仿动作和实物演示能力等。注意观察其日常活动的动作是否有序和协调,能否完成目的性简单的动作如伸舌、闭眼、举手、书写和系纽扣等。可先让患者做简单的动作(如刷牙、写字、拨电话号码等),再做复杂的动作(如点烟、穿衣等)。失用通常很少被患者自己察觉,也常被医生忽视。

(六) 失认

失认是感觉通路正常而患者不能经由某种感觉辨别熟知的物体。主要包括视觉失认、听觉失认、触觉失认。体像障碍也为失认的一种,系自身认识缺陷,多不作为常规体检。

1. 视觉失认 给患者看一些熟悉物品,如照片、风景画和其他实物,令其辨认并用语言或书写进行表达。

2. 听觉失认 辨认熟悉的声音,如铃声、闹钟、敲击茶杯声和乐曲声等。

3. 触觉失认 令患者闭目,让其触摸手中的物体加以辨认。

(七) 视空间技能和执行功能

画钟试验 让患者画一个钟面、填上数字,并画出指定时间的表针位置。此项检查需视空间技能和执行功能相互协调,若出现钟面缺失或指针不全,提示两者功能障碍。

(八)简易精神状态检查量表

对怀疑存在认知功能障碍的患者,为更好地评价其严重程度及便于随访观察,最好采用智能量表评定。简易精神状态检查(mini-mental state examination,MMSE)量表简单实用(表3-2),目前在国内、国际上应用普遍。

表3-2 简易精神状态检查量表(中文版)

序号	项目	正确记分
1	今年是什么年份?	1
2	现在是什么季节?	1
3	今天是几号?	1
4	今天是星期几?	1
5	现在是几月份?	1
6	现在我们在哪里(省、市)?	1
7	你住在什么地方(区、县)?	1
8	你住在什么街道(乡、村)?	1
9	我们现在在几层楼?	1
10	这里是什么地方(地址名称)?	1
11	复述:皮球[a]	1
12	复述:国旗[a]	1
13	复述:树木[a]	1
14	$100-7=?$[b]	1
15	$93-7=?$[b]	1
16	$86-7=?$[b]	1
17	$79-7=?$[b]	1
18	$72-7=?$[b]	1
19	回忆:皮球[c]	1
20	回忆:国旗[c]	1
21	回忆:树木[c]	1
22	辨认:手表	1
23	辨认:铅笔	1
24	复述:四十四只石狮子	1
25	按卡片上指令做动作:闭上你的眼睛	1
26	按口头指令动作:用右手拿纸[d]	1
27	按口头指令动作:将纸对折[d]	1
28	按口头指令动作:将纸放在自己大腿上[d]	1
29	说一句完整的句子(含主语、动词)	1
30	按样画图	1

[a] 检查者清楚完整述说"皮球、国旗、树木"后,请患者记住并复述一遍,每样东西复述正确记1分。
[b] 从100开始减7,如某一答案错误,但下一答案正确,只记一次错误。
[c] 请患者回忆检查者此前曾经述说过的三样东西,每样东西回忆正确记1分。
[d] 检查者的口头指令不能重复,也不要示范,每一个动作正确记1分

三、语言功能

语言功能包括六个方面：口语表达、听理解、复述、命名、阅读和书写能力，可在采集病史时对其进行综合评价，有助于失语的临床诊断。

1. 口语表达 注意患者谈话语量、语调和发音，有无语法功能或语句结构错误，有无实质词错误或错语、找词困难、刻板语言，能否达义等。具体分如下几种：

（1）言语流畅性：有无言语流利程度的改变，可分为流利性和非流利性言语。

（2）语音障碍：有无在发音器官正常情况下的言语含糊不清，是否影响音调。

（3）找词困难：有无不能自由想起恰当的词汇，或找词的时间延长。

（4）错词、新语、无意义杂乱语及刻板言语。

（5）语法障碍：有无难以组成正确句型的状态，如句子缺乏语法功能词，电报式语；语法错乱，即词语的位置或顺序不合乎语法规则。

2. 听理解检查 患者对语义的理解能力。要求患者执行简单的口头指令（如"张嘴""伸舌""睁闭眼"等）和含语法的复合句（如"用左手摸鼻子""用右手摸左耳朵"等）。

3. 复述要求 患者重复检查者所用的词汇或短语，包括常用词（如铅笔、苹果、大衣）、不常用词、抽象词、短语、短句和长复合句等。注意能否一字不错或不漏地准确复述，有无复述困难、错语复述、原词句缩短或延长或完全不能复述等。

4. 命名 让患者说出检查者所指的常用物品，如手电、杯子、牙刷、钢笔或身体部分的名称。

5. 阅读 通过让患者朗读文字和执行写在纸上的指令等，判定患者对文字的朗读和理解能力。

6. 书写 要求患者写姓名、地址、系列数字和简要叙事以及听写或抄写等，判定其书写能力。

四、脑神经检查

（一）嗅神经

检查前须观察鼻腔是否通畅，有无局部病变。嘱患者闭目，检查者用手指轻轻压住患者一侧鼻孔，将装有易挥发但无刺激性气味的液体（如香水、松节油、薄荷水等）小瓶，或牙膏、香皂、樟脑、香烟等置于患者另一侧鼻孔下，让患者说出嗅到的气味名称。然后再按同样方法检查对侧。注意不能使用刺激性液体如乙醇、氨水和甲醛（福尔马林）等。临床可有单侧或双侧嗅觉减退或丧失、幻嗅发作等表现。

（二）视神经

1. 视力 包括远视力和近视力检查。

（1）远视力检查：通常采用国际标准视力表，自上而下分为12行，受试者距视力表 5 m，按视标大小相对应的视力以小数记录。如果受试者不能看清最大视标，嘱其走近视力表，直至能看清为止，并记录被检眼与视力表的距离，按如下公式计算视力：视力=0.1×被检眼与视力表的距离（m）/5。

（2）近视力检查：采用标准近视力表，被检眼距视标 30 cm 测定，自上而下逐行认读视标，直至不能分辨的一行为止，前一行标明的视力即代表患者的实际视力。

正常视力在1.0以上，小于1.0即为视力减退。若在视力表前 1 m 处仍不能识别最大视标，可从 1 m 逐渐移近，辨认检查者的指数或手动，记录指数（CF）或手动（HM）/距离表示视力。如不能辨认眼前手动，可用手电筒照射眼，记录看到光亮为光感，光感消失为失明。

2. 视野 是双眼平视前方固定不动时所能看到的空间范围,分为中心视野和周边视野。中心视野应用平面视野计检查,周边视野有如下两种检查方法:

(1) 面对面对照测量法:嘱患者背光与检查者相距约 1 m 相对而坐,测试其左眼时,嘱遮盖其右眼,互相直视,检查者用示指或视标在与患者间等距离处分别由颞上、颞下、鼻上、鼻下从外周向中央移动,嘱患者看到后告知,与检查者的正常视野范围相比较,判断患者是否存在视野缺损(图 3-2)。

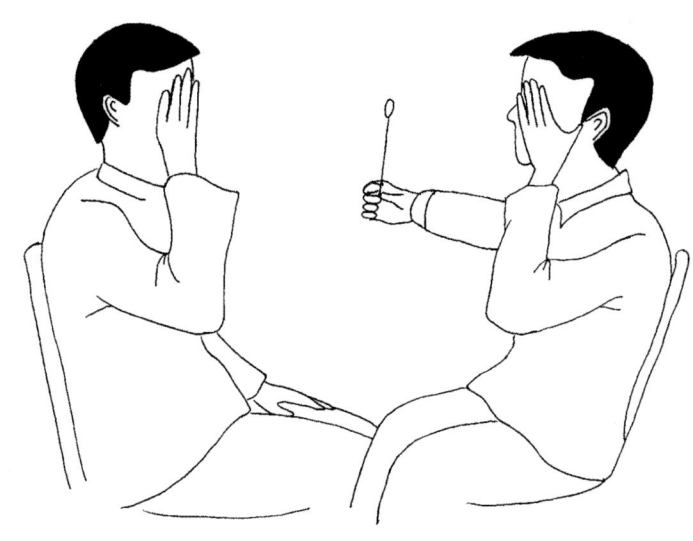

图 3-2 视野的面对面对照测量法

(2) 周边视野计精确测试法:常采用弓形视野计,受检眼注视视野计中心白色固定点,另一眼盖以眼罩,通常先用 3~5 mm 直径白色视标,沿金属板的内面在各不同子午线上由中心注视点向外移动,直到患者看不见视标为止,或由外侧向中心移动直至患者能看见视标为止,将测定的视野记录在视野表上。以此方法每转动视野计 30°检查一次,最后把视野表上所记录的各点以连线连接起来,即该眼视野的范围。正常单眼视野范围大约颞侧 90°、下方 70°、鼻侧和上方各 60°。

3. 眼底 嘱患者背光而坐,注视正前方,检查者位于患者右侧,右手持检眼镜,右眼观察患者右侧眼底,左眼相反。正常眼底可见视盘呈圆形或椭圆形,直径约为 1.5 mm,边缘整齐,色泽红,中央部分色泽较浅,呈凹状,为生理凹陷;正常血管走行呈自然弯曲,动静脉伴行,管径之比约为 2∶3。检查后应记录视盘形状、色泽、边缘是否清晰可见及视网膜、血管情况。

(三) 动眼、滑车、展神经

三对脑神经共同支配眼球运动,故同时检查。

1. 外观 观察双眼眼裂是否对称、有无上睑下垂、眼球突出或内陷、斜视或同向偏斜、自发眼震等。

2. 眼球运动 患者固定头部,双眼注视检查者手指,并随之向各个方向转动。观察两侧眼球向各个方向活动时有无受限及程度,有无复视及眼球震颤;检查辐辏运动。

3. 瞳孔及其反射

(1) 外形:观察瞳孔的位置、大小、形状及边缘是否整齐。

(2) 对光反射：用手电筒从侧面照射一侧瞳孔，可见瞳孔缩小，称为直接对光反射，对侧瞳孔同时缩小称为间接对光反射。

(3) 调节和辐辏反射：嘱患者注视前方远处检查者示指，然后迅速移动示指至患者鼻前方约 20 cm 处，正常可见双瞳孔缩小（调节反射）和双眼球内聚（辐辏反射）。

(四) 三叉神经

1. 咀嚼运动 首先观察双侧颞肌、咬肌有无萎缩；双手同时触摸两侧颞肌或咬肌，嘱患者做咀嚼动作，测试两侧肌力是否对称；嘱患者张口，观察下颌有无偏斜。一侧三叉神经运动支病变时，病侧咀嚼肌肌力减弱，张口下颌偏向患侧，病程较长时可能出现肌肉萎缩。

2. 面部感觉 用大头针、盛冷热水的玻璃试管（或音叉表面、听诊器头金属面）、棉签等测试面部皮肤的痛、温、触觉，观察有无感觉过敏、感觉减退或消失，并划出感觉障碍的分布区域，判断是三叉神经周围支区域的感觉障碍还是核性感觉障碍，注意两侧对比。

3. 反射

(1) 角膜反射（corneal reflex）：嘱患者向一侧注视，检查者以捻成细束的棉絮由侧方轻触其注视方向对侧的角膜，正常反应为双侧的瞬目动作，受试侧为直接角膜反射，对侧为间接角膜反射。角膜反射的传入通过三叉神经的眼支，中枢在脑桥，传出经由面神经，反射径路任何部位病变均可使角膜反射减弱或消失。

(2) 下颌反射：嘱患者微张口，检查者将拇指置于患者下颌正中，用叩诊锤叩击手指，引起下颌上提、闭口动作。下颌反射的传入和传出均为三叉神经，中枢在脑桥。正常人不易引出，双侧皮质脑干束病变时反射亢进。

(五) 面神经

1. 运动功能 观察额纹、眼裂和鼻唇沟是否对称，有无一侧口角低垂或口角歪斜。嘱患者行蹙额、皱眉、用力闭目、示齿、鼓腮、吹哨等动作，观察左右是否对称及有无面肌瘫痪。一侧面神经周围性（核或核下性）损害时，病侧所有面部表情肌瘫痪，表现为病侧额纹变浅或消失、皱眉不能、闭眼无力或不全、鼻唇沟变浅，鼓腮和吹哨时病侧漏气，示齿时口角歪向健侧；中枢性（皮质脑干束）损害时仅表现为病灶对侧眼裂以下面肌瘫痪，检查时应特别注意鉴别。

2. 味觉 嘱患者伸舌，检查者用棉签分别蘸取少许食糖、食盐、奎宁和食醋溶液等涂于患者一侧舌前部 2/3，令其不能讲话，仅指出预先写在纸板上的"甜、咸、酸、苦"四字之一。每测试一种溶液后要用清水漱口。两侧要分别检查并比较。面神经损害时舌前 2/3 味觉丧失（图 3-3）。

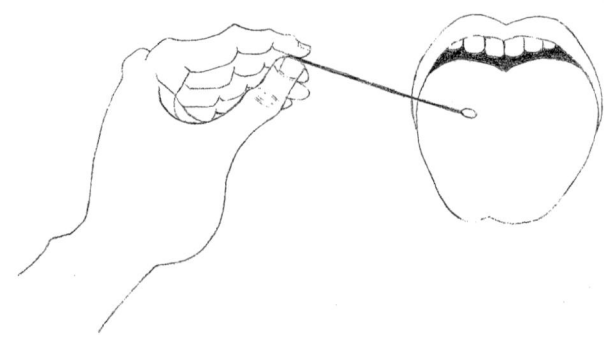

图 3-3 味觉的检查方法

3. 反射

(1) 角膜反射：见三叉神经检查。

(2) 掌颏反射：轻划手掌大鱼际肌引起同侧颏肌收缩，提示锥体束受损。双侧阳性也可见于老年人。

4. 副交感 观察有无泪液分泌异常。膝状神经节及其附近病变可致同侧泪液减少，膝状神经节远端病变导致泪液分泌增多。

（六）前庭蜗神经

1. 蜗神经

(1) 听力检查：粗略检查可用耳语、表音或音叉测试。要求环境安静，由远及近至能够听到声音为止，记录其距离，再用同法测试对侧耳听力，两侧对比，并与检查者比较。精确检查须用电测听计。

(2) 音叉试验可鉴别传导性聋和感音性聋，包括：

1) Rinne试验：将振动的音叉柄（频率为128 Hz）置于患者耳后乳突部（骨导），至听不到声音后迅速将音叉移至同侧外耳道旁（气导），直到听不到声音，再检查另一侧。正常情况下，气导能听到的时间长于骨导能听到的时间，即气导＞骨导，称为Rinne试验阳性。传导性聋时，骨导＞气导，称为Rinne试验阴性；感音性聋时，虽然是气导＞骨导，但二者时间均缩短。

2) Weber试验：将振动的音叉置于患者额顶正中，比较双耳骨导。正常时两耳感受到的声音相同。传导性聋时患侧较响，称为Weber试验阳性；感音性聋时健侧较响，称为Weber试验阴性。

2. 前庭神经 观察患者有无眩晕、呕吐、眼球震颤和平衡失调等自发性症状，也可进行前庭功能检查，包括：

(1) 转椅试验：让患者闭目坐于转椅上，头前屈30°，向一侧快速旋转10周后突然停止，让患者立即睁眼注视前方，正常可出现快相和旋转方向相反的水平性眼震，持续30 s，如小于15 s则提示前庭功能障碍。

(2) 冷热水试验（Caloric试验）：亦称外耳道冷温水灌注试验。患者无鼓膜破损时方可进行该检查。嘱患者仰卧，头部抬起30°，用冷或热水注入一侧外耳道，至引发眼球震颤时停止注入，注入热水时眼震快相向注入侧，注入冷水时眼震快相向对侧。正常情况下眼震持续约2 min，前庭病变时反应减弱或消失。

（七）舌咽、迷走神经

二者的解剖和生理关系密切，常同时受累，故同时检查。

1. 运动 询问病史时观察患者有无声音嘶哑或鼻音，有无吞咽困难和饮水呛咳。嘱患者发"啊"声，观察双侧软腭抬举是否一致，悬雍垂是否偏斜。一侧麻痹时，病侧腭弓低、软腭上提差，悬雍垂偏向健侧；双侧麻痹时，悬雍垂虽居中，但双侧软腭抬举受限甚至完全不能。

2. 感觉 用棉签或压舌板轻触两侧软腭和咽后壁黏膜，观察有无恶心反应及作呕动作。

3. 味觉 舌咽神经支配舌后1/3的味觉，检查方法同面神经。

4. 咽反射 嘱患者张口发"啊"声，用棉签轻触两侧咽后壁黏膜，引起作呕及软腭上抬动作，观察并比较两侧是否一致。一侧病变可见患侧咽反射减弱或消失。

（八）副神经

副神经支配胸锁乳突肌和斜方肌的随意活动。先观察患者有无斜颈或垂肩，有无胸锁乳突肌和斜方肌萎缩。嘱患者做转头和耸肩动作，检查者施加阻力以测试胸锁乳突肌和斜方肌的肌力，并左右比较（图3-4和图3-5）。

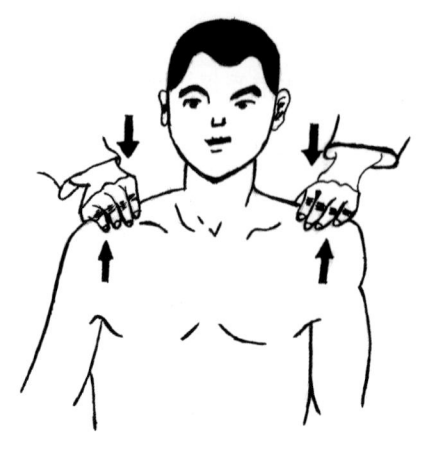  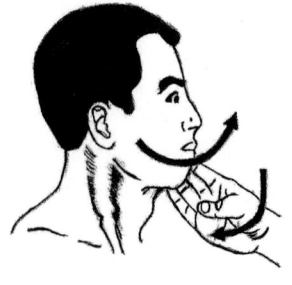

图 3-4　斜方肌检查方法　　　　　图 3-5　胸锁乳突肌检查方法

（九）舌下神经

首先观察患者舌在口腔内的位置、形态；然后嘱伸舌，观察有无偏斜、舌肌萎缩及肌束颤动。以舌尖分别顶推两侧口颊部，检查者用手指按压舌尖顶推的部位，测试舌肌肌力的强弱。一侧舌下神经周围性病变时，伸舌偏向患侧，可有舌肌萎缩及肌纤维颤动；一侧舌下神经核上性病变时，伸舌偏向病灶对侧，无舌肌萎缩和肌纤维颤动。双侧舌下神经病变时舌肌完全瘫痪而不能伸舌。

五、运动系统检查

（一）肌容积（muscle bulk）

观察比较有无肌肉萎缩、假性肥大，若有应记录其部位、分布和范围，确定是全身性、偏侧性、对称性还是局限性，是限于某周围神经支配区，还是限于某个关节活动的范围。除肉眼观察，还可用软尺测量肢体周径，相差 1 cm 以上者为异常，左右肢体应选择对称点测量周径，以避免测量误差。

（二）肌张力（muscle tone）

肌张力是指肌肉在松弛状态下的紧张度。通过触摸肌肉的硬度和被动屈伸肢体感知的阻力大小进行判断。

1. 肌张力增高　表现为肌肉较硬，被动运动时阻力增加，关节活动范围缩小。见于锥体系和锥体外系病变。根据肢体被动活动时的阻力情况可分为折刀样肌张力增高、铅管样肌张力增高和齿轮样肌张力增高。折刀样肌张力增高表现为痉挛性肌张力增高，上肢屈肌和下肢伸肌肌张力增高明显，被动活动开始时阻力大，终了时突然变小，为锥体束损害现象；铅管样肌张力增高表现为强直性肌张力增高，肢体伸肌和屈肌肌张力均增高，整个被动屈伸活动中遇到的阻力均匀一致，若同时存在肢体震颤，则在肢体被动活动过程中出现规律间隔的短时停顿，如同两个齿轮镶嵌转动，称为齿轮样肌张力增高，为锥体外系损害现象。

2. 肌张力减低　表现为肌肉松弛，被动活动时的阻力减小，关节活动的范围增大。见于下运动神经元病变、小脑病变、某些肌源性病变及脑和脊髓急性病变的休克期等。

（三）肌力（muscle strength）

肌力是指随意肌的收缩力。肌力检查有主动法和被动法。主动法是受检者做主动运动时医生观察其运动的幅度、速度和力量；被动法是检查时给予阻力，受检者用力抵抗以测其肌力。检查者嘱受检者依次做各关节运动，观察肌力是否正常或减退、注意瘫痪的部位。以关节为中心检查肌群的伸、屈、外展、内收、旋前和旋后等功能，适用于上运动神经元病变及周围神经损害引起的瘫痪。但对单神经损害及脊髓前角病变，需要对相应的单块肌肉分别进行检查。

1. 肌力分级 采用肌力六级记录法（表3-3）。嘱患者依次做有关肌肉收缩运动，并施以阻力，或嘱患者用力维持某一姿势时，检查者施力使其改变，以判断肌力。检查肌力时应注意左右对比，考虑到右利或左利的影响，两侧肢体肌力强弱存在正常差异。

表3-3　肌力的六级记录法

0级	完全瘫痪，肌肉无收缩
1级	肌肉可见收缩，但不能产生动作
2级	肢体能在床面上移动，但不能抵抗自身重力，不能抬离床面
3级	肢体能抵抗自身重力抬离床面，但不能抵抗阻力
4级	肢体能抵抗阻力，但不完全
5级	正常肌力

2. 肌群肌力测定 可分别检查四肢关节的屈、伸、内收、外展运动，来判断四肢肌群的肌力；躯干肌检查时，嘱患者仰卧位、俯卧位用力抬头抬肩，来观察腹肌及脊旁肌的收缩力。

3. 主要肌肉肌力检查方法（表3-4） 各块肌肉肌力的检查需要测试相应的具体动作的力量，并非对每一患者均要测试所有肌肉的肌力，需针对病情选择重点检查。

表3-4　主要肌肉肌力检查方法

肌肉	节段	神经	功能	检查方法
三角肌	$C_{5\sim6}$	腋神经	上臂外展	上臂水平外展位，检查者将肘部向下推
肱二头肌	$C_{5\sim6}$	肌皮神经	前臂屈曲和外旋	肘部屈曲，前臂外旋位，检查者将其伸直
肱桡肌	$C_{5\sim6}$	桡神经	前臂屈曲	同上，但前臂在半内旋、半外展位
肱三头肌	$C_{6\sim7}$	桡神经	前臂伸直	维持肘部伸直位，检查者将其屈曲
桡侧腕长肌	$C_{6\sim7}$	桡神经	腕部伸直和外展	前臂内旋，维持腕部伸直位，检查者自手背偏桡侧下压
尺侧腕伸肌	$C_{7\sim8}$	桡（骨间）神经	腕部伸直和内收	同上，检查者自手背偏尺侧压下
拇指伸肌	$C_{7\sim8}$	桡神经	拇指关节伸直	拇指伸直，检查者加阻力
桡侧腕屈肌	$C_{6\sim7}$	正中神经	腕背屈和外展	屈曲腕部，检查者在掌部偏桡侧压下
尺侧腕屈肌	$C_7\sim T_1$	正中神经	腕屈曲和内收	同上，检查者在掌部偏尺侧压下
指屈肌指	$C_7\sim T_1$	正中、尺神经	指关节屈曲	检查者于指关节处上抬
拇屈肌	$C_7\sim T_1$	正中、尺神经	拇指关节屈曲	屈拇指，检查者加阻力
髂腰肌	$L_{1\sim3}$	腰丛、股神经	髋部屈曲坐位	维持髋膝部屈曲，将大腿向足部方向推
股四头肌	$L_{2\sim4}$	股神经	膝部伸直	仰位，维持膝部伸直，检查者屈之
股内收肌群	$L_{2\sim5}$	闭孔、坐骨神经	股部内收	仰卧下肢伸直，两膝并拢，检查者分开

续表

肌肉	节段	神经	功能	检查方法
胫前肌	$L_{4\sim5}$	腓深神经	足部背屈	维持足部背屈,检查者在足背压下
姆长伸肌	$L_4\sim S_1$	腓深神经	姆趾伸直和足部背屈	足部固定于中间位置,伸直姆趾,加阻力
趾长伸肌	$L_4\sim S_1$	腓深神经	足趾伸直和足部背屈	同上,伸直足趾,加阻力
腓肠肌和比目鱼肌	$L_5\sim S_2$	胫神经	足部跖屈	膝部伸直位,跖屈足部,加阻力
姆长屈肌	$L_5\sim S_2$	胫神经	姆趾跖屈	跖屈姆趾,检查者在姆趾远端加阻力
趾长屈肌	$L_5\sim S_2$	胫神经	足趾跖屈	同上,跖屈足趾,加阻力
胫后肌	$L_5\sim S_1$	胫神经	足部内翻	足部跖屈位内旋,检查者在足内缘加阻力
臀大肌	$L_5\sim S_2$	臀下神经	髋部伸直	俯卧,膝部屈曲90°,抬膝,加阻力

C,颈;T,胸;L,腰;S,骶

4. 轻瘫试验

(1) 上肢平举试验:患者平伸上肢,掌心向上,持续数十秒后可见轻瘫侧上肢逐渐下垂,前臂旋前,掌心向内。

(2) Barre 分指试验:双手五指分开伸直,轻瘫侧手指逐渐并拢屈曲。

(3) 小指征:患者双上肢平举,掌心向下,轻瘫侧小指常轻度外展。

(4) 外旋征(Jackson征):患者仰卧双下肢伸直,轻瘫侧下肢呈外旋位。

(5) 下肢下垂试验:仰卧位,双膝、髋关节均屈曲成直角,轻瘫侧小腿渐下垂。

(四) 共济运动 (coordination movement)

首先观察患者日常生活如吃饭、穿衣、系扣、取物、写字、站立及步态等动作是否协调准确,有无言语顿挫及动作性震颤等,然后行以下检查:

1. 指鼻试验 (finger-to-nose test) 嘱患者以示指尖触及前方 0.5 cm 处检查者的示指,再触自己的鼻尖,用不同方向、速度、睁闭眼反复进行,注意两侧的动作比较。小脑半球病变时患者指鼻不准,接近目标时动作变慢或出现意向性震颤,常超过目标,称为辨距困难(dysmetria)。感觉性共济失调睁眼时指鼻稳准,闭眼时出现障碍(图3-6)。

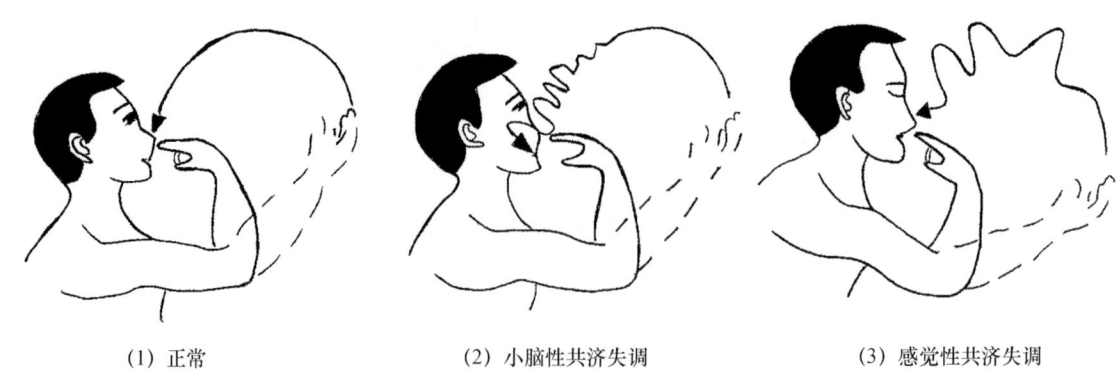

(1) 正常　　　　　(2) 小脑性共济失调　　　　　(3) 感觉性共济失调

图 3-6 指鼻试验正常和异常表现

2. 快复轮替试验 嘱患者快速做前臂旋前、旋后动作,或一手用手掌、手背连续拍打对侧手掌。小脑性共济失调患者动作笨拙、节律慢且不协调。

3. 反跳试验 也称反击征、肌回弹试验。嘱患者用力屈肘,检查者握其腕部向相反方向用力,随即突然松手,正常人因为对抗肌的拮抗作用而使前臂屈曲迅即终止,不会击中自己。

小脑病变时缺少此拮抗作用，屈曲的前臂或掌部可碰击到自己的身体。

4. 跟膝胫试验（heel-knee-shin test） 嘱患者仰卧，抬高一侧下肢，屈膝后将足跟置于对侧膝盖上，沿胫骨前缘向下移动至踝部。小脑损害患者抬腿和触膝时动作幅度大、不准确，下移时摇晃不稳。感觉性共济失调患者闭目时足跟难以准确触及膝盖。

5. 起坐试验 嘱患者仰卧位，双手交叉置于胸前，不能借助手支撑设法坐起，正常人躯干屈曲的同时并双下肢下压，小脑病变患者躯干屈曲同时双下肢向上抬离床面，起坐困难，称联合屈曲征。

6. 龙贝格试验（Romberg test） 嘱患者双足并拢站立，双手向前平伸，先睁眼后闭眼，观察其姿势平衡。若闭眼时出现摇晃不稳甚至跌倒，称 Romberg 征阳性，提示感觉性共济失调；小脑性共济失调患者无论睁眼还是闭眼都站立不稳。一侧小脑病变或前庭病变时向病侧倾倒，小脑蚓部病变时向后倾倒。

（五）不自主运动

观察患者有无不能随意控制的痉挛发作、抽动、震颤、肌束颤动、舞蹈样动作、手足徐动、扭转痉挛等，记录其部位、范围、程度和规律，及与情绪、动作、寒冷、睡眠等的关系，并注意询问家族史。

（六）姿势和步态

仔细观察患者坐、卧、立、行的姿势，可能发现对于诊断有价值的线索。嘱患者按指令行走、转弯或停止，注意其起步、步幅、步基、方向、节律、停步和协调动作的情况。根据需要尚可检查足跟行走、足尖行走和足跟挨足尖呈直线行走。常见步态异常有以下几种：痉挛性偏瘫步态、痉挛性截瘫步态、蹒跚步态、慌张步态、摇摆步态、跨阈步态等（图 3-7）。

六、感觉系统检查

检查时嘱患者闭目，切忌暗示性提问。应注意左右、上下、远近端及不同神经支配区的对比。由感觉缺失区查向正常区，感觉过敏则应由正常区向病变区检查，必要时须多次重复检查。感觉系统检查主观性强，应在环境安静、情绪平稳的情况下进行。

（一）浅感觉

如有异常，记录部位和范围。

1. 痛觉 用大头针轻刺皮肤，询问有无疼痛及疼痛程度，并进行比较。

2. 触觉 用棉签轻触皮肤或黏膜，询问是否察觉及感受的程度，或嘱患者口头计数棉签接触的次数。

3. 温度觉 分别用盛冷水（0~10℃）和热水（40~45℃）的玻璃试管接触皮肤，辨别冷或热感。

（二）深感觉

1. 运动觉 嘱患者闭目，检查者用拇指和示指轻轻捏住患者手指或足趾末节的两侧，上下移动5°左右，嘱其辨别拿捏的手指或足趾及移动的方向。如感觉不明显可加大幅度或测试较大关节，如腕、肘、踝和膝关节等。

2. 位置觉 嘱患者闭目，检查者将其肢体移动成某一姿势，让其描述该姿势或用对侧肢体模仿。

3. 振动觉 将振动的音叉（128 Hz）柄置于患者骨隆起处，如足趾、内外踝、胫骨、髌骨、髂嵴、肋骨、脊椎棘突、手指、尺桡骨茎突、锁骨、胸骨、颧骨和颞骨等部位，询问有无振动感及持续的时间，两侧对比。

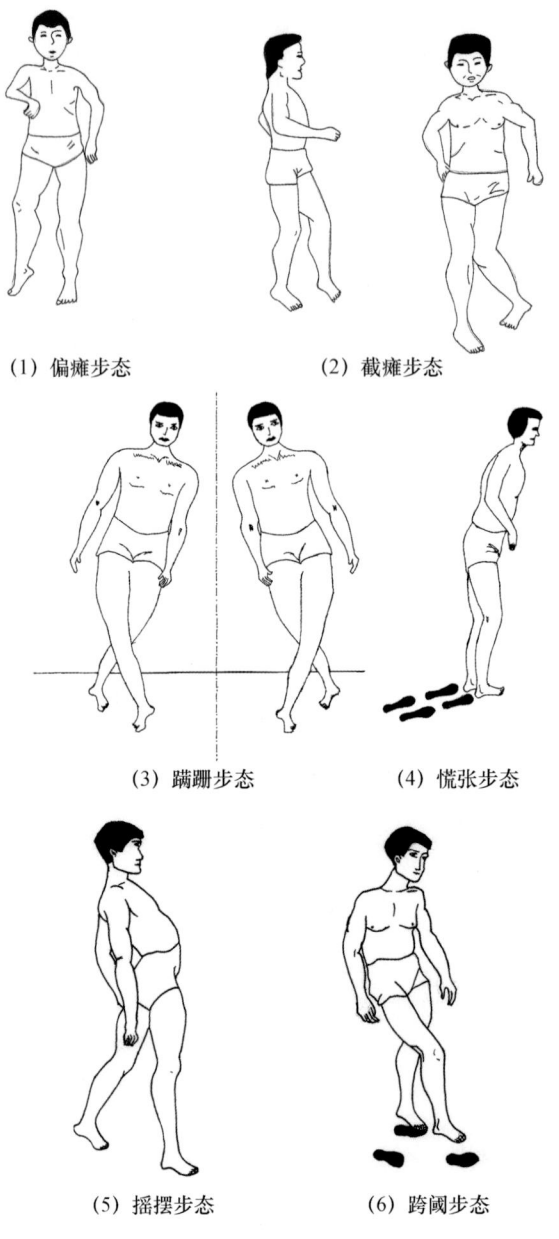

(1) 偏瘫步态　　(2) 截瘫步态

(3) 蹒跚步态　　(4) 慌张步态

(5) 摇摆步态　　(6) 跨阈步态

图 3-7　常见异常步态

（三）复合感觉

1. 实体觉　嘱患者闭目，令其单手触摸熟悉的常用物品，如钥匙、纽扣、钢笔、硬币或手表等，说出物体的大小、形状和名称。

2. 定位觉　嘱患者闭目，用竹签轻触患者皮肤，让患者用手指出触及的部位。

3. 两点辨别觉　嘱患者闭目，检查者将钝头的两脚规分开，同时接触皮肤。如患者能感受两点，则缩小两脚间距离，直至被感受为一点为止，此时两脚间距离即为两点辨别距。正常身体各处两点辨别距不同：指尖 2~4 mm，手背 2~3 cm，躯干 6~7 cm。个体差异较大，注意两侧对比。

4. 图形觉　嘱患者闭目，用竹签在患者的皮肤上画各种简单图形，如圆形、方形、三角形等或 1、2、3 等数字，请患者辨别，双侧对比。

七、反射检查

神经系统的反射检查结果客观,较少受意识活动的影响。检查时要求患者保持安静和情绪放松,做到"三个一致",即两侧肢体的姿势一致、叩击或划擦部位一致、叩击力量一致。反射活动的强弱存在个体差异,两侧不对称或改变程度明显提示定位意义。反射可描述为亢进(++++)、活跃(+++)、正常(++)、减弱(+)、消失(-)及病理反射。

(一) 深反射

1. 肱二头肌反射(biceps reflex) 由 $C_{5\sim6}$ 支配,经肌皮神经传导。患者坐位或卧位,肘部半屈,检查者左手拇指或中指置于患者肱二头肌肌腱上,右手持叩诊锤叩击左手指,反射活动为肱二头肌收缩,引起屈肘动作(图3-8)。

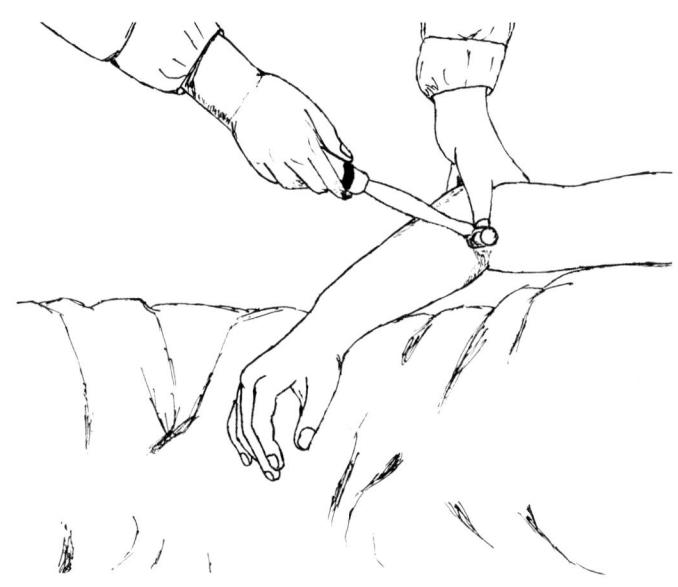

图 3-8 肱二头肌反射

2. 肱三头肌反射(triceps reflex) 由 $C_{6\sim7}$ 支配,经桡神经传导。患者坐位或卧位,肘部半屈,检查者以左手托住其肘关节,右手持叩诊锤叩击鹰嘴上方的肱三头肌肌腱,反射活动为肱三头肌收缩,引起前臂伸展动作(图3-9)。

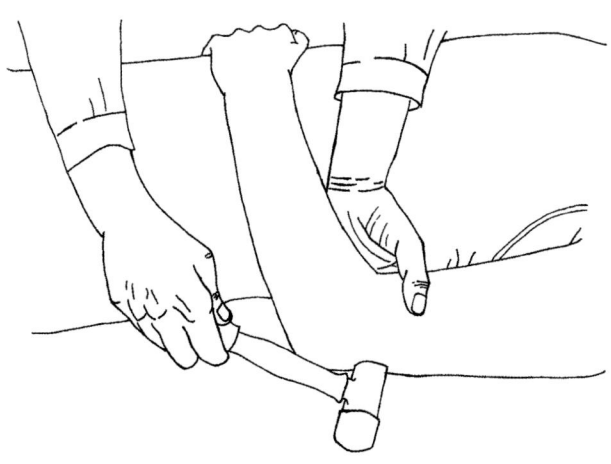

图 3-9 肱三头肌反射

3. 桡骨膜反射（radial reflex） 由 $C_{5\sim8}$ 支配，经桡神经传导。患者坐位或卧位，肘部半屈半旋前位，检查者用叩诊锤叩击其桡侧下端，反射活动表现为肱桡肌收缩，引起肘关节屈曲、前臂旋前动作（图 3-10）。

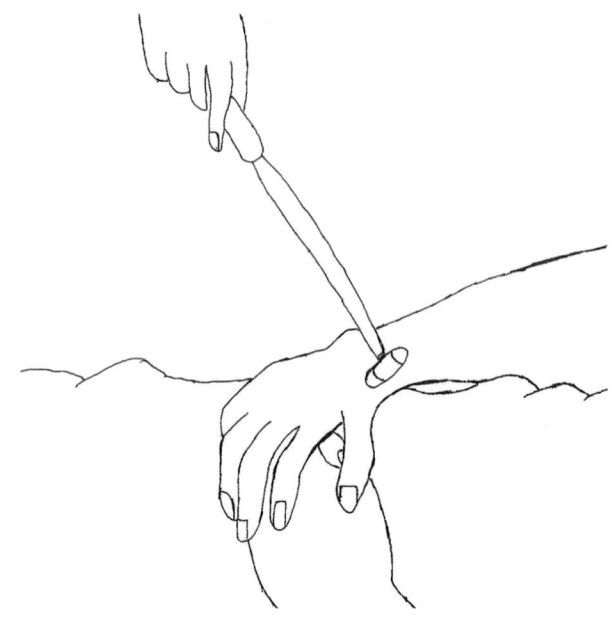

图 3-10 桡骨膜反射

4. 膝反射（knee jerk） 由 $L_{2\sim4}$ 支配，经股神经传导。患者坐位时膝关节屈曲 90°，小腿自然下垂；仰卧位时检查者左手托其膝后使膝关节呈 120° 屈曲，右手持叩诊锤叩击髌骨下方股四头肌肌腱。反射活动表现为股四头肌收缩，小腿伸展（图 3-11）。

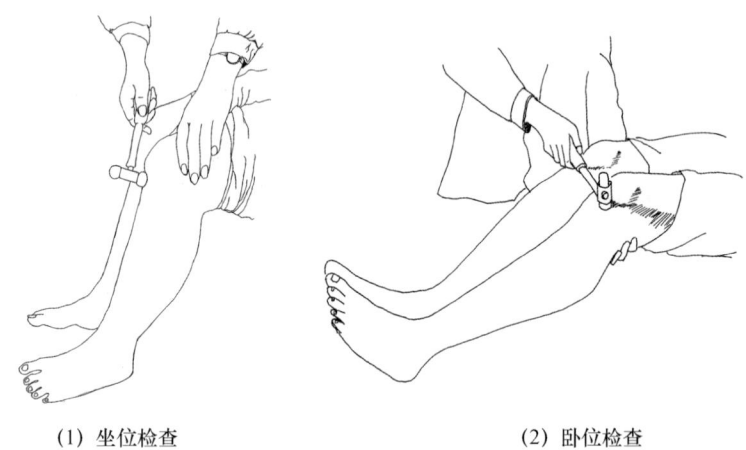

(1) 坐位检查　　　　　　　　(2) 卧位检查

图 3-11 膝反射检查法

5. 踝反射（ankle reflex） 由 $S_{1\sim2}$ 支配，经胫神经传导。患者仰卧位（或俯卧位），髋及膝关节稍屈曲，下肢取外旋外展位（屈膝 90°），检查者左手使足背屈成直角，右手持叩诊锤叩击跟腱，反射活动为腓肠肌和比目鱼肌收缩，足跖屈。

6. 阵挛（clonus） 是腱反射亢进的表现，见于锥体束损害。可表现为：①髌阵挛（knee clonus），患者仰卧，下肢伸直，检查者以拇指和示指捏住髌骨上缘，突然而迅速地将髌骨向下推移，并继续保持适当的推力，髌骨发生连续节律性上下颤动；②踝阵挛（ankle clonus），较常见，患者仰卧，检查者以左手托其腘窝，使膝关节半屈曲，右手托其足底前部，突然用力使足背屈，并继续保持适当的推力，踝关节发生节律性的往复伸屈动作（图 3-12）。

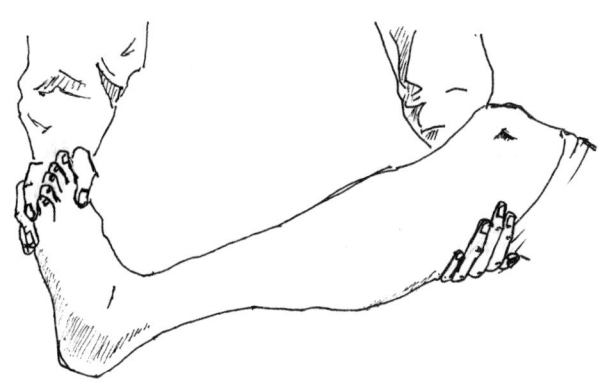

图 3-12 踝阵挛

(二)浅反射

浅反射是刺激皮肤、黏膜、角膜等引起的肌肉快速收缩反应。角膜反射、咽反射见脑神经检查。

1. 腹壁反射(abdominal reflex) 由 $T_{7\sim12}$ 支配,经肋间神经传导。患者仰卧、屈膝,用竹签沿肋弓下缘($T_{7\sim8}$)、平脐($T_{9\sim10}$)和腹股沟上($T_{11\sim12}$),由外向内轻划腹壁皮肤,反射活动表现为上、中、下腹壁肌肉的收缩,分别为上、中、下腹壁反射。老年人、肥胖者及经产妇可引不出(图 3-13)。

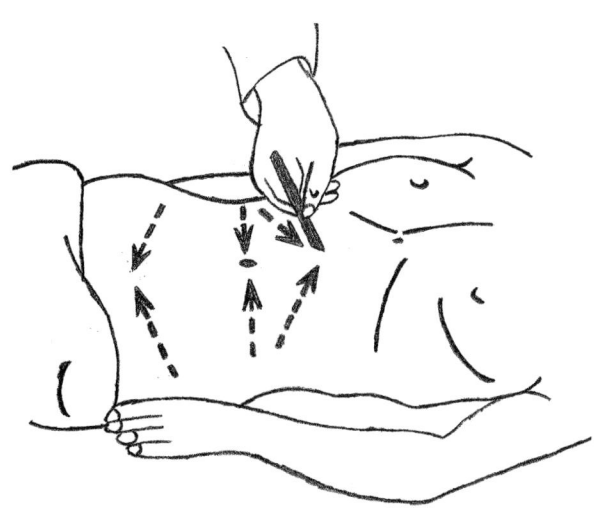

图 3-13 腹壁反射检查法

2. 提睾反射(cremasteric reflex) 由 $L_{1\sim2}$ 支配,经闭孔神经传入,生殖股神经传出。用竹签由下向上轻划患者大腿内侧上部皮肤,表现为同侧提睾肌收缩,睾丸上提。年老体衰者可引不出。

3. 肛门反射(anal reflex) 由 $S_{4\sim5}$ 支配,经肛尾神经传导。患者取胸膝卧位或侧卧位,用竹签轻划患者肛门周围皮肤,表现为肛门外括约肌的收缩。

4. 跖反射(plantar reflex) 由 $S_{1\sim2}$ 支配,经胫神经传导。用竹签由后向前自足跟至小趾根部轻划足底外侧,表现为足趾跖屈。

(三)病理反射(pathologic reflex)

1. 巴宾斯基征(Babinski sign) 用竹签由后向前轻划患者足底外侧,至小趾跟部转向内侧,正常为所有足趾的屈曲,阳性反应为𝺆趾背屈,其余各趾呈扇形展开(图 3-14)。

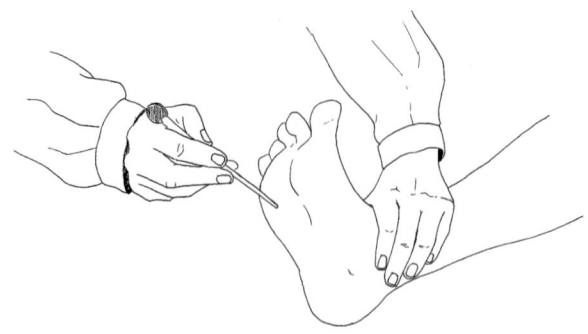

图 3-14　巴宾斯基征

2. 查多克征（Chaddock sign）　用竹签在外踝下方由后向前轻划至足背外侧，阳性反应同 Babinski 征。

3. 奥本海姆征（Oppenheim sign）　用拇指和示指沿胫骨前缘自上而下用力推移至踝上方，阳性反应同 Babinski 征。

4. 戈登征（Gordon sign）　用手挤压腓肠肌，阳性反应同 Babinski 征。

另外，Schaeffer 征（用手挤压跟腱）、Gonda 征（用力下压第 4、5 足趾，数分钟后突然放开）、Pussep 征（轻划足背外侧缘），阳性反应均为趾背屈。下述霍夫曼征和罗索利莫征实际上是牵张反射，阳性常提示锥体束损害，因此习惯上也归于病理反射（图 3-15）。

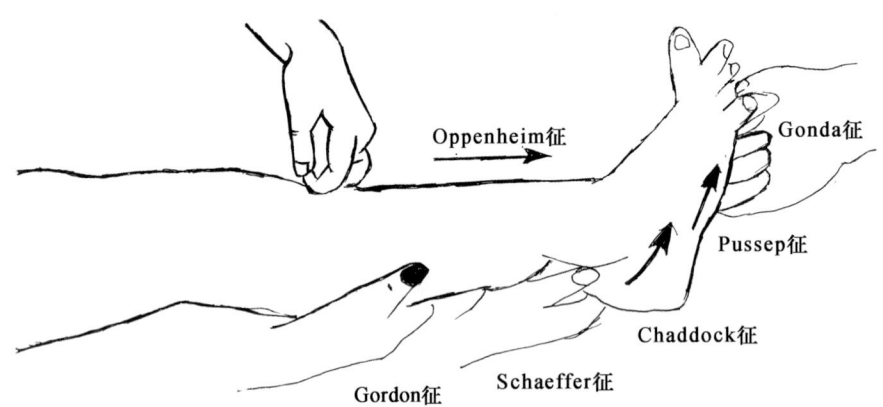

图 3-15　几种病理反射检查法

5. 霍夫曼征（Hoffmann sign）　由 $C_7 \sim T_1$ 支配，经正中神经传导。检查者以左手握住患者腕部，使其腕部略背屈，右手示指和中指夹住患者中指第二指节，拇指向下迅速弹刮患者的中指指盖，阳性反应为拇指屈曲内收及其他各指的屈曲动作（图 3-16）。

图 3-16　霍夫曼征检查法

6. 罗索利莫征（Rossolimo sign） 由 L_5~S_1 支配，经胫神经传导。患者仰卧，双下肢伸直，检查者用叩诊锤叩击患者足趾基底部跖面，亦可用手指掌面弹击患者各趾跖面，阳性反应为足趾向跖面屈曲。

八、脑膜刺激征

脑膜刺激征包括颈强直、凯尔尼格（Kernig）征和布鲁津斯基（Brudzinski）征等。颈上节段的脊神经根受刺激引起颈强直，腰骶节段脊神经根受刺激则出现 Kernig 征和 Brudzinski 征。脑膜刺激征见于脑膜炎、蛛网膜下腔出血、脑炎、脑水肿及颅内压增高等，脑膜刺激征伴发热常提示中枢神经系统感染，不伴发热合并短暂昏迷可能提示蛛网膜下腔出血，深昏迷时脑膜刺激征可消失。

1. 颈强直 患者仰卧，双下肢伸直，检查者轻托患者枕部并使其头部前屈，如屈颈受限，颈部抵抗明显，称为颈强直，但须除外颈椎病。正常屈颈时下颌可触及胸骨柄。

2. 凯尔尼格征（Kernig sign） 患者仰卧，检查者托起患者一侧下肢于髋、膝关节屈曲90°，一手固定其膝关节，另一手握住足跟，将小腿慢慢上抬，使其被动伸展膝关节，若患者伸直受限并出现疼痛，大、小腿间夹角小于135°，为 Kernig 征阳性（图 3-17）。

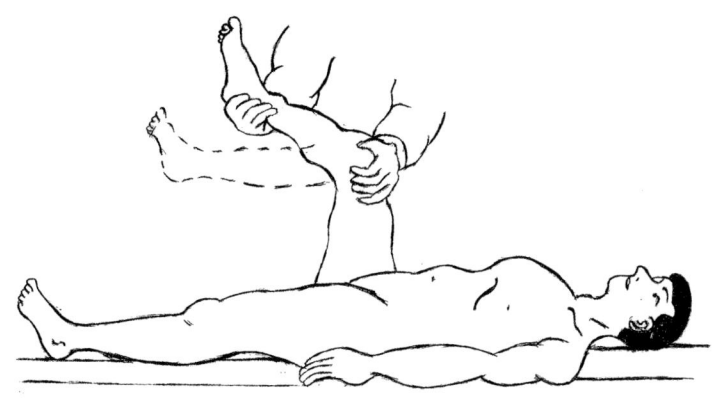

图 3-17 凯尔尼格征检查法

3. 布鲁津斯基征（Brudzinski sign） 患者仰卧，双下肢伸直，屈颈时出现双侧髋、膝关节屈曲为 Brudzinski 征阳性（图 3-18）。

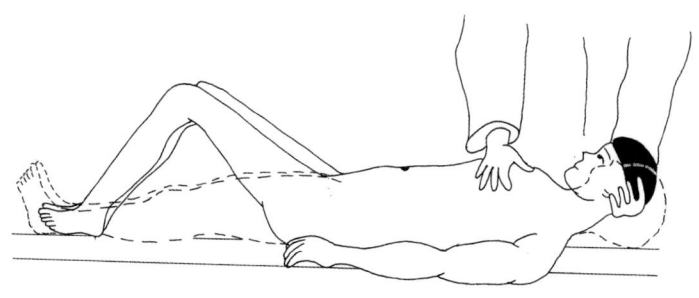

图 3-18 布鲁津斯基征检查法

九、自主神经功能检查

（一）一般检查

1. 皮肤黏膜 注意观察颜色（有无苍白、潮红、发绀、色素沉着或色素脱失）、温度（升高或降低)、质地(有无变硬、增厚、菲薄、干燥、潮湿)及局部水肿、溃疡或压疮,有无汗液分泌异常(多汗、少汗、无汗等)。

2. 毛发与指甲　观察有无多毛、脱毛及毛发分布异常,有无指甲变形、松脆等。

(二) 括约肌功能及性功能

有无尿潴留或尿失禁,有无大便秘结或大便失禁;有无阳痿或月经失调,有无性功能减退或性功能亢进。

(三) 自主神经反射

1. 竖毛反射　搔划或用冰块刺激患者皮肤,可引起竖毛肌收缩,局部出现竖毛反应,毛囊隆起如鸡皮状,逐渐向周围扩散,正常人刺激后 7~10 s 最明显,15~20 s 后消失。竖毛反射受交感神经节段性支配,即 C_8~T_3 支配面部和颈部,$T_{4~7}$ 支配上肢,$T_{8~9}$ 支配躯干,T_{10}~L_2 支配下肢。竖毛反应扩展至脊髓横贯性损害的平面停止,可帮助判断脊髓损害的部位。

2. 卧立位试验　患者由平卧突然直立,变换体位后如每分钟脉搏增加超过 12 次,提示交感神经功能亢进;再由直立转为平卧,变换体位后如果每分钟脉搏减慢超过 12 次,提示副交感神经功能亢进。

3. 皮肤划痕试验　用竹签适度加压在患者皮肤上划一条线,数秒后出现先白后红的条纹为正常。如果出现白色条纹持续时间超过 5 min,提示交感神经兴奋性增高;如果红色条纹增宽、隆起,持续时间较长,提示副交感神经兴奋性增高或交感神经麻痹。

4. 眼心反射　压迫眼球引起心率减慢的变化称为眼心反射。嘱患者安静卧床 10 min 后计数 1 min 脉搏,然后压迫患者双侧眼球(压力不致产生疼痛为限)20~30 s 后再计数脉搏。正常情况每分钟脉搏减慢 10~12 次,迷走神经功能亢进者每分钟脉搏减慢 12 次以上,迷走神经麻痹者脉搏无变化,交感神经功能亢进者脉搏不减慢甚至加快。

十、脑血管检查

规范的脑血管临床检查是脑血管狭窄识别的基础,可以获得其他检查不能得到的大量信息。一般来讲,标准的临床检查包括触诊、血压测量和脑血管听诊。

(一) 触诊

标准的触诊包括双侧颈动脉和桡动脉的触诊。如果颈动脉一侧搏动减弱,提示颈动脉可能有狭窄,同时在颈动脉触诊时注意有无因杂音带来的颤动。注意双侧桡动脉脉搏是否对称,观察有无一侧减弱或消失,桡动脉搏动减弱提示同侧锁骨下动脉可能存在狭窄。

(二) 四肢血压测量

特别是双上肢血压,正常情况下双侧大致对称,如果收缩压相差 20 mmHg 以上,低的一侧可能存在同侧锁骨下动脉的狭窄或闭塞。临床多见于多发性动脉炎,可引起脑缺血症状,包括头痛、头晕、晕厥、局部短暂性脑缺血发作、卒中等。

(三) 脑血管听诊

1. 脑血管的听诊要掌握几个要点:①选择合适的听诊器,一般要使用杯式听诊器,而不是膜式听诊器;②掌握正确的听诊部位,标准听诊区有四个,包括颈动脉听诊区、椎动脉听诊区、锁骨下动脉听诊区和眼动脉听诊区(图 3-19);③如果闻及杂音,要注意其部位、强度、性质、音调、传播方向和出现时间,以及患者姿势改变和呼吸等对杂音的影响,要区分是听诊动脉的杂音还是其他动脉传导过来的杂音;④颈动脉和锁骨下动脉听诊时,如果未听到杂音可通过加压的方式诱发；⑤除了杂音之外，与对侧相比的声音减弱也是重要的狭窄征象。

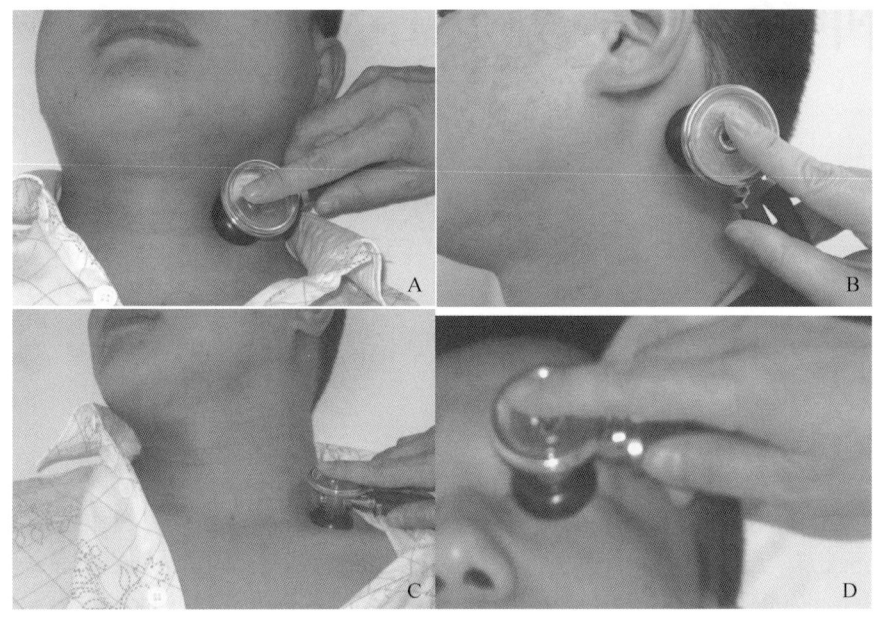

图 3-19 脑血管听诊区
A：颈动脉听诊区；B：椎动脉听诊区；C：锁骨下动脉听诊区；D：眼动脉听诊区

2. 检查方法与部位 患者取坐位或卧位，采用杯式听诊器检查，分别听诊颈动脉、椎动脉、锁骨下动脉和眼动脉听诊区。听诊时注意力要集中，可同时触患者脉搏，仔细寻找有无与脉搏同步的血管杂音。

3. 杂音的临床意义

（1）颈部大血管区血管杂音：应考虑颈动脉或椎动脉狭窄。颈动脉狭窄的典型杂音发自颈动脉分叉部，并向下颌部放射，出现于收缩中期，呈吹风样高音调性质。这种杂音往往提示强劲的颈动脉血流和颈动脉粥样硬化狭窄，但也可见于健侧颈动脉，可能是代偿性血流增快的关系。

（2）锁骨上窝区血管杂音：提示锁骨下动脉狭窄，见于颈肋压迫。

（3）颈静脉杂音：最常出现于右颈下部，随体位变动、转颈、呼吸等改变其性质，故与动脉杂音不同。右锁骨上窝听到低调、柔和、连续性杂音，则可能为颈静脉流入上腔静脉口径较宽的球部所产生，这种静脉音是生理性的，用手指压迫颈静脉后即可消失。

（赵文杰）

第4章 神经系统疾病的常见症状

第一节 意识障碍及脑死亡

一、意识障碍

意识是大脑功能活动的综合表现,是人对自身及外界环境进行认识和作出适宜反应的基础,包括觉醒状态与意识内容两个组成部分。意识的维持依赖于大脑皮质的兴奋。脑干上行网状激活系统(ascending reticular activating system)接受各种感觉信息的侧支传入,组成非特异性投射系统将兴奋上传至双侧丘脑非特异性核团,再由此弥散投射至整个大脑皮质,使之维持觉醒状态。正常意识是指觉醒水平和意识水平都处于正常状态,语言流畅、思维敏锐、表达准确、行为和情绪正常,对刺激的反应敏捷,脑电生理正常。

意识障碍是脑和脑干功能活动的抑制状态,表现为人对自身及外界认识状态以及知觉、记忆、定向和情感等精神活动不同程度的异常。脑和脑干功能活动的不同抑制程度决定了不同的意识障碍水平。意识障碍可表现为意识水平下降和意识内容变化两方面。意识水平下降可表现为嗜睡、昏睡和昏迷,其正常觉醒状态有赖于脑干网状结构上行激活系统的完整;意识内容是指人的知觉、思维、记忆、注意、智能、情感、意志活动等心理过程(精神活动),还有通过言语、听觉、视觉、技巧性运动及复杂反应与外界环境保持联系的机敏力,属大脑皮质的功能。

(一)分类

1. 以意识水平下降为主的意识障碍

(1)嗜睡(somnolence):是意识障碍的早期表现。患者表现为睡眠时间过度延长,能被叫醒,醒后可勉强配合检查及回答简单问题,但刺激停止后又继续入睡。

(2)昏睡(sopor):是一种较嗜睡更严重的意识障碍。患者处于沉睡状态,须经高声呼唤或其他较强烈刺激方可唤醒,对言语的反应能力尚未完全丧失,可作含糊、简单而不完全的答话,停止刺激后又很快入睡。

(3)昏迷(coma):昏迷是最严重的意识障碍。昏迷的实质是患者意识完全丧失,各种强刺激均不能使其觉醒,无有目的的自主活动,不能自发睁眼,缺乏睡眠-觉醒周期。

Glasgow 昏迷程度评定量表依据睁眼、言语刺激的回答及命令动作的情况对意识障碍的程度进行评估,见表 4-1。

表 4-1 昏迷程度的鉴别

昏迷程度	无意识自发动作	对疼痛刺激反应	腱反射	脑干反射*	生命体征
浅昏迷	可有	有回避动作和痛苦表情	存在	存在	尚平稳
中度昏迷	很少	强刺激有防御反射活动	减弱或消失	减弱或消失	轻度紊乱
深昏迷	无	无	消失	消失	明显紊乱

*脑干反射:瞳孔对光反射、角膜反射、咳嗽反射和吞咽反射等

2. 以意识内容改变为主的意识障碍

（1）意识模糊（confusion）：表现为注意力减退、定向障碍、情感淡漠、活动减少、语言缺乏连贯性，对声、光、疼痛等外界刺激能表现出反应，但低于正常水平。

（2）谵妄状态（delirium）：是一种急性的脑高级功能障碍，患者对客观环境的认识及反应能力均有不同程度的下降，表现为定向障碍、注意涣散、记忆功能受损、思维推理迟钝、语言功能障碍、睡眠-觉醒周期紊乱。常有错觉、幻觉、紧张、恐惧或兴奋不安，甚至可有冲动攻击行为。病情常呈波动性，夜间加重，白天减轻，常持续数小时或数天。发作时意识障碍明显，间歇期可完全清楚。

3. 特殊类型的意识障碍

（1）去皮质综合征（decorticated syndrome）：指因双侧大脑皮质广泛损害所致皮质功能受损而皮质下功能仍保存。患者意识丧失，但有睡眠-觉醒周期，醒时睁眼似能视物或双眼无目的游动，对光反射、角膜反射仍存在，强握、吸吮等原始反射可保留，可无意识地咀嚼和吞咽，对疼痛刺激有回避动作。不能理解言语，亦无自发言语及目的动作。大小便失禁。呈上肢屈曲内收、下肢伸直、足屈曲的去皮质强直姿势，四肢肌张力增高，双侧锥体束征阳性，常有病理征。常见于急性缺血缺氧性脑病、脑炎、中毒或脑外伤所致的大脑皮质广泛受损。

（2）无动性缄默症（akinetic mutism）：是脑干上部或丘脑的网状激活系统及前额叶-边缘系统损害所致，而大脑半球及其传出通路无病变。患者存在睡眠-觉醒周期，有类似觉醒时自发性睁眼、注视、追视动作，对疼痛刺激可有四肢反射性缩回，无咀嚼动作，可吞咽流食，无随意运动、自发言语及情绪反应，有二便失禁。可有肌张力减低，无锥体束征。主要见于急性脑干梗死。

（3）植物状态（vegetative state）：是大脑半球严重受损而脑干功能相对保留的一种状态。患者保留呼吸、心跳、血压、体温、消化功能及睡眠-觉醒周期，能够自发睁眼或刺激下睁眼，但丧失对自我和周围环境的认知能力。外周感官刺激不能诱导随意性或有目的的行为反应，无语言表达和理解能力。大小便失禁。保留部分脑干和脊髓反射，如回避动作、咀嚼、吸吮反射等。该病的病因 2/3 为外伤性，1/3 为非外伤性，包括感染、卒中、中毒、缺血缺氧、肿瘤和退行性病变等。持续植物状态（persistent vegetative state）指颅脑外伤后植物状态持续 12 个月以上，其他原因持续在 3 个月以上，意识恢复可能性不大。

（二）病因

意识障碍的病因可见于多种疾病。以是否伴有神经系统定位体征区分神经系统疾病与全身其他系统疾病，详见表 4-2。

（三）意识障碍的鉴别诊断

一些特殊的精神、神经症状易被误诊为意识障碍，应注意加以鉴别。

1. 闭锁综合征（locked-in syndrome） 又称去传出状态，病变位于脑桥基底部，双侧皮质脊髓束和皮质脑干束均受累，导致双侧展神经核及以下运动性传出功能丧失。患者表现为眼球不能向两侧转动，不能张口，四肢瘫痪，不能言语。但大脑半球和脑干被盖部网状激活系统无损害，因此意识清楚，对言语理解无障碍，并且动眼、滑车神经的功能保留，故能以瞬目和眼球垂直运动示意与周围建立联系。本综合征可由脑血管病、感染、肿瘤、脱髓鞘病等引起。

2. 意志缺乏症（abulia） 患者处于清醒状态，运动及感觉功能存在，记忆功能尚好，但因缺乏始动性而不语少动，对刺激无反应、无欲望，呈严重淡漠状态，可有额叶释放反射，如掌颏反射、吸吮反射等。本症多由双侧额叶病变所致，常见于精神分裂症和痴呆。

表 4-2　意识障碍的病因

损伤部位	常见病因
颅内局限性疾病	脑血管病：脑出血、脑梗死、短暂性脑缺血发作等； 颅内占位性病变：原发性或转移性颅内肿瘤、脑脓肿、脑肉芽肿、脑寄生虫囊肿等； 颅脑外伤：脑挫裂伤、硬膜下血肿、硬膜外血肿等
颅内弥漫性病变	颅内感染性疾病（各种脑炎、脑膜炎、蛛网膜炎、室管膜炎、颅内静脉窦感染等）、弥漫性颅脑损伤、蛛网膜下腔出血、脑水肿、脑变性及脱髓鞘病变
癫痫发作	
全身感染性疾病	各种败血症、感染中毒性脑病等
中毒	内源性中毒：肝性脑病、肾性脑病、肺性脑病、糖尿病性昏迷、黏液水肿性昏迷、垂体危象、甲状腺危象、肾上腺皮质功能减退性昏迷、乳酸酸中毒等； 外源性中毒：一氧化碳、重金属及其他工业毒物、乙醇、农药、植物或动物类中毒等
正常物质缺乏	缺氧：严重贫血、正铁血红蛋白血症及高铁血红蛋白血症等（血氧分压正常而含氧量降低）、肺部疾病、窒息及高山病等（血氧分压及含氧量降低）； 缺血：心排血量减少的各种心律失常、心力衰竭、心脏停搏、心肌梗死、脑血管阻力增加的高血压脑病、高黏血症、血压降低性休克等； 低血糖：如胰岛素瘤、严重肝病、胃大部切除术后、胰岛素注射过量及饥饿等
水、电解质、酸碱平衡紊乱	高渗性昏迷、低渗性昏迷、酸中毒、碱中毒、高钠血症、低钠血症、低钾血症、低钙血症、高钙血症等
药物过量或戒断后	抗高血压药物、西咪替丁、胰岛素、抗胆碱能药物、抗癫痫药物、抗帕金森病药物、阿片类、水杨酸类、类固醇、巴比妥类、麻醉药物、其他镇静药物等
物理性损害	日射病、热射病、电击伤、溺水等

3. 木僵（stupor） 表现为不语不动，不吃不喝，对外界刺激缺乏反应，甚至出现大小便潴留，多伴有蜡样屈曲，违拗症，言语刺激触及其痛处时可有流泪、心率增快等情感反应，缓解后多能清楚回忆发病过程。见于精神分裂症的紧张性木僵、严重抑郁症的抑郁性木僵、反应性精神障碍的反应性木僵等。

4. 晕厥（syncope） 是指由于大脑半球及脑干血液供应减少导致的伴有姿势张力丧失的发作性意识丧失。在晕厥前通常会有乏力、头晕、面色苍白、大汗等先兆症状，在晕厥期有意识丧失，并伴有血压下降、脉弱及瞳孔散大，有时可伴有尿失禁，及时处理后可完全恢复。

5. 癔症发作（hysteria attack） 有时易误认为意识障碍，但起病多有精神因素，患者发病时仍有情感反应（如眼角噙泪）及主动抗拒动作（如扒开其上睑时眼球有回避动作或双睑闭得更紧）。四肢肌张力多变或挣扎、乱动。神经系统无阳性体征，心理治疗可获迅速恢复。

6. 发作性睡病（hypnolepsy） 是一种不可抗拒的病理性睡眠。常在正常人不易入睡的场合下，如行走、骑车、工作、进食等情况下入睡，持续数分钟至数小时，可被唤醒。多伴有睡眠瘫痪、入睡幻觉及猝倒发作。

二、脑死亡

脑死亡（brain death）是大脑和脑干功能全部丧失的不可逆转状态。脑死亡标准的确立对指导医生正确地实施复苏与抢救，确定准确的死亡时间，减少法律纠纷，合理有效地分配有限的医学资源，推进器官移植的开展等方面均具有重要意义。20 世纪 70 年代，我国开始了脑死亡判定的理论研讨与临床实践。2003 年《中华医学杂志》等主要杂志刊登了国家卫生部（现卫生健康委员会）脑死亡判定标准起草小组制订的《脑死亡判定标准（成人）（征求意见稿）》

和《脑死亡判定技术规范（成人）（征求意见稿）》。2012年3月，国家卫生部批准首都医科大学宣武医院作为国家卫生部脑损伤质控评价中心。2013年，该中心在前期临床实践与研究的基础上，对上述2个文件进行了修改与完善。

（一）脑死亡判定标准与判定技术规范

1. 判定的先决条件

（1）昏迷原因明确：原发性脑损伤引起的昏迷包括颅脑外伤、脑血管疾病等，继发性脑损伤引起的昏迷主要为心搏骤停、麻醉意外、溺水、窒息等所致的缺氧性脑病。昏迷原因不明确者不能实施脑死亡判定。

（2）排除了各种原因的可逆性昏迷：包括急性中毒（如一氧化碳中毒、乙醇中毒、镇静催眠药物中毒、麻醉药物中毒、抗精神病药物中毒、肌肉松弛药物中毒等）、低温（膀胱温度或肛温≤32℃）、严重电解质及酸碱平衡紊乱、严重代谢及内分泌功能障碍（如肝性脑病、尿毒症性脑病、低血糖或高血糖性脑病等）。

2. 临床判定标准

（1）深昏迷：拇指分别强力压迫患者两侧眶上切迹或针刺面部，不应有任何面部肌肉活动。格拉斯哥昏迷量表（GCS）评分为3分。应注意：任何刺激必须局限于头面部；三叉神经或面神经病变时，不应轻率判定为深昏迷；颈部以下刺激时可引起脊髓反射，脑死亡时枕骨大孔以下的脊髓可能存活，仍有脊髓反射和（或）脊髓自动反射；脑死亡时不应有去大脑强直、去皮质强直和痉挛发作。

（2）脑干反射消失：包括瞳孔对光反射、角膜反射、头眼反射、前庭眼反射、咳嗽反射，上述5项脑干反射全部消失，即可判定为脑干反射消失；若5项脑干反射中有不能判定的项目时，应增加确认试验项目。

（3）无自主呼吸：靠呼吸机维持通气，自主呼吸激发试验证实无自主呼吸。

以上3项临床判定必须全部具备。

3. 确认试验

（1）短潜伏期体感诱发电位（short latency somatosensory evoked potential，SLSEP）：显示双侧N9和（或）N13存在，P14、N18和N20消失时，符合SLSEP脑死亡判定标准。注意应保持被检侧肢体皮肤温度正常（低温可使诱发电位潜伏期延长）；电极安放部位外伤或水肿、锁骨下静脉置管、正中神经病变、颈髓病变以及周围环境电磁场干扰等均可影响结果判定，此时SLSEP结果仅供参考，脑死亡判定应以其他确认试验为据。

（2）脑电图：显示电静息（脑电波活动≤2μV）时，符合脑电图脑死亡判定标准。应注意，使用镇静麻醉药物可影响脑电图判定，此时脑电图结果仅供参考。另外，电极安放部位外伤或水肿可能影响脑电图记录，脑死亡判定应以其他确认试验为据。

（3）经颅多普勒超声（transcranial Doppler，TCD）：在TCD检测中，前循环以双侧大脑中动脉为主要判定血管，后循环以基底动脉为主要判定血管。呈现出振荡波（reverberating flow）、收缩早期尖小收缩波（small systolic peaks in early systole）、血流信号消失，时间间隔为30 min，检测2次。2次检测颅内前循环和后循环均为上述任一血流频谱，则符合TCD脑死亡判定标准。

确认试验的优选顺序依次为正中神经短潜伏期体感诱发电位、脑电图、经颅多普勒超声。确认试验应至少2项符合脑死亡判定标准。

4. 判定时间　临床判定和确认试验结果均符合脑死亡判定标准者可首次判定为脑死亡，首次判定12 h后再次复查，结果仍符合脑死亡判定标准者，方可最终确认为脑死亡。

(二) 主要技术规范及注意事项

1. 脑干反射判定方法及注意事项

(1) 瞳孔对光反射：用强光照射瞳孔，观察有无缩瞳反应。光线从侧面照射一侧瞳孔，观察同侧瞳孔有无缩小（直接对光反射），检查一侧后再检查另一侧。光线照射一侧瞳孔，观察对侧瞳孔有无缩小（间接对光反射），检查一侧后再检查另一侧。上述检查应重复进行。双侧直接和间接对光反射检查均无缩瞳反应即可判定为瞳孔对光反射消失。脑死亡者多数双侧瞳孔散大（>5 mm），少数瞳孔可缩小或双侧不等大。因此，不应将瞳孔大小作为脑死亡判定的必要条件。眼部疾病或外伤可影响瞳孔对光反射的判定，判定结果应慎重。

(2) 角膜反射：抬起一侧上眼睑，露出角膜，用棉花丝触及角膜周边部，观察双眼有无眨眼动作。检查一侧后再检查另一侧。双眼均无眨眼动作即可判定为角膜反射消失。

需要注意的是，即使未见明确眨眼动作，但上下眼睑和眼周肌肉有微弱收缩时，不应判定为角膜反射消失。眼部疾病或外伤、三叉神经或面神经病变均可影响角膜反射判定，判定结果应慎重。

(3) 头眼反射：用手托起头部，撑开双侧眼睑，将头从一侧快速转向对侧，观察眼球是否向反方向转动，检查一侧后再检查另一侧。当头部向左侧或向右侧转动时，眼球无向反方向转动，即可判定为头眼反射消失。眼外肌疾病可影响头眼反射判定，判定结果应慎重。颈椎外伤时禁止此项检查，以免损伤脊髓。

(4) 眼前庭反射：用弯盘贴近外耳道，以备注入的水流出。注射器抽吸 0~4℃ 盐水 20 ml，注入一侧外耳道，注入时间 20~30 s，同时撑开两侧眼睑，观察有无眼球震颤。注水后观察 1~3 min，若无眼球震颤即可判定为眼前庭反射消失。检查前须用耳镜检查两侧鼓膜有无损伤，若有破损则不做此项检查。外耳道内有血块或堵塞物时，清除后再行检查。即使没有明显的眼球震颤，但可见微弱眼球运动时，不应判定眼前庭反射消失。头面部或眼部外伤、出血、水肿可影响眼前庭反射判定，判定结果应慎重。本检查方法与耳鼻喉科使用的温度试验不同，后者采用 20℃ 的冷水或体温±7℃ 的冷热水交替刺激，不能用于脑死亡判定。

(5) 咳嗽反射：用长度超过人工气道的吸引管刺激受检者气管黏膜，引起咳嗽反射。刺激气管黏膜无咳嗽动作，判定为咳嗽反射消失。刺激气管黏膜时，出现胸、腹部运动，不能判定为咳嗽反射消失。

2. 无自主呼吸判定方法及注意事项 脑死亡者无自主呼吸，必须依靠呼吸机维持通气。判定无自主呼吸，除根据肉眼观察胸、腹部有无呼吸运动外，还须通过自主呼吸激发试验验证，并严格按照以下步骤和方法进行。

(1) 先决条件：①膀胱温度或肛温≥36.5℃，如体温低于这一标准，应予升温。②收缩压≥90 mmHg（1 mmHg=0.133 kPa）或平均动脉压≥60 mmHg，如血压低于这一标准，应予升压药物。③动脉氧分压（PaO_2）≥200 mmHg，如低于这一标准，可吸入 100% 氧气 1~15 min。④动脉二氧化碳分压（$PaCO_2$）35~45 mmHg，如低于这一标准，可减少每分钟通气量；慢性二氧化碳潴留者 $PaCO_2$ 可大于 45 mmHg。

(2) 试验方法与步骤：①脱离呼吸机后即刻将输氧导管通过人工气道置于隆突水平，输入 100% 氧气 6 L/min；②密切观察胸、腹部有无呼吸运动；③脱离呼吸机 8~10 min，抽取动脉血检测 $PaCO_2$，恢复机械通气。

(3) 结果判定：$PaCO_2$≥60 mmHg 或 $PaCO_2$ 超过原有水平 20 mmHg，仍无呼吸运动，即可判定无自主呼吸。

(4) 注意事项：自主呼吸激发试验过程中可能出现明显的血氧饱和度下降、血压下降、心率减慢以及心律失常等，此时须即刻终止试验，并宣告本次试验失败。为了避免自主呼吸激发试验对下一步确认试验的影响，须将该试验放在脑死亡判定的最后一步。

3. 判定步骤　脑死亡判定可分为 3 个步骤：第 1 步，进行脑死亡临床判定，符合判定标准（深昏迷、脑干反射消失、无自主呼吸）。第 2 步，进行脑死亡确认试验，至少 2 项符合脑死亡判定标准。第 3 步，进行脑死亡自主呼吸激发试验，验证无自主呼吸。上述 3 个步骤均符合脑死亡判定标准时，确认为脑死亡。

4. 判定人员　实施脑死亡判定的医师至少 2 名，并要求是从事临床工作 5 年以上的执业医师。

第二节　眩　晕

眩晕（vertigo）是自身或外界物体的运动性幻觉，是机体对自身平衡和空间位置的自我体会错误，表现为患者主观感觉自身或外界物体呈旋转、升降、倾斜等。

（一）解剖学基础

机体的平衡及定向功能是由视觉、深感觉和前庭系统（平衡三联）三者共同完成的。视觉提供周围物体的方位和机体与周围物体的关系。深感觉包括肌肉及关节的位置觉、运动觉、振动觉。前庭系统分为前庭中枢部分（以前庭神经核为界，包括前庭神经核及以上部分）和前庭周围部分（前庭神经核以下部分），负责感知身体空间位置，并维持姿势平衡。各种外界刺激通过平衡三联传入皮质中枢，反射性调节机体的平衡。各种原因引起的平衡三联、平衡调节中枢、传导径路及中继核的功能障碍均可导致眩晕，但眩晕多见于前庭系统功能障碍。

前庭神经传导径路：分布于三个半规管的壶腹嵴、椭圆囊和球囊的双极细胞周围突（人体动态平衡功能的外周感受器）→内耳前庭神经节双极细胞（1 级神经元）→前庭神经（由双极细胞中枢突组成，与蜗神经伴行）→走行于岩骨内听道，经内耳孔入颅→与第Ⅶ、Ⅸ、Ⅹ和Ⅺ对脑神经伴行于小脑脑桥角的脑底部位→于脑桥尾端进入脑桥→前庭神经核的上核、内侧核、下核（2 级神经元）→各核发出纤维至①小脑绒球小结叶（前庭小脑束）；②上部颈髓前角细胞（前庭脊髓束）；③参与内侧纵束（与第Ⅲ、Ⅳ、Ⅵ对脑神经核联系）；④在背侧丘脑的腹后核换元，再投射到颞上回前方的大脑皮质（前庭丘脑皮质径路）。通过以上径路管理眩晕感觉功能，维持身体平衡，调节身体平衡和眼球位置，调控恶心、呕吐等自主神经功能等。

（二）临床分类

眩晕可分为生理性眩晕和病理性眩晕。病理性眩晕可发生在外周、中枢和更高级的前庭系统疾病中，根据病变部位的不同可分为中枢性眩晕和周围性眩晕。

1. 病理性眩晕（pathologic vertigo）

（1）周围性眩晕：狭义上指前庭神经核以下包括前庭感受器以及前庭神经颅外段的病变引起的眩晕。广义上，平衡的周围感受器包括前庭、视觉和本体感觉三个部分，其中的任何一个结构出现异常都能够造成平衡失调或眩晕，这类疾病导致的眩晕均可称为周围性眩晕。多见于良性阵发性位置性眩晕、前庭神经炎、梅尼埃病等。

（2）中枢性眩晕：指累及前庭神经颅内段、前庭神经核以及投射至前庭小脑、脑干、丘脑和皮质的前庭通路病变所引起的眩晕。多见于小脑和脑干病变。

周围性眩晕与中枢性眩晕的鉴别见表 4-3。

2. 生理性眩晕（physiologic vertigo）　为非病理状态所引起的眩晕，多见于无序的头部运动，如乘船、乘车或连续的旋转动作结束时，会发生一过性眩晕、恶心、呕吐，此类眩晕于休息后可很快缓解。

表 4-3　周围性眩晕与中枢性眩晕的鉴别

临床特征	周围性眩晕	中枢性眩晕
病变部位	前庭感受器及前庭神经颅外段	前庭神经颅内段、前庭神经核、核上纤维、内侧纵束、小脑、大脑皮质
常见疾病	良性阵发性位置性眩晕、梅尼埃病、迷路炎、前庭神经炎等	后循环短暂性脑缺血发作、脑梗死、脑出血、听神经瘤、第四脑室肿瘤、颞叶肿瘤等
眩晕特点	发作性、症状重、持续时间短	症状可轻可重，持续时间长
与体位关系	改变头位或体位加重，闭目不减轻	与体位或头位无关，闭目减轻
眼球震颤	幅度小，多水平或水平加旋转，眼震快相向健侧，有疲劳性	幅度大，水平、旋转，典型可垂直性，无疲劳性
平衡障碍	倾倒方向与眼震慢相一致，与头位无关	倾倒方向不定，与头位无一定关系
前庭功能试验	无反应或反应减弱	反应正常
听觉损伤	有（迷路炎、梅尼埃病）或无（良性阵发性位置性眩晕、前庭神经炎）	通常无
自主神经症状	恶心、呕吐、出汗、面色苍白等	少有或不明显
脑功能损害	无	脑神经损害、瘫痪或抽搐等

（三）鉴别诊断

头晕　多表现为头脑昏昏沉沉，头重脚轻，摇晃不稳，甚至跌倒，常伴烦躁、恶心。其与眩晕的区别在于无周围环境或自身旋转的运动感，不出现眼震。可见于缺氧、低血压、焦虑、抑郁等。

第三节　头　痛

头痛（headache）是临床常见的症状，发病率较高。通常将局限于头颅上半部，包括眉弓、耳轮上缘和枕外隆突连线以上部位的疼痛统称为头痛。头痛病因繁多，发病机制复杂多样，包括颅内病变（如颅内感染、颅内占位病变、脑血管病及各种原因引起的颅内高压等）引起的头痛、颅内外动脉扩张引起的头痛、眼源性头痛、精神疾病表现的头痛，以及其他全身疾病（如急性感染、中毒等）导致的头痛等。发病年龄常见于青年、中年和老年，男女发病率均等。

头痛根据情况不同有多种分类方法：根据病因，分为原发性头痛（如偏头痛、紧张性头痛、丛集性头痛等）和继发性头痛（如脑血管病、颅脑外伤、颅内感染，及全身性疾病如发热、内环境紊乱、滥用精神活性药物等所致）；根据起病情况，分为急性头痛（病程在 2 周之内）、亚急性头痛（病程在 2 周以上 3 个月之内）和慢性头痛（病程在 3 个月以上）；根据病情严重程度，分为轻、中、重度头痛。国际头痛协会 2004 年制订的头痛分类标准把头痛分为原发性头痛和继发性头痛。

头痛的诊断主要通过询问病史进行，而客观检查只能起辅助诊断。询问病史需注意以下方面：①头痛起病情况，是急性、亚急性还是慢性持续性。②头痛的发作频率及持续时间，是每年一次、每月一次还是每天一次；是发作性头痛还是持续性头痛，发作性头痛每次持续多长时间，间隔多长时间，好发于白天还是晚上，持续性头痛持续了多长时间。③头痛的部位，单侧或双侧、额部或枕部等，有利于发现头痛的原发疾病。④头痛的性质，钝痛、酸痛、隐痛可见于功能性疾病，尖痛、烧灼样痛、电击样痛等常见于神经痛，胀痛、剧烈样头痛可见于脑出血，搏动性头痛或"跳痛"见于血管性头痛。⑤头痛是否有诱发因素和缓解因素。⑥头痛时是否伴发其他症状，如呕吐、视物不清、眩晕、精神及自主神经症状等。⑦是否进行了与头痛相关的检查，如头部 CT、MRI、脑电图、腰椎穿刺等。

头痛的防治原则：①治疗原发病；②根据头痛发生的机制，减轻或终止头痛的症状；③预防头痛复发，减少头痛的诱发因素。

有关头痛的具体内容详见第十八章。

第四节 痫性发作

痫性发作（seizure）源于拉丁词 sacire，意思为"着魔"，是由于脑部某一群神经元异常、过度地同步化放电所导致的一个发作性事件。按照放电部位、范围及时间不同，痫性发作的临床表现各异，从难以觉察的临床症状到典型的强直-阵挛发作。

（一）病因及发病机制

痫性发作的发病机制仍不完全清楚，但一些重要的发病环节已为人类所知。脑内神经元异常放电是痫性发作的基础。在病理情况下，一组病态神经元的放电频率可高达每秒数百次，并能导致其周围及远处的许多神经元同步性放电，产生高幅高频的棘波放电，即产生痫性活动。神经元异常放电可能系离子异常跨膜运动所致，后者的发生与离子通道的结构和功能异常有关。调控离子通道的神经递质功能障碍是引起离子通道功能异常的主要原因，离子通道蛋白质和神经递质多数是基因表型产物，因而其异常往往与基因的表达异常有关。

疾病会引起神经元坏死，坏死后病灶内残存的神经元、新生神经元及增生的胶质细胞将形成异常的网络，这种网络有利于癫痫形成并传播时就会导致癫痫的发生，而每一次癫痫发作，就会引起新的神经元坏死，坏死区域残存神经元、新生神经元及胶质细胞又会形成新的网络，加剧癫痫的发生，导致癫痫反复发作的恶性循环。

病灶细胞群的高频重复放电，通过神经元间连接通道向多方向扩布。神经元间的扩布包括直接和间接两类，后者为突触连接，是人类神经元的主要连接方式。有研究表明，癫痫患者神经元突触有明显的功能异常，这种病态的突触通过突触囊泡的快速循环再生使神经冲动的突触传递功能大大增强，使癫痫样放电得以迅速扩布，但其扩布范围尚取决于其他部位神经元的抑制能力，可以仅牵涉一个区域的大脑皮质而不再扩散，引起临床上的部分性发作，也可能一开始就扩布到双侧大脑半球，引起临床上的全面性发作。异常放电在边缘系统扩散，可引起复杂部分发作；放电扩步到丘脑神经元，则出现失神发作。

痫性活动的终止与脑神经元的能量消耗无关，而与脑内的抑制作用相关，主要包括：癫痫灶周围抑制性神经细胞的活动，胶质细胞对兴奋性物质的回收以及病灶外抑制机制的参与。此外，在发作时脑部释放的一些物质，如脑啡呔、腺苷、次黄嘌呤等内生性物质可能有抑制痫性发作的作用。

痫性发作还与其他多种因素有关，如免疫机制参与、N-甲基-D-天冬氨酸（NMDA）敏感的兴奋性氨基酸受体、神经肽、离子转运、膜蛋白、脂类基质、细胞因子、环腺苷酸（cAMP）、环鸟苷酸（cGMP）、神经营养因子、γ-氨基丁酸（GABA）转运功能障碍等。

脑电图上的痫性放电与临床上的痫性发作：单个神经元的异常放电不足以引起临床上的痫性发作，当这种异常放电进入到局部神经网络并在其中传播时可受到网络内兴奋或抑制神经元的增益或抑制，当异常电流增加到一定程度，并可以通过脑电图记录到时，就表现为脑电图上的痫性放电。当电流增加到足以打破脑部的抑制功能，或内抑制功能减弱时，就会沿电阻最小的径路传播引起临床上的痫性发作。脑电图上痫性放电和临床上的痫性发作是以谷氨酸为代表的脑内兴奋功能增强的结果，还与 GABA 为代表的脑内抑制功能绝对或相对减弱有关。

第四章 神经系统疾病的常见症状

痫性发作是中枢神经系统内正常的兴奋和抑制平衡发生变化的结果。能影响神经元兴奋性的因素非常多，有很多不同的方式可以扰乱这一正常的平衡，因此引起痫性发作的原因很多，其病因多种多样。可以说所有引起中枢神经系统病变的病因都可能引起痫性发作，还有相当一部分原发性痫性发作，即无明确病因的痫性发作。痫性发作常见的病因包括原发性神经系统疾病（如特发性癫痫、脑外伤、卒中、脑血管畸形、脑肿瘤、脑炎、脑膜炎、脑寄生虫、灰质异位等）、系统性疾病（如低血糖症、低钙血症、低钠血症、尿毒症、肝性脑病、肺性脑病、高血压脑病、药物中毒、高热等）。

（二）临床表现

痫性发作的具体表现及分类详见第十六章，本节仅作概述。

（1）痫性发作具有发作性、短暂性、重复性、刻板性四个特征。

（2）痫性发作为神经系统疾病的刺激症状，可表现为：①意识障碍，发作初始，可有突发意识丧失；发作结束，可有短暂意识模糊、定向力障碍等。②运动异常，如抽搐、阵挛等，可以是局限性发作，也可以是全面性发作。③感觉异常，如肢体麻木感、针刺感、视觉性闪光或黑矇、坠落感等。④精神症状，可出现发作性记忆障碍，如似曾相识、似不相识；发作性情感障碍，如无名恐惧、忧郁、愤怒等；发作性错觉，如视物变形等。⑤自主神经症状，如发作性出现苍白、皮肤潮红、多汗、瞳孔散大、腹痛等。

（3）痫性发作可伴有意识丧失，也可以不伴有意识丧失。

（三）诊断与鉴别诊断

痫性发作的诊断主要根据临床表现具有发作性、短暂性、重复性、刻板性的特点，脑电图如有痫性放电可以支持诊断。

痫性发作需与假性发作（见第十六章）、晕厥（见下一节）鉴别。

第五节 晕厥

晕厥（syncope）是由于脑血流量减少所致的短暂性意识丧失。晕厥与体位性虚脱相关，并可以自行恢复。它往往突然发生，很快消失，表现为突然发生的肌无力、姿势性肌张力丧失、不能直立及意识丧失。晕厥必须与昏迷区别开来，昏迷是持久而不易恢复的意识丧失。晕厥的病理基础是脑部的低灌注，与痫性发作有明显的不同，但临床上由于二者都可能出现意识丧失，对发作过程描述不清则可能造成鉴别困难。

（一）病因及发病机制

人体有数种机制促进循环以适应直立姿势，人体将近 3/4 的血液存在于静脉床，任何影响静脉回流的因素都可能导致心排血量减少。只要全身动脉收缩，脑血流量还可维持；但当循环系统失调时，将产生严重的低血压，造成脑灌注急剧减少，当少于正常的一半时，脑血流减少至维持意识所需的临界水平以下，则导致晕厥的发生。

导致晕厥的原因有：①血管紧张度或血容量异常，包括直立性低血压、迷走神经功能紊乱、颈动脉窦过敏、情境性晕厥、舌咽神经痛；②心血管疾病，包括心律失常和其他与心肺相关的病因；③脑血管病，包括椎基底动脉供血不足、基底动脉性偏头痛。然而多因素造成的晕厥也并非罕见。

（二）临床表现

临床上典型的晕厥发作分为三期。①晕厥前期：此期表现为面色苍白、恶心、出汗、头晕、耳鸣、上腹部不适、四肢发冷、视物模糊、轻度肌张力减弱使患者摇摆。此期持续几秒至十几秒，此时若能扶持物体或躺下，症状可逐渐消失而不至于发生意识丧失。②晕厥期：此期意识丧失及肌张力消失，跌倒，大多血压下降、瞳孔散大、对光反射减弱或消失、腱反射消失，可有遗尿。此期通常持续数秒到数分钟，若意识丧失时间过长可发生抽搐。③晕厥后期：此期意识恢复，对周围环境能正确理解，仍有面色苍白、全身软弱、不愿讲话或活动。休息后症状可以完全消失。

临床上常将晕厥分为以下几类。

1. 血管紧张度或血容量异常

（1）神经心源性（血管迷走神经性和血管减压神经性）晕厥：血管迷走神经性晕厥与交感神经兴奋性减弱（血管扩张）及副交感神经兴奋性增加（心动过缓）相关，血管减压神经性晕厥与交感神经兴奋性减弱相关。这些形式的晕厥正常人也可发生，并且近半数的晕厥发作可以用这些形式的晕厥来解释。神经心源性晕厥常常反复发作，通常在炎热或拥挤的环境、极度疲劳、重度疼痛、饥饿、长时间站立、情绪激动时诱发晕厥。晕厥发作前常有前驱症状，会在意识丧失前出现乏力、恶心、出汗、头晕、视物模糊、心动过缓后的心动过速、血压下降、面色苍白，晕厥前期症状使缓慢起病的患者有时间来保护自己避免受伤，而对于那些突发患者，则常导致跌伤。意识丧失的程度和持续时间亦有不同。患者可保留部分对周围环境的意识，或完全意识丧失。意识丧失的患者通常没有自主活动、骨骼肌松弛、脉搏微弱或类似于消失、血压下降或不能测出、呼吸微弱，置于水平卧位可缓解。如果患者保持直立体位，意识丧失的时间很可能会延长，因此，对于血管迷走神经性晕厥的患者，尽可能使其平卧是很重要的。尽管神经心源性晕厥通常为良性，但它可能伴随长时间的心脏停搏和低血压，从而导致损伤。

（2）直立性低血压性晕厥：表现为在体位骤变，主要由卧位或蹲位突然站起时发生晕厥。发生在血管收缩反射不稳定或有缺陷的患者。当人体处于直立姿势时，由于下肢阻力血管和容量血管缺乏血管收缩反射导致血压下降，虽然这种晕厥与血管减压神经性晕厥区别不大，但体位的影响至关重要。

（3）颈动脉窦综合征：由于颈动脉窦附近病变，如局部动脉硬化、动脉炎、颈动脉窦周围淋巴结炎或淋巴结肿大、肿瘤以及瘢痕压迫或颈动脉窦受刺激，致迷走神经兴奋、心率减慢、心排血量减少、血压下降致脑供血不足。可表现为发作性晕厥或伴有抽搐。常见的诱因有用手压迫颈动脉窦、突然转头、衣领过紧等。

（4）情境性晕厥：在特定的情景下（如咳嗽、排尿、排便、吞咽）引起的晕厥。机制可能由于自主神经功能异常所致，产生心动抑制反应、血管减压反应导致晕厥。也可能是咳嗽、排便、排尿动作时减少静脉回流而产生低血压和晕厥。

（5）其他因素引起的晕厥：如舌咽神经痛、剧烈疼痛、下腔静脉综合征、食管及纵隔疾病、胸腔疾病、胆绞痛、支气管镜检查时由于血管舒缩功能障碍或迷走神经兴奋导致的晕厥。

2. 心源性晕厥　由于心脏病心排血量突然减少或心脏停搏，导致脑组织缺氧而发生的晕厥。通常由心律失常引发，其他的器质性心血管疾病也可引发晕厥。

3. 脑源性晕厥　由于脑部血管或主要供应脑部血液的血管发生循环障碍，导致一时性广泛性脑供血不足所致。如脑动脉硬化引起血管腔变窄、高血压病引起脑动脉痉挛、偏头痛及颈椎病时基底动脉舒缩障碍等，均可出现晕厥。脑血管疾病引发晕厥时，椎基底动脉系统常参与其中。

4. 其他晕厥　低血糖综合征、通气过度综合征、重症贫血导致的晕厥及高山适应性晕厥等。

（三）诊断与鉴别诊断

晕厥为发作性疾病，主要通过询问病史进行诊断，通过辅助检查寻找晕厥病因。询问晕厥前的情况，有无先兆；晕厥时意识障碍的程度和持续时间的长短；当时的面色、脉搏，有无尿失禁及肢体抽动；意识恢复后的主观不适等。应注意晕厥发作的诱因。晕厥主要与癫痫发作进行鉴别（表4-4）。

表 4-4 晕厥与癫痫发作的鉴别要点

临床特点	晕厥	癫痫发作
诱因	情绪紧张、屏气、直立性低血压、心源性原因等	通常没有
先兆症状	疲劳、恶心、出汗等，可较长时间	无或短时间
发作时体位	通常直立位	不定
发作时间	白天较多	白天夜间均有，睡眠时多
面部表现	苍白	青紫或正常，口吐白沫
肢体抽搐	无或少见	常见
伴舌咬伤、尿失禁	无或少见	常见
发作后头痛或意识模糊	无或少见	常见
心血管系统异常	无	常见
发作间期脑电图	多正常	异常

（四）治疗

晕厥患者治疗的主要目的应包括预防晕厥再发和相关的损伤，降低晕厥致死率，提高患者生活质量。重点在于病因治疗和预防发作。

1. 晕厥发作时的处理 发现晕厥患者后，应将其置于头低足高位，保证脑组织有尽可能多的血液供应量。立即确定气道是否通畅，并测定呼吸和脉搏等。解松衣扣，头转向一侧避免舌阻塞气道。注意保暖，不喂食物。清醒后不马上站起。待全身无力好转后逐渐起立行走，并且在起立后再观察几分钟。对晕厥后跌倒的患者，应该仔细检查有无外伤等体征。检查有无威胁患者生命的原发病，如急性出血或致命性心律失常的表现。

2. 病因治疗 如病因已查明，应尽早进行病因治疗，这是根治晕厥最有效的措施。许多患者的晕厥发作具有一定的诱因，如较长时间的站立、情绪波动、睡眠不足等，应予以避免。

第六节 失语、失用及失认

一、失语

失语（aphasia）是指在神志清楚、意识正常、发音和构音无障碍的情况下，大脑皮质语言功能区病变导致的语言交流能力障碍，表现为自发性谈话、听理解、复述、命名、阅读和书写六个基本方面能力障碍，如患者构音正常但表达障碍，肢体运动功能正常但书写障碍，视力正常但阅读障碍，听力正常但言语理解障碍等。不同的大脑语言功能区受损可有不同的临床表现。

（一）临床分类

病因及病变部位不同，所表现的失语类型也不同，常以一种语言障碍为主，同时伴有不同程度的其他语言功能受损，也可表现为全部语言功能均受损，可伴有失认、失用或肢瘫等。传统上根据语言损害的临床特点和病变部位进行分类。

1. 外侧裂周围失语综合征 包括Broca失语、Wernicke失语、传导性失语，病变在外侧裂周围，共同特点是均有复述障碍。

（1）Broca 失语：又称表达性失语或运动性失语，病变位于优势侧额下回后部（Broca 区）。临床表现以口语表达障碍最突出，谈话为非流利型、电报式言语，语量少、讲话费力、找词困难等。口语理解相对保留，复述、命名、阅读及书写有不同程度受损。

（2）Wernicke 失语：又称听觉性失语或感觉性失语，病变位于优势侧颞上回后部（Wernicke 区）。口语理解障碍为突出特点，患者对别人和自己讲的话均不理解或仅理解个别词或短语。口语表达为流利型，语量多、讲话不费力、发音清晰，但言语混乱而割裂，缺乏实质词，难以理解，答非所问。同时可伴有与理解障碍较一致的复述和听写障碍，以及不同程度的命名、阅读障碍。

（3）传导性失语（conduction aphasia）：多数病变位于优势侧缘上回、Wernicke 区或外侧裂周围深部白质弓状纤维等。一般认为本症是由于外侧裂周围弓状束损害导致 Wernicke 区与 Broca 区之间的联系中断所致。复述不成比例受损为其最大特点，流利型口语，能自发讲出语义完整、语法结构正常的句子，但不能复述出在自发讲话时较易说出的词或句子，言语中有大量错词，自身可感知其错误，欲纠正而显得口吃。听理解障碍较轻，在执行复杂指令时明显。命名、阅读和书写也有不同程度的损害。

2. 经皮质性失语综合征 包括经皮质运动性失语、经皮质感觉性失语及经皮质混合性失语。病灶位于分水岭区，又称分水岭区失语综合征，共同特点是复述相对保留。

（1）经皮质运动性失语（transcortical motor aphasia）：病灶多在优势侧 Broca 区附近，但 Broca 区可不受累，也可在优势侧额叶侧面，主要由于言语运动区之间的纤维联系受损，导致言语障碍。表现为能理解他人的言语，但自己只能讲一两个简单的词或短语，呈非流利型失语，程度较 Broca 失语轻，且完整保留复述能力。

（2）经皮质感觉性失语（transcortical sensory aphasia）：病变多位于优势侧 Wernicke 区附近。表现为听觉理解障碍，但讲话流利，语言空洞，经常答非所问，呈流利型失语，程度较 Wernicke 失语轻，复述能力相对完整，但常不能理解复述的含义。本症多见于优势侧颞、顶叶分水岭区的脑血管病。

（3）经皮质混合性失语（mixed transcortical aphasia）：又称语言孤立，为经皮质运动性失语和经皮质感觉性失语并存，病灶多在优势半球分水岭区的大片区域。其特点是口语复述相对好，其他语言功能均有严重障碍。

3. 完全性失语（global aphasia） 又称混合性失语，是最严重的一种失语类型。病灶多在优势侧大脑中动脉分布区的广泛区域。特点是所有语言功能均严重障碍，口语表达障碍最为明显。患者限于刻板言语，听理解严重缺陷，复述、命名、阅读和书写均不能。

4. 命名性失语（anomic aphasia） 又称遗忘性失语，病灶多位于优势侧颞中回后部或颞枕交界区。以命名不能为突出特点，如令患者说出指定物体的名称时，却叙述该物体的性质或用途代替说不出的名称，但常可接受选词提示，若别人告知该物体的名称，患者能判断对错。自发谈话为流利型，可伴轻度的阅读、书写、复述、理解障碍。

5. 皮质下失语综合征（subcortical aphasia syndrome） 皮质下失语是指丘脑、基底节、内囊、皮质下深部白质等部位病损所致的失语。本症常由脑血管病变、脑炎等引起。

（1）丘脑性失语（thalamic aphasia）：急性期表现为表情淡漠、不主动讲话，以后出现语言流利型受损，音量减小，且有找词困难，可伴错语和模仿语言，有轻微的理解力损害，复述功能可保留。

（2）基底核性失语（basal ganglion aphasia）：内囊、壳核受损时表现为语言流利性降低，语速慢，常用词不当，理解基本无障碍，能看懂文字，但不能读出或读错，类似 Broca 失语。壳核后部病变时，表现为听觉理解障碍，讲话流利，但语言空洞、有较多的错语或不被理解的新语，类似 Wernicke 失语。

案例 4-1

案例 4-1
答案及解析

（二）鉴别诊断

临床上失语需与构音障碍鉴别，二者有本质的不同。构音障碍（dysarthria）是由于发音器官神经肌肉病变，造成发音器官的肌无力、肌张力增高及运动不协调所致。其表现为发声困难，发音不清，声音、音调及语速异常。见于上、下运动神经元病变所致的延髓性麻痹，以及小脑病变、帕金森病和肌肉疾病（如肌营养不良、重症肌无力）等。

二、失用

失用症（apraxia）即运动障碍，是指脑损伤后大脑高级部位功能失调，表现为不存在瘫痪和深感觉障碍的情况下肢体的运用障碍，是后天习得的、随意的、有目的性的、熟练能力的运用行为障碍。患者神志清楚，对所要求完成的动作能充分地理解，却不能执行，不能完成原先早已掌握了的、病前能完成的、有目的性的技巧性动作。失用症的分类，或是依据失用症的病理生理机制进行分类，或是依据所做的具体动作的特征进行分类。目前被广泛接受的常见失用类型有以下几种。

1. 观念性失用（ideational apraxia） 此型障碍常见于痴呆患者，也可见于双侧顶叶局限性或广泛性病变时；如果是单一病灶性损害，也常在优势半球，并累及颞顶叶。临床特点是对复杂精巧动作失去应有的正确观念。因此，尽管能做简单的动作，但在做复杂动作时，其时间、次序、动作的组合都发生错误，致使整个动作分裂和破坏，弄错动作的各个阶段，把应该最后做的动作部分首先去执行等。动作越复杂则错误越明显，日常生活中常用的简单动作可正常，亦可异常。

2. 观念运动性失用（ideomotor apraxia） 病变多位于优势半球顶叶。观念运动性失用是最常见的失用类型，在自然状态下，患者能做简单的动作，但是不能完成复杂的随意动作或模仿动作，患者知道如何去做，也可以说出如何做，但实施时又不能完成。此型失用的患者在日常生活中并无困难，只是在医师进行这方面的检查时才被发现，故易被患者和家属疏忽。

3. 肢体运动性失用（melokinetic apraxia） 病变多位于双侧或对侧皮质运动区。运动性失用是最简单的失用现象，可认为是一种感觉综合及运动表达缺陷。其仅限于肢体，通常为上肢，一侧大脑皮质运动前区轻微受损，引起对侧肢体，尤其是上肢远端的运用障碍。对一般简单动作并无困难，患者对动作的观念是完整的，因记忆发生障碍，可表现为一侧手指动作笨拙，实施精细、快速动作障碍或系列灵巧的单个手指运动障碍。

4. 结构性失用（constructional apraxia） 病变多位于非优势侧顶叶或顶枕联合区。结构性失用是指对空间分析和对动作概念化的障碍。其是一种结构活动障碍，患者对各个构成部分有认识，对各个构成部分的相互位置关系也有所理解，但在构成完整体时空间分析和综合能力，尤其是综合能力处于失常状态。患者甚至不能绘出最简单的图画，如画人像时，能把眼睛画在头部以外等。

5. 穿衣失用（dressing apraxia） 病变位于非优势侧顶叶。穿衣失用是指丧失了习惯而熟悉的穿衣操作能力。患者不能理解衣服的各个部分与自己身体各个部位的对应关系，穿衣时上下颠倒，正反及前后颠倒，扣错纽扣，将双下肢穿入同一条裤腿等，是以视觉性空间障碍和体像障碍为基础的一种失用症。

三、失认

失认症（agnosia）是感觉到的物象与以往记忆的材料失去联络而变得不认识。它是指由于大脑局部损害所致的一种后天性认知障碍。患者面对某物，能通过其他感觉通道对它进行认识，而唯独丧失了经由某一特定的感觉通道和相应的感官认识自己所熟悉的物品、自体部位或视觉空间的能力。依据患者对哪个感觉接受的刺激信息不能认知，便可以区分出不同的失认类型。常见有以下几种类型。

1. 视觉失认（visual agnosia） 视觉失认病变多位于枕叶，是失认症中较为常见的失认类型，是指患者不能通过视觉来辨认或辨认不清他以前毫无困难就可以辨认出的事物。患者不认识视觉对象，也不能描述或命名所见到的物体，但可通过触摸或听到声音辨认出视觉失认的对象。视觉失认包括以下几种类型：

（1）视觉空间失认（visual-spatial agnosia）：患者不能对空间方向进行辨别，在一个非常熟悉的街区中也会迷路，也不能从一个地方走向指定的地点。患者往往不会利用空间环境的信息来进行定位，不会观察四周进行有目的的探测，对眼前的物品要长时间地去寻找，其探寻的目光显得没有条理。

（2）面孔失认（prosop agnosia）：患者在看见熟悉的面孔时认不出是什么人来，严重时连亲属及好友也认不出，甚至分不出男女；但是患者能从其他感觉信息中认出人物来，如头发的颜色、发型等，如果熟悉对方的声音，则能从谈话声中辨认出来。

（3）颜色失认（colour agnosia）：患者视力正常，病前也没有色盲，病后失去了对颜色的认知能力。一般情况下，颜色失认很少由患者自己主诉，而是通过一定的测查或偶然被发现的。

（4）视觉物品失认（visual object agnosia）：患者能看到各种物品，但不能通过视觉认识物品，不能说出它的名称，也不能对它的性状进行描述，更说不清它的用途，甚至也不能按检查者叫出的名称和说明的用途靠视觉从数个物品中挑出正确的物品。患者不能通过视觉认识物体，改用手触摸或听物品发出的声音即可认识该物品。

2. 听觉失认（auditory agnosia） 听觉失认是指患者听力正常，能听到各种声音，但不能依靠听觉辨认或辨认不清各种原来自己熟悉的声音。

3. 触觉失认（tactile agnosia） 触觉失认病变多位于双侧顶叶角回及缘上回。患者的实体觉缺失，不能通过用手触摸的方式去认识或感觉到熟悉的物体。患者无初级触觉、温度觉、痛觉及本体感觉障碍。

4. 体像障碍（body image disturbance） 体像（body image）是指人对身体各部位的存在、其在空间的位置以及各组成部分之间关系的认知。人对体像的认识是通过视觉、皮肤感觉以及来自肌肉、关节和迷路的本体感觉等感觉通路传导的冲动，经由丘脑腹核到达顶叶缘上回而被感知。体像障碍常见的类型有：

（1）自体部位失认（autotopagnosia）：指患者不能正确地说出自己身体各部位的名称，也不能根据名称指出各个肢体所在的部位，甚至可能否认自体的某个部分是属于自己的。

（2）Gerstmann综合征：临床包括四大症状，即手指失认、左右辨别不能、书写不能和计算不能，有时伴失读。病灶多在优势侧角回。

（3）病感失认（anosognosia）：是指不能知觉缺陷或否认缺陷，而感觉不到疾病。临床上通常指偏瘫疾病缺失感，是指偏瘫患者的一种特殊态度，患者否认或拒绝承认偏瘫的存在。当询问患者偏瘫肢体情况时，往往回答是好的或没有过去强壮，如果要求患者活动偏瘫肢体，则出示健侧肢体。

（4）幻肢症与动觉性幻觉（phantom limb and kinesthetic hallucinations）：幻肢症是躯体幻觉的一种类型，是指截肢后的肢体，其缺损的部分依然幻觉存在或幻有多肢现象，如三只手。动觉性幻觉是指患者印象中感觉肢体发生了转变，转变可以是体积的改变（如肢体增粗）、长度或重量的改变，以及错觉性移位。

（5）偏身失认（hemiasomatognosia）：是指患者对瘫痪侧身体不承认是自己的而认为是别人的。当把患者的左手放在他保留着的右侧视野中或放在他的右手上时，患者却说成是别人的手。

(6) 异处感觉 (alloesthesia)：当刺激患者病变对侧肢体时，他认为是病变同侧肢体被刺激；一般要给予较强的刺激或掐捏皮肤时方可引起病变对侧的感觉，此时患者不能确定皮肤刺激的位置，如在脚上刺激，他往往回答说是手上或脸上受刺激。这类障碍给予单侧刺激，有时双侧都有受刺激的感觉。

第七节　睡眠障碍

睡眠是一个可逆转的、知觉与外界环境分离和无反应的行为状态，是维持机体健康不可缺少的复杂生理过程，也是机体恢复、清除神经毒素及巩固记忆的重要环节。当人体的睡眠和觉醒状态出现了紊乱，导致睡眠的质量和时间出现异常或在睡眠时出现了某些临床事件，称为睡眠障碍。

（一）病因及发病机制

根据多导睡眠图对睡眠时脑电图、眼震电图及体表肌电图的研究，可将正常睡眠分为两个时期：非快速眼球运动（non-rapid eye movement，NREM）睡眠期和快速眼球运动（rapid eye movement，REM）睡眠期。其中，NREM 期又分为三期：1 期（入睡期）、2 期（浅睡期）和 3 期（深睡期）。睡眠一开始进入 NREM 期，其特点是意识水平开始降低，躯体生理活动和反应下降，全身代谢减慢，脑电图上慢波增加，之后再进入 REM 期，脑电图表现类似 NREM 1 期，眼震电图可出现两眼同向的快速协同运动，下颌肌电活动消失，自主神经功能不稳定及各种感觉功能显著减退。在正常的整夜睡眠中，NREM 和 REM 以约 90 min 的时间交替出现，每晚共交替 4~5 个周期。

睡眠的发生机制十分复杂，涉及的脑内结构十分广泛，包括脑干及延髓区域、基底节区、丘脑网状核、下丘脑、上行网状结构、额叶底部、蓝斑核、背外侧被盖核、脚桥核、中缝核等。人类睡眠和觉醒周期的调节主要由内源性昼夜节律和睡眠内稳态过程的复杂相互作用产生。昼夜节律是生命体以 24 h 为周期的变动，视交叉上核是调节昼夜节律的生物钟。内稳态的作用在于睡眠驱动，持续觉醒期间某些结构或物质的累积导致了睡眠需要。当出现内源性异常和（或）外源性（如心理、时差、环境、药物等）干扰时，均可导致睡眠障碍和睡眠节律的失调。

（二）临床表现

1. 失眠　失眠（insomnia）是所有睡眠障碍疾病最常见的症状之一。失眠是指长期且频繁的入睡困难，睡中容易觉醒且次晨睡眠感不满足为主要特征的睡眠障碍。它是最常见的睡眠障碍，发生率在 10%~15%，女性略高于男性，且随年龄增长失眠发病率呈递增趋势。在我国，50% 以上的成人有失眠症状，近 50% 的患者与精神疾病共病。失眠的病理机制被认为与睡眠-觉醒周期中交感神经和下丘脑-垂体-肾上腺轴的活性增强有关。失眠症状可伴随多种觉醒时功能的损害，如疲劳、动力减退、注意力及记忆力下降及易激惹和情绪低落。

根据失眠持续时间可分为慢性失眠（病程≥3 个月且频率≥3 次/周）和短期失眠（病程<3 个月）。对于成年人，睡眠潜伏期和入睡后清醒时间超过 30 min 即可判定为入睡困难；而在期望起床时间提前 30 min 以上时间醒来，且伴有总睡眠时间的减少，即可定义为早醒。多导睡眠图监测可发现 1 期睡眠增多、3 期睡眠减少、睡眠碎片化等特点。失眠常见的亚型包括睡眠卫生不良（睡前饮用咖啡、乙醇，以及入睡前在床上过度活动等）、矛盾性失眠（患者主观睡眠感受与客观睡眠监测记录结果不一致）、精神疾病相关性失眠（如焦虑障碍、抑郁障碍等）、躯体疾病导致的失眠、药物导致的失眠等。

2. 嗜睡　嗜睡（hypersomnolence）是指过度困倦及思睡的症状。白日嗜睡指白天清醒时期不能保持正常的清醒，出现不可遏制的困倦和瞌睡。常用的评估量表为 Epworth 嗜睡量表（ESS）。常见白日嗜睡疾病为发作性睡病（narcolepsy）。可出现白日嗜睡的疾病有睡眠呼吸障碍、不宁腿综合征等。

（1）发作性睡病：根据伴与不伴猝倒发作，可分为 1 型发作性睡病［伴猝倒发作的睡病（narcolepsy with cataplexy）］和 2 型发作性睡病［不伴猝倒发作的睡病（narcolepsy without cataplexy）］。1 型发作性睡病的发病率不足 0.2%，占所有发作性睡病患者总数的 75%～85%。目前发作性睡病的病理机制不明，其可见于自身免疫性疾病或下丘脑、中脑灰质被盖网状结构受损以及类肿瘤疾病患者。1 型发作性睡病通常在 5 岁后起病，发病高峰在青春期及 35 岁以后，其临床特点包括白日过度嗜睡，可由强烈情绪因素（如大笑等）诱发猝倒，可伴有睡眠紊乱如入睡困难、睡眠前出现幻觉及睡眠瘫痪。2 型发作性睡病除外白日过度嗜睡及不伴猝倒发作外，患者脑脊液 Hcrt-1 浓度＞110 pg/ml，值得注意的是，近年研究表明约 45% 的 2 型发作性睡病患者 HLA DQB1*0602 为阳性。多导睡眠图监测是诊断发作性睡病的金标准，所有疑似发作性睡病的患者均需进行白日多次小睡试验（MSLT），MSLT 平均睡眠潜伏期需满足 ≤8 min，且病程需 ≥3 个月。

（2）睡眠呼吸障碍：以睡眠期呼吸异常为主要临床特征，患者常伴有打鼾、呼吸暂停等症状，其主要包括阻塞性睡眠呼吸暂停、中枢性睡眠呼吸暂停和睡眠相关低氧血症等。其中，阻塞性睡眠呼吸暂停（obstructive sleep apnea，OSA）最为常见，高达 60% 的 OSA 与肥胖有关，中老年多见，男性多于女性。其主要临床表现包括夜间打鼾、呼吸暂停、白日嗜睡、困倦。多导睡眠描记法（PSG）显示每小时阻塞性呼吸事件 ≥5 次，呼吸暂停和低通气事件持续 10 s 以上，严重者可超过 1 min，且上述呼吸事件在 1 期、2 期和 REM 期睡眠更常见。

（3）不宁腿综合征（restless leg syndrome，RLS）：本病任何年龄均可起病，早发型 RLS 多数与家族遗传性有关，缺铁、妊娠、慢性肾病等是 RLS 的高危因素。其主要表现为傍晚或夜间腿部强烈不适感（如蚁走样、爬行样等感觉异常）导致睡眠障碍，患者在运动后上述症状可减轻或完全缓解。目前研究发现 RLS 与心血管疾病、神经变性疾病等的病程和预后密切相关。

3. 异态睡眠　异态睡眠（parasomnias）是指发生在非快速眼球运动（NREM）睡眠期、快速眼球运动（REM）睡眠期或者睡眠转换期的，以各种异常躯体活动、不良情绪反应、梦境体验和自主神经系统活动为表现的睡眠疾病。目前认为，本病的发生与内源性驱动及昼夜节律紊乱有关，主要病变部位集中在脑干和延髓区域。NREM 睡眠期相关的异态睡眠主要有睡行症、夜惊等。REM 睡眠期相关的异态睡眠主要有 REM 期睡眠行为障碍、梦魇。

（1）睡行症（sleep walking）：儿童期后起病。患者难于唤醒，睡眠时出现步行或复杂的离床活动，可出现不恰当或无意义行为或潜在危险行为。当从发作中觉醒时患者常精神错乱，对发作（部分或全部）遗忘。

（2）夜惊（sleep terror）：多见于 4～12 岁儿童，青春期前期可逐渐自行消失。多发生在睡眠期前半段，觉醒的特点是突发的恐怖性发作，典型特征是开始时常伴有令人恐惧的发声（如大声尖叫）。睡眠期间突然出现的恐怖性发作和自主神经系统觉醒症状包括：瞳孔散大、心动过速、呼吸急促、大汗等。患者通常很难觉醒，而且在次日早晨很难记忆发生的事件。

（3）REM 期睡眠行为障碍（REM sleep behavior disorder，RBD）：平均发病年龄为 50～70 岁，以男性为主，是发生在 REM 睡眠期、以骨骼肌张力失弛缓并伴有反复发生的梦境扮演行为的异态睡眠，经多导睡眠图监测可观察到伴有 REM 期紧张性和（或）时相性肌电活动增高。RBD 分为特发性和继发性两种类型，目前研究表明特发性 RBD 与 α-突触核蛋白病变相关的神经变性疾病（如帕金森病、多系统萎缩和路易体痴呆）密切相关。

案例 4-2

案例 4-2
答案及解析

(4) 梦魇（nightmare）：多见于儿童，常 3~6 岁起病。是指发生在 REM 睡眠期的生动梦境，可导致个体从梦中醒来。常发生在后半夜到清晨的时间。梦中的景象和伴随的情绪是异常恐怖的，患者常在睡眠和（或）觉醒时感到安全受到威胁。从梦中醒来时，患者可很快觉醒和定向。患者常非常痛苦，并影响日常工作生活。

（三）诊断和鉴别诊断

睡眠障碍根据临床表现，结合多导睡眠图，多可做出准确的临床诊断。目前睡眠障碍分类系统有世界卫生组织的《国际疾病分类（ICD）》、美国精神医学会的《精神障碍诊断与统计手册（DSM）》以及美国睡眠医学会的《睡眠障碍国际分类（ICSD）》。《睡眠障碍国际分类》（第 3 版）（ICSD-3）将睡眠障碍分为八类：失眠、睡眠相关呼吸障碍、中枢嗜睡性疾病、睡眠-清醒昼夜节律障碍、异态睡眠、睡眠相关运动障碍、其他睡眠障碍、睡眠相关的内科和神经科疾病。

（四）治疗

1. 失眠的治疗

（1）心理治疗：通过让患者了解睡眠健康知识，纠正患者不良心理因素和不良认知行为，减轻其焦虑或抑郁情绪，增强患者改善失眠的信心。治疗包括放松疗法、重复经颅磁刺激、生物反馈和认知行为治疗（CBT-Ⅰ）等。目前研究显示，CBT-Ⅰ对慢性失眠的长期疗效优于药物治疗，具体包括睡眠卫生习惯的纠正、刺激控制、睡眠限制和认知治疗等方面的认知训练。

（2）药物治疗：失眠患者的药物治疗应遵循个体化、按需、足量给药，同时应定期随访，评估用药疗效，调整用药方案。

1）苯二氮䓬类药物：非选择性 γ-氨基丁酸（GABA）受体复合物激动剂，对正常睡眠结构有一定影响，延长总睡眠时间，常伴有日间残留效应（如嗜睡、宿醉效应等），同时具有潜在药物依赖性，长期应用有增加认知功能损害的风险。该类药物主要包括艾司唑仑、劳拉西泮、阿普唑仑、地西泮、氯硝西泮等。

2）非苯二氮䓬类药物：半衰期短，主要结合 GABA 受体产生镇静催眠作用，对正常睡眠结构破坏较少，相对于苯二氮䓬类催眠药更安全。该类药物主要包括唑吡坦、佐匹克隆、右佐匹克隆、扎来普隆。

3）抗抑郁药：适用于伴抑郁或焦虑的失眠患者，可选择具有镇静助眠作用的抗抑郁药，如曲唑酮、米氮平、多塞平、阿米替林等。

4）褪黑素受体激动剂：雷美替安，2015 年被美国 FDA 批准用于治疗失眠，主要用于以入睡困难为主诉的失眠和昼夜节律失调型失眠。

（3）中医治疗：失眠在中医治疗中以辨证论治为基础，不同病症选用不同组方治疗。另外，电针疗法亦可能对短期失眠有效。

2. 发作性睡病的治疗 本病主要以药物治疗为主。非药物治疗主要是鼓励患者有规律地白日多次小睡，及保证夜间充足的睡眠。对于白日嗜睡症状的控制主要是中枢神经系统兴奋剂，如苯丙胺、莫达非尼、哌甲酯（利他林）等。对猝倒发作的控制可选用三环类抗抑郁药（丙米嗪），及 5-羟色胺再摄取抑制剂抗抑郁药（帕罗西汀、氟西汀以及文拉法辛）。此外，γ-羟丁酸钠可改善发作性睡病患者猝倒及夜间睡眠紊乱（如睡中易醒）等症状。

3. 不宁腿综合征的治疗 非药物治疗主要为去除各种继发性不宁腿综合征的诱因，铁缺乏者应补充铁剂。药物治疗包括复方左旋多巴制剂（如多巴丝肼）、非麦角类多巴胺受体激动剂（普拉克索、罗匹罗尼、普瑞巴林、加巴喷丁）、镇静安定剂（氯硝西泮）以及阿片类药物。

4. 异态睡眠的治疗 睡行症、夜惊和梦魇多见于儿童，随生长发育成熟，多数可自愈。对病情严重者，除外心理治疗外，可选用苯二氮䓬类药物（如氯硝西泮），此外 5-羟色胺再摄取抑制剂抗抑郁药帕罗西汀等亦有治疗作用。

REM 期睡眠行为障碍的治疗，首先应给患者提供一个安全的睡眠环境，给予褪黑素（每晚 3~12 mg）和氯硝西泮（每晚 0.5~2 mg）是目前最有效的治疗措施，且单一或联合用药同样有效。

（杜怡峰　宋景贵　陈金波）

练习题 4-1

练习题 4-1
答案及解析

第5章 神经系统疾病的辅助检查

第一节 概述

经过详细询问病史和仔细查体之后，临床医师能得出部分疾病的临床诊断。但是，多数情况下，还需要进行辅助检查。辅助检查在某种意义上来说是为了求证病史和查体而进行的，并且对疾病的临床诊断和鉴别诊断具有十分重要的意义。随着技术的进步，辅助检查的手段越来越多，目前临床比较常用的辅助检查包括：脑脊液、神经影像学、神经电生理学、血管超声、放射性核素、病理、基因诊断等检查。本章主要介绍比较常用的辅助检查技术及其临床应用。

第二节 脑脊液检查

脑脊液（cerebrospinal fluid，CSF）是由各脑室脉络丛产生的、流动于脑室及蛛网膜下腔的一种无色液体，对脑和脊髓有保护、支持和营养等多种功能。许多神经系统疾病可以使CSF的生理、生化等特性发生改变。因此，脑脊液检查对中枢神经系统感染（如脑膜炎）、蛛网膜下腔出血、脑膜癌和脱髓鞘疾病的诊断、鉴别诊断、预后判断和疗效具有重要的价值，也是部分疾病特殊治疗的路径。

脑脊液主要由侧脑室脉络丛分泌，分泌量约占CSF总量的95%，其余来源于第三脑室和第四脑室等部位。正常成人CSF总量为110～200ml，平均为130ml。其中，两侧脑室各占10～15ml，第三、第四脑室共5～10ml，脑蛛网膜下腔及脑池（如脚间池、桥池、小脑延髓池等）占25～30ml，脊髓蛛网膜下腔占总量的50%左右。CSF生成速度为0.3～0.5ml/min，每日生成400～500ml，每日更新3～4次。在病理情况下（如脑瘤、脑膜炎）脑脊液生成量可成倍增加。

CSF的流动具有一定的方向性。两个侧脑室产生的CSF经室间孔流入第三脑室，再经中脑导水管流入第四脑室，经第四脑室的正中孔和外侧孔流入脑和脊髓的蛛网膜下腔，最后主要经矢状窦旁的蛛网膜颗粒回渗到上矢状窦，使CSF回流至静脉系统。其回流（或吸收）主要取决于颅内静脉压和CSF的压力差以及血脑屏障间的有效胶体渗透压。脑和脊髓的血管、神经周围间隙和室管膜也参与CSF的吸收。CSF分泌增多和吸收障碍引起交通性脑积水，通路受阻则引起梗阻性脑积水。

临床CSF的采集通常经腰椎穿刺术（lumbar puncture）进行，特殊情况下可采用小脑延髓池穿刺、侧脑室穿刺及前囟穿刺等方法。诊断性穿刺还可注入显影剂和空气等进行造影，治疗性穿刺（therapeutic puncture）主要是注入药物或行脑室外引流术等。本节详细介绍腰椎穿刺术（简称腰穿）。

一、腰椎穿刺术的适应证、禁忌证和并发症

(一) 适应证

1. 留取 CSF 做各种检查以辅助中枢神经系统疾病（如感染性疾病、蛛网膜下腔出血、免疫性疾病和脱髓鞘疾病、脑膜癌等）的诊断。
2. 怀疑颅内压异常。
3. 动态观察 CSF 变化以帮助判断病情、预后及指导治疗。
4. 注入放射性核素行脑、脊髓扫描。
5. 注入液体或放出 CSF 以维持、调整颅内压平衡，或注入药物治疗相应疾病。

(二) 禁忌证

1. 颅内压力升高伴有明显的视盘水肿。
2. 颅内占位性病变，尤其是颅后窝占位性病变或出现脑疝迹象。
3. 腰椎穿刺部位的皮肤、皮下组织或脊柱有感染。
4. 凝血功能异常、凝血因子缺乏或血小板减少。
5. 高颈段脊髓肿物或脊髓外伤急性期、开放性颅脑损伤等。
6. 病情危重。

(三) 并发症

1. 低颅压综合征 头痛是最常见的临床表现，约占 25%。多为 CSF 放出过多，造成颅内压降低所致。患者于坐起后头痛明显加剧，平卧或头低位时头痛即可减轻或缓解。多在穿刺后 24 h 出现，可持续 5~8 天，头痛以前额和（或）后枕部为主。故应使用较细的无创针穿刺，术后至少去枕平卧 4~6 h。一旦出现低颅压症状，宜多饮水和卧床休息，严重者可每日滴注生理盐水（1000~1500 ml）。

2. 脑疝 是最危险的并发症，较易发生在颅内高压的患者。在颅内压增高时，当腰椎穿刺放出脑脊液过多过快时，可在穿刺当时或术后数小时发生脑疝，造成意识障碍、呼吸骤停甚至死亡。因此，须严格掌握腰椎穿刺指征，怀疑颅后窝占位病变者应先做影像学检查以明确，有颅内高压征兆者可先使用脱水剂后再做腰椎穿刺。如腰椎穿刺证实压力升高应不放或少放脑脊液，并即刻给予脱水、利尿剂治疗以降低颅内压。

3. 神经根痛 如针尖刺伤马尾神经，会引起暂时性神经根痛，一般不需要特殊处理。

4. 少见的并发症 如感染、出血等。对于强直性脊柱炎或严重的局部钙化等，不当的操作可能造成脊神经根的损害，甚至诱发脊髓损害。以上问题，应在术前进行充分评估，必要时行腰椎影像学检查和外科处理。

二、腰椎穿刺术的操作方法

穿刺时选取合适的体位是腰椎穿刺成败的关键（图 5-1）。患者通常取左侧卧位，屈颈抱膝，尽量使脊柱前屈，有利于拉开椎间隙。背部要与检查床垂直，脊柱与床平行。穿刺部位的确定是沿双侧髂嵴最高点做一连线，与脊柱中线相交处为第 4 腰椎棘突，然后选择第 4、第 5 腰椎间隙进针，如失败可以选择下一或上一腰椎间隙。

常规消毒铺无菌巾后，用 2% 的利多卡因 2 ml 在穿刺点行局部逐层浸润麻醉。麻醉生效后，操作者左手固定穿刺部位皮肤，右手持针，垂直于背部或稍向头端方向缓慢进针 4~6 cm 深度（儿童 2~3 cm）。当针尖穿过韧带和硬膜时感到阻力突然消失提示已进入蛛网膜下腔。缓

慢抽出针芯，即可见脑脊液流出。测定压力时嘱咐患者全身放松，头恢复至自然位，并缓慢将双下肢伸直。术毕，将针芯插入后再拔出穿刺针，局部无菌纱布覆盖，胶布固定。嘱患者去枕平卧 4~6 h。穿刺时尽量选小号穿刺针，进针时针尖斜面应与脊柱轴线平行，以免硬脊膜纤维受损。取 CSF 一般不要超过 10 ml，如果腰穿后头痛明显，可卧床休息，多饮水，必要时可静脉输入生理盐水。有脑疝征象时应立即停止腰椎穿刺，并快速静脉滴注或推注 20% 甘露醇 250~500 ml。

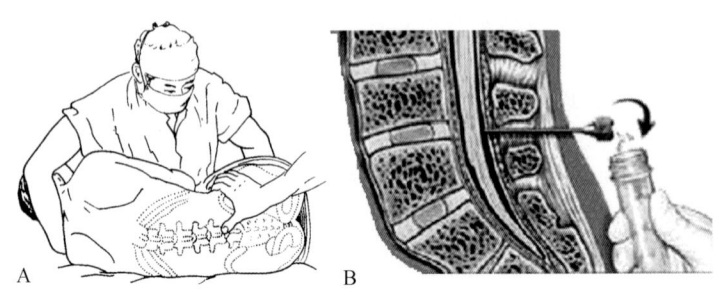

图 5-1　腰椎穿刺术操作示意图

三、脑脊液检查

(一) 常规检查

1. 压力

(1) 压力测定：腰椎穿刺成功后连接压力管，CSF 进入测压管可见液面随呼吸轻微波动，嘱患者充分放松后，管中液体不再波动时的 CSF 压力为初压，其卧位时的压力一般为 80~180 mmH$_2$O。若 >200 mmH$_2$O 提示颅内压增高，若 <80 mmH$_2$O 提示颅内压降低。若连接管中液面不波动，提示椎管内有梗阻或有枕骨大孔疝，均应该小心。

(2) 奎肯施泰特试验 (Queckenstedt test)：又称压颈试验，即腰椎穿刺时压迫颈部观察 CSF 压力变化。压颈试验前应先进行压腹试验，用手掌深压腹部，CSF 压力迅速上升，解除压迫后，压力迅速下降，说明穿刺针头确实在椎管内。压颈试验有指压法和压力计法。指压法是用手指压迫颈静脉 10~15 s 后放松，观察其压力的变化。压力计法是将血压计气带轻缚于患者颈部，测定初压后，可迅速充气至 20 mmHg、40 mmHg 和 60 mmHg，记录 CSF 压力变化直至压力不再上升为止，然后迅速放气，记录 CSF 压力至不再下降为止。正常情况下压颈后 CSF 压力迅速上升 100~200 mmH$_2$O，解除压颈后，压力迅速下降至初压水平。如在穿刺部位以上有椎管梗阻，压颈时压力不上升（完全梗阻），或上升、下降缓慢（部分梗阻），称为压颈试验阳性。如压迫一侧颈静脉，CSF 压力不上升，但压迫对侧上升正常，常提示梗阻侧的横窦闭塞。如有颅内压升高或怀疑颅后窝肿瘤者，禁行压颈试验，以免发生脑疝。压颈试验阳性提示蛛网膜下腔完全梗阻或不完全梗阻，主要见于脊髓肿瘤、脊膜炎和椎管肿瘤等。

(3) 终压：放出 CSF 后所测得的压力，当低于原初压的 1/2 时常为异常。正常人放液 2~3 ml 后的脑压降低一般不超过 10~20 mmH$_2$O 或保持不变。若放液 3~5 ml 后压力下降大于 50 mmH$_2$O，应考虑椎管内或枕骨大孔处有不同程度的梗阻；完全性梗阻时，终压有时可下降到零。若放液数毫升后，压力下降很少或很快恢复到初压水平，则提示有交通性脑积水或颅内压增高。

2. 性状

（1）颜色：正常 CSF 为无色透明的液体。在病理情况下可表现为不同颜色改变。①红色：常由于各种出血引起，CSF 中出现多量的红细胞，主要由于穿刺损伤出血、蛛网膜下腔或脑室出血引起。前者在留取三管标本时，第一管为血性，以后两管颜色逐渐变淡，红细胞计数结果也依次减少，经离心后上清液呈无色透明。当蛛网膜下腔或脑室出血时，三管均呈红色，离心后上清液呈淡红色或黄色。红细胞在某些 CSF 中 5 min 后即可出现皱缩现象，因此不能用以鉴别陈旧性或新鲜出血。②黄色：可因出血、梗阻、感染、黄疸等引起。陈旧性蛛网膜下腔或脑室出血，由于红细胞缺乏蛋白质和脂类对膜稳定性的保护，很容易破坏、溶解，出血 4~8 h 即可出现黄色。停止出血后，这种黄色仍可持续 3 周左右。另外，在椎管梗阻（如髓外肿瘤、吉兰-巴雷综合征）CSF 蛋白质含量超过 1.5 g/L 时，颜色变黄，其黄色程度与蛋白质含量成正比。化脓性脑膜炎、重症结核性脑膜炎时，因 CSF 蛋白质含量明显增加而呈淡黄色或黄色。重症黄疸如核黄疸、新生儿溶血病时 CSF 也呈黄色。③白色或灰白色：多因白细胞增加所致，常见于化脓性脑膜炎。④褐色或黑色：常见于脑膜黑色素瘤。⑤微绿色脑脊液，可见于铜绿假单胞菌性脑膜炎和甲型链球菌性脑膜炎。

（2）透明度：正常 CSF 应清晰透明。病毒性脑炎、神经梅毒等疾病的 CSF 也可呈透明外观。CSF 中白细胞 >$300×10^6$/L 时可变为混浊；蛋白质含量增加或含有大量细菌、真菌等也可使其混浊；CSF 蛋白质含量过高时，外观呈黄色，离体后不久自动凝固，称为弗洛因综合征（Froin syndrome），见于椎管梗阻等。结核性脑膜炎时 CSF 常呈毛玻璃样微混，而化脓性脑膜炎时 CSF 常呈明显混浊。

（3）凝块或薄膜：收集 CSF 于试管内，静置 12~24 h，正常 CSF 不形成薄膜、凝块和沉淀物。若 CSF 内蛋白质包含纤维蛋白多于 10 g/L 即可出现凝块或沉淀物。结核性脑膜炎患者的 CSF 静置 12~24 h 后，可见表面有纤维的网膜形成，取此膜涂片检查结核分枝杆菌，阳性率较高。蛛网膜下腔梗阻时，由于阻塞，远端 CSF 的蛋白质含量常高达 15 g/L 以上，此时 CSF 呈黄色胶冻状。

3. 细胞数 正常成人 CSF 白细胞数为 $(0~5)×10^6$/L，多为单个核细胞。儿童为 $(0~10)×10^6$/L，超过 $10×10^6$/L 为异常。白细胞增多常提示中枢神经系统有炎症，红细胞增多提示有出血。急性细菌性感染早期，常出现多核白细胞增多；结核或真菌性脑膜炎时，常出现单核白细胞增多，但在早期也可出现多核白细胞增多。CSF 中细胞的改变有助于病原的诊断。

4. 潘迪试验（Pandy test） 该试验是 CSF 蛋白质定性的试验方法。利用 CSF 中球蛋白能与饱和苯酚（石炭酸）结合形成不溶性蛋白盐的原理，球蛋白含量越高则反应越明显，通常作为蛋白质定性的参考试验，但可出现假阳性反应。

（二）生化检查

1. 蛋白质 正常人腰椎穿刺 CSF 蛋白质含量为 0.15~0.45 g/L（15~45 mg/dl），脑池液含量为 0.10~0.25 g/L（10~25 mg/dl），脑室液含量为 0.05~0.15 g/L（5~15 mg/dl）。蛋白质含量增高见于中枢神经系统感染、脑肿瘤、脑出血、脊髓压迫症、吉兰-巴雷综合征、听神经瘤等。吉兰-巴雷综合征在发病 1~2 周后，CSF 出现"蛋白-细胞分离"现象（即蛋白质增高而细胞数正常），这对诊断具有重要意义。蛋白质含量降低 <0.15 g/L 见于腰椎穿刺或硬膜损伤引起 CSF 丢失、身体极度虚弱和营养不良者。

2. 糖 CSF 糖含量取决于血糖的水平，正常值为 2.5~4.4 mmol/L（50~75 mg/dl），为血糖的 50%~70%。通常 CSF 糖 <2.25 mmol/L（45 mg/dl）为异常。糖含量明显减少见于化脓性脑膜炎，轻至中度减少见于结核性或真菌性脑膜炎（特别是隐球菌性脑膜炎）以及脑膜癌病和转移癌。病毒感染时，CSF 糖含量正常或稍高。糖含量增加见于血糖增

高情况。

3. 氯化物 正常 CSF 氯化物含量为 120～130 mmol/L（700～750 mg/dl），较血氯水平为高。细菌性和真菌性脑膜炎均可使氯化物含量减低，尤以结核性脑膜炎最为明显。氯化物含量降低还可见于全身性疾病引起的电解质紊乱等。

（三）特殊检查

1. 细胞学检查 一般采用玻片离心法收集脑脊液细胞。取 1～2 ml CSF，经细胞离心沉淀仪使细胞沉淀在带滤纸孔的玻片上，干燥后经瑞-吉染色镜检。脑脊液细胞学检查可进行细胞分类并发现肿瘤细胞、细菌和真菌等。正常脑脊液细胞主要是小淋巴细胞，其次是单核样细胞。化脓性脑膜炎可见中性粒细胞增多，病毒性脑炎、病毒性脑膜炎表现为淋巴细胞增多，结核性脑膜炎呈混合细胞反应，而脑寄生虫病以持续的嗜酸性粒细胞增多为特征。蛛网膜下腔出血呈无菌性炎性反应，通常在出血后 24 h 达到高峰，如无再出血往往在 7～10 天内迅速消失。一般在出血的 12～24 h 内出现激活的单核细胞，3 天内出现含红细胞的吞噬细胞，5 天后出现含铁血黄素吞噬细胞，10 天后可见胆红素吞噬细胞，如在吞噬细胞胞质内同时见到被吞噬的新鲜红细胞、褪色的红细胞、含铁血黄素和胆红素，则为出血未止或复发出血的征象。如系腰椎穿刺损伤者则不会出现此类激活的单核细胞和吞噬细胞。

2. 蛋白电泳 CSF 蛋白电泳的正常值（滤纸法）：前白蛋白 2%～6%，白蛋白 44%～62%，α_1 球蛋白 4%～8%，α_2 球蛋白 8%～11%，β 球蛋白 8%～13%，γ 球蛋白 7%～18%。

电泳带的质和量分析对神经系统疾病的诊断有一定帮助。前白蛋白降低见于神经系统炎症，升高见于脑萎缩、脑积水及中枢神经系统变性疾病；白蛋白减少多见于 γ 球蛋白增高症；α 球蛋白升高主要见于中枢神经系统感染早期；β 球蛋白增高见于肌萎缩侧索硬化和退行性病变；γ 球蛋白增高多见于脱髓鞘疾病和中枢神经系统感染等。

3. 免疫球蛋白 正常脑脊液免疫球蛋白（CSF-Ig）含量极少，其中 IgG 为 10～40 mg/L，IgA 为 1～6 mg/L，IgM 含量极微。脑脊液 IgG 增高见于中枢神经系统炎性反应（细菌、病毒、螺旋体及真菌等感染），对多发性硬化、其他原因所致的脱髓鞘病变和中枢神经系统血管炎等诊断有所帮助。结核性脑膜炎和化脓性脑膜炎时 IgG 和 IgA 均上升，结核性脑膜炎时 IgM 也升高。乙型脑炎急性期 IgG 基本正常，恢复期 IgG、IgA、IgM 均轻度增高。

（1）CSF-IgG 指数：脑脊液 IgG 指数 =（脑脊液 IgG/血清 IgG）/（脑脊液白蛋白/血清白蛋白），正常值 ≤0.58，>0.7 为异常，提示脑脊液免疫球蛋白增高来源于中枢神经系统的合成。其可作为中枢神经系统内自身合成的免疫球蛋白标志，见于多发性硬化等神经系统免疫性疾病。鞘内 24 h IgG 合成率的测定，临床意义与 CSF-IgG 指数相同。

（2）寡克隆区带：CSF 寡克隆区带（oligoclonal band，OB）测定也是检测鞘内免疫球蛋白合成的重要方法。一般临床上检测的是 IgG 型寡克隆区带，是诊断多发性硬化的重要辅助指标。常用的检测方法是等电聚焦电泳和免疫印迹的方法。OB 阳性也可见于其他神经系统感染性疾病。

4. 髓鞘碱性蛋白 中枢神经系统病变累及白质髓鞘时，髓鞘碱性蛋白（myelin basic protein，MBP）可释放到 CSF 和血清中，用放射免疫分析和酶联免疫法可测出微量 MBP。脑脊液 MBP > 8 μg/L 提示活动性脱髓鞘病变，如多发性硬化。

5. 病原学检查

（1）病毒学检测：通常使用酶联免疫吸附试验（enzyme linked immunosorbent assay，ELISA）等方法检查病毒抗体，如单纯疱疹病毒（herpes simplex virus，HSV）、巨细胞病毒（cytomegalovirus，CMV）、风疹病毒（rubella virus，RV）和 EB 病毒等。HSV 抗原早期阳性提示近期感染的可能，双份血清的测定对判断近期感染更有意义；HSV-IgG 型抗体阳性在血清中可终身存在，发病初期 HSV-IgM 型抗体阳性更有意义。CSF 中分离出病毒或检测到病毒抗体阳性有助于 CMV、EB 病毒诊断，而阴性不能排除诊断

(2) 细菌学检查：对各种脑膜炎都应进行 CSF 细菌学检查，包括涂片和培养等方法。疑有真菌性脑膜炎时可行墨汁涂片检查。CSF 涂片联合培养对于诊断隐球菌性脑膜炎的阳性率高达 80% 左右。革兰氏（Gram）染色可查找革兰氏阳性球菌，而抗酸染色可查找结核分枝杆菌。结核性脑膜炎的 CSF 静置 12～24 h 后，可见表面有纤细的网膜形成，取此膜涂片检查结核分枝杆菌的阳性率较高。有时可用新鲜 CSF 直接涂片，快速查找病原体。CSF 细菌培养结合药敏试验不仅能准确地诊断细菌感染类型，而且可以指导抗生素的选用。

(3) 脑脊液特异性抗原及抗体检测：该检测对一些中枢神经系统疾病的诊断有较大帮助。例如，脑脊液 14-3-3 蛋白的检测，虽然并非特异性，却可以支持散发型克雅病（Creutzfeldt-Jakob disease，CJD）的诊断。脑膜炎奈瑟菌抗体检测、乙型脑炎病毒抗体检测分别有助于流行性脑脊髓膜炎和乙型脑炎的早期诊断。脑脊液螺旋体荧光抗体吸收试验对神经梅毒、麻疹病毒抗体效价测定对亚急性硬化性全脑炎等疾病，均起着重要的诊断作用。囊虫特异性抗体检测方法有间接血凝试验、ELISA 法和酶联免疫电转印（enzyme-linked immunoelectro-transfer blot，EITB）等，其中 ELISA 法最常用，敏感性达 90% 以上，特异性达 98%；正常人抗体阴性，CSF 中抗体阳性有助于脑囊虫的诊断。

近年来，对免疫相关性疾病的研究有较大进展，催生了新的临床检测项目。如神经节苷脂抗体的检测，有助于急性吉兰-巴雷综合征和神经节苷脂抗体谱系疾病的诊断。水通道蛋白抗体的检测，有助于视神经脊髓炎谱系疾病的诊断。用单克隆抗体技术检测 CSF 中的癌细胞，不仅有助于癌性脑病的早期诊断，而且还可鉴定癌细胞的来源，对于肿瘤相关的中枢性损害有重要意义。N-甲基-D-天冬氨酸（N-methyl-D-aspartic acid，NMDA）受体抗体的检测，已经在临床用于诊断抗 NMDA 受体脑炎。

第三节　影像学检查

一、头颅及脊柱 X 线平片

头颅和脊柱 X 线平片是利用 X 线检查颅内和脊柱病变的基本方法，对头颅骨、脊柱疾病的诊断价值较大。目前广泛采用计算机 X 线摄影术（computed radiography，CR），极大地提高了图像的清晰度和对比度。数字 X 线摄影（digital radiography，DR）技术近年才运用到临床，应用"平板检测器"采集 X 线信号，除 X 线摄像外还可透视和动态观察，使传统 X 线摄像提供的信息数字化。

（一）头颅 X 线检查

头颅 X 线检查（X-rays examination of skull）简便安全，患者无痛苦及任何不适。头颅平片包括正位和侧位片，根据临床需要也可拍摄颅底、内耳道、视神经孔、舌下神经孔及蝶鞍等照片。主要通过观察头颅大小、形态、颅骨的结构、蝶鞍、岩骨、内耳道及颅骨内钙化等改变来进行诊断。

（二）脊柱 X 线检查

脊柱 X 线检查（X-rays examination of spine）包括前后位、侧位和斜位片。颈椎、胸椎和腰椎需分段摄片。其可用于观察脊柱的生理曲度，椎体有无发育异常，有无椎弓根、椎间孔和

椎间隙的改变，有无椎板破坏或脊柱裂，有无椎旁软组织阴影，有无骨折、脱位和骨质增生等。脊柱椎骨的病变，如结核、肿瘤及椎间盘脱出等，可压迫脊髓和脊神经而引起神经症状，此时脊椎平片常可显示病变，但对较小病变分辨率差。

二、数字减影血管造影

数字减影血管造影（digital substraction angiography，DSA）是将传统的血管造影与计算机相结合而派生的新的检查方法，极大提高了血管造影诊断技术的特异性及准确性，尤其在脑血管疾病的诊断和治疗方面。随着介入放射学技术的普遍应用，DSA已成为介入性诊断和治疗不可缺少的基本工具。

（一）基本原理

DSA是通过电子计算机进行辅助成像的血管造影方法，它是应用计算机程序进行两次成像完成的。在注入造影剂之前，首先进行第一次成像，并用计算机将图像转换成数字信号储存起来。注入造影剂后，再次成像并转换成数字信号。两次数字信号相减，消除相同的信号，得到一个只有造影剂的血管图像。这种图像较以往所用的常规脑血管造影所显示的图像更清晰和直观，一些精细的血管结构亦能显示出来。

（二）临床应用

根据造影剂注入部位的不同可分为动脉DSA和静脉DSA。动脉DSA通常采用股动脉或脑动脉插管法，在颈总动脉和椎动脉注入含碘造影剂（泛影葡胺等），然后在动脉期、毛细血管期、静脉期分别摄片，造影剂可清楚显示颅内动脉、毛细血管和静脉的形态、分布及位置（图5-2）。造影剂用量少，临床应用广泛。

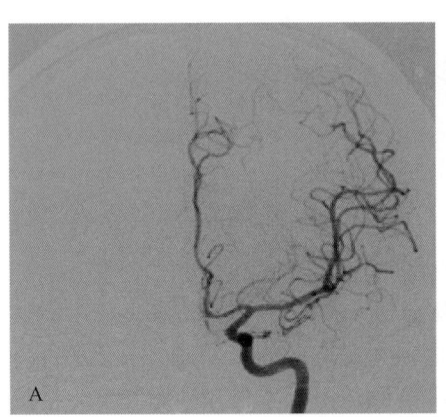 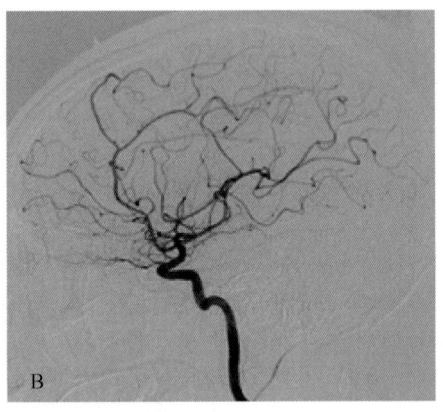

图5-2 正常脑血管的DSA影像
A. 左侧颈内动脉系统正位；B. 左侧颈内动脉系统侧位

DSA不但能清楚地显示颈内动脉、椎基底动脉、颅内大血管及大脑半球的血管图像，还可测定动脉的血流量。因此，目前已被应用于脑血管疾病检查，特别是对于动脉瘤、动静脉畸形、缺血性脑血管病等疾病，DSA不但能提供病变的确切部位，而且有助于了解病变的范围及严重程度，还可清楚地显示动脉管腔狭窄、闭塞、侧支循环建立情况等，有利于明确脑出血、蛛网膜下腔出血的病因，从而具有较高的诊断价值（图5-3）。

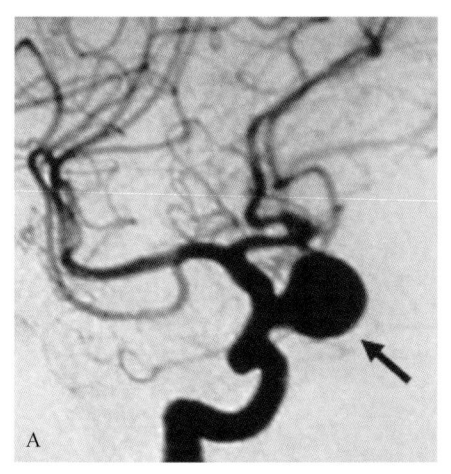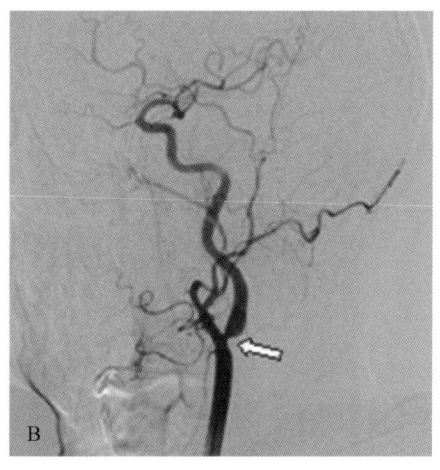

图 5-3 脑血管 DSA 成像

A. 图示颈内动脉 C6 段囊状动脉瘤（箭头）；B. 图示左颈动脉分叉处中-重度狭窄（箭头）

三、计算机断层成像

计算机断层成像（computerized tomography，CT）是由英国工程师 Hounsfield（1969）成功设计，是继伦琴于 1895 年发现 X 线以来在 X 线诊断学方面划时代的飞跃，在神经系统疾病的诊断中发挥了重要作用。近年来随着 CT 设备的改进、扫描技术及图像质量的提高、造影剂的运用及螺旋扫描各种三维显示技术的发展，CT 在神经科学领域的作用变得越来越显著。

（一）成像原理

CT 诊断的原理是利用各种组织对 X 线的不同吸收系数，通过计算机处理得到断层图像。X 线束对人体所选层面从多方面进行扫描，X 线透过人体后的衰减信号由电子检测器接受，再将这些 X 线衰减信号转换成数字信号，经计算机处理得出该薄层断面各点的吸收系数空间分布，从而重建出人体断层图像。CT 装置主要由数据收集、计算机图像处理、终端图像显示三大部分组成，另外尚有图像储存、输出装置、控制台和可移动诊断床。

（二）CT 技术

临床比较常用的 CT 扫描技术如下所述。

1. CT 平扫 又称非强化（非增强）扫描，即未用血管内造影剂的普通扫描。

2. 增强 CT 应用血管内造影剂的扫描。经静脉注入造影剂（甲泛葡胺或泛影葡胺）后进行 CT 检查，如果存在血脑屏障的破坏（如肿瘤或脑炎），则病变组织区域呈现高信号的增强效应，可以更清晰地显示病变，提高诊断的阳性率。

3. 螺旋 CT 在扫描过程中，X 线球管围绕机架连续旋转曝光，曝光同时检查床同步匀速运动，探测器同时采集数据。由于扫描轨迹呈螺旋线，故称螺旋扫描，又称体积或容积扫描。螺旋 CT 扫描更快，分辨率更高，扫描层厚可以薄至 1 mm，可以更清楚地显示微小病变。

4. CT 血管造影（CT angiography，CTA） 静脉注射含碘造影剂后进行 CT 扫描，可清晰显示包括主动脉弓、颈总动脉、颈内动脉、椎动脉、锁骨下动脉、Willis 动脉环以及大脑前、中、后动脉在内的颅内外血管系统重建图像（图 5-4），并且能三维实时显示，多角度观察病变，因此可部分取代 DSA 检查。CTA 可明确血管狭窄的程度，对闭塞性血管病变提供重要的诊断依据；可分析斑块的形态和性质，鉴别软、硬斑块以及溃疡斑块。CTA 对于检测脑动脉瘤具有较高的敏感度和特异度，但对于＜3 mm 的小动脉瘤敏感度略有下降。CTA 可用于颅内外动脉夹层的诊断，特别是夹层的超急性期诊断，轴位图像可显示夹层部位半月形的壁间血肿，可以看到血管的逐渐闭塞。

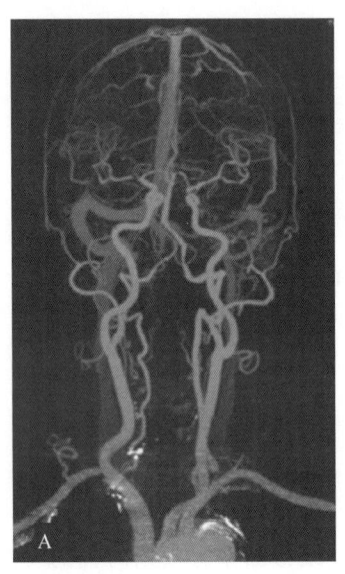 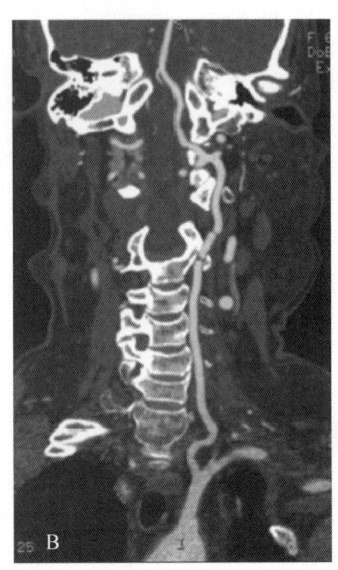

图 5-4 头颈部 CTA 成像

A. 图示颈总动脉、颈内动脉及椎基底动脉系统；B. 图示左侧椎动脉

5. CT 灌注成像（CT perfusion imaging，CTP） 利用数学模型可计算出局部脑血流量（regional cerebral blood flow，rCBF）、局部脑血容量（regional cerebral blood volume，rCBV）、平均通过时间（mean transit time，MTT）及达峰时间（time to peak，TTP）等参数，获得直观、清楚的各参数彩色图像。CTP 对于急性缺血性脑血管病的早期诊断和指导溶栓治疗有重要价值，能够动态反映脑组织的血流灌注情况，区分梗死灶和缺血半暗带。

（三）临床应用

头颅 CT 扫描主要用于颅内血肿、脑外伤、脑出血、蛛网膜下腔出血、脑梗死、脑肿瘤、脑积水、脑萎缩、脑寄生虫病等的诊断。

1. 脑出血 CT 扫描是脑出血和蛛网膜下腔出血的首选检查。对急性缺血性卒中患者应首先完成急诊 CT，以排除脑出血；在 rt-PA 溶栓治疗前，也应完成 CT 检查，以排除脑出血。CT 是监测脑梗死后恶性脑水肿及出血性转化的常用技术。

脑内血肿的 CT 表现和病程有关。新鲜血肿为边缘清楚、密度均匀的高密度病灶，如破入脑室则形成脑室铸型，密度均匀，血肿周围可有低密度水肿带（图 5-5 A）。约 1 周后，高密度灶向心性缩小，周边低密度带增宽；约 4 周后变成低密度灶。

2. 脑梗死 脑梗死的 CT 特征是阻塞血管供应区出现低密度灶，此与脑出血引起的高密度灶形成鲜明对比，继发出血时可见高、低密度混杂影。少数患者于发病后 6~24 h 出现边界不清的稍低密度灶，而大部分患者于 24 h 后才可见边界比较清楚的低密度灶，密度不均匀；其部位和范围与闭塞血管的供应区一致。发生在分水岭区的脑梗死多呈线条形。发病后 1~2 周梗死区密度进一步降低，且逐渐均匀一致，边界更加清楚（图 5-5 B）。范围较大的脑梗死由于

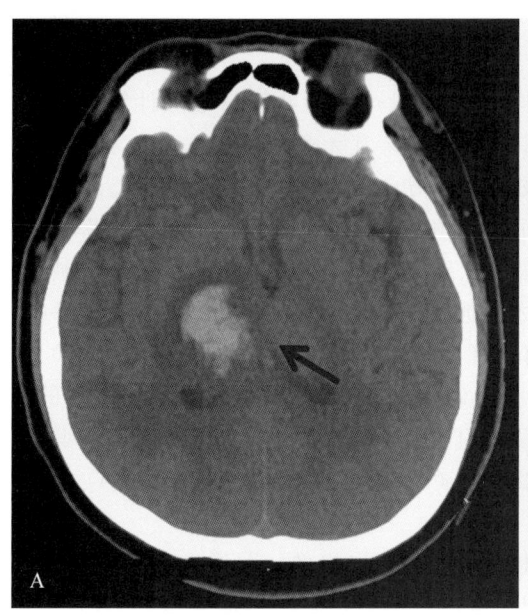 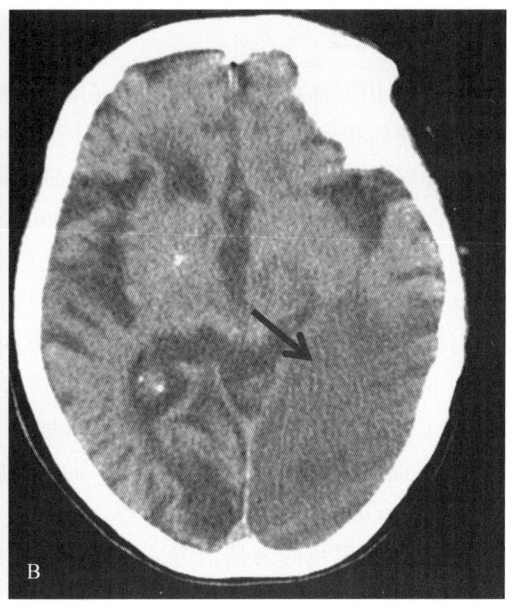

图 5-5 头颅 CT 常规扫描
A. 基底节区脑出血（箭头）；B. 左侧颞枕叶脑梗死（箭头）

伴有脑水肿，产生占位效应。占位效应于发病后 1~2 周最明显，然后逐渐减轻，第 4 周后基本消退。

3. 颅内感染 脑炎在 CT 上表现为界限不清的低密度影或不均匀混合密度影。脑脓肿呈环状薄壁强化。结核球及其他感染性肉芽肿表现为小的结节状强化灶，结核性脑膜炎可因颅底脑池增厚而呈片状强化

4. 颅内肿瘤 CT 对颅内肿瘤诊断的主要依据为：①肿瘤的特异发病部位，如垂体瘤位于鞍内，听神经瘤位于脑桥小脑脚，脑膜瘤位于硬脑膜附近等；②病变的特征包括囊变、坏死、钙化等，病灶数目和灶周水肿的大小也是判断病灶性质的依据；③增强后的病变形态是最重要的诊断依据。

此外，CT 也可用于颅脑损伤、脑变性疾病、脊髓和脊柱疾病等的诊断，并且诊断效果较好。

四、磁共振成像

磁共振成像（magnetic resonance imaging，MRI）诊断技术于 20 世纪 80 年代开始应用于临床，是 CT 之后影像技术的又一次飞跃。与 CT 相比，其对软组织的分辨率高，无辐射、无骨伪影，尤其适用于检查颅内和脊髓病变。但 MRI 检查时间较长，并且不适用于体内有金属置入物的患者。

近年来除常规的磁共振成像外，出现了多种新的磁共振成像技术，包括磁共振血管造影（magnetic resonance angiography，MRA）、磁共振静脉造影（magnetic resonance venography，MRV）、磁共振灌注加权成像（perfusion-weighted imaging，PWI）、磁共振弥散加权成像（diffusion-weighted imaging，DWI）、磁共振波谱成像（magnetic resonance spectroscopy，MRS）、弥散张量成像（diffusion tensor imaging，DTI）、磁敏感加权成像（sensitivity weighted imaging，SWI）、高分辨率磁共振成像（high resolution magnetic resonance imaging，HRMRI）以及功能磁共振成像（functional magnetic resonance imaging，fMRI）等，大大推进了神经科学的发展。

(一) 成像原理

MRI 是利用人体内氢质子在主磁场和射频场中被激发产生的共振信号经计算机放大、图像处理和重建后得到的磁共振成像。人体组织中广泛存在杂乱无章的自旋运动的氢质子，在强大均匀的外磁场中，氢质子的自旋轴将按磁场磁力线的方向重新排列，且仅能平行或反平行于外磁场方向进行排列；当外加一个射频脉冲，而脉冲频率又恰好等于氢质子旋转频率时，处于磁场中的氢质子即产生共振，吸收能量从低能级跳跃到高能级；当停止射频脉冲后，被激发的氢质子又恢复到激发前的状态。这一恢复过程称为弛豫（relaxation），而恢复到原来平衡状态所需的时间则称为弛豫时间。弛豫时间有纵向弛豫时间（T_1）和横向弛豫时间（T_2）两种。不同组织和器官具有其独特的 T_1 和 T_2 值。这种组织间弛豫时间的差别是 MRI 成像的基础。MRI 不像 CT 只有吸收系数一个参数，而是有 T_1、T_2 和自旋核密度等几个参数。因此，一个 MRI 扫描层面可有多种扫描成像方法，如 T_1 加权像（T_1 weighted imaging，T_1WI）、T_2 加权像（T_2 weighted imaging，T_2WI）等。

MRI 图像呈黑色时为低信号，即长 T_1 加权像或短 T_2 加权像；图像呈白色时为高信号，即短 T_1 加权像或长 T_2 加权像。在 T_1 加权像上，脂肪 T_1 短，磁共振信号强，呈白色；脑与肌肉 T_1 加权像居中，呈灰色；脑脊液 T_1 加权像长，呈黑色。在 T_2 加权像上，脑脊液 T_2 长，磁共振信号强，呈白色；而脑灰质呈黑色，脑白质呈灰色（图5-6）。空气和骨皮质含氢量少，磁共振信号弱，因此无论在 T_1 或 T_2 加权像上均是黑色。而心脏和大血管，由于血液流动迅速，使发射磁共振信号的氢原子核离开接收范围，测不到磁共振信号，因此在 T_1 和 T_2 加权像上均是黑影，此现象称为流空效应。

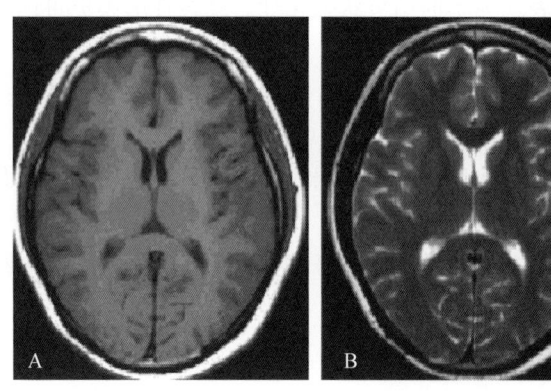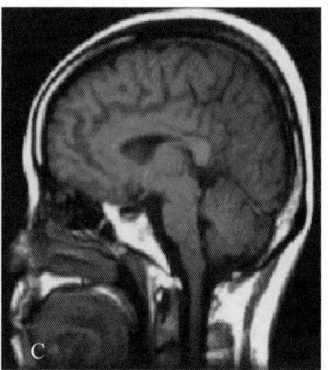

图 5-6　头部常规 MRI

A. T_1WI，轴位；B. T_2WI，轴位；C. T_1WI，矢状位

(二) MRI 技术

1. 液体衰减反转恢复序列（fluid-attenuated inversion recovery，FLAIR） 该序列是一种脑脊液信号被抑制的 T_2 加权序列，由于抑制了脑室及脑裂内的脑脊液信号，FLAIR 成像可以更加清晰地显示侧脑室旁及脑沟裂旁的病灶，对于脑梗死、脑白质病变、多发性硬化等疾病敏感性较高，已经成为临床常用的成像技术。

2. 磁共振血管造影（MRA） MRA 是利用血液中运动质子为内在流动的标志物，使血管与周围组织形成对比，经计算机处理后，显示血管形态的一种磁共振成像新技术。MRA 可清楚显示颅内大血管，如 Willis 动脉环，及大脑前、中、后动脉及其主要分支（图5-7）。MRA 具有无须注入造影剂、无须插管、无辐射损伤等优点；缺点是信号变化复杂，对血管病变有夸

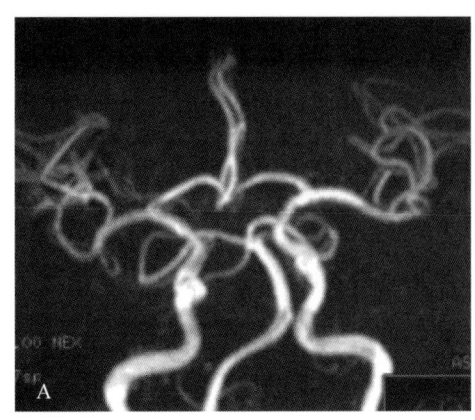 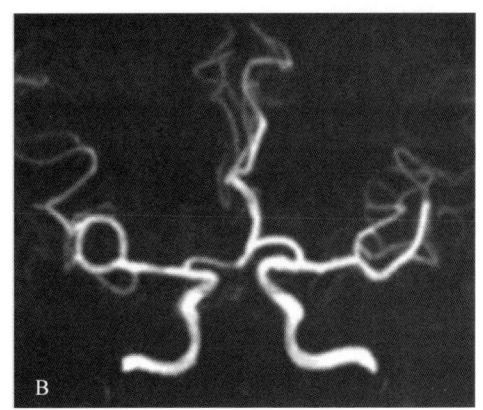

图 5-7 头颅 MRA 成像

A. 图示 Willis 动脉环、颈内动脉及椎基底动脉系统；B. 图示颈内动脉系统

大效应。MRA 临床上主要用于颅内动脉瘤、脑血管畸形、颅内大血管闭塞性疾病等的检查，已替代相当部分的常规血管造影检查。

磁共振还可以通过磁共振静脉造影（MRV），显示静脉和静脉窦，临床主要用于颅内静脉及静脉窦血栓形成的诊断。

3. 弥散加权成像和灌注加权成像 弥散加权成像（DWI）和灌注加权成像（PWI）是近年来应用于临床的 MRI 技术。DWI 多数在缺血 2 h 内即可出现异常信号，对超急性期脑梗死的诊断价值远优于 CT 和常规 T_2WI，目前已成为诊断超急性和急性期脑梗死不可缺少的手段，也可以辅助区分新旧脑梗死病灶。PWI 能显示出缺血区域局部的脑血容量和脑血流量下降，对识别低灌注区域优于 CTP，常用于短暂性脑缺血发作（transient ischemic attack，TIA）、超急性和急性期脑梗死的诊断。

DWI 和 PWI 对缺血半暗带（ischemic penumbra）的临床界定具有重要意义。PWI 低灌注区可反映脑组织缺血区，而 DWI 异常区域可反映脑组织坏死区，DWI 与 PWI 比较的不匹配（mismatch）区域提示为脑缺血半暗带，是治疗时间窗或半暗带存活时间的客观影像学依据，可为临床溶栓治疗以及脑保护治疗提供依据。

4. 功能磁共振成像（fMRI） fMRI 借助快速 MRI 扫描技术，测量人脑在视觉活动、听觉活动、局部肢体活动以及思维活动时，相应脑功能区脑组织的血流量、血流速度、血氧含量和局部灌注状态等的变化，并将这些变化显示于 MRI 图像上。目前主要用于癫痫患者手术前评估、认知功能研究等。

5. 磁共振波谱成像（MRS） MRS 能够无创性检测活体组织内化学物质的动态变化及代谢的改变。目前临床上 N-乙酰-天冬氨酸（N-acetyl-aspartate，NAA）、肌酸（creatine，Cr）、胆碱（choline，Cho）、肌醇（myoinositol，MI）和乳酸（lactic acid，Lac）的测定较为常用，用于代谢性疾病（如线粒体脑病）、脑肿瘤、癫痫等疾病的诊断和鉴别诊断。

6. 弥散张量成像（DTI） DTI 是活体显示神经纤维束轨迹的唯一方法，可以显示大脑白质纤维束的结构如内囊、胼胝体、外囊等，对于脑梗死、多发性硬化、脑白质病、脑肿瘤等的诊断和预后评估有重要价值。

7. 高分辨率磁共振成像（high resolution magnetic resonance imaging，HRMRI） 该技术不仅可以进行管腔成像，而且能够直观显示管壁结构。HRMRI 可用于准确评估动脉狭窄程度、诊断血管夹层、观察管壁斑块内出血，是鉴别动脉粥样硬化斑块类型、评估斑块风险最有效的检查方法。

(三) 临床应用

MRI 能提供多方位和多层面的解剖学信息，目前在许多方面已取代了 CT 检查。对大部分中枢神经系统病变来说，MRI 较 CT 分辨率更高、显示更清楚，尤其是对脑干及颅后窝病变。MRI 可产生更明显的脑灰质与脑白质对比度，因此常用于诊断脱髓鞘疾病、脑变性疾病和脑白质病变；在脊髓成像时，可获得冠状位、矢状位和横轴位三维像，对脊髓内病变较 CT 显示清楚，常用于脊髓肿瘤、脊髓空洞症、椎间盘脱出、脊椎转移瘤等脊髓病变的诊断。但 MRI 对骨、钙化病灶及出血性病变的显示不如 CT，且体内装有起搏器或其他铁磁性金属者不能使用 MRI 检查。静脉注入造影剂进行 MRI 增强扫描，可提高检测灵敏度，对肿瘤手术和放射治疗范围的确定可提供重要信息，临床常用的造影剂为顺磁性造影剂钆-二乙三胺五醋酸（Gd-DTPA）。

1. 脑梗死　MRI 检查可早期清晰地显示梗死灶，但危重患者受病情限制，患者戴起搏器、动脉瘤安置金属夹等不能做 MRI 检查。MRI 检查的优点是：①分辨率高，能清晰显示直径为 1mm 的病灶；②由于对组织含水量敏感，能显示早期缺血和水肿；③无骨组织伪影，适宜于颅底、颅后窝、椎管和枕骨大孔附近病变的诊断；④MRI 弥散加权成像可在缺血早期发现病变。

脑梗死发病 6h 内，由于细胞水肿，造成 T_1 与 T_2 延长，这是 MRI 较 CT 更早显示脑梗死的病理生理基础，T_1WI 显示低信号，T_2WI 显示高信号（图 5-8）。此后发生血管源性水肿并进行性加重，血脑屏障破坏。在梗死后 1 天到第 1 周末，水肿进一步加重，占位效应逐渐明显。典型表现为病变动脉流空效应减弱或消失，其供血范围的脑组织在 T_1 加权像呈低信号，在 T_2 加权像呈高信号。在梗死后第 2~3 周，坏死物质渐被清除，梗死灶周围出现新生血管。在梗死后几个月，局部形成脑萎缩及囊性脑软化。

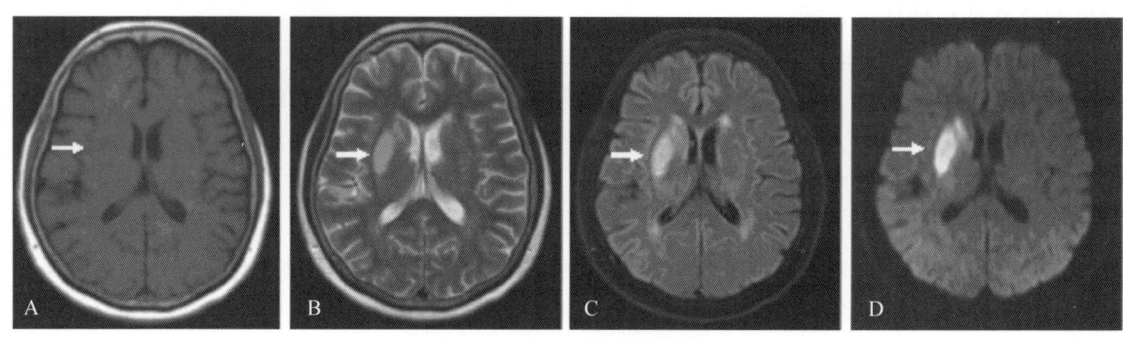

图 5-8　右侧基底节区脑梗死
A. T_1WI 低信号；B. T_2WI 高信号；C. T_2 FLAIR 高信号；D. DWI 高信号（箭头）

2. 脑出血　MRI 检查可发现 CT 不能确定的脑干或小脑少量出血，能分辨病程 4~5 周后 CT 不能辨认的脑出血，区别陈旧性脑出血与脑梗死，结合 MRA 检查可发现脑血管畸形、血管瘤、肿瘤等出血病因。

脑出血不同时期 MRI 信号不同，取决于氧合血红蛋白、脱氧血红蛋白、正铁血红蛋白和含铁血黄素的变化。大致说来，出血后 12h 内，T_1WI 显示等信号，T_2WI 显示高信号；出血后 12h 至 7 天 T_1WI 显示等信号，T_2WI 显示稍低信号；出血后 1~4 周，T_1WI 和 T_2WI 均显示高信号；出血 1 个月后，T1WI 显示低信号，T_2WI 显示中心高信号、周边低信号。由于 MRI 平扫缺乏特征性表现，不建议用于早期脑出血的诊断。然而最近的研究发现，磁共振梯度回波序列（gradient echo，GRE）能够早期检测脑出血，对急性脑出血诊断的准确率与 CT 相似，对新发或陈旧的微出血灶的检测优于 CT。

3. 其他 MRI还可以发现脑肿瘤、脑血管畸形、脑白质病变、颅内感染、椎管和脊髓病变等，具有广泛的应用价值。

第四节 神经电生理检查

一、脑电图

脑电图（electroencephalography，EEG）是通过电极记录下脑细胞群自发性、节律性电活动的检测方法。EEG是癫痫诊断和治疗中最重要的一项检查工具，EEG在癫痫诊断中的作用有以下几点：①确定发作性事件是否为癫痫发作；②确定癫痫发作类型；③确定可能的癫痫综合征；④有助于发现癫痫的诱发因素。尽管高分辨率的解剖和功能影像学在不断发展，但在癫痫的诊治中EEG仍不可替代。

（一）脑电图的敏感性和特异性

EEG对癫痫的诊断具有重要的作用，但在诊断中有一定的局限性，即EEG的敏感性和特异性。已知发作间期癫痫样放电（interictal epileptiform discharge，IED）是诊断癫痫的重要依据。IED敏感性是指其在癫痫人群中的发生率，受多种因素的影响。一般来说，IED在癫痫儿童中的发生率明显高于成人，且癫痫起病年龄越早IED发生率越高，有调查发现12岁以上癫痫患者棘波发生率为39%，4~6岁患儿则可高达61%。对仅有一次癫痫发作患者的EEG调查发现，12%~50%的患者首次EEG记录到了IED，6%~45%记录到了非特异性异常，32%~74%EEG为正常。IED特异性是指相比癫痫患者而言，IED在正常人群中的发生率。一般而言，非癫痫患者IED的发生率低，伴IED而无癫痫发作的个体未来发展为癫痫的可能性很大。大部分非癫痫人群特别是儿童中IED常见有三种类型：中央-颞区放电、广泛性棘慢波放电及光阵发反应。研究发现，儿童中仅40%的中央-颞区放电和50%的枕区放电伴临床癫痫发作，仅有光阵发反应的患者很少出现癫痫发作。相对而言，局灶性（特别是颞区）或多灶性放电则常见于癫痫患者，但是在尿毒症脑病、低钙血症等状态下记录到局灶性或多灶性放电时，大多数患者临床常无癫痫发作。

（二）脑电图的一般操作和检测种类

一般在清洁去脂的头皮上，按国际脑电图学会建议的10-20系统电极安放法，放置21只电极。可以根据需要选用特殊电极，如记录颞叶底部的电活动可增加蝶骨电极，记录额叶底部和颞叶前内侧的病变可以增加鼻咽电极。常规EEG至少记录20~30 min，包括安静闭目状态、睁眼（3 s）、过度换气（3 min，20次/分）。进行EEG检查时，可通过一些特殊的手段诱发不明显的异常电活动，如闪光刺激、睡眠、静脉注射戊四氮和贝美格等。携带式脑电图监测仪可连续24 h记录患者脑电信号。闭路电视脑电图和录像监测可同时观察患者情况及脑电图变化。

（三）正常脑电图

1. 成人脑电图 在清醒状态下，健康成人EEG基本节律为8~12 Hz的α节律，波幅为20~100 μV，约占75%，主要分布在枕部和顶部。全脑α频率变化不超过2 Hz，两侧对应区不超过0.5 Hz，两侧波幅差可达30%。在额颞区有β波，频率为13~25 Hz，波幅为5~20 μV。大脑前半球可见少量θ波，频率为4~7 Hz。频率4 Hz以下为δ波，清醒状态下几乎没有，但入睡可出现，且由浅入深逐渐增多（图5-9）。频率<8 Hz的脑电波称为慢波。在声

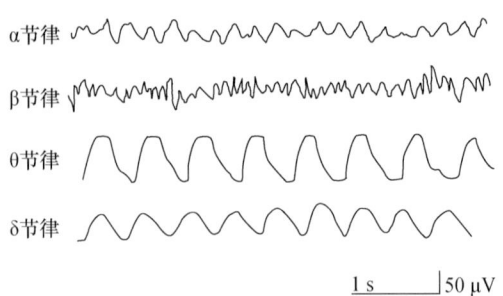

图 5-9　脑电图基本节律示意图

光刺激或精神活动时，α节律消失，代之以低幅波。过度换气时，约 80% 的儿童和 30% 的成人出现高波幅的慢波节律，不应认为是异常 EEG。

2. 儿童脑电图　以慢波为主，随着年龄增加，慢波逐渐减少，而 α 波逐渐增多，至 14～18 岁时接近于成人 EEG 表现。

3. 睡眠脑电图　非快速眼动相（non-rapid eye movement，NREM）的第 1 期（困倦期），清醒时的 α 节律消失，代之以低波幅慢波；第 2 期（浅睡期）出现睡眠纺锤波（12～14 Hz）；第 3、4 期（深睡期）出现广泛性分布的高波幅慢波。在快速眼动相（rapid eye movement，REM）则出现低波幅 θ 波和间歇出现的低电压 α 波为主的混合频率的脑电活动。

（四）常见异常脑电图

1. 弥漫性慢波　背景活动为弥漫性慢波是最常见的异常表现，无特异性。可见于各种原因所致的弥漫性脑病、缺氧性脑病、中枢神经系统变性疾病及脱髓鞘性脑病等。

2. 局灶性慢波　是局部脑实质功能障碍所致。见于局灶性癫痫、脑脓肿、局灶性硬脑膜下或硬脑膜外血肿等。

3. 三相波　通常为中至高波幅、频率为 1.3～2.6 Hz 的负-正-负或正-负-正波。主要见于肝性脑病和其他原因所致的中毒代谢性脑病。

4. 癫痫样放电　包括棘波、尖波、棘慢复合波、多棘波、尖慢复合波及多棘慢复合波等（图 5-10）。50% 以上患者在癫痫发作的间期记录到癫痫样放电，放电的不同类型波通常提示不同的癫痫综合征，如多棘波和多棘慢复合波通常伴有肌阵挛，见于全身性癫痫和光敏感性癫痫等；双侧同步对称、每秒 3 次、重复出现的高波幅棘慢复合波提示失神发作。

（五）脑电图的临床应用

EEG 检查主要用于癫痫的诊断、分类和病灶的定位；对于区分脑部器质性或功能性病变、弥漫性或局灶性损害，以及脑炎、中毒性和代谢性等原因引起的脑病等具有重要意义。不同病因的中枢神经系统疾病可以出现相同的 EEG 异常表现，而同一种 EEG 异常表现也可由多种病因引起，故 EEG 对中枢神经系统疾病具有辅助诊断价值。

1. 癫痫　EEG 在临床上最大的应用价值在于帮助癫痫的诊断。EEG 是确诊癫痫及癫痫综合征准确分类的最有价值的检查方法，发作间期出现癫痫样放电（如棘波、尖波、棘慢复合波等）支持癫痫诊断，但缺乏癫痫样放电不能排除癫痫诊断。30%～50% 的癫痫患者在第一次常规 EEG 中记录到癫痫样放电，60%～90% 的癫痫患者在第三次 EEG 中记录到癫痫样放电。10%～40% 的癫痫患者常规 EEG 发作间期无癫痫样放电显示，睡眠、睡眠剥夺、过度换气和闪光刺激等在某些患者可能诱发出癫痫样放电。颞叶近中线部位及眶额部病灶常需安放蝶骨电极、鼻咽电极等特殊电极。癫痫是发作性神经功能障碍，医生不能随时得到诊断所需的信息，

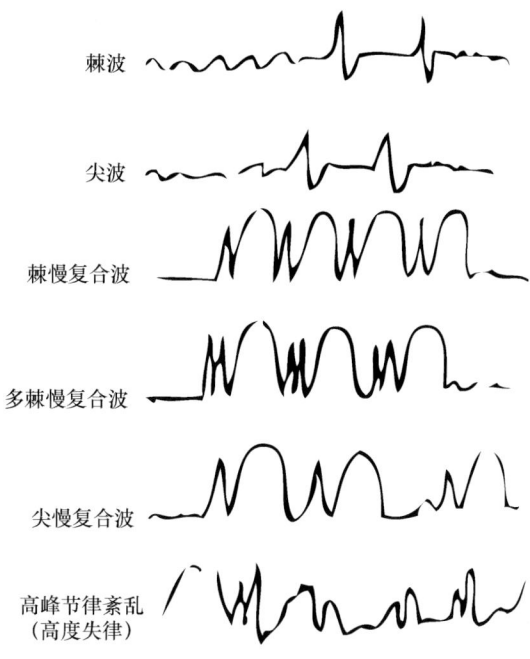

图 5-10 部分异常脑电图

因此有时需要延长 EEG 监测时间。采用盒式磁带 EEG 记录仪长时间（通常为 24 h）监测患者，可以大大提高癫痫样放电检出率。脑电图录像监测系统可同步记录患者的发作行为和发作时 EEG，对癫痫发作类型的诊断及某些不能解释的发作（如晕厥、低血糖、脑缺氧发作、假性发作等）有重要的诊断价值。

此外，EEG 在癫痫治疗中的作用主要有：①评估单次无诱因的癫痫发作后再次发作的风险性；②评估何种类型的抗癫痫药可能最有效；③评估有无外科手术适应证，确定发作起源部位；④寻找认知功能受损的原因；⑤判断临床行为变化是否为非惊厥性持续状态；⑥评估抗癫痫药撤药后复发的风险性等。

2. 脑肿瘤、脑脓肿和硬脑膜下血肿 EEG 改变 90% 取决于病变的类型和部位，除弥散性改变外，典型异常改变为局灶性，多见局灶性慢波（多为 δ 波），有时为癫痫发作活动或局灶性波幅减低。75%~90% 的幕上肿瘤或脓肿可由 EEG 准确定位，当大脑转移瘤在计算机断层成像（CT）尚未显示时，EEG 可能显示局灶性异常。

3. 颅脑外伤 脑震荡患者伤后昏迷状态下 EEG 出现慢波，之后慢波减少，伤后 24 h 大多恢复正常。头外伤后动态 EEG 监测对癫痫预后有一定价值。

4. 引起昏迷及意识障碍的疾病 意识障碍患者的 EEG 几乎均为异常。由于心脏停搏导致严重的急性脑缺氧损伤，与 EEG 减慢的程度之间有密切一致性。普遍性 θ 活动是最轻的类型，中等程度缺氧时 EEG 显示正常背景活动消失及广泛的 δ 波，重度缺氧时 EEG 出现爆发抑制。普遍性缺氧 EEG 也可表现为昏迷，昏迷及爆发抑制通常都是严重普遍减慢、电压衰减甚至脑电静息的过渡式样。肝性脑病的 EEG 异常程度与精神错乱、昏迷的程度一致，EEG 特征是双侧同步的高波幅三相波，此种波形也见于肾衰竭、呼吸衰竭有关的脑病。电静息（<0.5 μV）诊断脑死亡。

5. 弥漫性脑变性疾病 阿尔茨海默（Alzheimer）病早期认知功能损害较轻，EEG 可能正常，出现中度至严重症状时 EEG 可见弥散性慢活动，局灶性慢波少见。亚急性硬化性全脑炎（subacute sclerosing panencephalitis，SSPE）常在疾病第二阶段出现周期复合放电，特征是爆发出现高波幅棘慢波群、棘慢复合波群或一个大慢波后跟着几个波幅相对较低的慢波群，持续

0.5~3 s，每 4~15 s 重复出现。Creutzfeldt-Jacob 病（CJD）在疾病发展阶段逐渐形成周期性放电，表现为普遍的两侧同步连续的周期性刻板式尖波或尖的三相波，间隔 0.5~1.0 s，周期波常伴肌阵挛，但两者不成恒定关系。

二、脑诱发电位

脑诱发电位（cerebral evoked potential，CEP）是神经系统在感受外来或内在各种刺激时所产生的生物电活动，其检测技术可以了解脑的功能状态。CEP 包括躯体感觉诱发电位、视觉诱发电位、脑干听觉诱发电位、运动诱发电位及事件相关电位，分别对躯体感觉、视觉和听觉等感觉通路的刺激进行检测，以及对运动通路及认知功能进行测定。

（一）躯体感觉诱发电位

躯体感觉诱发电位（somatosensory evoked potential，SEP）指刺激肢体末端感觉神经，在躯体感觉上行通路不同部位记录的电位。SEP 起源于周围神经中直径较大的快速传导的有髓传入纤维，主要反映周围神经、脊髓后束和有关神经核、脑干、丘脑、丘脑放射及皮质感觉区的功能。临床应用于吉兰-巴雷综合征、颈椎病、后侧索硬化综合征、多发性硬化及脑血管病等感觉通路受累的诊断和客观评价。可帮助确定脊髓损伤是脊髓休克还是脊髓断裂，还可用于脑死亡的判断和脊髓手术的监护等。

1. 检测方法 刺激电极置于周围神经干体表部位，用方波脉冲刺激，频率为 1~5 Hz，刺激量以刺激远端（手指或足趾）微动为宜。常用的刺激部位为上肢的正中神经和尺神经、下肢的胫后神经和腓总神经等。

2. 波形的命名 SEP 各波的命名原则是极性（波峰向下为 P，向上为 N）+潜伏期。例如潜伏期为 14 ms、波峰向下的波称为 P14。

3. SEP 异常的判断标准和影响因素 SEP 异常的判断标准为：①潜伏期＞平均值+3 个标准差（standard deviation，SD）；②某一波成分消失或波幅较对侧低 50% 以上。影响因素主要是年龄、性别、温度和身高。检查中注意皮肤温度应保持在 34℃ 左右。

（二）视觉诱发电位

视觉诱发电位（visual evoked potential，VEP）是经头皮记录的枕叶皮质对视觉刺激产生的电活动。临床应用于视通路病变，特别是对多发性硬化患者可提供早期视神经损害的客观依据。单侧 VEP 异常通常提示视交叉前病变，双侧异常病变可位于视通路（视网膜、视神经、视交叉、视束、视放射及视皮质）的任一部位，但确切的定位比较困难，半视野刺激 VEP 有助于进一步定位诊断。VEP 的最有价值之处是发现视神经的潜在病灶，对多发性硬化的诊断非常有意义。

1. 检测方法 通常在光线较暗的条件下进行，检测前应粗测视力并进行矫正。临床上最常用的方法为黑白棋盘格翻转 VEP（pattern reversal VEP，PRVEP）和闪光刺激 VEP。前者优点是波形简单易于分析，阳性率高且重复性好；后者受视敏度影响小，适用于 PRVEP 检测不能合作者。记录电极置于左枕点（O_1）、枕区中点（O_z）和右枕点（O_2），参考电极通常置于顶点（Cz）。

2. 波形命名和起源 PRVEP 是一个由 NPN 组成的三相复合波，分别按各自的平均潜伏期命名为 N75、P100 和 N145（图 5-11）。正常情况下，P100 潜伏期最稳定且波幅高，是唯一可靠的成分。VEP 各波的起源目前尚不清楚。

3. VEP 异常的判断标准和影响因素 VEP 异常的判断标准为：①潜伏期＞平均值+3 SD；②波幅＜3 μV 及波形分化不良或消失等；③两眼间 P100 潜伏期差值大于 8~10 ms。影响因素主要为视力、性别、年龄。

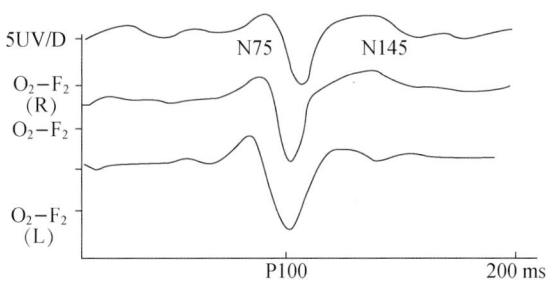

图 5-11 右眼全视野视觉诱发电位

(三) 脑干听觉诱发电位

脑干听觉诱发电位 (brainstem auditory evoked potential, BAEP) 是指经耳机传出的声音刺激听神经传导通路在头顶记录的电位。检测时一般无需患者的合作，婴幼儿及昏迷患者均可进行测定。主要用于客观评价听力、脑桥小脑角肿瘤、多发性硬化及脑死亡判断和手术监护等。

1. 检测方法　多采用短声 (click) 刺激，刺激强度 50~80 dB，以 75 dB 为常用，刺激频率 10~15 Hz，持续时间 10~20 ms，叠加 1000~2000 次。检测时单耳刺激，对侧噪声掩盖。记录电极通常置于 Cz，参考电极置于耳垂或乳突，接地电极置于额极点 (FPz)。

2. 波形　正常 BAEP 通常由 5 个波组成，依次以罗马数字命名为 Ⅰ、Ⅱ、Ⅲ、Ⅳ 和 Ⅴ 波。特别是 Ⅰ、Ⅱ 和 Ⅴ 波的潜伏期和波幅更有临床价值。Ⅰ 波起源于听神经，Ⅱ 波起源于耳蜗核，部分为听神经颅内段，Ⅲ 波起源于上橄榄核，Ⅳ 波起源于外侧丘系及其核团 (脑桥中、上部分)，Ⅴ 波起源于下丘的中央核团区 (图 5-12)。

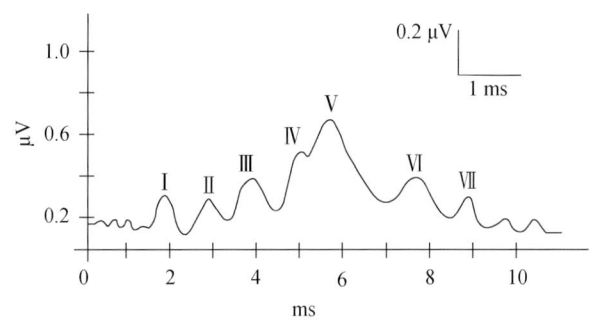

图 5-12　正常人 BAEP

3. BAEP 异常的判断标准和影响因素　BAEP 异常的判断标准为：①各波潜伏期＞均值＋3 SD；②波形消失或波幅 Ⅰ/Ⅴ 值＞200%。影响因素主要是年龄和性别，女性 Ⅴ 波潜伏期较男性短，而波幅高。BAEP 不受麻醉镇静药、睡眠觉醒和注意力集中程度的影响。

(四) 运动诱发电位

运动诱发电位 (motor evoked potential, MEP) 包括电刺激和磁刺激。经颅磁刺激运动诱发电位 (transcranial magnetic stimulation motor evoked potential, TMS-MEP) 指经颅磁刺激大脑皮质运动细胞、脊髓及周围神经运动通路，在相应的肌肉上记录的复合肌肉动作电位。

MEP 的主要检测指标为各段潜伏期和中枢运动传导时间 (central motor conduction time,

CMCT)。主要应用于运动通路病变的诊断，如多发性硬化、脑血管病、脊髓型颈椎病和肌萎缩侧索硬化等。

1. 检测方法 上肢 MEP 检测是将磁刺激器置于上肢对应的大脑皮质运动区、C_7 棘突和 Erb 点，在拇短展肌或小指展肌等肌肉上记录诱发电位；下肢 MEP 测定是将磁刺激器置于下肢对应的大脑皮质运动区、L_1 及腘窝，在伸趾短肌和胫前肌上记录诱发电位。确定刺激量的原则通常是阈值+最大输出强度的 20%，上肢刺激量一般为最大输出量的 65%～75%，下肢为 65%～80%，头部为 80%～90%。

2. CMCT 的计算和 MEP 异常的判断标准 皮质刺激潜伏期与 C_7 棘突刺激潜伏期的差为 CMCT，正常值范围是均值+2.58 SD。MEP 异常的判断标准为：①各波潜伏期或 CMCT 延长＞平均值+2.58 SD；②上肢易化或非易化状态下波形消失；③下肢易化状态下波形消失。

3. 易化现象 皮质刺激时相应肌肉轻度收缩，可较容易诱发出动作电位，而且伴有潜伏期缩短和波幅增高。

4. MEP 的影响因素 各波潜伏期与身高有明显的相关性，而与性别无明显的相关性。潜伏期随着年龄增长而延长。

（五）事件相关电位

事件相关电位（event related potential，ERP）是人对外界或环境刺激的心理反应，指人对某种事件或信息进行认知加工（注意、记忆和思维等）时，通过叠加和平均技术在头颅表面记录的大脑电位。因反映认知过程中大脑的电生理变化，故又称为"认知电位"，也称内源性事件相关电位。ERP 主要研究认知过程中大脑的神经电生理改变，即探讨大脑思维的轨迹，不是纯粹的生理反应。ERP 中应用最广泛的是 P300 电位。P300 用于各种大脑疾病引起的认知功能障碍的评价，目前还有学者将 P300 电位用于测谎等研究。

1. 检测方法 检测原则通常是接受 2 种或 2 种以上的刺激组成的序列，对其比较作出反应。两种刺激中一种低频率、不规则出现者称为靶刺激，另一种为非靶刺激。刺激形式包括听觉、视觉、躯体感觉、数字、语言和图像等，并按一定的概率编码排序。

2. 注意事项 患者必须保持清醒状态，瞌睡和精力不集中、反应不准确均影响 P300 检查的结果。

3. P300 检查的影响因素 P300 潜伏期与年龄呈正相关，20 岁以后平均每增加 1 岁潜伏期增加 1～1.5 ms。波幅与年龄的关系尚不肯定，但 70 岁以后波幅逐渐降低。

三、肌电图

肌电图（electromyography，EMG）指同心圆针电极插入肌肉后，记录肌肉在静息状态和不同程度随意收缩状态下及周围神经受刺激时各种电生理特性的技术，用以判定神经和肌肉功能，诊断神经和肌肉疾病。广义的 EMG 包括常规 EMG、神经传导速度（nerve conduction velocity，NCV）、重复神经电刺激（repetitive nerve stimulation，RNS）、运动单位计数、单纤维肌电图及巨肌电图等。脊髓前角细胞及其以下传导通路（包括神经-肌肉接头病变）是 EMG 检查的适应证。其临床意义除了诊断和鉴别诊断神经源性和肌源性损害外，还可用于发现亚临床病灶和容易被忽略的病变；与 NCV 结合可以补充临床上的定位诊断。

（一）正常肌电图

1. 正常肌肉静息时无电活动。 当检查针电极插入肌肉时，刺激肌纤维产生短暂的电活动，称插入电位。停止移动针电极时插入电活动也迅速消失，于 300 ms 左右恢复静息状态。

2. 当肌肉收缩时产生运动单位动作电位。常规肌电图应用的同轴单芯针电极所记录的电位为运动单位动作电位,是电极记录范围内一个运动单位所属肌纤维同步放电的总和。不同程度用力收缩时,由于参与收缩的运动单位数量、频率不同而出现不同的波形。

3. 当肌肉轻度收缩时,只有阈值较低的 I 型纤维运动单位发放,频率 5~15 Hz,持续时间 2~10 ms,振幅一般为 500~1000 μV。波形多为双相或三相,称单纯相,四相以上的波则称为多相波。

4. 当肌肉中度收缩时,参与的运动单位数目增多,偶尔能分辨出单个运动单位电位,称混合相。

5. 当肌肉大力收缩时,几乎所有的运动单位参与收缩,呈相互重叠的、密集的、难以分辨基线的多运动单位电位,称干扰相。

(二)异常肌电图

1. 异常插入电位 构成异常的插入电位可以是纤颤波、正锐波或其他自发电位。插入电位减少或消失见于严重的肌肉萎缩、肌肉纤维化和脂肪组织浸润等;插入电位增多或延长见于神经源性和肌源性损害。

2. 异常自发电位

(1)纤颤电位(fibrillation potential):是由失神经支配的肌纤维对乙酰胆碱的敏感性增高或肌肉细胞膜电位的稳定性下降所致的单个肌纤维的自发放电,为肌肉放松时出现的短时限、低电压自发电位。其波形多为双相,起始为正相,时限范围 1~2 ms,波幅一般为 20~200 μV,常见于神经源性和肌源性损害。

(2)正锐波(positive shape potential):其产生机制及临床意义同纤颤电位,为失神经支配的多数肌纤维同步放电,是呈"V"字形的正相电位,时限 10~100 ms,波幅 50~200 μV,频率为 4~10 Hz,声音呈遥远雷鸣样。

(3)束颤电位:为运动单位兴奋性增高所致的肌肉自发电位。波形为双相、三相或多相,起始为正相,时限 5~15 s,波幅 100~600 μV。

(4)复合重复放电:是一组肌纤维自发同步放电。发放过程中通常没有波幅和频率的改变,声音似机关枪发放。波幅通常 50~100 μV,频率为 5~100 Hz,多见于进行性肌营养不良、炎性肌病以及慢性失神经(神经源性损害)。

3. 肌强直放电 与安静时肌膜氯离子通透性减小有关,多见于肌肉自主收缩或受机械刺激后。波幅通常为 10 μV~1 mV,频率为 25~100 Hz。放电过程中波幅和频率逐渐衰减,扩音器可传出类似"飞机俯冲或摩托车减速"的声音。见于各种原因所致的肌强直。

4. 运动单位电位的异常改变

(1)单纯相和混合相:肌肉重收缩时出现单纯相表明运动单位数量明显减少,通常运动单位损失 75% 或更多,临床上肌肉出现重度瘫痪;出现混合相表明运动单位数量部分减少。

(2)病理干扰相:肌肉重收缩时,虽肌力减弱,而电位相位明显增多,波形过分密集,其波幅也低。为肌纤维变性坏死致运动单位减少所致。

(三)神经传导速度

神经传导速度(NCV)是用于评定周围神经传导功能的一项诊断技术。通常包括运动神经传导速度(motor nerve conduction velocity,MCV)、F 波和感觉神经传导速度(sensory nerve conduction velocity,SCV)的测定。

1. 测定方法

(1)MCV 的测定。①电极放置:阴极置于神经远端,阳极置于神经近端,两者相隔 2~

3 cm；记录电极置于肌腹，参考电极置于肌腱；地线置于刺激电极和记录电极之间。②测定方法及 MCV 的计算：超强刺激神经干远端和近端，在该神经支配的肌肉上记录复合肌肉动作电位（compound muscle action potential，CMAP），测定其不同的潜伏期，用远端和近端之间的距离除以两点间潜伏期差，即为神经的传导速度。计算公式：神经传导速度（m/s）＝两点间距离（cm）×10/两点间潜伏期差（ms）。波幅的测定通常取峰-峰值。

（2）SCV 的测定。①电极放置：刺激电极置于或套在手指或足趾末端，阴极在阳极的近端；记录电极置于神经干的远端（靠近刺激端），参考电极置于神经干的近端（远离刺激部位）；地线固定于刺激电极和记录电极之间。②测定方法及 SCV 的计算：顺行测定法是将刺激电极置于感觉神经远端，记录电极置于神经干的近端，然后测定其潜伏期和记录感觉神经动作电位（SNAP）；刺激电极与记录电极之间的距离除以潜伏期为 SCV。

2. 异常 NCV 及临床意义　MCV 和 SCV 的主要异常是传导速度减慢和波幅降低，前者主要反映髓鞘损害，后者为轴突损害，严重的髓鞘脱失也可继发轴突损害。F 波较 MCV 的优越性在于可以反映运动神经近端的功能。

（四）F 波与 H 反射

1. F 波（F-wave）　F 波是以超强电刺激神经干在 M 波（CMAP）后的一个较晚出现的小的肌肉动作电位。F 波的特点是其波幅不随刺激量变化而改变，重复刺激时 F 波的波形和潜伏期变异较大。

（1）测定方法：电极放置，同 MCV 测定，不同的是阴极放在近端；潜伏期的测定，通常连续测定 10～20 个 F 波，然后计算其平均值，F 波的出现率为 80%～100%。F 波出现率的减少或潜伏期延长均提示神经传导异常。

（2）临床意义及应用：F 波有助于周围神经病的早期诊断、病变部位的确定。由于 F 波可以反映运动神经近端的功能，对神经根病变的诊断有重要的价值，可弥补 MCV 的不足，临床用于吉兰-巴雷综合征（GBS）、遗传性运动感觉神经病、神经根型颈椎病等的诊断。

2. H 反射（H-reflex）　H 反射是利用较小电量来刺激神经，冲动经感觉神经纤维向上传到脊髓，再经单一突触连接传入下运动神经元引发肌肉电活动。

（1）测定方法：电极放置，刺激电极置于腘窝胫神经处，记录电极置于腓肠肌肌腹；最佳刺激强度依个人不同反应而定。

（2）临床意义及应用：H 反射相对稳定地出现于正常成人 S_1 根所支配的肌肉，其他部位则较少见。若 H 反射消失则表示该神经根或其相关的反射弧病损。临床用于吉兰-巴雷综合征、腰椎病、腰骶神经根病变的诊断。

（五）重复神经电刺激

重复神经电刺激（RNS）指超强重复刺激神经干，在相应肌肉记录复合肌肉动作电位，是检测神经肌肉接头功能的重要手段。正常情况下，神经干连续受刺激后，CMAP 的波幅可有轻微波动，而降低或升高超过一定的范围均提示神经肌肉接头病变。RNS 可根据刺激的频率分为低频 RNS（≤5 Hz）和高频 RNS（10～30 Hz）。

1. 测定方法　①电极放置：刺激电极置于神经干，记录电极置于该神经所支配的肌肉，地线置于两者之间。②神经和肌肉的选择：通常选择面神经支配的眼轮匝肌、腋神经支配的三角肌、尺神经支配的小指展肌及副神经支配的斜方肌等；近端肌肉阳性率高，但不易固定；远端肌肉灵敏度低，但较稳定，伪差小；高频刺激患者疼痛较明显，通常选用尺神经。

2. 正常值的计算和异常的判断　确定波幅递减是计算第 4 或第 5 波比第 1 波波幅下降的百分比，而波幅递增是计算最高波幅比第 1 波波幅上升的百分比。正常人低频刺激波幅递减在10%～15%，高频刺激波幅递减在30%以下，而波幅递增在50%以下。低频刺激波幅递减>15%（部分定为10%）和高频刺激波幅递减>30%为异常，称为波幅递减；高频刺激波幅递增>100%为异常，称为波幅递增。单纤维肌电图是目前诊断运动终板功能障碍最敏感的方法。

3. 临床意义 用于了解神经肌肉接头的功能状态，诊断和鉴别突触前膜和后膜的病变，特别是重症肌无力和Lambert-Eaton综合征的诊断，前者表现为低频或高频刺激波幅递减，而后者表现为低频刺激波幅递减，而高频刺激波幅递增。

（六）EMG的临床应用

1. 运动神经元病 是累及上、下运动神经元的慢性进行性疾病，如肌萎缩侧索硬化（amyotrophic lateral sclerosis，ALS）。

（1）EMG改变：广泛的进行性和慢性失神经改变。进行性失神经改变是病变2～3周以后出现的自发电位，包括纤颤电位等。慢性失神经改变表现为运动单位电位时限显著延长、波幅增高及多相波百分比增加等，肌肉大力收缩时可见运动单位电位数量减少，表现为混合相和单纯相。

异常EMG的分布特点：①三个以上肢体肌肉出现神经源性损害，临床无症状的部位更有意义；②胸锁乳突肌神经源性损害的阳性率占80%以上；③胸段脊旁肌的神经源性损害，该部位是脊髓神经根病变较少累及的部位；④舌肌的神经源性损害，但不具有特征性意义。

（2）神经传导速度改变：MCV在病变早期通常正常；晚期特别是肌肉明显萎缩的部位，MCV减慢且复合肌肉动作电位波幅降低。F波通常正常，肌肉严重萎缩，特别是伴有MCV异常时，F波的潜伏期可延长。SCV无明显的改变，是排除本病的最重要指标之一。

2. 吉兰-巴雷综合征（GBS） 又称急性炎性脱髓鞘性多发性神经病，是免疫介导的以周围神经脱髓鞘损害为主的周围神经病。

（1）EMG改变：病变早期以髓鞘脱失为主，EMG可以正常，轴突受累或严重脱髓鞘继发轴突损害者可出现神经源性损害。2周后可出现自发电位，病程较长者可有运动单位电位时限增宽、波幅增高及多相波百分比增高等。肌肉大力收缩可见运动单位减少。

（2）神经传导速度改变：发病1～2周内部分患者SCV及MCV无明显改变，2周后可出现神经传导速度减慢、波幅离散及波幅下降等。神经传导速度减慢在病后2～3个月最明显。F波可表现为潜伏期延长或传导速度减慢。

3. 肌源性疾病 指各种原因引起的肌病，包括进行性肌营养不良、炎性肌病、内分泌性肌病、代谢性肌病和肌强直等。

（1）EMG改变：肌强直性营养不良可见肌强直放电，其他肌肉疾病均可见纤颤电位和正锐波，炎性肌病的自发电位通常是疾病活动的标志。轻微收缩时运动单位电位时限缩短、波幅降低及多相电位增多，大力收缩时呈低波幅干扰相，称病理干扰相，是肌源性损害的EMG特征性改变。肌源性损害的分布特点是以近端肌肉受累为主。

（2）神经传导速度改变：SCV无明显改变，肌纤维严重损害特别是有肌肉萎缩时可见运动末端潜伏期延长及波幅降低，严重者肌肉复合电位难以测出。

4. 重症肌无力（MG） MG是突触后膜乙酰胆碱受体抗体介导的自身免疫性疾病。

（1）EMG和神经传导速度通常正常，少数患者或病程较长者可合并肌源性损害，表现为运动单位大小不等、时限缩短、波幅降低及多相波百分比增高等。

（2）重复神经电刺激（RNS）改变：低频RNS可见波幅明显递减，高频RNS也可见波幅明显递减，但不如低频RNS递减明显，因此前者临床意义更大。

5. 肌无力综合征 指伴发于癌症的神经肌肉接头传导阻滞，其 RNS 与重症肌无力不同，高频刺激波幅反而递增可达 50%～110%。

第五节 超声诊断

一、颈部血管超声

颈部血管超声是广泛应用于临床的一项无创性检测手段，可客观检测和评价颈部大血管的管壁形态，血管内、中、外膜的病变以及管腔是否狭窄和血流速度的改变，评价颈动脉粥样硬化性狭窄或闭塞产生的血流动力学变化。目前，颈部血管超声已越来越多地应用于临床，为缺血性脑血管病的诊断、治疗及预后评估提供帮助。

（一）检测技术

颈动脉超声检测包括二维、彩色多普勒、脉冲波多普勒频谱和能量多普勒血流影像等。通常选择使用 5.0～10.0 MHz 线阵式超宽频探头。通常，完整的颈部动脉超声检测应包括双侧颈总动脉（common carotid artery，CCA）、颈内动脉（internal carotid artery，ICA）、颈外动脉（external carotid artery，ECA）、椎动脉（vertebral artery，VA）和锁骨下动脉（subclavian artery，SA）。

（二）检测指标

1. 二维图像的检测指标（图 5-13A）

（1）血管位置：观察血管的起始、走行及与周围血管的关系、有无变异、移位、受压及畸形等。

（2）血管壁结构：观察内、中和外膜的情况，三层结构是否完整，内膜是否光滑，是否有增厚或动脉粥样硬化斑块形成，有无夹层动脉瘤等。

（3）血管内径：主要观察有无管腔狭窄和扩张，判断狭窄程度。

2. 彩色多普勒血流显像的检测指标（图 5-13B）

（1）血流方向：正常血流方向的判断取决于红细胞与探头发射声波之间的相对运动。当红细胞朝向探头运动时为正向，以红色表示；反之，背离探头的血流以蓝色表示。

（2）彩色血流的显像与血管病变的观察：由于血流在血管腔内的流动为层流状态，因此，正常颈动脉血流的彩色显像为中间明亮而周边相对减弱。一旦发现管腔内血流信号有充盈缺损，提示有血管狭窄的存在。

（三）检测内容

通过不同超声影像显示动脉解剖结构的变化和血流动力学特征，可以准确判断颈动脉的病变。超声技术检测到的常见颈动脉病变包括：颈动脉粥样硬化引起的内-中膜厚度（intima-media thickness，IMT）改变、斑块形成、动脉狭窄或闭塞、先天性颈内动脉肌纤维发育不良、非特异性炎性病变、颈动脉夹层等。另外，应用颈动脉超声检测技术对颈动脉狭窄在介入或外科手术治疗前后进行随访观察，具有重要的临床意义。

（四）临床应用

1. 颈动脉粥样硬化、狭窄或闭塞 可以直观地观察到颈动脉内膜面粗糙、回声间断或内膜局限性增厚。IMT 增厚＞0.8 mm 提示内膜增厚；斑块处显示彩色充盈缺损；轻度狭窄

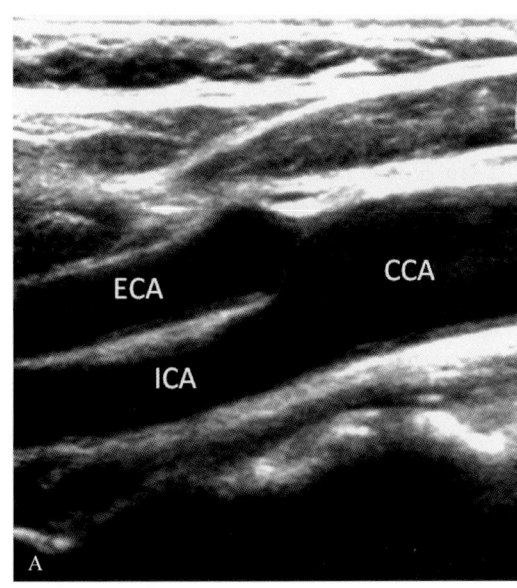 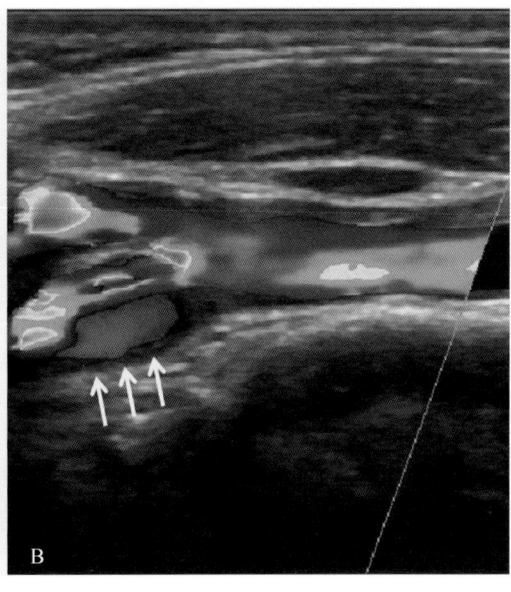

图 5-13（见书后彩图） 颈动脉超声显像

A. 二维超声显示正常颈动脉；B. 彩色多普勒血流显像示动脉粥样硬化斑块，颈内动脉近端扁平型低回声斑块（箭头）。CCA，颈总动脉；ECA，颈外动脉；ICA，颈内动脉

显示血流束变窄，中重度狭窄管腔内显示彩色多色镶嵌，为明显湍流，完全闭塞者血流中断。

2. 先天性颈内动脉肌纤维发育不良 超声检测可发现管径不规则缩窄，内膜、中膜结构不清，无正常中膜平滑肌特有的低回声暗带；彩色血流显示无正常动脉血流的中心层流所形成的明亮带特征；管腔内血流充盈不均，呈串珠样改变，远端血流信号减弱。

3. 颈动脉瘤 根据动脉瘤的病理基础和结构特征可分为真性动脉瘤、假性动脉瘤和夹层动脉瘤。夹层动脉瘤是由于动脉内膜与中膜之间分离，使病变血管出现双腔结构（真腔与假腔），假腔内血流的灌注与血栓的形成造成真腔管径减小，血管狭窄。

4. 锁骨下动脉盗血综合征 由于锁骨下动脉或无名动脉起始部狭窄或闭塞，导致病变远端肢体血流供应障碍及椎基底动脉系统缺血，超声显示病变血管狭窄，同时可以发现同侧椎动脉血流反向，证实从椎动脉盗血。

5. 大动脉炎 表现为血管壁内膜、中膜及外膜结构分界不清，血管内膜相对均匀增厚，呈被褥样改变，血管壁明显增厚，动脉内膜、中膜结构融合，外膜表面粗糙，回声明显增强，动脉内径均匀缩小。

二、经颅多普勒超声

经颅多普勒超声（transcranial Doppler，TCD）检查是利用人类颅骨自然薄弱的部位作为检测窗（如颞骨鳞部、枕骨大孔、眼眶），采用低频率（1.6～2.0 MHz）的脉冲波探头对颅内动脉病变所产生的颅底动脉血流动力学变化提供客观的评价信息。

（一）检测部位和方法

1. 颞窗 分前、中、后三个声窗，通常后窗是检测大脑半球动脉的最佳选择，易于声波穿透颅骨及多普勒探头检测角度的调整。通过颞窗可分别检测大脑中动脉（MCA）、前动脉（ACA）、后动脉（PCA）和颈内动脉末段（TICA），并可通过压迫颈总动脉判断前交通动脉

(AcoA）和后交通动脉（PcoA）。

2. 眼窗 探头置于闭合的眼睑上，声波发射功率降至5%～10%。通过眼窗可以检测眼动脉（OA）及颈内动脉虹吸部（CS）各段、海绵窦段（C4段）、膝段（C3段）和床突上段（C2）。在颞窗透声不良时可通过眼窗检测对侧ACA、MCA和TICA。

3. 枕窗 探头置于枕骨粗隆下方，发际线上1cm左右，枕骨大孔中央或旁枕骨大孔，通过枕窗检测双侧椎动脉（VA）、小脑后下动脉（PICA）和基底动脉（BA）。

（二）适应证

脑动脉狭窄和闭塞、脑血管痉挛、脑血管畸形、颅内压增高、脑死亡、脑血流微栓子监测、颈动脉内膜切除术中监测、冠状动脉旁路移植术中监测。

（三）禁忌证和局限性

TCD常规检测通常无禁忌证，但是在经眼眶探测时必须减低探头发射功率（采用功率5%～10%）。当患者出现以下情况时，检查存在一定的局限性：①患者意识不清晰，不配合；②检测声窗穿透不良，影响检测结果准确性。

（四）临床应用

TCD可用于神经内外科、重症监护病房、麻醉科、脑血管介入治疗中心和血管外科等临床科室。其临床应用主要包括以下几方面。

1. 脑动脉狭窄或闭塞的诊断 颅内血管狭窄通过以下4个方面评估。①血流速度的变化：典型血管狭窄的特点是节段性血流速度异常，狭窄段流速升高，狭窄近端流速正常或相对减低，狭窄远端流速减低（狭窄>50%）；②狭窄程度的判断：根据血流速度，并结合狭窄后血流速度、频谱和音频的改变进行分析判断；③血流频谱特征：随狭窄程度的增加，频谱基线上下出现湍流及弧形或索条状对称分布的血管杂音所特有的高强度血流信号形成的特征性频谱；④血流音频改变：随狭窄程度增加，音频出现低调或高调粗糙杂音以及乐音性或机械样血流杂音形成的音频特征。

2. 脑血管痉挛 脑血管痉挛的检测指标为：①前循环重点观察大脑中动脉主干（深度50～65mm）血流速度变化，平均血流速度大于120～150cm/s时可以认为轻-中度血管痉挛改变，当平均血流速度大于150cm/s通常提示重度血管痉挛；②后循环动脉重点观察椎基底动脉的血流变化，血管痉挛的诊断速度低限是平均流速80cm/s；③在无全脑充血的情况下，大脑中动脉平均血流速度增加25～50cm/s可视为异常（血管痉挛程度加重）；④Lindegaard指数（血管痉挛指数），即颅内大脑中动脉平均流速与颅外段颈内动脉平均流速比值（MV_{MCA}/MV_{EICA}），正常人为1.7±0.4。Lindegaard指数是辅助参考指标，常用来判断血流速度增快是脑血管痉挛还是全脑充血性血流动力学改变，当Lindegaard指数>3时，常认为发生了血管痉挛，而≤3则认为其血流动力学改变为全脑充血状态。

3. 侧支循环建立的判断 正向频移提示血流方向朝向探头，负向频移则提示背离探头。根据TCD所提供的此项参数，可以用来判定颅外大动脉严重狭窄或闭塞后侧支循环建立的情况，例如颈内动脉狭窄后依据同侧大脑前动脉血流的方向可判断前交通动脉开放，锁骨下动脉狭窄后依据同侧椎动脉血流双向或反向可判断是否存在椎动脉-锁骨下动脉盗血以及盗血程度。

4. 脑死亡的判断 脑死亡的检测指标为：①收缩期流速逐渐下降，随呼吸节律（人工呼吸机节律）呈现高低不同改变的特征，舒张期血流呈现消失、逆转、消失的动态变化；②血流频谱出现单纯低流速性高尖型收缩峰，逐渐转变为舒张期位于基线下方，出现收缩-舒张"振荡型"频谱，最后出现单纯尖小的"钉子波型"及血流信号完全消失；③脑死亡血流方向指数

(DFI)<0.8可以判定脑死亡血流改变。计算公式为 DFI=1−R/F，R 为负向血流速度，F 为正向血流速度。

5. 颈动脉内膜切除术或介入治疗中的血流监测 监测探头可以放置在单侧或双侧颞窗，不受外科手术野影响，持续记录同侧大脑中动脉血流。TCD 较其他监测设备所具有的一个显著优点是，它能提供与围术期脑血管病相关的所有主要因素信息，包括夹闭过程低灌注、介入或术后血栓形成以及术后高灌注综合征。

第六节 神经病理检查

神经病理检查主要包括脑、神经、肌肉手术切除标本或诊断性活组织检查，通过组织形态观察作出病理描述和诊断，以解释临床和神经电生理的改变。但由于神经病理诊断受取材部位和标本大小的限制，所以对于部分病理诊断阴性的患者，仍然应该结合临床，必要时可以重复活检，慎下结论。

一、脑活组织检查

脑活组织检查（biopsy of brain）是通过取材局部脑组织进行病理检查的一种方法，可为某些脑部疾病的诊断提供重要依据。脑活检取材方式分为手术活检和立体定向穿刺活检，取决于病变的部位。脑深部或功能区的局灶性病变，宜采用立体定向穿刺活检，在头部 CT 或 MRI 指导下，不同深度多点取材，尽可能反映疾病病理变化的全貌。较浅的、靠近皮质的局灶性病变，切除后对脑功能影响不大，或立体定向穿刺活检未能明确诊断时可以手术活检。脑活检后的标本要根据临床需要和组织特性，选择恰当的病理技术处理。脑活检标本制成冰冻和石蜡切片后应根据需要进行染色处理，采用不同的染色技术显示病变。还可从脑活检组织中分离病毒或检测病毒抗原，应用聚合酶链反应（PCR）检测病毒特异性 DNA 或原位杂交技术确定病毒的类型等。

脑活检主要用于：①脑感染性疾病患者抗感染治疗效果不好需要进一步查明病因；②临床疑诊为某些遗传代谢性疾病，如蜡样脂褐素沉积性脑病、黏多糖沉积病、脑白质营养不良、神经节苷脂沉积病、肌阵挛性癫痫、线粒体脑病和溶酶体病等；③神经影像学提示的脑内占位性病变诊断，鉴别肿瘤、炎症和胶质增生等；④不明原因进行性痴呆，如路易体痴呆、Creutzfeld-Jakob 病等的诊断与鉴别诊断。⑤炎症性疾病如中枢神经系统血管炎、亚急性硬化性全脑炎、肉芽肿、结节病及血管炎等。

注意事项：①弥漫性脑改变，取非功能区或神经功能缺失小的区域；②局灶性病变，在非功能区浅表区域开颅手术取材或穿刺取材；③脑深部病灶或病灶范围小，需要磁共振立体定向穿刺取材。由于脑组织功能区密集，创伤相对于神经、肌肉活检要严重，并且多数患者对于脑活检知情同意困难，所以其病理检查恐难推广。脑活检是一种创伤性检查，有可能造成脑功能缺失，有时即使进行活检也难以确定诊断，须权衡利弊，严格掌握适应证。

二、神经活组织检查

神经活组织检查（biopsy of nerve）有助于周围神经病的病因诊断和病变程度的判断。取材部位主要为腓肠神经，因为该神经走行表浅（皮下筋膜外）、易于分离，手术对周围组织破坏程度相对小，且为纯感觉神经，手术取材后只遗留足背外侧皮肤感觉减退，后遗症轻微。其

第五章 神经系统疾病的辅助检查

他取材部位还有腓浅神经分支等。神经活检术前准备：医生应该先通过患者症状和神经系统查体结果，并结合电生理感觉神经传导速度测试，初步判断患者是否存在周围神经病并累及腓肠神经，而取材时应该选择感觉缺失重、腓肠神经动作电位潜伏期长且传导速度减慢的一侧下肢。

神经活检可观察神经组织的纤维密度和分布情况、髓鞘有无脱失、轴突变性和再生情况，了解神经病变的类型（轴突或脱髓鞘病变）、神经病变的严重程度，反映病程，对分析神经损伤的机制和可能病因、神经病预后的判断有帮助。因为神经活检取材部位存在局限性，且取材神经为纯感觉神经，所以临床医生应该首先了解神经活检可能对哪些疾病作出特异性诊断。

目前可以通过神经活检诊断的疾病概括如下：①系统性血管炎累及周围神经，如结节性多动脉炎、韦格纳肉芽肿病、Churg-Strauss 综合征，或系统性结缔组织病继发血管炎累及周围神经，如类风湿关节炎、干燥综合征、系统性红斑狼疮；②脱髓鞘疾病，包括慢性炎性脱髓鞘性多发性神经病（chronic inflammatory demyelinating polyneuropathy，CIDP）；③遗传性疾病，包括遗传性感觉运动神经病、巨轴突性神经病、常染色体显性遗传脑动脉病合并皮质下梗死和白质脑病（cerebral autosomal dominant arteriopathy with subcortical infarcts and leukoencephalopathy，CADASIL）、神经轴突营养不良，以及由于遗传代谢异常造成特异性物质在周围神经沉积的疾病，如 Fabry 病（X 染色体连锁遗传的 α-半乳糖苷酶缺乏性疾病）、Krabbe 病（常染色体隐性遗传，基因缺陷引起半乳糖脑苷-β-半乳糖苷酶缺乏）、异染性白质营养不良（芳香硫酸酯酶 A 缺乏）；④在周围神经可有特异发现的全身性疾病，如麻风病、原发性淀粉样变性、结节病；⑤少数在周围神经有特异发现的中毒性疾病，如胺碘酮药物中毒。

三、肌肉活组织检查

肌肉活组织检查（biopsy of muscle）是临床常用的病理检查手段，是通过切取局部肌肉组织，采用病理技术辅助确定病理性质的一种检查方法。

1. 适应证

（1）临床上表现为进行性四肢近端为主的肌无力、肌萎缩，伴或不伴肌肉疼痛、血清肌酶升高，符合肌病表现。

（2）临床上表现为四肢远端为主或不对称的肌无力、肌萎缩，需要鉴别神经源性或肌源性的病变。可做股四头肌、肱二头肌、三角肌或其他部位的肌肉活检。

（3）局部肌肉和皮下组织疼痛、肿胀、无力，可以协助确定感染、筋膜炎、淋巴瘤等。

（4）全身系统性肌病，包括自身免疫性疾病、内分泌疾病、恶性肿瘤等。

（5）一些不明原因的多系统疾病或中枢神经系统疾病，可以通过肌肉活检的某些特殊发现帮助确定病因，如线粒体脑病。

2. 注意事项 创伤或肌电图检查部位附近取材，对于慢性进行性疾病患者，应该选择受累程度轻的肌肉进行活检，而急性或亚急性起病的患者，应该选择受累程度重甚至伴疼痛的肌肉进行活检，注意避免取材严重萎缩的肌肉。

3. 常用染色方法 包括苏木素-伊红（HE）、改良 Gomori 三色（MGT）、还原型辅酶 I（NADH-TR）、琥珀酸脱氢酶（SDH）、细胞色素 C 氧化酶（CCO）、高碘酸希夫（PAS）反应、唾液消化后 PAS 反应、油红 O（ORO）、酸性磷酸酶（ACP）、非特异性酯酶（NSE）和腺苷三磷酸（ATP）酶染色，光镜下观察。对于临床怀疑炎性肌病或肌营养不良的患者，可进一步免疫组化染色标记炎性细胞或特殊蛋白表达。对于部分先天性肌病、包涵体肌炎或代谢性肌病，需要进一步电镜下观察超微结构。

4. 肌肉病理检查的作用 有助于诊断免疫介导的炎性肌病，如多发性肌炎、皮肌炎、结缔组织病血管炎等，以及包涵体肌炎、肌营养不良、糖原贮积病、脂质沉积病、线粒体疾病、类固醇肌病、甲状腺功能亢进性肌病、甲状腺功能减退性肌病、先天性肌病。

第七节　基因诊断技术

基因诊断（gene diagnosis）也称分子生物学诊断，是近二十年发展起来并应用于神经系统遗传性疾病的病因检查技术，又称分子诊断，是采用分子生物学方法检测基因的结构及其功能是否正常。基因诊断技术从DNA/RNA水平检测、分析致病基因的存在、变异和表达状态，直接或间接判断致病基因的存在，从而对疾病进行诊断。基因诊断的途径通常包括基因突变的检测、基因连锁分析和mRNA的检测。

一、常用技术和方法

根据检测原理通常可分为核酸分子杂交技术、聚合酶链反应（polymerase chain reaction，PCR）技术、DNA测序、基因芯片技术、mRNA差异显示技术等。

1. 核酸分子杂交技术　其理论基础是核酸分子碱基互补原则，用已知序列的DNA或RNA片段作为探针与待测样品的DNA或RNA片段进行分子杂交。该技术是最基本的基因诊断技术之一，具有灵敏度高和特异性强等优点。但其操作繁琐、杂交时间长等缺点限制了它在临床实践中的应用。根据杂交方式不同可分为Southern印迹杂交、Northern印迹杂交、斑点杂交和原位杂交等。

2. 聚合酶链反应技术　PCR是在体外进行DNA的复制反应，其基本原理是在模板DNA、引物和四种脱氧核糖核苷三磷酸存在的条件下依赖于DNA聚合酶的酶促反应。反应时间短和样本需求量小的特点使其成为备受青睐的基因诊断技术。目前已经发展出多种相关技术，其中逆转录-PCR（RT-PCR）和PCR-单链构象多态性（PCR-SSCP）尤为重要。RT-PCR可以检测到基因在转录水平的突变；PCR-SSCP通过DNA单链不同构象在凝胶电泳上显现出不同带型，可检测单个碱基突变。目前，PCR技术已经成为检测单基因遗传病的重要工具，但是PCR技术的局限性在于目标DNA片段不能过大（通常<3 kb）。

3. DNA测序　DNA测序是分离并扩增患者相关基因片段后，测定其核苷酸序列，探究DNA变异性质，是基因诊断最直接、最准确的技术。目前第二代测序技术应用四种荧光标记的双脱氧核苷酸确定DNA序列，自动化程度高，更省时直观。

4. 基因芯片技术　基因芯片技术是将DNA寡核苷酸有序排列形成DNA探针阵列，与荧光标记样品杂交，然后通过共聚焦显微镜检测杂交信号的强度，获得待测样品的大量基因序列信息。

二、基因诊断的临床意义

基因诊断可以弥补神经系统遗传性疾病临床诊断的不足，有利于早期诊断，并为遗传病的分类提供新的方法和依据，为遗传病的治疗提供新的出路。

神经系统遗传病占人类遗传病的60%以上，包括单基因遗传病、多基因遗传病、线粒体遗传病和染色体病。目前基因诊断主要用于单基因遗传病。在作出基因诊断之后，将基因分型和相应的临床表现结合起来，有利于深入理解疾病的本质；在临床科研上，也能为未来进行个

简答题 5-1

简答题 5-1 答案

体化基因治疗奠定基础。此外,在普遍意义上,基因诊断还可用于产前诊断遗传性疾病、病原微生物的检测、预测和早期发现恶性肿瘤等。近年来基因诊断的范围已经从原来的遗传性疾病扩大到肿瘤、心脑血管病和感染性疾病等,尤其在中枢神经系统感染的诊断方面,一些分子生物学诊断技术如 PCR 得到了广泛的应用。

(张卓伯)

第6章 神经系统疾病的定位诊断

神经系统疾病根据其病变部位可产生相应的运动、感觉、反射、自主神经以及高级神经活动功能障碍。临床医师用神经解剖、生理、病理知识对收集的临床及辅助检查资料进行分析，初步确定病变的解剖部位，即定位诊断。定位诊断可从两方面着手：功能解剖定位和形态解剖定位。前者包括躯体感觉功能、躯体运动功能、言语功能、反射、自主神经功能等。后者包括脑神经、脊神经、脊髓、脑干、小脑、大脑等。功能解剖定位和形态解剖定位是从不同的角度对病灶进行定位，二者是相互关联的，不能机械地分开。功能解剖定位时往往牵涉到形态解剖的许多部位，如视觉功能障碍定位，包括视神经、视交叉、视束、外侧膝状体、视放射、视皮质各部位损害的鉴别。形态解剖定位也往往包括几种功能解剖定位，例如脊髓损害的定位包括感觉、运动、大小便几种功能障碍，内囊损害的定位包括了运动、感觉和视觉功能障碍，基底神经节损害的定位包括了锥体外系功能障碍。合理使用功能解剖定位和形态解剖定位可以更好地分析病灶所在部位。

为了让读者更好地理解中枢和周围神经系统损害定位的差异，本章将按照脑及脊髓各部位损害的表现及定位、脑神经损害的表现及定位、周围神经损害的表现及定位和反射异常的定位进行介绍，为学习神经病学打下坚实的基础。由于运动、感觉、自主神经功能的实现，本身需要中枢神经系统（脑和脊髓）和周围神经系统（脑神经、脊神经和周围自主神经）相互配合，为了介绍方便，在解剖生理部分并未完全分开。除了上述部位外，神经系统病变的定位还包括脑（脊）膜、脑脊液循环系统、脑血管和入脑血管系统（如左、右颈内动脉，椎基底动脉系统）的定位，由于这些部位的定位相对明确，在相关章节已有介绍，本章不再赘述。

在定位诊断基础上，确定病变的性质和原因，这一过程则称为定性诊断。只有在完成定位、定性诊断后，才能采取积极有效的措施，达到对神经系统疾病防治的目的。

神经系统损害的临床表现，按其发生机制可分为缺失、释放、刺激和休克4种类型。神经组织受损后丧失其正常功能，临床上呈现神经功能缺失表现，如脊髓灰质炎时，前角细胞毁坏，导致所支配肌群的瘫痪（小儿麻痹）。当高级神经中枢或传导通路受损时，解除了对低级神经中枢的抑制而出现某些神经功能的亢进，称之为释放征象，如上运动神经元损害（如内囊病变）时，瘫痪肌肉的张力增高和腱反射亢进，或基底神经节病变时的不自主运动等。神经系统的某些局限性病变或全身性疾病所致的神经系统损害可使神经组织活动性增强，从而出现神经刺激症状，如神经根损害时的疼痛和大脑缺氧时的惊厥发作。当中枢神经系统发生急性严重病变时，导致与之功能相关的远隔部位神经功能抑制，称之为休克，如大量脑出血急性期的脑休克，表现为偏瘫肢体的肌张力减低、腱反射消失及巴宾斯基征阴性；急性脊髓横贯性损害的脊髓休克，表现为受损平面以下出现弛缓性瘫痪。休克期过后，临床上才逐渐出现释放症状。

第六章 神经系统疾病的定位诊断

第一节 脑及脊髓各部位损害的表现和定位

一、大脑半球

(一)解剖生理

端脑由左右两个大脑半球(cerebral hemisphere)组成,表面为皮质所覆盖,半球内部为白质、基底神经节和侧脑室。大脑半球分为额叶、顶叶、颞叶、枕叶、岛叶和边缘系统。边缘系统包括边缘叶(扣带回、海马回和海马钩回)、杏仁核、丘脑前核、乳头体核及下丘脑等。各叶又有不同的脑回和脑沟。大脑皮质有着重要的功能分区(图6-1)。不同部位的损害产生不同的临床症状。

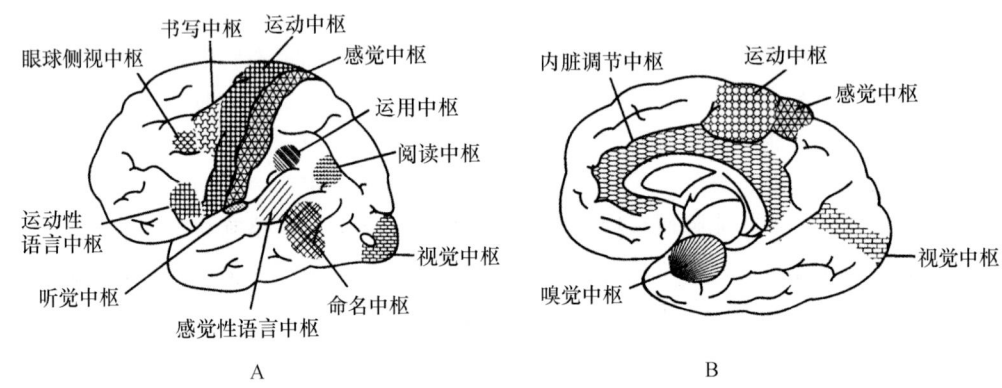

图6-1 大脑皮质(A为外侧面,B为内侧面)重要功能分区

左右两半球功能有所不同。习惯上,将与言语、逻辑思维、分析和计算等功能有关的半球称为优势半球。右利手者优势半球大多位于左侧,左利手者约半数其优势半球可能在右侧。非优势半球与高级认知有关,在音乐、美术、空间和几何图形的识别、视觉记忆和认识不同人的面容等方面发挥着主要作用。两半球功能虽各有侧重,但又互相联系,构成了大脑的整体功能。

(二)大脑半球病损后的症状

1. 高级脑功能障碍 精神、认知、情感和行为等方面的障碍,自知力、理解力、记忆力、计算力等可有不同程度的下降或丧失等。

2. 意识障碍 昏迷、去皮质状态、去大脑强直和一些特殊类型的意识障碍等。

3. 癫痫发作 部分性、全面性等各种类型癫痫发作。

4. 语言障碍 运动性、感觉性和命名性失语,以及失读、失写和失用等。

5. 视觉障碍 偏盲、象限盲、皮质盲、视幻觉和视觉失认等。

6. 运动障碍 面舌瘫、单瘫、偏瘫和截瘫等。

7. 感觉障碍 复合感觉(实体觉、图形觉、两点辨别觉、定位觉和重量觉等)、视空间感觉和其他感觉异常,以及体像障碍等。

8. 尿便障碍

(三)大脑半球损害的表现和定位诊断

各个脑叶有相对独立的功能,临床上可根据出现的症状进行定位诊断。

1. 额叶 病变时主要引起精神、认知、语言和随意运动障碍。下面分述各具体部位的损害症状。

(1)额叶外侧面病变:以脑梗死、肿瘤和外伤多见。①额叶前部病变,以精神障碍为主,表现为人格改变、表情淡漠、反应迟钝、缺乏始动性和内省力、记忆力和注意力减退、思维和综合能力下降、对侧额叶性共济失调等。②中央前回病变,刺激性病灶产生对侧上、下肢或面部的抽搐,破坏性病灶多引起单瘫,上部受损产生下肢瘫痪,下部受损则产生面、舌或上肢的瘫痪。③额中回后部病变,刺激性病变引起双眼向病灶对侧凝视,破坏性病变则双眼向病灶侧凝视。另外,如果额中回后部病变在优势侧,也可产生失写症。④额下回后部病变,如在优势侧,可产生运动性失语。⑤额叶后部病变,产生对侧上肢强握与摸索反射。

(2) 额叶内侧面病变:以大脑前动脉闭塞和矢状窦旁脑膜瘤多见。病变影响旁中央小叶时可使对侧膝以下和足部瘫痪,伴有尿便障碍,临床上可凭足部瘫痪严重而膝关节以上无瘫痪来与脊髓病变鉴别。

(3) 额叶底面(眶面):以额叶底面的挫裂伤、嗅沟脑膜瘤和蝶骨嵴脑膜瘤较为多见。病变时可产生食欲亢进、胃肠蠕动增快、多饮多尿、体温调节障碍,发生肿瘤时可产生 Foster-Kennedy 综合征,表现为同侧嗅觉缺失和视神经萎缩,对侧视盘水肿。

2. 顶叶 受损后以感觉症状为主。

(1) 中央后回损害:刺激性病变产生对侧局限性感觉性癫痫发作,常为针刺、电击、偶为疼痛等感觉异常发作。破坏性病变引起皮质感觉障碍,如实体觉、两点辨别觉和定位觉的减弱或丧失。

(2) 优势侧顶叶损害:角回皮质损害引起失读,缘上回损害引起两侧运用不能。有时角回损害尚可引起 Gerstmann 综合征,症状为失算、手指失认、左右失定向和失写,有时伴失读。

(3) 非优势侧顶叶损害:角回附近损害可引起不能认识对侧身体的存在,称为自体认识不能(autotopagnosia)。缘上回附近损害可有病感失认(anosognosia),如否认优势侧偏瘫的存在。两者均为体像障碍。

(4) 任何一侧的顶叶病变:可出现触觉忽略(tactile inattention),即分别检查两侧触觉时能感知,但同时测试两侧,则病灶对侧无感觉。

3. 颞叶 一侧颞叶损害时症状较轻,双侧病变时症状较为明显。

(1) 精神症状:可出现错觉、幻觉、似曾相识或似不相识感以及情感异常等。双侧颞叶损害可引起严重的记忆障碍。

(2) 癫痫症状:前部病变影响颞叶内侧海马钩回的嗅觉和味觉中枢时,可出现钩回发作,表现为幻嗅和幻味,有舐舌和咀嚼动作。

(3) 视觉症状:颞叶白质中视辐射受到损害时,可引起两眼对侧视野的同向上象限盲。

(4) 失语:优势侧颞上回后部受损时引起感觉性失语,颞中、下回后部受损则产生命名性失语。

(5) 听力障碍:一侧颞横回的听觉中枢受损常无听觉障碍或为双耳听力轻度下降,双侧受损则听力障碍严重,偶可出现幻听。

4. 枕叶 为视觉中枢之所在,损害后可引起视觉障碍。

(1) 视野缺损:单侧病变产生对侧同向性偏盲或象限盲。双侧病变产生全盲或水平型上半或下半盲。一侧视觉中枢损害不影响黄斑区视觉,且对光反射不消失,称黄斑回避。因为每侧黄斑纤维终止于两侧半球的视觉中枢。如双侧视觉中枢完全损害,则黄斑回避现象消失。

(2) 视觉发作:视觉中枢刺激性病变可引起不成形幻视发作(闪光、亮点、色彩等),视中枢周围视觉联络区的刺激性病灶可引起成形的幻视发作(图案、人物等)。视觉发作后有时可继以癫痫大发作。

(3) 其他视觉症状:①色觉偏盲,表浅的局灶性病变可产生此症状,一般为红-绿色,物体形状仍可感知。②视觉失认,优势侧顶枕区病变可引起视觉失认,如让患者用眼看钥匙时不认识,用手触摸后即可辨认,同时对图形、面容等都可失去辨认能力。③视觉忽略,可有对侧视野中物体的视觉忽略。

5. 边缘系统症状 边缘系统包括边缘叶、杏仁核、乳头体核、丘脑前核和下丘脑等，与网状结构和大脑皮质有着广泛的联系，其功能与个体保存（寻食、防御等）、种族保存（生殖行为）、内脏活动、精神活动（情绪、记忆等）有关。损害时出现饥饿、口渴、性行为异常、胃肠蠕动改变，以及恐惧、盛怒、抑郁及记忆、智能减退。

二、内囊

（一）解剖生理

内囊（internal capsule）位于丘脑、尾状核与豆状核之间，为白质中最主要的结构，是大脑皮质和皮质下各中枢之间上下行纤维的主要通路。投射纤维在这里形成了一个宽厚的白质层，在大脑水平切面上内囊呈开口向外的"＞＜"形状。内囊分为：①前肢，位于尾状核和豆状核之间，含丘脑前辐射和额桥束。②膝部，位于前后肢相连处，含皮质脑干束。③后肢，位于丘脑和豆状核之间，前部有皮质脊髓束，支配上肢的纤维靠前，支配下肢的纤维靠后；后部依次有丘脑辐射、视听辐射和枕颞桥束等（图6-2）。

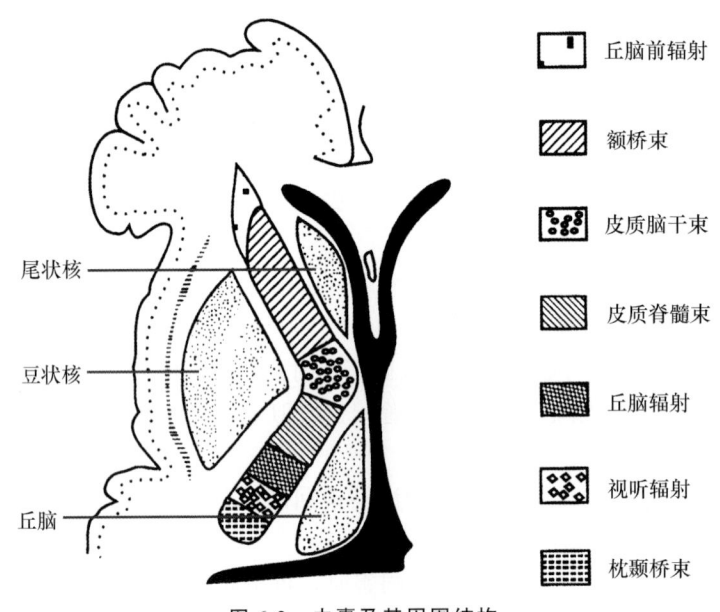

图6-2 内囊及其周围结构

（二）内囊损害的表现和定位诊断

内囊聚集了大量的上下行传导纤维，损害时极易引起对侧完全性偏瘫，病因以脑血管病多见。内囊出血常引起"三偏"综合征，即偏瘫、偏身感觉障碍和偏盲。但内囊的梗死可以只有偏瘫而无偏身感觉缺失，主要因为内囊的运动纤维由纹状体外侧动脉供应，感觉纤维的丘脑辐射由丘脑膝状动脉供应，两者互为分开。

三、基底神经节

（一）解剖生理

基底神经节（basal ganglion）为位于大脑两半球深部的灰质核团，由尾状核、豆状核、屏状核和杏仁核组成，豆状核又分为壳核和苍白球。其中尾状核和豆状核构成纹状体，为基底神经节的最重要部分。纹状体又分为两部分，即新纹状体（壳核、尾状核）和旧纹状体（苍白球）。红核、黑质和丘脑底核通常也作为基底神经节的一部分。以上核团为锥体外系的中继核，一方面各核之间互相发生联系，另一方面接受大脑皮质、丘脑等处传来的神经冲动，然后经苍白球发出的纤维至丘脑而与大脑皮质联系。苍白球的下行纤维，通过红核、黑质、网状结构等影响脊髓下运动神经元（图6-3）。基底神经节与大脑皮质及小脑协同调节随意运动、肌张力和姿势反射，也参与复杂行为的调节。

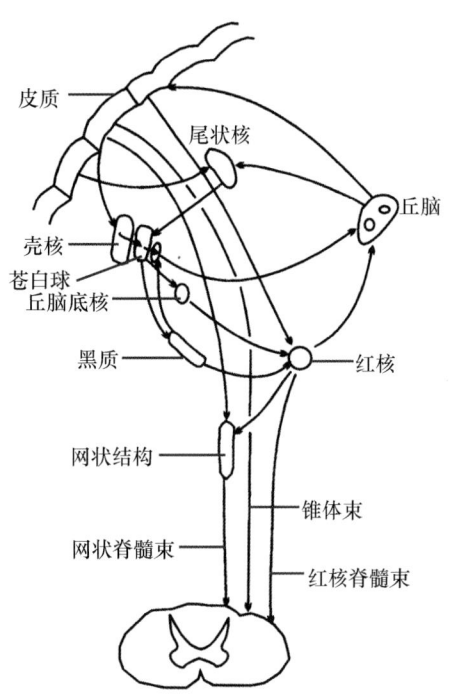

图6-3　锥体外系与大脑皮质、丘脑及脊髓的联系

（二）基底神经节损害的表现和定位诊断

基底神经节损害以神经变性疾病多见，也可见于中毒、炎症、血管病、缺氧、肿瘤、外伤以及发育异常等。主要表现为肌张力改变（增高或降低）和运动异常（动作增多或减少）。临床可根据不同的症状来推断不同的病灶部位：①新纹状体（壳核、尾状核）病变可引起肌张力减低和动作过多，如舞蹈样动作、手足徐动症和扭转痉挛。②旧纹状体（苍白球）病变可引起肌张力增高、动作减少及静止性震颤。③丘脑底核病变可引起偏侧投掷运动。

常见的基底神经节病变相关疾病有帕金森病、风湿性舞蹈病、手足徐动症、扭转痉挛、肝豆状核变性等，症状大多表现为双侧，如为一侧症状，其病变应当在对侧相应的基底神经节。

四、间脑

间脑（diencephalon）位于中脑和大脑半球之间，除其下部外，被两侧大脑半球所掩盖，外侧部与半球实质融合。间脑包括丘脑、上丘脑（旧称丘脑上部）、下丘脑（旧称丘脑下部）、后丘脑（旧称丘脑后部）和底丘脑（丘脑底部）。间脑病变大多无明显的神经定位体征，该部分占位性病变与脑室内肿瘤相似，临床上称之为中线肿瘤。间脑病变的主要症状为颅内压增高，也可有精神、自主神经、代谢和内分泌障碍等。较常见的病变部位为丘脑和下丘脑。

（一）丘脑

1. 解剖生理　丘脑是间脑中最大的灰质块，长约4cm，宽约1.5cm，呈卵圆形。主要的核团有：①前核群，接受来自下丘脑乳头体的纤维，并发出纤维至扣带回。②内侧核群，与大脑额叶联系。③外侧核群，分为腹后外侧核（接受脊髓丘脑束和内侧丘系的纤维）、腹后内侧核（接受三叉丘脑束的纤维）、腹外侧核（接受小脑齿状核及顶核发出的纤维）。④外侧膝状体,接受视束的纤维。⑤内侧膝状体,接受四叠体下臂的听觉纤维。

丘脑为各种感觉(嗅觉除外)进入大脑之前的最末级中继核,对上行网状系统、边缘系统以及大脑皮质的活动有着重要影响(图6-4)。

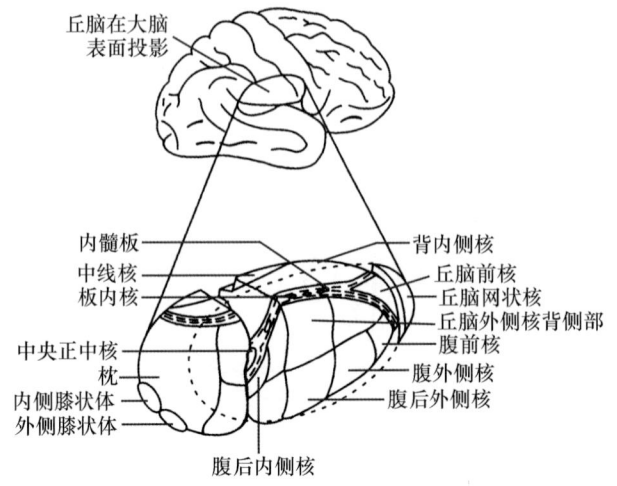

图6-4 右侧丘脑的核团及其在半球内的投影

2. 丘脑损害的表现和定位诊断

(1) 丘脑外侧核群病变:主要症状为①小脑性共济失调(小脑发出的结合臂纤维到丘脑腹外侧核中断所致);②对侧肢体的运动障碍,可有短暂的对侧偏瘫和对侧肢体的不随意运动(舞蹈或手足徐动);③对侧面部表情障碍,如情绪变化、哭笑无常或表情丧失;④对侧半身感觉障碍,如感觉缺失,深感觉比浅感觉障碍重;⑤对侧半身自发性疼痛;⑥对侧半身感觉过敏或感觉过度。

(2) 丘脑内侧核群病变:可产生痴呆及各种精神症状、睡眠障碍、自主神经功能紊乱等。

(二) 下丘脑

1. 解剖生理 下丘脑旧称丘脑下部,位于丘脑下沟的下方,占全脑重量的1/300,由视前核、室旁核、背内侧核、后核、视上核、腹内侧核、漏斗核、灰结节核和乳头体核等组成(图6-5)。下丘脑既是自主神经皮质下中枢,又是重要的内分泌腺体。除与垂体联系外,还与脑干、丘脑、基底神经节、边缘系统以及大脑皮质相联系。下丘脑的视上核和室旁核中的神经元具有内分泌

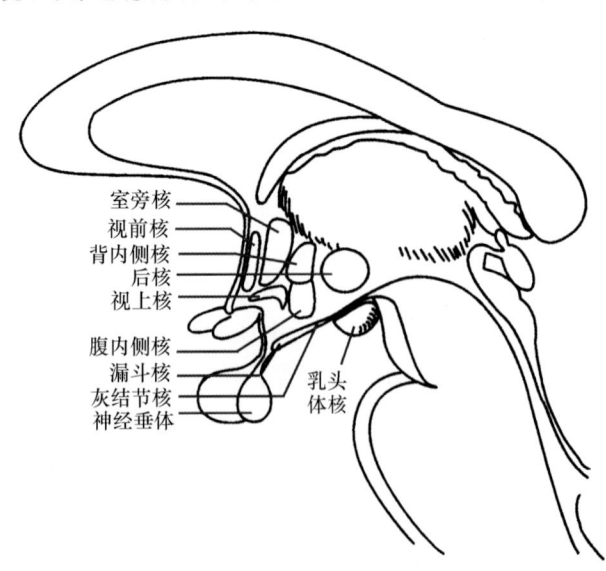

图6-5 下丘脑的主要核团

功能，对垂体功能进行控制。下丘脑对体重、体温、代谢、内分泌、饮食、生殖、睡眠和觉醒等起着重要的调节作用，同时也与人的情绪行为有关。

2. 下丘脑损害的表现和定位诊断

（1）体温调节障碍：下丘脑前端（视前区）损害可引起中枢性发热，临床可见体温较高，无感染征象，白细胞常不增高，解热剂无效。下丘脑尾端病变可引起体温过低。

（2）睡眠障碍：下丘脑后部与觉醒有关，损害时可引起多睡。当病变波及中脑上端网状结构时可引起深睡。

（3）摄食失常：下丘脑腹内侧核损害时可有摄食明显增加，灰结节的外侧区病变则产生显著厌食症状。

（4）尿崩症：视上核、室旁核或下丘脑垂体束（后叶）受损引起抗利尿激素分泌降低，可有烦渴、多饮、多尿、尿比重（<1.006）和渗透压降低，禁水 8 h 后血浆渗透压增高（>300 mmol/L），谓之中枢性尿崩症。

（5）胃、十二指肠溃疡和出血：急性下丘脑病变可发生胃、十二指肠溃疡及出血，与交感缩血管神经麻痹所致的黏膜下血管扩张或迷走神经兴奋所致的局部缺血有关。常见于急性脑血管病变所致的下丘脑前部及其下行径路受损。

（6）性功能障碍：下丘脑的性抑制中枢在腹内侧核前端，此处病变时（肿瘤、炎症多见），因丧失抑制功能而出现性早熟。

下丘脑病损的定位需要根据其特有的表现，结合辅助检查，进行全面分析，才能尽早诊断。

（三）上丘脑损害的表现和定位诊断

上丘脑病变比较少见。

上丘脑松果体区病变以肿瘤多见，常压迫中脑四叠体，除颅内压增高外，可出现 Parinaud 综合征，表现为：①瞳孔对光反射消失（上丘病变）；②眼球垂直同向运动障碍，特别是向上的凝视麻痹（上丘病变）；③神经性聋（下丘病变）；④小脑性共济失调（结合臂病变）。

五、脑干

（一）解剖生理

脑干（brain stem）由中脑、脑桥和延髓组成，上连间脑，下接脊髓。脑干内部主要结构为：①灰质，主要为神经核团，除脑神经核外，有传导深感觉的薄束核和楔束核，还有与锥体外系功能有关的红核、黑质等。②白质，主要有锥体束、深浅感觉传导束、锥体外系传导束及内侧纵束等，也有一些内部联络纤维。③网状结构，中央区域纤维纵横交织，散布着大量大小不等的细胞体和核团，即为网状结构。网状结构接受各种感觉信息，并与中枢神经各级水平联系，参与睡眠与觉醒、运动与感觉及内脏活动的调节等。

（二）脑干损害的表现和定位诊断

脑干病变的症状特点是：交叉性麻痹，病变同侧的周围性脑神经麻痹和病变对侧的中枢性偏瘫和偏身感觉障碍。脑干受损的具体定位可根据受损脑神经的平面来判断。临床上常见的几个脑干综合征对定位极有帮助（图6-6）。

1. Weber 综合征　表现为病灶侧动眼神经麻痹，对侧面下半部、舌及肢体瘫痪，病变在中脑的大脑脚。

2. Millard-Gubler 综合征　表现为病侧眼球不能外展与周围性面瘫，对侧肢体中枢性瘫痪，病变在脑桥的腹外侧部。

3. Wallenberg 综合征　病侧面部痛、温觉减退、角膜反射丧失、Horner 征、软腭与咽喉肌瘫痪、咽反射消失、构音障碍以及小脑性共济失调等，对侧半身痛、温觉丧失，同时伴眩

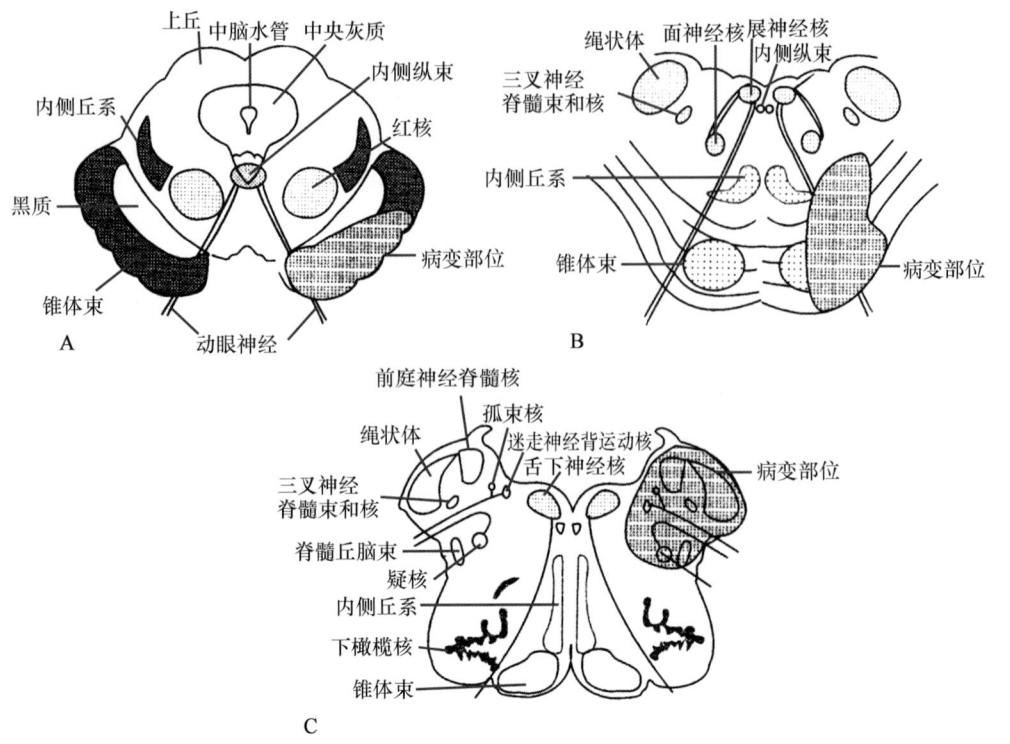

图 6-6　脑干受损的重要综合征
A. Weber 综合征；B. Millard-Gubler 综合征；C. Wallenberg 综合征

晕、呕吐、眼球震颤，病变在延髓背侧。

脑干病变累及上、中、下小脑脚纤维时，可出现病侧脑神经和小脑症状。双侧脑桥基底部病变累及双侧皮质脊髓束和三叉神经核以下的皮质延髓束时，出现双侧中枢性面舌瘫和四肢中枢性瘫痪，意识存在，只能以眼球运动示意，称闭锁综合征（locked-in syndrome）。脑干上端上行网状激活系统受损后，可出现嗜睡和昏迷。脑干被盖部不同平面的损害可出现不同类型的呼吸异常。

六、小脑

(一) 解剖生理

小脑（cerebellum）位于颅后窝，在脑桥和延髓背侧，其间为第四脑室，借上、中、下脚与中脑、脑桥和延髓发生联系。上方为小脑幕，下方为小脑延髓池。小脑中线部分为蚓部，两边各有小脑半球。

1. 小脑分叶及其生理功能　小脑分为：①绒球小结叶，包括半球上的绒球和蚓部的小结，主要功能是调节躯体平衡；②前叶，在小脑上面、首裂（小脑上面的第一个较深的裂）以前的部分，主要功能为调节肌张力并维持身体姿势；③后叶，为首裂以后的部分，主要参与调节由大脑皮质启动的精巧的随意运动。

2. 小脑内部结构　小脑表面为灰质，内部为白质。灰质从外向内分为分子层、浦肯野（Purkinje）细胞层及颗粒细胞层。白质中由外侧向中线有四对神经核：齿状核、栓状核、球状核和顶核。小脑的传入纤维称苔状纤维，终止于颗粒细胞层。皮质内的联系则由颗粒细胞层将冲动传输至分子层的蓝细胞，再由蓝细胞传递至浦肯野细胞。小脑冲动则由浦肯野细胞发出，终于齿状核等神经核，再从齿状核发出纤维离开小脑，经结合臂终止于对侧的中脑红核或丘脑。

3. 小脑的传入和传出通路　小脑的传入通路主要有：①接收对侧大脑皮质额桥束、颞桥束和脑桥小脑束传入的冲动。②接收由脊髓小脑后束经小脑下脚（绳状体）和脊髓小脑前束经小脑上脚（结合臂）传入的脊髓本体感觉（深感觉），终于小脑蚓部，从而调节肌张力与协同功能。③接收前庭神经传入的前庭觉，传至小脑的绒球小结叶及双侧的顶核，得以协调平衡。

小脑的传出通路主要有：①由齿状核等神经核发出纤维经小脑上脚终于对侧中脑的红核，再由红核脊髓束交叉至本侧的脊髓前角细胞（即小脑红核脊髓通路），故小脑半球与身体是同侧关系。②小脑发出冲动经对侧红核、丘脑、皮质径路向对侧大脑皮质第4区和6区进行信息反馈。③小脑从绒球小结叶发出纤维至顶核，再经顶核延髓束将冲动传递至前庭外侧核，通过前庭脊髓束支配脊髓的平衡反射。

（二）小脑损害的表现和定位诊断

小脑病变的最主要症状是共济失调。表现为走路蹒跚不稳，左右摇摆如醉汉状。患者仰卧起坐困难，因为不能像正常人那样把下肢压贴于床面来屈曲上半身，而是髋关节和上半身同时屈曲（合并屈曲现象），因此不得不用双手撑床坐起。患者可因共济失调而影响日常的生活动作，如穿衣、系扣、取物、书写、言语等。也不能准确完成共济试验，如指鼻试验、跟膝胫试验、轮替试验等。部分患者可有眼球震颤。急性小脑病变还可有肌张力降低。小脑半球和小脑中线损害的症状不同，具体如下：

1. 小脑中线（蚓部）损害 主要表现为躯干及两下肢的共济失调，站立不稳，行走步基宽，摇晃不定，称醉汉步态或共济失调步态，上肢共济失调不明显。多见于小脑蚓部的髓母细胞瘤。

2. 小脑半球损害 症状在病侧肢体，头及躯干可偏向病侧，病侧肩低，步态不稳，易向病侧倾倒，病侧共济检查阳性。特点为上肢比下肢重，精细动作比粗大动作重。多见于一侧小脑的脓肿、血肿或肿瘤等。

慢性弥漫性小脑损害者，小脑蚓部和半球可同时受损，因代偿作用临床上四肢共济失调可不明显，但有躯干和言语共济失调（吟诗样语言）。

七、脊髓

（一）解剖生理

脊髓（spinal cord）位于椎管内，呈扁圆柱形，长42～45 cm，上端于枕骨大孔处与延髓相连，下端为圆锥至第一腰椎下缘。自上而下发出31对脊神经，支配相应节段。脊髓有两个膨大，颈膨大由C_5～T_2脊髓组成，发出支配上肢的神经。腰膨大由L_1～S_2脊髓组成，发出支配下肢的神经。脊髓内部结构比较特殊（图6-7），在大脑和周围神经的联系上发挥着中继站

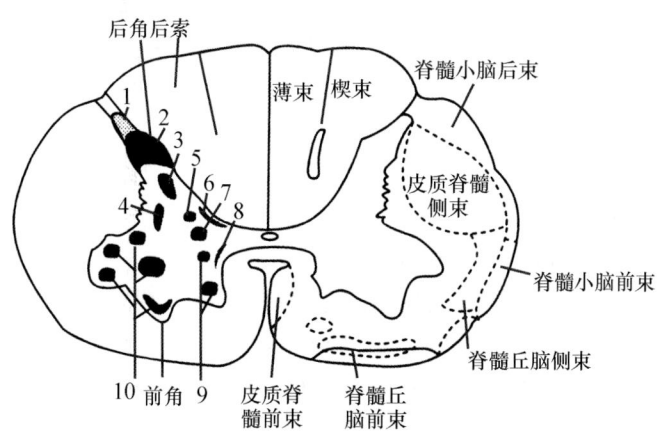

图6-7 脊髓内部结构（成人第7、8颈髓横切）

1. 后角边缘核 2. 胶状质 3. 后角固有核 4. 网状核 5. 克拉克柱 6. 后角联合核
7. 中间内侧核 8. 前角联合核 9. 内侧运动核 10. 外侧运动核

的功能，对运动、感觉和括约肌起着重要的管理作用。

（二）脊髓损害的表现和定位诊断

1. 灰质损害

（1）前角损害：前角细胞对骨骼肌的支配有节段性特点。损害时出现所支配骨骼肌的下运动神经元瘫痪，无感觉障碍，常见于脊髓灰质炎、运动神经元病等。

（2）后角损害：后角损害可出现同侧皮肤节段性分离性感觉障碍，即痛、温觉减退或消失而深感觉和识别触觉保留，这是由于传导深感觉和识别触觉的纤维不经后角而直接进入后索之故。后角刺激性病变可有自发性疼痛伴有感觉过敏，单纯的后角损害见于脊髓空洞症（图6-8）。

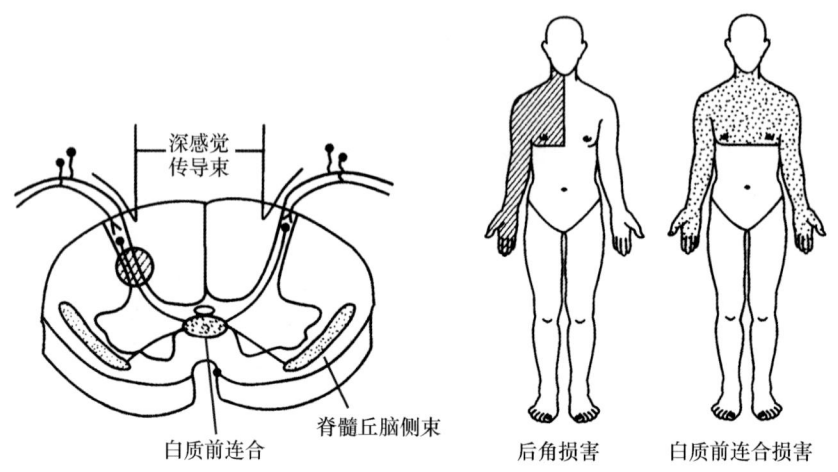

图 6-8　脊髓后角与前联合损害

（3）侧角损害：$C_8 \sim L_2$ 及 $S_{2\sim4}$ 尚有脊髓侧角，分别为交感和副交感中枢。$C_8 \sim L_2$ 侧角为睫状体脊髓中枢，损害时可产生 Horner 征。其他节段的侧角损害产生相应节段的自主神经症状，如血管舒缩、泌汗、竖毛反应障碍及皮肤指甲营养改变等。

2. 白质损害

（1）皮质脊髓束损害：出现病灶侧损害平面以下的上运动神经元瘫痪。

（2）后索损害：病损平面以下同侧深感觉及识别触觉缺失或减退，并出现感觉性共济失调。常见于脊髓压迫症、亚急性联合变性、脊髓痨及糖尿病等。

（3）脊髓丘脑束损害：病变水平以下对侧痛、温觉障碍，触觉和深感觉保留。因脊髓丘脑束纤维排列的骶部纤维位于最外侧，颈部纤维位于最内侧，因而髓外病变自外向内压迫时，先出现骶部和腰部的感觉障碍，髓内病变则与之相反。

（4）白质前连合损害：白质前连合病变时由于双侧脊髓丘脑束的交叉纤维受到破坏，常出现双侧对称性、节段性、分离性感觉障碍（痛、温觉降低而识别触觉保留），常见于脊髓空洞症、髓内肿瘤、脊髓血肿等。

3. 脊髓半侧损害　脊髓半侧损害又称 Brown-Séquard 综合征，病侧损害平面以下的上运动神经元瘫痪和深感觉缺失，对侧痛、温觉障碍。常见于髓外肿瘤、外伤、脊髓血肿、囊肿型脊髓蛛网膜炎等（图 6-9）。

4. 脊髓横贯性损害　脊髓横贯性损害时产生运动、感觉和括约肌障碍。急性横贯性损害时，往往先有脊髓休克症状，损害平面以下弛缓性瘫痪，腱反射减弱或消失，病理反射不能引出，一般 3~4 周后转为痉挛性瘫痪，包括肌张力增高、腱反射亢进，出现病理反射以及反射性排尿等。不同脊髓平面的损害产生不同的临床症状。

（1）高颈髓（$C_{1\sim4}$）：高颈髓损害的主要症状有①四肢上运动神经元性瘫痪，病损平面以

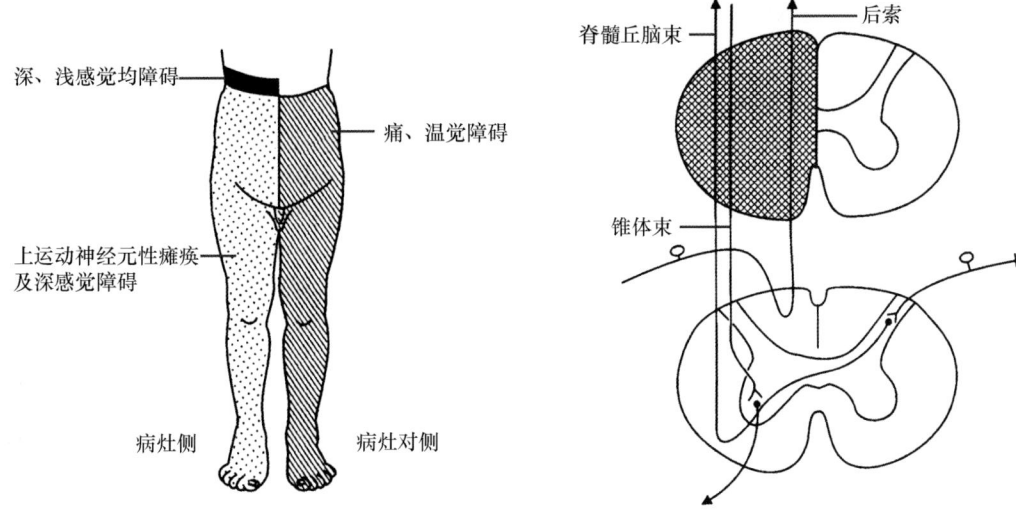

图 6-9 脊髓半侧损害

下全部感觉丧失，大小便障碍，四肢及躯干多无汗，常伴有枕部疼痛和头部活动受限；②$C_{3~5}$节段受损可出现膈肌瘫痪，腹式呼吸减弱；③三叉神经脊束核受损时可出现同侧面部外侧痛、温觉丧失；④副神经核受累可出现胸锁乳突肌及斜方肌无力和萎缩；⑤病变由枕骨大孔波及颅后窝时，可引起延髓及小脑症状，如眩晕、眼球震颤、发音及吞咽困难、饮水呛咳、共济失调，甚至呼吸和循环衰竭而死亡。高颈髓损害常见于肿瘤、脱髓鞘、外伤、颅底与颈椎畸形等。

（2）颈膨大（C_5~T_2）：颈膨大病变时可有颈、肩和双上肢的根性疼痛，排尿障碍。四肢瘫痪，上肢为下运动神经元性瘫痪，下肢为上运动神经元性瘫痪，损害平面以下各种感觉缺失，C_8~T_1 病变时可出现 Horner 征。颈膨大病变常见于颈髓或其附近结构的肿瘤、颈椎病、外伤和脊髓炎等。

（3）胸髓（$T_{2~12}$）：胸髓病变的主要症状为双下肢上运动神经元性瘫痪，病损平面以下深浅感觉障碍、尿便障碍、出汗异常。根据节段的不同，症状各有特点：①上胸髓（$T_{2~4}$）病变，在相应脊髓节段支配区疾病初期可有刺激性症状，如一侧或双侧肋间神经痛，有时伴束带感，后期可有感觉障碍。②中胸髓（$T_{5~8}$）病变，基本症状同上胸髓病变，尚有上腹壁反射减低或丧失，可伴尿潴留。③下胸髓（$T_{9~12}$）病变，可出现位于下腹部的根性疼痛，向外阴部放散，易误诊为盆腔疾患；有时下腹壁肌肉无力，而上腹部肌力完好，患者由仰卧位坐起时可见脐孔被牵上移的现象，称 Beevor 征阳性；下腹壁反射及提睾反射减低或丧失；可出现尿失禁，大便失禁者少见。胸髓病变常见于炎症和肿瘤。

（4）腰膨大（L_1~S_2）：腰膨大病变可出现双下肢下运动神经元性瘫痪，会阴部和双下肢深、浅感觉障碍及括约肌障碍。损害平面在 $L_{2~4}$ 时膝反射常消失，在 $S_{1~2}$ 时踝反射往往消失，在 $S_{1~3}$ 时则出现阳痿。

（5）脊髓圆锥（$S_{3~5}$）：圆锥病变时运动障碍并不明显，因为下肢的运动神经在 S_3 以上。可出现马鞍型感觉障碍（肛门周围和外阴部），肛门反射减低或丧失。排尿困难往往是一个突出的症状（支配膀胱的副交感神经源于 $S_{2~4}$），同时有性功能障碍等。

（6）马尾：病变时突出症状为下肢剧烈的自发性疼痛，咳嗽或喷嚏使腹压增高时放射痛加剧，一侧或双侧，常不对称，可有下肢肌肉萎缩、弛缓性瘫痪和足下垂，跟腱反射消失，提睾反射常保存，性功能及括约肌障碍出现较迟且不明显。

八、中枢运动传导系统不同部位损害的定位

运动传导系统包括中枢和周围两部分，中枢运动传导系统损害的表现和定位诊断在本节介

绍，实际上单纯累及运动传导系统的疾病较少见（主要见于运动神经元病），大多数疾病不仅累及运动传导通路，也累及邻近的中枢神经系统其他结构，定位诊断往往按照形态解剖定位来确定，如脊髓或脑干等。周围运动传导系统损害的表现和定位诊断见本章第三节"周围神经损害的表现和定位"。

（一）解剖生理

运动传导系统包括上运动神经元（大脑皮质）及传导纤维（皮质脑干束及皮质脊髓束）、下运动神经元（脑神经运动核及脊髓前角细胞）及传导纤维。上运动神经元起自额叶中央前回运动区Ⅴ层的巨锥体细胞（Betz细胞），轴突分别形成皮质脊髓束和皮质脑干束，合称为锥体束，经放射冠，分别通过内囊后肢和膝部下行。皮质脊髓束经大脑脚底中3/5、脑桥的基底部、延髓锥体，在延髓锥体交叉处大部分神经纤维交叉至对侧，形成皮质脊髓侧束下行，终于脊髓前角。小部分不交叉而直接下行，形成皮质脊髓前束，在各个平面上陆续交叉止于对侧前角，少数始终不交叉而陆续止于同侧前角（图6-10）。

皮质脑干束在脑干各个脑神经运动核的平面上交叉至对侧，终止于各个脑神经运动核。除面神经核下部和舌下神经核外，其他脑神经运动核均接受双侧大脑皮质的支配。

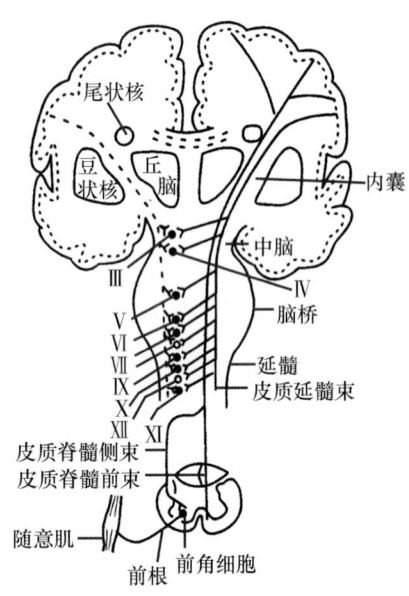

图6-10 上、下运动神经元及脑干的脑神经运动核

皮质运动区，即 Brodmann 第4区，身体各部分在该区有相应的投射区域，呈倒立的人形，头面部及上肢运动支配区在中央前回下部，下肢运动支配区在中央前回上部，下肢所占区域小，上肢尤其是手和手指的区域较大。下肢的一部分、肛门及膀胱括约肌的代表区在旁中央小叶。

锥体束与躯体大部分是对侧支配关系。一侧锥体束的损害一般只引起对侧上、下肢瘫痪以及对侧舌肌和面肌下部瘫痪。而眼肌（Ⅲ、Ⅳ、Ⅵ）、咀嚼肌（Ⅴ）、咽喉声带（Ⅸ、Ⅹ）、额肌（Ⅶ）、颈肌（Ⅺ）和躯干肌往往不受影响，这是因为这些部位的下运动神经元受双侧支配。

（二）中枢性运动障碍——上运动神经元瘫痪（中枢性瘫痪）

1. 上运动神经元瘫痪的特点　大脑皮质运动区或锥体束受损即引起对侧肢体单瘫或偏瘫，称上运动神经元瘫痪或中枢性瘫痪。其主要特点为：①瘫痪的分布，以整个肢体为主，可为单瘫、偏瘫、截瘫和四肢瘫。②瘫痪肌的选择呈不均等性，上肢伸肌比屈肌瘫痪重，下肢屈肌比伸肌瘫痪重。后天获得的精巧运动如系纽扣、写字等比粗大的运动损害重。上肢往往比下肢重，远端比近端重。③肌张力增高。在急性严重的病变（如急性脑血管病或急性脊髓炎），由于断联休克效应，往往表现为弛缓性瘫痪，腱反射降低或消失；休克期过后（此期因个体差异而长短不等），转为痉挛性瘫痪（肌张力增高，腱反射亢进）。隐袭起病者往往开始即肌张力增高。偏瘫肢体的肌张力增高程度在各肌群是不一致的，上肢的屈肌比伸肌肌张力高，下肢的伸肌比屈肌肌张力高。体检时伸直上肢及弯曲下肢所遇阻力最大，快速被动运动比慢速被动运动阻力大。被动运动时开始阻力大而后迅速下降，称为折刀样肌张力增高。④姿势异常。锥体束病变时由于肌张力平衡破坏，产生姿势异常，如上肢肩关节内收和内旋，肘关节屈曲和旋前，腕及手指屈曲。下肢髋关节伸展和内收，膝及踝关节伸展，足及足趾呈跖屈并略内翻姿势，走路下肢向外划圈样前移，足尖着地，步幅较小。⑤病理性联合运动。锥体束损害时常出现不自主的连带运动，如健侧肢体随意运动时，伴发偏瘫侧肢体对应部位的类似运动等，并不意味病情的恢复。⑥反射异常，可有病变侧浅反射消失，腱反射亢进和病理反射阳性等。

2. 上运动神经元瘫痪的定位诊断（图 6-11）

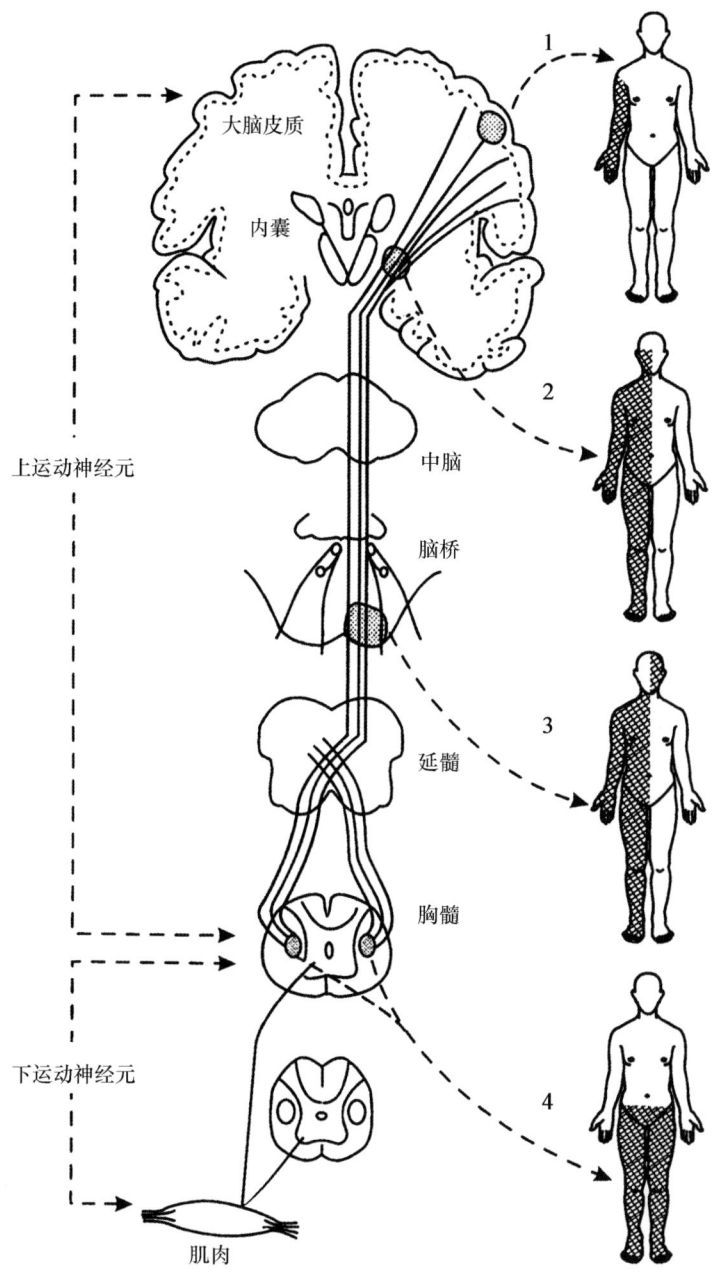

图 6-11 锥体束受损的常见部位及瘫痪分布

（1）皮质：主要有两个特点。①单瘫，是皮质运动区破坏性病变的特点，表现为上肢、下肢或面部的瘫痪。②局限性癫痫，为刺激性病变，出现对侧肢体的局限性癫痫。拇指、示指、口角三处之一开始的单肢痉挛发作。抽搐如按运动区的排列顺序进行扩散，称 Jackson 癫痫。皮质病变多见于肿瘤的压迫、皮质动脉支的梗死、动静脉畸形等。

（2）内囊：锥体束纤维在内囊部最为集中。内囊损害的典型特征为三偏征：偏瘫、偏身感觉障碍与偏盲。临床上偏瘫及偏身感觉障碍比"三偏"更多见，病因多为大脑中动脉分支的豆纹动脉出血或闭塞。另外，位于皮质和内囊之间的放射冠病变，主要以一个肢体的瘫痪为主，亦可伴有感觉障碍，多见于皮质下白质中的胶质瘤。

（3）脑干：脑干病变的特点是交叉性瘫痪，即一侧脑干病变累及同侧脑神经运动核和未交叉的皮质脊髓束和皮质脑干束，导致同侧脑神经运动核支配区运动障碍，对侧肢体瘫痪。①中脑：典型者为 Weber 综合征，病侧动眼神经麻痹和对侧偏瘫。②脑桥：典型者为 Millard-Gubler 综合征，病侧展神经和面神经麻痹，对侧偏瘫。③延髓：典型者为 Wallenberg 综合征，有迷走（Ⅹ）、舌咽（Ⅸ）、副（Ⅺ）、舌下（Ⅻ）等神经受累的症状和体征。

(4) 脊髓：病变在脊髓不同平面可出现不同的临床症状。延髓与脊髓交界处病变时，此处有锥体交叉，可以引起上肢与下肢交叉性瘫痪，临床罕见。病变在上颈段时，引起四肢痉挛性瘫痪，在颈膨大时，双上肢弛缓性瘫痪而双下肢痉挛性瘫痪，病变在胸髓以下时可出现双下肢痉挛性截瘫。半侧脊髓病变时，可出现 Brown-Séquard 综合征，病变同侧损伤水平以下痉挛性瘫痪及深感觉障碍，病变对侧损伤水平以下痛、温觉障碍。脊髓病变的常见原因为炎症、肿瘤、血管病和外伤等。

九、锥体外系

锥体系（上运动神经元）以外的躯体运动传导通路，统称锥体外系（extrapyramidal system）。锥体外系的主要功能是调节肌张力，协调肌肉活动，维持和调整体态姿势，进行习惯性和节律性动作等，如某些防御性反应运动、走路时双臂摆动、模仿、手势和面部表情等动作。此外，锥体外系也执行一些粗大的随意运动。

(一) 解剖生理

锥体外系包括大脑皮质（额叶等）、纹状体（尾状核、壳核和苍白球）、丘脑、丘脑底核、红核、黑质、前庭核及小脑等，组成一个复杂的多级神经元网络，其中基底神经节病变的定位已经在前面描述，下面简述两条重要的传导通路。

1. 纹状体-苍白球系（图 6-12） 大脑皮质（主要是额叶）发出的纤维，直接或通过丘脑间接地止于尾状核和壳核，尾状核和壳核发出的纤维几乎全部止于苍白球，苍白球发出的纤维形成豆核襻和豆核束，分别止于红核、黑质、丘脑底核和网状结构等处。由红核发出纤维形成红核脊髓束，左右交叉；网状结构发出纤维形成网状脊髓束，部分交叉至对侧，部分在同侧。红核脊髓束和网状脊髓束均止于脊髓前角运动细胞，下达的神经冲动最后经脊神经至骨骼肌。

2. 皮质-脑桥-小脑系（图 6-13） 由大脑皮质起始的纤维组成额桥束及枕颞桥束，经内囊和大脑脚两侧入脑桥止于同侧脑桥核，脑桥核发出的纤维越过中线，经对侧脑桥臂（小脑中脚）

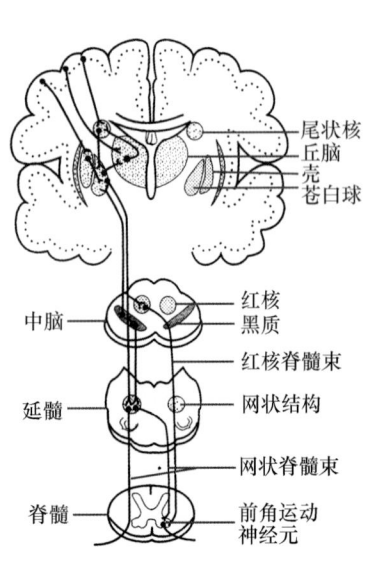

图 6-12 锥体外系中的纹状体-苍白球系

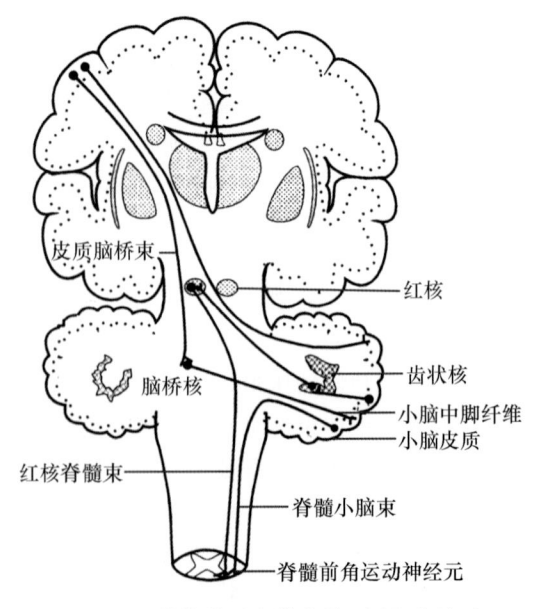

图 6-13 锥体外系中的皮质-脑桥-小脑系

进入小脑，主要止于小脑皮质后叶新区，然后该区发出纤维先至齿状核，再由齿状核发出纤维经结合臂交叉至对侧红核交换神经元，红核发出的纤维组成红核脊髓束，再交叉后至脊髓前角细胞，下达的神经冲动经脊神经至骨骼肌。

（二）锥体外系损害的表现和定位诊断

锥体外系病变导致肌张力变化和不自主运动两大类症状。肌张力增高常伴运动减少，肌张力减低常伴运动增多。纹状体-苍白球系损伤的主要症状是肌张力的改变（张力增高或降低）和运动状态的异常（运动过多或过少）。苍白球和黑质的病变多发生肌张力增高和运动过少症候群。尾状核和壳核的病变则产生肌张力过低和运动过多的症候群。丘脑底核的病变可发生半身舞蹈病。以下分述几种常见的临床症状。

1. 肌僵直（rigidity） 锥体外系病变时伸肌和屈肌张力均增高，各方向活动所遇阻力一致，故称铅管样僵直（不伴有震颤时）。或可感到断续相间的阻力变化，称为齿轮样僵直（伴有震颤时），均与锥体束受损所致的"折刀样痉挛"不同（图 6-14）。静止状态下，虽然伸肌和屈肌张力均增高，但屈肌张力更高，使患者出现特殊的姿势：头前倾，躯干略屈，肘关节屈曲内收，腕略伸，指掌关节屈曲，手指呈"握笔状"。运动少而缓慢，面部表情缺乏（面具脸），语音单调，走路时双上肢前后摆动减少，起步缓慢，步态很小，但越走越快，且不能及时停止，临床上称为"慌张步态"。常见于帕金森病。

2. 静止性震颤（static tremor） 常为手指节律性抖动（每秒 4~6 次），形成所谓"搓丸样"动作，静止状态下易出现，做随意运动时减轻，睡眠后消失。病情严重时下颌、唇、舌及四肢均可发生震颤，多见于帕金森病。

3. 舞蹈样运动（choreic movement） 为肢体不规则、无节律和无目的的反复动作，如耸肩转颈、伸臂、抬臂、摆手和手指伸屈等动作。特点为上肢比下肢重，远端比近端重，随意运动或情绪激动时加重，安静时减轻，睡眠后消失。头面部亦可出现挤眉弄眼、撇嘴伸舌等动作，病情严重时肢体可有粗大的频繁动作。见于风湿性舞蹈症和遗传性舞蹈病等。

4. 手足徐动症（athetosis） 又称指划动作或易变性痉挛。表现为上肢远端的游走性肌张力增高或降低，腕及手指做缓慢交替性的伸屈动作。如腕过曲时，手指常过伸，前臂旋前，缓慢过渡为手指屈曲，拇指常屈至其他手指之下，而后其他手指相继地屈曲（图 6-15）。有时出现发音不清和鬼脸，亦可出现足部不自主动作。多见于脑炎、播散性脑脊髓炎、核黄疸和肝豆状核变性等。

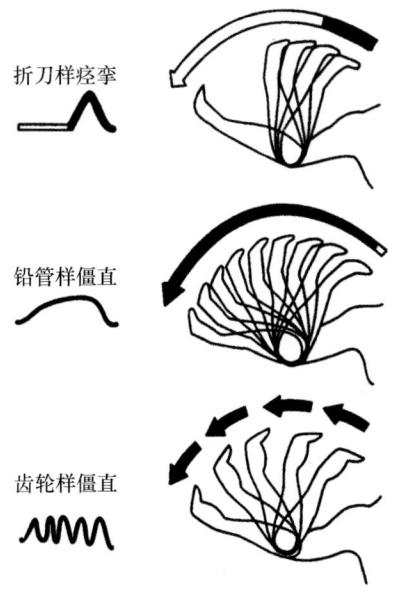

图 6-14 肌张力增高的类型

图 6-15 手足徐动症患者的手部典型姿势

5. 扭转痉挛（torsion spasm） 又称变形性肌张力障碍，系围绕躯干或肢体长轴的缓慢旋转性不自主运动，痉挛性斜颈是本症的一种特殊局限性类型。见于原发性遗传疾病，亦可见于肝豆状核变性、苯噻嗪类药物反应等。

6. 偏身投掷运动（hemiballismus） 为一侧肢体猛烈的投掷样不自主运动，以肢体近端为重，多由对侧丘脑底核损害引起。

7. 抽动症（tic） 为单个或多个肌肉的快速收缩动作，固定一处或呈游走性，表现为挤眉弄眼、面肌抽动、鼻翼翕动、撅嘴，呼吸肌受累时可有不自主发音。可为基底神经节病变，也可为精神因素所致。另有一些儿童病例可表现为抽动秽语综合征（Gilles de la Tourette syndrome），主要有面肌抽动、呼吸发音和秽语等。

还有一类由药物（如苯噻嗪类、丁酰苯类、左旋多巴、甲氧氯普胺）引起的运动异常，急性起病可表现为颈后仰、斜颈、骨盆歪斜、肢体姿势异常、强迫张口、伸舌等不自主动作，停药可消失。长期用药后出现者称迟发性运动障碍，表现为间歇发生张口、咀嚼、伸舌、鬼脸等动作，停药可消失，也可为不可逆性。

十、感觉系统解剖生理和中枢性感觉障碍的定位

与运动传导系统相似，感觉传导系统也包括中枢和周围两部分，中枢感觉传导系统损害的表现和定位诊断在本节介绍，周围感觉传导系统损害的表现和定位诊断见本章第三节"周围神经损害的表现和定位"。

（一）解剖生理

感觉是感受器所接受到的刺激在人脑中的综合反映。一般感觉包括：①浅感觉，指痛觉、温度觉和触觉，来自皮肤和黏膜。②深感觉，指运动觉、位置觉和振动觉，来自肌腱、肌肉、骨膜和关节。③复合感觉，又称皮质感觉，指实体觉、图形觉、两点辨别觉、定位觉和重量觉等，为顶叶皮质对各种深浅感觉分析、比较、综合而形成。

各种一般感觉均由其特有的感受器经过感觉传导系统把刺激冲动传向感觉中枢。该系统由三级神经元互相连接组成，其中第二级神经元发出的纤维交叉至对侧，因此感觉中枢与外周感觉支配区是交叉关系（图6-16）。

1. 浅感觉

（1）躯干和四肢的浅感觉

1）痛觉和温度觉：第一级神经元胞体位于脊神经节内，周围突分布于躯干和四肢皮肤的浅部感受器。中枢突组成后根的外侧部，到达脊髓，上升1~2个节段后入后角，该处的第二级神经元发出纤维，经白质前连合交叉至对侧，组成脊髓丘脑侧束，终于丘脑外侧核，由此再起始第三级神经元纤维，其轴突组成丘脑皮质束，投射至中央后回的中上部和旁中央小叶后部。

2）触觉：第一级神经元胞体也在脊神经节内，周围突分布于皮肤触觉感受器，中枢突经后根的内侧部入脊髓后索，其中传导精细触觉的纤维随薄束、楔束上行，传导一般触觉的纤维经后角第二级神经元中继，其纤维经前连合交叉到对侧前索，组成脊髓丘脑前束上行，进入延髓之后，行程和终止同脊髓丘脑侧束。

（2）头面部的浅感觉：传导头面部的痛、温、触觉纤维，也由三级神经元组成。第一级神经元胞体位于三叉神经半月节内，周围突分布于头面部皮肤和黏膜的浅部感受器，中枢突组成三叉神经感觉根，入脑桥后分为短的升支和长的降支。升支传导触觉，止于三叉神经感觉主核，降支传导痛、温觉，止于三叉神经脊束核。三叉神经感觉主核及脊束核为第二级神经元，其轴突大部分交叉到对侧组成三叉丘系，止于丘脑腹后内侧核，此处为第三级神经元，其轴突组成丘脑皮质束，经内囊后肢，最后投射至中央后回下部（图6-16）。

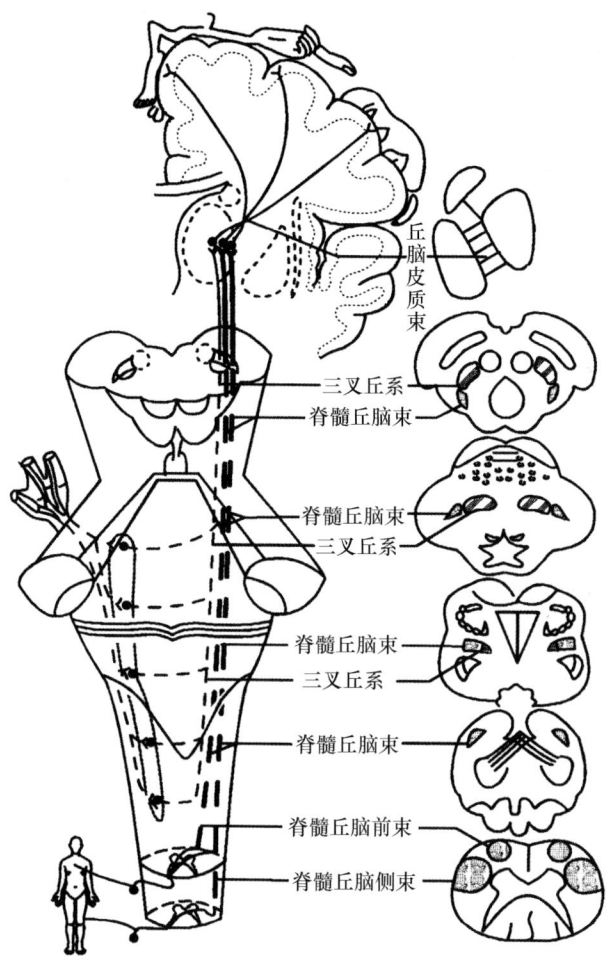

图 6-16　浅感觉传导通路

2. 深感觉　第一级神经元胞体位于脊神经节内，周围突分布于肌肉、关节、肌腱，中枢突经后根入脊髓后索，升支分别形成薄束和楔束。薄束在脊髓后索内侧，传导下部躯干及下肢的深感觉。楔束在脊髓后索外侧，传导上部躯干及上肢的深感觉。二者终于延髓的薄束核和楔束核（第二级神经元），由此第二级神经元发出纤维，交叉至对侧形成内侧丘系上行，终于丘脑腹后外侧核（第三级神经元），再由此第三级神经元发出纤维经内囊后肢，终于中央皮质后回。

3. 髓内感觉传导束的层次排列　脊髓内部感觉传导束分为传导深感觉的纤维束（薄束、楔束、脊髓小脑前束、脊髓小脑后束）和传导浅感觉的纤维束（脊髓丘脑侧束和脊髓丘脑前束）。

（1）薄束和楔束：位于后索，是后根内侧部纤维在后索的直接延续。薄束的起点较低，在 T_5 节段以下占据全部后索，在 T_4 节段以上只占后索的内侧半，其外侧为楔束。后索由内向外，依次由来自骶、腰、胸、颈部的纤维排列而成（图 6-17）。

（2）脊髓小脑后束：位于脊髓外侧索边缘的后部，上行止于小脑皮质，传导来自肌、腱、关节的反射性本体感觉冲动。其纤维排列是来自腰部的纤维在后方，来自胸部的纤维居中，来自颈部的纤维在前方。

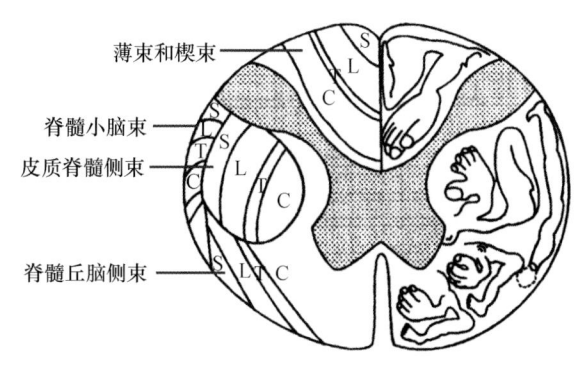

图 6-17　脊髓白质传导的定位

(3) 脊髓小脑前束：位于脊髓外侧索的边缘，脊髓小脑后束的前方，上行止于小脑皮质。排列大致与脊髓小脑后束相同，即来自骶部的纤维在后方，依次向前为来自腰、胸和颈部的纤维。脊髓小脑前、后束发生病变时，出现小脑性共济失调。小脑性共济失调与感觉性共济失调的主要区别在于，它不能为视觉所矫正。

(4) 脊髓丘脑侧束：位于外侧索的前部，脊髓小脑前束的内侧，经白质前连合交叉，上行止于丘脑。脊髓丘脑侧束的纤维排列由内向外依次为来自颈、胸、腰、骶部的纤维。其功能是传导痛、温觉（前部传导痛觉，后部传导温度觉）。

(5) 脊髓丘脑前束：位于前索，脊髓丘脑侧束的前内侧，经白质前连合交叉，上行止于丘脑。此束的纤维排列与脊髓丘脑侧束基本相同，其功能为传导粗略触觉和压觉。

这种传导束的层次排列对髓内外病变的鉴别诊断有重要意义。如颈段发生髓内肿瘤时，痛、温觉障碍是按颈、胸、腰、骶顺序自上向下发展；而颈段发生髓外肿瘤时，痛、温觉障碍的发展顺序则相反。

4. 节段性感觉支配 每一脊神经后根的传入纤维来自一定的皮肤区域，这种节段性分布现象在胸段最为明显。上下肢的感觉分布比较复杂，但仍有节段规律（图6-18）。一些典型的节段分布关系特别有助于临床定位诊断。如乳头平面为T_4，脐平面为T_{10}，腹股沟平面为T_{12}及L_1支配。上肢的桡侧为$C_{5\sim7}$，前臂及手的尺侧为C_8及T_1，上臂内侧为T_2，股前为$L_{1\sim3}$，小腿前面为$L_{4\sim5}$，小腿及股后为$S_{1\sim2}$，肛周鞍区为$S_{3\sim5}$支配。

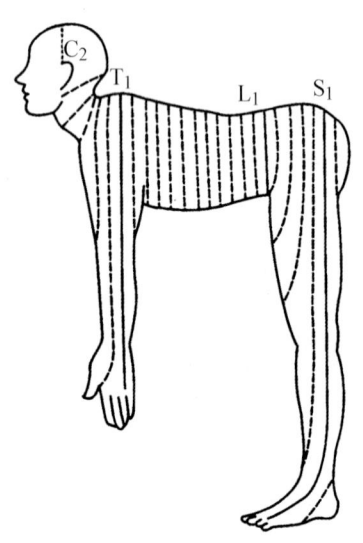

图6-18 体表的节段性感觉支配

脊神经的前支在颈部和腰骶部形成臂丛、腰丛和骶丛，通过重新组合和分配，从这些神经丛里发出多个周围神经，每个周围神经里含有多个节段的脊神经纤维。因此，周围神经在体表的分布与脊髓的节段性感觉分布不同（图6-19和图6-20）。

每个感觉根或脊髓节段支配一片皮肤感觉，称为皮节。绝大多数皮节是由2～3个后根或节段重叠支配，脊神经的感觉分布区常比相应的脊髓节段低1～2个，故当确定脊髓损害的上界时，须从体检的感觉平面向上提高1～2个节段来计算。

(二) 感觉障碍的类型

感觉障碍可分为抑制性症状和刺激性症状两大类。

1. 抑制性症状 感觉径路被破坏或功能受到抑制时，出现感觉缺失或感觉减退。在同一部位各种感觉均缺失，称完全性感觉缺失。如果在同一部位只有某种感觉障碍而其他感觉保存者，称为分离性感觉障碍。

2. 刺激性症状 感觉径路受到刺激或兴奋性增高时出现下列症状。

(1) 感觉过敏（hyperesthesia）：指轻度刺激即产生强烈的感觉，系由检查时的刺激与传导通路上的兴奋性病灶所产生的刺激总和所引起。

(2) 感觉倒错（dysesthesia）：指对刺激的错误感受，如轻划皮肤而有疼痛的感觉，冷觉的刺激误以为热觉刺激。

(3) 感觉过度（hyperpathia）：由于刺激阈增高与反应时间延长，在刺激后，需经一潜伏期，才能感到强烈的、定位不明确的不适感觉，并从刺激点向周围扩散，持续一段时间。见于丘脑和周围神经损伤。

(4) 感觉异常（paresthesia）：没有外界刺激而发生的感觉，如麻木、蚁走、瘙痒、重压、针刺、冷或热、肿胀、电击、束带感等，其发生的范围具有定位价值。

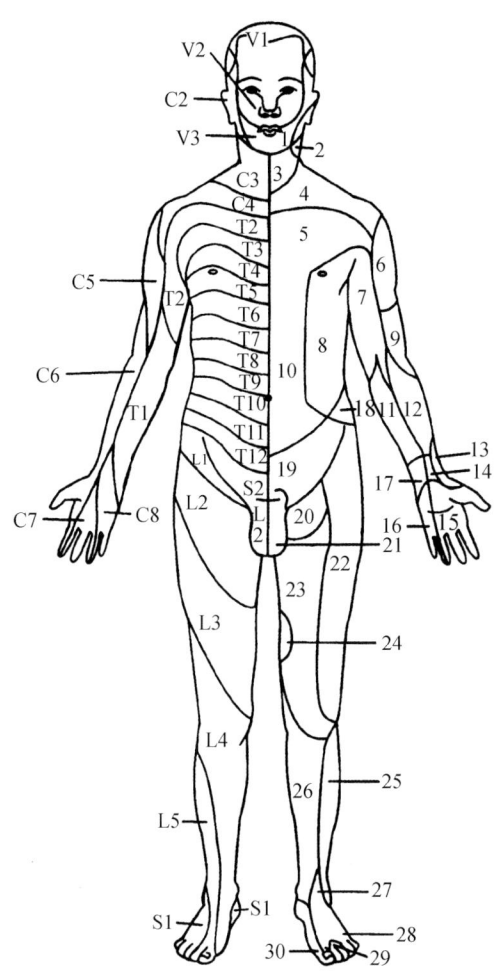 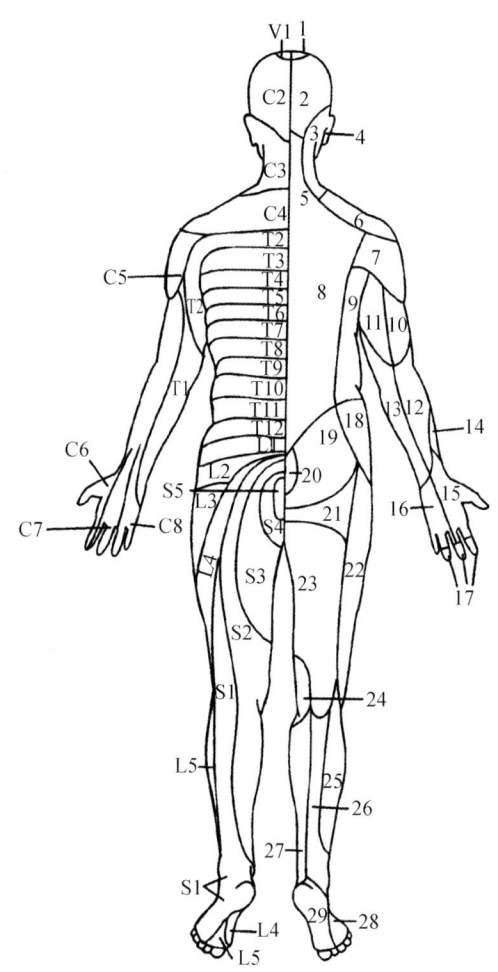

图6-19 体表的节段性和周围性感觉支配（前面）。
1. 三叉神经；2. 耳大神经；3. 颈皮神经；4. 锁骨上神经；5. 胸神经前皮支；6. 腋神经；7. 臂内侧皮神经；8. 胸神经外侧皮支；9. 臂外侧皮神经；10. 胸神经前皮支；11. 前臂内侧皮神经；12. 前臂外侧皮神经；13. 桡神经浅支；14. 正中神经浅支；15. 正中神经；16. 尺神经；17. 尺神经掌支；18. 髂腹下神经外侧皮支；19. 髂腹下神经前皮支；20. 生殖股神经股支；21. 髂腹股沟神经；22. 股外侧皮神经；23. 股神经前皮支；24. 闭孔神经皮支；25. 小腿外侧皮神经；26. 隐神经；27. 腓浅神经；28. 腓肠神经；29. 腓深神经；30. 胫神经跟支

图6-20 体表的节段性和周围性感觉支配（后面）。
1. 额神经；2. 枕大神经；3. 枕小神经；4. 耳大神经；5. 颈神经后支；6. 锁骨上神经；7. 臂内侧皮神经；8. 胸神经后皮支；9. 胸神经外侧皮支；10. 臂后侧皮神经；11. 臂内侧皮神经；12. 前臂后侧皮神经；13. 前臂内侧皮神经；14. 前臂外侧皮神经；15. 桡神经浅支；16. 尺神经；17. 正中神经；18. 髂腹下神经外侧皮支；19. 臀上神经；20. 臀中神经；21. 臀下神经；22. 股外侧皮神经；23. 股后侧皮神经；24. 闭孔神经皮支；25. 小腿外侧皮神经；26. 腓肠神经；27. 隐神经；28. 足底外侧皮神经；29. 足底内侧皮神经

（5）疼痛：常见疼痛有以下四种。

1）局部疼痛（local pain）：疼痛局限于身体某一部位，如神经病变时的神经痛。

2）放射性疼痛（radiating pain）：神经根或神经干刺激性病变时，疼痛不仅位于病变局部，而且可扩展到受累感觉神经的支配区。如神经根的肿瘤或椎间盘突出的压迫等发生的放射性疼痛。

3）牵涉性疼痛（referred pain）：当某些内脏器官发生病变时，常在支配该内脏脊髓节段所对应的体表部分产生感觉过敏或有疼痛的感觉，称牵涉性疼痛。这种感觉过敏或疼痛的区域有时发生在与该患病器官邻近的皮肤，有时发生在与该器官相隔较远的皮肤。例如，心绞痛时可在左上臂内侧皮肤感到疼痛，肝胆疾患时可在右肩感到疼痛等。

4）灼性神经痛（causalgia）：表现为剧烈的烧灼样疼痛，迫使患者用冷水浸湿患肢。多见于正中神经或坐骨神经损伤。

(三) 中枢性感觉障碍的定位

中枢性感觉障碍由感觉传导通路中枢部位损害引起,因受累部位不同而临床表现各异(图6-21)。

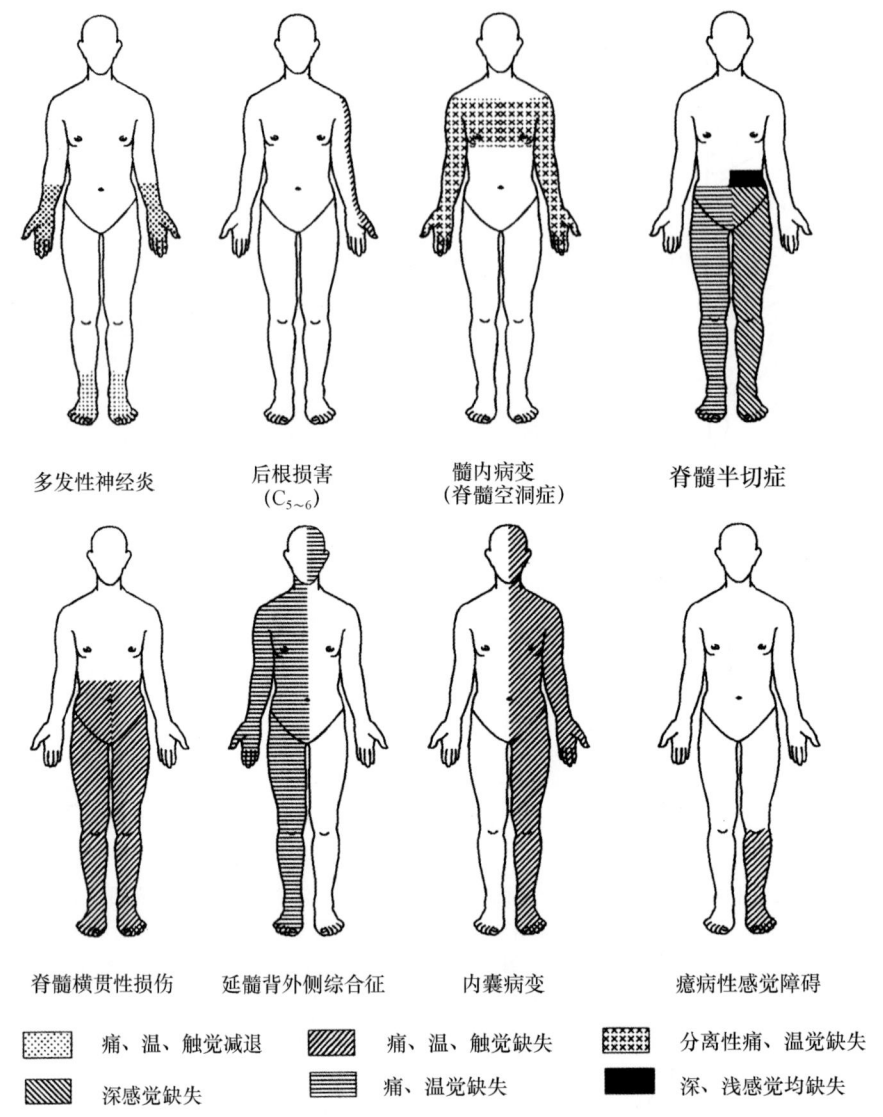

图 6-21 各种感觉障碍的分布

1. 传导束型感觉障碍 脊髓白质传导束病变时所发生的感觉障碍,称为传导束型感觉障碍,表现为病灶水平1~2个节段以下分布区内的感觉障碍,见于以下几种情况:①脊髓丘脑束发生病变时,在病灶水平以下对侧发生痛、温觉丧失或减退。②脊髓后索发生病变时,患侧病灶水平以下深感觉障碍,如双侧病变,往往表现出感觉性共济失调。如让患者双足并拢直立,睁眼时尚可,闭目后摇晃倾倒,即 Romberg 征阳性。

2. 偏身感觉障碍

(1) 脑干病变:延髓和脑桥病变时,可产生交叉性偏侧感觉障碍,即病灶同侧面部和对侧半身痛、温觉消失。如病灶高达中脑并超过三叉神经交叉水平,则不再出现交叉性偏侧感觉障碍,仅有病灶对侧偏身(包括面部)感觉缺失。多见于脑血管病。

(2) 丘脑病变:典型的丘脑综合征包括①对侧偏身感觉障碍,深感觉障碍最为明显;②半身疼痛,常有严重的自发性疼痛和感觉过度。亦多见于脑血管病。

(3) 内囊病变:内囊受损时对侧偏身(包括面部)感觉减退或消失,常伴有偏瘫和偏盲。

(4) 皮质病变:大脑皮质感觉中枢在中央后回及旁中央小叶附近,支配躯体的关系自下而上依次排列为口、面、手臂、躯干、大腿及小腿，小腿和会阴部位于半球内侧面。由于皮质感觉区域广，病变往往只损害其中一部分，表现为对侧一个上肢或一个下肢的感觉减退或缺失。皮质型感觉障碍的特点是出现精细性感觉（复合感觉）障碍，如实体觉、图形觉、两点辨别觉、定位觉等。皮质感觉中枢的刺激性病灶可引起感觉型癫痫的发作。

3. 癔病性感觉障碍 特点为感觉障碍的分布不符合解剖支配规律，其范围和程度易变化，且易受暗示的影响。患者常有引起癔病的精神诱因及性格特点。

十一、中枢自主神经系统

自主神经系统包括中枢和周围两部分，中枢自主神经系统损害的表现和定位诊断在本节介绍，周围自主神经系统损害的表现和定位诊断见本章第三节"周围神经损害的表现和定位"。

(一) 解剖生理

自主神经支配内脏器官（消化道、心血管、呼吸道和膀胱等）及内分泌腺、汗腺的活动和分泌，并参与调节葡萄糖、脂肪、水和电解质代谢，以及体温、睡眠和血压等。自主神经包括交感神经和副交感神经，两者在大脑皮质的调节下通过下丘脑、脑干及脊髓各节段既拮抗又协调地共同调节器官的生理活动，所有调节活动均在无意志控制下进行（图6-22）。

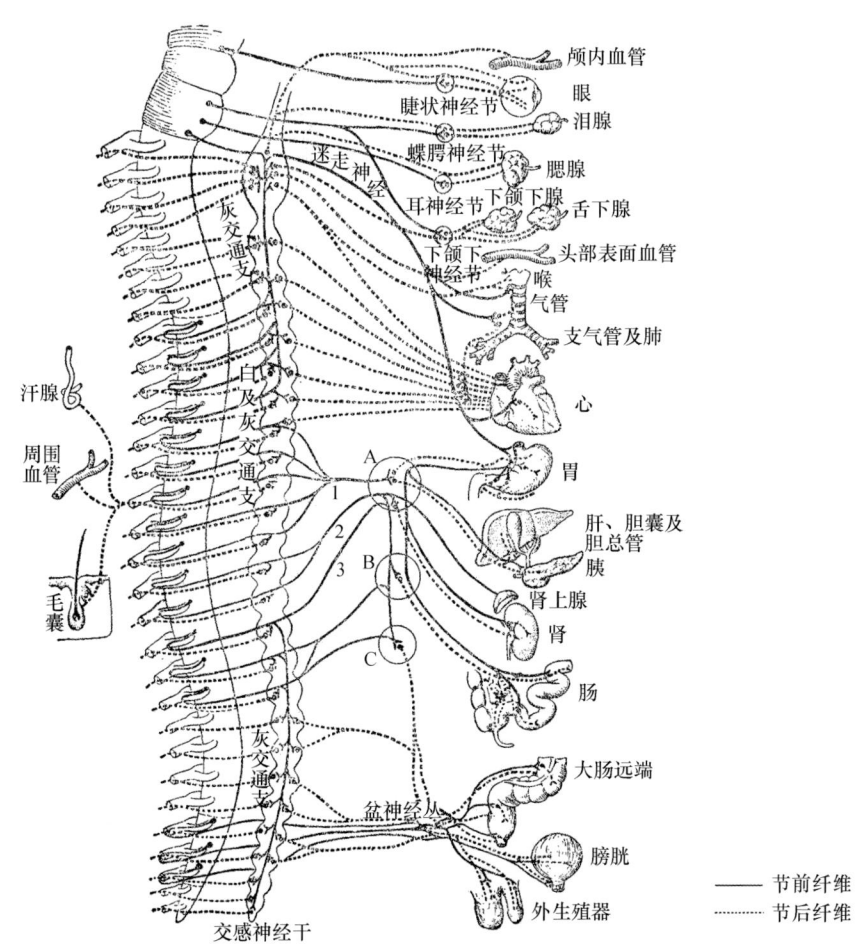

图6-22 内脏运动神经示意图

中枢自主神经系统包括大脑皮质、下丘脑、脑干的副交感神经核团以及脊髓各节段侧角区。大脑皮质各区均有自主神经的代表区，如旁中央小叶与膀胱、肛门括约肌调节有关，岛叶、边缘叶与内脏活动有关。下丘脑是自主神经的皮质下中枢，前区是副交感神经代表区，后区是交感神经代表区，共同调节机体的糖、脂肪、水和电解质代谢，以及体温、睡眠、呼吸、血压和内分泌的功能。

(二) 中枢自主神经系统损害的表现和定位诊断

1. 大脑 中枢自主神经在大脑皮质代表区的定位，尚不完全清楚，多数与相应的躯体功能区重叠或邻近，边缘叶则与许多内脏（心血管、呼吸、消化系统等）活动有关。临床上一侧损害可引起对侧偏身自主神经支配的功能改变，如皮肤温度、血压、瞳孔变化等。

2. 下丘脑 下丘脑是自主神经系统重要的皮质下中枢，其损害时可引起心血管、呼吸、消化、造血系统等功能改变，汗液分泌、瞳孔和体温调节等变化，内分泌紊乱和营养代谢障碍（尿崩症、肥胖症、性功能障碍），睡眠和觉醒失调（发作性睡病），病理性烦渴和易饥饿。有时可见一侧肢体的出汗和竖毛反应障碍、两侧皮肤温度和血压不等、偏身肥大或萎缩等。

3. 脑干 中脑和延髓是副交感中枢。临床上在脑干出血时出现高热、瞳孔缩小、多汗等，系自主神经受损所致。

4. 脊髓 脊髓侧角（$C_8 \sim L_2$）是交感神经的低级中枢，除了发出纤维到内脏外，另一部分纤维进入周围神经，支配血管、汗腺和竖毛肌。这种支配也呈节段性，但同躯体节段性感觉神经分布并非一致，如脊髓空洞症病变损害某些髓节的侧角细胞，可见相应节段支配区有出汗、竖毛反应和血管功能障碍等，其节段分布如下：$C_8 \sim T_3$ 分布于头颈部，$T_{4\sim7}$ 为上肢，$T_{8\sim9}$ 在躯干，$T_{10\sim L_2}$ 是下肢。但反射性皮肤划纹症反应则和节段性感觉神经分布相同。

（1）睫状脊髓中枢（$C_8 \sim T_{1/2}$）的损害，可引起眼裂变小、眼球内陷、瞳孔缩小、面部无汗、鼻黏膜充血及鼻道阻塞、眼内压降低等症状，称为颈交感神经麻痹综合征（也称 Horner 综合征）。

（2）脊髓副交感中枢位于 $S_{3\sim4}$，其神经纤维支配膀胱、直肠，故骶段损害引起大小便失禁、性反射障碍。

第二节 脑神经损害的表现和定位

脑神经（cranial nerves）共12对，按其头尾侧的排列顺序，分别用罗马数字命名。Ⅰ为嗅神经，Ⅱ为视神经，Ⅲ为动眼神经，Ⅳ为滑车神经，Ⅴ为三叉神经，Ⅵ为展神经，Ⅶ为面神经，Ⅷ为前庭蜗神经，Ⅸ为舌咽神经，Ⅹ为迷走神经，Ⅺ为副神经，Ⅻ为舌下神经。第Ⅰ、Ⅱ对脑神经在颅内部分是其二级和三级神经元的神经纤维束，其他10对脑神经与脑干里的有关神经核联系，运动核靠近中线，感觉核靠近外侧（图6-23和图6-24）。但第Ⅺ对脑神经的一部

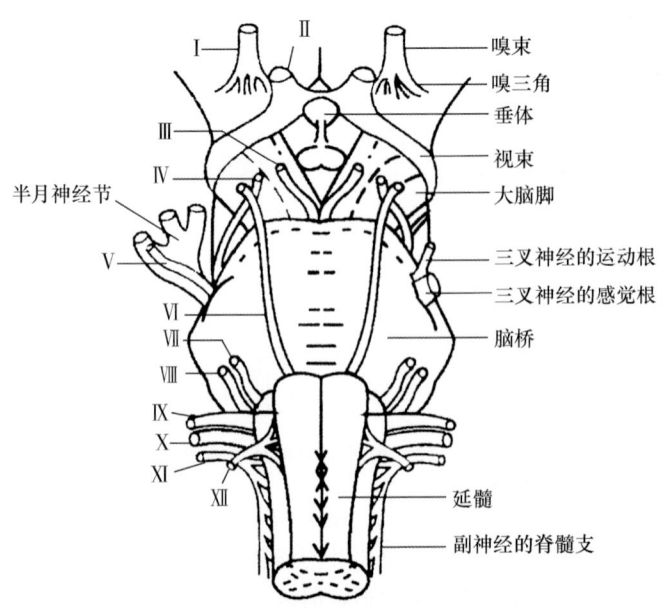

图 6-23 脑底各脑神经的穿出部位

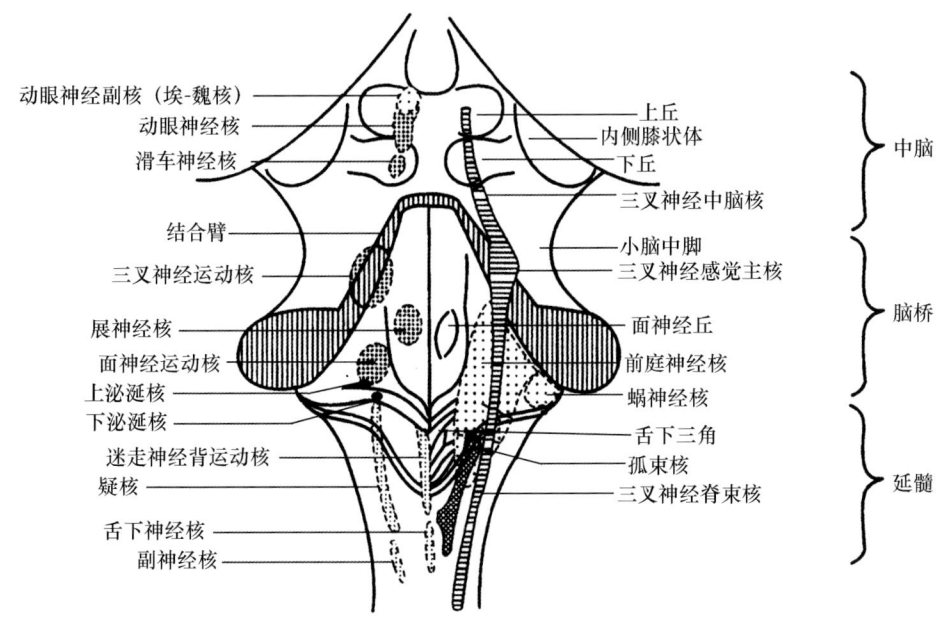

图 6-24 脑干内部的脑神经核

分是从颈髓的上几节前角发出的。脑神经有感觉和运动纤维，主要支配头、面部。其中第Ⅰ、Ⅱ、Ⅷ对脑神经为感觉神经，第Ⅲ、Ⅳ、Ⅵ、Ⅺ、Ⅻ对脑神经为运动神经，第Ⅴ、Ⅶ、Ⅸ、Ⅹ对脑神经为混合神经，第Ⅲ、Ⅶ、Ⅸ、Ⅹ对脑神经含副交感神经纤维。除第Ⅻ对脑神经核和第Ⅶ对脑神经核的下部外，所有脑神经核的中枢支配均是双侧的，例如，左侧动眼神经核同时接受左侧（不交叉）和右侧（交叉）的纤维支配。

一、嗅神经

（一）解剖生理

鼻腔上部嗅黏膜中双极嗅神经元的中枢突聚集成 15～20 条嗅丝，穿过筛骨的筛板和硬脑膜，终于嗅球。由嗅球的第二级神经元发出纤维经嗅束、外侧嗅纹终止于颞叶的钩回、海马回的前部及杏仁核，即嗅中枢。经中间嗅纹及内侧嗅纹的纤维分别终止于前穿质及胼胝体下回，与嗅觉的反射联络有关。

（二）嗅神经损害的表现和定位诊断

双侧嗅觉减退或丧失多因鼻腔局部病变引起。单侧嗅觉减退或丧失是前颅窝占位性病变的一个重要体征。中枢病变一般不引起嗅觉丧失，因双侧有较多的联络纤维，但可有幻嗅发作。

二、视神经

（一）解剖生理

视神经发源于视网膜的神经节细胞的中枢突，视网膜鼻侧一半的纤维经视交叉后与对侧颞侧一半的纤维结合，形成视束，终于外侧膝状体。换神经元后发出纤维经内囊后肢后部形成视辐射，止于枕叶距状裂两侧的楔回和舌回的视中枢皮质（又称纹状区）。视网膜周边的纤维投射于纹状区的前部，黄斑的纤维投射于纹状区的后部。光反射的径路不经外侧膝状体，由视束经上丘臂入中脑上丘，与两侧动眼神经副核（埃-魏核）发生联系。

（二）视神经损害的表现和定位诊断

1. 视力障碍及视野缺损 视觉径路自前向后贯穿全脑，可根据视力障碍和视野缺损来诊断颅内病变部位。一般在视交叉前方的病变可引起单眼全盲，视交叉处病变可引起双颞侧偏盲，一侧视交叉外侧部病变可引起同侧眼鼻侧偏盲，视束病变可引起双眼对侧视野的偏盲（同向偏盲），视辐射病变可引起对侧象限盲（图6-25）。

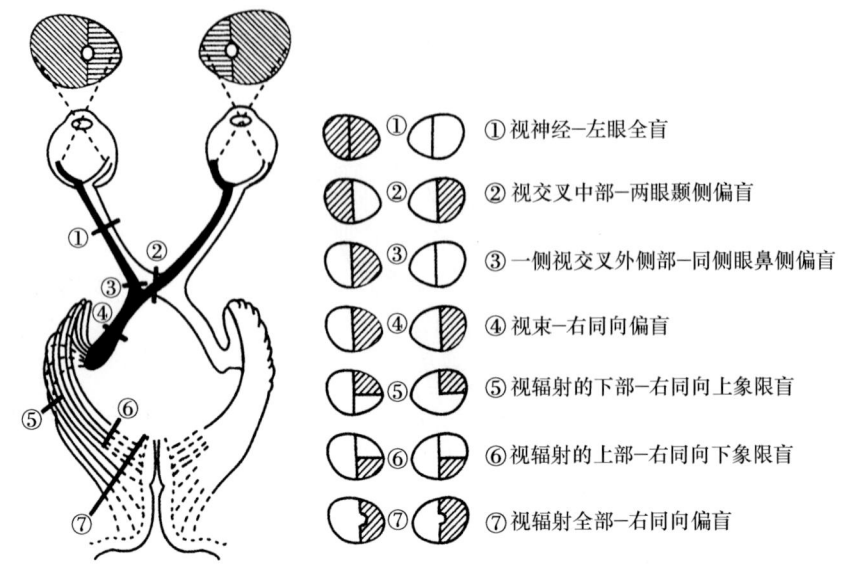

图6-25　视神经径路及受损后视野缺损的症状

（1）视神经：常由视神经本身病变、受压迫或颅高压引起，视神经病变的视力障碍程度重于视网膜病变。突然失明多见于眼动脉或视网膜中央动脉闭塞。数小时或数天达高峰的视力障碍多见于视盘炎或球后视神经炎。重度周边视野缺损（又称管状视野）多由癔症或视觉疲劳以及视网膜色素变性、青光眼晚期等眼科疾病引起，不规则视野缺损多由视神经压迫病变引起（图6-25①）。

（2）视交叉：视交叉病变常由垂体瘤、颅咽管瘤的压迫引起，可有两眼颞侧偏盲（图6-25②）。一侧或两侧鼻侧偏盲少见，见于颈内动脉粥样硬化压迫视交叉外侧部（图6-25③）。

（3）视束：视束病变见于颞叶肿瘤向内压迫，引起两眼对侧视野的同向偏盲，偏盲侧对光反射消失（图6-25④）。

（4）视辐射：视辐射的下部受损多由颞叶后部肿瘤或血管病引起，可有两眼对侧视野的同向上象限盲（图6-25⑤）。视辐射上部病变多见于顶叶肿瘤或血管病，可有两眼对侧视野的同向下象限盲（图6-25⑥）。视辐射完全受损时引起两眼对侧视野同向偏盲，偏盲侧对光反射存在，视野的中心部保存，称黄斑回避（图6-25⑦）。

（5）枕叶视中枢：引起偏盲。枕叶前部受损引起视觉失认。

2. 视盘异常

（1）视盘水肿：视盘水肿常见于颅内占位性病变（肿瘤、脓肿、血肿）、脑炎、脑膜炎和静脉窦血栓形成等引起颅内压增高时。应当与其他原因引起的视盘变化进行鉴别，如视盘炎、假性视盘水肿和高血压眼底改变。

1）视盘炎：眼底变化与视盘水肿相似，程度多小于2个屈光度。主要鉴别点在于视盘炎时视力障碍往往产生在眼底改变之前，伴眼痛或眼球压痛，迅速发生一侧或双侧的视力丧失。而视盘水肿的视力障碍到晚期才出现，一般为双侧性，无眼痛或眼球压痛，伴有颅内压增高和神经系统局灶体征。

2）假性视盘水肿：为先天性畸形；眼底变化为视盘颜色稍红，边缘模糊，与视盘水肿早期相似，但视力正常，无颅内压增高的现象。

3）高血压眼底改变：严重高血压可有视盘水肿和视网膜出血，但眼底动脉硬化样改变明显，动脉高度变细，银丝样，反光强，静脉充血不显著，有动静脉压迹，伴广泛的视网膜出血，有高血压的临床表现。

（2）视神经萎缩：视神经萎缩分为原发性和继发性两种。原发性者视盘苍白而边界清楚，筛孔清晰可见，病因为多发性硬化、视神经压迫、变性病等。继发性视神经萎缩的视盘苍白，但境界不分明，不能窥见筛板，见于视盘水肿、视盘炎和视网膜炎的后期。

三、动眼、滑车和展神经

（一）解剖生理

1. 动眼神经 动眼神经的躯体传出纤维起于中脑上丘的动眼神经核，此核位于中脑导水管腹侧的中央灰质内，由许多大型多级神经元组成，其纤维走向腹侧，经过红核，穿过大脑脚间窝，在大脑后动脉和小脑上动脉之间迁出，与后交通动脉伴行，经蝶鞍两旁海绵窦侧壁，从眶上裂入眶，支配提上睑肌、上直肌、下直肌、内直肌、下斜肌、瞳孔括约肌和睫状肌（图6-26）。动眼神经副交感纤维由中脑埃-魏（Edinger-Westphal）核发出，终于眶内睫状神经节，节后纤维抵达瞳孔括约肌和睫状肌，分别负责瞳孔缩小和晶状体变凸。

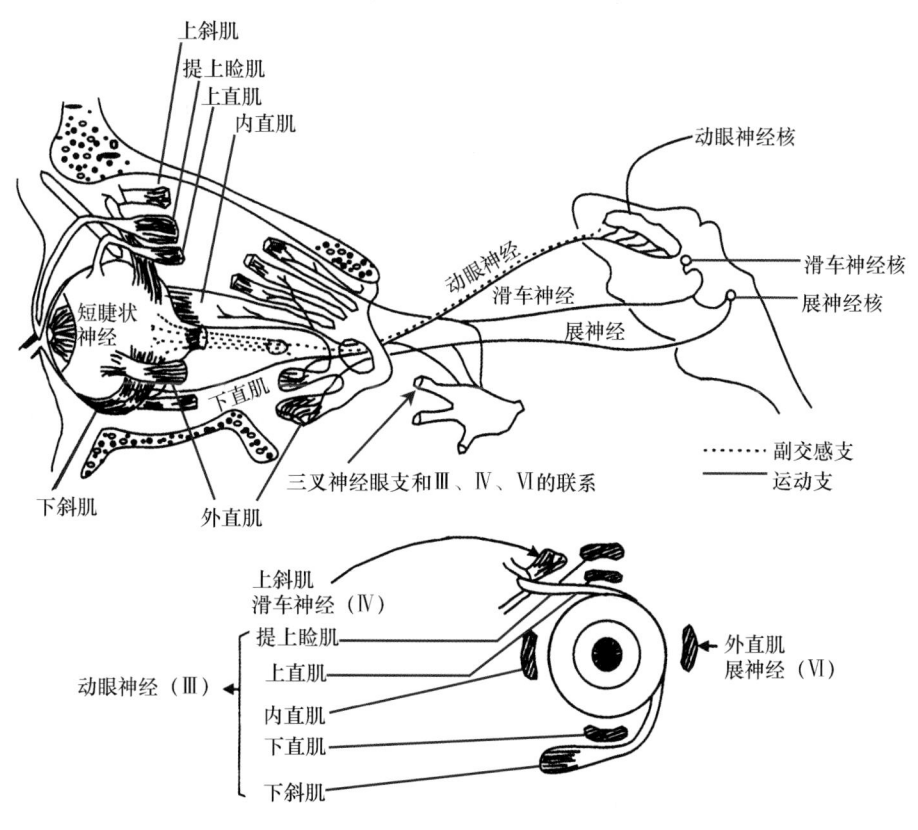

图 6-26 动眼、滑车及展神经的径路

2. 滑车神经 起自中脑下丘水平动眼神经核下端的滑车神经核，其纤维走向背侧顶盖，在顶盖与前髓帆交界处交叉后穿出，由后向前绕过中脑，穿入海绵窦，与动眼神经伴行，经眶上裂进入眶内，分布于上斜肌（图6-26）。

3. 展神经 展神经核位于脑桥中部菱形窝面神经丘的深面，其纤维贯通脑桥腹侧，从桥延沟穿出，向前上方走行，越颞骨岩尖及鞍旁海绵窦外侧壁，经眶上裂进入眶内，分布于外直肌（图6-26）。

在眼外肌中只有外直肌和内直肌呈单一水平运动，其他肌肉均有几个方向的运动功能，既可相互协同，又可相互抵消，以完成某一方向的运动。如上斜肌、下斜肌协助外直肌外展时，向上同向下力量、内旋同外旋力量正好抵消。又如眼球向上运动时，上直肌、下斜肌同时收缩，内收同外展、内旋同外旋力量正好抵消（图6-27）。

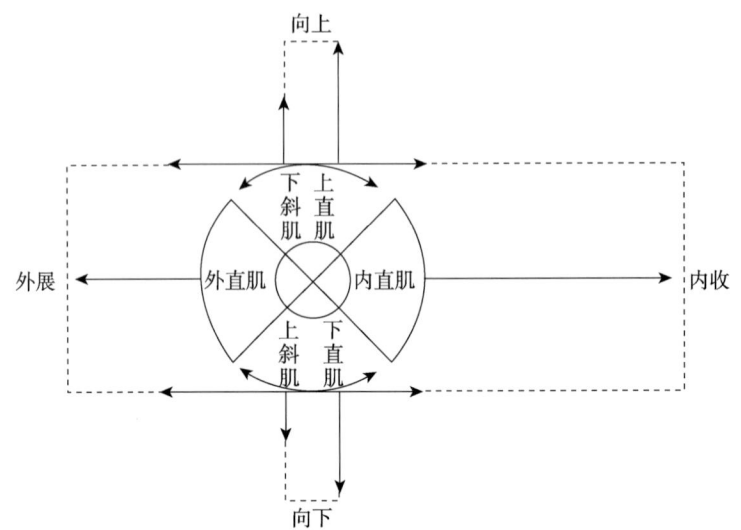

图6-27 各眼外肌的运动方向分解图

（二）动眼、滑车和展神经损害的表现和定位诊断

1. 眼肌麻痹 可由周围性、核性、核间性与核上性损害引起。如眼肌麻痹仅限于眼外肌而瞳孔括约肌功能正常，称眼外肌麻痹，相反则称眼内肌麻痹。如眼内和眼外肌全部麻痹，称全眼肌麻痹。

（1）周围性眼肌麻痹

1）动眼神经麻痹：上睑下垂，外斜视，向上、下、内方向运动受限并复视，瞳孔散大，对光反射及调节反射消失。见于颅底部病变如动脉瘤、肿瘤和炎症等。

2）滑车神经麻痹：患侧眼球向外下方活动受限，仅在下楼梯或向下看时出现复视。多合并动眼神经麻痹，单独滑车神经麻痹少见。

3）展神经麻痹：患侧眼球呈内斜位，外展运动不能或受限，向外注视有复视。见于鼻咽癌颅底转移、海绵窦血栓、脑桥小脑角肿瘤、糖尿病或颅内压高时。

动眼、滑车及展神经合并麻痹多见，表现为眼球固定于中间位，各方向活动不能，瞳孔散大，对光及调节反射消失。

（2）核性眼肌麻痹：动眼神经核较为分散，病变时可选择性地损害部分眼肌功能，而其他眼肌不受影响，呈分离性眼肌麻痹。展神经核受损时，常累及面神经和锥体束，产生同侧展神经、面神经及对侧肢体交叉性瘫痪。核性眼肌麻痹见于脑干的血管病、肿瘤和炎症。

（3）核间性眼肌麻痹：是脑桥侧视中枢与其联系纤维内侧纵束病变所致。内侧纵束连接一侧动眼神经内直肌核与对侧展神经核，使眼球水平同向运动。

1）前核间性眼肌麻痹：水平注视时，①患侧眼球不能内收，②对侧眼球外展正常或外展不全伴有眼震，③辐辏运动正常。前核间性眼肌麻痹可限于一侧或两侧，病变在脑桥侧视中枢与动眼神经核之间。

2）后核间性眼肌麻痹：水平注视时，①患侧眼球不能外展，②双侧眼球内收正常，③刺激前庭时可出现正常外展动作，④双眼辐辏功能正常。病变在脑桥侧视中枢与展神经核之间。

3）一个半综合征：一侧脑桥被盖部病变使该侧侧视中枢受损，若病变同时累及对侧已交叉过来的内侧纵束，可出现一个半综合征（one and a half syndrome），表现为病侧眼球在水平注视时既不能外展也不能内收，对侧眼球向病变侧水平注视时不能内收，但可以外展且有水平性眼震。

（4）核上性眼肌麻痹：也称中枢性眼肌麻痹。主要表现为双侧眼球联合运动障碍，产生两眼同向偏斜，具有以下三个特点：①无复视；②双眼同时受累；③麻痹眼肌的反射性运动仍保存，虽不能将两眼向一侧凝视，但该侧突然出现声音时，两眼可转向该侧。

1）眼球水平同向运动受皮质侧视中枢（额中回后部）和脑桥侧视中枢（展神经核附近）的支配。一侧皮质侧视中枢刺激性病变（癫痫）时，两眼向对侧偏斜；破坏性病灶（卒中）则向同侧偏斜。脑桥侧视中枢支配两眼向同侧注视，并受对侧皮质侧视中枢来的纤维控制，故破坏性病变引起两眼向健侧（对侧）注视，方向关系同皮质中枢相反（图6-28）。

2）眼球垂直同向运动受中脑背侧上丘的支配。上丘的上半负责眼球的向上运动，上丘的下半负责眼球的向下运动。上丘上半破坏性病变时两眼向上同向运动障碍，称 Parinaud 综合征；上丘上半刺激性病变时眼球发作性转向上方，称动眼危象。上丘下半损害时可引起向下注视障碍。

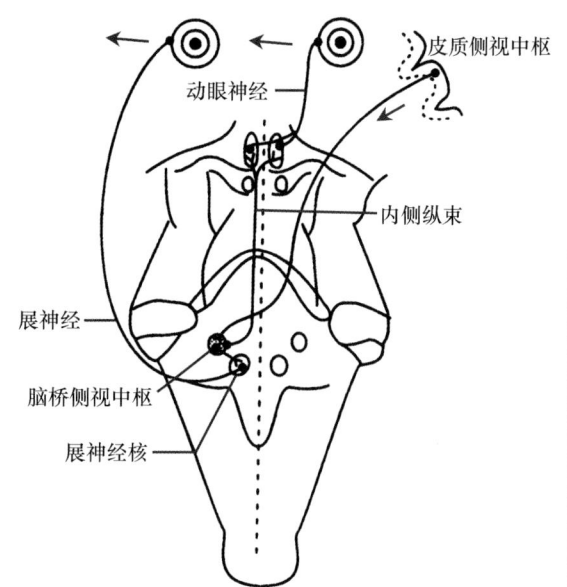

图6-28　两眼水平同向运动的神经支配

2. 复视　两眼注视同一物体时产生两个影像谓之复视，常见于眼外肌麻痹时。健侧眼视物为真像（实像），麻痹侧眼视物为假像（虚像）。复视成像的规律是：当眼球上直肌麻痹时，眼球向下移位，虚像位于实像之上。外直肌麻痹时，眼球偏向内侧，虚像位于实像的外侧。内直肌麻痹时眼球偏向外侧，虚像位于实像内侧。单眼复视为单眼注视一物体时出现的复视，见于癔症或眼部疾病等。

3. 瞳孔大小及反射异常　瞳孔的大小是由动眼神经的副交感纤维（支配瞳孔括约肌，使瞳孔缩小）和颈上交感神经节发出的交感纤维（支配瞳孔开大肌，使瞳孔散大）调节。受损后分别引起瞳孔散大或瞳孔缩小。普通光线下瞳孔正常直径为3～4 mm，小于2 mm为瞳孔缩小，大于5 mm为瞳孔散大。

（1）瞳孔散大：双侧瞳孔散大主要由副交感神经损害引起，还可见于颠茄类药物中毒、癫痫大发作后或深昏迷时。一侧瞳孔散大常见于颅底动脉瘤。幕上一侧半球出血、脑肿瘤等颅内压增高所致的天幕疝压迫动眼神经时也可出现单侧瞳孔散大。脑膜炎和糖尿病等也可出现一侧瞳孔散大。

（2）瞳孔缩小：双侧瞳孔缩小主要为交感神经损害所致，见于镇静安眠药、氯丙嗪、有机磷农药中毒时，瞳孔针尖样缩小见于吗啡类药物中毒或脑桥病变。一侧瞳孔缩小，若伴有同侧眼裂变小、眼球内陷和面部少汗则为 Horner 综合征。可因同侧脑干、C_8～T_1的脊髓侧角及颈交感神经干通路上的交感神经麻痹所致，亦可见于肺尖部的病变（图6-29）。

（3）瞳孔对光反射异常：光线刺激瞳孔引起的缩瞳反射，称为对光反射。其传导径路为：视网膜→视神经→中脑顶盖前区→双侧埃-魏核→双侧动眼神经→睫状神经节→节后纤维→瞳孔括约肌。这一径路上任何一处损害均可引起对光反射丧失和瞳孔散大。应当注意的是，枕叶视中枢、视辐射、外侧膝状体损害引起的中枢性失明，对光反射不丧失，瞳孔也不散大。

（4）调节反射异常：注视近物时引起两眼会聚（内直肌收缩）和瞳孔缩小即为调节反射。传导径路可能为：视觉信息通过视觉通路到达枕叶视皮质，后者发出纤维至中脑分别与埃-魏核及双侧内直肌核联系，完成调节反射。调节反射障碍见于下面几种情况：①调节反射的缩瞳

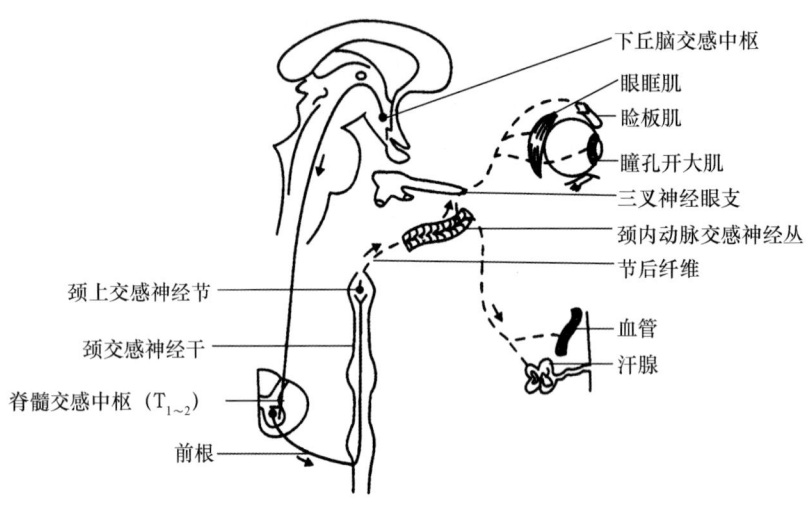

图 6-29 眼交感神经径路

反应丧失见于白喉（损伤睫状神经）、脑炎（损伤中脑）；调节反射的会聚动作不能见于帕金森综合征（由于肌强直）或中脑病变。②阿-罗（Argyll-Robertson）瞳孔为对光反射消失，调节反射存在，多见于神经梅毒，这是由于光反射径路在中脑顶盖前区受损所致。

四、三叉神经

（一）解剖生理

三叉神经是一混合神经，含有较小的运动根和较大的感觉根。

1. 运动　起自脑桥三叉神经运动核的运动纤维，经卵圆孔出颅，融合于下颌支内，支配咀嚼肌（咬肌、颞肌、翼内肌、翼外肌）、鼓膜张肌等。运动核接受双侧皮质延髓束支配。

2. 感觉　感觉纤维起源于颞骨岩尖的半月神经节内的感觉神经元，周围支分为眼支、上颌支和下颌支，分布于头皮前部和面部皮肤以及眼、鼻、口腔内黏膜。中枢支进入脑桥，其痛、温觉纤维止于三叉神经脊束核，触觉纤维终止于感觉主核。脊束核和感觉主核的二级神经元发出纤维交叉到对侧组成三叉丘系上升，与脊髓丘脑束一起止于丘脑外侧核群中的腹后内侧核，最后从丘脑发出纤维经内囊后肢止于中央后回的下 1/3 部（图 6-30）。

（1）眼支：通过海绵窦外侧壁，经眶上裂入眼眶，分布至额顶部、上睑和鼻背部皮肤、眼

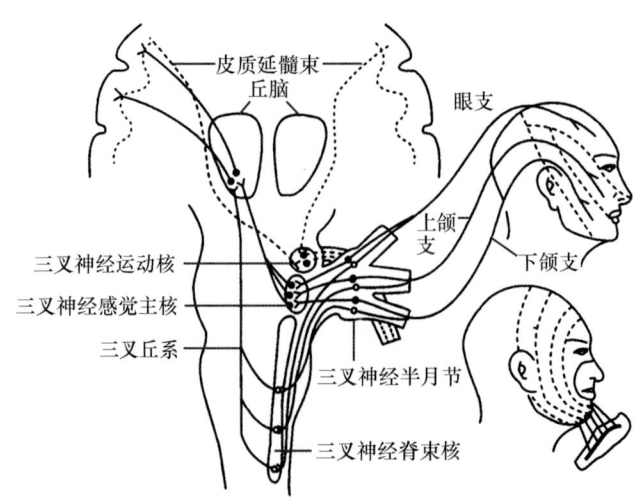

图 6-30　三叉神经的周围性和节段性支配

球、泪腺、结合膜、鼻腔上部的黏膜以及额窦，还支配小脑幕以上的硬脑膜。

角膜反射弧：角膜→三叉神经眼支→三叉神经感觉主核→两侧面神经核→面神经→眼轮匝肌。

（2）上颌支：经圆孔出颅，穿过翼腭窝，出眶下孔至面部，负责上颌牙齿、齿龈、硬腭和软腭、鼻腔下部黏膜以及眼裂与唇间皮肤感觉。

（3）下颌支：与三叉神经运动支并行，经卵圆孔出颅，负责下颌牙齿、齿龈、口腔、舌黏膜以及口唇以下和耳前皮肤感觉。

半月节之中枢支经感觉根进入脑桥。痛、温觉纤维下行，终止于三叉神经脊束核。该核甚长，自脑桥开始经延髓至第三颈髓后角。从口周来的痛、温觉纤维止于此核的上部，从耳周来的痛、温觉纤维则止于此核的下部。此核部分受损时，便产生面部的洋葱皮型分布的痛、温觉缺失而触觉保存的分离现象，与三叉神经个别周围支受损后产生的感觉障碍分布不同。

（二）三叉神经损害的表现和定位诊断

1. 核性病变　三叉神经脊束核病变时，同侧面部痛、温觉节段性丧失，触觉存在，呈洋葱皮型分布的感觉分离。三叉神经感觉主核病变时，出现轻触觉障碍，但痛、温觉保存的感觉分离现象。

2. 周围性病变　一侧三叉神经病变引起同侧面部皮肤、角膜、结合膜以及鼻、口、舌黏膜各种感觉丧失。角膜及下颌反射抑制或消失。患侧咀嚼肌瘫痪和萎缩而产生咬合无力，张口时下颌向患侧偏斜。

五、面神经

（一）解剖生理

1. 运动　从脑桥被盖部腹侧之面神经核发出纤维，向后绕过展神经核（内膝），向下向前于脑桥下缘听神经旁穿出。穿越蛛网膜下腔，在听神经上方入内耳孔，再经面神经管下行，转弯处（外膝）横过膝状神经节，最后由茎乳孔出颅，支配除咀嚼肌和提上睑肌以外的面肌、镫骨肌、耳部肌、枕肌、颈阔肌等（图6-31）。支配眼裂以上面肌的神经元接受双侧皮质延髓束控制，支配眼裂以下面肌的神经元只接受对侧皮质延髓束控制（图6-32）。

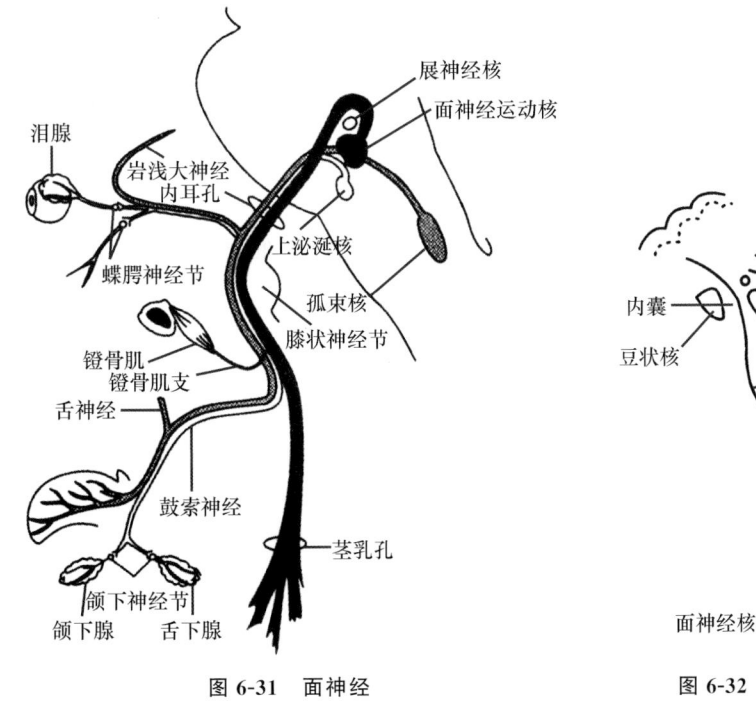

图6-31　面神经

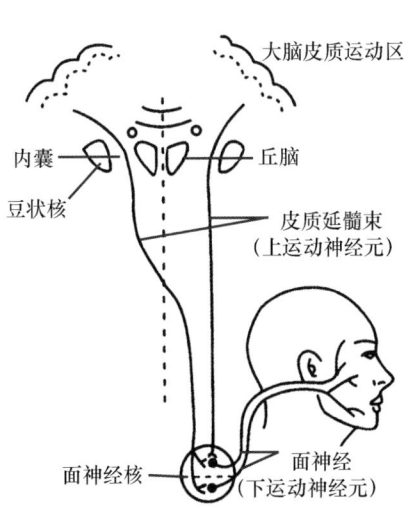

图6-32　面神经的中枢支配

2. 感觉 味觉纤维起自面神经管内膝状神经节，周围支沿面神经径路下行，在面神经管内，离开面神经向前方行走，形成鼓索，参加到舌神经中，终止于舌前2/3的味蕾。中枢支形成面神经的中间支入脑桥后，与舌咽神经的味觉纤维一起，终止于孤束核，再发出纤维经丘脑至中央后回下部。

3. 副交感纤维 起于脑桥的上泌涎核，经中间神经、舌神经，至颌下神经节，节后纤维支配颌下腺、舌下腺的分泌，泪腺分泌纤维则取道岩浅大神经。

（二）面神经损害的表现和定位诊断

1. 中枢性面瘫 即核上损害，表现为对侧眼裂以下面肌麻痹，额肌及眼轮匝肌不受累，随意动作虽消失而哭笑等动作仍保留，常合并同侧偏瘫及中枢性舌下神经麻痹。见于中央前回下部或皮质延髓束一侧性损害，多为卒中或脑瘤等。

2. 周围性面瘫 即核及核下性损害，表现为患侧额纹变浅或消失、鼻唇沟变浅、口角下垂和（或）偏向健侧，皱额、蹙眉、闭眼、示齿、吹哨、鼓腮等动作不能，见于面神经炎等。周围性面瘫时，可结合附加症状确定病变的具体部位：

（1）核性：①伴同侧展神经麻痹，对侧锥体束征，即所谓 Millard-Gubler 综合征，病变在脑桥。②伴两眼不能向病侧同向运动，对侧偏瘫和偏身感觉障碍（锥体束和内侧丘系受损），称 Foville 综合征，多见于脑桥梗死。

（2）核下性：①伴同侧或对侧的其他脑神经如第Ⅴ、Ⅵ、Ⅷ、Ⅸ、Ⅹ、Ⅺ、Ⅻ对脑神经损害时，提示病变在脑底。②伴舌前2/3味觉丧失、唾液分泌缺失时，病变在面神经管内鼓索。③伴耳鼓膜与耳壳后部带状疱疹时，见于膝状神经节带状疱疹病毒感染，又称 Hunt 综合征。④伴听觉过敏时，病变多在镫骨神经以上。

六、前庭蜗神经

前庭蜗神经是感觉神经，由蜗神经和前庭神经组成。

（一）蜗神经

1. 解剖生理 发自内耳螺旋神经节之双极细胞，周围支终止于螺旋器的毛细胞，中枢支入内听道后聚成蜗神经，在脑桥尾端止于蜗神经前后核，再发出纤维于同侧及对侧上行，称外侧丘系，终于四叠体的下丘及内侧膝状体，由此发出纤维经内囊、听辐射止于颞横回皮质听觉中枢（图6-33）。

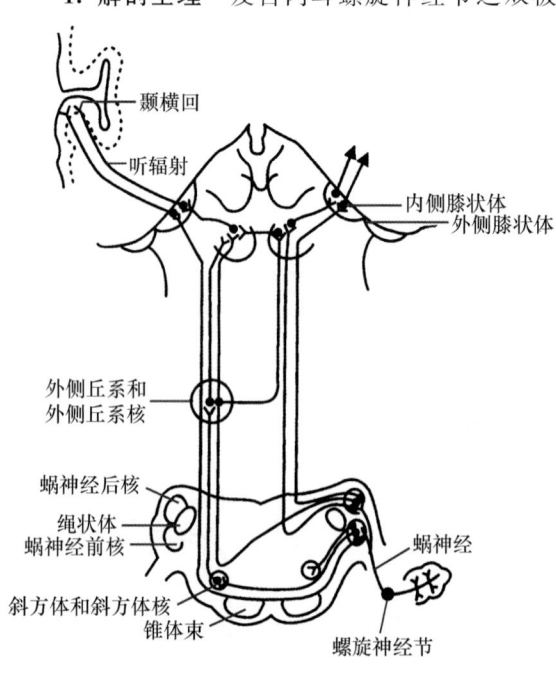

图6-33 蜗神经的中枢径路

2. 蜗神经损害的表现和定位诊断

（1）耳聋

1）核上性损害：听觉沿脑干两侧外侧丘系传导，每侧的外侧丘系都有来自双耳的传入纤维。所以，一侧听觉障碍只发生在内耳、中耳、耳蜗神经及其核性病变时；而一侧外侧丘系、皮质下中枢和皮质听觉中枢及内囊病变，均不发生明显的听觉障碍，听觉刺激均能沿着未受损害的一侧传向大脑皮质。

2）核性损害：为脑干听觉核性病变，有听力障碍，同时也出现其他神经核及长束症状，见于脑干血管病及肿瘤。

3）核下损害：为内耳听觉感受器及其传导纤维损害引起。神经性耳聋时听力下降，Rinne试验气导＞骨导，但均缩短，Weber试验音响偏向健侧，见于药物中毒、听神经瘤、脑膜炎等。传导性耳聋时听力下降，Rinne试验骨导＞气导，Weber试验音响偏向患侧，见于外耳道闭塞、疖肿、中耳炎等。

一侧颞叶听皮质病变，因听觉纤维传到两侧颞叶皮质，仅有轻度听觉迟钝，无定位意义。如两侧颞叶听中枢均发生病变可引起双侧耳聋，但这种情况极为罕见。脑干病变多为一侧耳聋，因蜗神经进入脑干的纤维分散，程度一般较轻。如病变累及一侧蜗神经核，并波及对侧交叉纤维，亦可发生两侧性耳聋。

(2) 耳鸣：是无外界声音刺激而患者主观听到持续性声响，系感音器或其传导径路的病理刺激引起。低调性耳鸣表现为嗡嗡之声，与神经系统疾患关系不大，大多为外耳道、中耳部病变。高调性耳鸣表现为吹口哨音或蝉鸣音，多见于某些神经系统疾病的早期。

(二) 前庭神经

1. 解剖生理 纤维起自内耳前庭神经节的双极细胞，周围支分布于半规管的壶腹、椭圆囊和球囊的毛细胞，中枢支聚成前庭神经，与蜗神经同行入颅腔，止于脑干的前庭神经核群（内侧核、外侧核、上核和脊髓核），一小部分纤维经小脑下脚（绳状体）终止于绒球及小结。前庭神经外侧核纤维组成前庭脊髓束，终止于同侧脊髓前角细胞，调节身体平衡运动。其他的前庭神经核纤维加入内侧纵束，与第Ⅲ、Ⅳ、Ⅵ对脑神经和上颈髓建立联系，反射性地调节眼球和颈肌活动（图 6-34）。

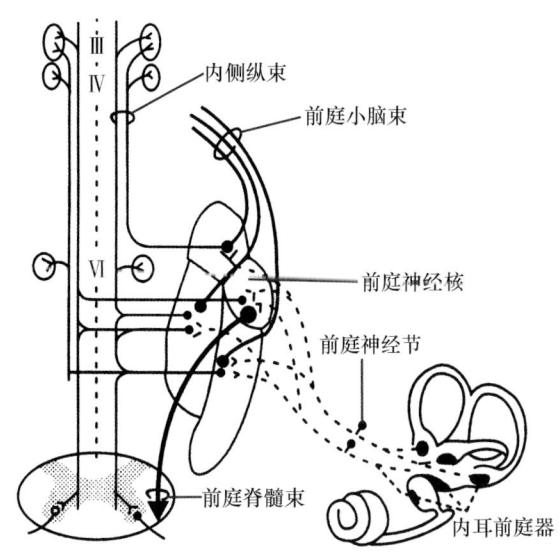

图 6-34 前庭神经与第Ⅲ、Ⅳ、Ⅵ对脑神经及上颈髓的联系

2. 前庭神经损害的表现和定位诊断 主要症状是眩晕、眼球震颤（简称眼震）和平衡失调。内耳急性损害时听觉和前庭症状可同时发生，脑干病变的眩晕很少合并听力障碍（蜗神经和前庭神经入脑干后彼此分开）。

(1) 眩晕：患者感觉外物旋转或自身旋转，常伴恶心、呕吐。

1）核上性病变：主要见于两种情况：①大脑皮质颞叶、顶叶病变影响前庭功能时，产生眩晕，但一般无眼震，可伴有皮质病变的其他症状。②小脑病变，尤其是小脑与前庭通路破坏时，也可产生眩晕，一般伴有眼震和小脑症状。

2）核性病变：脑干前庭神经核病变时产生头晕，伴有眼震，旋转或垂直性眼震最具特征性，无听力障碍，构成所谓的"前庭耳蜗分离现象"。

3）核下病变：为前庭感受器及其传导纤维的病变，起病突然，有眩晕、恶心、呕吐、眼震和肢体倾斜。眼震多为水平性,如为破坏性病灶,慢相在病灶侧,快相在健侧,刺激性病灶快相和慢相则相反。

(2) 平衡障碍:表现为指鼻试验不准,步态摇晃不稳,行走时向患侧偏斜,Romberg 征阳性等。

(3) 眼球震颤:指眼球自发性或诱发性地、上下左右或转动性地摆动和振荡,构成水平、垂直、旋转或混合性眼震。眼球向各个方向动作速度多不相等,故有快相和慢相之分,一般以快相作为眼震的方向。急性迷路病变时(炎症、出血),眼震常呈旋转性,快相向健侧,前庭中枢性病变时眼震方向不一,快相多向注视侧。脑桥被盖部病变时常发生垂直性眼震,有一定的诊断特异性。

七、舌咽和迷走神经

(一) 解剖生理

1. 舌咽神经 起自延髓,其纤维构成 1~3 个支,与迷走神经伴行,由颈静脉孔出颅(图 6-35)。

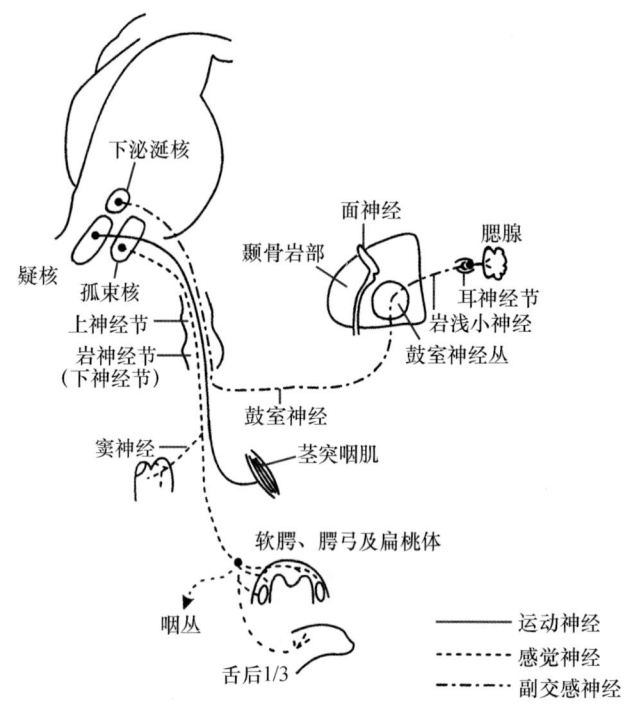

图 6-35 舌咽神经的分布

(1) 运动纤维:起自疑核,支配茎咽肌,使软腭上提。

(2) 感觉纤维:起自上神经节及岩神经节。周围支分布于:①舌后 1/3 的味蕾,传导味觉;②咽部、软腭、舌后 1/3、扁桃体、两侧腭弓、耳咽管、鼓室,负责黏膜感觉;③颈动脉窦和颈动脉体,即窦神经,与呼吸、脉搏、血压的调节反射有关。中枢支止于延髓的孤束核。

(3) 副交感纤维:起自下泌涎核,经鼓室神经和岩浅小神经,止于耳神经节,节后纤维支配腮腺的分泌。

2. 迷走神经 是一对行程最长、分布最广的混合神经(图 6-36)。

(1) 运动纤维:起自疑核的纤维,经颈静脉孔出颅,支配软腭和咽部的肌肉。起自迷走神经背核的纤维,分布于胸腹腔诸脏器,发挥其副交感功能。

(2) 感觉纤维:躯体传入纤维数量最少,胞体位于颈静脉孔内的颈静脉神经节(上神经节),周围突分布于颅后窝的硬脑膜、耳郭及外耳道皮肤,中枢突止于三叉神经脊束核。内脏传入纤维胞体位于颈静脉孔下方的结状神经节(下神经节),周围突分布于颈、胸和腹腔脏器,

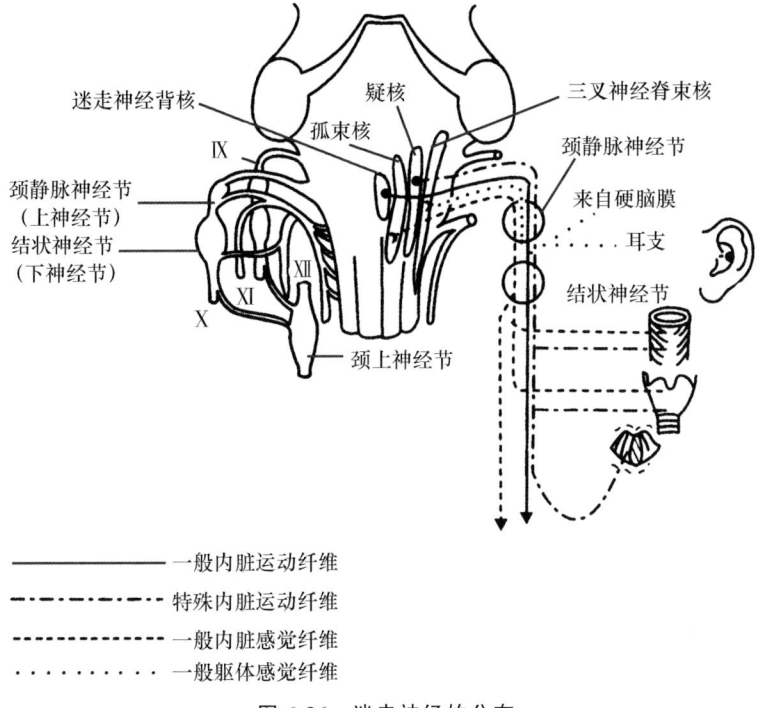

图 6-36 迷走神经的分布

中枢突止于孤束核。

舌咽、迷走神经彼此邻近，共同起始于疑核和孤束核，临床上常同时检查。

(二) 舌咽和迷走神经损害的表现和定位诊断

舌咽和迷走神经同时受累时有声音嘶哑和吞咽困难。临床多见一侧舌咽、迷走神经麻痹，检查时瘫痪侧软腭弓较低，嘱患者发"啊"音时，患侧软腭上抬受限，腭垂（悬雍垂）向健侧偏斜，患侧咽部感觉和反射消失（图 6-37）。

舌咽神经单独损害时表现为舌后 1/3 的味觉减退和丧失，伴咽反射减低或丧失，并有轻度吞咽困难。舌咽神经刺激性病变时可出现舌咽神经痛。

图 6-37 右侧舌咽、迷走神经麻痹

一侧迷走神经麻痹时出现同侧声带麻痹、声音嘶哑、病侧软腭下垂，张口时咽后壁移向健侧，常伴有心动过速等心律失常。两侧迷走神经麻痹时多很快死亡。

舌咽或迷走神经单独损害而无长束受损体征，提示脑干外神经根病变。一侧皮质延髓束损害不引起舌咽、迷走神经麻痹，只有双侧损害时才引起症状，称假性延髓性麻痹。

八、副神经

(一) 解剖生理

副神经分延髓支和脊髓支。延髓支起自疑核，纤维出脑后与迷走神经同行，经颈静脉孔出颅，返回至迷走神经，构成喉返神经，支配声带。脊髓支起自颈髓第 1~5 节前柱的外侧群细胞，经枕骨大孔入颅，与发自疑核的延髓支结合，穿颈静脉孔离开颅腔，分布于胸锁乳突肌（负责头转向对侧）和斜方肌上部（负责耸肩动作）（图 6-38）。

(二) 副神经损害的表现和定位诊断

副神经受两侧皮质延髓束支配，故一侧皮质延髓束损害，不出现副神经病变的症状，须在临床上注意。一侧副神经周围性麻痹时，患侧肩部下垂，胸锁乳突肌力弱，继之萎缩，转颈

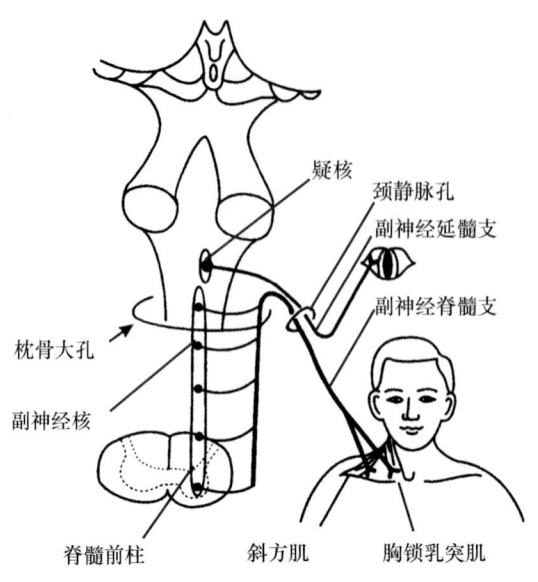

图 6-38 副神经的支配

(向对侧)和耸肩(同侧)无力。双侧麻痹时,除上述症状出现在两侧外,头处于前屈位。斜方肌麻痹往往不明显,因为斜方肌的上部受副神经支配,下部由 $C_{3\sim 4}$ 颈髓支配,故仅有斜方肌上半部麻痹,肩向下外方移位。颅后窝病变时,副神经常与迷走神经和舌咽神经同时受损(颈静脉孔综合征)。

九、舌下神经

(一)解剖生理

起自舌下神经核,纤维从延髓的锥体与橄榄体之间穿出,联合成为一个总干后从舌下神经管出颅,支配舌肌。舌伸出时主要由颏舌肌动作,回缩主要是舌骨舌肌的作用。舌下神经只接受对侧皮质延髓束支配。

(二)舌下神经损害的表现和定位诊断

一侧舌下神经麻痹时伸舌偏向病侧,两侧麻痹则伸舌动作不能或受限。周围性舌下神经麻痹可有舌肌萎缩。舌下神经核变性时,如运动神经元病,可有肌束颤动。中枢性舌下神经麻痹无舌肌萎缩,常伴偏瘫,多为脑血管病。

第三节 周围神经损害的表现和定位

(一)解剖生理

周围神经(peripheral nerve)是指位于脊髓和脑干的软膜外的所有神经结构,即除嗅、视神经以外的所有脑神经和脊神经。其中与脑相连的神经为脑神经(cranial nerve),与脊髓相连的神经为脊神经。

每对脊神经借前根和后根连于一个脊髓节段。前根属运动纤维,后根属感觉纤维,因此脊神经为混合神经,一般含有躯体感觉纤维、躯体运动纤维、内脏传入纤维和内脏运动纤维 4 种成分。31 对脊神经可分为 5 部分:8 对颈神经,12 对胸神经,5 对腰神经,5 对骶神经和 1 对尾神经。前根和后根在椎间孔处合成脊神经,每条脊神经在出椎间孔后立即分为前支、后支、脊膜支和交通支。前支互相交织形成 5 个神经丛,即颈丛($C_{1\sim 4}$)、臂丛($C_5\sim T_1$)、腰丛($L_{1\sim 4}$)、骶丛($L_5\sim S_4$)和尾丛($S_5\sim Co$),由各丛再发出分支分布于躯干前外侧和四肢的肌肉和皮肤，负责肌肉运动和皮肤感觉。后支分成肌支和皮支，肌支分布于项、背和腰骶部深层肌肉，负责肌肉运动，皮支分布于枕、项、背、腰、骶及臀部皮肤，负责皮肤感觉。脊膜支分布于脊髓被膜、血管壁、骨膜、韧带和椎间盘等处，负责一般感觉和内脏运动。交通支是连于脊神经与交感干之间的细支。

脊神经出椎间孔后分为前支和后支，前支互相交织成5个神经丛，再从各神经丛发出分支支配躯干及四肢肌肉。因此，各肌肉总是获得几个根的支配，而非来自一个根。因此，肌肉的运动支配也有节段型和周围型神经支配的区别（图6-39）。

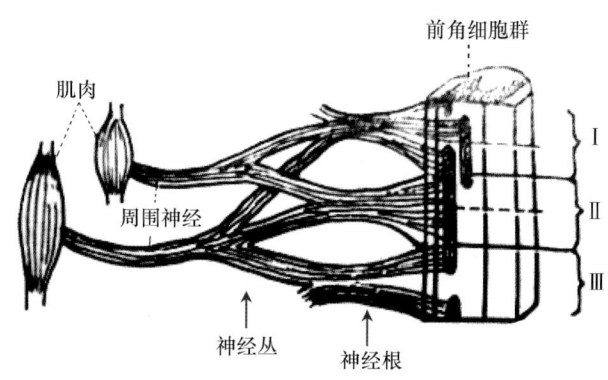

图6-39　肌肉的节段型和周围型支配

脊髓前角细胞及其发出的神经轴突，接受锥体束、锥体外系和小脑系统的冲动，经前根、周围神经传递至运动终板，引起肌肉收缩。每个前角细胞支配50～200个肌纤维。每个运动神经元和它所支配的同一组化类型（Ⅰ型或Ⅱ型）的一组肌纤维，称为一个运动单位，它是执行运动功能的基本单元。而锥体束、锥体外系和小脑系统是控制、平衡和协调肌肉活动的中枢神经结构。

在脑神经、脊神经和内脏神经中，各自都含有感觉和运动成分。感觉传入神经由脊神经后根、后根神经节和脑神经的神经节构成，将皮肤、关节、肌腱和内脏神经的冲动由感受器传向中枢神经系统；运动传出神经由脊髓前角和侧角发出的脊神经前根和脑干运动核发出的脑神经构成，将神经冲动由中枢神经系统传出到周围的效应器。

由于内脏神经的传出部分专门支配不直接受意识控制的平滑肌、心肌和腺体的运动，故又将内脏传出神经称为自主神经（autonomic never）。自主神经又根据形态和功能分为交感神经（sympathetic never）和副交感神经（parasympathetic never）。脑神经前文已述，本节讨论脊神经的感觉、运动定位及周围自主神经损害的定位。

（二）周围神经损害的表现和定位诊断

周围神经损害时，可以表现出感觉障碍、运动障碍、自主神经和反射异常。反射异常将在下节介绍，本节介绍周围性感觉障碍、周围性运动障碍和周围性自主神经损害的定位诊断。

1. 周围性感觉障碍

（1）末梢型感觉障碍：表现为四肢对称性的末端各种感觉障碍（温、痛、触觉和各种深感觉），呈手套-袜套样分布，远端重于近端，常伴有自主神经功能障碍，见于多发性神经病等。

（2）神经干型感觉障碍：神经干型感觉障碍表现为受损的某一神经干分布区内各种感觉均减退和消失，如桡神经麻痹、尺神经麻痹、腓总神经损伤和股外侧皮神经炎等单神经病。

（3）神经丛型感觉障碍：神经丛含有运动纤维和感觉纤维，病变时常累及一个肢体的多数周围神经，引起迟缓性瘫痪、感觉障碍及自主神经功能障碍，可伴有疼痛。

（4）后根型感觉障碍：脊神经后根可因压迫、炎症而产生刺激性症状，表现为根痛，大致按神经根的分布扩散。如病变在胸根，典型症状是"束带样痛"。根痛在咳嗽或喷嚏时加重，常见于脊髓髓外肿瘤、椎间盘脱出等。后根型感觉障碍为单侧节段性感觉障碍，感觉障碍的范围和神经根分布一致。常伴有剧烈的放射性疼痛（神经痛），如腰间盘脱出、髓外肿瘤等。

2. 周围性运动障碍 周围性运动障碍是由于下运动神经元径路损害引起的肌肉瘫痪，称为下运动神经元瘫痪或周围性瘫痪。其特点为瘫痪肌肉张力低，呈弛缓性，肌肉有萎缩，腱反射减弱或消失，无病理征。下运动神经元瘫痪时，各部位损害的病变特点如下。

（1）前角细胞：引起弛缓性瘫痪，呈节段型分布，无感觉障碍。如 C_5 前角损害引起三角肌萎缩，$C_8 \sim T_1$ 损害引起手部小肌肉萎缩，L_3 损害时股四头肌萎缩，L_5 损害时踝关节和足部背屈不能。急性起病者多见于脊髓前角灰质炎，慢性者因部分未死亡的前角细胞受到病变刺激出现肉眼可见的肌束颤动或肉眼不能识别而只能在肌电图上显示的肌纤维颤动，但二者均不发生运动效果，见于肌萎缩侧索硬化。

（2）前根：瘫痪分布呈节段型，多见于髓外肿瘤的压迫、脊膜的炎症或椎骨病变，后根常同时受累，而出现根性疼痛和节段型感觉障碍。

（3）神经丛：引起某一肢体的多数周围神经瘫痪、感觉障碍和自主神经功能障碍，见于周围神经脱髓鞘、外伤、肿瘤压迫等。

（4）神经干：受损时其所支配的肌肉发生瘫痪，它所影响的范围比神经丛小。如桡神经损害，只引起肱三头肌、肱桡肌和指伸肌群的瘫痪，形成腕下垂。

（5）神经末梢：神经末梢的感觉纤维分布与运动纤维一致，神经末梢病变可同时出现受累部位的运动及感觉障碍，如多发性神经炎可出现四肢远端对称性弛缓性瘫痪，伴肌萎缩及手套-袜套型感觉障碍。

（6）神经肌肉接头：突触前膜、突触间隙及突触后膜的病变影响了乙酰胆碱功能而导致运动冲动的电-化学传递障碍，导致骨骼肌运动障碍。特征为波动性肌无力和易疲劳，活动后加重。见于重症肌无力等。

（7）上、下运动神经元瘫痪的鉴别诊断（表6-1）

表 6-1　上运动神经元瘫痪和下运动神经元瘫痪的比较

特点	上运动神经元瘫痪（中枢性瘫痪）	下运动神经元瘫痪（周围性瘫痪）
瘫痪分布	整个肢体为主（单瘫、偏瘫、截瘫）	肌群为主
肌张力	增高，呈痉挛性瘫痪	降低，呈弛缓性瘫痪
腱反射	增强	减低或消失
病理反射	有	无
肌萎缩	无或轻度废用性萎缩	明显
肌束性颤动	无	可有
肌电图	神经传导正常，无失神经电位	神经传导异常，有失神经电位

3. 周围自主神经损害的表现和定位诊断 自主神经功能紊乱也称植物神经功能紊乱，交感神经系统损害可表现为副交感神经功能亢进的症状，而副交感神经损害可表现为交感神经功能亢进的症状。

（1）交感神经损害：出现副交感神经功能亢进的症状，表现为瞳孔缩小、唾液分泌增加、心率减慢、血管扩张、血压降低、胃肠蠕动和消化腺分泌增加，以及肝糖原储存增加以增加吸收功能，膀胱与直肠收缩促进废物的排出。可见于任何导致交感神经功能降低或副交感神经功能亢进的疾病。

（2）副交感神经损害：出现交感神经功能亢进的症状，表现为瞳孔散大、眼裂增宽、眼球突出、心率加快、内脏和皮肤血管收缩、血压升高、呼吸加快、支气管扩张、胃肠蠕动和分泌功能受抑制、血糖升高及周围血容量增加等。可见于任何导致副交感神经功能降低或交感神经功能亢进的疾病。

第四节　反射异常的定位

反射（reflex）是对刺激的非自主反应。反射弧包括了中枢和周围神经系统两部分，在功能上协同发挥作用。

（一）解剖生理

反射的结构基础是反射弧，包括：①感受器；②传入神经元（即感觉神经元）；③中间联络神经元；④传出神经元（脊髓前角或脑干的运动神经元）；⑤效应器。反射弧任何一点的中断可造成反射丧失，神经性休克可使反射暂时受到抑制。每个反射弧通过固定的脊髓节段及周围神经，故临床上根据反射的改变判断损害部位。对反射的灵敏度因人而异，一定范围内的增强或减弱并不表示病理情况，但如双侧或上下肢比较后有差别常有重要临床意义。

反射分为：①深反射（腱反射或肌肉牵张反射），即肌肉受突然牵引后的急速收缩反应，其特点是反射弧由感觉神经元和运动神经元直接连接而成。②浅反射（皮肤及黏膜反射），为刺激皮肤、角膜、黏膜引起的肌肉急速收缩反应。角膜反射和咽反射已在脑神经一节中讨论。此处的浅反射主要指腹壁反射、提睾反射、跖反射、肛门反射等。浅反射的反射弧除脊髓节段性的反射弧外，还有冲动沿脊髓上升达中央后回和中央前回，下降的通路经由锥体束至脊髓前角细胞。③病理反射，指在锥体束损害时才出现的异常反射，是一种原始反射的释放，但在1岁以下婴儿则为正常的原始保护反射。

（二）反射异常的定位诊断

1. 深反射减弱或消失　这是下运动神经元或肌肉病变的重要体征。见于周围神经、脊髓前后根、后根节、脊髓前后角和脊髓后索病变，亦见于周期性麻痹和重症肌无力等，还可见于深昏迷、深麻醉、深睡眠、镇静药过量。

2. 深反射增强　锥体束对深反射有抑制作用。深反射增强见于反射弧未中断而锥体束受累时，是上运动神经元损害的重要体征，深反射增强常伴反射区的扩大，刺激肌腱以外区域也能引出腱反射，如叩击胫骨前面也可引起股四头肌收缩。多见于脑部病变，如血管病、肿瘤、炎症和脱髓鞘等；也常见于脊髓病变，如脊髓炎、脊髓肿瘤和脊髓空洞症等。另外，神经官能症、甲状腺功能亢进、手足搐搦症、破伤风等神经肌肉兴奋性增高也可出现深反射活跃，但无反射区的扩大。

3. 浅反射减弱或消失　上、下运动神经元瘫痪均可出现浅反射减弱或消失。昏迷、麻醉、深睡状态、1岁内婴儿也可丧失。

4. 病理反射　Babinski 征是最重要的病理反射。如本征阴性尚可用其他试验方法，如 Chaddock 征、Oppenheim 征、Gordon 征等。病理反射的阳性反应为拇指背屈，其他各指呈扇形展开。反应强烈时，髋、膝部亦屈曲或不需刺激而足趾自发地呈现本征的姿势。

Babinski 征反应强烈时，刺激下肢任何部位均可引起双侧 Babinski 征和双侧下肢的回缩（髋、膝屈曲，踝背屈），称脊髓自动症反射。反应更强烈时，可有大小便排空、举阳、射精、下肢出汗、竖毛和皮肤发红，称总体反射，见于脊髓完全的横贯性损害。

练习题 6-1

练习题 6-1
答案及解析

（苏进营）

第7章 神经系统疾病的定性诊断原则

定性诊断（etiologic diagnosis 或 qualitative diagnosis）是指确定病变的性质及病因。一旦确定病变部位，再结合起病方式、演变过程、人口学因素（性别、年龄、种族等）、危险因素等，候选定性诊断的范围就大大缩小。

神经系统疾病的定性诊断是医师在临床诊疗过程中最为关键的环节，也是患者最为关心的问题。这要求医生须精通相关的临床知识，包括疾病的起病方式、进展过程、实验室与影像学特点等。当面临复杂多样的临床特点，使我们难以进行简单和后续的分析，这就要求我们在所有疾病的分支中扩展考虑其他疾病。当然，完整的诊断信息仍然取决于完善的病史、完整的查体及合理的辅助检查，其中病史的采集和分析是最重要的环节。

（一）神经系统疾病常见的病变性质

1. 感染性　神经系统感染性疾病多呈急性或亚急性起病，于病后数日至数周达高峰，常伴有发热等全身感染的表现，血常规和脑脊液检查有炎症性改变。

2. 血管性　血管性病变分为动脉性、静脉性和血管发育畸形。脑和脊髓的动脉性血管病多突发起病，CT、MRI可确定出血性病变和缺血性病变，MRA和DSA可确定受累血管。

3. 脱髓鞘性　脱髓鞘性疾病仅存在于神经系统中，发病机制常与自身免疫有关，多为急性或亚急性起病，有多个病灶，病程特点可为缓解与复发相交替或缓慢进展。病理检查常有助于确诊。

4. 免疫性　几乎神经系统各个部位都存在免疫相关性疾病，肿瘤远隔效应所致的副肿瘤综合征也属于此类。由体液免疫或细胞免疫介导。特异性抗体、脑脊液、神经影像等有助于疾病诊断。

5. 中毒性　神经系统中毒性疾病常由各种有害物质引起神经系统损害，多有群体发病的特点，常伴有肝、肾、血液等其他系统的损害。根据接触史和现场环境调查，常可确定是哪种物质中毒。

6. 变性　神经系统变性疾病是一组迄今病因未明的慢性、进展性的神经系统退行性疾病，神经细胞凋亡是其主要病理特点。临床表现为慢性起病，缓慢进展，病情进行性加重，常选择性地侵犯神经系统的某一部分，也可呈弥散性损害。

7. 肿瘤性　分为原发性神经系统肿瘤和转移瘤。肿瘤性疾病起病多较缓慢，症状逐渐加重，多数伴有全身其他系统损害的表现，不明原因进行性消瘦是其警示症状之一。随着人口逐渐老龄化，年龄也成为肿瘤发生的危险因素。

8. 外伤性　神经系统外伤性疾病常突发起病，多有明确外伤史，神经系统受损症状即刻出现，但仍需警惕如硬膜下血肿、外伤性癫痫等外伤后迟发性损害的可能。

9. 遗传性　神经系统遗传性疾病呈慢性起病，进行性加重，多数有家族史，基因分析有助于明确诊断。

10. 先天性　神经系统先天性疾病多慢性起病，其病理过程在胎儿期已经发生，大多数患者在出生时就有症状，但有些患者在小儿及成年期才出现神经症状。随着年龄的增长，病情可逐渐达到高峰，症状明显后则有停止的趋势。

11. 代谢性和营养障碍性 此类疾病多起病缓慢,病程较长,在全身症状的基础上出现比较固定的症状。有些代谢性疾病同时也是遗传性疾病,故要询问家族史。

(二)定性诊断中需遵循的原则

在诊断过程中,我们通常需要遵循以下原则。

1. 一元论原则 通常用一种疾病解释患者的症状。只有在无法进行合理解释时,才会考虑多种疾病并存的情况。

2. 常见病原则 在诊断时首先考虑常见病,毕竟罕见病出现的概率较小。

3. 整体原则 在进行诊断时,要结合患者的全身状态、是否并存其他系统疾病等进行综合考虑,以得出完整的诊断。

4. 另外,应该高度重视疾病的发展演变性。诊断往往随疾病的发展不断完善。如后面讲到的短暂性脑缺血发作和脑梗死两种疾病,就存在着这样的关系。

(三)定性诊断的思路

正确的定性诊断源于对疾病病理性质及病因的理解。

1. 起病方式 起病急的疾病一般包括颅内感染、卒中、脑外伤等,慢性或隐袭起病则应考虑肿瘤、变性及脱髓鞘疾病、遗传性疾病等。

2. 发作方式 反复发作考虑是否为癫痫、偏头痛、周期性瘫痪等;病程中病情反复波动变化者,考虑是否为神经肌肉接头疾病或脱髓鞘疾病;病情反复缓解、复发,每况愈下,考虑是否为多发性硬化。

3. 结合患者的病史、既往史、神经定位体征及定位诊断、完善的辅助检查,可以在较短的时间内作出正确的诊断。

医学研究发展日新月异,对疾病发生机制和病理生理机制的认识也不断深入。在定性诊断时,从不同的角度出发或在病程中的不同阶段,一种疾病可能同时归类于好几种病因诊断,这时其中某种病因也许更加反映了疾病的本质。例如,动脉夹层所致的急性脑梗死(血管性)的最终病因可能是动脉肌纤维发育不良(发育性)。病理诊断有时也未必是终极定性诊断,如维生素 B_2 反应良好的肌病,病理诊断为脂质沉积性肌病(代谢性),最后发现是 *ETFDH* 基因突变(遗传性)所致。

练习题 7-1

练习题 7-1
答案及解析

作为临床医师,我们应该不断地完善自我,广泛地涉猎医学知识(包括国内外以及中西医的医学知识),充分地运用互联网,以便在医学工作中更加得心应手,让患者对我们的服务更加满意。

(徐 平 魏志杰)

第8章 脑血管病

第一节 概 述

脑血管病（cerebrovascular disease，CVD），是指各种原因导致脑血管病变或血流障碍引起的脑部疾病的总称。急性发病并迅速出现脑功能障碍的脑血管疾病称为急性脑血管病，多表现为突然发生的脑部受损征象，如意识障碍、局灶症状和体征。如症状持续超过24 h，或影像学上发现责任病灶则称为卒中（stroke），又称为脑血管意外（cerebrovascular accident），包括缺血性卒中和出血性卒中。如症状持续时间小于24 h，且影像学未发现责任病灶则称为短暂性脑缺血发作（transient ischemic attack，TIA）。因此，急性脑血管病包括卒中，但不等同于卒中。

一、流行病学

脑血管病一直以来都是人类的主要健康问题之一，是引起死亡和残疾的主要原因。根据2017年全球疾病负担研究（Global Burden of Disease Study 2017，GBD 2017）结果，脑血管病导致的死亡人数为616.7万人，占总死亡率的11%，脑血管病的死因由1990年的第5位上升到第2位，仅次于缺血性心脏病。发展中国家受脑血管病的影响较发达国家更为明显。以我国为例，2017年我国居民脑血管病死亡率为149.4/10万，占总死亡率的20.2%，是首位的致死性原因。

脑血管病发病率男性高于女性，男：女为（1.3~1.7）:1。脑血管病的发病率、患病率和死亡率随年龄增长而增加，80岁以上人群脑血管病发病率是40~49岁人群的4~6倍。脑血管病的发病与环境因素、饮食习惯和气候（纬度）等因素有关，我国卒中发病率总体分布呈现北高南低的特征。根据2013年全国调查性数据，东北地区居民的年卒中发病率为365/10万，中部地区为326/10万，西南地区为154/10万。

二、脑部血液供应及其特征

脑的血管系统大体可分为动脉系统和静脉系统。动脉系统又可分为颈动脉系统和椎-基底动脉系统，颅脑的血液供应主要来自颈前的两根颈总动脉和颈后的两根椎动脉（图8-1）。脑血管的最大特点是颅内动脉与静脉不伴行。

（一）颈动脉系统（前循环）

颈动脉系统包括颈总动脉、颈外动脉和颈内动脉及其分支（图8-2）。颈总动脉，左右各一根，分别提供一侧颅脑的供血。右侧的颈总动脉起自头臂干动脉，左侧的颈总动脉直接起自主动脉弓。双侧颈总动脉在气管两侧向上走行，在甲状软骨略上水平分为颈内动脉和颈外动脉，在颈部可以触摸到颈总动脉及其分叉部。颈外动脉分支供应头皮、颅骨、硬膜及颌面部器官，颈内动脉则向上走行穿颅骨进入颅内，分支供应垂体、眼球及大脑等。颈内动脉的主要延续性分支为大脑前动脉和大脑中动脉，此外还有眼动脉、脉络膜前动脉等。颈动脉系统主要供应大脑半球前 3/5 的血液，故又称为前循环。

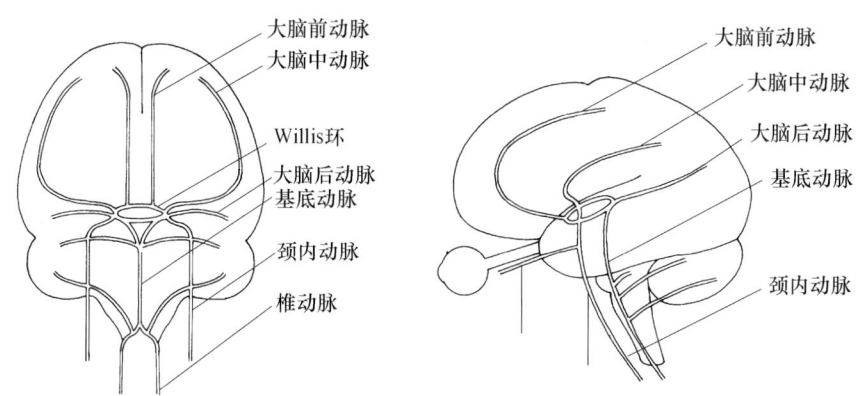

图 8-1　脑的主要供血动脉

（二）椎-基底动脉系统（后循环）

椎-基底动脉系统的主要来源血管为椎动脉，左右各一。右侧椎动脉发自头臂干动脉，左侧椎动脉发自左锁骨下动脉。椎动脉逐节穿过颈椎横突孔向上走行，至颅骨和第一颈椎之间进入颅内。两侧的椎动脉入颅后汇合形成基底动脉，在脑干的前方向上走行，至大脑半球的底部分叉为双侧的大脑后动脉。除大脑后动脉外，基底动脉和双侧的椎动脉入颅后还分出小脑上动脉、小脑前下动脉和小脑后下动脉等诸多细小动脉供应脑干和小脑。椎-基底动脉系统主要供应大脑半球后 2/5 以及脑干和小脑的血液，故又称为后循环。

（三）Willis 环（脑底动脉环）

位于脑底面下方、蝶鞍上方，下视丘及第三脑室下方，灰结节、垂体柄和乳头体周围，由前交通动脉、两侧大脑前动脉始段、两侧颈内动脉末段、两侧后交通动脉和两侧大脑后动脉始段吻合而成（图 8-3）。将颈内动脉和椎-基底动脉相互联系，继而将前、后循环以及左、右两侧大脑半球的血液供应相互联系，对调节、平衡这两大系统和大脑两半球的血液供应起着重要作用。当某一动脉血流减少或被阻断时，血液借此得以重新分配和平衡。

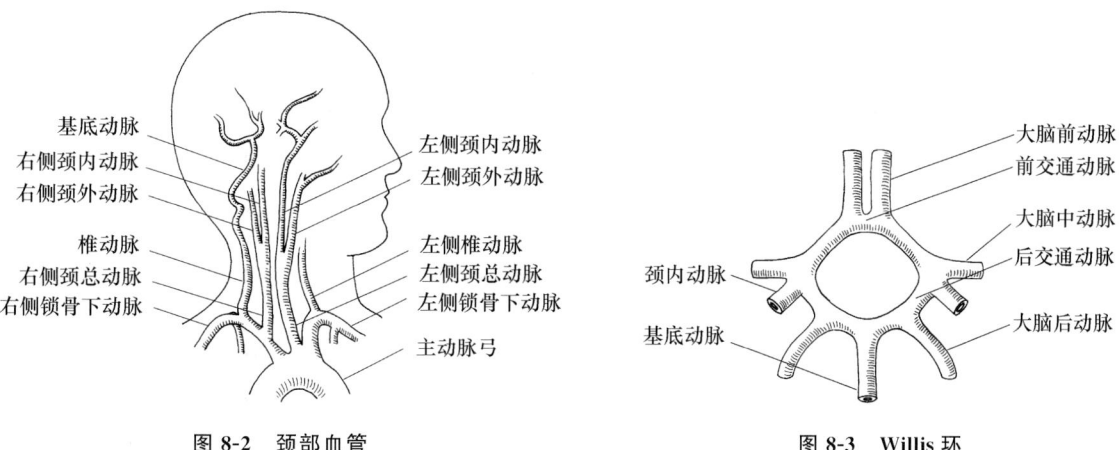

图 8-2　颈部血管　　　　　　　　　图 8-3　Willis 环

(四)颅脑动脉吻合

头皮、颅骨、硬膜和脑的动脉系统既相对分隔,又存在着广泛的吻合。在正常情况下,这些吻合血管的血流量很小。当某些血管狭窄或闭塞时,这些吻合血管则起到一定的代偿作用,是调节脑部血液分配的另一重要途径。如颈内动脉分出的眼动脉与颈外动脉分出的颞浅动脉相吻合,大脑前、中、后动脉的皮质支与脑膜中动脉相吻合(图8-4)。

(五)静脉系统

脑静脉多不与动脉伴行,其管壁较薄,且无瓣膜。大脑的静脉分为浅、深两层,浅群收集脑浅层的血液,深群收集脑深部实质内的血液。大脑大静脉(Galen静脉)是接受大脑深静脉的主干,注入直窦。人的硬脑膜静脉窦可分为后上群与前下群。后上群包括上矢状窦、下矢状窦、左右横窦、左右乙状窦、直窦、窦汇及枕窦等(图8-5),前下群包括海绵窦、海绵间窦、左右岩上、岩下窦、左右蝶顶窦及基底窦等。脑静脉血的回流,主要都汇集至硬脑膜静脉窦,再经颈内静脉回流至心脏。硬脑膜静脉窦还可通过蛛网膜颗粒回流至脑脊液。脑蛛网膜颗粒位于硬脑膜附近,特别是上矢状窦两侧形成许多绒毛状突起(图8-6)。

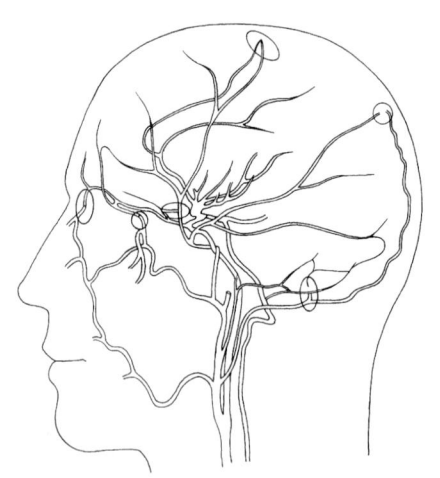

图 8-4 颅内外的动脉吻合

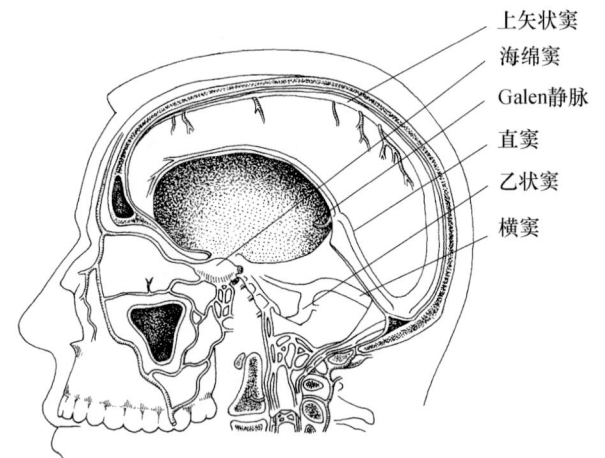

图 8-5 颅脑的静脉系统

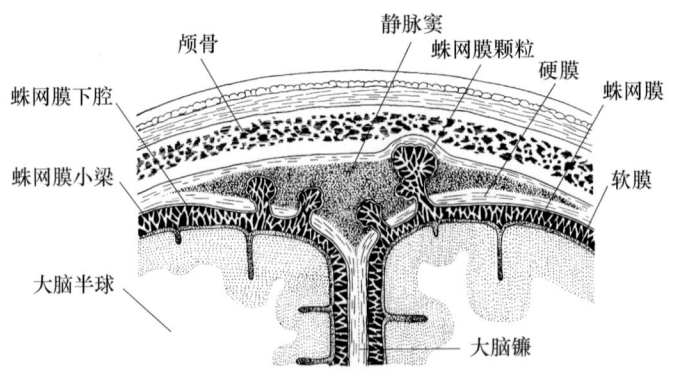

图 8-6 蛛网膜下腔的构造

三、脑血管病的分类

根据起病急缓，脑血管病分为急性脑血管病和慢性脑血管病。急性脑血管病临床上以动脉血管的病变为主，分为两大类：缺血性脑血管病和出血性脑血管病。前者依据发作形式和病变程度分为缺血性卒中和短暂性脑缺血发作；后者根据出血部位不同，主要分为脑出血和蛛网膜下腔出血。慢性脑血管病包括血管性痴呆等。既往曾把缺血性卒中分为脑血栓形成、心源性栓塞、腔隙性梗死。其实，上述三种名称只是描述了疾病的不同方面。脑血栓形成是指某一病理生理过程，在动脉粥样硬化、动脉夹层、血管炎、烟雾病等动脉病变存在的情况下均可以出现。心源性栓塞是一个病因诊断。腔隙性梗死是按照病变的大小诊断，病因可以包括小动脉自身的病变、大动脉粥样硬化或心源性栓塞等。因此，本文并未采用上述分类，而只是对缺血性卒中做一整体介绍。

四、脑血管病的危险因素

与脑血管病发生有密切因果关系的因素称为危险因素，其可以是一种疾病或生理状态，如高血压、糖尿病、高脂血症、心脏病、高半胱氨酸血症等；也可以是一种生活方式或环境因素，如吸烟、酗酒、肥胖、抑郁等。

脑血管病的危险因素又可分为可干预与不可干预两种。

(1) 可干预的危险因素：指可以控制或治疗的危险因素。这些包括①高血压：这是公认的脑血管病最重要的独立危险因素。脑血管病的发生与收缩压、舒张压和平均动脉压呈直线关系。高血压病人群的卒中危险性是正常人群的3~6倍。②糖尿病：糖尿病患者发生缺血性脑血管病的危险性是普通人群的2~3倍。③脂代谢紊乱：这是脑血管病的重要危险因素。④心脏病：各种心脏病，如心房颤动、感染性心内膜炎、心脏瓣膜疾病、急性心肌梗死均可引起脑血管病。⑤短暂性脑缺血发作：其既是一种脑血管病，也是一种危险因素。30%的脑梗死患者在发病前曾有过短暂性脑缺血发作的病史，或33%的短暂性脑缺血发作患者迟早要发展为或再发生完全性卒中。⑥颈动脉狭窄：这是缺血性脑血管病的潜在危险因素，当狭窄程度加重或发生血流动力学改变时，则可发生缺血性脑血管病。⑦脑血管疾病史：曾患过脑血管病的人群复发率明显升高。⑧吸烟：吸烟导致脑血管病的危险性与吸烟的量成正比，最高可达不吸烟人群的6倍。戒烟后2年，卒中的危险性即大幅度下降；5年后与不吸烟人群已无明显差异。⑨酗酒：长期大量饮酒可引起脑动脉或颈动脉粥样硬化，最终导致脑血管病的发生。饮酒量与卒中的发生率有明显相关性。

(2) 不可干预的危险因素：指不能控制和治疗的危险因素。这些包括①年龄：这是最重要的独立危险因素；55岁以后，每增加10岁，脑血管病的发病率增加1倍以上。②性别：男性发生脑血管病的危险度较女性高，且男性脑血管病的病死率也较女性高。③遗传：家族中脑血管病患者的子女发生脑血管病的可能性明显升高。④种族：与白种人相比，黑种人、西班牙裔或者拉丁裔美国人脑血管病的发病率更高；中国人和日本人的脑血管病发生率也明显高。

国内外几乎所有研究均证实，高血压是脑出血和脑梗死最重要的危险因素。当前我国高血压患者的数量正在快速递增，且多数患者血压控制不理想，这可能是导致我国脑血管病高发的最主要原因。

通过对脑血管病患者和易患人群进行病史采集和辅助检查，可以全面了解其具备哪些危险因素及其严重程度，以便更好地采取治疗或预防措施，提高人民群众的健康水平。

五、脑血管病的诊断

脑血管病的诊断依赖于准确的病史采集、临床查体及辅助检查。但脑血管病的诊断与其他疾病存在一些差异。

(一) 病史采集

根据临床是否需要对脑血管病患者紧急处理，可以采取有针对性的病史采集策略。

1. 系统化的病史采集 系统化的病史采集对于判断脑血管病的病因、发病机制以及采取个体化的诊断和治疗是必不可少的。在脑血管病的病史采集中，应着重下列几点（表8-1）。

（1）要问清首次发作的起病情况：①确切的起病时间；②起病时患者是在安静的状态还是在活动或紧张状态；③是急性起病还是逐渐起病；④有无脑血管病的先兆发作——短暂性脑缺血发作；⑤患者有多少次发作，如为多次发作，应问清首次发作的详细情况，最近和最严重的发作情况，以及每次发作后有无意识障碍、智力和记忆力改变、说话及阅读或书写困难、运动及感觉障碍、视觉症状、听力障碍、平衡障碍及头痛、恶心、呕吐等症状。

（2）询问前驱症状及近期事件：在脑血管病的形成过程中，常有脑血液循环从代偿阶段到失代偿阶段的变化过程，代偿阶段的改变表现在临床上就是本病的前驱症状。如能仔细询问这些前驱症状，找到症状的诱发因素以及病因线索，给予合理治疗，有时可避免或延缓完全性卒中的发生，或可减少病情进展。

（3）伴随疾病：患者有无高血压、糖尿病、心脏病、高血脂、贫血以及吸烟、饮酒情况等。

（4）用药情况：询问服用药物情况。有些药物可诱发低血压和短暂性脑缺血发作，如降压药物、吩噻嗪类衍生物；有的药物可并发脑出血，如抗凝剂；有时可并发高血压危象和脑血管病。还有一些药物如乙醇（酒精）、降血糖药物、黄体酮类避孕药等也可引起脑血管病。故在询问脑血管病患者时，要仔细询问服用药物情况。

表 8-1 病史的主要组成

起病情况	近期事件	伴随疾病	药物使用
主要症状	卒中	高血压	抗凝剂
发病时间	心肌梗死	糖尿病	胰岛素
起病形式	外伤	高血脂	降压药
	手术		
	出血		

2. 快速判断卒中方法 急诊处理时，由于时间紧迫，难以进行详细的病史采集，当患者或家属主诉以下情况时，常提示卒中的可能，应及时采取有效的处理措施，待病情平稳后，再进行详细的病史采集。

提示患者卒中发作的病史：

（1）症状突然发生。

（2）一侧肢体（伴或不伴面部）无力、笨拙、沉重或麻木。

（3）一侧面部麻木或口角歪斜，说话不清或理解语言困难，双眼向一侧凝视。

（4）一侧或双眼视力丧失或模糊。

（5）视物旋转或平衡障碍。

（6）既往少见的严重头痛、呕吐。

（7）上述症状伴意识障碍或抽搐。

(二）脑血管病的特殊检查

除了进行内科系统及神经科查体外，脑血管病患者应着重注意下列检查。

1. 临床严重程度的评估　准确记录患者的病情严重程度，是有效观察患者病情变化的前提。临床上，常采取一些量表来记录患者的病情。美国国立卫生研究院卒中量表（National Institute of Health Stroke Scale，NIHSS）是一个省时方便、可信有效且内容较全面的综合性卒中量表（表 8-2），它所评定的神经功能缺损范围大，在脑血管病的病情判断中被广泛采用。

表 8-2　美国国立卫生研究院卒中量表（简表）

检查项目	名称	反应和评分
1A	意识水平	0—清醒
		1—嗜睡
		2—昏睡
		3—昏迷/无反应
1B	定向力提问（2个问题）	0—回答都正确
		1—一个问题回答正确
		2—两个问题回答都不正确
1C	指令反应（2个指令）	0—两个任务执行正确
		1—一个任务执行正确
		2—两个任务都不执行
2	凝视	0—水平运动正常
		1—部分凝视麻痹
		2—完全凝视麻痹
3	视野	0—无视野缺损
		1—部分偏盲
		2—完全偏盲
		3—双侧偏盲
4	面部运动	0—正常
		1—轻微面肌无力
		2—部分面肌无力
		3—完全单侧或双侧面瘫
5	运动功能（臂）	0—无漂移
	a. 左	1—不到10 s即漂移
	b. 右	2—不到10 s即落下
		3—不能对抗重力
		4—不能活动
6	运动功能（腿）	0—无漂移
	a. 左	1—不到5 s即漂移
	b. 右	2—不到5 s即落下
		3—不能对抗重力
		4—不能活动

续表

检查项目	名称	反应和评分
7	肢体共济失调	0—无共济失调
		1——个肢体共济失调
		2—两个肢体共济失调
8	感觉	0—无感觉缺失
		1—轻度感觉缺失
		2—重度感觉缺失
9	语言	0—正常
		1—轻度失语
		2—重度失语
		3—缄默或完全失语
10	发音	0—正常
		1—轻度构音障碍
		2—重度构音障碍
11	感觉消退或忽视	0—无
		1—轻度（丧失一种感觉模态）
		2—重度（丧失一种以上感觉模态）

2. 影像学检查 脑血管病的影像学检查最近几年来，得到了长足的进步。尤其在脑血管病急性期，早期、快速的影像学检查对急性脑血管病患者的诊治至关重要。脑血管病的影像学检查需要注意，不仅需要进行结构影像学的评估，还应进行血管影像学与灌注影像学的评估。主要的检查方法包括以下几种。

（1）头颅CT：平扫CT由于应用广泛、检查时间短、检查费用较低，以及可准确检出蛛网膜下腔出血和脑实质出血等优点，仍是评估急性脑血管病最常用的影像学方法。平扫CT还有助于提示由于动脉再灌注损伤而出现的出血性转化。在大多数情况下，CT能为急诊治疗提供重要信息。

多模式CT可以提供更多信息，改善脑血管病的诊断。多模式CT通常包括CT平扫、CT灌注成像（CT perfusion，CTP）和CT血管成像（CT angiography，CTA）。CTP有助于显示脑血管病患者病灶周围和全脑血流情况。CTA有助于显示颈内动脉、大脑中动脉、大脑前动脉、基底动脉和大脑后动脉的血管狭窄或闭塞状况，显示颅内动脉瘤和其他血管畸形。

（2）磁共振成像（MRI）：在急性脑血管病中，MRI平扫用于排除脑出血以及其他病变，明确有无新梗死灶。但是，MRI因为限制因素较多，一般不作为检查脑出血的首选检查。

在急性脑血管病中，尤其是缺血性脑血管病，多模式MRI可以提供更多信息，增加脑血管病诊断的准确性。多模式MRI通常包括T_1加权成像（T_1 weighted imaging，T_1WI）、T_2加权成像（T_2 weighted imaging，T_2WI）、梯度回波T_2^*加权成像（gradient echo T_2^* weighted imaging，GRE-T_2^*WI）、液体衰减反转恢复（fluid attenuation inversion recovery，FLAIR）、MR血管成像（MR angiography，MRA）、弥散加权成像（diffusion weighted imaging，DWI）和灌注加权成像（perfusion weighted imaging，PWI）。MRA能显示潜在的脑动脉形态异常。FLAIR由于抑制了脑脊液的信号，皮质和脑室旁病灶显示得较清楚，DWI在检测缺血性卒中时尤其敏感，DWI和PWI异常信号的不匹配有助于判定缺血半暗带。

对比增强磁共振血管成像（contrast-enhanced magnetic resonance angiography，CEMRA）

用以显示主动脉弓至颅内动脉的血管。

磁共振静脉成像（magnetic resonance venography，MRV）用于显示上矢状窦、直窦、横窦、乙状窦及大脑大静脉狭窄或闭塞的部位和程度。

（3）超声检查：颈动脉彩色超声检查和经颅多普勒超声检查用于筛查动脉血管病变。

（4）数字减影血管造影（digital subtraction angiography，DSA）：DSA能动态全面地观察主动脉弓至颅内的血管形态，包括动脉和静脉，是脑血管检查的金标准。

目前，随着影像学技术的快速发展，影像学资料可以为急性脑血管病，尤其是缺血性卒中患者的个体化治疗方案提供越来越多的依据。

六、治疗原则

急性脑血管病起病急、变化快、异质性强，其预后与医疗服务有关。在处理急性脑血管病时，应注意：①遵循"循证医学（evidence-based medicine，EBM）与个体化分层相结合"的原则；②按照"正确的时间顺序"提供及时的评价与救治措施；③系统性，应整合多学科的资源，如建立组织化的卒中中心或卒中单元系统模式。

（1）临床指南：循证医学是通过正确识别、评价和使用最多的相关信息进行临床决策的科学。循证医学与传统医学相比，最大特点是以科学研究所获得的最新和最有力的证据为基础，开展临床医学实践活动。以循证医学为指导，能够保证临床决策的规范化。但再好的证据也不一定适合所有患者。临床决策的最高原则仍然是个体化。循证医学时代，衡量临床医生专业技能的标准是能否将个人经验与所获取的最新证据有机地结合起来，为患者的诊治做出最佳决策。合格的临床医生应该对研究对象、研究方案、研究结果进行辨证的分析和评价，结合具体病例采用有效、合理、实用和经济可承受的治疗策略。必须真心诚意地服务于患者，临床决策时应充分考虑患者的要求和价值取向。

（2）急诊通道：急性脑血管病是急症，及时的治疗对于病情的发展变化有明显影响。

缺血性卒中溶栓治疗的时间窗非常短暂。卒中发病后能否及时送到医院进行救治，是能否达到最好救治效果的关键。发现可疑患者应尽快直接平稳送往急诊室，或拨打急救电话由救护车运送至有急救条件的医院。在急诊时，应尽快采集病史、完成必要的检查、作出正确判断，及时进行抢救或收住院治疗。通过急诊绿色通道可以减少院内延误。

初步评价中最重要的一点，是患者的症状出现时间。

不能为了完成多模式影像检查而延误卒中的急诊治疗。

（3）卒中单元：卒中单元（stroke unit）是一种多学科合作的组织化病房管理系统，旨在改善住院卒中患者的管理，提高疗效和满意度。卒中单元的核心工作人员包括临床医生、专业护士、物理治疗师、职业治疗师、语言训练师和社会工作者。它为卒中患者提供药物治疗、肢体康复、语言训练、心理康复和健康教育。由于脑血管病表现多样，并发症多，涉及的临床问题复杂，所以在临床实践中，卒中单元是卒中治疗的最佳途径。多学科的密切合作和治疗的标准化是产生疗效的主要原因。在有条件的医院，所有急性脑血管病患者都应当收入卒中单元治疗。

要正确、及时、系统地执行循证医学指南，尚需一系列的持续医疗质量改进措施加以保证。

七、预防

脑血管病的预防包括一级预防和二级预防

（一）脑血管病的一级预防

脑血管病的一级预防指发病前的预防，即通过早期改变不健康的生活方式，积极主动地控

第八章 脑血管病

制各种危险因素，从而达到使脑血管病不发生或推迟发病年龄的目的。我国是一个人口大国，脑血管病的发病率高。为了降低发病率，必须加强一级预防。

（二）脑血管病的二级预防

卒中的复发相当普遍，卒中复发导致患者已有的神经功能障碍加重，并使死亡率明显增加。首次卒中后6个月内是卒中复发危险性最高的阶段，所以在卒中首次发病后有必要尽早开展二级预防工作。

二级预防的主要目的是为了预防或降低再次发生卒中的危险，减轻残疾程度，提高生活质量。针对发生过一次或多次脑血管病的患者，寻找卒中发生的原因，治疗可逆性病因，纠正所有可预防的危险因素，这在相对年轻的患者中显得尤为重要。

此外，要通过健康教育和随访，提高患者对二级预防措施的依从性。

第二节 缺血性卒中

缺血性卒中，又称脑梗死，是各种原因导致脑动脉血流中断，局部脑组织缺氧、缺血性坏死，而出现的相应神经功能缺损。缺血性卒中是脑血管病中最常见的一种类型，约占全部急性脑血管病的70%。

（一）病因

多种原因均可导致缺血性卒中。

1. 动脉粥样硬化 颈部或脑底大动脉粥样硬化是脑梗死的首要病因。动脉粥样硬化影响大、中弹性肌动脉。在脑循环中，颈总动脉起始部、颈总动脉分叉上方的颈内动脉、颈内动脉海绵窦段、大脑中动脉起始部、椎动脉起始部和入颅处、基底动脉是好发部位。大、中动脉粥样硬化可通过下列机制引起缺血性卒中：①动脉-动脉栓塞机制，即易损斑块破裂，形成栓子随血液循环阻塞远端血管；②血流动力学机制，即大、中动脉严重狭窄，导致远端脑组织供血不足，发生缺血性卒中；③闭塞穿支动脉，即大、中动脉的粥样硬化斑块可以覆盖穿支动脉的开口部，使之狭窄或闭塞而发生缺血性卒中。

2. 心源性栓塞 这一类别包括多种可以产生心源性栓子的疾病所引发的脑栓塞。常见的心源性栓子的高度和中度危险因素见表8-3。

表8-3 常见的心源性栓子的高度、中度危险因素

高度危险的栓子来源	中度危险的栓子来源
机械心脏瓣膜	二尖瓣脱垂
二尖瓣狭窄伴心房颤动	二尖瓣环钙化
心房颤动	二尖瓣狭窄不伴心房颤动
病态窦房结综合征	房间隔缺损
4周之内的心肌梗死	卵圆孔未闭
左心房或左心耳血栓	心房扑动
左心室血栓	单独出现的心房颤动
扩张型心肌病	生物心脏瓣膜
左心室区段性运动不能	非细菌性血栓性心内膜炎
左心房黏液瘤	充血性心力衰竭
感染性心内膜炎	左心室区段性运动功能减退
	4周之后、6个月之内的心肌梗死

3. 小动脉硬化 长期高血压引起脑深部白质及脑干穿通动脉病变和闭塞。

4. 其他原因　包括由其他明确原因引发的缺血性卒中。可分为：①血管因素，如动脉炎、纤维肌发育不良、动脉夹层、烟雾病、偏头痛、静脉或静脉窦血栓形成等；②血液因素，如血小板增高、红细胞增多症、镰状细胞病、白细胞增高症、高凝状态。

5. 隐源性或病因不明　不能归于以上类别的缺血性卒中。

（二）病理生理机制

1. 脑血流障碍　脑血流有储备机制，包括结构学储备和功能学储备。结构学储备主要指侧支循环的开放，包括1级侧支开放（脑底Willis环）和2级侧支开放（眼动脉、软脑膜侧支等）；功能学储备中，重要的Bayliss效应是指当局部血管严重狭窄或闭塞致血流量下降时，血管床扩张使局部血容量增加以维持正常灌注压的血流储备机制。血管狭窄程度较轻时，脑血管的血流储备作用能够保证脑血流量维持在相对正常水平，当血管狭窄到一定程度或者由于突发的血管闭塞，血流储备作用失代偿或无法代偿时，脑血流量明显下降，导致症状的产生。

2. 神经细胞缺血性损害　脑组织对缺血、缺氧性损害非常敏感，完全阻断血流30 s脑代谢即发生改变，1 min后神经元功能活动停止，脑动脉闭塞缺血超过5 min可发生脑梗死。不同脑组织对缺血的敏感性不同，轻度缺血时仅有某些神经元丧失，完全持久性缺血时各种神经元、胶质细胞及内皮细胞均坏死。

急性脑梗死病灶由中心坏死区及周围的缺血半暗带（ischemic penumbra）组成，坏死区的细胞发生了不可逆的损害，但缺血半暗带如果血流迅速恢复使脑代谢改变，损伤仍然可逆，神经细胞仍可存活并恢复功能。保护缺血半暗带的神经元是治疗急性脑梗死的关键。

脑动脉闭塞造成脑缺血后，如果血管再通，氧与葡萄糖等供应恢复，脑组织的缺血性损伤理应得到恢复。但实际上不尽然，存在一个有效时间即再灌注时间窗（time window）问题。如再通超过再灌注时间窗这个时限，则脑损伤继续加剧，此现象称之为再灌注损伤（reperfusion damage）。再灌注损伤的机制比较复杂，可能与下列因素有关：①启动新的自由基连锁反应，氧自由基的过度形成，导致神经细胞损伤；②细胞内游离钙增多，引起一系列病理生理过程；③兴奋性氨基酸的细胞毒作用。

（三）临床表现

1. 依据病情进展速度，可分为下列2种。

（1）完全性卒中（complete stroke）：发病突然，症状和体征迅速在6 h内达到高峰，即完全性卒中。

（2）进展性卒中（progressive stroke）：发病后的症状呈阶梯样或持续性加重，在6 h至3天发展至高峰。

2. 不同血管闭塞引起的缺血性卒中

（1）大脑前动脉闭塞综合征：大脑前动脉闭塞的缺血性卒中相对较少，这可能是由于来自颅外血管或心脏的栓子更易进入脑血流口径较大的大脑中动脉系统，而较少进入大脑前动脉系统。另外，通常单侧大脑前动脉闭塞，由于前交通动脉侧支循环的代偿，症状表现常不完全。主干闭塞引起对侧下肢的偏瘫或感觉障碍，上肢较轻，一般无面瘫，可有小便难控制。偶见双侧大脑前动脉由一条主干发出，当其闭塞时可引起两侧大脑半球梗死，表现为双下肢瘫、尿失禁、强握等原始反射及精神症状。

（2）大脑中动脉闭塞综合征：大脑中动脉是缺血性卒中最易受累的血管。不同部位的血管受累具有不同的临床表现。

1）主干闭塞：导致病灶对侧中枢性面舌瘫与偏瘫（基本均等性）、偏身感觉障碍及偏盲（三偏）；优势半球受累出现完全性失语症，非优势半球出现体像障碍。

2）大脑中动脉上支卒中：导致病灶对侧面部、手及上肢轻偏瘫和感觉缺失，下肢不受累，伴 Broca 失语（优势半球）或体像障碍（非优势半球），无同向性偏盲。

3）大脑中动脉下支卒中：较少单独出现，导致对侧同向性偏盲，下部视野受损严重；优势半球受累出现 Wernicke 失语，非优势半球出现绘画和抄写能力差等。

4）深穿支闭塞：患者偏瘫症状明显，感觉缺失通常较轻，因为内囊后肢常保留。

(3) 颈内动脉完全闭塞综合征：颈内动脉闭塞约占缺血性卒中的 1/5。可以没有任何症状，或引起类似大脑中动脉主干闭塞的综合征。当眼动脉缺血时，可出现同侧眼一过性失明。

(4) 大脑后动脉闭塞综合征：一侧大脑后动脉闭塞引起对侧同向性偏盲，上部视野损伤较重，黄斑视力可不受累（黄斑视觉皮质代表区为大脑中、后动脉双重血液供应）。与大脑中动脉梗死引起的视力障碍不同，大脑后动脉闭塞时上象限视野受累更重。中脑水平大脑后动脉起始处闭塞，可见眼球活动障碍，如垂直性凝视麻痹、动眼神经瘫、核间性眼肌麻痹、眼球水平凝视。双侧大脑后动脉闭塞可导致皮质盲、记忆受损（累及颞叶），不能识别熟悉面孔（面容失认症），幻视和行为异常。

(5) 基底动脉主干闭塞：常引起广泛的脑干、小脑梗死，表现为四肢瘫、双侧眼球注视麻痹、昏迷，可迅速死亡。

其不同部位的旁中央支和长旋支闭塞，可导致脑干或小脑不同水平的梗死，表现为各种综合征，共同特征是交叉性瘫痪、同侧脑神经周围性瘫、对侧中枢性偏瘫或偏身感觉障碍。

1）Weber 综合征：又称动眼神经交叉瘫综合征。病变部位在中脑基底部，表现为病灶侧动眼神经麻痹，对侧面下部、舌及肢体瘫痪。

2）Benedikt 综合征：又称动眼神经和锥体外系交叉综合征。病变部位在中脑被盖部，表现为病灶侧动眼神经麻痹，对侧半身不自主运动，如震颤、舞蹈、手足徐动等。

3）Parinaud 综合征：又称导水管综合征。病变部位在中脑背侧，表现为眼球垂直性凝视麻痹，双眼上视不能。

4）Foville 综合征：又称脑桥基底内侧综合征或脑桥旁正中综合征。病变部位在脑桥基底内侧，表现为病侧凝视麻痹、周围性面瘫、对侧肢体偏瘫。

5）Millard-Gubler 综合征：又称脑桥基底外侧综合征。病变部位在脑桥基底外侧，表现为病灶侧周围性面瘫及外直肌麻痹，可有两眼向病灶侧凝视不能，对侧舌及肢体瘫痪。

6）闭锁综合征（locked-in syndrome）：病变部位在双侧脑桥中下部腹侧基底部。表现为意识清楚，但四肢和面部瘫痪，不能张口说话和吞咽，可用睁闭眼和眼球上下运动表示"是"与"否"与周围人交流思想。

7）基底动脉尖综合征（top of the basilar artery syndrome）：表现为①眼球运动及瞳孔异常，一侧或双侧动眼神经部分或完全麻痹、眼球上视不能（上丘受累）及一个半综合征，瞳孔对光反射迟钝而调节反应存在，类似 Argyll-Robertson 瞳孔（顶盖前区病损）；②意识障碍，呈一过性或持续数天，或反复发作（中脑和/或丘脑网状激活系统受损）；③严重记忆障碍（颞叶内侧受损）；④对侧偏盲或皮质盲（枕叶受损）。

8）Wallenberg 综合征：又称为延髓背外侧综合征。病变部位在延髓背外侧，表现为①病侧面部和对侧躯干和肢体（不包括面部）痛、温觉障碍，即交叉性感觉障碍（三叉神经脊髓束、三叉神经脊束核和脊髓丘脑束受损）；②病侧软腭麻痹，构音及吞咽障碍，咽反射减弱或丧失（疑核受损）；③眩晕、恶心、呕吐及眼球震颤（前庭神经下核受损）；④病灶侧不全型 Horner 征，主要表现为瞳孔小和（或）眼睑轻度下垂（网状结构交感下行纤维受损）；⑤同侧肢体和躯干共济失调（脊髓小脑束和绳状体受损）。

(四) 辅助检查

随着医学新技术的不断进展，目前可应用于脑血管病的辅助检查种类很多，按照检查目的可分为以下几类。

1. 结构影像学检查 包括头部 CT 和 MRI。CT 在 6 h 内的影像学征象常不明显，在缺血性卒中 24～48 h 后，可显示梗死区域为边界不清的低密度灶（图 8-7）。CT 检查对明确病灶、脑水肿和有无出血性脑梗死有很大价值，但对于小脑或脑干的病灶，常不能显示。

MRI 一般在发病 6～12 h 后，可见在 T_1 加权像上低信号，T_2 加权像上高信号（图 8-8），出血性脑梗死显示其中混杂 T_1 高信号。与 CT 相比，MRI 可以发现脑干、小脑梗死。弥散加权成像对早期诊断缺血性卒中较常规序列更为敏感，在发病 2 h 内显示缺血病变，灌注加权成像是静脉注射顺磁性造影剂后显示脑组织相对血流动力学改变的图像。灌注加权成像（PWI）异常区域较弥散加权成像（DWI）异常区域大，被认为是弥散-灌注不匹配区（mis-match），即半暗带（图 8-9），这可为早期治疗提供重要信息。

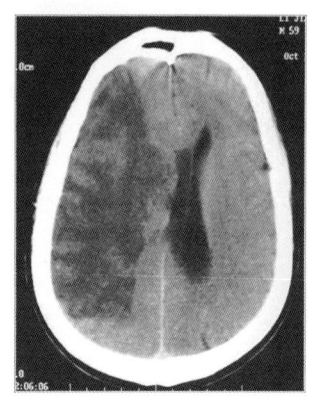

图 8-7 在 CT 上，缺血性卒中表现为低密度影

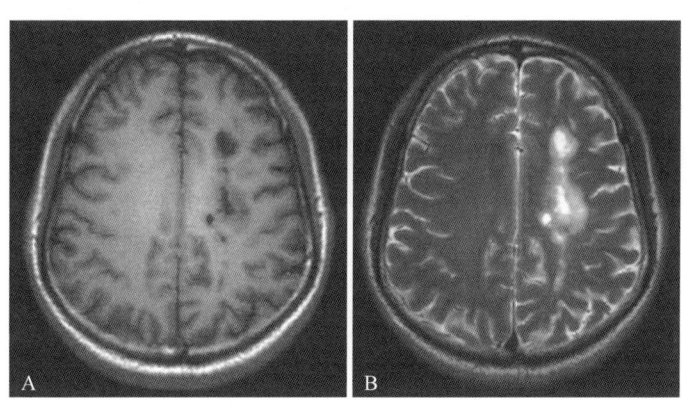

图 8-8 在 MRI 上，缺血性卒中表现为 T_1 加权像上低信号（A），T_2 加权像上高信号（B）

2. 血管检查 主要包括目前常用的颈动脉双功能超声（Dupplex）、经颅多普勒超声、CT 血管成像、磁共振血管成像、数字减影血管造影等。脑血管检查的目的是了解血管的畅通性（正常、狭窄、闭塞或再通），以及血管壁的情况（斑块的性质、大小、有无溃疡或微栓子脱落等）。

3. 灌注影像检查 主要包括常用的 CT 灌注成像、磁共振灌注加权成像和较少应用的单光子发射计算机断层成像（single photon emission computed tomography，SPECT），以及新的检查技术——融合灌注成像技术。灌注影像检查在识别缺血半暗带以及溶栓治疗方面发挥了重要作用。

4. 其他脑影像学检查 其他脑影像学检查包括磁共振纤维束成像、功能磁共振成像等。这些特殊的检查对于预测患者预后、帮助选择适宜的康复手段以及解释临床现象等方面起到了重要作用。

5. 其他检查 对于可疑心源性栓塞患者可行超声心动图、经食管超声心动图检查来证实。对于可疑镰状细胞病、高同型半胱氨酸血症、高凝状态等，可行相应的血液学检查。

（五）诊断及鉴别诊断

1. 诊断 典型的缺血性卒中诊断并不困难：中、老年患者，有高血压、糖尿病、高脂血症等脑血管病危险因素，安静时或活动中急性起病，出现局灶性神经功能缺失的症状和体征，梗死区域位于某一脑动脉的供血分布区。头部 CT 早期正常，在 24～48 h 后出现低密度影；磁共振 DWI 序列更有助于早期诊断。

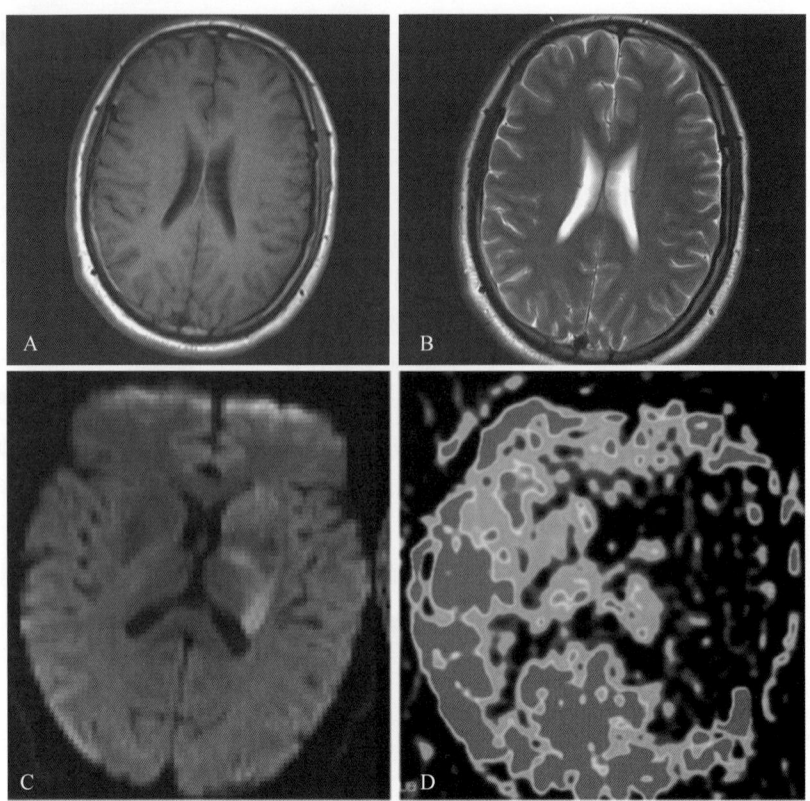

图 8-9（见书后彩图） 在 MRI 上，缺血性卒中早期在 T_1 加权像（A）、T_2 加权像（B）无明显异常信号影，弥散加权成像（DWI）上高信号（C），灌注加权成像（PWI）上有异常灌注区（D），PWI 异常区域较 DWI 区域大

2. 鉴别诊断 缺血性卒中需要与下列疾病相鉴别。

（1）脑出血：多在活动或情绪激动时发病，既往多有高血压病史，病情进展快，除局灶性神经功能缺失的症状和体征外，头痛、恶心、呕吐多见。但少量脑出血有时临床鉴别困难，头部 CT 和 MRI 有助于诊断。

（2）蛛网膜下腔出血：发病年龄较轻，多见于青壮年，既往多数无高血压等血管危险因素。动态起病，病情进展急骤，剧烈头痛，伴有恶心、呕吐，可无局灶性神经功能缺失的症状和体征。头部 CT、MRI 及脑脊液检查有助于明确诊断。

（3）硬膜下血肿或硬膜外血肿：多有头部外伤史，但有些患者外伤史不明确。临床表现为病情进行性加重，出现头痛、恶心、呕吐等颅高压症状和偏瘫等局灶性神经功能缺失的症状和体征，严重时出现意识障碍。头部 CT 或 MRI 检查在颅骨下方发现局限性梭形或新月形病灶。

（4）颅内占位性病变：颅内肿瘤（尤其是瘤卒中）或脑脓肿有时也可以急性发作，引起局灶性神经功能缺失的症状和体征。病灶不在某一脑动脉的供血分布区，脑脓肿可合并其他部位或全身的感染，颅内肿瘤可有进行性加重的头痛病史。头部 CT，尤其是 MRI 检查，有助于明确诊断。

（六）治疗

1. 急性期治疗 缺血性卒中应看作是比急性心肌梗死更需要紧急抢救的危重疾病，发病后极早期恢复血流是治疗的关键。

（1）一般治疗：对严重神经功能缺损的患者，应间断性监测神经功能状态、脉搏、血压、体温以及氧饱和度 72 h。最初 24 h 内应用生理盐水（0.9％氯化钠溶液）补液，如没有低血糖，不建议使用葡萄糖液，以防止乳酸在脑内的积聚。

1) 调整血压：约70%的缺血性卒中患者急性期血压升高，原因主要包括：病前存在高血压、疼痛、恶心、呕吐、焦虑、躁动等。多数患者在发病24 h内血压自发降低，因此不建议在急性缺血性卒中后常规降压，应优先处理紧张焦虑、疼痛、恶心、呕吐及颅内压增高等情况。血压持续升高，当收缩压≥220 mmHg或舒张压≥110 mmHg，或伴有严重心脏功能不全、主动脉夹层、高血压脑病的患者，可予降压治疗，并严密观察血压变化。准备溶栓及血管内治疗的患者，血压应控制在收缩压<180 mmHg，舒张压<100 mg。缺血性卒中病情稳定者，若血压持续≥140/90 mmHg，无禁忌证，可于数天后恢复发病前服用的降压药物或开始启动降压治疗。

缺血性卒中后低血压的患者，应积极寻找和处理原因，必要时可采用扩容升压措施，可静脉输注0.9%氯化钠溶液纠正低血容量，处理可能引起心排血量减少的心脏问题。

2) 控制血糖：约40%的患者存在卒中后高血糖，血清葡萄糖>180 mg/dl（>10 mmol/L）时点滴胰岛素治疗。应加强血糖监测，在急性期可将高血糖患者血糖控制在7.8～10 mmol/L。出现严重低血糖（<3.3 mmol/L）时，应用静脉葡萄糖或10%～20%葡萄糖输注。

3) 控制体温：出现发热时，可应用对乙酰氨基酚，并积极寻找合并感染。

4) 吸氧：当氧饱和度低于95%时给予吸氧。

5) 预防并发症：建议早期活动以预防吸入性肺炎、深静脉血栓形成和褥疮等并发症。如合并感染，应用适当的抗生素治疗卒中后感染，但不建议预防性应用抗生素，左氧氟沙星可能对急性卒中患者有害。早期补液和分级加压弹力长袜等方法可减少静脉血栓栓塞的发生，对深静脉血栓形成或肺栓塞的高危患者，应当考虑给予肝素或低分子量肝素。如有癫痫发作者，可应用抗癫痫药物治疗。应该评估每位患者的跌倒风险，防止跌倒发生。有跌倒风险的卒中患者，建议补充钙/维生素D。

6) 营养支持：应对每位患者进行吞咽评价，口服饮食补充剂仅用于营养不良的无吞咽障碍的卒中患者，有吞咽障碍的卒中患者早期开始鼻饲（48 h内）。

(2) 静脉溶栓治疗：溶栓治疗是目前最重要的恢复脑血流的措施。对于早期缺血性卒中患者，如果符合条件，应尽快给予溶栓治疗。溶栓治疗推荐静脉应用组织型纤溶酶原激活剂（tissue plasminogen activator，t-PA）。

1) 静脉使用t-PA的适应证：①有缺血性卒中导致的神经功能缺损症状；②症状出现<4.5 h；③年龄≥18岁；④患者或家属签署知情同意书。

2) 静脉使用t-PA的禁忌证：①颅内出血（包括脑实质出血、脑室内出血、蛛网膜下腔出血、硬膜外/下血肿等）；②既往颅内出血史；③近3个月有严重头颅外伤史或卒中史；④颅内肿瘤、巨大颅内动脉瘤；⑤近期（3个月）有颅内或椎管内手术；⑥近2周内有大型外科手术；⑦近3周内有胃肠或泌尿系统出血；⑧活动性内脏出血；⑨主动脉夹层；⑩近1周内存在不易压迫止血部位的动脉穿刺；⑪血压升高，收缩压≥180 mmHg，或舒张压≥100 mmHg；⑫急性出血倾向，包括血小板计数低于$100×10^9$/L或其他情况；⑬24 h内接受过低分子量肝素治疗；⑭口服抗凝剂且INR>1.7或PT>15 s；⑮48 h内使用凝血酶抑制剂或Xa因子抑制剂，或各种实验室检查异常（如APTT、INR、血小板计数、ECT、TT或Xa因子活性测定等）；⑯血糖浓度<2.8 mmol/L或>22.2 mmol/L；⑰头CT或MRI提示大面积梗死（梗死面积>1/3大脑中动脉供血区域）。

3) 存在下列情况时，属于相对禁忌证，需要权衡获益和风险：①轻型非致残性卒中；②症状迅速改善的卒中；③惊厥发作后出现的神经功能损害（与此次卒中发生相关）；④颅外段颈部动脉夹层；⑤近2周内严重外伤（未伤及头颅）；⑥近3个月内心肌梗死史；⑦孕产妇；⑧痴呆；⑨既往疾病遗留较重的神经功能残疾；⑩未破裂且未治疗的动静脉畸形、颅内小动脉瘤（<10 mm）；⑪少量脑内微出血（1～10个）；⑫使用违禁药物；⑬类卒中；⑭发

病在 3~4.5 h，且使用抗凝药物测量 INR≤1.7，PT≤15 s，或者严重卒中（NIHSS 评分＞25 分）。

由于出血的副作用，不推荐静脉应用链激酶溶栓治疗。静脉应用尿激酶及一些新型溶栓药的效果目前尚缺乏有力的证明。

（3）血管内介入治疗：血管内介入治疗包括血管内机械取栓、动脉溶栓、血管内成形术等。血管内介入治疗不应延迟静脉溶栓治疗。机械取栓是指采用血管内介入方法进行血栓摘除来达到血管再通的目的。对于发病在 24 h 内的患者，经过严格临床及影像学评估后，可进行血管内机械取栓治疗。动脉溶栓将溶解血栓的药物直接作用于堵塞血管，与静脉溶栓相比可以减少溶栓药物剂量，出血并发症较少，但必须在 DSA 监测下进行；对于发病 6 h 内由大脑中动脉闭塞或者发病 24 h 由后循环大动脉闭塞导致的严重卒中，且不适合静脉溶栓或未能接受血管内机械取栓的患者，经过严格选择后可进行动脉溶栓。血管内成形术，包括利用急诊颈动脉内膜切除术或颈动脉支架置入术治疗症状性颈动脉狭窄，有助于改善脑血流灌注，但临床安全性与有效性尚不明确。

（4）抗血小板聚集治疗：抗血小板聚集治疗对于已经形成的血栓没有直接溶解作用，但可用于溶栓后的早期治疗。抗血小板聚集治疗的药物有阿司匹林、氯吡格雷、双嘧达莫、西洛他唑等。对于不符合溶栓治疗条件的患者，在发病后可尽早给予口服阿司匹林。对于发病 24 h 内且无禁忌证的轻型非心源性缺血性卒中（NIHSS 评分≤3 分），给予 3 周阿司匹林联合氯吡格雷的双重抗血小板药物治疗。对于存在症状性颅内大动脉严重狭窄（70%~99%）且无禁忌证的非心源性缺血性卒中，给予 3 个月阿司匹林联合氯吡格雷的双重抗血小板药物治疗。溶栓治疗的患者，抗血小板药物可在溶栓治疗 24 h 后开始使用。

（5）抗凝治疗：抗凝治疗虽然理论上有阻止血栓进一步发展的作用，但是由于其出血的副作用，不建议急性缺血性卒中患者早期应用普通肝素、低分子量肝素或类肝素进行抗凝治疗。

（6）降纤治疗：很多研究显示缺血性卒中急性期血浆纤维蛋白原和血液黏度增高，蛇毒酶制剂可显著降低血浆纤维蛋白原，并有轻度溶栓和抑制血栓形成的作用。对不适合溶栓并经过严格筛选的患者，特别是高纤维蛋白血症患者，可选用降纤治疗。

（7）扩容治疗：对于低血压或脑血流低灌注所致的急性脑梗死（如分水岭脑梗死），可考虑扩容治疗，但应注意可能加重脑水肿、心力衰竭等并发症。

（8）脑保护治疗：神经保护剂可通过降低脑代谢或阻断由梗死引发的细胞毒机制来减轻梗死性脑损伤。目前可用的药物有：胞二磷胆碱、阿片受体拮抗剂纳洛酮、电压门控式钙通道阻滞剂、兴奋性氨基酸受体拮抗剂和巴比妥盐等。然而，迄今尚缺乏经大型临床试验证实有效的药物。

（9）中医中药治疗：中医的活血化淤常用于治疗缺血性卒中，可用的药物有丹参、红花、三七、葛根素、川芎等。昏迷者还可以采用安宫牛黄丸开窍醒脑。然后，这些方法的有效性和副作用尚待进一步研究。

（10）脑水肿和颅内压增高：空间占位性脑水肿是早期恶化和死亡的一个主要因素。危及生命的脑水肿通常在卒中发生后第 2~5 天出现。对于≤60 岁的进展性恶性大脑中动脉梗死（梗死面积＞1/3 大脑半球）的患者，发病后 48 h 内给予手术减压治疗，术前可应用甘露醇等渗透疗法治疗颅内压增高。大面积小脑梗死压迫脑干时，也可考虑行脑室引流或手术减压治疗。

（11）进展性卒中的治疗：进展性卒中的死亡率及致残率均较高，预后差，治疗上相对复杂一些。进展性卒中可以由多种原因引起，应根据不同的原因进行治疗。①梗死向大血管扩展，阻塞越来越严重，可以选用抗凝药物；②出现全身并发症，如肺炎等，应采取相应措施积极治疗；③梗死后继发水肿，可以选用甘露醇等脱水药；④再灌注损伤，可以使用神经保护剂；

⑤医源性损伤,例如患者存在严重脑血管狭窄时,降压或脱水治疗不当引起的脑低灌注,应停用相关治疗,并加用羟乙基淀粉等扩容药物。

2. 恢复期治疗 卒中急性期后,应采取措施预防缺血性卒中的复发,并采取系统、规范及个体化的康复治疗,促进神经功能的恢复。

(1) 控制血管危险因素见概述。

(2) 抗栓治疗:应用抗栓治疗可以预防缺血性卒中的复发,常用抗血小板聚集治疗。但是有下列情况时,可以考虑抗凝治疗:由心房颤动引起的缺血性卒中、由非心房颤动性心源性栓塞引起的卒中但复发风险高、基底动脉梭形动脉瘤、颈动脉夹层、卵圆孔未闭伴深静脉血栓形成或房间隔动脉瘤。抗凝治疗期间,应监测 INR。

(3) 康复治疗:如果患者病情稳定,应及早开始康复,在卒中发病第 1 年内应持续进行康复治疗,并适当增加每次康复治疗的时程和强度。康复治疗包括肢体康复、语言训练、心理康复等。

案例 8-1

案例 8-1
答案及解析

第三节 短暂性脑缺血发作

短暂性脑缺血发作(transient ischemic attack,TIA)是由于局部脑或视网膜缺血所引起的短暂性神经功能缺损发作,典型的症状不超过 1 h,最多不超过 24 h,且无急性缺血性卒中的证据。反之,如果临床症状持续存在或影像学上有肯定的异常梗死灶,就是卒中(图 8-10)。

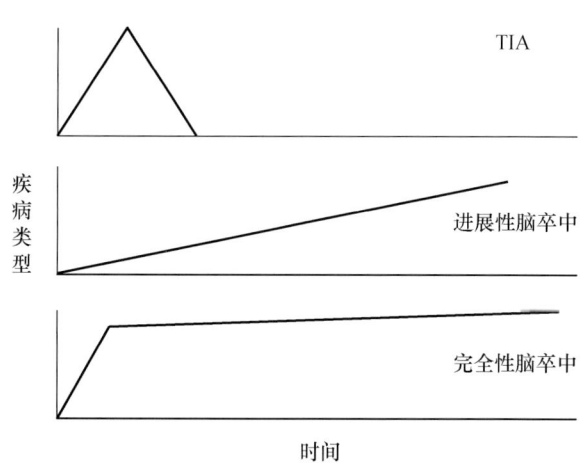

图 8-10 不同类型的脑血管病

(一) 病因与发病机制

目前 TIA 的病因与发病机制仍不十分清楚,可能与下列因素有关。

1. 微栓塞 微栓塞型 TIA 又分为动脉-动脉源性和心源性。其发病基础主要是动脉或心脏来源的栓子进入脑动脉系统引起血管阻塞,如栓子自溶则形成微栓塞型 TIA。

2. 血流动力学 血流动力学型 TIA 是在动脉严重狭窄基础上因血压波动而导致的远端一过性脑缺血,血压低于脑灌注代偿的阈值时发生 TIA,血压升高脑灌注恢复时症状缓解。

既往认为,脑血管痉挛也是 TIA 的发病机制之一,但目前的研究不支持此发病机制。

(二) 临床表现

TIA 多发生于中老年人(50~70 岁),男性较多,常合并高血压、糖尿病、高脂血症和心脏病等。发病突然,迅速出现局限性神经功能缺失症状。临床症状不超过 24 h,通常在 2~15 min完全恢复正常,不遗留后遗症。

1. 根据发病机制的不同，血流动力学型与微栓塞型 TIA 的临床表现不完全相同（表 8-4）。

表 8-4 不同发病机制引起的 TIA 临床表现

临床表现	血流动力学型	微栓塞型
发作频率	密集	稀疏
持续时间	短暂	较长
临床症状	刻板	多变

2. 因为 TIA 是血管事件，因此其临床表现符合血管分布区。

（1）颈动脉系统 TIA：大脑半球受累时可出现对侧肢体无力或偏瘫、对侧面部或肢体麻木，眼部受累时可出现黑矇，优势半球病变时可出现失语，非优势半球病变可出现体像障碍。肢体抖动 TIA 是颈动脉系统 TIA 不常见的一种形式，其是颈动脉闭塞性疾病的先兆，表现为简单的、不自主的、粗大不规则的肢体摇摆动作或颤抖，可以只累及手臂，也可以累及手臂及腿，有时被误认为是抽搐。

（2）椎-基底动脉系统 TIA：脑干或小脑受累时可出现眩晕、恶心、呕吐、吞咽困难、构音障碍、共济失调、双侧或交叉性瘫痪等，枕叶受累时可出现闪光暗点、一侧或双侧皮质盲或视野缺损。少数可伴有跌倒发作（drop attack）和短暂性全面遗忘症（transient global amnesia，TGA）。跌倒发作表现为迅速转头时双下肢突然无力而跌倒，意识清楚，可自行站起，可能由于脑干网状结构缺血使肌张力降低所致。短暂性全面遗忘症是指一过性逆行性遗忘为主的临床综合征，常在 24 h 内缓解，多数认为是由于大脑后动脉的颞支或椎-基底动脉缺血，累及边缘系统如海马、穹窿和乳头体等与近记忆、短时记忆有关的结构。但是，单独的眩晕、平衡失调、耳鸣、闪光暗点、短暂性遗忘及跌倒发作通常并不是由 TIA 引起。

（三）辅助检查

1. MRI 检查 MRI 检查的空间分辨率较高，有可能发现较小的病灶。而且应用 MRI 检查时，可以进行多序列的扫描。弥散加权成像（DWI）可以发现病灶，但并不是绝对的。灌注加权成像（PWI）可发现缺血的脑组织。

2. CT 检查 由于受 MRI 设备普及与检查所需时间的限制，临床医生有时首先需要进行 CT 检查，这种情况适用于需要尽快检查的患者。

3. DSA 检查 可以明确颅内外血管的情况。

4. 超声检查 可以发现颈部的动脉粥样硬化性斑块。

5. 其他检查 如经胸超声心动图和（或）经食管超声心动图、血管内超声等有助于发现潜在的心脏或血管病变。

（四）诊断和鉴别诊断

1. 诊断 可以根据以下特征进行诊断：①短暂的、可逆的、局部的脑血液循环障碍，可反复发作，少者 1～2 次，多者达数十次。多与动脉粥样硬化有关，也可以是缺血性卒中的前驱症状。②可表现为颈内动脉系统和（或）椎-基底动脉系统的症状和体征。③每次发作持续时间通常在数分钟至 1 h，症状和体征应该在 24 h 内完全消失。另外，不属于 TIA 的症状有：不伴有后循环（椎-基底动脉系统）障碍其他体征的意识丧失、强直性和（或）阵挛性痉挛发作、躯体多处持续进展性症状、闪光暗点。

TIA 的诊断均是回忆性诊断。症状持续时间越长，最后诊断为 TIA 的可能性越小。如症状持续几分钟后完全恢复，诊断为 TIA 的可能性近 50%；但是当症状持续 2 h 后，可能性只有 10%。

2. 鉴别诊断

(1) 部分性癫痫：特别是单纯部分发作，常表现为持续数秒至数分钟的肢体抽搐，从躯体的一处开始，并向周围扩展，多有脑电图异常，CT/MRI检查可发现脑内局灶性病变。

(2) 梅尼埃病：发作性眩晕、恶心、呕吐与椎-基底动脉系统TIA相似，但每次发作持续时间往往超过24 h，伴有耳鸣、耳阻塞感、听力减退等症状，除眼球震颤外，无其他神经系统定位体征。发病年龄多在50岁以下。

(3) 心脏疾病：阿-斯综合征，以及严重心律失常如室上性心动过速、室性心动过速、心房扑动、多源性室性期前收缩、病态窦房结综合征等，可因阵发性全脑供血不足，出现头昏、晕倒和意识丧失，但常无神经系统局灶性症状和体征，心电图、超声心动图和X线检查常有异常发现。

(4) 其他：颅内肿瘤、脓肿、慢性硬膜下血肿、脑内寄生虫等亦可出现类TIA发作症状，原发性或继发性自主神经功能不全亦可因血压或心律的急剧变化出现短暂性全脑供血不足，导致发作性意识障碍，应注意排除。

（五）治疗

1. TIA是一种急症 TIA是卒中的重要危险因素，约30%的TIA患者会发生缺血性卒中，因此TIA是缺血性卒中预防的关键时期。从这个意义而言，TIA同样应该视为医学急症。可以根据TIA的危险因素判断TIA近期内发生卒中的危险高低（表8-5）。$ABCD^2$评分为6~7分者为高风险，2天内卒中发生风险为8.1%；$ABCD^2$评分为4~5分者为中度风险，2天内卒中发生风险为4.1%；$ABCD^2$评分为0~3分者为低风险，2天内卒中发生风险为1.0%。有高风险、中度风险因素的患者（$ABCD^2$评分≥4分），需要接受卒中单元的早期诊治，或在24~48 h内得到TIA专科门诊的诊治。有低风险因素的患者（$ABCD^2$评分＜4分）需要在7~10天内接受当地全科医师、私人医生或其他能提供TIA专科门诊的医疗机构的诊治。

表8-5 TIA的$ABCD^2$危险因素评分

	TIA的临床特征		得分
A	年龄	≥60岁	1
B	血压	SBP≥140 mmHg或DBP≥90 mmHg	1
C	临床症状	单侧肢体无力	2
		不伴肢体无力的言语障碍	1
D	临床症状持续时间	≥60 min	2
		10~59 min	1
D	糖尿病	口服降糖药或应用胰岛素治疗	1

SBP，收缩压；DBP，舒张压

2. 药物治疗

(1) 抗凝治疗：患有持续性或阵发性心房颤动（瓣膜性或非瓣膜性）的患者，当发生TIA时，建议长期口服抗凝药物。建议将这些患者的INR目标值控制在2.5左右（范围为2.0~3.0）。对于存在口服抗凝药物禁忌证的患者，建议其使用阿司匹林。

(2) 抗血小板治疗：对于非心源性栓塞性TIA患者，应立刻建议其进行长期的抗血小板治疗。

(3) 扩容治疗：适用于低血流动力学型TIA患者。

3. 手术治疗 可考虑颈动脉内膜切除术和颈动脉成形术。

第四节 脑出血

脑出血（intracerebral hemorrhage，ICH）是指自发性（非外伤性）脑实质内出血。

(一) 病因

导致脑出血的原因很多，但高血压病是最重要的可改变的危险因素。

1. 高血压病 高血压是脑出血最主要的病因。在高血压和脑动脉硬化的基础上，脑内穿通动脉上可形成许多微动脉瘤，当血压骤然升高时，微动脉瘤破裂发生出血。或者长期未控制的高血压，血管发生玻璃样变性或纤维素样坏死，在血压或血流急剧变化时容易破裂出血。高血压性脑出血最常累及的部位是基底神经节和丘脑（约50%），其次是脑叶（约33%）、脑干和小脑（约13%）。

2. 颅内动脉瘤和脑血管畸形 它们是蛛网膜下腔出血的常见原因，但也有出血后破入脑实质内形成脑内血肿。

3. 脑淀粉样血管病（cerebral amyloid angiopathy，CAA） 又称嗜刚果红血管病，异常的淀粉样物质沉积于脑皮质或软脑膜中小动脉的中膜和外膜。患者年龄常超过65岁，并在70~90岁人群中发病率增加。该病变所致的脑出血发生于脑叶，尤其是顶枕叶，而大脑半球深部组织、脑干和小脑很少受累。

4. 颅内恶性肿瘤 如胶质瘤、转移瘤、黑色素瘤等，发生瘤卒中时可形成脑出血。

5. 血液疾病 如白血病、再生障碍性贫血、血小板减少性紫癜和血友病等。

6. 药物 抗凝、抗血小板或溶栓治疗等均可能引起脑出血。

7. 其他病因 各种脑动脉炎、出血性脑梗死等。

(二) 病理生理机制

高血压性小动脉硬化和破裂是本病最常见的发病机制。高血压性脑出血好发于基底神经节区。基底神经节区的出血向内侵入内囊和丘脑或破入侧脑室，向外直接破入外侧裂和脑表面。丘脑出血多数向下侵入下丘脑，甚至中脑；向内破入侧脑室。脑干或小脑出血可直接破入蛛网膜下腔或第四脑室。脑出血破入第四脑室时易导致急性阻塞性脑积水，颅内压急剧升高。脑出血形成血肿的周围组织因静脉回流受阻和直接压迫作用而出现缺血性水肿和点状出血。血肿及水肿造成占位、压迫效应；严重者使同侧脑组织向对侧或向下移位形成脑疝，最后导致死亡。

(三) 临床表现

脑出血常发生于中老年人，男性略多见，北方多于南方，冬春季发病较多，多有高血压病史，常在情绪激动、用力排便、饱餐、剧烈运动时发生，数分钟到数小时达高峰。高血压性脑出血的出血部位以壳核最多见，其次为丘脑、尾状核、半球白质、脑桥、小脑和脑室等。偶见中脑出血，延髓出血罕见。因出血部位及出血量不同而临床表现各异。小量出血者，可不产生任何症状和体征。大量出血者，出血区的脑组织遭到破坏，邻近脑组织受压、移位，出现严重的症状和体征。

1. 基底神经节区出血 出血经常波及内囊。通常突然发病，对侧偏瘫、偏身感觉丧失和同向性偏盲，如果优势侧半球受累则可出现失语。呕吐很常见。

壳核出血时，眼球同向性向病灶侧注视，并可造成局限性神经系统体征，如弛缓性偏瘫、偏身痛温觉丧失、同向性偏盲、全面性失语（优势侧半球受累）或半侧忽视（非优势侧半球受累）。

尾状核出血的特点是头痛、恶心、呕吐和各种行为异常（如定向力下降或意识错乱），偶尔伴有明显的短时间近记忆力丧失、短暂的凝视麻痹和对侧偏瘫，但不伴语言障碍。

严重脑出血患者出血量超过 30 ml 时，患者表现为意识障碍重，鼾声明显，呕吐频繁，可呕吐咖啡样胃内容物，两眼可向病灶侧凝视，可见海马钩回疝的体征（同侧动眼神经麻痹）或上部脑干压迫的体征（深大的、不规则或间歇性呼吸，同侧瞳孔散大固定和去脑强直），以及中枢性高热等。

2. 丘脑出血　丘脑出血的特征是上视麻痹、瞳孔缩小和对光反射丧失，有时伴有会聚麻痹。除了特征性的眼球运动异常，丘脑出血经常造成邻近结构损害，出现眼球向病灶对侧注视、失语（优势侧半球受累）、偏瘫（下肢多重于上肢）和对侧半身深浅感觉减退、感觉过敏或自发性疼痛。当出血位于侧后方，偏瘫不重时，可出现丘脑性共济失调，此时通常伴有感觉障碍或感觉运动异常（如偏身共济失调、偏身感觉障碍或感觉障碍性共济失调性偏瘫），感觉障碍常较重。失语、行为异常在丘脑出血较常见，优势侧半球出血的患者，常常为经皮质感觉性或混合性失语；非优势侧出血时，常可出现偏侧疾病忽视、视空间忽视、语法运用障碍及触觉、听觉、视觉缺失等，上视麻痹和眼球固定，瞳孔对光反射迟钝十分常见。

3. 脑桥出血　出血量少时可意识清楚，可出现交叉性瘫痪、偏瘫或四肢瘫、眩晕、复视、眼球不同轴，可表现为 Foville 综合征、Millard-Gubler 综合征和闭锁综合征；出血量大时，患者迅速进入昏迷，双侧针尖样瞳孔，呕吐咖啡样胃内容物，中枢性高热及中枢性呼吸障碍，四肢瘫痪和去大脑强直，多在 48 h 内死亡。

4. 小脑出血　起病突然，发病时神志清楚，眩晕明显，频繁呕吐，枕部疼痛，无肢体瘫痪，瞳孔往往缩小，一侧肢体笨拙，行动不稳，共济失调，眼球震颤。晚期病情加重，意识模糊或昏迷，瞳孔散大，中枢性呼吸障碍，最后死于枕骨大孔疝。

5. 脑室出血　小量脑室出血常有头痛、呕吐、脑膜刺激征，一般无意识障碍及局灶性神经缺损体征。大量脑室出血常起病急骤、迅速出现昏迷，频繁呕吐，针尖样瞳孔，眼球分离斜视或浮动，四肢弛缓性瘫痪，可有去脑强直、呼吸深，鼾声明显，体温明显升高，多迅速死亡。

6. 脑叶出血　神经功能缺损通常比较局限且多变。以顶叶最常见，其次为颞叶、枕叶、额叶，也可多发脑叶出血。

（1）额叶出血：前额痛、呕吐、痫性发作较多见，对侧偏瘫、共同性斜视、精神障碍，优势半球出血时可出现运动性失语。

（2）顶叶出血：偏瘫较轻，而偏侧感觉障碍显著，对侧下象限盲，优势半球出血时可出现混合性失语。

（3）颞叶出血：表现为对侧中枢性面舌瘫及上肢为主的瘫痪，对侧上象限盲，优势半球出血时可出现感觉性失语或混合性失语；可有颞叶癫痫、幻嗅、幻视。

（4）枕叶出血：对侧同向性偏盲，并有黄斑回避现象，可有一过性黑矇和视物变形，多无肢体瘫痪。

较大的脑叶出血会累及两个或多个脑叶，出现严重的神经功能缺损和意识障碍。

7. 中脑出血　突然出现复视、眼睑下垂；一侧或两侧瞳孔扩大、眼球不同轴、水平或垂直眼震、同侧肢体共济失调，也可表现为 Weber 综合征或 Benedikt 综合征。严重者很快出现意识障碍、去大脑强直。

（四）辅助检查

对疑似脑出血患者，应尽快行头部 CT 或 MRI 检查以明确诊断。如果患者有 MRI 检查的禁忌证，应当检查 CT。出血量小的患者及非高血压引起者临床表现常不典型，通过上述影像学方法可以明确。为进一步查找脑血管基础病变，可进一步检查 MRA、MRV、CTA 及 DSA 等。

1. 头颅 CT 检查　这是首选检查。新鲜血肿在 CT 上常见圆形或卵圆形的均匀高密度区，边界清楚，也可显示血肿部位、大小、形态、是否破入脑室，血肿周围有无低密度水肿带及占位效应（图 8-11）。

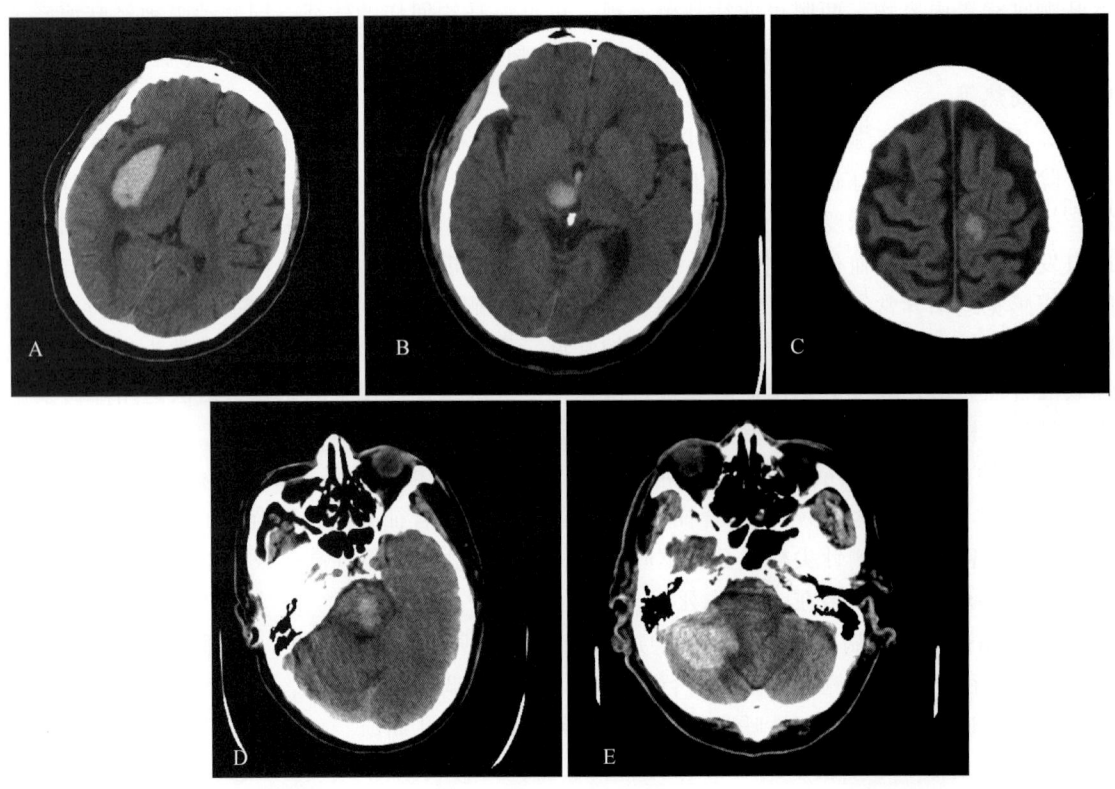

图 8-11　A. 右侧壳核出血；B. 右侧丘脑出血；C. 左侧额叶出血；D. 脑桥出血；E. 右侧小脑出血

2. MRI 检查　急性期对幕上及小脑出血的价值不如 CT。MRI 对于脑干出血的检测优于 CT。脑出血后随着时间的延长，完整红细胞内的含氧血红蛋白（HbO_2）逐渐转变为脱氧血红蛋白（DHb）及正铁血红蛋白（MHb），红细胞破碎后，正铁血红蛋白析出呈游离状态，最终成为含铁血黄素。上述演变过程从血肿周围向中心发展，因此出血后的不同时期，血肿的 MRI 表现也各异。在 MRI 图像上，其表现随血肿内血红蛋白的病理生理变化而产生一系列特征性改变。MRI 梯度回波（gradient recalled echo，GRE）和磁敏感加权成像（susceptibility weighted imaging，SWI）两个序列对识别急性脑出血都很敏感（表 8-6）。此外，MRI 较 CT 更容易发现血管畸形、肿瘤等。

表 8-6　不同时期脑出血的 MRI 表现

时期		病理生理变化	CT	T2*	T1	T2
超急性期（<6 h）		含氧血红蛋白	高密度	低信号	等信号	高信号
急性期（6 h 至 3 天）		脱氧血红蛋白	高密度	低信号	等信号	低信号
亚急性期	早期（3 天至 1 周）	细胞内正铁血红蛋白	等密度	低信号	高信号	低信号
	晚期（1 周至 1 个月）	游离正铁血红蛋白	等密度	低信号	高信号	高信号
慢性期（>1 个月）		含铁血黄素	低密度	低信号	低信号	低信号

3. 数字减影血管造影（DSA）　怀疑脑血管畸形、Moyamoya 病、血管炎等，尤其是血压正常的年轻患者，应考虑行该项检查。

4. 其他辅助检查　血、尿、便常规，及肝肾功能、凝血功能、心电图等。

（五）诊断

脑出血是急症，早期常有持续出血，导致严重的临床功能缺损，严重时可致死，应及时识别和确诊。

根据活动或情绪激动时突然发病，迅速出现头痛、呕吐、意识障碍及偏瘫、失语等脑部局灶性症状和体征，头颅 CT 检查发现高密度病灶，多可明确脑出血的诊断。

此外，还应尽可能明确病因，以利于治疗。以下为常见的病因及诊断线索。

1. 高血压性脑出血　50 岁以上者多见，有高血压病，常见的出血部位是壳核、丘脑、小脑和脑桥。

2. 脑淀粉样血管病　多见于老年患者或家族性脑出血的患者，多无高血压病史。常见的出血部位是脑叶，病灶多发或复发者更有助于诊断。

3. 脑血管畸形出血　年轻人多见，常见的出血部位是脑叶，影像学可发现血管异常。

4. 瘤卒中　脑出血前即有神经系统局灶症状，出血部位常位于非高血压性脑出血典型部位，影像学上早期显示血肿周围明显水肿。

5. 抗凝治疗所致脑出血　近期应用抗凝剂治疗，常见脑叶出血，多有继续出血的倾向。

6. 溶栓治疗所致脑出血　近期曾应用溶栓药物，出血多位于脑叶或原有的脑梗死病灶附近。

（六）鉴别诊断

1. 脑梗死　小量脑出血的临床表现与脑梗死非常雷同，或大面积脑梗死引起的严重表现也酷似脑出血，仅仅通过症状和体征难以鉴别。尽早进行头颅 CT 扫描可以很容易鉴别。

2. 蛛网膜下腔出血　可表现为头痛、呕吐、意识障碍、脑膜刺激征。其与脑出血的鉴别点在于蛛网膜下腔出血一般没有局灶性神经功能障碍。但如果蛛网膜下腔出血合并动脉痉挛导致局灶性神经功能障碍者，则不易与脑出血鉴别。借助头颅 CT 扫描可以很容易鉴别。

3. 高血压性脑病　表现为血压突然急剧升高并伴有明显的头痛、呕吐、眩晕、视盘水肿，甚至有意识障碍等；其与脑出血有时不易鉴别。但主要的区别在于高血压性脑病没有明确的局灶性神经功能障碍，降血压治疗后症状明显好转，CT 扫描可明确。

4. 瘤卒中　即脑恶性肿瘤发生的出血，其主要区别在于新鲜血肿周围在 CT 扫描上显示明显的水肿，而一般的脑出血早期水肿不明显。增强 CT 或增强 MRI 扫描可发现颅内肿瘤。

5. 中毒与代谢性疾病　突发的大量脑出血导致患者迅速进入深昏迷状态，未及见到明显的局灶性神经功能障碍表现，与中毒或严重代谢性疾病相似。主要从病史、相关实验室检查中找到线索，头颅 CT 可以确定有无脑出血。

（七）治疗

诊断明确者建议卧床休息，根据出血部位及出血量决定具体治疗方案。治疗原则是降低颅内压，控制高血压，防止继续出血，防治并发症，早期功能锻炼。病情变化时，要及时复查头颅 CT。

1. 降低颅内压　颅内压升高的主要原因是血肿的占位效应和血肿周围脑组织的水肿，脑出血后 3~5 天，脑水肿达到高峰。降低颅内压应当是一个平衡和逐步的过程，从简单的措施开始，如抬高床头、镇痛和镇静。最常用的脱水降颅压药物是甘露醇 125~250 ml 静脉滴注，1 次/(6~8) h，病情严重时可增加剂量，使用甘露醇须注意水电解质平衡和心肾功能情况。其他可选择的降低颅内压的药物包括甘油果糖、高渗盐水、呋塞米或大剂量白蛋白等。对于严重脑水肿、颅内压增高者，药物难以控制时，可配合使用控制性过度换气，使动脉血二氧化碳分压控制在约 30 mmHg，可降低脑脊液的二氧化碳分压，pH 升高，引起脑血管收缩，达到降低颅内压的目的。

对伴有意识水平下降的脑积水患者可行脑室引流。

2. 控制血压 控制高血压要根据患者年龄、病前有无高血压、病后血压情况、保证脑灌注等多种因素确定最适血压水平。一般来说，如脑出血急性期收缩压>180 mmHg或舒张压>100 mmHg应予以降压，可静脉使用短效药物，并严密观察血压变化，每隔5~15 min进行一次血压监测，目标血压宜在160/90 mmHg，急性期后再将血压控制在<140/90 mmHg。

3. 防止继续出血 目前尚缺乏有效的措施，重组活化凝血因子Ⅶ（rFⅦa）可以限制血肿扩大，但是rFⅦa会增加血栓形成的风险，不推荐常规应用。

4. 手术治疗 早期手术可以解除血肿的占位效应，去除周围脑组织的中毒反应，但是颅内活动性出血的患者手术风险较高。目前认为，小脑出血伴神经功能恶化、脑干受压和（或）脑室梗阻致脑积水者应尽快手术清除血肿，不推荐以脑室引流作为该组患者的初始治疗。脑叶出血超过30 ml且血肿距皮质表面1 cm以内者，可考虑开颅清除幕上血肿。手术方式的选择应根据经验和具体情况而定，目前临床常用的方法有开颅血肿清除术、钻颅穿刺血肿吸除术、脑室引流术等。

5. 并发症处理

（1）应激性溃疡：一般应用H_2受体阻滞药或质子泵抑制剂。应激性溃疡可以按上消化道出血进行常规治疗。

（2）肺部感染：应用适当的抗生素治疗脑出血后的肺部感染。不建议预防性应用抗生素。

（3）其他：卧床患者可出现下肢深静脉血栓、肺栓塞。大量输液出现心功能不全等，应注意及时给予相应的治疗。

6. 康复 脑出血后致残的概率较高，因此，脑出血患者应当接受多方面的康复训练。康复应该尽早开始，并于出院后继续进行，以尽可能挽救患者的功能。

（八）预防

治疗后要定期随访，对危险因素进行有效控制。治疗高血压是减少脑出血风险最重要的措施，可能对于复发性脑出血也是如此。吸烟、过度饮酒和可卡因滥用是脑出血的危险因素，为预防脑出血复发，应当停止这些行为。

案例 8-2

案例 8-2
答案及解析

第五节 蛛网膜下腔出血

蛛网膜下腔出血（subarachnoid hemorrhage，SAH）是指多种病因所致颅内血管破裂，血液流入蛛网膜下腔的急性出血性脑血管病。可分为原发性和继发性两种情况。脑底部或脑及脊髓表面血管破裂，血液直接流入蛛网膜下腔，称为原发性蛛网膜下腔出血；因脑实质内出血，血液穿破脑组织流入蛛网膜下腔者，称为继发性蛛网膜下腔出血。

（一）病因

在蛛网膜下腔出血的各种原因中，动脉瘤占大多数，其他还有动静脉畸形、脑底异常血管网病、高血压动脉硬化、血液病、肿瘤、炎性血管病、感染性疾病、抗凝治疗后、妊娠并发症、颅内静脉系统血栓、脑梗死等。有少数找不到明确病因。

动脉瘤好发于脑动脉分叉处。由于这些部位的动脉在血管壁成熟期发育障碍而使内弹性层和中膜的肌层不完整，在血流的冲击下渐渐向管外膨胀突出而形成囊状动脉瘤。少数的动脉瘤是由于高血压动脉硬化，脑动脉中纤维组织代替肌层，内弹性层变性断裂和胆固醇沉积于内膜，经过血流冲击逐渐扩张形成梭形的动脉瘤。动静脉畸形是在原始血管网期发育障碍而形成的，其血管壁发育不全，厚薄不一，多位于大脑中动脉和大脑前动脉供血区的脑表面。这些动脉瘤壁或血管畸形的管壁发展到一定程度后，血压突然升高时，在血流冲击下发生破裂。炎性病变、脑组织梗死和肿瘤也可直接破坏脑动脉壁，导致管壁破裂。血液凝血功能低下时，脑动脉壁也易破裂。

如病因和发病诱因仍然存在，尤其在纤溶酶活性达高峰时，易使破裂口的血块溶解时，容易发生再出血。

（二）病理生理机制

蛛网膜下腔出血后，脑池和脑沟内血细胞沉积，形成血凝块。48h后，血细胞破裂、溶解，释放出大量的含铁血黄素，可见不同程度的局部粘连。在此过程中，可继发一系列颅内、外的病理生理改变。

1. 颅内容量增加 血液流入蛛网膜下腔，使颅内容量增加，引起颅内压增高，严重者出现脑疝。

2. 阻塞性脑积水 血液在颅底或脑室发生凝固，造成脑脊液回流受阻，导致急性阻塞性脑积水，颅内压增高，甚至脑疝形成。

3. 化学性炎症反应 血细胞崩解后释放的各种炎性或化学活性物质，导致化学性炎症，进一步引起脑脊液增多而加重颅高压，同时也诱发血管痉挛，导致脑缺血或梗死。

4. 下丘脑功能紊乱 由于急性颅高压或血液及其产物直接对下丘脑的刺激，引起神经内分泌紊乱，出现血糖升高、发热、应激性溃疡、低钠血症等。

5. 自主神经功能紊乱 急性颅高压或血液直接损害丘脑下部或脑干，导致自主神经功能紊乱，引起急性心肌缺血和心律失常。

6. 交通性脑积水 血红蛋白和含铁血黄素沉积于蛛网膜颗粒，导致脑脊液回流的缓慢受阻而逐渐出现交通性脑积水和脑室扩大，引起认知功能障碍和意识障碍等。

（三）临床表现

1. 发病年龄 任何年龄均可发病，以30～60岁为多见。脑血管畸形破裂多发生在青少年，先天性颅内动脉瘤破裂则多在青年以后，老年以动脉硬化致出血者为多。

2. 发病形式 发病突然，多有明显诱因，如剧烈运动、过劳、激动、用力排便、咳嗽、饮酒、口服避孕药等。极少数在安静状态下发病。

3. 临床症状

（1）头痛：突然发生的剧烈头痛，可呈暴烈样或全头部剧痛，其始发部位常与动脉瘤破裂部位有关。

（2）恶心和呕吐：头痛严重者多伴有恶心、呕吐，面色苍白，全身出冷汗，呕吐多为喷射性、反复性。

（3）意识障碍：半数患者可有不同程度的意识障碍，轻者有短暂意识模糊，重者则出现昏迷。部分患者可有全身性或局限性癫痫发作。精神症状可表现为淡漠、嗜睡、谵妄、幻觉、妄想、躁动等。

（4）脑膜刺激征：表现为颈项强直，Kernig征及Brudzinski征均呈阳性，有时脑膜刺激征是蛛网膜下腔出血唯一的临床表现。

（5）脑神经麻痹：以一侧动眼神经麻痹最为常见，是动脉瘤压迫动眼神经或者脑疝压迫动眼神经所致。

（6）偏瘫：部分患者可发生短暂或持久的肢体偏瘫、单瘫、四肢瘫，常为继发脑血管痉挛或继发脑梗死的表现。

（7）其他：可有感觉障碍、眩晕、共济失调等。

总之，因发病年龄、病变部位、破裂血管的大小和发病次数不同，临床表现各异。轻者可无明显症状和体征，重者突然昏迷，并在短时间内死亡。

4. 眼底改变 眼底检查可见视网膜出血，视网膜前即玻璃体膜下片状出血，这一征象的出现常具有特征性意义。

5. 并发症

（1）再出血：是蛛网膜下腔出血致命的并发症。出血后1个月内再出血的危险性最大。原因多为动脉瘤再次破裂，常在病情稳定的情况下，突然再次出现剧烈头痛、呕吐、抽搐发作、昏迷，甚至去大脑强直及神经系统定位体征，脑膜刺激征明显加重。复查头CT可见脑沟、裂、池内高密度影增多。

（2）脑血管痉挛：是死亡和伤残的重要原因。早期脑血管痉挛出现于出血后，历时数分钟至数小时缓解；迟发脑血管痉挛发生于出血后4～15天，7～10天为高峰期，2～3周后逐渐减少，可出现继发性脑梗死。

（3）低钠血症：低钠血症可能由抗利尿激素的异常分泌（血管内容量正常或增加）或大脑盐分耗竭（血管内容量低）引起。

（4）脑积水：急性脑积水于发病后1周内发生，与脑室及蛛网膜下腔中积血量有关。轻者仅有嗜睡、近记忆受损等，重者可出现昏睡或昏迷，可因脑疝而死亡。

（四）辅助检查

蛛网膜下腔出血是一种急症，经常被误诊。患者有急性发病的剧烈头痛时，要高度怀疑蛛网膜下腔出血。怀疑蛛网膜下腔出血时，应当进行头颅CT扫描。如果CT扫描结果阴性，需要腰椎穿刺检查脑脊液。在有蛛网膜下腔出血的患者中，应当进行脑血管造影，以明确动脉瘤的存在和解剖特点。当传统的血管造影不能及时进行时，可以考虑MRA和CTA。

1. 头颅CT检查 可见蛛网膜下腔高密度影，多见于大脑外侧裂、前纵裂池、后纵裂池、鞍上池和环池等（图8-12）。CT可显示出血量和血液分布，前后比较时可进行动态观察以判断有无再出血及出血吸收情况。

2. 脑脊液检查 常见均匀的血性脑脊液，压力增高，蛋白质含量增高，糖和氯化物水平多正常。

3. 数字减影血管造影（DSA） 这是确定蛛网膜下腔出血病因的主要手段，可确定出血的原因及其部位（图8-13）。如可确定动脉瘤位置、大小、形态及其他病因如动静脉畸形、烟雾病等。

4. 经颅多普勒超声（TCD） 可以测量颅底大血管的血流速度，对观察蛛网膜下腔出血后血管痉挛具有价值。

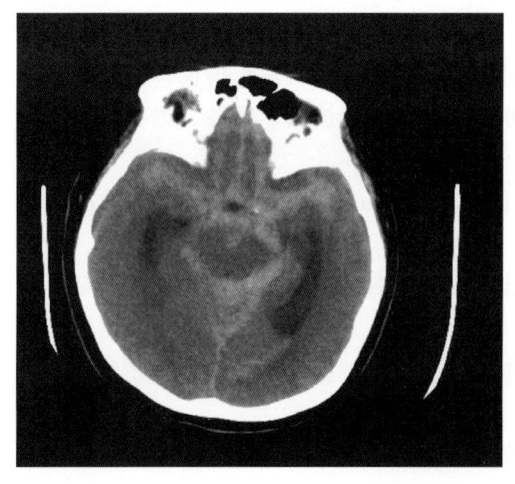

图8-12 头颅CT显示蛛网膜下腔出血

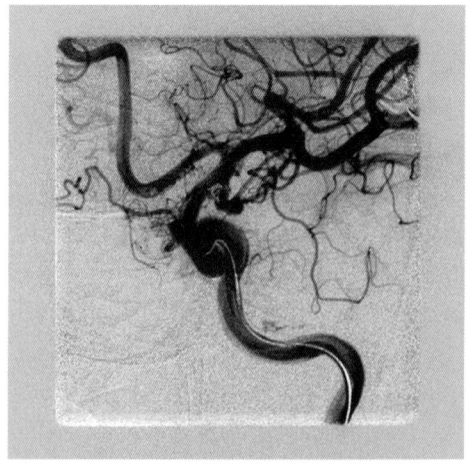

图8-13 DSA显示右后交通动脉瘤

（五）诊断

根据突然发生的剧烈头痛、恶心、呕吐和脑膜刺激征阳性，无局灶性神经缺损体征，伴或不伴意识障碍；头颅 CT 发现沿着脑沟、裂、池分布的出血征象，脑脊液呈均匀一致的血性脑脊液且压力增高，可以确诊本病。DSA 可查找动脉瘤及动静脉畸形、烟雾病等其他病因。

最初出血的严重程度要迅速明确，因为这是动脉瘤性蛛网膜下腔出血后最有用的结局预后指标。用非外伤性蛛网膜下腔出血的 Hunt-Hess 量表确定神经缺损的程度（表 8-7），有助于判断预后和指导治疗。

表 8-7 Hunt-Hess 量表

分级	神经功能状态
1	无症状
2	严重头痛或颈项强直，无神经功能缺损
3	昏睡，极轻的神经功能缺损
4	昏迷，中-重度偏瘫
5	深昏迷，去大脑状态

（六）鉴别诊断

1. 与其他急性脑血管病的鉴别

表 8-8 蛛网膜下腔出血与其他急性脑血管病的鉴别诊断

	脑梗死	脑出血	蛛网膜下腔出血
发病年龄	多在 60 岁以上	50～60 岁	各年龄均有，青壮年多见
起病状况	安静状态或睡眠中	多在活动中	多在活动中
发病形式	较缓（以时、日计）	急（以分、时计）	急骤（以分计）
偏瘫	有（可逐渐加重）	有（发病时就有）	无，或一过性瘫
语言障碍	多有	多有	罕见
头痛、呕吐	无	多见	剧烈
抽搐	少见	可见	多见
高血压史	正常或升高	明显升高	正常或增高
意识障碍	无或轻度	多见、持续	少见、短暂
眼底	动脉硬化	动脉硬化，可见视网膜出血	可见玻璃体膜下出血
CT	脑内低密度灶	脑内高密度灶	蛛网膜下腔高密度影
脑脊液	多正常	压力增高，血性	压力增高，血性
脑血管造影	可见血管狭窄或闭塞	不定	可见动脉瘤、动静脉畸形等

2. 颅内感染 可有头痛、呕吐、脑膜刺激征。但颅内感染多呈慢性或亚急性起病，有前驱发热或全身感染征象，脑脊液检查呈明显的炎性改变，脑 CT 扫描提示蛛网膜下腔没有血性高密度影。

3. 脑肿瘤 少部分脑肿瘤患者可发生瘤卒中，形成瘤内或瘤旁血肿并合并 SAH；癌瘤颅内转移、脑膜癌症或中枢神经系统白血病也可见血性脑脊液。根据详细病史及头部 CT 和 MRI 可以鉴别。

4. 偏头痛 可有剧烈头痛和呕吐。但多长期反复发作，查体无脑膜刺激征，头颅 CT 及脑脊液检查没有异常发现。

(七) 治疗

治疗原则是预防再出血，降低颅内压，控制血压，防治并发症，去除病因。

1. 预防再出血 蛛网膜下腔出血后再出血有很高的死亡率，即使幸存，其功能亦难恢复且预后较差。预防再出血可有以下措施。

(1) 安静休息：绝对卧床4～6周，避免一切可能引起血压和颅内压增高的诱因，如咳嗽、便秘等。头痛、烦躁者可给予止痛、镇静药物。

(2) 控制血压：血压持续增高，再出血的风险将增高。但是，过于积极地降低血压，可能会造成失去自动调节血流的能力，引起脑组织的缺血性损伤。在去除疼痛等诱因后，收缩压仍超过160 mmHg者，可适当选择降压治疗。

(3) 抗纤溶药物：为防止血管破裂口血块溶解引起再出血，应用抗纤维蛋白溶解的药物可以延迟血块的溶解，使纤维组织和血管内皮细胞有足够的时间修复破裂处，但应注意这类药物有增加静脉血栓形成的风险。早期（72 h内）可以选择6-氨基己酸或氨甲环酸。

2. 降颅压治疗 可选择的药物包括甘露醇、高渗盐水、甘油果糖、呋塞米或大剂量白蛋白等。伴有颅内血肿时可手术治疗。

3. 脑血管痉挛的预防和处理 脑血管痉挛是蛛网膜下腔出血后继发脑缺血的主要原因，应用经颅多普勒超声监测和CT或MRI检查可发现脑血管痉挛或潜在的脑缺血区域。脑血管痉挛的预防方法有：①使用钙离子拮抗剂，如口服尼莫地平，必要时可以静脉滴注，但应注意其低血压的副作用。②维持等容量和正常循环血容量。如果发生脑血管痉挛引起的脑缺血，可以适当升高血压以增加脑灌注；对于药物和升高血压治疗无反应的症状性脑血管痉挛患者，可以行脑血管成形术和（或）选择性动脉内血管扩张术。

4. 液体管理和低钠血症 一般应避免给予大容量低张液体。在某些新近SAH的患者中，可以组合应用中心静脉压、肺动脉楔压、计算液体平衡和测量体重以监测容量状态。SAH后低钠血症常见，多是由尿钠排出过多或脑耗盐综合征导致的，低钠血症往往会导致血容量减低，从而增加继发性脑缺血的风险。醋酸氟氢可的松和高张盐水可用于纠正低钠血症，但应注意快速纠正低钠血症可能导致脑桥中央髓鞘溶解症。

5. SAH引起的脑积水的治疗 SAH后发生急性症状性脑积水可以行脑脊液分流，发生慢性症状性脑积水应通过持续脑脊液引流予以治疗。

6. SAH引起的癫痫的治疗 不建议常规长期使用抗癫痫药，但在有危险因素的患者中，如有癫痫发作史、实质血肿、脑梗死或大脑中动脉瘤者，可以考虑使用。

7. 脑脊液置换 腰椎穿刺放脑脊液，每次缓慢放出少量，一般每周2次，有助于降低颅内压和减少脑脊液中的血液成分，以减轻头痛，减少脑疝和正常颅压脑积水的发生率。需注意诱发脑疝、颅内感染、再出血的危险性。

8. 破裂脑动脉瘤的手术和血管内治疗 动脉瘤一旦明确，应当进行手术夹闭或血管内弹簧圈栓塞，以降低动脉瘤性蛛网膜下腔出血后再出血的发生率。包裹治疗的动脉瘤，以及不完全夹闭或弹簧圈栓塞治疗的动脉瘤，与完全闭塞的动脉瘤相比，出血风险增高，因此需要长期随访血管造影。无论何时，只要可能，建议完全闭塞动脉瘤。有破裂动脉瘤的患者，由经验丰富的脑血管外科和血管内治疗专家团队判定，技术上神经外科夹闭或血管内弹簧圈栓塞都可行的话，血管内弹簧圈栓塞更有益。然而，应当考虑患者和动脉瘤的个体特点，以决定动脉瘤修复的最佳手段。动脉瘤的修复需要在能提供这两种技术的医院处理。

尽管以前的研究显示，蛛网膜下腔出血后早期手术与晚期手术相比，总的结局并无差异，但早期治疗可减少蛛网膜下腔出血后再出血的风险。动脉瘤修复时，判断再出血风险要考虑以下因素：最初出血的严重程度、入院时间、血压、性别、动脉瘤的特点、是否有脑积水等。

(八) 预防

高血压与动脉瘤性蛛网膜下腔出血之间的关系尚不确定。建议使用降压药物治疗高血压，以预防缺血性卒中、脑出血，及心、肾和其他终末器官损害。

为减少蛛网膜下腔出血风险，应当戒烟。

在某些高危人群中筛查未破裂动脉瘤的价值尚不确定。新的无创性成像可用于筛查，但当临床上必须明确是否存在动脉瘤时，导管血管造影仍是金标准。

案例 8-3

案例 8-3
答案及解析

第六节　血管性痴呆

血管性痴呆（vascular dementia，VaD）是与脑血管损伤相关的血管性认知障碍综合征中的痴呆亚型。血管性痴呆约占痴呆总患病率的 30%。急性卒中相关痴呆的发病率较高，10%～35% 的患者在一次半球性卒中后在 5 年内发展为痴呆。

(一) 病理

血管性痴呆的病理类型主要包括以下五类。

1. 多发性脑梗死性痴呆　由多发性脑梗死累及大脑皮质或皮质下区域所引起的痴呆综合征，是血管性痴呆的最常见类型。

2. 关键部位梗死性痴呆　是由重要皮质、皮质下功能区域的几个小面积梗死灶，有时甚至是单个梗死病灶所引起。皮质部位包括海马、角回和扣带回等。皮质下部位可包括丘脑、穹窿、基底节等。

3. 小血管性痴呆　即皮质下小血管疾病引起的痴呆。Binswanger 病（Binswanger disease，BD）是一种较为常见的小血管性痴呆，病理改变为脑室周围白质的广泛性脱髓鞘病变与多发性腔隙灶共存，伴星形胶质细胞增生。

4. 低血氧-低灌流性痴呆　痴呆也可在缺血状态下的弥漫性大脑损害或局限性大脑损害（因局部脑组织对缺血的选择性易感所致）后出现。痴呆可能由继发于心脏骤停或严重低血压的脑缺血性损害、血液灌流交界区的缺血性损害（如脑室周围白质部位的缺血性损害）导致。

5. 出血性痴呆　由出血和血管瘤所致，包括硬膜下出血、蛛网膜下腔出血、高血压性血管病变所致的血管破裂、血管炎引起的脑血管破裂等。

(二) 临床表现

血管性痴呆的认知障碍通常在脑梗死发生后较短时间内比较迅速地出现，以阶梯样方式进展。但少数血管性痴呆患者的卒中病史并不明确，逐渐进展，可能与阿尔茨海默病混淆。

血管性痴呆的执行功能障碍比较突出，对患者生活质量和工作能力产生较严重的影响，而其记忆障碍并不突出而容易被忽略。血管性痴呆还具有脑血管病的临床表现，特别是某些脑局灶性功能障碍的症状和体征。这些局灶性症状和体征与阿尔茨海默病存在较明显的差异。血管性痴呆也可能具有抑郁、焦虑和激越等神经精神症状，但一般比较轻微。

血管性痴呆的不同类型有不同的临床表现特点。多发性脑梗死性痴呆的特点是突发局灶性神经缺损症状和体征，伴随皮质认知功能障碍，如失语、失用或者失认，症状波动明显。单一重要部位梗死性痴呆的临床特点根据病变在皮质或者皮质下区域不同而临床表现不同，记忆障碍、执行功能障碍、意识模糊和意识水平的波动都可能发生。行为的改变包括情感淡漠，缺乏自发性和持续性等。小血管性痴呆临床上突出的认知功能障碍特点是执行功能不全综合征和信息处理减慢，通常有轻度记忆力受损和行为症状。

(三) 诊断

诊断标准包括三个要素：痴呆、脑血管病以及脑血管病和痴呆的相关性。

美国国立神经系统疾病与卒中研究所和瑞士神经科学研究国际协会（NINDS-AIREN）标准是目前应用最广泛的血管性痴呆诊断标准。NINDS-AIREN 标准对于痴呆的定义中要求有记忆障碍以及至少两个其他认知领域的障碍。NINDS-AIREN 诊断分为可能（possible）、很可能（probably）、肯定（definite）3 个等级，具体如下。

1. 可能的血管性痴呆 指存在痴呆并有局灶性神经体征，但脑部影像学检查没有脑血管病发现；或痴呆和卒中之间缺乏明显的时间上的联系；或虽有脑血管病存在，但缓慢起病，病程特征不符。

2. 很可能的血管性痴呆 要求有脑血管病的临床和影像学证据，以及在卒中和痴呆发生之间有明确的时间关系——间隔最长不超过 3 个月；或者没有时间上的关联性，但病程中有突然恶化或者阶梯样进展。

3. 肯定的血管性痴呆 临床上符合很可能的血管性痴呆，组织病理学检查（活检或尸解）证实血管性痴呆；没有超过年龄限定数目的神经纤维缠结和老年斑；没有其他引起痴呆的临床和病理疾病。

(四) 鉴别诊断

血管性痴呆需要与阿尔茨海默病性痴呆进行鉴别。

阿尔茨海默病（Alzheimer's disease，AD）和血管性痴呆都是老年人发生痴呆最常见的原因，两者可以单独发生，也可并存或先后发生。脑血管疾病亦常可使阿尔茨海默病性痴呆加重。因此两者的鉴别诊断较困难，最后确诊需病理检查。采用 Hachinski 缺血量表对阿尔茨海默病和血管性痴呆进行鉴别在临床上较为简单（表 8-9），且具有一定的准确性。

表 8-9 Hachinski 缺血量表

临床发现	评分
突发急性起病	2
阶梯式恶化	1
波动式病程	2
夜间意识模糊	1
人格相对保持完整	1
抑郁	1
躯体不适叙述	1
情感失禁	1
高血压病史	1
卒中病史	2
动脉硬化	1
局灶神经症状	2
局灶神经体征	2

注：>4 分考虑血管性痴呆，3~4 分考虑混合性痴呆，<3 分考虑阿尔茨海默病

(五) 治疗

血管性痴呆尚缺乏特效的治疗方法。首先应控制脑血管病的危险因素，积极治疗和预防脑血管病的复发。

乙酰胆碱酯酶抑制剂（如多奈哌齐、重酒石酸卡巴拉汀和加兰他敏）和 NMDA 受体拮抗剂（如美金刚）可改善轻、中度血管性痴呆患者的认知功能。

二氢吡啶类钙通道阻滞剂（如尼莫地平）阻断 L 型钙离子受体，扩张脑血管，增加脑灌注，有可能部分改善或延缓血管性痴呆的症状进展。

（六）预后

血管性痴呆认知功能损害的进展速率是多变的，一些患者以比 AD 患者更低的速率进展。然而，血管性痴呆患者死亡率高于阿尔茨海默病患者，50% 的血管性痴呆患者生存时间不超过 4 年。

第七节　其他脑血管病

一、脑静脉系统血栓形成

脑静脉系统血栓形成（cerebral venous thrombosis，CVT）是一种累及脑静脉及静脉窦的相对少见的卒中类型，占所有卒中的不到 1%。每年男女发病比例为 1.5∶5。由于临床症状的多样性，且呈亚急性或慢性发作，常被忽视甚至误诊。头痛是 CVT 最常见的症状，几乎占所有病例的 90%。头痛可能急性发作（雷劈样头痛），临床上可能与蛛网膜下腔出血所致的头痛难以鉴别。CVT 患者局灶性或全身性癫痫发作较动脉性卒中患者更常见，几乎占所有病例的 40%，而围生期 CVT 患者，发病率更高达 76%。局灶性神经体征（包括局灶性癫痫发作）在 CVT 中很普遍。它们包括中枢性运动和感觉缺失症、失语症、偏盲等，占所有病例的 40%～60%。具有局灶性神经体征和头痛的 CVT 患者中，癫痫发作、意识改变常有发生。单纯颅内高压症状，即头痛、呕吐、视盘水肿所致的视物模糊占 CVT 患者的 20%～40%。住院患者中 15%～19% 有昏迷，常见于广泛血栓形成或深静脉血栓形成，双侧丘脑受累。CVT 所有临床症状中，住院期间昏迷提示患者预后不良。

（一）病因与发病机制

已知有大量的病因及危险因素与 CVT 相关，主要包括以下几方面。

1. 感染性疾病　分为局灶性和全身性。局灶性感染包括硬脑膜炎、耳膜炎、乳突炎、颅内骨髓炎、副鼻窦炎、面部危险三角区皮肤感染等。感染可通过静脉扩散，或者直接累及周围的静脉窦。面部皮肤感染可以穿过颅骨到达相应静脉窦。全身性感染，如败血症可由血行感染所致。

2. 女性相关的因素　CVT 在女性中更常见，主要体现在女性避孕药、妊娠、产褥期、雌激素替代治疗等。大多数的产褥期病例发生于分娩后的前 3 周内，而妊娠期病例多发生于妊娠晚期。与妊娠期相比，产褥期发生 CVT 更常见。在上述期间内，体内激素的变化引起了高凝状态。

3. 肿瘤　颅脑肿瘤，如脑膜瘤可以侵及硬脑膜实质，引起邻近硬脑膜窦的闭塞。侵及颅骨的转移性肿瘤，如乳腺瘤和骨髓瘤，可能扩散至其下方的硬脑膜和硬脑膜窦，引起血栓形成。另外，癌症往往伴有急性期反应物的增加及血液呈高凝状态；腺癌，尤其是来源于胰腺和消化道的腺癌，易引起血栓形成。

4. 血液及凝血系统异常　许多先天性或获得性血液和凝血功能异常也可以引起 CVT。许多血液系统疾病，包括血小板增多症、真性红细胞增多症、恶性贫血、纤溶酶原缺乏、Ⅷ因子水平升高等都可以引起 CVT。一些基因突变，如 V 基因 *Leiden* 突变和凝血酶原基因 *G202101* 突变，是引起先天性血栓前状态的危险因素。其他有先天性血栓形成倾向的常见原因有：抗凝血酶缺陷症、蛋白C缺乏症、蛋白S缺乏症等。

5. 系统性疾病　许多全身性疾病，包括系统性红斑狼疮、白塞病、Crohn病、溃疡性结肠炎等，易引起血液处于高凝状态或破坏静脉壁，引起静脉血栓形成。

6. 其他　硬脑膜动静脉瘘、严重脱水、腰椎穿刺后低颅压等可伴有脑静脉或硬脑膜静脉窦血栓形成。

另外，约20%的患者即使进行深入研究，也未能找到明确的病因与危险因素，因此长期随访是必要的。

(二) 临床表现

1. 横窦血栓形成　横窦血栓形成常继发于中耳炎或乳突炎。婴幼儿和儿童常见。血栓可以在感染的急性期发生，也可以在感染进入慢性期发生。

发病前常有发热和寒战，但不是每个患者均有发热症状。约50%的患者出现败血症，常见的为溶血性链球菌性败血症。少数患者可出现皮肤、黏膜瘀点或肺、关节和肌肉的感染性栓塞。

横窦血栓形成典型的症状是发热、头痛、恶心和呕吐。后者是由于颅内高压引起，右侧横窦闭塞时更易出现。由于横窦引流脑的大部分血液，因此闭塞时更易出现颅高压症状。横窦闭塞引起的局灶性症状少见，偶可出现因浅静脉回流受阻引起的乳突区肿胀，颈部颈动脉区压痛。

约50%的患者可出现视盘水肿。常见于双侧横窦闭塞，也可见于单侧闭塞。婴儿患者由于颅内压增高可出现骨缝裂开或囟门突出。

少数患者可出现昏睡或昏迷。也可以发生抽搐。偏瘫后出现Jacksonian癫痫发作可能提示感染扩散至引流半球的静脉。复视可能是由于颅内压增高或颞骨岩部炎症影响到第Ⅵ对脑神经所致。外展肌麻痹（第Ⅵ对脑神经受累）和面部疼痛（第Ⅴ对脑神经受累）是Gradenigo综合征的表现。颈静脉炎症如果扩散，穿过颈静脉孔，可引起第Ⅸ、Ⅹ、Ⅺ对脑神经受累，提示感染扩散至这些神经周围的骨。

2. 海绵窦血栓形成　海绵窦血栓形成多继发于眼眶、鼻窦、面部上1/2的化脓性感染。起初感染在单侧窦内，之后迅速通过环状窦扩散至对侧。海绵窦血栓形成也可由其他硬脑膜窦炎症的扩散引起。其他非化脓性原因，如肿瘤、外伤或动静脉畸形引起的海绵窦血栓少见。

化脓性感染引起的血栓常急性起病。患者可出现发热。由于眼眶内压力增高，可引起眼球或眼眶疼痛。眼眶水肿可引起眼球突出，结膜或眼球水肿。动眼神经受累时可出现复视。眼球突出可引起上睑下垂。眼静脉回流受阻时可出现视盘水肿，在视盘周围可见多发小的或大的出血。角膜混浊不清或出现溃疡。瞳孔可变大或变小，对光反射消失。视力正常或中度受损。

3. 上矢状窦血栓形成　上矢状窦血栓形成较少由于感染引起。感染可继发于鼻腔或横窦、海绵窦炎症的扩散。上矢状窦血栓形成也可由于骨髓炎、硬膜外或硬膜下的感染引起。

在婴幼儿，上矢状窦血栓形成由全身脱水所引起。上矢状窦血栓形成也可以由外伤或肿瘤（硬脑膜瘤）所引起，也与口服避孕药、怀孕、溶血性贫血、镰状细胞性贫血、血小板减少症、溃疡性结肠炎、糖尿病、白塞（Behcet）综合征或其他疾病有关。偶有成人发生不明原因的非化脓性上矢状窦血栓形成。

常见症状包括全身虚弱、发热、头痛和视盘水肿。局部症状包括前额及头皮前半部分水肿，前部或后顶部静脉扩张。非化脓性血栓形成可没有局灶性症状和体征，只表现为颅内压增高症状。血栓扩散至大的脑静脉时，由于脑内出血可引起突发的局灶性神经功能缺损。这些静脉的受累，常由于化脓扩散所致，但是非化脓性的患者也有相当一部分引起静脉受累而致局灶性神经功能缺损。营养不良或恶病质婴幼儿如出现颅内压增高征象和局灶性神经缺损症状，均应排除是否存在上矢状窦血栓形成。

4. 其他硬脑膜静脉窦血栓形成　下矢状窦、直窦、Galen静脉血栓形成很少单独发生。这些部位的血栓常继发于化脓性或非化脓性的横窦、上矢状窦或海绵窦血栓形成。下矢状窦、直窦、Galen 静脉血栓形成的症状常被其他重要硬脑膜静脉窦血栓形成的症状所掩盖。Galen 静脉血栓形成可引起大脑半球、基底神经节或侧脑室部位的脑出血。

(三) 辅助检查

数字减影血管造影（DSA）被认为是诊断 CVT 的金标准，可以显示相应的静脉窦或静脉（图 8-14）。MRI 和 MRA 是诊断 CVT 的常用手段。单纯颅脑 CT 不足以诊断 CVT，但结合 CT 血管造影，有可能建立诊断。脑脊液检查可发现脑脊液压力增高，白细胞、蛋白质增高。

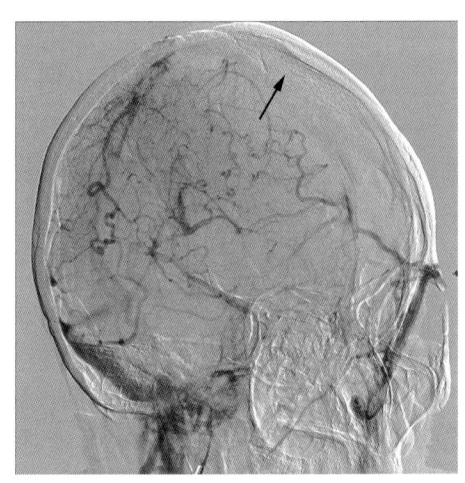

图 8-14 血管造影显示上矢状窦充盈缺损（箭头示）

(四) 治疗

1. 治疗原发病　由于中耳炎、乳突炎等化脓性疾病引起者，应积极控制感染。

2. 抗凝治疗　没有抗凝禁忌证的脑静脉及静脉窦血栓形成患者应该积极给予抗凝治疗，包括皮下注射低分子量肝素或静脉内注射肝素。脑静脉及静脉窦血栓形成伴随的颅内出血不是肝素治疗的禁忌证。采用皮下注射低分子量肝素对于脑静脉及静脉窦血栓形成来说更有效、更安全。

3. 溶栓治疗　目前仍缺乏有力的证据表明 CVT 患者需采用全身性或局部溶栓治疗。对于重症、病情不断恶化及抗凝治疗无效的患者，主张使用溶栓治疗。溶栓药物选择尿激酶或重组组织型纤溶酶原激活剂（rt-PA）。

4. 对症治疗　包括抗癫痫治疗、颅高压的处理、精神症状的控制、止痛治疗等。

二、脑底异常血管网病

脑底异常血管网病（又称烟雾病或 Moyamoya 病）是由于双侧颈内动脉远端、大脑前动脉和大脑中动脉起始部狭窄或闭塞，脑底大量小血管形成侧支循环。由于在血管造影上，可见脑底部大量小血管影，好似吸烟时吐出的烟雾，故名烟雾病。

烟雾病好发于婴幼儿、儿童、青少年（约半数以上发病年龄不超过 10 岁）。有研究发现日本女童发病可能与 3 号染色体 3p24.2～26、6 号染色体 D6s441、8 号染色体 8p23 及 17 号染色体 17q25 的基因异常有关，所以推测烟雾病可能具有遗传因素。但烟雾病也可以发生于动脉粥样硬化、镰状细胞性贫血、既往有基底脑膜炎的患者。因此，目前烟雾病是指影像学表现为"烟雾"的一类病，而不是指临床或病理学表现。儿童患者多表现为缺血性卒中，成人多表现为脑内、硬膜下出血或蛛网膜下腔出血。

头颅 CT 或 MRI 无异常表现，也可表现为脑梗死或脑出血，其梗死、出血表现易与其他脑血管疾病混淆。

MRA 可显示颈内动脉末端狭窄和颅底烟雾状血管形成等烟雾病的特征性影像表现。脑血管造影是烟雾病诊断的金标准，其基本表现是双侧颈内动脉末端闭塞伴颅底烟雾状血管形成，也可以在大脑后动脉出现相似改变。

临床工作中如遇到儿童或中青年患者不明原因的卒中、反复交替性发作 TIA、脑室出血、脑出血合并脑梗死、脑叶出血或梗死、非原位再出血等患者需考虑烟雾病，应及早进行相关检查。根据医疗设备的条件，可首选 TCD 筛查，怀疑颅内血管病变时，进一步行 CTA、MRA 或 DSA 确诊。

烟雾病的治疗较为困难。外科手术方式可分为直接血运重建和间接血运重建。直接血运重建采用颅内外血管直接吻合，包括颞浅动脉-大脑中动脉血管吻合术（STA-MCA）、枕动脉-大脑中动脉血管吻合术等。间接血运重建主要包括：①脑-颞肌贴敷术（EMS）；②脑-颞肌-动脉贴敷术（EDAMS）；③脑-硬脑膜-动脉贴敷术（EDAS）；④颅骨钻孔术等。但效果仍有待进一步评价。

三、硬脑（脊）膜动静脉畸形

硬脑（脊）膜动静脉畸形在女性较多发，颅后窝部位常见，幕上较少。硬脑（脊）膜动静脉畸形可引起脑神经（主要是第Ⅲ、Ⅶ、Ⅷ和Ⅻ对脑神经）受累的症状和中枢系统受累的表现。后者是由于颅内静脉高压、脑脊液回流减少、静脉窦血栓形成或少量蛛网膜下出血引起。因受累部位不同，可出现癫痫、瘫痪、脑干或小脑等症状。部分患者发生蛛网膜下腔出血、视盘水肿或头痛症状，类似于原发性假瘤。

诊断通常依赖详细的全脑血管造影。

选择性硅酮或其他物质栓塞可能有效。部分患者可由于硬脑（脊）膜动静脉畸形发生自发性血栓而使症状缓解。多数患者预后良好。发生于脊髓的硬脊膜动静脉畸形常可引起下肢的进行性瘫痪。

（王拥军　秦海强）

中枢神经系统感染性疾病

第 9 章

第一节 概 述

中枢神经系统感染性疾病是中枢神经系统的常见病，是一组由各种病原体，包括病毒、细菌、螺旋体、真菌、寄生虫和朊蛋白等，直接侵犯脑实质、脊髓和脑（脊）膜引起的急、慢性炎症性或非炎症性疾病。

中枢神经系统感染性疾病根据起病的缓急可分为：急性、亚急性和慢性感染。根据感染累及的部位可分为：①以脑和（或）脊髓实质受累为主的脑炎、脊髓炎或脑脊髓炎；②以脑或脊髓被膜受累为主的脑膜炎、脊膜炎和脑脊膜炎。实质和被膜同时受累者，被称为脑膜脑炎或脊膜脊髓炎。

病原体感染中枢神经系统主要通过 3 条途径：①血行感染，病原体通过昆虫叮咬、动物咬伤、使用不洁注射器、输血等进入血液，随血流进入颅腔；②直接感染，病原体通过穿透性颅脑外伤或其邻近组织的感染直接扩散入颅；③逆行感染，嗜神经病毒如单纯疱疹病毒、狂犬病毒等感染皮肤、呼吸道或胃肠道黏膜后沿神经末梢进入神经干，逆行侵入颅内。

中枢神经系统感染性疾病大部分是可以治疗的，但其预后与早期诊断和早期治疗密切相关。由于中枢神经系统感染性疾病的病因众多、临床表现多样化，故掌握其临床表现和诊断方法以及尽早治疗是改善预后的关键。

第二节 单纯疱疹病毒性脑炎

目前已经发现超过 100 种病毒可侵犯中枢神经系统，常见的有：疱疹病毒、巨细胞病毒、肠道病毒、柯萨奇病毒、Epstein-Barr 病毒和虫媒病毒等。由于临床检测病毒的手段有限，目前 50%～70% 的患者无法明确病原体。在能明确病原体的病毒性脑炎中，单纯疱疹病毒性脑炎（herpes simplex virus encephalitis，HSE）是中枢神经系统最常见的急性散发性病毒性脑炎。HSE 由单纯疱疹病毒（herpes simplex virus，HSV）引起，在发达国家占所有病毒性脑炎的 10%～20%，人口发病率为 (2～4)/100 万。人群间密切接触是 HSV 的主要传播途径，发病无明显地区性和季节性，任何年龄均可发病，老人和儿童更常见，未及时治疗的患者病死率达 70% 以上。HSV 最常累及大脑颞叶、额叶及边缘系统，引起脑组织出血坏死和（或）变态反应性脑损害，故 HSE 又称为急性坏死性脑炎或出血性脑炎。

（一）病因及发病机制

HSV 是 DNA 病毒中疱疹病毒科的嗜神经 DNA 病毒，有两种血清型，分别为 Ⅰ 型和 Ⅱ 型，二者有 70% 的基因同源，人是其唯一的自然宿主。病毒存在于患者、恢复者或健康带菌者的水疱液、唾液及粪便中，传播方式主要是直接接触传染。成年人 HSE 中 90% 为 HSV-Ⅰ 型所致，HSV-Ⅰ 潜伏在三叉神经节；病毒先引起 2～3 周的口腔或呼吸道感染，然后沿三叉神经各分支逆行至三叉神经节，并在此潜伏。当机体免疫力低下时，非特异性刺激可导致病毒活化，病毒逆行至大脑底部，引起颞叶、额叶底部和边缘叶出血性坏死。此外，也有一部分患者是由原发感染所致，HSV-Ⅰ经嗅球和嗅束直接入脑，或口腔感染后经三叉神经入脑而引起脑炎。成年人HSV-Ⅰ型脑炎约2/3由内源性病毒活化引起，其余由原发感染引起。HSV-Ⅱ型潜伏在骶神经节，1.6%~6.5%的HSE患者由HSV-Ⅱ型病毒感染引起，常见于新生儿，也可见于长期免疫抑制治疗或有免疫缺陷性疾病的患者。

（二）病理

病理学检查发现颞叶、额叶和边缘叶为主要受累部位，双侧病灶常不对称，镜下可见病变神经元和胶质细胞坏死，血管周围可见白细胞套状聚集，以淋巴细胞和单核细胞为主，病灶出血性坏死是其重要病理特征。约50%的患者病灶边缘的神经细胞和胶质细胞核内可见Cowdry A型包涵体，内含病毒颗粒和抗原，是其最特征性的病理学改变，所以该病又称包涵体脑炎。

（三）临床表现

1. 任何年龄均可患病。多数患者急性起病，有发热（可达40℃）、头痛、头晕、肌痛、咽喉痛、恶心和呕吐等症状，约25%的患者可有口唇疱疹，一般历时一至数日。

2. 临床常见症状包括精神行为异常、癫痫、中枢神经系统局灶性损害症状和意识障碍。约3/4的患者会出现精神行为异常，主要表现为人格改变和定向力障碍，患者常因此就诊于精神科。约1/2的患者可出现全身性或部分性癫痫发作，复杂部分性发作提示颞叶受损，单纯部分性发作继发全身性发作亦较常见，严重者呈癫痫持续状态。1/3的患者会出现局灶性神经功能缺损体征，如偏瘫、失语、脑神经损害，甚至锥体外系症状。患者也可出现不同程度意识障碍，可表现为谵妄、意识模糊、嗜睡或昏睡，严重者昏迷。长期接受免疫抑制治疗或患免疫系统疾病者，可缺乏前驱症状，且中枢神经系统受累部位更广泛且不典型，如可累及脑干、小脑，而颞叶未累及。

3. 本病病程长短不一，严重者颅内压快速增高，数日内因脑疝而死亡。

（四）辅助检查

1. 脑脊液检查 压力正常或轻度增高，重症者可明显增高。细胞数增多，达$(10~500)\times10^6/L$，通常小于$200\times10^6/L$，以淋巴细胞为主。蛋白质轻、中度增高，平均0.8g/L，氯化物和糖多数正常。PCR检测HSV-DNA是特异性的诊断方法，其敏感性为94%，特异性为98%，但发病3天内检查可有假阴性，10天后阳性率下降，2周后仅20%的患者保持PCR结果阳性，小于1周的抗病毒治疗不影响PCR结果。利用血清和脑脊液HSV抗体的检测诊断HSE，其敏感性和特异性均不如脑脊液HSV-DNA检测，但脑脊液HSV抗体检测对病程超过1周、脑脊液PCR检测HSV-DNA阴性的患者有一定的价值。

2. 脑电图检查 超过75%的HSE患者脑电图异常，多累及颞叶但缺乏特异性，约有2/3的HSE患者在病后2~15天可见起源于单侧颞叶或双侧颞叶的2~3Hz周期性尖慢波。

3. 影像学检查 CT可见局灶性低密度灶，多位于颞叶伴占位效应，但发病1周内可表现正常。MRI检查较CT敏感，90%的成人在起病48h内显示MRI检查异常，可表现为颞叶内侧、额叶眶面、岛叶皮质和扣带回T_1低信号和T_2高信号病灶，出血时T_1和T_2均为混杂信号（图9-1）。

（五）诊断及鉴别诊断

1. 临床诊断依据 本病目前尚无公认的诊断标准，PCR检测脑脊液HSV-DNA阳性是主要的临床确诊方法。主要诊断依据如下：①急性起病的发热、头痛、精神行为异常、癫痫或意识障碍，可伴局灶性神经功能缺损体征和脑膜刺激征，皮肤黏膜疱疹史有助于诊断；②脑脊液检查示细胞数增高，以淋巴细胞增高为主，糖、氯化物正常；③脑脊液PCR检测HSV-DNA阳性；④头颅CT或MRI示颞叶、额叶、岛叶和扣带回等部位病变；⑤排除其他颅内感染和自身免疫性脑炎。

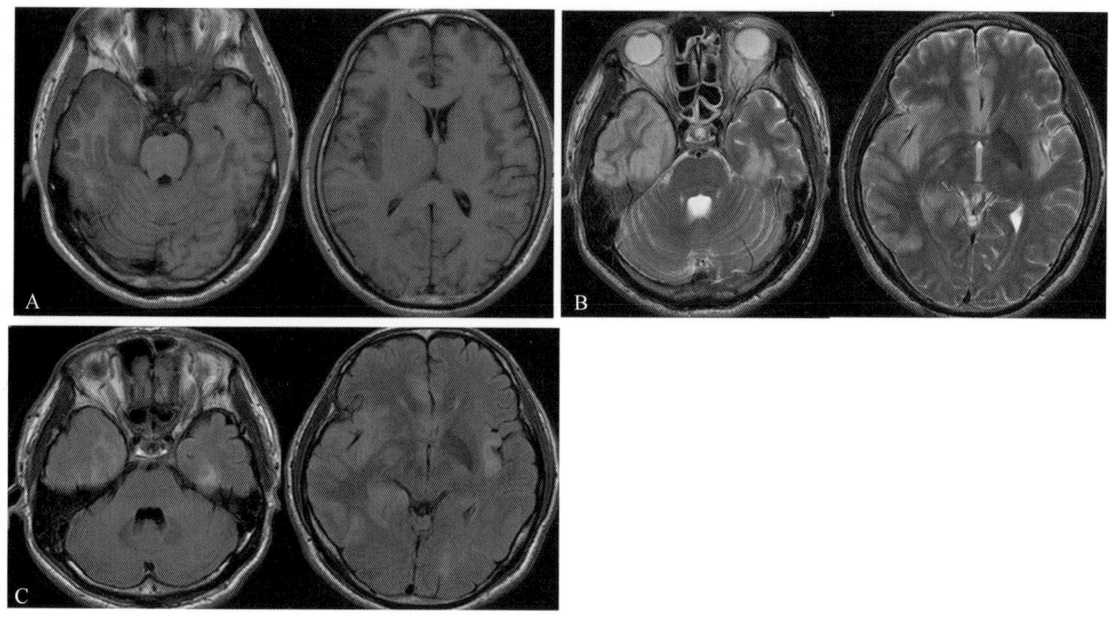

图 9-1　单纯疱疹病毒性脑炎，可见双侧颞叶、岛叶和扣带回长 T_1、长 T_2 和 FLAIR 高信号改变
A. T_1 像；B. T_2 像；C. FLAIR 像

2. 鉴别诊断

（1）带状疱疹病毒性脑炎：有带状疱疹病史，病变累及血管为其特点，70% 的患者脑血管造影异常，常见动脉节段性狭窄，病变累及大血管者临床上可表现为脑梗死，病变累及小血管者可仅表现为白质病变、脑室炎或脑室旁炎，故该病又称为带状疱疹血管病。脑脊液中检测到带状疱疹病毒抗体或 DNA 可有助于诊断。

（2）肠道病毒性脑炎：除常引起病毒性脑膜炎外，也是病毒性脑炎的常见病因之一。多见于夏秋季，可伴或不伴疱疹性咽峡炎、斑丘疹或皮肤的小囊疱，病程初期可出现胃肠道症状，肠道病毒 71 型（EV71）常累及脑干。脑脊液中的病毒分离或 PCR 检查阳性可帮助诊断。

（3）巨细胞病毒性脑炎：常见于免疫缺陷性疾病（如 AIDS）或长期免疫抑制治疗的患者。临床呈亚急性或慢性病程，表现为意识模糊、记忆力减退、人格改变以及局灶性脑损害的症状及体征。影像学提示病灶累及脑室旁白质是其特点，PCR 检测到脑脊液巨细胞病毒核酸有助于诊断。

（4）Epstein-Barr 病毒性脑炎：常急性起病，以高热、四肢乏力、头痛、头晕等为前驱症状；除颞叶外常累及基底神经节区、脑干和脊髓等部位，并出现相应症状和体征；可伴或不伴单核细胞增多、淋巴结增大和脾大；发病 3 周内脑脊液中病毒 DNA 检测高拷贝，EBV 壳抗原 IgM 阳性有助于诊断。

（5）急性播散性脑脊髓炎：较常见，是一种广泛累及脑和脊髓白质的急性炎症性脱髓鞘病变。多在感染或疫苗接种后急性发病；症状和体征表现多样，但多有精神行为异常或意识障碍；影像学显示累及部位广泛，但多以白质受累为主，以脑室周围多见。免疫抑制治疗有效，病毒学和相关抗体检查阴性。

（6）自身免疫性脑炎：是一种以侵犯海马、扣带回与额叶眶面等边缘系统为主，以记忆力障碍、精神行为异常、意识障碍和癫痫为主要临床表现的急性或亚急性非感染性脑炎。病因可以是肿瘤的，也可以为非肿瘤性。脑脊液和血清中的自身免疫性脑炎相关抗体检测可帮助诊断。其临床表现与单纯疱疹病毒性脑炎相似，难以鉴别，甚至有单纯疱疹病毒性脑炎继发自身免疫性脑炎的报道。故临床上怀疑病毒性脑炎的患者，若无法明确病原体，应常规进行自身免疫性脑炎相关抗体（包括抗 NMDAR、GAD、GABA 抗体以及特征性副肿瘤抗体）的筛查，以免漏诊。

(六）治疗

早期诊断和治疗是降低本病死亡率的关键。为降低死亡率，对高度怀疑 HSE 的患者，只要无禁忌证，即可先给予抗病毒治疗，待明确诊断后继续应用，或排除诊断后停用。HSE 的主要治疗包括抗病毒治疗和对症支持治疗。

1. 抗病毒治疗

（1）阿昔洛韦（Acyclovir）：是一种鸟嘌呤衍生物，能抑制病毒 DNA 的合成，具有很强的抗 HSV 作用。常用剂量为 30 mg/（kg·d），分 3 次静脉滴注，或每次 500 mg，每 8 h 一次，静脉滴注，连用 14～21 天，大约有 50% 可透过血脑屏障。若病情较重，可延长治疗时间。副作用有谵妄、震颤、皮疹、血尿、血清转氨酶暂时性升高等。近年已发现对阿昔洛韦耐药的 HSV 株，这类患者可改用膦甲酸钠和西多福韦治疗：膦甲酸钠的用量是 0.16 mg/(kg·d)，连用 14 天；西多福韦（cidofovir）的用量为 5 mg/kg，静脉注射，每周 1 次，共 2 周，其后隔一周注射 3～5 mg/kg。

（2）更昔洛韦（Ganciclovir）：抗 HSV 的疗效是阿昔洛韦的数倍，对阿昔洛韦耐药并有 DNA 聚合酶改变的 HSV 突变株也敏感。用量是 5～10 mg/(kg·d)，疗程 10～14 天，静脉滴注。主要副作用是肾功能损害和骨髓抑制，与剂量相关，停药后可恢复。由于更昔洛韦治疗 HSE 的临床证据不如阿昔洛韦充足，故 HSE 的抗病毒治疗仍首选阿昔洛韦。

2. 对症治疗 注意维持营养及水、电解质平衡，高热患者注意降温处理。保持呼吸道通畅，预防呼吸道感染，必要时行气管插管和机械通气。抽搐患者应及时控制，尤其是癫痫持续状态的患者。颅高压的患者可使用抬高头位和渗透性药物等治疗。糖皮质激素临床常应用于严重脑水肿和颅高压的患者。一项回顾性研究显示，严重意识障碍的老年人不使用糖皮质激素与不良的预后显著相关，但 HSE 患者糖皮质激素的使用仍然是有争议的。有精神症状者可使用抗精神病药物治疗。运动受限的患者应注意预防深静脉血栓形成和肺动脉栓塞。恢复期可进行康复治疗。

案例 9-1

（七）预后

年龄大于 60 岁、入院时即有昏迷和延误阿昔洛韦治疗是影响预后的主要因素。未经治疗的 HSE 患者死亡率可高达 70%，及时治疗死亡率降至 20%～30%，但生存者一半遗留不同程度的癫痫、瘫痪和智力障碍等后遗症。

案例 9-1
答案及解析

第三节　脑膜炎

一、病毒性脑膜炎

病毒性脑膜炎（viral meningitis）是指由各种病毒感染引起的软脑膜弥漫性炎症性疾病。发热、头痛和脑膜刺激征阳性是主要临床表现。本病好发于夏秋季，有自限性，大多预后良好。

（一）病因及发病机制

病毒性脑膜炎可由肠道病毒、虫媒病毒和疱疹病毒等引起。其中 85% 由肠道病毒引起，如柯萨奇病毒、埃可病毒、肠道病毒 71 型，常经粪-口途径传播，少数通过呼吸道分泌物传播。大部分病毒在下消化道进行复制，然后入血随血液循环入颅引起脑膜炎症性病变。

（二）临床表现

多急性起病，主要表现为发热（多低于 39℃）、头痛、周身不适、颈项强直等。头痛常在额部或眶后，常伴恶心、呕吐等。由于病毒性脑膜炎通常是全身病毒感染的神经系统表现，前驱期可有呼吸道、消化道症状或皮疹等病毒感染症状。

(三) 辅助检查

1. 脑脊液检查 脑脊液外观无色透明,压力正常或稍高,细胞数增多达 (10~500)× 10^6/L,以淋巴细胞为主,糖和氯化物正常,蛋白质轻度增高。细菌培养及涂片染色阴性。脑脊液病毒抗体和 PCR 检查有助于确定病原体。

2. 头颅 MRI 增强 扫描可见脑膜强化或正常(图 9-2)。

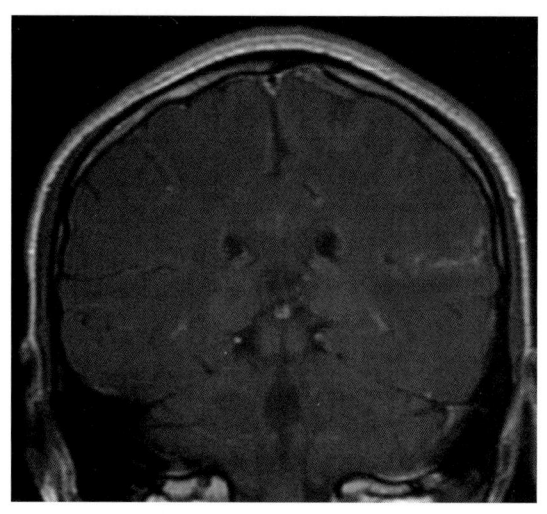

图 9-2 病毒性脑膜炎头部 MRI 增强扫描

(四) 诊断

诊断依据:①急性起病,以发热、头痛为主要表现;查体脑膜刺激征阳性,局灶性神经系统体征不明显。②脑脊液检查细胞数增多,以淋巴细胞为主;细菌培养阴性;病毒抗体或 PCR 检查阳性。③头颅 MRI 增强扫描可见脑膜强化或正常。

(五) 治疗

疾病为自限性疾病,一般无须特殊处理。可酌情给予止痛、镇静、降温、脱水等对症治疗。

(六) 预后

大部分患者在 2 周内恢复,一般无后遗症。

二、化脓性脑膜炎

化脓性脑膜炎(purulent meningitis)是由细菌感染引起的脑膜化脓性炎症,是最常见的中枢神经系统细菌感染性疾病。临床上多急性起病,病情进展快、程度重,有较高的病死率和致残率,应及时治疗,否则预后不佳。

(一) 病因及发病机制

化脓性脑膜炎最常见的致病菌为肺炎球菌、脑膜炎球菌、B 族链球菌、单核细胞增多性李斯特菌和流感嗜血杆菌。其主要传播途径为血行播散,经肺或椎静脉丛侵入中枢神经系统;其次由邻近感染病灶如中耳炎、乳突炎等向颅内扩散,或因颅骨、椎骨感染直接侵入;颅脑手术、脑室引流和腰椎穿刺等亦可造成医源性感染。脑膜炎球菌所致的流行性脑膜炎好发于儿童和青少年,肺炎球菌所致脑膜炎好发于老年人,流感嗜血杆菌所致脑膜炎好发于婴幼儿,大肠埃希氏菌是新生儿脑膜炎最常见的致病菌,金黄色葡萄球菌所致脑膜炎常继发于腰椎穿刺、脑室引流术和神经外科术后。使用免疫抑制药物、脾切除,或者患有影响免疫系统的相关疾病(肿瘤、HIV 感染、糖尿病等)的患者,更易患化脓性脑膜炎。肺炎球菌和流感嗜血杆菌性脑

第九章 中枢神经系统感染性疾病

膜炎主要发生在秋冬季，脑膜炎球菌性脑膜炎多见于春季，可暴发流行。

（二）病理

基本病理改变为脑膜血管充血及炎性细胞浸润，脑实质水肿。脓性渗出物逐渐蔓延至蛛网膜下腔、室管膜和脉络膜，大量覆盖整个脑及脊髓。镜下可见脑膜血管充血，炎症细胞浸润，早期以中性粒细胞为主，晚期以淋巴细胞、浆细胞为主。室管膜、脉络膜和毗邻的脑组织有炎症细胞浸润，若累及皮质静脉可发生血栓性静脉炎、皮质坏死。

（三）临床表现

多呈暴发性或急性起病，病前可有感染、外伤或手术史，可继发于鼻窦炎、中耳炎、肺炎、皮肤和软组织感染等。发热、头痛、颈项强直和意识障碍是典型的临床表现。60%以上患者有意识障碍；脑膜刺激征的阳性率约30%；局灶性神经功能异常（如轻偏瘫、失语、颅内压增高、脑神经麻痹等）常提示出现动脉炎、细菌性血栓性静脉炎、脑梗死、静脉窦血栓形成或脑炎等合并症，大约15%的患者可出现局灶性神经功能异常，但在老年患者可高达40%。起病后48 h内出现展神经麻痹和意识障碍常提示有颅内压增高。20%~50%的患者在病程的一定阶段出现癫痫发作。皮肤改变是脑膜炎球菌感染的特征，常出现皮肤的瘀点状出血和瘀斑，直径为1~10 mm，病程严重者，瘀点或瘀斑可迅速扩大。婴幼儿、老年人和免疫功能低下的患者可仅有低热、轻度行为改变和轻微的脑膜炎体征。

（四）辅助检查

1. 血常规和炎症指标 患者外周血白细胞总数及中性粒细胞常明显增高。血C反应蛋白（CRP）和降钙素原（PCT）明显增高有助于鉴别细菌和病毒感染。

2. 血培养 应在使用抗生素前行血培养检查。研究报道使用抗生素前的细菌阳性率，分别为肺炎球菌75%，流感嗜血杆菌50%~90%，脑膜炎球菌40%~60%，而使用抗生素后其阳性率明显降低。

3. 脑脊液检查 压力增高，外观混浊，脑脊液细胞数显著增高，常为（1000~10 000）×10^6/L，以中性粒细胞为主，蛋白质增高，糖和氯化物水平降低。对脑脊液涂片进行革兰氏染色，阳性率可达60%~90%（特异性97%），但如腰椎穿刺检查1 h前已经给予抗生素治疗，则脑脊液革兰氏染色和细菌培养的阳性率会下降40%以上。同时，应行药敏试验，为修正经验性治疗方案提供依据。

4. 脑电图检查 无特征性改变，多表现为弥漫性慢波。

5. 影像学 病变早期CT及MRI检查可正常，MRI诊断价值高于CT，早期表现为脑膜、皮质条状增强，后期可有弥漫性脑膜强化、室管膜炎、脑积水、硬膜下积液及局限性脑脓肿等。

（五）诊断

诊断依据：①有局灶或全身化脓性感染的病史；②急性起病，发热、头痛、呕吐，查体脑膜刺激征阳性；③可伴有脑弥散性损害症状和（或）神经系统局灶性损害症状；④脑脊液白细胞增多，以中性粒细胞为主；糖含量降低，蛋白质增高；脑脊液细菌涂片及细菌培养可确诊。

本病需要与病毒性脑膜炎、结核性脑膜炎、隐球菌性脑膜炎等相鉴别（详见后文），同时还需注意排除蛛网膜下腔出血。有时因临床表现不典型或抗生素使用的影响，诊断较为困难，应反复多次行病原学检查，以提高病原体检出率。

（六）治疗

1. 抗菌治疗 尽快选择有效的抗生素是改善化脓性脑膜炎预后的关键，入院6 h后使用抗生素其死亡率较6 h内使用升高数倍以上。首选能够通过血脑屏障、同时对致病菌敏感的抗生素，防治感染性休克和脑疝等。在病原菌尚未确定时，应根据经验选择抗生素（表9-1）；病原菌一经明确，应根据病原菌选用抗生素。

表 9-1 化脓性脑膜炎抗生素的经验性选择

易感因素	常见致病菌	推荐抗生素治疗
年龄		
<1 个月	无乳链球菌、大肠埃希氏菌、李斯特菌、克雷伯菌属等	氨苄西林＋头孢噻肟；或氨苄西林＋氨基糖苷类
1~23 个月	肺炎球菌、脑膜炎球菌、无乳链球菌、流感嗜血杆菌、大肠埃希氏菌等	万古霉素＋第三代头孢菌素
2~50 岁	肺炎球菌、脑膜炎球菌、单核细胞增多性李斯特菌、革兰氏阴性菌等	万古霉素＋第三代头孢菌素
>50 岁	肺炎球菌、李斯特菌、革兰氏阴性杆菌等	万古霉素＋氨苄西林＋第三代头孢菌素
开放性脑外伤、神经外科术后、脑脊液分流术后	金黄色葡萄球菌、表皮葡萄球菌、痤疮丙酸杆菌、兼氧和需氧性革兰氏阴性杆菌	万古霉素＋头孢吡肟或头孢他啶或美罗培南

抗生素的治疗疗程要结合治疗效果和致病菌的种类而定：一是临床症状和体征是否明显好转，血常规和炎症指标是否转为正常；二是腰椎穿刺示颅内压、脑脊液常规和生化检查是否正常；三是要考虑感染的致病菌种类，一般情况下脑膜炎球菌和流感嗜血杆菌的治疗疗程是 7 天，肺炎球菌的治疗疗程是 10~14 天，B 族链球菌的治疗疗程是 14~21 天，单核细胞增多性李斯特菌的治疗疗程为 3~4 周。

2. 激素治疗 激素可以抑制炎症细胞因子的释放，稳定血脑屏障。研究报道，在使用抗生素之前或之后立即使用糖皮质激素可以降低患者的病死率和致残率，也可以改善成人患者的功能预后。成人用法是地塞米松 10 mg，静脉滴注，每 6 h 1 次，连续使用 4 天。

（七）预后

化脓性脑膜炎的治疗效果取决于治疗时机、病原菌对药物的敏感性以及药物在脑脊液中的浓度。病死率为 10%~20%。由于抗生素的广泛应用，多数细菌性脑膜炎预后良好，但如治疗不及时、不彻底，少数患者可留有后遗症，如脑积水、眼肌麻痹、癫痫、轻偏瘫或智能低下等。

三、结核性脑膜炎

结核性脑膜炎（tuberculous meningitis，TBM）是由结核分枝杆菌引起的脑膜和脊膜非化脓性炎症性疾病，是结核分枝杆菌累及中枢神经系统最常见的类型。TBM 占所有结核病的 1%，其发生率与肺结核的患病率直接相关。TBM 常继发于粟粒性肺结核或体内其他器官结核病。近年来因结核分枝杆菌的基因变异、抗结核药物研制相对落后等原因，结核病的发病率及病死率有增高趋势。

（一）病因及发病机制

Rich 和 McCordock 提出 TBM 是由二步模式引起的。第一步，结核通过带菌的空气飞沫传播，吸入肺后在肺泡的巨噬细胞中繁殖，数周内通过血液传播至脑膜和邻近的脑实质，形成小的肉芽肿，结核分枝杆菌在肉芽肿中休眠存活，最长可达数年时间。第二步，在软膜下或室管膜下的结核性肉芽肿破裂至蛛网膜下腔引起脑膜炎症。TBM 致病的二步模式目前仍被大家接受，但结核分枝杆菌如何离开肺部进入颅内，在软膜下或室管膜下结核性肉芽肿是如何被激活的，目前尚不清楚。TBM 也可由中耳和脊柱的结核灶直接播散至蛛网膜下腔引起，但罕见。营养不良、酗酒、药物滥用、糖尿病、使用免疫抑制剂治疗、恶性肿瘤、头部外伤和 HIV 感染等是 TBM 发病的高危因素。结核分枝杆菌的基因型与结核的易感性有关，但与预后的关系目前尚不清楚。

（二）病理

TBM 主要侵犯颅底软脑膜，尤其是脚间池、桥池、视交叉池等部位，有时可沿血管侵及大脑外侧面，也可向下延及软脊膜。TBM 病变性质为慢性纤维素性渗出性炎症，被侵犯的软脑膜增厚，可见脑底部蛛网膜下腔内有白色或淡黄色胶样渗出物，有时与邻近脑神经粘连，导致相应的脑神经麻痹，最常损伤的是动眼神经和展神经。炎症还可致第四脑室正中孔、外侧孔堵塞或伴发颗粒性室管膜炎而呈现梗阻性脑积水，脑实质内的结核病灶中心部位可以为干酪样坏死灶，周围为肉芽组织，可为单个或多个球状病灶，称为结核球。TBM 也可侵犯血管，形成结核性血管炎，病变血管管腔狭小，可造成脑梗死。

（三）临床表现

本病多呈亚急性或慢性起病，也可急性起病，但少见。患者可表现有结核中毒症状和神经系统症状。

1. 结核中毒症状 在出现神经系统症状和体征前可有低热、盗汗、食欲缺乏、轻微头痛、恶心、精神萎靡及乏力等结核中毒症状。

2. 神经系统症状

（1）脑膜刺激征及颅内压增高：头痛、呕吐、颈项强直及 Kernig 征阳性，眼底可有视盘水肿，但老年人头痛、呕吐、脑膜刺激征及颅高压症状可不明显。

（2）脑神经损害：常见动眼神经和展神经损伤，面神经、视神经有时亦可受损。

（3）脑实质损害：可出现癫痫发作、精神症状、意识障碍。也可因动脉炎而发生偏瘫、交叉瘫、截瘫及四肢瘫。

（4）脊髓损伤：多发生在疾病晚期，由脊膜粘连、肥厚、压迫或影响脊髓血管所致，可出现截瘫、四肢瘫及膀胱、直肠功能障碍。

（四）辅助检查

结核性脑膜炎早期表现多不典型，辅助检查的意义较为重要。

1. 脑脊液检查 一般压力轻中度增高，脑积水时压力升高较明显；外观无色透明或微黄，白细胞总数升高 [$(25\sim500)\times10^6/L$]，蛋白质增高（$0.5\sim2.5$ g/L），葡萄糖和氯化物浓度降低。脑脊液细胞学在结核性脑膜炎的诊断中具有重要价值，在发病初期，常见各种细胞并存，称为混合型细胞反应。经过治疗，脑脊液中性粒细胞逐步消失，转变为以淋巴细胞和单核细胞为主。

2. 病原学检查 脑脊液涂片抗酸染色可检出抗酸杆菌，但阳性率仅为 5%～30%。结核分枝杆菌培养是诊断结核的金标准，但阳性率低，需要数周时间，可通过增加送检脑脊液量、多次送检及延长结核培养时间提高检出阳性率。PCR 检测的特异性高但敏感性不足，T-SPOT 是利用结核特异抗原 ESAT-6 及 CFP-10，通过酶联免疫斑点技术检测受试者体内是否存在结核效应 T 淋巴细胞，从而判断目前该受试者是否感染结核分枝杆菌，具有一定的敏感性和特异性。

3. 胸片 X 线或 CT 检查 发现活动性或陈旧性肺结核，有助于诊断。

4. 影像学检查 头颅 CT 可见基底池强化和脑积水，脑梗死常见于大脑中动脉供血区。头颅 MRI 基底池炎性渗出物呈 T_1 低信号、T_2 高信号，增强可见明显脑膜强化，以基底部明显（图 9-3）。

（五）诊断

诊断依据：①有结核密切接触史；②身体其他部位如肺、脊柱等有结核灶；③亚急性或慢性起病，有结核中毒症状；④脑膜刺激征阳性，伴颅内压增高或神经系统局灶症状；⑤脑脊液检查示细胞数增高，糖、氯化物降低；⑥CT 和（或）MRI 检查示基底部脑膜强化、脑积水或基底神经节区脑梗死等；⑦脑脊液抗酸杆菌染色阳性，或 PCR 检出结核分枝杆菌 DNA，或脑脊液培养出结核分枝杆菌即可确诊。

但由于结核分枝杆菌的病原学检查阳性率低，结核分枝杆菌培养需要 6～8 周时间，所以高度怀疑 TBM 的患者，即使结核分枝杆菌的病原学检查阴性，也应尽早开始抗结核治疗，并

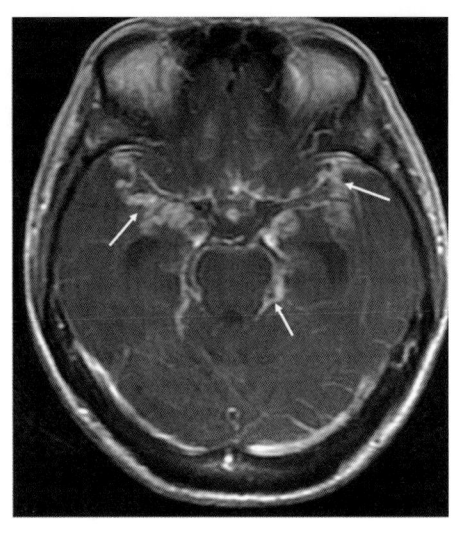

图 9-3 结核性脑膜炎 MRI 表现

T_1WI 增强序列,箭头所指为中脑脑膜和颞叶前部脑膜强化

同时反复查找结核分枝杆菌的病原学证据,排除隐球性脑膜炎和癌性脑膜炎等。

(六)治疗

结核性脑膜炎的治疗原则是早期给药、合理选药、联合用药及系统治疗。尽量选用一线抗结核用药,迅速控制病情,注意药物的副作用,要同时应用细胞内和细胞外的抗菌药物,以避免或减少耐药性的产生。

1. 抗结核治疗　传统的一线用药是异烟肼、利福平、乙胺丁醇、吡嗪酰胺和链霉素,常用的方案是以异烟肼+利福平+乙胺丁醇+吡嗪酰胺四联抗结核,治疗 2 个月,继而以异烟肼和利福平治疗 10 个月,总疗程是 12 个月。儿童因乙胺丁醇的视神经毒性而不选用,孕妇因链霉素对胎儿前庭蜗神经的影响而不选用。利福平、吡嗪酰胺、乙胺丁醇均具有肝毒性,用药期间须监测肝功能;异烟肼易导致周围神经病,应联合使用维生素 B_6;链霉素对前庭蜗神经有损伤,应每月进行听力检查,出现前庭毒性症状时应停药。乙胺丁醇和链霉素一般作为第四种药物,由于乙胺丁醇和链霉素在无炎症的情况下透过血脑屏障差,且副作用较大,目前也有学者主张以氟喹诺酮类药物作为第四种药物。氟喹诺酮类药物以莫西沙星和左氧氟沙星透过血脑屏障较好(70%~80%),其用法是:左氧氟沙星,500 mg,1 次/12 h;莫西沙星,400 mg,1 次/日。但氟喹诺酮类药物须尽早使用,在昏迷之前使用方可改善预后。因氟喹诺酮类药物可以引起癫痫,有癫痫的患者慎用。常用抗结核药物的用法见表 9-2。

表 9-2　常用抗结核药物用法

药物	儿童每日用量	成人每日用量	用药途径	用药时间
异烟肼	10~20 mg/kg,最大剂量每日 500 mg	600~900 mg,1 次/日	静脉或口服	1~2 年
利福平	10~20 mg/kg,最大剂量每日 600 mg	450 mg(体重<50 kg),或 600 mg(体重≥50 kg),1 次/日	口服	6~12 个月
吡嗪酰胺	15~30 mg/kg,最大剂量每日 2 g	1.5 g/d(体重<50 kg),2.0 g/d(体重≥50 kg),分 3~4 次使用	口服	2~3 个月
乙胺丁醇	15~20 mg/kg,最大剂量每日 1 g	15 mg/kg,1 次/日	口服	2~3 个月
链霉素	20~30 mg/kg	750 mg,1 次/日	肌内注射	3~6 个月

2. 耐药性 TBM 的治疗　耐药性 TBM 有逐年增长的趋势，目前面临的主要问题是如何尽早判断结核分枝杆菌的耐药性，国内多依赖于临床疗效来进行判断。怀疑耐药性 TBM 可尽快加用氟喹诺酮类药物，并适当延长疗程。利奈唑胺属噁唑烷酮类抗菌药物，对结核耐药菌株有较强的抗菌活性，2016 年 WHO 已将其列为耐药性结核病的核心治疗药物，且该药具有良好的血脑屏障穿透能力，对于结核性脑膜炎的治疗具有一定优势。建议在标准四联抗结核治疗基础上加用利奈唑胺（每次 600 mg，1 次/12 h），治疗 4 周以上。

3. 肾上腺皮质激素　激素可以降低除 HIV 以外 TBM 患者的死亡率和致残率，故除合并有 HIV 外，诊断明确且无明显禁忌证的 TBM 患者均可使用激素。激素可以选择甲泼尼龙、地塞米松或泼尼松，如泼尼松 1 mg/kg，1 次/日，口服，3~4 周后减量（每周减量一次），共使用 6~8 周。

4. 合并症的治疗　TBM 的主要合并症是脑积水和脑梗死，一般发生在治疗的前 3 个月，可影响预后，甚至导致患者死亡。脑积水是 TBM 最常见的合并症，70%~80% 为交通性脑积水，交通性脑积水多选择内科治疗，可使用乙酰唑胺、呋塞米或甘露醇治疗，内科治疗无效的交通性脑积水或非交通性脑积水可行脑室外引流术。30%~40% 的 TBM 尸检病例合并有脑梗死，常见于基底神经节区，有研究发现阿司匹林可以降低 TBM 患者脑梗死的发生率，与激素同时使用效果更佳，但需进一步研究证实。

6. 对症治疗　TBM 患者低钠血症较常见，应查找原因并积极纠正。有颅高压的患者可以使用甘露醇等脱水治疗，癫痫患者使用抗癫痫药物治疗，并应注意营养支持治疗。

（七）预后

本病的预后取决于病情的严重程度、治疗是否及时彻底。如能早期诊断、尽快进行系统治疗，则预后较好。若治疗不彻底或病程迁延，约 25% 患者可遗留有癫痫发作、蛛网膜粘连、脑积水、脑神经麻痹、瘫痪、智力障碍等并发症，严重者可死于脑疝。即使经过适当的治疗，本病仍有 1/3 的患者死亡。

四、隐球菌性脑膜炎

隐球菌性脑膜炎（cryptococcus meningitis）是由新型隐球菌感染脑膜引起的炎症，是中枢神经系统最常见的真菌感染。新型隐球菌中枢神经系统感染可单独发生，但更常见于器官移植、免疫缺陷性疾病、慢性衰竭性疾病时，如获得性免疫缺陷综合征、淋巴肉瘤等。近年来该病的发病率呈上升趋势，且病程迁延、治疗周期长。

（一）病因及发病机制

隐球菌可分为 A、B、C、D 和 A/D 五种血清型。A 型又称为 grubii 变种型，全球分布，是免疫功能低下患者最常见的致病菌，但在美国和亚洲免疫功能正常者感染并不少见。B 和 C 型又称 gattii 变种型，是细胞免疫缺陷和免疫功能正常者的致病菌；D 型又称新生变种型，也是免疫功能低下患者的致病菌，但主要分布于西欧。隐球菌广泛分布于自然界，gattii 变种型主要存在于木质材料中，其他类型的隐球菌主要存在于鸽粪和其他鸟类的粪便、腐烂的有机物和土壤中。隐球菌感染通常通过吸入病原体，引起呼吸道感染，继而经血行播散至中枢神经系统。

（二）病理

以脑膜炎症为主，镜下早期表现为脑膜单核细胞、淋巴细胞及浆细胞等炎性细胞浸润，在脑膜、脑池、脑室和脑实质的血管周围间隙中可见大量隐球菌，脑实质少有炎症反应。脑膜广泛增厚，脑膜血管充血，脑组织水肿，脑沟变浅。脑皮质内可见小肉芽肿、结节和脓肿，蛛网膜下腔内可见胶状渗出物，脑深部可见大量肉芽肿和囊肿。

(三) 临床表现

1. 多为隐袭起病，亚急性或慢性病程，逐渐加重。免疫缺陷患者可呈急性发病。
2. 可发生于任何年龄，30～60岁男性多见。鸽子饲养者、慢性消耗性疾病患者及免疫系统疾病患者多发。
3. 全身症状有发热、头痛、畏光、恶心、呕吐和体重下降等。
4. 神经系统症状主要为头痛、恶心、呕吐和颈项强直，部分患者有脑神经损害，以视神经和听神经损害常见；突出的临床表现是颅内压增高，表现为剧烈的头痛和局灶性神经系统功能缺损。也可以出现血管炎导致脑梗死，约1/4患者出现精神意识障碍。
5. 本病病程长，如不干预治疗，疾病多呈持续性、进行性加重。

(四) 辅助检查

1. 脑脊液检查

（1）脑脊液常规：脑脊液压力增高（大多＞300 mmH$_2$O），细胞数增高 [(10～500)×10^6/L]，以淋巴细胞增高为主，蛋白质增高，糖和氯化物浓度降低。需要注意的是在免疫功能严重低下患者，如AIDS或大剂量激素使用者，脑脊液细胞数可以低于20×10^6/L，甚至正常。

（2）病原学检测：是隐球菌性脑膜炎的确诊依据。脑脊液离心沉淀后涂片进行墨汁染色是检测隐球菌的经典方法，可用于快速诊断，敏感度约为75%。由于隐球菌荚膜内含有大量的酸性黏多糖且可被阿辛蓝（alcian blue）着色，脑脊液阿辛蓝染色可用于隐球菌的检测，当隐球菌数量少时阳性率高于墨汁染色。脑脊液真菌培养特异性高，但敏感性偏低。

（3）脑脊液免疫学检查：隐球菌荚膜多糖抗原检测诊断隐球菌性脑膜炎的敏感性为93%～100%，特异性为93～98%，并可提供滴度，帮助判断预后和动态了解治疗效果。

2. 影像学检查 头颅CT和MRI检查可见弥漫性脑膜强化和脑积水。磁共振增强或FLAIR像在基底神经节区见点状、小圆形高信号（被称为空泡征），是隐球菌性脑膜炎较特异的改变。部分患者在小脑可见软脑膜顺脑沟强化（图9-4）。合并有隐球菌性肺炎的患者在肺部X线或CT可见相应改变。

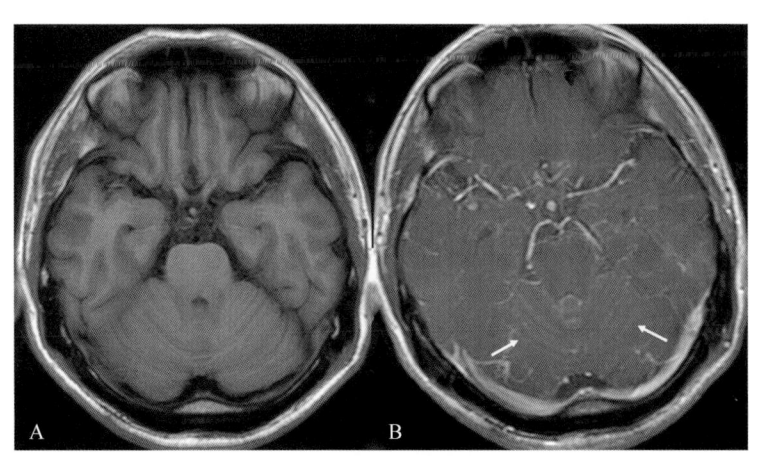

图 9-4 隐球菌性脑膜炎
A. T$_1$像；B. T$_1$增强，可见小脑软脑膜强化

(五) 诊断

该病呈隐袭起病，以发热、头痛、呕吐、脑膜刺激征为主要临床表现。脑脊液压力高、蛋白质高和糖低，应警惕本病可能。脑脊液墨汁染色或阿辛蓝染色检出隐球菌和（或）脑脊液免疫学检查隐球菌荚膜抗原阳性即可确诊。本病与结核性脑膜炎的临床表现及脑脊液改变非常相似，容易误诊。血或脑脊液微生物学、免疫学检查可资鉴别，未确诊前不应轻易放弃检查，反

复多次检查可提高隐球菌检出的阳性率。10%～17%隐球菌性脑膜炎患者的脑脊液检查正常，尤其是 HIV 流行地区。

（六）治疗

隐球菌性脑膜炎的治疗包括抗真菌治疗、对症治疗以及全身支持疗法。抗真菌治疗和积极处理颅高压是隐球菌性脑膜炎治疗成功的关键。

1. 抗真菌治疗

（1）两性霉素 B：是隐球菌性脑膜炎的首选用药，首次成人剂量为 1 mg，加入 5% 葡萄糖液 500 ml 静脉滴注，以后根据患者情况以每日 2～5 mg 递增，直至达每天 0.7～1 mg/kg。两性霉素 B 不良反应多且严重，长期应用该药可出现肝肾功能异常、低钾血症、心律失常等，故应定期检查。目前，脂质体两性霉素 B 和两性霉素 B 脂质复合物已经应用于临床，其治疗隐球菌性脑膜炎的疗效与两性霉素 B 相同，不良反应（尤其是肾毒性）较低，但是价格较昂贵。

（2）5-氟胞嘧啶：单用疗效较差，与两性霉素 B 联合应用可提高疗效。剂量 50～150 mg/(kg·d)，分 3～4 次口服，副作用有恶心、食欲不佳、白细胞或血小板减少、皮疹和肝肾功能损害等。

（3）氟康唑：是治疗隐球菌的常见药物，且易透过血脑屏障，血清及脑脊液药物浓度高，口服或静滴均可给药。巩固期使用剂量为：首剂 800 mg/d，以后 400 mg/d；维持期使用剂量为 200 mg/d。氟康唑不良反应发生率约为 10%，多较轻，最常见是消化道反应。

（4）治疗方案：目前将抗真菌治疗分为诱导、巩固和维持治疗三个阶段。诱导期通常为 2～6 周时间，通常为两性霉素 B 联合 5-氟胞嘧啶治疗。巩固期通常为 8 周时间，常以氟康唑 400 mg/d 单药治疗。维持期口服氟康唑 200 mg/d，疗程 6～12 月。

2. 颅高压的处理 乙酰唑胺治疗隐球菌性脑膜炎的颅高压证据不足。颅高压患者可予甘露醇或高渗盐脱水治疗，或每日腰椎穿刺释放脑脊液，直至颅内压维持正常；若脱水治疗效果不佳或需要频繁进行腰椎穿刺释放脑脊液者，可行腰大池持续引流或脑室外引流术作为临时措施控制颅高压。需要腰大池持续引流或脑室外引流术的患者可行脑室腹腔分流术，有研究表明可明显改善患者的预后。

3. 对症及全身支持疗法 加强营养支持，维持水、电解质平衡，预防肺炎、泌尿系统感染等，对隐球菌的转归也有重要作用。

案例 9-2

案例 9-2
答案及解析

（七）预后

本病预后与患者的免疫状态、治疗是否及时、治疗方案是否合理及患者能否耐受治疗有关。本病治疗周期长，医疗费用昂贵。未经治疗的患者死亡率可达 100%，即使最优的治疗其死亡率仍可达到 20%～30%，HIV 患者死亡率更高。生存者也可遗留视力和听力障碍、癫痫或局灶性神经功能障碍等。

五、脑膜炎的鉴别诊断

脑膜炎是中枢神经系统感染的常见疾病。在诊断时，**首先要确定是脑膜炎，而不是脑炎**。脑膜炎和脑炎的临床表现常常相似，如均可以出现发热、头痛、呕吐等症状，但脑炎患者有脑实质损害的症状，如癫痫、偏瘫、记忆力减退、精神异常或意识障碍等，或出现较早或症状较重，查体多有意识障碍或局灶性神经系统体征。脑膜炎也可以由于脑膜的炎症直接累及皮质或血管炎或脑积水引起脑实质损害，但多较轻或出现在疾病晚期病情较严重时，查体时脑膜炎的主要体征为脑膜刺激征。有的患者在就诊时就已经同时具有脑膜和脑实质损害的症状和体征，这种情况需要从起病或病初的临床表现、临床症状的演变、脑脊液检查、脑电图和影像学检查等多方面综合判断。由于脑膜炎和脑炎的病因有很大差别，区别脑膜炎和脑炎具有十分重要的意义。

其次要通过病程和脑脊液检查等初步判断脑膜炎的性质。从病程来看病毒性脑膜炎和化脓性脑膜炎多为急性起病,而结核性脑膜炎和隐球菌性脑膜炎多为亚急性或慢性起病,隐球菌性脑膜炎起病通常较结核性脑膜炎更慢。脑脊液(CSF)检查是脑膜炎诊断和鉴别诊断的重要依据(表9-3)。各种脑膜炎均可以出现颅内压增高,但以隐球菌性脑膜炎明显,大于70%的隐球菌性脑膜炎患者伴有颅内压增高,且很多患者颅内压可以大于300 mmH$_2$O;病毒性脑膜炎一般CSF葡萄糖浓度正常,而化脓性、结核性和隐球菌性脑膜炎多有葡萄糖浓度的降低;所有脑膜炎均可以有细胞数的增高,但化脓性脑膜炎最明显,通常可达1000/μl以上,且主要以中性粒细胞为主,而病毒性、结核性和隐球菌性脑膜炎多以淋巴细胞增高为主;CSF蛋白质的升高以化脓性和结核性脑膜炎明显,病毒性脑膜炎CSF蛋白质升高通常不超过100 mg/dl。

脑膜炎的影像学检查多无特异性,多表现为增强CT或MRI的线性脑膜强化;结核性脑膜炎脑膜的强化易累及基底动脉、视交叉周围和外侧裂,有一定的特异性;隐球菌性脑膜炎易累及幕上半球或小脑半球软脑膜;脑积水多见于结核性脑膜炎,其次是隐球菌性脑膜炎和少数化脓性脑膜炎。

表9-3 不同类型脑膜炎的脑脊液改变特点

	外观	压力	白细胞数(10^6/L)	细胞分类	蛋白质	糖	病原学检查
化脓性脑膜炎	混浊/脓性	高	高/很高	中性粒细胞占优势	高/很高	低/很低	脑脊液涂片、细菌培养、血培养、DNA检测
结核性脑膜炎	清亮/黄色	高	轻度增高	淋巴细胞占优势或混合型细胞反应	高/很高	低	抗酸染色、结核分枝杆菌培养、结核DNA PCR
隐球菌性脑膜炎	清亮	高/极高	正常或增高	淋巴细胞为主	正常或增高	低	墨汁染色、阿辛蓝染色、隐球菌荚膜抗原、DNA检测、真菌培养
病毒性脑膜炎	清亮	正常或高	正常或轻度增高	淋巴细胞为主	正常或轻度增高	正常	病毒DNA检测、脑脊液和血病毒特异性抗体

最后要尽可能明确脑膜炎的病原学诊断。病毒性脑膜炎病原体的确诊依赖于脑脊液病毒PCR或脑脊液及血的抗体检测;化脓性脑膜炎的病原学诊断依赖于血、脑脊液培养或抗体检测,脑脊液的细菌涂片虽然不能鉴定具体的菌种,但阳性率可达60%~90%,对于快速确定是否细菌性脑膜炎以及是革兰氏阴性菌或阳性菌感染有较高的价值;结核性脑膜炎的病原学诊断主要依赖于抗酸染色、脑脊液结核PCR或结核分枝杆菌的培养;确诊隐球菌性脑膜炎的主要方法有墨汁或阿辛蓝染色、隐球菌荚膜抗原检测或脑脊液培养。

在临床上脑膜炎的诊断并非都很容易,脑膜炎的临床表现不仅与病原体有关,也与患者的身体状态相关,如年龄、免疫功能、合并症等影响患者的病情进展和严重程度。免疫功能低下的隐球菌性脑膜炎或结核性脑膜炎,脑脊液细胞数可以正常,或颅内压不增高,甚至脑膜刺激征不明显。部分经过治疗的化脓性脑膜炎可以呈亚急性或慢性病程,单核细胞增多性李斯特菌脑膜炎可以与其他化脓性脑膜炎不同,脑脊液细胞学表现不以中性粒细胞占优势,而以单核细胞占优势。糖尿病或腰椎穿刺前1~4 h血糖明显增高的患者,脑脊液葡萄糖的绝对浓度可以不低于正常,此时脑脊液葡萄糖和血糖的比值更能反映脑脊液葡萄糖的情况,以上比值低于0.5要考虑到脑脊液葡萄糖低的可能性。脑膜炎性质不明的患者应常规行胸部CT检查,胸部CT发现结核、真菌或肿瘤有助于脑膜炎性质的判断。目前基因的二代测序已经开始应用于临床,二代测序可同时检测数百种甚至数千种病原体的DNA,脑脊液的二代测序对于明确脑膜炎的病原体有一定价值,但须进一步研究并积累经验。

典型的脑膜炎诊断并不困难,但不典型脑膜炎和少见脑膜炎的明确诊断十分困难,需要反复进行病原学检查,并需要与药物性脑膜炎、寄生虫感染、自身免疫性疾病和脑膜癌瘤病等进行鉴别。由于化脓性脑膜炎抗生素的使用时间与预后明显相关,故怀疑化脓性脑膜炎的患者应尽快给予经验性抗生素治疗。结核性脑膜炎、隐球菌性脑膜炎和脑膜癌瘤病三者在临床表现和脑脊液表现上相似,在病因明确前难以区分,一般在这种情况下多采取试验性抗结核治疗,并反复腰椎穿刺查抗酸染色、墨汁染色和脑脊液病理学检查等,直到病原学诊断明确,或治疗后有明显好转。怀疑脑膜癌瘤病的患者必要时须对颅外肿瘤进行筛查。

第四节 脑囊虫病

中枢神经系统寄生虫感染是指寄生虫病原体引起脑、脊髓及相关组织、结构的损害。常见的寄生虫有猪带绦虫、血吸虫、肺吸虫、疟原虫等。临床诊断上,主要以流行病学证据、脑或脊髓损害所出现的癫痫、高级神经功能障碍或其他局灶性神经功能缺损体征,以及影像学特征性表现为依据。本节主要介绍脑囊虫病。

脑囊虫病(neurocysticercosis)是由猪带绦虫的幼虫(囊尾蚴)寄生于人脑所致的疾病,是我国最常见的中枢神经系统寄生虫感染之一,也是症状性癫痫的常见原因之一。

(一) 病因及发病机制

人既是绦虫的终末宿主(绦虫病),也是中间宿主(囊虫病)。脑囊虫的感染途径包括:①内在自身感染,绦虫病患者肠内的绦虫节片逆行入胃;②外源性自身感染,绦虫病患者经自身肛门、口腔途径感染虫卵;③外源性异体感染,健康人食用虫卵污染的食物。经多种途径入胃的绦虫虫卵在十二指肠中孵化成六钩蚴,钻入胃肠壁血管,经血液循环分布全身发育成囊尾蚴,以皮下、眼部、神经系统多见。食用受囊虫感染的猪肉仅表现为绦虫病。

囊虫引起脑部病变的发病机制主要有:①囊虫对周围脑组织的压迫和破坏;②作为异种蛋白引起的脑组织变态反应与炎症;③囊虫阻塞脑脊液循环通路引起颅内压增高。

(二) 病理

脑囊虫病在脑内可以是单发的或多发的,因脑内寄生部位不同,病理特点也不相同。寄生于大脑皮质的囊虫最多见,典型包囊有薄壁包膜或多个囊腔,直径5~10 mm,囊内有透明液体,内含蚴虫,头节如小米大小,灰白色。蛛网膜下腔囊虫呈葡萄状,可有分叶。脑室内囊虫多为单个,圆形,直径2~3 cm,多寄生于第四脑室,易引起脑脊液循环障碍。脑池、脑裂的囊虫为大囊状,直径可达5~6 cm。不同生存状态的囊虫会引起不同程度的脑组织免疫反应,生存期囊虫产生的异物反应轻,蜕变死亡期的囊虫免疫反应增强,钙化期周围脑组织免疫反应消失。囊虫在体内存活时间不等,一般为3~10年,个别可达数十年。镜下切片或囊内头节压片见到吸盘和钩是诊断依据。

(三) 临床表现

1. 临床分型 脑囊虫病的临床表现复杂多样,可以无症状,也可以因病情严重导致死亡。既往按临床症状分为癫痫型、颅内压增高型、脑膜炎型、精神障碍型、脊髓型和混合型;目前更倾向于按病灶部位分为脑实质型、实质外型(包括脑室型、蛛网膜下腔型、基底蛛网膜下腔型3个亚型)、脊髓型和混合型。

2. 临床表现 主要症状和体征如下。

(1) 癫痫发作:最常见,有1/2~2/3的患者以癫痫为首发或唯一症状。全面强直阵挛性发作最常见,占45%~50%,可呈癫痫持续状态。其他发作形式有部分性运动发作和复杂部分性发作(精神运动性发作)等。

(2) 急性颅内压增高：约45%的患者以急性进行性加重的颅高压为特征，表现为剧烈头痛、恶心、呕吐、视物模糊和展神经麻痹等，严重可出现意识障碍，甚至脑疝。

(3) Brun征：即布龙征，见于第四脑室囊虫病。快速转头时，因囊虫阻塞第四脑室正中孔而突然发生剧烈头痛、呕吐、眩晕、意识障碍，甚至猝死。

(4) 精神症状和智能障碍：可见记忆力减退、注意力不集中、抑郁、妄想和幻觉等。

(5) 局灶性中枢神经系统损害症状：脑实质型可因囊虫累及部位的占位效应引起相应的神经功能障碍，如出现偏瘫、感觉障碍、偏盲和失语等；囊虫位于小脑可引起共济失调；少数病例可累及血管引发脑梗死。

(6) 脑膜刺激征：实质外型，尤其是以颅底病变为主的基底蛛网膜下腔型，常以急性、亚急性脑膜刺激症状为特点，长期持续或反复发作，治疗效果不佳。

(7) 脊髓型：非常罕见，以颈胸段脊髓压迫症为主要表现。

(四) 辅助检查

1. 血液检查 37%的患者可发现嗜酸性粒细胞增高。血清囊虫抗体阳性。

2. 脑脊液 压力常升高，脑脊液可能正常或仅有轻度的淋巴细胞反应，嗜酸性粒细胞增多，糖正常或轻度降低，蛋白质增高。囊虫抗体阳性。

3. 影像学检查 影像学检查可帮助判断囊虫的数量、部位以及所处的时期。头颅MRI较CT更为敏感。在幼虫成活期，头颅CT常显示直径0.5~1 cm大小的圆形低信号影，磁共振各种序列都显示水样信号，CT和MRI均可以显示大小2~3 mm近壁的点状高信号头节影（图9-5）。当囊虫蜕变死亡时，CT显示环形或结节状强化，周边有明显水肿，磁共振T_1加权像（T_1WI）显示囊内液体信号高于脑脊液，T_1增强呈厚壁环形或结节状强化，周边有明显水肿。钙化期在CT可呈点状和结节状钙化。另外，影像学检查也可发现脑积水或脑室扩大。

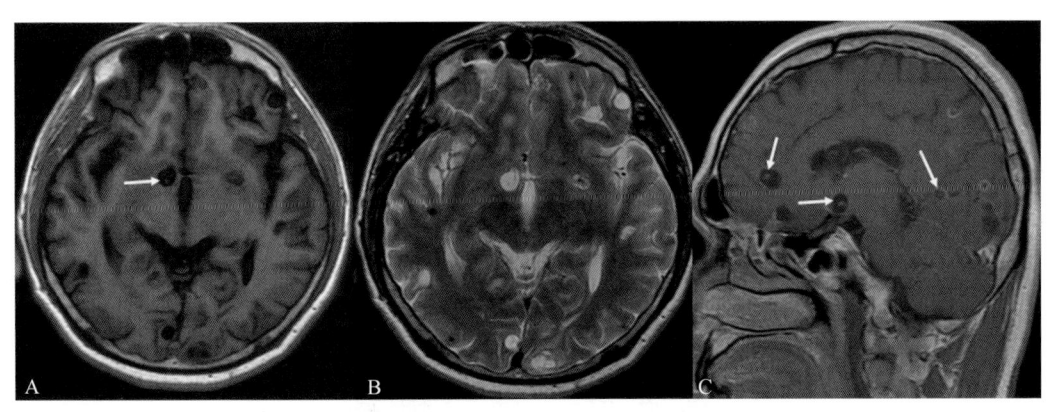

图 9-5 脑囊虫病的 MRI 表现，箭头所指处为头节
A. T_1像；B. T_2像；C. T_1增强像

4. 活体组织检查 体格检查有些可见皮下结节，尤其是小腿后部，X线可发现钙化，活检可见囊虫。立体定向脑活检或手术取病灶脑组织病理检查可见脑囊虫。

(五) 诊断及鉴别诊断

1. 诊断 ①有流行区居住史，患绦虫病或食用"米猪肉"史，大便检查发现绦虫节片；②出现神经系统局灶损害、癫痫、脑膜炎或颅内压增高表现；③血、脑脊液的抗囊虫抗体阳性；④头部CT或MRI示带头节的囊性病变；⑤脑或身体其他部位发现经病理学检查确认的囊虫结节。

2. 鉴别诊断

(1) 脑实质型囊虫，需与脑转移瘤、低分化星形细胞瘤、结核性或隐球菌性脑膜炎等鉴别。

(2) 实质外型囊虫，需注意与先天性蛛网膜囊肿、表皮样囊肿等鉴别。

(3) 神经系统影像检查示单个或多个环形或结节样增强病灶，需与结核瘤、脑脓肿、胶质瘤和转移瘤等疾病鉴别。

(4) CT 显示脑实质内钙化结节，在代谢性疾病、血管畸形、颅内肿瘤及多种感染性疾病也可出现。

（六）治疗

脑囊虫病的治疗包括对症治疗、抗寄生虫治疗和外科手术治疗。抗寄生虫治疗需要了解患者囊虫病所处的时期，若为钙化期，说明囊虫已经死亡，此时无需抗寄生虫治疗。而对处于蜕变死亡期脑囊虫病的患者，若脑实质水肿明显，应暂不予抗寄生虫治疗，以免杀死虫体加重炎症反应和脑水肿，而应首先进行脑水肿和颅高压的处理，待脑水肿消退，颅高压控制后再进行抗寄生虫治疗。抗寄生虫治疗前应先进行眼底镜检查排除眼囊虫病。

1. 对症治疗 对于癫痫，甚至癫痫持续状态应予抗癫痫治疗，颅高压患者可予脱水降颅压治疗。蚴虫囊液中有较高浓度的异体蛋白，溶解后释放入脑组织可产生明显的炎症反应，此时应使用糖皮质激素治疗。

2. 驱虫治疗 原则上首先对症治疗，控制并发症 1 周后抗寄生虫治疗。

(1) 吡喹酮：是广谱抗蠕虫药。目前国际上大部分研究推荐 50 mg/(kg·d)，分 3 次使用，2 周为一疗程。对于单个囊虫的患者，1 日疗程与 2 周疗程效果一致。但国内一般多根据药物说明书要求，使用总剂量为 120～180 mg/kg，分 3～5 日服，每日分 3 次服用。囊虫仍处于活动期或有一定水肿的患者，宜与小剂量激素同时使用。

(2) 阿苯达唑：也称丙硫咪唑，是广谱抗寄生虫药，抑制虫体葡萄糖代谢，使虫体能量耗竭，最终死亡。国际上多推荐 15 mg/(kg·d)，分 2 次使用，使用 8 天。若为单个囊虫，3 天为一疗程，具有同样效果。而实质外型脑囊虫者，需要治疗 1 个月。在使用阿苯达唑的同时，建议同时使用小剂量的地塞米松或泼尼松。对于有 2 个以上脑实质囊虫病灶者，推荐阿苯达唑联合吡喹酮治疗。

3. 手术治疗 对单个病灶囊虫和脑室内（尤其是第四脑室）囊虫，手术摘除效果最佳。脑积水可行脑脊液分流术缓解症状，部分脊髓型也可手术治疗。

（七）预后

囊虫数量少，位于脑内相对静区的患者，预后良好，药物治疗可获痊愈。眼与脑室内囊虫手术摘除预后良好。弥漫性脑囊虫病伴有痴呆或精神障碍者预后不良。

第五节 神经梅毒

螺旋体是一类细长、呈螺旋状的微生物。在生物学上的位置介于细菌与原虫之间。根据螺旋体的数目、大小、规则程度及两螺旋间的距离分为三科五属，其中对人有致病性并可累及中枢神经系统的有三个属，分别是密螺旋体、疏螺旋体和钩端螺旋体，其代表性疾病分别是梅毒、莱姆病和钩端螺旋体病。本节主要介绍神经梅毒。

神经梅毒（neurosyphilis）是由苍白密螺旋体感染引起大脑、脑膜和脊髓损害的疾病，是梅毒的晚期表现。20 世纪 40 年代梅毒患病率一度达到（4～5）/10 万，随着青霉素的应用，我国梅毒几乎绝迹，但自从 20 世纪 70 年代后又有上升趋势，特别是 HIV 病毒感染导致免疫力下降是梅毒感染的重要原因。一般感染梅毒 3～18 个月后可以累及神经系统。

（一）病因和发病机制

神经梅毒系苍白密螺旋体感染所致，主要通过性接触传播，男同性恋者是神经梅毒的高发人群,约 10% 未经治疗的早期梅毒发展为神经梅毒。神经梅毒的首发表现是无症状性脑膜炎,约 25% 的梅毒患者表现为无症状性脑膜炎,持续脑膜炎症反应导致蛛网膜粘连,从而引起脑神经受损或脑脊液循环受阻而发生梗阻性脑积水。增生性动脉内膜炎可导致血管闭塞,脑组织缺血、软化、神经细胞变性坏死和神经纤维脱髓鞘。

(二) 病理

神经梅毒的病理改变可以分为间质型和实质型两类。间质型改变包括脑膜炎、动脉及动脉周围炎症和梅毒性树胶样肿。镜下可见脑膜血管周围淋巴细胞和单核细胞浸润。炎症波及动脉时可引起动脉炎性闭塞,引起脑或脊髓局灶性缺血坏死。梅毒性树胶样肿主要分布于大脑硬脑膜和软脑膜处,镜下表现为小血管周围组织增生、中央区坏死、周围单核细胞和上皮样细胞围绕,偶有巨核细胞浸润。实质型呈神经细胞弥漫性变性、坏死和脱失,胶质细胞增生及纤维斑块样脱髓鞘。

(三) 临床表现

神经梅毒主要包括以下五种类型。

1. 无症状型神经病毒 患者无症状及神经系统体征,极少数患者可以出现阿-罗瞳孔,诊断依赖脑脊液检查。

2. 梅毒性脑膜炎 常发生于梅毒感染 1 年内,主要症状为头痛、颈项强直、脑神经麻痹、惊厥和精神异常,若影响脑脊液循环可出现颅高压。该类型患者经过抗梅毒治疗后症状可在数天或数周内明显改善,若治疗不及时可能发展为其他类型的神经梅毒。

3. 血管型梅毒 有研究表明青年人群的卒中大约有 35% 为神经梅毒,因此年轻患者出现卒中应排查梅毒。该类型最常发生于梅毒感染后的 5~12 年,内囊、Heubner 动脉和豆纹动脉等小血管易受累,最常见的病灶是在内囊延伸至基底神经节区或是位于侧脑室旁小而连续的梗死病灶。症状取决于闭塞的血管,可见偏瘫、偏盲、偏身感觉障碍和失语等临床表现,偶有癫痫和脑神经麻痹等。

4. 麻痹性痴呆 病理基础是额叶、颞叶萎缩和脑室扩大,脑膜出现慢性炎症,尤其以脑萎缩部位明显,在灰质可查到苍白密螺旋体。平均发病时间为梅毒感染后 15~20 年,神经系统症状包括痴呆、阿-罗瞳孔、构音障碍、运动性震颤、反射亢进和病理反射阳性等。早期可见记忆减退、易激惹和判断力下降等。诊断上需与额颞叶痴呆鉴别,大部分患者生活不能自理,青霉素应用后该类型已不常见。

5. 脊髓痨 平均发病时间为梅毒感染后 20~25 年,占梅毒感染患者的 3%~9%。经典的临床表现是:共济失调步态、下肢撕裂样或闪电样疼痛、感觉异常、膀胱功能障碍和视力下降(视神经萎缩)。体征上阿-罗瞳孔最常见,下肢腱反射消失,双下肢深感觉减退或消失,眼肌麻痹,但下肢肌力改变通常不明显。

(四) 辅助检查

1. 脑脊液检查 压力可增高,感染后数周出现以淋巴细胞为主的白细胞增多[多为 (100~300)×10^6/L],蛋白质增高(0.5~1.5 g/L),糖、氯化物含量正常。

2. 免疫学检查 包括非梅毒螺旋体试验和梅毒螺旋体试验。性病研究实验室检查(venereal disease research laboratory,VDRL)和快速血浆反应素试验(rapid plasma reagin,RPR)是非梅毒螺旋体试验。梅毒螺旋体血细胞凝集试验(treponema pallidum hemagglutination,TPHA)和荧光法密螺旋体抗体吸附试验(fluorescent treponemal antibody-absorption test,FTA-ABS)是梅毒螺旋体试验。在诊断梅毒时 VDRL 和 RPR 是筛查试验,TPHA 和 FTA-ABS 是确诊试验。但诊断神经梅毒时需要脑脊液检查方有意义,脑脊液 VDRL 试验特异性高,可作为神经梅毒的确诊试验,但敏感性仅为 30%~78%;脑脊液 FTA-ABS 敏感性高,但特异性低,目前已不推荐作为神经梅毒的确诊试验,但阴性有助于排除诊断。

3. 影像学 头颅 CT 可见多发低密度灶，MRI 可见多发脑缺血坏死、脑萎缩、脑室扩大等。梅毒性血管炎的血管造影可见弥漫不规则狭窄，远端小动脉梗死，呈枯树枝样改变。

（五）诊断与鉴别诊断

1. 诊断 神经梅毒的诊断需要结合临床表现、血清学检查和脑脊液检查来综合判断。2010年美国疾病预防和控制中心（CDC）制订的神经梅毒诊断标准如下：①临床表现与神经梅毒符合；②血清梅毒螺旋体试验阳性；③脑脊液检查 VDRL 阳性，或脑脊液梅毒螺旋体 DNA PCR 阳性，或病理检查确认梅毒螺旋体。若患者临床上出现神经梅毒的症状和体征，血清梅毒螺旋体试验阳性，脑脊液细胞计数或蛋白质测定异常，在无其他明确病因的情况下仍须考虑神经梅毒的诊断（疑似诊断）。脑脊液的 FTA-ABS、TPHA 和 RPR 检测能否作为神经梅毒的确诊条件存在争议，但我国 CDC 于 2014 年发布的指南接受在没有条件进行脑脊液 VDRL 检测的情况下，可以使用脑脊液 FTA-ABS、TPHA 和 RPR 检测替代。

2. 鉴别诊断 由于本病累及范围广泛，基本包括整个中枢神经系统，需要与其他各种病因导致的脑膜炎、脑膜脑炎、脑脊髓膜炎、缺血性脑血管病、痴呆、脊髓病及周围神经病等鉴别。血清及脑脊液特异性病原学和免疫学检测具有重要的鉴别诊断价值。

（六）治疗

1. 病因治疗 推荐方案：青霉素（1800~2400）万 U/d，（300~400）万 U/4 h，静脉滴注，连续 10~14 日。或普鲁卡因青霉素 240 万 U，1次/日，肌内注射，同时予丙磺舒 500 mg，4次/日，口服，连续 10~14 日。一般在治疗结束后继以苄星青霉素 240 万 U，1次/周，肌内注射，共 3 次。替代方案可给予头孢曲松 2 g，1次/日，肌内注射或静脉滴注，连续 10~14 日。对青霉素过敏者，可考虑使用多西环素 0.2 g，2次/日，连续 28 日。

在治疗后每 6 个月进行脑脊液检查，直到脑脊液检查正常。治疗后 6 个月脑脊液细胞计数无下降或治疗后 2 年脑脊液细胞计数和蛋白质未降至完全正常，予以重复治疗。

2. 对症治疗 闪电样疼痛可口服卡马西平，内脏危象可使用阿托品、甲氧氯普胺和吩噻嗪类药物。注意抗癫痫、抗精神病治疗。

（七）预后

多数患者经过积极治疗后，可临床治愈，即梅毒传染性和（或）活动性临床体征消除。麻痹性痴呆患者若未进行治疗，3~4 年死亡；脊髓痨患者预后不确定，多数可停止进展或改善。

第六节 朊蛋白病

朊蛋白病（prion disease）是一类由朊蛋白引起的人畜共患的中枢神经系统变性疾病。正常人体的中枢神经细胞表面存在朊蛋白（PrP），它是保持神经系统信息传递不可缺少的重要物质。正常细胞形式的朊蛋白，称为 PrPc。在动物和人朊蛋白病体内的朊蛋白，其氨基酸序列与 PrPc 完全一致，但折叠方式发生了重要改变，使其具有高度聚集性、传染性和对蛋白酶不敏感的特性，这种蛋白构象发生改变的可致病的朊蛋白，称为 PrPSc。PrPSc 因具有高度聚集性，可沉积在细胞内使宿主细胞逐渐失去功能，最终导致神经细胞死亡。西方流行病学显示，朊蛋白病可以分为散发性（85%~90%）、遗传性（10%~15%）和获得性（1%~3%）三类，其中散发性病例发病率为（1~1.5）/100 万。该病主要临床特点为快速进展的认知功能损害和锥体外系症状，病理改变为神经元丢失、星形细胞增生和以灰质为主的脑海绵状变性。

目前根据临床表现，人类朊蛋白病主要有克-雅病（Creutzfeldt-Jakob disease，CJD）、Gerstmann-Straussler-Scheinker病（GSS）、库鲁病（Kuru disease）及致死性家族性失眠症

(fatal familial insomnia，FFI）四种。本节主要介绍 CJD。

克-雅病（Creutzfeldt-Jakob 病）是最常见的朊蛋白病，主要累及皮质和基底神经节等灰质，临床上以快速进展性痴呆、共济失调、肌阵挛、锥体束征和锥体外系损害为主要表现。CJD 世界各地均有报道，年发病率为 1/100 万，目前分为散发型 CJD（sCJD）、家族型 CJD（fCJD）、变异型 CJD（vCJD）和医源型 CJD（iCJD）四种类型。其中散发型最常见，占 85% 左右，fCJD 占 10%～15%，vCJD 和 iCJD 仅有少数报道。

（一）病因和发病机制

与其他朊蛋白病一样，CJD 是由于 PrP 的异常折叠导致大量不可溶性蛋白质沉积在细胞中，引起神经元的功能障碍和死亡、星形胶质细胞增生，并最终形成海绵状脑病。fCJD 是由编码朊蛋白的基因 *PRNP* 突变所致，为常染色体显性遗传，目前已经发现 30 余种突变类型。医源性感染可通过角膜或硬脑膜移植、经肠外给予受染的生物制品和植入未充分消毒的脑电图电极而传播。医务人员的身体破损处、结膜和皮肤接触患者的脑脊液、血液或组织有可能致病。变异型 CJD 由英国于 1996 年报道，是由俗称"疯牛病"的牛海绵状脑病病原体跨物种传播所致，患者脑组织的动物传染实验证实 vCJD 与疯牛病具有相似的种系特异性。

（二）病理

CJD 的病理特点为脑组织呈海绵状变性。显微镜下可见神经元脱失、星形细胞增生、神经元和星形细胞胞质中空泡形成（海绵状），感染组织内见异常 PrP 淀粉样斑块沉积，无炎症反应，皮质和基底神经节最易受累。vCJD 的病理改变以丘脑最明显，而斑块与传统的类型不同，和库鲁病类似。

（三）临床表现

不同类型的 CJD 临床表现不一。sCJD 好发于中老年人，平均起病年龄 60 岁，1/3 患者有前驱症状，表现为疲劳、头痛、睡眠障碍和焦虑等。在数周或数月内快速进展的痴呆是最常见的早期临床表现，继而出现小脑障碍、视觉障碍、肌阵挛、无动性缄默、锥体束征和锥体外系征等。90% 患者可出现肌阵挛，常为刺激诱发，睡眠中可持续存在，典型表现为声光刺激诱发的惊吓样肌阵挛。锥体束征包括肌张力增高、腱反射亢进和病理征阳性，锥体外系征包括震颤、肌强直、构音障碍和动作缓慢，晚期出现去皮质状态和意识障碍，常因并发症死亡。sCJD 病情进展迅速，平均生存期 4 个月左右，90% 患者 1 年内死亡。

vCJD 发病年龄较早，多为 40 岁以下发病，早期往往表现为精神症状，进展相对较慢，平均 6 个月后出现共济失调、认知障碍和不自主运动等，一般没有肌阵挛和周期性同步放电的脑电图改变。其病程比 sCJD 长，平均为 14 个月。

fCJD 与 sCJD 相比病情发展较慢。iCJD 发病年龄早，常以共济失调、眼肌麻痹、锥体束征起病，痴呆和肌阵挛常出现在起病后数月。

（四）辅助检查

1. 14-3-3 蛋白 脑脊液中 14-3-3 蛋白免疫检测阳性，可作为临床诊断可疑 CJD 患者的重要指标，但脑脊液 14-3-3 蛋白阳性还可见于急性脑损伤、脑梗死、病毒性脑炎、桥本氏脑病、副肿瘤综合征和胶质细胞瘤等疾病，其特异性为 80% 左右。

2. 脑电图（EEG） 随疾病进展，90% 患者出现特异性周期性同步放电（periodic synchronous discharge，PSD），表现为各导联间歇性或连续性同步出现的中至高波幅，频率为 0.5～2 Hz 的三相尖慢波或棘慢波。但仅见于 sCJD 患者，且主要见于病程的中晚期（8～12 周）。

3. 影像学检查 头颅 MRI DWI 像或 FLAIR 像显示双侧对称性尾状核、壳核和（或）皮质高信号，是 sCJD 较特征性的改变，其敏感性和特异性高于脑脊液 14-3-3 蛋白和 EEG 改变。

而 vCJD 的 MRI 特征性改变是在 DWI 像或 FLAIR 像上显示对称性的丘脑后部和内侧高信号。

4. 脑活检 临床诊断难以明确时可行脑活检，脑活检可发现脑海绵状变性和 PrPSc。

5. 基因检测 PRNP 基因检测是诊断 fCJD 的有效手段，对疑似 CJD 的患者有条件均应行 PRNP 基因检测，因为 fCJD 仅有一半患者具有家族史。

（五）诊断与鉴别诊断

1. 诊断 2010 年美国 CDC 有关 sCJD 的诊断标准如下。

（1）快速进展型痴呆。

（2）至少存在下列 4 项临床特征中的 2 项：①肌阵挛；②视觉或小脑症状；③锥体束和（或）锥体外系征；④无动性缄默。

（3）以下辅助检查至少一项吻合：①在疾病的任何时期出现典型 EEG 改变（周期性同步发电）；②脑脊液 14-3-3 蛋白阳性，病程短于 2 年；③磁共振 DWI 或 FLAIR 像示尾状核和（或）壳核高信号。

（4）排除其他疾病。

确诊需要通过神经病理证实，仅（1）（2）（4）吻合可考虑为疑似诊断。

fCJD 的诊断是在符合 sCJD 的诊断标准基础上有家族史或 PRNP 基因突变。iCJD 的诊断标准是：在使用人尸源垂体激素后出现进行性小脑综合征；或符合 sCJD 的诊断，且具有肯定的医源性暴露史。

2. 鉴别诊断

（1）所有怀疑 CJD 的患者均应排查桥本氏脑病。桥本氏脑病患者血甲状腺球蛋白抗体或甲状腺过氧化物酶抗体明显升高，病情可有波动，大部分患者激素治疗有效。

（2）颅内血管炎可以出现 CJD 的相似症状和体征，但剧烈的头痛、缺乏肌阵挛、阶梯式进展、CSF 异常、磁共振示局灶性白质信号异常或血管异常有助于血管炎的诊断。

（3）以累及边缘叶为主要特征的自身免疫性脑炎的部分病例可以与 CJD 混淆，相关抗体的检测有助于 CJD 鉴别。

（4）CJD 需与以痴呆为主要表现的疾病进行鉴别，如路易体痴呆、阿尔茨海默病、额颞叶痴呆、麻痹性痴呆、HIV 痴呆等。疾病的进展速度、EEG 和 MRI 特异性改变有助于 CJD 的诊断。

（六）治疗及预后

本病尚无有效的病因治疗，主要进行对症和支持处理。本病潜伏期长，一旦发病，90% 病例病后 1 年内死亡。变异型 CJD 患者病程可稍长，但迁延数年者很罕见。

（七）职务防护

医务人员应避免与 CJD 患者的开放性伤口、结膜、脑脊液、血液和组织接触，因朊蛋白对常规处理有较强的抵抗性；接触过患者的医疗器械消毒应采用特殊的高压或灭活因子，如次氯酸钠进行消毒。

第七节　艾滋病相关的中枢神经系统损害

艾滋病，即获得性免疫缺陷综合征（acquired immunodeficiency syndrome，AIDS），是由人类免疫缺陷病毒（human immunodeficiency virus，HIV）引起。大约有 50% 的 HIV 患者有中枢神经系统受累。HIV 病毒属于慢病毒属 RNA 病毒，对外界抵抗力较弱。病毒有两个亚型，分别是 HIV-Ⅰ和 HIV-Ⅱ。HIV-Ⅰ呈世界性分布，是引起免疫缺陷和 AIDS 的常见原因；而 HIV-Ⅱ仅发生于西非和欧洲的非洲移民。HIV 的主要传播方式为性传播、血液传播和母婴传播。HIV 是嗜神经病毒的一种，高度选择性地侵袭和定位于神经系统，临床表现也呈现多种变化，主要包括神经系统原发性感染、神经系统继发性感染和神经系统继发性肿瘤三大类。

（一）病因和发病机制

HIV 的病原体是一种有包膜的 RNA 反转录病毒（retrovirus）。HIV 和免疫细胞表面的 CD4 受体结合，破坏宿主的 $CD4^+$ 淋巴细胞、单核细胞和巨噬细胞，引起严重的细胞免疫缺陷，导致机体对各种病原体包括真菌、病毒和寄生虫等的易感性增加，从而出现机会性感染（如肺孢子菌病，弓形虫病，病毒、真菌及分枝杆菌感染等，以肺孢子菌病最常见），并累及中枢神经系统，使 AIDS 患者继发出现脑弓形虫病、新型隐球菌性脑膜炎和系统性淋巴瘤等神经系统疾病。大约 15% 的患者出现多重机会性感染。1996 年联合抗反转录病毒治疗（combination antiretroviral therapy，cART）在发达国家正式实施以来，AIDS 患者中枢神经系统机会性感染的发病率大幅下降。另一方面，HIV 病毒也是一种危险程度高的嗜神经病毒，感染早期即可侵犯神经系统，通过免疫介导的组织损伤、持续性胞内感染、受染单核细胞和巨噬细胞释放的细胞因子、兴奋性氨基酸毒性和间接细胞毒性等引起组织的炎症损害。

（二）病理

病毒直接侵犯可引起无菌性脑膜炎、亚急性脑炎和空泡性脊髓病。大体病理可见脑膜和脑实质的充血和水肿等病理改变。显微镜下可见具有特征性的多核巨细胞形成和弥漫性星形胶质细胞增生，主要累及小脑、脑干、基底神经节和皮质。HIV 相关脊髓病的主要病理改变是以累及后索和侧索为主的空泡变性。机会性感染所致神经系统损害可见相应病理改变。

（三）临床表现

1. HIV 原发性感染

（1）HIV 急性脑膜（脑）炎：在 HIV 感染早期，部分患者会出现脑膜炎症状，如头痛、发热和脑膜刺激征等。有些尚可有明显的脑炎症状，如抽搐、失语等，全身强直阵挛性发作常见。CSF 检查可见淋巴细胞增多、蛋白质增加和糖正常，脑电图显示弥漫性异常。急性症状可在几周之内消失，但脑部 HIV 感染持续存在，以后可发展成亚急性或慢性脑炎。

（2）HIV 慢性脑膜炎：表现为慢性头痛和脑膜刺激征阳性，并伴有三叉神经、面神经及听神经等脑神经受损症状，脑脊液 HIV 阳性。

（3）HIV 亚急性或慢性脑炎：又称 HIV 相关痴呆、HIV 脑病或 AIDS 痴呆综合征。HIV 相关痴呆主要症状是隐袭进展的皮质下痴呆，初期可以表现为记忆力下降、性欲减退、注意力不集中、健忘和淡漠等，病情发展时可有肢体无力、步态不稳和震颤等运动症状，晚期会出现痴呆、植物状态、尿便失禁。脑脊液检查正常或淋巴细胞增高、蛋白质稍增高。头部 CT 或 MRI 显示皮质萎缩、脑室扩大、白质改变。

（4）HIV 脊髓病：AIDS 患者的脊髓病变，常与 HIV 相关痴呆同时存在。实际上 90% 的脊髓病变患者伴有痴呆，提示两者存在相似的病理过程。脊髓病变常表现为以下 3 种：①空泡性脊髓病，主要侵犯脊髓后索、锥体束，临床表现为进行性痉挛性截瘫、感觉性共济失调，与亚急性联合变性症状相似；②纯感觉性共济失调，此型脊髓病仅有后索损害症状，表现为纯感觉性共济失调；③感觉缺失及感觉异常，表现为双下肢感觉异常、感觉缺失。

（5）HIV 周围神经病：AIDS 患者周围神经损害可见于疾病各个时期，表现形式多样，可呈感觉神经受累为主的多发性周围神经炎、急性炎症性脱髓鞘性多神经病（AIDP）、慢性炎症性脱髓鞘性多神经病（CIDP）、多发性单神经炎。患者通常表现为进行性肌无力、反射消失和轻微的感觉异常。脑脊液检查可有单核、淋巴细胞增多，肌电图检查可显示异常。

（6）HIV 肌病：组织学改变与原发性肌炎相似，可出现于疾病各个时期，临床表现为肌无力、肌痛。肌活检显示肌肉炎性改变是直接证据。

(7) 急性肉芽肿性脑血管炎：HIV 颅内感染可造成大脑前、中、后动脉及其近端分支呈肉芽肿炎症改变，引起多发梗死灶，涉及基底神经节、内囊、皮质下白质、顶叶和枕叶皮质以及脑桥被盖部。临床症状有高热、精神症状、阵发性意识障碍及相应的局灶症状。头部 CT 显示有进行性脑萎缩及多发性低密度病灶。

2. HIV 继发机会性感染 由于细胞免疫的严重缺陷，AIDS 患者可以发生多种机会性感染，包括弓形虫感染、真菌感染、病毒感染、细菌感染和螺旋体感染等。

(1) 脑弓形虫病：是 AIDS 颅内占位病变最常见的原因。临床表现多为局灶、多灶及全身症状，如偏瘫、癫痫、头痛、脑膜刺激征等。头部 MRI 可显示一处或多处病灶，有环形增强，常位于基底神经节区。血清弓形虫抗体检测不可靠，确诊有赖于脑活检。

(2) 真菌感染：AIDS 患者隐球菌性脑膜炎较常见，临床上主要表现为发热、头痛、恶心、呕吐、精神状态变化、痫性发作和脑神经麻痹等。随着感染的进展，可出现昏迷和脑干受压体征，若未及时治疗可致命。

(3) 病毒感染：①进行性多灶性白质脑病（progressive multifocal leukoencephalopathy，PML）：是乳头多瘤空泡病毒感染引起的中枢神经系统亚急性脱髓鞘疾病，约 4% 的晚期 AIDS 患者患有此病。临床表现为认知障碍、偏瘫、偏盲、失语、运动性共济失调等，最后出现严重精神衰退，临床上很难与其他原因引起的痴呆相鉴别。脑活检在少突胶质细胞核内发现乳头多瘤空泡病毒颗粒组成的嗜酸性包涵体、脑脊液中检出乳头多瘤空泡病毒 RNA 可确诊。②巨细胞病毒脑炎：亚急性起病较常见，可因视网膜炎导致失明，其次为倦怠、精神衰退、大小便失禁、意识模糊和痴呆等。脑活检进行电镜观察或病毒分离检出巨细胞病毒可确诊。③单纯疱疹病毒脑炎：主要表现为发热、头痛、失语、瘫痪、痫性发作及精神障碍等。脑活检进行电镜观察或病毒分离检出单纯疱疹病毒可确诊。④人类 T 淋巴细胞病毒 1 型（human T-lymphocytic virus type 1，HTLV-1）脊髓炎：HTLV-1 的慢性感染常造成脊髓炎。

(4) 细菌感染：多为中枢神经系统结核分枝杆菌及鸟型分枝杆菌感染。临床表现为脑膜炎、脑脓肿的症状，如发热、头痛、意识障碍等。

(5) 螺旋体感染：AIDS 患者感染梅毒的机会增加。

3. HIV 继发性肿瘤

(1) 原发性中枢神经系统淋巴瘤：主要临床表现有意识障碍、人格改变、头痛、局灶性神经功能缺损、颅内压增高、癫痫发作等。头部 CT、MRI 可见颅内局灶性改变伴周围水肿，与弓形虫病不易区分。可经脑脊液细胞学检查和脑活检确诊。

(2) Kaposi 肉瘤：中枢神经系统受累时多已伴有其他内脏及肺部广泛转移，且同时合并中枢神经系统机会性感染。

4. 高效抗反转录病毒治疗（highly active antiretroviral therapy，HAART）副作用 HAART 又称"鸡尾酒疗法"，是通过至少三种抗病毒药物联合使用治疗艾滋病的方法，其副作用主要是药物本身的神经毒性和免疫重建炎症综合征（immune reconstitution inflammatory syndrome，IRIS）。

(1) 药物副作用，例如齐多夫定可引起肌炎，司他夫定可引起周围神经损害。但该类药物副作用与药物剂量有关，停药后可逆转。

(2) IRIS 发生在 15%～35% 接受 HAART 的患者，其中 1% 是神经系统损害。引起中枢神经系统 IRIS 最常见的感染性因素是结核分枝杆菌、隐球菌感染和进行性多灶性白质脑病（PML），非感染性因素是 Kaposi 肉瘤、系统性红斑狼疮（SLE）等。

(五) 辅助检查

1. HIV 抗体检测 是诊断 HIV 感染的必行检查项目。

2. 细胞计数及病毒定量 外周血淋巴细胞计数常显示淋巴细胞减少，特别是 $CD4^+$ T 细胞。病毒载量测定和 CD4$^+$T 淋巴细胞计数是判断疾病进展、临床用药、疗效和预后的两项重要指标。

3. 脑脊液检查　脑脊液中检测出 HIV RNA，或培养出 HIV 为病原学诊断。在继发感染或肿瘤中，因致病原或病因不同，CSF 改变各不相同。

4. 电生理检查　脑电图可以发现大脑弥漫性或局灶性异常，肌电图对诊断周围神经或肌肉病损有帮助。

5. 影像学检查　CT、MRI 对发现 AIDS 神经系统病变有帮助，可以显示弓形虫、肿瘤的占位效应、大脑白质病变及皮质萎缩等。

（六）诊断与鉴别诊断

1. 诊断　AIDS 相关神经系统病变的诊断需要根据病史和临床症状，结合必要的实验室检查来综合判定。

（1）高危人群出现全身或中枢神经系统感染、肿瘤等临床表现。

（2）HIV 抗体阳性，外周血白细胞下降，CD4$^+$T 淋巴细胞总数小于 200/mm^3，淋巴细胞计数显示 CD4/CD8 比率降低或倒置。

（3）CSF、脑电图、肌电图、CT、MRI 等辅助检查证实神经系统损伤。

（4）从脑、脊髓、周围神经或 CSF 中培养出 HIV、检出 HIV 抗原或电镜下检出 HIV 病毒颗粒。

2. 鉴别诊断　儿童 AIDS 患者需与先天性免疫缺陷进行鉴别，病史和 HIV 抗体检测有助于鉴别。成人患者需要和药物引起的获得性免疫缺陷、非 HIV 相关微生物感染、肿瘤及各种亚急性进展的痴呆综合征、亚急性联合变性、其他原因引起的周围神经病和肌病相鉴别。

（七）防治

AIDS 主要问题是预防感染，一旦感染则后果严重，因此应注意切断三条主要传播途径（见前述），减少发病。AIDS 的神经系统损害治疗原则为：抗 HIV、增强免疫功能、处理继发性感染及肿瘤。

1. 抗 HIV 药物　①核苷类反转录酶抑制剂（NRTI）：包括齐多夫定、去羟肌苷等；②非核苷类反转录酶抑制剂（NNRTI）：包括奈韦拉平（nevirapine）、地拉韦啶（delavirdine）等；③蛋白酶抑制剂：包括沙奎那韦（saquinavir）、利托那韦（ritonavir）等。这些药物可抑制反转录酶，阻断 HIV 在细胞内的复制。在患者外周血 CD4$^+$T 细胞计数≤350×10^6/L 时开始治疗，采用"鸡尾酒疗法"可降低副作用，减少耐药性。

2. 免疫调节药物　①干扰素：有抗病毒和免疫调节作用，以 300 万 IU，肌内注射，每周 3 次，3～6 个月为一疗程。②白细胞介素-2（IL-2）：可使患者外周血淋巴细胞计数增加，改善免疫功能。目前多采用重组 IL-2。③丙种球蛋白：AIDS 患者由于体液免疫也受到影响，容易发生各种细菌性感染，定期应用丙种球蛋白能减少细菌性感染的发生。④中药：香菇多糖、丹参、黄芪和甘草酸苷等有调节免疫功能的作用。

3. 神经系统合并症治疗　①隐球菌性脑膜炎：治疗重点是降低颅内压，抗生素可选用两性霉素 B 联合 5-氟胞嘧啶，病情稳定后可改为口服氟康唑。②疱疹病毒感染选用阿昔洛韦，巨细胞病毒感染选用更昔洛韦。③弓形虫感染：口服磺胺嘧啶和乙胺嘧啶。④肿瘤：对发展较快的 Kaposi 肉瘤可用长春新碱、博来霉素或阿霉素联合治疗，也可加用干扰素，疗程半年至一年，效果较好，亦可局部放射治疗。

（八）预后

AIDS 患者从初次感染至死亡平均生存期为 10 年。目前尚无有效治愈方法，预后不良。

练习题 9-1

练习题 9-1
答案及解析

（潘速跃）

第10章 中枢神经系统脱髓鞘疾病

第一节 概 述

中枢神经系统脱髓鞘疾病是一组以脑和脊髓脱髓鞘为主要特征的疾病。该类疾病是病理学概念而非病因学分类。导致中枢神经系统脱髓鞘的原因很多,包括感染、自身免疫、缺血、营养不良等。值得一提的是,应注意与髓鞘形成不良进行鉴别,后者是由于遗传代谢障碍所致,称为脑白质营养不良(白质脑病)。

中枢神经系统特发性炎性脱髓鞘疾病是一组在病因上与自身免疫相关,在病理上以中枢神经系统髓鞘脱失及炎性细胞浸润为主的疾病。由于临床表现、影像学表现、组织病理有所不同,形成了一组不同特征的脱髓鞘疾病谱。除多发性硬化(multiple sclerosis,MS)、视神经脊髓炎(neuromyelitis optica,NMO)以外,还包括同心圆硬化(Balo病)、假瘤样炎性脱髓鞘病(tumor-like inflammatory demyelinating diseases)、急性播散性脑脊髓炎等。

随着新疗法如干扰素-β等的问世,一个新的名词日益受到关注,即临床孤立综合征(clinically isolated syndrome,CIS)。该综合征是指中枢神经系统首次发生的、单时相的、单病灶或多病灶的脱髓鞘疾病,包括视神经炎、脑干脱髓鞘疾病、脊髓脱髓鞘疾病。30%~70%的CIS可发展为临床确诊的MS(clinical definite MS,CDMS)。已有文献报道,早期给予疾病修正治疗(disease modifying treatment,DMT)如干扰素-β,可延缓发展为CDMS的时间,降低发展为CDMS的比率。

MS是中枢神经系统特发性炎性脱髓鞘疾病的典型代表,对其研究最为深入。诊断方面,随着MRI新技术的广泛使用,不仅提高了诊断的准确性,而且也可动态观察疾病的活动性,为治疗效果评价提供了较为客观的指标。近年来MS的McDonald诊断标准已更新至2017年版。治疗方面,干扰素-β及格拉默醋酸盐(Glatiramer Acetate,GA)能降低MS复发次数,并能减少MRI T_2 病灶负荷,这已有大宗的临床试验报道。米托蒽醌(mitoxantrone)对进展型MS有效。近年来,单抗类及新型口服药物成为关注重点。那他珠单抗(natalizumab)已经批准应用于MS,而利妥昔单抗(rituximab)正在进行NMO治疗的临床试验。新型口服药物如芬戈莫德(fingolimod)及富马酸二甲酯(BG-12)已经批准用于MS的治疗。还有许多新型口服药及单抗类药物不断进行临床试验,未来有关MS的治疗药物选择会更加广泛,效果会更好,使用会更便捷。

近年来,NMO日益成为研究的热点。研究显示,NMO在发病机制、病理、临床表现、影像特征、免疫治疗、预后等方面与MS不同。目前一致认为NMO是一种独立的中枢神经系统炎性脱髓鞘类型,而不是MS亚型。具有革命性的发现是2004年在NMO血清中发现存在特异性生物标志物(NMO-IgG),后来证实,NMO-IgG与水通道蛋白-4(AQP-4)结合,故目前更名为AQP-4抗体。由于临床上常常见到类似于NMO的复发性脊髓炎、复发性视神经炎等,故提出了NMO谱系疾病(neuromyelitis optica spectrum disorders,NMOSD)的概念,并于2015年提出了NMOSD的诊断标准。治疗方面,目前尚缺乏像MS治疗那样的大宗临床试验，但有限的临床证据表明，吗替麦考酚酯等免疫抑制剂、利妥昔单抗等对NMOSD有效。除AQP-4抗体之外，尚发现髓鞘少突胶质细胞糖蛋白（MOG）抗体阳性的NMOSD亚型。可以预想，未来随着临床资料的积累、免疫机制的明确以及生物标志物的不断发现，对NMOSD的诊疗将更加深入。

第二节 多发性硬化

多发性硬化（MS）是中枢神经系统（CNS）炎性脱髓鞘疾病，好发于青年女性，发病机制可能与自身免疫反应有关。病理上表现为炎性细胞浸润及髓鞘脱失，临床上表现为时间上的多发性（多次发作）及空间上的多发性（多个部位）。

（一）病因学及发病机制

MS的确切病因及发病机制迄今不明，推测与以下因素有关：①病毒感染与自身免疫反应；②遗传因素；③环境因素。

支持环境因素在MS发病中起作用的证据包括：①MS患病率因地理位置不同而异，一般离赤道地区越远的居民患病率越高；②移民可改变MS发生的危险性，其危险性与移民的年龄有关；③移民的后代其MS患病率与所移居地的居民患病率相似，而不同于原居住地居民；④MS发病具有密集现象。

支持遗传因素在MS发病中起作用的证据包括：①不同人种MS发病率有差异，高加索人发病率高，黑人发病率低；②MS在患者亲属中的患病率较普通人群高；③单卵双胞胎患MS的概率是双卵双胞胎的6~10倍；④MS与某些HLA基因型相关联。

（二）病理

脑或脊髓病变部位病理染色显示髓鞘脱失（图10-1A），轴突相对完好，轻度少突胶质细胞变性和增生，血管周围可见炎性细胞浸润，常围绕小静脉周围形成血管套（图10-1B）。但最近免疫病理及MRI研究发现早期即有轴突损害，并且临床残疾与轴突损害有关。

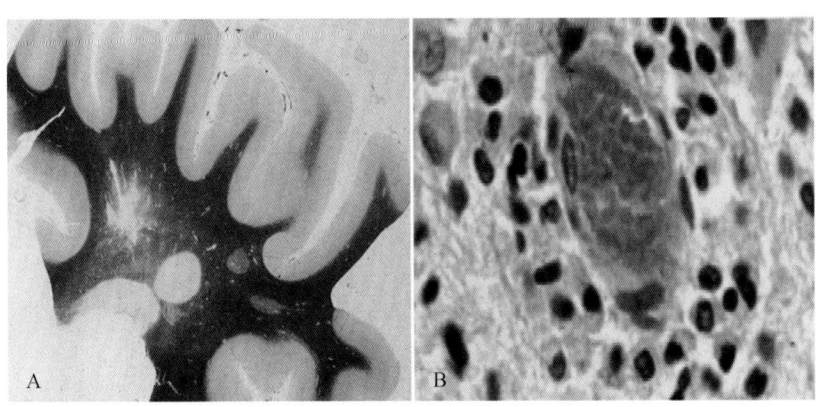

图10-1（见书后彩图） A. 脑组织LFB染色显示髓鞘脱失；B. 脑组织内有血管周围炎性细胞浸润

（三）临床表现

MS多为急性或亚急性起病。症状千变万化，症状和体征不能用中枢神经系统单一病灶来解释，常为大脑、脑干、小脑、脊髓和视神经病变的不同组合构成其临床症状谱。

1. **大脑白质受累** 较常受累，MRI能明确显示，尸检后常见。可以没有明显的症状。
2. **视神经损伤** 视神经炎是MS常见的典型表现。若病变位于眼球与视交叉间的视神经，称为球后视神经炎；若病变就在视神经前方，则称为视盘炎，眼底镜可以观察到视盘水肿。视盘炎与球后视神经炎对视力的影响是相同的。视神经炎时除视力下降外，尚伴有眼球活动时的眼眶痛。严重时视力丧失，瞳孔直接对光反射消失或减弱。经过数天或数周，视力开始恢复。

3. 脑干（中脑、脑桥、延髓）受累　表现为复视（动眼神经核受累或联络纤维受累）、面部麻木（脑桥内的三叉神经受累）、面瘫（脑桥内的面神经受累）、眩晕、恶心、呕吐、共济失调（脑桥的前庭神经受累）、构音障碍（延髓的第9及第10对脑神经受累）、眼球震颤、构音障碍、肢体共济失调（进出小脑的纤维通路病变）、肢体上运动神经元瘫（锥体束受累）、肢体感觉障碍（脊髓脑桥束或后索病变）。

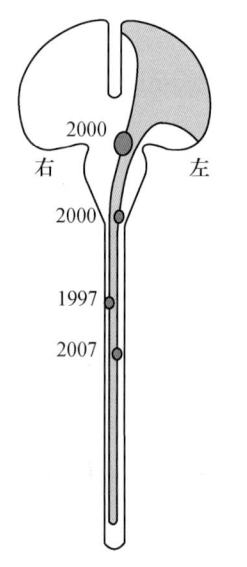

图10-2　在不同时间发生的脑及脊髓病灶

4. 脊髓损伤　脊髓脱髓鞘病变引起病变水平以下锥体束（颈膨大及腰膨大病变时为下运动神经元瘫）、脊髓后索、脊髓丘脑束及自主神经症状和体征。表现为肢体力弱、痛温觉丧失、麻木感、冷感、发紧感、手笨拙（位置觉及实体觉丧失）、二便及性功能障碍。

临床经过及其症状和体征存在空间上的多发性（即散在分布于中枢神经系统的多个病灶）及时间上的多发性（即病程中的缓解与复发）（图10-2）。每复发一次均会残留部分症状和体征，逐渐积累而使病情加重。在多次复发的MS患者，可出现中枢神经系统多个部位的累加症状及体征，如非对称性视盘苍白（不一定有视力下降）、小脑功能障碍（眼球震颤、构音障碍、共济失调）、上运动神经元瘫（上肢轻、下肢重）、不同程度的感觉障碍（躯干及下肢明显），以及二便和性功能障碍。

临床孤立综合征（CIS），是指第一次发作的炎性脱髓鞘疾病，包括视神经炎、脊髓炎或脑干综合征，被视为MS前期表现。CIS可转化为临床确诊的MS（CDMS）。干扰素-β临床试验显示CIS早期进行干扰素-β治疗，可降低转化为CDMS的发生率。

应特别注意MS演变过程（图10-3），强调早期治疗。疾病晚期病情进展、残疾加重及脑萎缩，预后差。

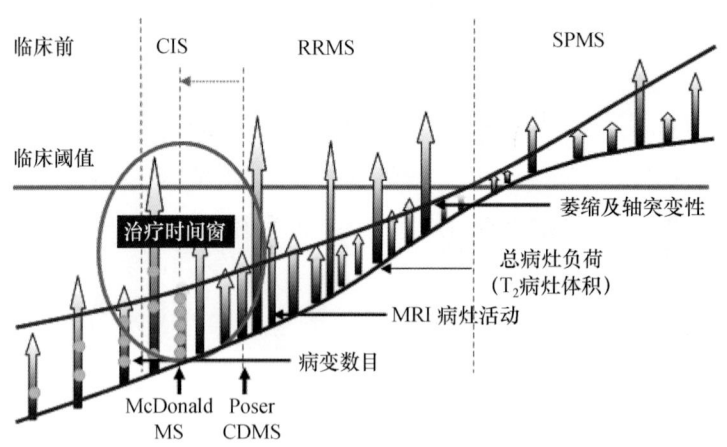

图10-3　MS疾病演变过程

（四）临床分型

1996年，美国国立MS协会根据对MS专家的调查问卷结果，确立了MS基于病程的临床分型，旨在明确自然病史和人口学研究的亚组定义、促进临床试验受试者的均质化入组以及在医生和MS患者之间的准确交流；同时确定了MS的四种临床分型——复发缓解型MS（relapsing remitting MS，RRMS)、继发进展型 MS（secondary progressive MS，SPMS)、原发进展型 MS（primary progressive MS，PPMS）和进展复发型 MS（progressive relapsing MS，PRMS)（图 10-4)，并给出了良性和恶性 MS 的定义。复发和进展是分型的核心，但实际上两者很难明确区分。基于当时的条件，仅用了临床特点进行分型，并且未对"复发"做出明确定义。随着影像学和生物标志物研究的进展，以及对 MS 炎性反应和变性反应的认识越来越清晰，这些分型已不能满足精准医学的需求。

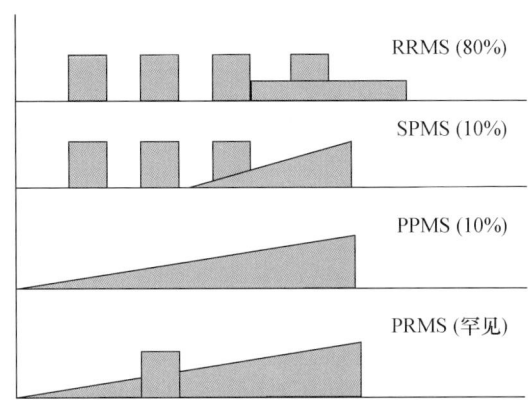

图 10-4　多发性硬化的临床分型

2013 年，在前述分型的基础上，提出了基于病程的 MS 新分型，该新分型保留 1996 年分型描述的基本内容，但强调了疾病的活动性（临床复发、MRI 显示的新发病灶）及进展，并特别指出临床分型要以临床发作为基础，分型是动态的，可以相互转化，如 RRMS 可转化成 SPMS。新增加了临床孤立综合征（CIS）的分型，由于临床研究发现 CIS 患者具有转变为 MS 的高风险，且 CIS 的临床试验证实药物治疗能够延缓 CIS 发展成为临床确诊的 MS，故 CIS 在 MS 的诊断及治疗中具有现实意义。该分型还指出，SPMS 的确切定义仍有困难。

（五）辅助检查

1. 脑脊液检查　包括 CSF 常规、生化、寡克隆区带（OB）、24 h IgG 合成率、髓鞘碱性蛋白（MBP）等。

2. 诱发电位检查　包括视觉诱发电位（VEP）、脑干听觉诱发电位（BAEP）、体感诱发电位（SEP）。

3. 磁共振成像（MRI）　包括常规 MRI、定量 MRI、弥散加权成像（DWI）、弥散张量成像（DTI）、磁化传递率（MTR）、功能磁共振成像（fMRI）、磁共振波谱分析（MRS）等（图 10-5）。

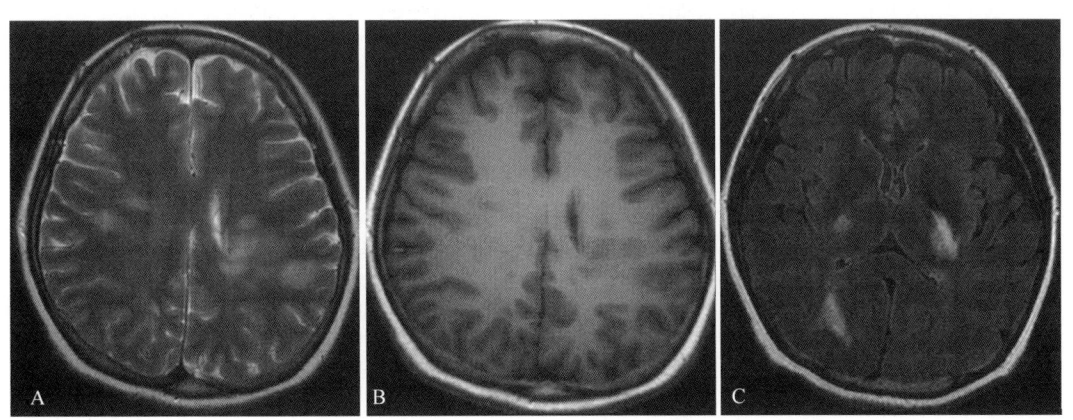

图 10-5　头 MRI 显示脱髓鞘病灶
A. T_2WI 像；B. T_1WI 像；C. FLAIR 像

(六) 诊断

目前 MS 诊断尚无特异性实验室指标，诊断主要依赖于临床，基于中枢神经系统病变在时间及空间上的多发性。特别强调应排除其他疾病。中枢神经系统亚临床病变可通过诱发电位（VEP、BAEP、SEP）及 MRI 检查确定。中枢神经系统脱髓鞘的炎性特征可导致 CSF 淋巴细胞及蛋白质（特别是球蛋白）升高，但缺乏特异性。CSF 寡克隆区带（OB）可作为 MS 的诊断指标，但缺乏特异性，可产生假阳性及假阴性结果。

关于 MS 的诊断标准，早期使用广泛的是 Poser 诊断标准（1983）。该标准将诊断分为四种情况：临床确定、实验室确定、临床可能、实验室可能。该标准引入诱发电位、脑脊液免疫学指标作为重要的诊断依据（表 10-1）。

表 10-1 Poser 诊断标准

临床类别*	发作次数	临床证据	亚临床证据	脑脊液 OB
临床确定				
1	2	2		
2	2	1	和 1	
实验室确定				
1	2	1	或 1	+
2	1	2		+
3	1	1	1	+
临床可能				
1	2	1		
2	1	2		
3	1	1	1	
实验室可能				
1	2			+

*符合其中一条即可。

注：①临床证据是指出现神经系统症状及体征，可有客观证据，也可无客观证据；可以完全是患者的主观感觉或在病史中提供，也可为经医生检查发现的阳性体征。神经系统检查提供的客观体征可提示中枢神经系统存在1个或1个以上受损部位（大脑、脑干、小脑、视神经、脊髓）。在2个临床证据中，其中一个可以用病史来代替，此病史足以提示多发性硬化的一个典型病损部位并且无别的疾病可以解释 [如莱尔米特（Lhermitte）征、手失去功能、视神经炎、一过性轻截瘫、典型的复视、肢体麻木]。②病变的亚临床证据是指通过各种检查发现的中枢神经系统病变。这些检查包括诱发电位、影像学检查等。③对于发作次数的判定（时间），两次发作间隔必须是1个月以上，每次发作历时必须超过24 h。④对于病灶多发性判定（空间）是指症状和体征不能用单一的病灶解释。如同时发生双侧视神经炎或两眼在15天内先后受累，应视为单一病灶。只有中枢神经系统明确存在不同部位（大脑、脑干、小脑、视神经、脊髓）的损害，才能认为是两个以上的病灶。⑤标准中的实验室证据指脑脊液寡克隆区带（OB）阳性或鞘内 IgG 合成率增加

2001 年，McDonald 提出了新的 MS 诊断标准，该诊断标准的特点是突出了 MRI 在 MS 诊断中的应用价值，特别是提出了 MRI 病灶在时间及空间上的多发性概念，对于 MS 早期诊断更有价值，同时对原发进展型 MS 的诊断进行了明确界定。该标准将诊断分为确诊 MS（完全符合标准，其他疾病不能更好地解释临床表现）、可能 MS（不完全符合标准，临床表现怀疑 MS）及非 MS（在随访和评估过程中发现能更好解释临床表现的其他疾病诊断）。

2005 年，McDonald 提出了诊断标准的修订，包括：①在 MRI 病灶中，将脊髓病灶与幕下病灶视为具有同等价值，1个脊髓增强病灶等同于1个脑部增强病灶，1个脊髓 T_2 病灶可代替1个脑内病灶；②临床发作 30 天后 MRI 检查发现新的 T_2 病灶就视为 MRI 时间多发性的证据；③MRI 病灶的大小必须在 3 mm 以上；④CSF 阳性不再作为 PPMS 必不可少的条件。

2010 年，McDonald 对诊断进行了进一步修改，与过去标准相比其敏感性及特异性相同，但简化了诊断过程，要求的 MRI 检查次数减少（取消了 MRI 检查时间间隔的限制），对 MRI 时间上及空间上多发性的标准也进行了修改（表 10-2）。

表 10-2　McDonald 诊断标准（2010）

临床表现	诊断 MS 必需的进一步证据
≥2 次临床发作[a] ≥2 个病灶的客观临床证据或 1 个病灶的客观临床证据并有 1 次先前发作的合理证据[b]	无[c]
≥2 次临床发作[a] 1 个病灶的客观临床证据	空间的多发性须具备下列 2 项中的任何一项： ① MS 4 个中枢神经系统（CNS）典型病灶区域（脑室旁、近皮质、幕下和脊髓）[d]中至少 2 个区域有≥1 个 T_2 病灶 ② 等待累及 CNS 不同部位的再次临床发作[a]
1 次临床发作[a] ≥2 个病灶的客观临床证据	时间的多发性需具备下列 3 项中的任何一项： ① 任何时间 MRI 检查同时存在无症状的钆增强和非增强病灶 ② 随访 MRI 检查有新发 T_2 病灶和（或）钆增强病灶，不论与基线 MRI 扫描的间隔时间长短 ③ 等待再次临床发作[a]
1 次临床发作[a] 1 个病灶的客观临床证据（临床孤立综合征）	空间的多发性需具备下列 2 项中的任何一项： ① MS 4 个 CNS 典型病灶区域（脑室旁、近皮质、幕下和脊髓）[d]中至少 2 个区域有≥1 个 T_2 病灶 ② 等待累及 CNS 不同部位的再次临床发作[a] 时间的多发性需具备以下 3 项中的任何一项： ① 任何时间 MRI 检查同时存在无症状的钆增强和非增强病灶 ② 随访 MRI 检查有新发 T_2 病灶和（或）钆增强病灶，不论与基线 MRI 扫描的间隔时间长短 ③ 等待再次临床发作[a]
提示 MS 的隐袭进展性神经功能障碍（PPMS）	回顾性或前瞻性调查表明疾病进展持续 1 年并具备下列 3 项中的 2 项[d]： ① MS 典型病灶区域（脑室旁、近皮质或幕下）有≥1 个 T_2 病灶以证明脑内病灶的空间多发性 ② 脊髓内有≥2 个 T_2 病灶以证明脊髓病灶的空间多发性 ③ CSF 阳性结果［等电聚焦电泳证据表明有寡克隆区带和（或）IgG 指数增高］

[a] 一次发作（复发、恶化）被定义为：① 具有 CNS 急性炎性脱髓鞘病变特征的当前或既往事件；② 由患者主观叙述或客观检查发现；③ 持续至少 24 h；④ 无发热或感染征象。临床发作需由同期的客观检查证实；即使在缺乏 CNS 客观证据时，某些具有 MS 典型症状和进展的既往事件亦可为先前的脱髓鞘病变提供合理支持。患者主观叙述的发作性症状（既往或当前）应是持续至少 24 h 的多次发作。确诊 MS 前需确定：① 至少有 1 次发作必须由客观检查证实；② 既往有视觉障碍的患者视觉诱发电位阳性；或 ③ MRI 检查发现与既往神经系统症状相符的 CNS 区域有脱髓鞘改变
[b] 根据 2 次发作的客观证据所做出的临床诊断最为可靠。在缺乏神经系统受累的客观证据时，1 次先前发作的合理证据包括：① 具有炎性脱髓鞘病变典型症状和进展的既往事件；② 至少有 1 次被客观证据支持的临床发作
[c] 不需要进一步证据。但仍须借助影像学资料并依据上述诊断标准做出 MS 相关诊断。当影像学或其他检查（如 CSF）结果为阴性时，应慎重诊断 MS 或考虑其他可能的诊断。诊断 MS 前必须满足：① 所有临床表现无其他更合理的解释；② 有支持 MS 的客观证据
[d] 不需要钆增强病灶。对有脑干或脊髓综合征的患者，其责任病灶不在 MS 病灶数统计之列

在 MS 研究和临床实践中发现，2010 年版 McDonald 诊断标准的一些内容不能完全反映 MS 的临床特征。因此，2017 年国际 MS 诊断小组提出了新的诊断标准（表 10-3）。

第十章　中枢神经系统脱髓鞘疾病

表 10-3　McDonald 诊断标准（2017）

临床发作次数	有客观临床证据的病变数目	诊断 MS 所需的额外证据
≥2 次	≥2 个	无
≥2 次	1 个（并且有足够的证据表明既往发作与特定解剖部位的病灶相关）	无
≥2 次	1 个	通过不同中枢神经系统部位的临床发作或 MRI 检查提示存在空间多发性
1 次	≥2 个	通过额外的临床发作或 MRI 检查证明存在时间多发性或具有 CSF OB 证据
1 次	1 个	通过不同中枢神经系统部位的临床发作或 MRI 检查提示存在空间多发性，并且通过额外临床发作或 MRI 检查提示存在时间多发性，或具有 CSF OB 证据

2017 年版诊断标准的修订要点包括：①对于典型的 CIS，满足临床或 MRI 空间多发性标准，并且临床表现没有其他更好的解释，脑脊液中出现 OB 即可诊断 MS。②在确定空间或时间多发性时，可考虑有症状和无症状的 MRI 病灶。但是视神经炎的 MRI 病灶仍然不能用于 McDonald 标准之中。③皮质和近皮质病变可以用于满足空间多发性的 MRI 标准。④关于原发进展型 MS 的诊断，除了取消有症状和无症状 MRI 病变以及可以使用皮质病灶之外，其他内容新旧标准无区别。⑤在诊断时，应基于前一年的病史，暂定患者的疾病过程特点（复发缓解型、原发进展型、继发进展型），以及疾病活动与否和进展与否。应基于累积的信息，定期重新评估临床分型。

（七）鉴别诊断

MS 诊断仍然是医生面临的一大难题，临床上常常会发生将其他疾病诊断为 MS，同样将 MS 诊断为其他疾病的情况，根本原因是缺乏特异性的生物学标志物。因此，对于疑似 MS 的患者应结合临床及实验室检查，尽可能除外其他疾病。表 10-4 罗列了一些需要鉴别的疾病，但是远不止这些。

表 10-4　应与 MS 鉴别的疾病

胶原血管病：干燥综合征、SLE 等
系统性血管炎：如结节性动脉周围炎
神经结节病
原发性中枢神经系统血管炎
白塞病
原发性中枢神经系统淋巴瘤
遗传性疾病：遗传性痉挛性截瘫、脑白质营养不良等
感染性疾病：脑囊虫病、艾滋病、梅毒、PML、病毒性脑炎、脑 Whipple 病
代谢及中毒：维生素 B_{12} 缺乏
血管性疾病：硬脑（脊）膜动静脉瘘、脊髓缺血性血管病、脑梗死
肿瘤：淋巴瘤、胶质瘤等

（八）治疗

1. 治疗原则　目前尚无特效疗法，急性期须抑制炎性脱髓鞘病变进展，防止病变恶化；缓解期预防复发；晚期采取对症和支持疗法，减轻神经功能障碍。

2. 急性期治疗　大剂量激素冲击疗法，可并用大剂量免疫球蛋白。

3. 复发-缓解型 MS　首选干扰素-β 及格拉默醋酸盐（Copaxone）治疗，该治疗又称为疾病修正治疗（DMT）。大宗临床试验表明，上述治疗能减少 MS 复发率，降低 MRI 上 T_2 病灶负荷。其他药物包括硫唑嘌呤、环孢素 A 等免疫抑制剂，用于预防 MS 复发，但效果不肯定。

4. 进展型 MS　目前治疗效果不理想。近来推荐的药物包括米托蒽醌（mitoxantrone），对控制疾病进展有一定效果。其他免疫抑制剂包括环磷酰胺、甲氨蝶呤等也可试用。

5. 新的疗法　包括那他珠单抗（Natalizumab）、芬戈莫德（Fingolimod）、富马酸二甲酯（BG-12）、特立氟胺（Teriflunomide）、克拉立滨（cladribine）、达克珠单抗（Daclizumab）、利妥昔单抗（Rituximab）、阿仑珠单抗（Alemtuzumab）等。

6. 对症治疗　针对疲劳、肢体痛性痉挛、二便障碍、抑郁等进行处理。

7. 康复治疗　肢体功能训练。

8. 心理治疗　与患者及家属沟通，讲解多发性硬化的诊断及治疗方法，告知容易导致复发的因素如感染等，介绍最新治疗手段，增强患者战胜疾病的信心。

9. 关于神经功能评价　与 MS 病情评价相关的指标包括神经功能量表、MRI 病灶活动性和复发率。目前的新药临床试验均涉及这三方面的评价。神经功能量表最常用的是 Kurtzke 扩展功能缺损状况量表（EDSS）（表 10-5），该量表是将各神经功能评分（视觉、脑干、锥体、感觉、大脑、小脑、直肠和膀胱）与步态相结合，最低分为 0 分，最高分为 10 分，评分越高，残疾越重。

表 10-5　Kurtzke 扩展功能缺损状况量表

评分	标准
0	神经系统检查正常 [（所有功能评分（FS）均为 0 级]
1.0	没有功能障碍，在 1 个 FS 有轻微体征（1 个 FS 为 1 级）
1.5	没有功能障碍，1 个以上的 FS 有轻微体征（1 个以上 FS 为 1 级）
2.0	1 个 FS 有轻微功能障碍（1 个 FS 为 2 级，其他为 0 或 1 级）
2.5	2 个 FS 有轻微功能障碍（2 个 FS 为 2 级，其他为 0 或 1 级）
3.0	1 个 FS 有中度功能障碍（1 个 FS 为 3 级，其他为 0 或 1 级），能自由行走；或者 3 或 4 个 FS 有轻度功能障碍（3 或 4 个 FS 为 2 级，其他为 0 或 1 级），能自由行走
3.5	能够自由行走，1 个 FS 有中度功能障碍（1 个 FS 为 3 级），1 或 2 个 FS 有轻度功能障碍（1 或 2 个 FS 为 2 级），其他为 0 或 1 级；或能够自由行走，2 个 FS 为 3 级（其他为 0 或 1 级）；或能够自由行走，5 个 FS 为 2 级（其他为 0 或 1 级）
4.0	没有帮助或休息情况下行走≥500 m；尽管有相对较严重的功能障碍，1 个 FS 为 4 级（其他为 0 或 1 级）或合并不足 4 级的但超过前一阶段的其他 FS 评分，但每天保持站立大约 12 h
4.5	没有帮助或休息情况下行走≥300 m；尽管有相对较严重的功能障碍，通常 1 个 FS 为 4 级且合并不足 4 级的但超过前一阶段的其他 FS 评分，但白天大多数时间能保持站立
5.0	没有帮助或休息情况下行走≥200 m（通常 1 个 FS 为 5 级，或合并不足 5 级但通常超过 4.5 分等级）
5.5	没有帮助或休息情况下行走≥100 m
6.0	需要单侧扶持（手杖或拐杖）下至少行走 100 m，伴或不伴休息
6.5	需要持续双侧扶持（手杖或拐杖）下至少行走 20 m，不伴休息
7.0	即使有帮助也不能行走 5 m，基本上需要轮椅；可以独自操作轮椅行动；可以每天坐轮椅行动大约 12 h
7.5	行走不能超过几步；需要轮椅，在轮椅行动中可能需要帮助
8.0	基本上不能离开病床或椅子或完全依赖轮椅，但每天大部分时间可以离开病床；保留许多生活自理能力；上肢功能大多正常
8.5	每天大部分时间卧病在床，上肢有一些功能，保留一些生活自理能力
9.0	卧床，可以交流和进食
9.5	卧床，不能有效交流或进食
10	死于 MS

(九)预后

MS 是一种致残率较高的疾病,多发于青壮年,严重影响患者的生活质量,发病次数越多,残疾越重。50% 的复发缓解型 MS(RRMS)患者 10 年后发展为继发进展型 MS(SPMS)。90% 以上的患者 20 年后发展为 SPMS。MS 诊断后 15 年,患者行动需要帮助。60% 的 MS 患者有认知障碍。发病时 MRI 病灶多,残疾出现早。

预后良好的证据:①以视神经炎为首发症状;②发病年龄在 40 岁以下;③缺乏锥体束征;④首次发病后缓解期在 1 年以上;⑤起病后前 5 年仅有一次加重。

预后不良的证据:①发病后即为进展性病程;②起病时即出现运动及小脑体征;③前 2 次复发的间隔期短;④复发后恢复差;⑤呈慢性进展型和急性暴发型;⑥首次发病时 MRI T_2 像呈多发性病灶。

第三节 视神经脊髓炎

视神经脊髓炎(NMO)又称 Devic 病或 Devic 综合征,是视神经和脊髓同时或相继受累的急性或亚急性脱髓鞘病变。该病最早是由 Devic 于 1894 年提出。长期以来,NMO 被视为 MS 亚型,直至 2004 年 Lennon 等发现 NMO 患者血清中存在一种特异性标志物(NMO-IgG),才使人们对 NMO 的认识发生了革命性的变化,后来发现 NMO-IgG 能与水通道蛋白-4 特异性结合,故更名为水通道蛋白-4(AQP-4)抗体。目前认为 NMO 是一种独立的疾病,与 MS 在发病机制、病理、临床表现、影像、实验室指标、治疗及预后等方面均有显著不同(表 10-6)。

表 10-6 视神经脊髓炎(NMO)与多发性硬化(MS)的不同点

鉴别点	NMO	MS
发病年龄	成人	青年
女性比例	非常高(90%)	高(75%)
疾病严重性(视力及运动)	严重	轻度到中度
预后	相对差	相对好
AQP-4 抗体阳性	70%~90%	阴性
流行病学	亚洲多见	高加索人多见
脑脊液所见	OB 阴性(<15%)	OB 阳性(>80%)
	IL-6 及 GFAP 高	IL-6 及 GFAP 高
血脑屏障破坏	严重	中度
并存系统性自身免疫疾病	相对多(SS,SLE 等)	相对罕见
头 MRI	对称性病变	脑室旁病灶
	病灶广泛	卵圆形病灶
	云雾样强化	幕下病灶
	延髓第四脑室周围病变	近皮质病灶
	双侧下丘脑病变	
	胼胝体压部病变	
脊髓 MRI	LETM(>3 个脊柱节段)	短病灶
预防复发治疗	泼尼松,免疫抑制剂,利妥昔单抗	干扰素-β,芬戈莫德,那他株单抗

OB,寡克隆区带;GFAP,神经胶质原纤维酸性蛋白;SS,系统性硬化病;SLE,系统性红斑狼疮;LETM,长节段横断性脊髓炎

(一) 病因及发病机制

病因及发病机制还不清楚。西方人的 NMO 以脑干病损为主，东方人则以视神经和脊髓损害最常见，可能与遗传素质及种族差异有关。AQP-4 抗体的发现以及该抗体具有致病性的特点，提示 NMO 是一种以体液免疫为主的自身免疫性疾病。

(二) 病理

除存在与 MS 相似的吞噬细胞浸润、髓鞘脱失、胶质细胞增生外，尚存在中性粒细胞及嗜酸性粒细胞浸润、AQP-4 及神经胶质原纤维酸性蛋白 (GFAP) 丧失、组织坏死、血管周围补体及抗体沉积，特别是 AQP-4 及 GFAP 丧失、组织坏死、髓鞘脱失是 NMO 的显著病理特征，星形细胞损伤 (GFAP 丧失) 远较髓鞘脱失显著。NMO 患者可在 AQP-4 高表达的脑区 (如第三脑室和第四脑室周围) 发现病损。

(三) 临床表现

本病呈急性或亚急性发病，病情进展迅速，可有缓解-复发。急性严重的横贯性脊髓炎和双侧同时或相继出现的球后视神经炎是本病特征性的临床表现，可在短时间内连续出现，导致截瘫和失明。

1. 视神经受累表现 急性起病者，可在数小时或数日内，视力下降或全盲。有些患者在视力下降前 1~2 天感觉眼眶疼痛，眼球运动或按压时疼痛明显。眼底镜检查显示为视盘炎或球后视神经炎 (图 10-6)。亚急性起病者，1~2 个月症状达到高峰。少数呈慢性起病，视力下降在数月内持续进展。

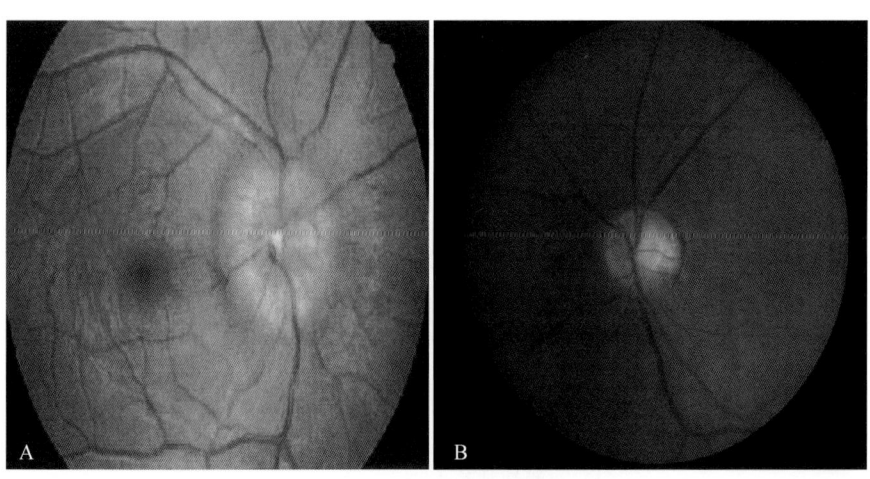

图 10-6 (见书后彩图) 视神经受累
A. 视盘水肿；B. 视神经萎缩

2. 脊髓受累表现 脊髓受累以胸段和颈段多见，表现为急性或亚急性起病的横贯性脊髓损害或上升样脊髓炎样表现。病损以下出现相应的感觉、运动和自主神经功能障碍。有些患者可伴有痛性痉挛和 Lhermitte 征 (屈颈时，自颈部出现一种异常针刺感，沿脊柱向下放散至大腿或达足部)。

(四) 辅助检查

1. 脑脊液检查 急性期多有脑脊液细胞数及蛋白质增高，寡克隆区带 (OB) 阳性率低。AQP-4 抗体可为阳性。

2. 血清 AQP-4 抗体或 MOG 抗体 可为阳性。

3. 诱发电位 视觉诱发电位及体感诱发电位多有异常。

4. MRI 脊髓病变多位于胸段和颈段，病变长度大于 3 个椎体节段，多位于脊髓中央（图 10-7）。

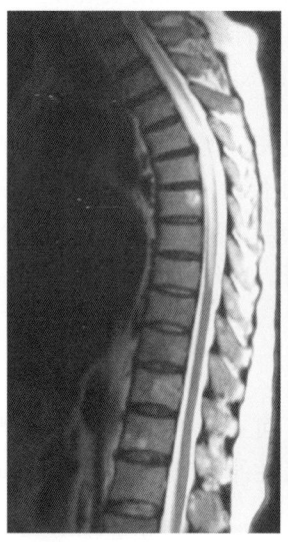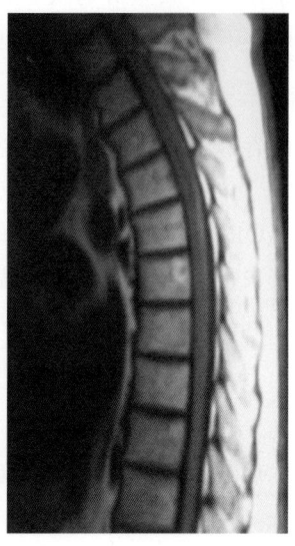

图 10-7 脊髓 MRI 显示 $C_7 \sim T_8$ 长 T_1 长 T_2 信号影

（五）诊断

典型 NMO 病例临床诊断并不难，但首次发病的视神经炎或脊髓炎则诊断困难，需要长期临床随访。MRI 显示视神经病灶或长节段脊髓病灶、视觉诱发电位异常、血及脑脊液 AQP-4 抗体阳性等均是重要的诊断依据。1999 年，Wingerchuk 提出 NMO 诊断标准（表 10-7）。

表 10-7 Wingerchuk 提出的 NMO 诊断标准（1999）

必要条件	视神经炎 急性脊髓炎 无除视神经和脊髓以外的中枢神经系统受累证据
支持条件	主要条件 (1) 发作时头颅 MRI 阴性 (2) 脊髓 MRI 病灶长度在 3 个椎体节段以上 (3) CSF 白细胞＞50/mm³ 或中性粒细胞＞5/mm³ 次要条件 (1) 双侧视神经炎 (2) 严重视神经炎伴有视力低于 20/200 (3) 一个以上肢体严重的持续的无力（肌力≤2 级）

Misu 于 2002 年提出的 NMO 诊断标准为：临床上选择性累及脊髓和视神经，随访超过 5 年重复 MRI 检查未发现视神经和脊髓之外的病变。

近年来，对 NMO 又有一些新的认识，首先 NMO 也可以出现除视神经和脊髓以外其他中枢神经系统结构的累及，包括脑干、小脑、大脑半球等，但不满足 MS MRI 标准。特别是 NMO-IgG（AQP-4 抗体）的发现，被视为 NMO 的分子标志物。基于以上发现，Wingerchuck 于 2006 修改了 NMO 诊断标准（表 10-8）。

由于临床上常见到复发性视神经炎、复发性脊髓炎、伴有脑部病损或自身免疫性疾病的视神经炎或脊髓炎，这些患者临床或影像特点类似于 NMO，故 2007 年 Wingerchuk 等提出 NMO 谱系疾病（NMOSD）的概念。

表 10-8　Wingerchuk 修订的 NMO 诊断标准（2006）

必要条件	视神经炎 急性脊髓炎
支持条件	脊髓 MRI 异常病灶在 3 个椎体节段以上 头颅 MRI 不符合 MS 诊断标准 NMO-IgG 血清学检测阳性

鉴于 NMO 和 NMOSD 患者在临床表现、血液和脑脊液检测、MRI 特征方面没有显著性差异；一些患者最初发病时没有视神经炎或脊髓炎表现，仅出现 NMO 颅内典型部位病损及相应的临床表现，但后续发作最终满足 NMO 诊断的可能性非常高；NMO 和 NMOSD 的免疫治疗策略完全相同，故于 2015 年提出了 NMOSD 新的诊断标准。该标准将 NMO 统统整合到 NMOSD 之中，NMOSD 被分 AQP-4 抗体（＋）和 AQP-4 抗体（－）两组。

（1）AQP-4 抗体（＋）NMOSD 的诊断标准：①至少出现一项核心临床症状；②AQP-4 抗体检测呈阳性结果（强烈推荐基于 AQP-4 转染细胞的检测方法）；③除外其他可能的诊断。

（2）AQP-4 抗体（－）NMOSD 的诊断标准：①在一次或多次临床发作中，至少出现两项核心临床症状，且所出现的核心临床症状必须符合括号内的所有要求〔至少一项核心临床症状必须是视神经炎、急性脊髓炎（MRI 上应为长节段横贯性脊髓炎）或脑干背侧极后区综合征〕，所出现的核心临床症状应能提示病损的空间多发性，满足附加的 MRI 要求（视实际情况）；②AQP-4 抗体阴性；③或无条件检测 AQP4 抗体，除外其他可能的诊断。

（3）核心临床症状：包括视神经炎、急性脊髓炎、极后区综合征（发作性呃逆、恶心或呕吐，无法用其他原因解释）、急性脑干综合征、发作性嗜睡或急性间脑症状（伴 MRI 上 NMOSD 典型的间脑病损）、大脑综合征（伴 NMOSD 典型的大脑病损）。

（4）附加的 MRI 要求（针对 AQP4 抗体阴性或无法检测 AQP4 抗体的 NMOSD 患者）

1）急性视神经炎：要求①头颅 MRI 正常或仅有非特异性白质病损，或者②视神经 MRI 有 T_2 高信号病损或 T_1 增强病损，视神经病损长度需≥视神经总长的 1/2，或者视神经病损累及视交叉。

2）急性脊髓炎：相关的脊髓病损长度≥3 个椎体节段（LETM）或对于既往有脊髓炎病史者，存在长度≥3 个椎体节段的局灶性脊髓萎缩。

3）极后区综合征：需要有相应的延髓背侧/极后区病损。

4）急性脑干综合征：具有相关的室管膜周围脑干病损。

在部分 AQP-4 抗体阴性的 NMOSD 患者中，有些检测到 MOG 抗体阳性。而且这些 MOG 抗体阳性的患者，临床特点与 AQP-4 抗体阳性的患者有所不同，男性更多见，视神经受累较脊髓受累多见，常为双侧同时受累，单次发作多见，脊髓病变主要在下段脊髓，发作后恢复较好。上述这些提示，NMOSD 是一种异质性很强的疾病，随着分子标志物的不断发现，将会出现很多的分子分型，对于精准诊断及治疗具有很大帮助。

(六) 鉴别诊断

1. 单纯性球后视神经炎　单纯性球后视神经炎多损害单眼，没有脊髓病损，也没有缓解-复发的病程。

2. 多发性硬化　MS 的脑脊液细胞数及蛋白质增高不如 NMO 明显，并且 MRI 脊髓病变长度不超过 3 个脊柱节段，而 NMO 脊髓病变往往超过 3 个脊柱节段（见表 10-6）。

3. 脊髓血管病　系由供应脊髓的血管阻塞或破裂引起脊髓功能障碍的一组疾病，分为缺血性、出血性及血管畸形三类。脊髓前动脉闭塞引起突然起病的神经根性疼痛，并在数小时至数日内发展至顶峰，出现病变以下的肢体瘫痪及分离性感觉障碍（病损以下痛、温觉缺失而位

4. **脊髓胶质瘤** 起病隐袭,进行性加重,MRI 显示脊髓肿胀明显。激素治疗效果不明显。

5. **Leber 病** 又称 Leber 遗传性视神经病(Leber's hereditary optic neuropathy),是一种比较少见的遗传性视神经病。有明显家族史,男性多见。大多在青年时期发病。在数日至数周内,双眼视力同时或短期内相继急剧下降,不可逆转。

(七) 治疗

1. **急性期治疗** 因为 NMO 病情重,通常需要及早给予治疗。甲泼尼龙大剂量冲击疗法是一线治疗手段,常规方案为甲泼尼龙 1000 mg 连用 5 天,随后用短疗程口服泼尼松逐渐减量。如果激素治疗后疗效不明显,可再合用大剂量静脉免疫球蛋白(IVIG)或血浆交换治疗。

2. **预防复发治疗** 目前尚缺乏大样本临床试验,现有的证据基于小样本开放性临床观察,尚无最佳的预防复发的治疗方案。干扰素-β 及格拉默醋酸盐(GA)对预防 NMO 复发无效。一种常用的预防 NMO 复发的方案是硫唑嘌呤 [2~3 mg/(kg·d)] 联合口服泼尼松 [1 mg/(kg·d)]。由于越来越多的证据显示,NMO 主要由体液免疫机制所致,因此,抗 CD20 的单抗(针对外周血 B 细胞)——利妥昔单抗可能是最具潜力的治疗方法。其他用于预防 NMO 复发的药物有吗替麦考酚酯、米托蒽醌、甲氨蝶呤、环磷酰胺等。

3. **对症及康复治疗**

(八) 预后

NMO 临床表现较 MS 重,复发型 NMO 预后更差,可最终发展为永久的神经功能残疾(如全盲或截瘫)。

第四节 急性播散性脑脊髓炎

急性播散性脑脊髓炎(acute disseminated encephalomyelitis,ADEM)特指感染后(麻疹、风疹、水痘、腮腺炎、流感等)、疫苗接种后(狂犬疫苗、牛痘、麻疹疫苗、乙脑疫苗)发生的累及脑和脊髓白质的急性炎症性脱髓鞘疾病,或是特发性脑脊髓炎。一般预后良好。病情危重者预后差,幸存者可能遗留永久的神经功能缺失。儿童发病率高于成人。无性别差异。冬、春两季是高发季节。

(一) 病因学及发病机制

发病机制仍不清楚,推测与病毒感染有关。发病通常与病毒感染有一定间隔期,病理改变也与病毒直接感染不同。用动物的脑组织匀浆与佐剂给动物注射后,动物的脑和脊髓内小静脉周围出现神经脱髓鞘及炎性损害,称为实验性变态反应性脑脊髓炎,急性播散性脑脊髓炎的病理改变与之相似。因此,一般认为急性播散性脑脊髓炎是一种免疫介导的中枢神经系统脱髓鞘性疾病。

(二) 病理

病理特点为广泛分布于大脑、脑干、小脑、脊髓的播散性脱髓鞘病灶,轴突相对保留。大脑皮质和深部灰质亦可受累。病灶直径常在 1 mm 以下,脱髓鞘改变往往以小静脉为中心,伴有炎性细胞浸润,并散在胶质细胞增生。

(三) 临床表现

一般为单相病程,发病前 1~2 周可有前驱感染。急性或亚急性起病。常见症状和体征有偏瘫、共济失调、脑神经麻痹、癫痫、脊髓受累表现、言语障碍、意识障碍、精神症状、偏身感觉障碍等。其中，不同程度的意识状态改变是最具特征性的症状。

（四）临床分型

可分为脑型、脊髓型、脑脊髓型。

（五）辅助检查

1. MRI 头或脊髓 MRI 扫描是诊断 ADEM 的重要检查手段。T_2 和 FLAIR 序列表现为斑片状、边界不清的高信号，且较大、多发和不对称（图 10-8）。病变可累及大脑半球、小脑、脑干和脊髓的白质区域。丘脑和基底神经节灰质也可受累。脑部病灶可呈环形或半环形、点状、结节状强化。脊髓病灶以胸髓受累最常见，可伴有病变部位脊髓肿胀及强化。应注意随访。

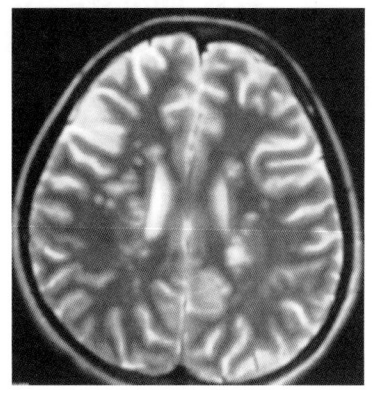

图 10-8 头 MRI 显示脑室旁白质多发点片状长 T_2 信号影

2. 腰椎穿刺 脑脊液检查可见蛋白质和白细胞升高。30% 早期 ADEM 患者 CSF 中 OB 阳性，外周血白细胞计数正常。

3. 脑电图 显示弥漫性慢波节律。

（六）诊断

尚无明确的诊断标准。一般认为，病前有疫苗接种史或前驱感染史，临床表现为脑和（或）脊髓的多灶性、弥漫性症状和体征，头 MRI 显示脑和脊髓白质内散在多发病灶。糖皮质激素治疗有效，有助于支持诊断。

（七）鉴别诊断

应注意与病毒性脑炎、多发性硬化、中毒性脑病、脑梗死等相鉴别。

（八）治疗

目前尚无标准化治疗方案。常用治疗包括糖皮质激素、IVIG 和血浆置换术等。普遍采用大剂量甲泼尼龙或地塞米松治疗。同时需加用抑酸、补钾、补钙等治疗。IVIG 可用于糖皮质激素无效者。血浆置换应用较少，可能与该技术要求的条件较为苛刻有关。

对症处理，如用甘露醇降低颅内高压、用抗生素治疗肺部感染、肢体被动运动防治关节肌肉挛缩以及预防褥疮等。

（九）预后

一般认为 ADEM 自然病程为数周，2/3 的患者自发缓解。

（张星虎）

第11章 脊髓疾病

第一节 概 述

一、脊髓的解剖

(一) 脊髓的外部形态

脊髓位于椎管内，是脑向下延伸的部分，其上端以第一颈神经根的最高根丝与延髓分界，在成人其下端平第一与第二腰椎间隙，全长 40~45 cm。在新生儿脊髓下端平第三腰椎。脊髓从上到下共发出 31 对脊神经根：颈（C）段 8 对，胸（T）段 12 对，腰（L）段 5 对，骶（S）段 5 对，尾（Co）神经 1 对。脊髓也因此相应地分成 31 个节段，但其表面并无节段界限。在颈段和腰段，因支配上下肢的神经元和轴突数量剧增，故 C_5~T_2、L_1~S_2 两处有相应的膨大，各称为颈膨大和腰膨大，从腰膨大以下脊髓迅速变细，称脊髓圆锥（包括 $S_{3~5}$ 和尾髓），其末端呈索状，附着于尾骨，称终丝。脊髓外形呈略扁的圆柱体，前面正中有前正中裂，背面正中有后正中沟。每侧脊髓前、后神经根出入脊髓处各有浅沟，分别称为前外侧沟和后外侧沟。

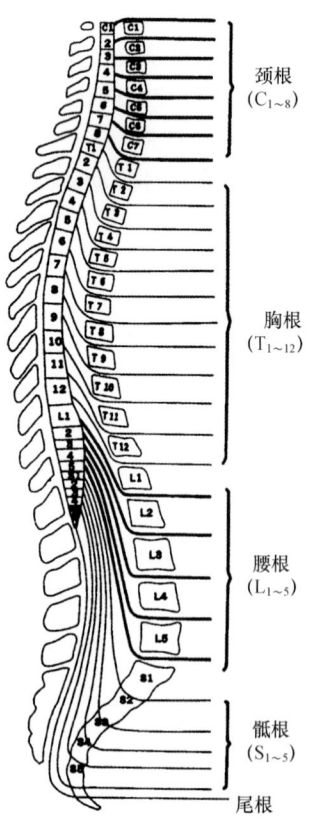

图 11-1 脊髓脊神经节段与脊柱的关系

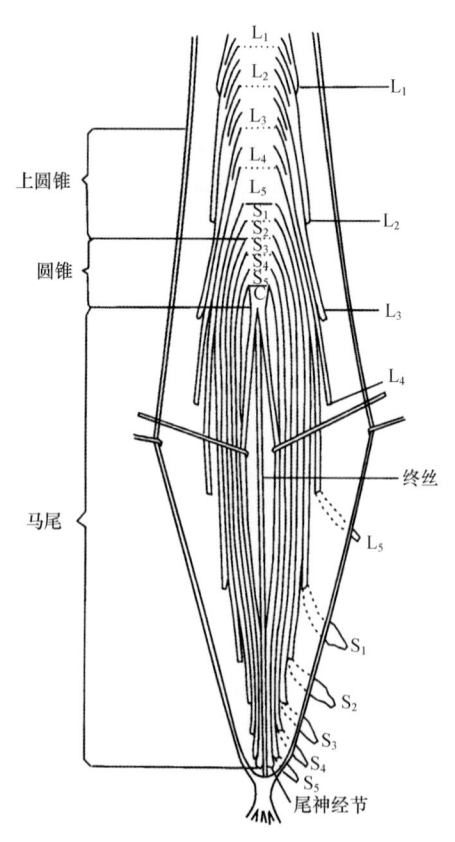

图 11-2 脊髓圆锥和马尾

因为在生长发育过程中,脊柱生长速度明显快于脊髓,故脊柱的长度明显大于脊髓,因此脊髓各节段位置要高于相应的脊椎,颈段脊髓比颈椎高 1 节椎骨,上、中段胸髓比相应胸椎高 2 节椎骨,下胸髓则高 3 节椎骨,腰髓位于第 10~12 胸椎水平,骶髓和尾髓位于第 12 胸椎和第 1 腰椎水平(图 11-1)。因所有神经根均由相对应的椎间孔离开椎管,而脊髓终止于腰椎上端,所以腰 2 以下的腰髓和骶尾髓发出的神经根(共 10 对)在离开脊髓后,须在椎管内下行一定的距离后才能经相应的椎间孔离开椎管,这些脊神经根称为马尾(图 11-2)。

脊髓表面由三层结缔组织膜所包被,由外向内依次为硬脊膜、蛛网膜和软脊膜。在硬脊膜外与脊椎骨膜之间的间隙称硬膜外腔,其中有静脉丛和疏松的脂肪组织,此静脉丛在脊髓转移性肿瘤及栓塞的发生中有重要意义。软脊膜紧贴于脊髓表面,蛛网膜和软脊膜之间为蛛网膜下腔,其内充满脑脊液。在脊髓两侧,由软脊膜形成多个三角形突起,其尖端穿过蛛网膜下腔附着于硬膜的内面,称为齿状韧带,脊髓借 21~22 对齿状韧带悬吊于蛛网膜下腔(图 11-3)。

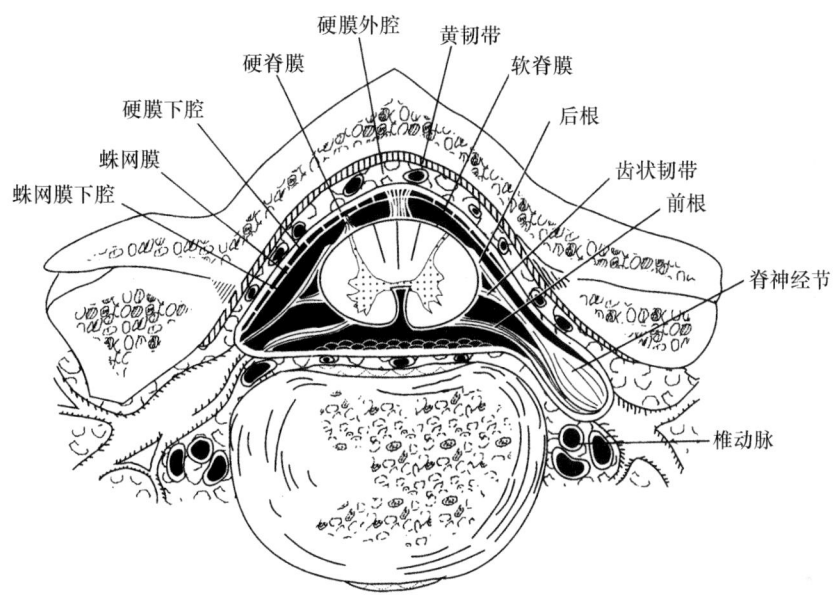

图 11-3 椎管的结构

(二)脊髓的内部结构

脊髓由灰质和白质组成。灰质位于中央,主要由神经元和神经胶质细胞胞体构成,在灰质的中央有纵贯脊髓全长的小管,称中央管;白质位于周围,由上、下行传导束构成,外包软脊膜。

1. 灰质 脊髓灰质横切面外观略呈 H 形,全长呈立柱状体,其中间部分为横行的灰质连合,其两侧部向前、后延展,按其位置分别称为每侧的前角和后角,中央管前后方为灰质的前、后连合。灰质主要是由呈纵向板层状排列的形态和大小各异、功能不同的神经元胞体构成。前角内主要是运动神经元,属下运动神经元,接受锥体束、网状脊髓束、前庭脊髓束等下行纤维和脊髓灰质内中间神经元轴突的支配,其轴突构成脊神经前根,支配骨骼肌。后角内主要含浅感觉的第二级神经元胞体,与痛、温觉和部分触觉的传导有关;另外在后角底部和中间带,还有接受肌肉本体感觉传入的感觉神经元,其轴突组成脊髓小脑前、后束(图 11-4)。

除上述的运动和感觉神经元外,在后角底部、中间带和前角内,还有许多与运动调节功能有关的中间神经元,这些中间神经元与锥体束、红核脊髓束、前庭脊髓束、网状脊髓束和内侧纵束等下行纤维形成突触联系,同时有部分中间神经元还接受前角运动神经元轴突的回返性侧支的冲动。这些中间神经元发出轴突,与前角的下运动神经元形成突触联系,实现对运动神经元复杂的易化或抑制调节。

第十一章 脊髓疾病

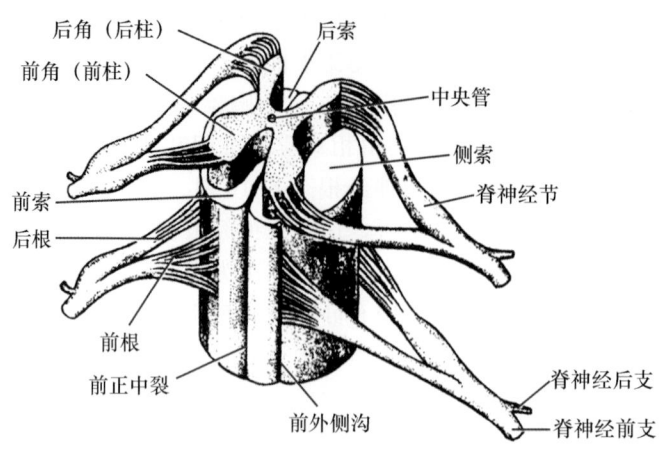

图 11-4 脊髓的内部结构

在 $C_8\sim L_2$ 脊髓节段的中间灰质外侧有很多中等大小的神经元，使中间灰质向两侧突出，称为侧角，此处神经元的轴突系交感神经的节前纤维，这些纤维离开脊髓后加入前根，从前根传出到脊柱前外侧的交感神经节，换神经元后支配平滑肌和腺体。在 $S_{2\sim4}$ 节段的相应部位也有类似的神经元，它们的轴突系副交感神经的节前纤维，这些纤维随前根出椎管，在盆腔的副交感神经节换神经元后支配盆腔器官。

2. 白质 脊髓白质是由上行和下行有髓鞘纤维组成的长传导束以及完成脊髓各节段间联系的固有束构成。由前正中裂、后正中沟、前外侧沟、后外侧沟将脊髓白质分为前索、后索及侧索，索内有许多起止点相同的神经传导束，这些束可分为上行束、下行束及固有束三类。

（1）上行束：是由脊髓上行到脑不同部位的纤维，传导感觉冲动。它包括以下组成部分。

1）薄束和楔束：位于后索，传导意识性本体感觉和精细感觉，末梢感受器是肌梭、肌腱、关节小体和环层小体，其纤维由后根入脊髓，在同侧后索上行达延髓的薄束核和楔束核。楔束接受 T_4 节段以上、薄束接受 T_4 节段以下的本体觉。首先进入后索的纤维紧靠中线，而随后进入的纤维依次远离中线排列，因此在颈段水平，各部位感觉纤维的排列次序由内向外依次为骶、腰、胸、颈。

2）脊髓小脑后束：位于侧索，起于同侧灰质中间带的 Clarke 细胞柱，并从后索接受大量侧支，上行经小脑下脚入小脑前叶，传导躯干及下肢的关节、肌肉、肌腱等无意识的本体感觉。

3）脊髓小脑前束：位于侧索，主要起于同侧后角底部及中间带的中间内侧核细胞，上行经小脑上脚入小脑各叶，传递上肢本体感觉。脊髓小脑束是脊髓之中纤维最粗、传导速度最快的纤维束。

4）脊髓丘脑侧束：脊髓后根神经节内的假单极神经元的中枢支经后根进入脊髓后，分成升支和降支，各走行数个脊髓节段，与相应节段的后角感觉神经元形成突触联系，后角神经元的轴突先在同侧上升 1~3 个节段后，经脊髓前连合交叉到对侧的侧索前外侧部，然后上升达丘脑腹后外侧核。不同节段后角神经元的轴突交叉到对侧时，自上而下由内侧进入对侧的脊髓丘脑束，故将来自下部的神经纤维挤向外侧而上部的纤维则依次排列在内侧。因此在脊髓丘脑束中，各部位感觉纤维的排列次序由外向内依次为骶、腰、胸、颈。此束主要传导痛、温觉。

5）脊髓丘脑前束：后角感觉神经元接受后根神经节内假单极神经元的中枢支传入的粗触觉冲动，发出轴突经脊髓前连合交叉到对侧前索，形成脊髓丘脑前束，之后的走行与脊髓丘脑侧束相同。

（2）下行束：是从脑的不同部位下行到脊髓的纤维，主要与运动调控有关。它包括以下组成部分。

1) 皮质脊髓束（锥体束）：主要由中央前回、中央后回及其邻近皮质的锥体细胞（上运动神经元）的轴突向下经锥体交叉后在对侧的脊髓侧索下行，称为皮质脊髓侧束。皮质脊髓侧束在脊髓内的纤维按部位有序排列，由内向外依次为颈、胸、腰、骶。有少数未交叉的纤维在同侧的脊髓前索内下行，称为皮质脊髓前束。皮质脊髓束与脊髓前角运动神经元以及中间神经元形成突触联系，控制随意运动。其作用主要是兴奋屈肌，抑制伸肌。

2) 红核脊髓束：此束在人已不发达，主要通过脊髓中间神经元来影响运动神经元，其主要作用是易化屈肌和调节屈肌张力。

3) 前庭脊髓束：起于前庭外侧核和内侧核，也主要通过脊髓中间神经元来影响运动神经元，其主要作用是兴奋伸肌和抑制屈肌。

4) 网状脊髓束：网状脊髓内侧束起于脑桥网状结构，几乎全部为不交叉纤维，经同侧到脊髓前索；网状脊髓外侧束起于延髓网状结构，含交叉和不交叉两种纤维，经双侧到脊髓侧索，前者易化牵张反射，后者抑制牵张反射。

(3) 固有束：脊髓节段间相互联系的传导束。此束包括很多联合纤维，它们主要是由中间神经元的轴突组成。这些轴突除与本节段的神经元形成突触联系外，还发出广泛的侧支到达上下数个脊髓节段。轴突有长有短，短轴突仅在相邻的节段互相往来，长轴突可直通颈膨大或腰膨大，甚至能贯穿脊髓和脑干网状结构之间。这些升、降纤维交叉或不交叉，组成一层紧贴灰质的白质外罩，完成脊髓不同节段间相互联系的功能，是脊髓固有反射的基础。

(三) 脊髓的血液供应

1. 动脉供应　脊髓的血液供应非常丰富，其动脉来源主要有三部分。

(1) 脊髓前动脉：起源于双侧椎动脉颅内部分，在延髓腹侧合并为一支，为一个连续性单一动脉，沿脊髓前正中裂下行至圆锥终点，供应脊髓全长，其终末支袢绕到腰骶髓后面与脊髓后动脉相连接。在前正中裂内，脊髓前动脉以很近的间距发出一系列分支，即沟连合动脉和周缘支。沟连合动脉水平走行，由前连合进入脊髓，在前连合前部向两侧呈扇形分布，供应几乎所有的灰质及前索白质。这些动脉系终末分支，易发生缺血性病变。周缘支与脊髓后动脉的类似分支吻合，形成冠状动脉环。前冠的细小分支供应前外侧索和侧索白质（图 11-5）。

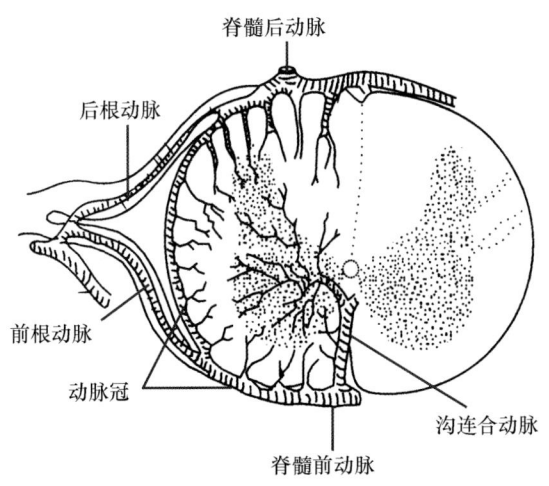

图 11-5　脊髓的动脉供应

(2) 脊髓后动脉：左右各一根，走行于脊髓后外侧沟表面，起源于同侧椎动脉颅内部分，小脑后下动脉偶尔是其上部供应来源。脊髓后动脉不是连续性单一血管，但有小动脉吻合链可使血液向相反方向流动，故极少发生供血障碍。脊髓后动脉供应的主要结构是后索和灰质后角尖部。

(3) 根动脉：颈段的根动脉来自颈部椎动脉的分支及甲状腺下动脉的分支，胸、腰、骶段的根动脉来自主动脉及其分支肋间动脉和腰动脉，这些分支与神经根并行进入椎管，故称根动脉。每一根动脉进入椎间孔后即分为前后两支，即前根动脉和后根动脉，分别与脊髓前动脉和脊髓后动脉吻合，构成脊髓的冠状动脉环。

脊髓的血液供应1/10来自椎动脉，9/10来自主动脉各分支发出的节段性根动脉。脊髓前动脉和前根动脉供血给脊髓的前2/3，脊髓后动脉和后根动脉供血给脊髓的后1/3。在脊髓的T_4和L_1节段为不同动脉供血的分水岭，是脊髓血液供应最薄弱、最易发生供血障碍的部位。

2. 静脉回流 脊髓静脉的分布模式与动脉相似，脊髓实质的静脉血被沟静脉和一些周缘小支引流到脊髓表面的软膜静脉丛和纵行的静脉干，再经与同名动脉伴行的脊髓前静脉和位于后正中沟的脊髓后静脉引流到椎管内静脉丛。该静脉丛由疏松的结缔组织和脂肪组织包绕，位于硬脊膜外腔，其上端经枕骨大孔与颅内静脉窦相交通。但通过这些交通只可回流部分血液，而大部分由椎间静脉经椎间孔引流到椎管外静脉丛，再经节段静脉等回流到奇静脉、上腔静脉及下腔静脉。因椎管内静脉丛与颅内静脉相连，没有瓣膜，其血流方向可因胸、腹腔的压力而改变，因此胸、腹和盆腔的感染或肿瘤有可能经该静脉丛转移入颅。

二、脊髓的功能

除了通过上、下行传导束来完成脑与周围神经的联系，从而实现各种感觉和运动功能外，脊髓本身也是神经系统的初级反射中枢，其主要功能如下。

1. 运动功能 脊髓前角内的下运动神经元包括α和γ运动神经元，它们接受锥体束等下行传导束和脊髓灰质内中间神经元轴突的支配，其轴突支配骨骼肌，完成随意运动功能。α运动神经元的轴突支配骨骼肌的肌梭外肌纤维，使肌肉保持紧张和产生运动；γ运动神经元的轴突支配肌梭内肌纤维，与维持肌张力和腱反射功能有关，它与肌梭内的感觉神经共同组成肌张力的监控系统。在α和γ运动神经元的共同参与下，使得骨骼肌能够准确而协调地运动。

2. 感觉功能 脊髓将来自外周的各种感觉性传入冲动通过不同的上行感觉传导束传入脑的相应功能区。

3. 躯体营养作用 脊髓前角细胞对它所支配的肌肉及该节段的骨骼有营养作用。前角细胞受损时，它所支配的肌肉萎缩，该节段可发生骨质疏松。

4. 支配内脏活动 位于脊髓侧角的交感和副交感神经中枢通过交感和副交感神经对血管平滑肌、腺体、立毛肌以及盆腔器官的功能活动起支配作用。

5. 反射功能 作为神经系统的初级反射中枢，脊髓能完成许多有意义的反射活动。

(1) 牵张反射：又称伸肌反射。其感受器是肌梭，传入神经是后根内侧部的粗纤维，其神经元胞体位于后根神经节内，该神经元与前角运动神经元形成突触，通过前根支配梭外肌纤维，使之收缩。当肌梭受到持续性牵张刺激时，引起肌张力增高的反应（紧张型牵张反射），起到维持肌张力的作用。当肌梭受到突然性牵张刺激时，引起骨骼肌快速有力的收缩动作（位相型牵张反射），腱反射即属此类牵张反射。

(2) 屈肌反射：当肢体受到伤害性刺激时，受刺激肢体迅速产生屈曲反应，以逃避这种刺激，这是一种防御反射，具有远离伤害性刺激的保护性意义。这种屈肌反射远比牵张反射复杂，已经不是同一脊髓节段的单突触反射。当屈曲关节的屈肌收缩时，伸肌自动弛缓。

三、脊髓病变的诊断

诊断的第一步是确定是否脊髓病变，然后确定脊髓病变的节段水平以及在横断面上的位置，根据病变部位和发病情况、病程演变，再结合必要的辅助检查，作出定性诊断。

(一) 脊髓病变的确定

脊髓病变的主要临床表现是运动障碍、感觉障碍和自主神经功能障碍（包括括约肌功能障碍、病变平面以下泌汗异常及皮肤营养障碍等）。随脊髓病变部位及病变所累及脊髓内结构的不同，其运动障碍和感觉障碍的表现各有其特点。脊髓是节段性结构，当脊髓某一节段发生病变时，该节段支配的肌肉出现弛缓性瘫痪，与该节段相关的反射消失，在所支配的区域内可出现根性神经痛或感觉障碍。这些体征被称为节段性体征，是脊髓病变的特征性表现，对于确定脊髓病变有重要价值。此外，在病变脊髓节段以下有不同程度的上运动神经元性瘫痪及传导束性感觉障碍，脊髓中央区受累则有分离性感觉障碍（浅感觉障碍，深感觉和精细触觉保留），这些表现也是脊髓病变的特点。

(二) 脊髓病变的节段定位

在病变脊髓节段所支配的区域出现节段性体征，受损节段以下有上运动神经元损害的表现以及传导束性感觉障碍，根据这些特点可判断脊髓病变的节段平面。另外，脊髓不同部位损害又各有特点，也有助于节段定位。

1. 高位颈髓（$C_{1\sim4}$）

（1）四肢不同程度的上运动神经元性瘫痪。病变累及副神经时可引起胸锁乳突肌和斜方肌肌力减退和肌萎缩，表现为转颈和耸肩困难。累及膈神经时可引起呃逆，或膈肌麻痹、呼吸困难。

（2）当未累及脊髓传导束时，感觉减退局限于$C_{2\sim4}$节段的皮肤（C_1为纯运动神经）；当传导束受损时则产生病变水平以下各种感觉障碍；当损害三叉神经脊髓束时，可以产生同侧面部麻木和疼痛。

（3）自发性根性疼痛位于枕、颈和肩部，颈部运动、咳嗽和用力等可使疼痛加剧。当脊髓后索受损时，屈颈时可有一种刺痛感或触电样感觉，从颈项、肩部沿脊柱、背部向下放射至躯干、下肢甚至足部，称为Lhermitte征。

（4）括约肌功能障碍，病变平面以下出汗异常。

2. 颈膨大（$C_5\sim T_2$） 双上肢呈下运动神经元性瘫痪，双下肢呈上运动神经元性瘫痪。如累及$C_8\sim T_1$侧角则患侧可出现Horner征，表现为瞳孔缩小、眼球内陷、眼裂变小及面部出汗减少。$C_5\sim T_2$节段性感觉障碍，T_2以下各种感觉障碍、出汗异常、大小便障碍。可有向肩和上肢放射的自发性根痛，有时可仅局限于手指。

3. 胸髓（$T_{3\sim12}$） 胸髓是脊髓中最长的一部分，T_4、T_5水平是血液供应较差、最易发生病变的部位。胸髓的横贯性损害主要表现有：双下肢呈上运动神经元性瘫痪（痉挛性截瘫）。病变水平以下各种感觉障碍、出汗障碍、大小便功能障碍。胸腹部神经根刺激症状，包括根性疼痛和束带感。$T_{8\sim11}$病变时可表现为腹直肌下半部无力，而腹直肌上半部肌力正常，当患者在仰卧位用力抬头时可见脐孔上移（Beevor征）。上、中、下腹壁反射的反射中枢分别位于脊髓的$T_{7\sim8}$、$T_{9\sim10}$、$T_{11\sim12}$节段，通过观察腹壁反射变化情况也有助于定位。

4. 腰膨大（$L_1\sim S_2$） 下肢呈下运动神经元性瘫痪，下肢和会阴部感觉缺失，大小便功能障碍，可有腹股沟、下背部或下肢的自发痛。如影响$L_{2\sim4}$则膝反射消失，如累及S_1和S_2则踝反射消失。

5. 脊髓圆锥（$S_{3\sim5}$和Co） 会阴部及肛门周围感觉障碍，呈鞍状分布，肛门反射消失，大小便和性功能障碍严重，根性神经痛少见，无下肢瘫痪。

6. 马尾神经 已不属于脊髓损害的范畴，马尾损害时症状和体征常为单侧或不对称。根性神经痛常较明显，部位可在下背部、会阴部或坐骨神经分布区。可出现多种形式感觉障碍。可有下肢的下运动神经元性瘫痪。括约肌功能障碍常不明显。

(三) 脊髓病变在脊髓横断面的定位

1. 灰质节段性损害

(1) 前角：受损时出现相应节段骨骼肌下运动神经元性瘫痪，而无感觉障碍。在慢性进行性病变时，常可在萎缩的肌肉中见到肌束颤动。

(2) 后角：损害时产生同侧节段性感觉障碍，由于深感觉及部分触觉纤维不经后角直接进入后索，因此后角损害仅有同侧节段性的痛、温觉障碍，而深感觉和触觉仍保留，称分离性感觉障碍。

(3) 前连合：灰质前连合是双侧脊髓丘脑束的交叉纤维所经之处，损害时出现双侧对称性节段性分离性感觉障碍。

(4) 侧角：发生相应节段的自主神经功能障碍，引起血管运动、发汗、竖毛反应紊乱及皮肤指甲的营养改变等。

2. 传导束障碍

(1) 后索：发生病变时受损节段以下同侧的振动觉、位置觉和精细触觉减退或消失，可出现感觉性共济失调。

(2) 锥体束：损害后引起病灶平面以下的上运动神经元性瘫痪。

(3) 脊髓丘脑束：一侧脊髓丘脑束损害，在受损平面以下的对侧出现痛、温觉缺失或减退，深感觉及触觉仍保留。

3. 半侧损害 产生脊髓半横断综合征或称 Brown-Séquard 综合征，即病变节段平面以下出现同侧上运动神经元性瘫痪与深感觉缺失，对侧痛、温觉障碍。病变节段平面以下同侧肢体还可有血管舒缩运动障碍，皮肤初期潮红，后期发绀、发冷，是因侧索中下行的血管舒缩纤维被阻断之故。

4. 横贯性损害 损害节段平面以下呈上运动神经元损害的特点，各种感觉丧失，脊髓反射改变，大小便障碍，血管舒缩异常，出汗功能消失，竖毛肌不能收缩等。当脊髓受到急性严重的横贯性损害时，早期首先出现脊髓休克现象：肢体弛缓性瘫痪、肌张力减低、腱反射减弱或消失，引不出病理反射，尿潴留（由于排尿反射弧功能被抑制，呈急性完全性无张力型膀胱）。脊髓休克期一般维持 3~4 周，以后逐渐出现上运动神经元性瘫痪征象，如肌张力增高、腱反射亢进、病理征阳性、尿潴留转为反射性排尿（中枢联系中断而骶髓反射弧完整，表现为不能随意控制排尿，呈反射性急促断续排尿，量少，不能排尽）。在截瘫期伸肌和屈肌的肌张力增高可不相等。若伸肌张力增高占优势，则肢体呈伸直状态（伸直性瘫痪），屈肌张力增高占优势时肢体呈屈曲状态（屈曲性截瘫）。颈段横断多发生伸直性截瘫，下胸段脊髓横断则多为屈曲性截瘫。一般在脊髓完全性横贯性损害时才出现屈曲性截瘫，故其预后比伸直性截瘫差。

(四) 髓内外病变的定位

对于脊髓病变，不仅要对损害的节段进行定位，还应确定病变是在髓内还是髓外，髓外病变还应区分是在硬膜内还是在硬膜外，其鉴别对于治疗手段的选择和预后的判断很重要。

1. 脊髓内病变 临床表现特点有：①神经根性痛无或少见；②可有感觉分离现象；③浅感觉障碍由躯体向下肢远端发展，因为来自躯体下部的感觉传入纤维在脊髓丘脑束内排列在外侧；④鞍区感觉保留；⑤节段性下运动神经元性瘫痪（前角细胞受损）；⑥病变水平以下上运动神经元性瘫痪出现晚而不全；⑦较早出现大小便功能障碍；⑧脑脊液成分及压力的改变出现较晚。

2. 脊髓外硬膜内病变 常由肿瘤引起。早期出现压迫症状，后期则出现缺血性损害。①根性神经痛出现较早且严重，咳嗽、喷嚏等导致颅内压或椎管内压力波动升高的因素可使疼痛加剧，当肿瘤位于脊髓前方时可以无根性神经痛。②运动和感觉传导束受损呈进行性加重。按病变在脊髓前后和左右位置的不同而临床表现各异：当肿瘤位于脊髓前方时，运动和自主神经功能障碍发生较早；当肿瘤位于脊髓后方时，较早累及后索而表现为深感觉障碍；当肿瘤位于脊髓外侧时，首先影响脊髓丘脑侧束而表现为由肢体远端向上发展的痛、温觉障碍，最早出现鞍区感觉障碍，此种情况与髓内病变正好相反；当压迫皮质脊髓侧束时，同侧肢体上运动神经元性瘫痪。发展到一定程度时引起 Brown-Séquard 综合征。③容易引起椎管阻塞和脑脊液成分的改变。

3. 脊髓硬膜外病变 神经根和脊膜刺激症状较早出现，脊髓实质损害的症状较晚发生，括约肌功能障碍较晚出现，Brown-Séquard 综合征罕见。因硬膜外病变需通过硬脊膜压迫脊髓，故脊髓双侧受损症状常较对称。硬膜外病变与脊柱关系密切，因此脊柱 X 线平片检查常可有阳性发现。脑脊液改变不如脊髓外硬膜内病变者显著。

（五）脊髓病变的定性

脊髓病变按其性质可分为炎症、脱髓鞘、变性、血管病、代谢营养障碍、中毒、损伤和脊髓压迫症等。主要根据病变的位置、发病情况和病程演变对病变性质作出初步诊断，再结合必要的辅助检查，便可作出病因诊断。

1. 根据病变部位推测疾病的性质 后根病变常见于神经纤维瘤、带状疱疹和椎间盘突出。后根和后索病变可见于肿瘤、梅毒和多发性硬化。后索和脊髓小脑束病变见于家族性共济失调。后索和侧索病变见于亚急性联合变性。皮质脊髓束和前角病变见于肌萎缩侧索硬化症和颈椎病。前角病变见于脊髓灰质炎。脊髓中央部位病变见于脊髓空洞症、脊髓出血和髓内肿瘤等。脊髓半横断综合征见于脊髓髓外肿瘤和脊髓外伤等。脊髓横贯性损害见于急性脊髓炎、转移性肿瘤和外伤等。

2. 根据发病情况和病程经过推测疾病的性质 急性或亚急性起病见于血管病、炎症和外伤等。慢性起病见于肿瘤、变性和代谢性疾病。病程反复、波动见于多发性硬化。

第二节　急性脊髓炎

脊髓炎（myelitis）是指由于感染或变态反应所致的脊髓灰质和（或）白质的炎性病变。根据病因可将其分为：①感染性脊髓炎，包括病毒性脊髓炎（脊髓灰质炎病毒、柯萨奇病毒、Echo 病毒、带状疱疹和单纯疱疹病毒、EB 病毒、巨细胞病毒、狂犬病毒、HIV、人类 T 淋巴细胞病毒 1 型感染等）、细菌性脊髓炎（化脓性、结核性脊髓炎）、螺旋体脊髓炎（脊髓梅毒）、真菌或寄生虫感染脊髓炎；②感染后和接种后变态反应性脊髓炎；③原因不明性脊髓炎。

按炎症部位可将脊髓炎分为：①脊髓前角灰质炎（选择性侵犯脊髓前角灰质）；②横贯性脊髓炎（侵犯脊髓几个节段内的所有组织）；③上升性脊髓炎（病变由下向上不断发展，逐步累及颈髓甚至延髓）；④播散性脊髓炎（有两个以上散在病灶）；⑤脊膜脊髓炎（脊膜与脊髓均受累）。本节只介绍急性横贯性脊髓炎（acute transverse myelitis）。

急性横贯性脊髓炎亦称急性非特异性脊髓炎，是指一组原因尚未完全明确，以急性横贯性脊髓损害为特征的疾病。临床特征为病损平面以下运动障碍、传导束性感觉缺失和自主神经功能障碍。

（一）病因及发病机制

病因不明，曾认为与病毒感染有关，但至今未能从病变脊髓或脑脊液中分离出病毒，也未能从脑脊液中检出相关的病毒抗体。临床资料表明，多数患者在脊髓症状出现前 1～4 周有发热、上呼吸道感染、腹泻等病毒感染症状或疫苗接种史，故目前认为本病可能是病毒感染或疫苗接种后所诱发的一种自体免疫性疾病。受凉、过劳和外伤常是其发病诱因。

(二) 病理

本病可累及脊髓的任何节段，以胸段尤其 $T_{3\sim5}$ 节段最为常见。多局限于数个节段，常为横贯性，也可见局灶或散在性病变，还可累及相应节段的脊膜和神经根。肉眼可见病变部位脊髓肿胀，质地变软，切面可见灰质与白质界限不清，有点状出血，软脊膜充血或有炎性渗出物。镜下可见软脊膜和脊髓的血管扩张，血管周围淋巴细胞、浆细胞浸润，灰质内神经元肿胀，尼氏小体溶解，核偏移，甚至细胞碎裂、消失，白质内轴突变性和髓鞘脱失，胶质细胞增生，病变严重者有坏死和空洞形成。后期病变部位萎缩，胶质瘢痕形成。

(三) 临床表现

本病多发生于青壮年，无性别差异，四季均可发病。典型病例多在脊髓症状出现前数天至数周有上呼吸道感染、腹泻或疫苗接种史。起病较急，首发症状多为双下肢麻木、无力，病变相应部位根性疼痛或病变节段束带感，多数在数小时至数天内病情发展至高峰，出现脊髓完全性横贯性损害表现。其临床表现取决于受累脊髓的节段和病变范围。各段均可受累，以胸段最为多见，其次为颈段，再次为腰段。胸段横贯性脊髓炎的典型表现为：

1. 运动障碍 早期表现为脊髓休克现象。休克期一般持续 3~4 周，也有数天或 2 个多月者。休克期的长短与脊髓损害程度及并发症有关，脊髓损害严重以及并发肺部或尿路感染、压疮者，休克期较长。经治疗后，脊髓自主功能逐渐恢复，瘫痪肢体肌张力逐渐增高，腱反射出现并逐渐变为亢进，病理反射阳性，也就是从弛缓性转为痉挛性瘫痪，肌力也随之恢复。

2. 感觉障碍 急性期在病变节段以下的所有感觉缺失，呈传导束型感觉障碍，有些在感觉消失区上缘可有 1~2 个节段的感觉过敏区或束带样感觉异常。随着病情恢复感觉平面逐渐下降，但感觉的恢复慢于运动功能的恢复。

3. 自主神经功能障碍 病变早期大小便潴留。在脊髓休克期，因逼尿肌松弛，膀胱过度充盈，呈无张力性神经源性膀胱。由于尿液过度充盈而出现尿失禁，称充盈性尿失禁。随着脊髓功能恢复，逼尿肌出现规律性收缩，膀胱容量逐渐缩小，当尿液充盈到 300~400 ml 时即自动排尿，称反射性神经源性膀胱。脊髓休克期肛门括约肌松弛，常有大便失禁。休克期过后大便秘结，然后逐渐恢复正常。病变水平以下无汗或少汗，皮肤营养障碍表现为皮肤水肿、干燥脱屑、足底皲裂、趾甲失光泽并松脆等。

上升性脊髓炎病情凶险，发病急骤，病变常于数小时至数日内上升发展到延髓，瘫痪迅速由下肢向上波及上肢或延髓支配肌群，出现吞咽困难、构音障碍、呼吸肌麻痹甚至死亡。

脊髓炎若波及脑干、大脑时称为脑脊髓炎。炎症累及脊膜、脊神经根者称为脊膜脊神经根脊髓炎。

常见的并发症有：压疮，泌尿系统感染，长期卧床易产生坠积性肺炎，甚至可并发败血症。并发症是死亡的常见原因。

(四) 辅助检查

1. 急性期外周血白细胞正常或轻度增高；脑脊液压力正常，动力学检查提示椎管通畅，偶因脊髓肿胀可致管腔轻度阻塞；脑脊液外观无色、透明，白细胞数正常或轻度增高 [$(10\sim200)\times10^6/L$]，以淋巴细胞为主，蛋白质含量正常或轻度增高（0.5~1.2 g/L），糖和氯化物含量正常。脑脊液 IgG 含量多正常。

2. 视觉、听觉诱发电位正常；下肢体感诱发电位潜伏期延长，波幅降低；运动诱发电位异常；肌电图呈失神经改变。

3. 影像学检查 脊柱 X 线片通常正常。脊髓 MRI 典型改变是病变处脊髓略增粗，病变可累及数个脊髓节段，病变节段髓内斑点状或片状长 T1、长 T2 信号，常为多发，或有融合，强度不均，注射增强剂后可见病灶呈斑片状强化。于后期可出现脊髓萎缩。有部分患者可恢复正常。

（五）诊断与鉴别诊断

根据起病急骤、病前感染史和迅速出现脊髓横贯性损害，结合脑脊液和脊髓 MRI 检查，诊断并不困难。但本病需与下列疾病鉴别（表 11-1）。

表 11-1 需与急性横贯性脊髓炎鉴别的疾病

病名	运动障碍特点	感觉障碍特点	辅助检查特征	合并其他表现
急性硬膜外脓肿	病变水平以下的上运动神经元性瘫痪，多在感觉症状出现后发生	放射性根痛和病灶处脊柱的局灶性剧痛、叩痛和压痛明显，可呈根型感觉障碍	腰椎穿刺示椎管不通畅，脑脊液蛋白质含量增高。MRI 示髓外长 T2 灶	躯体其他部位多有化脓性感染灶及全身中毒症状
脊柱结核	病变水平以下的上运动神经元性瘫痪	病灶处脊柱的局灶性叩痛和压痛明显，可呈根型感觉障碍	CT 或 MRI 可见椎体骨质破坏和椎旁脓肿	可伴有全身结核中毒症状
脊椎转移癌	病变水平以下的上运动神经元性瘫痪	病灶处脊柱的局灶性叩痛和压痛明显	CT 或 MRI 可见椎体骨质破坏强化阳性	可有全身其他部位肿瘤证据
脊髓出血	上运动神经元性瘫痪，发病更急	局部背痛和根痛剧烈，可有感觉分离现象	腰椎穿刺脑脊液为血性，MRI 可见椎管内血肿	有外伤史或脊髓血管畸形证据
脊髓亚急性联合变性	病变水平以下的上运动神经元性瘫痪，亚急性/慢性起病	病变水平以下深感觉障碍，无浅感觉障碍或有末梢型浅感觉障碍	血清维生素 B_{12} 低，脊髓 MRI 后索和侧索损害的证据	常伴有贫血的表现，以大细胞贫血为多
脊髓前动脉综合征	病变水平以下的上运动神经元性瘫痪，急性起病	病变水平以下痛、温觉障碍，深感觉保留，病灶节段神经根痛明显	脊髓 MRI 可见病变节段内长 T1、长 T2 梗死灶	多伴有二便功能障碍
吉兰-巴雷综合征	下运动神经元性瘫痪，多为四肢对称	可有末梢型感觉障碍或无明显障碍	发病后 2～3 周可见脑脊液蛋白细胞分离	可伴有脑神经病损表现
低血钾性周期性麻痹	四肢对称性弛缓性瘫痪，近端重于远端	无感觉障碍	实验室检查和心电图可见低血钾的证据	括约肌功能正常，可有肢体酸胀针刺感

（六）治疗

积极控制脊髓病变，预防并发症，促进脊髓功能尽早恢复，减少后遗症对本病有重要意义。

1. 急性期治疗

（1）肾上腺皮质激素：可用甲泼尼龙（methylprednisolone）500～1000 mg/d 加于 5% 葡萄糖液 500 ml 中静脉滴注，3～4 h 滴完，连用 3～5 天后减量；也可用地塞米松 10～20 mg 或泼尼松龙 100～300 mg 每日 1 次静脉滴注，10～14 天为一疗程；随后改用泼尼松口服，剂量为 1 mg/(kg·d) 或成人 60 mg/d，每周减量 1 次，5～6 周后停用。大剂量皮质类固醇激素连续应用超过 1 个月，病情仍无改善者，可逐渐减量后停用。

（2）免疫球蛋白：剂量为 0.4 g/(kg·d)，成人用量 15～20 g/d 每日 1 次静脉滴注，连用 3～5 天为一疗程。

（3）可用 20% 甘露醇每次 125～250 ml，每日 2～3 次，连用 4～6 天，以减轻病变早期的脊髓水肿。

(4) 神经营养代谢药：大剂量的 B 族维生素如维生素 B_1、B_6、B_{12} 以及胞二磷胆碱、烟酸等有助于神经功能恢复。

(5) 抗感染：合并细菌感染者选用适当的抗生素治疗。

(6) 维持呼吸：有呼吸肌瘫痪者应保持呼吸道通畅，促进排痰，必要时行气管内插管或气管切开，人工辅助呼吸。

2. 护理 患者极易发生各种并发症，常由此导致严重后果，故精心细致的护理和充足的营养支持对于减少并发症、提高治愈率至关重要。应定时翻身、按摩皮肤，在骨隆起处放置气圈，保持皮肤清洁干燥，预防压疮。禁用热水袋取暖，以免烫伤。勤拍背，转换体位，鼓励患者咳嗽，预防坠积性肺炎。尿潴留时在严格无菌条件下导尿，并连接封闭式集尿袋，每 3~5 h 开放一次，每天更换 1~2 次集尿袋。应观测残余尿量，当膀胱出现节律性收缩，残余尿量在 100 ml 左右时即不再保留导尿。对大便困难者应及时清洁灌肠，或选用缓泻剂促进排便，防止肠麻痹。吞咽困难或呛咳者，应留置胃管鼻饲流食。

3. 康复治疗 瘫痪肢体应保持功能位，以防止肢体挛缩和畸形，避免屈曲性截瘫发生。早期开始系统的康复治疗，可以进行按摩、被动运动以及积极的上半身运动，以促使瘫痪肢体的功能恢复。当肌力开始恢复，应尽早鼓励患者主动运动肢体，促进功能恢复。如痉挛已发生，可使用安定类药物及巴氯芬（Baclofen）、盐酸乙哌立松片（Myonal）等肌肉松弛剂，配合正确的康复治疗，也可以进行理疗、按摩等治疗。

案例 11-1

案例 11-1
答案及解析

（七）预后

多数患者预后较好，病情不同则预后的差异较大。预后良好者其肢体功能可于 3~6 个月内基本恢复，而另一些病例则留有难以恢复的后遗症，还有部分病例则死于并发症。下列因素与预后有关：①尽早使用激素治疗则预后较好；②脊髓受累节段长且较弥漫者预后较差；③并发症严重者预后差；④上升性脊髓炎最差。

第三节 脊髓压迫症

脊髓压迫症（compressive myelopathy）是由椎管内占位性病变引起脊髓受压的一组临床综合征。病情呈进行性加重，随着病情发展，脊髓、脊神经根及脊髓血管受压并逐渐加重，最终导致不同程度的脊髓横贯性损害和椎管阻塞。

（一）病因及发病机制

1. 病因 根据病理性质，可有如下病因。

(1) 肿瘤：最常见，约占总数的 1/3 以上。原发性肿瘤占绝大多数，其中近半数为神经鞘膜瘤，包括少数的神经纤维瘤；其次为脊膜瘤、胶质瘤、脊髓硬膜外的脂肪瘤。先天性的皮样囊肿、上皮样囊肿、畸胎瘤也有发生。脊髓肿瘤可发生于脊髓任何节段，神经鞘膜瘤多生长于胸段脊髓，而先天性肿瘤多发生于腰骶髓。脊柱的转移性肿瘤也不少见，多是肺、乳腺、胃肠道、前列腺、肾、甲状腺以及鼻咽癌转移瘤。也有白血病、淋巴瘤在脊髓硬膜外浸润而造成脊髓受压。

(2) 炎症：全身其他部位的细菌性感染灶经血行播散，脊柱邻近组织的化脓性病灶直接蔓延等，均可造成椎管内急性脓肿或慢性肉芽肿而压迫脊髓，以硬脊膜外多见。结核性脊髓蛛网膜炎，或由损伤、出血、化学性物质（如碘造影剂或药物鞘内注射等）和某些不明原因所致的蛛网膜炎，均可引起脊髓炎性蛛网膜粘连，或形成囊肿而压迫脊髓。此外，结核、梅毒、寄生虫性肉芽肿亦可压迫脊髓。

(3) 损伤：脊柱损伤可因椎体、椎弓和椎板的骨折、脱位、小关节交错、椎间盘突出、椎管内血肿形成等原因而压迫脊髓。

（4）脊柱退行性病变：椎间盘突出、后纵韧带钙化和黄韧带肥厚等。

（5）先天性疾病：寰椎枕化、颈椎融合畸形（Klippel-Feil综合征）、扁平颅底、椎管狭窄、脊膜脊髓膨出、先天性血管畸形等。

2. 发病机制 脊髓受压后所出现的症状可由机械压迫、供血障碍以及炎症或肿瘤浸润破坏所引起。病灶可直接压迫脊髓及神经根，或使脊髓移位并受压于对侧骨壁，导致神经根痛或脊髓半切或横贯性损害。脊髓受压后静脉回流受阻，由于淤血使脊髓肿胀水肿，加重脊髓受压。以后由于伴随动脉受压，导致脊髓缺血、缺氧和营养障碍而加重损害。

脊髓髓内肿瘤几乎均属于浸润生长的胶质瘤，极易破坏髓内结构而出现症状。慢性压迫症因系逐渐受压，脊髓可被压向对侧而出现局部的凹陷变形。有些慢性病变可使脊髓与神经根直接遭受浸润和破坏。脊髓表面可与蛛网膜发生不同程度的粘连，加上脊髓表面静脉曲张，血浆中的蛋白质渗出，故使脑脊液蛋白质含量增高。

（二）病理

除了原发性病变（如肿瘤、炎症）之外，受压部位的脊髓可见充血、肿胀、移位变形，伴随神经根破坏，蛛网膜肥厚和粘连。脊髓局部出现神经元变性、坏死，神经纤维断裂或消失以及髓鞘脱失。

（三）临床表现

临床表现依据起病缓急、症状出现的顺序和轻重、病程长短以及疾病的性质、部位和发展速度而异。急性受压时往往迅速产生脊髓横贯性损害，出现脊髓休克；而慢性受压时则呈缓慢进行性发展的过程。临床上以慢性起病、缓慢进展的脊髓外硬膜内病变的表现最为典型，其临床表现如下。

1. 神经根损害 病变节段的神经根痛（后根受刺激）常为髓外压迫性疾病的首发症状。多为一侧（间或双侧）自发性呈条带样分布的剧痛，用力、咳嗽、变换体位、负重可使疼痛加重。后根受累时，相应节段皮肤初期因刺激而表现为过敏，后期呈现麻木或感觉缺失。病变位于脊髓腹侧或腹外侧者可无根痛，但因前根受累则出现节段性肌萎缩及相应腱反射消失。

2. 感觉障碍 髓内上行纤维受压以深感觉、触觉受损较早，髓外病变如累及病灶侧的脊髓丘脑束则出现对侧躯体比病变节段低2~3个节段以下的浅感觉障碍，后索受累则出现同侧躯体病变节段以下深感觉障碍。病灶上界可有过敏带。脊髓蛛网膜炎的感觉障碍为不规则的斑块状，感觉平面不固定。

3. 运动障碍 可出现锥体束征，病灶侧肢体出现得早而重，最终可出现痉挛性截瘫或四肢瘫。

4. 反射障碍 病变节段以下浅反射消失，深反射亢进，出现病理反射。

5. 自主神经功能障碍 大小便功能障碍在髓内病变常早期出现，髓外病变见于晚期。病变节段平面以下的皮肤干燥脱屑，无汗或少汗，苍白或发绀，肢体水肿，趾甲变脆、粗糙。

6. 脊膜刺激症状 多由硬膜外病变引起，表现为病灶对应的椎体自发痛、叩痛、压痛，活动受限，如颈抵抗和直腿抬高试验阳性等。

（四）辅助检查

1. 影像学检查

（1）脊柱X线片：为首选的检查方法。常规拍摄正、侧位，必要时加拍斜位，高颈段病变应加拍张口位。脊柱损伤重点注意有无骨折、脱位、错位和椎间隙狭窄。脊髓肿瘤常可发现肿瘤内钙化及肿瘤对骨质的侵蚀破坏，良性肿瘤者常出现椎弓根间距增宽，椎弓根变形或模糊，椎间孔扩大，椎体后缘凹陷或骨质疏松和破坏。转移性肿瘤和脊柱结核常见骨质破坏。

(2) CT 检查：能确切显示肿瘤位置、肿瘤与脊髓的关系。

(3) MRI 检查：是目前诊断脊髓压迫症的最好检查方法，对脊髓病变的部位及性质等均能提供有重要价值的信息。

2. 脑脊液检查 是诊断脊髓压迫症的重要方法。须注意当腰椎穿刺进行奎肯试验（QueCkenstedt test；又称压颈试验）时，可能导致占位病灶的移动（如神经鞘膜瘤）而使脊髓压迫突然加重，事先应有所估计并向患者或家属解释清楚。如怀疑恶性病变或转移癌，应在影像学检查后再考虑是否腰椎穿刺检查。怀疑硬膜外脓肿时，切忌在脊柱压痛部位及其邻近进行腰椎穿刺，以防将病原菌带入蛛网膜下腔，导致感染扩散。

压迫性病变造成蛛网膜下腔阻塞，阻塞的程度与病灶大小、压迫时间长短、病灶周围是否有蛛网膜粘连呈正相关，也与病灶所处的脊髓节段有关，由于胸段椎管较颈段和腰段椎管的管腔狭小，同样大小的病灶如位于胸段则较颈、腰段更早引起阻塞。椎管阻塞后颅内压不能传递到阻塞水平以下的蛛网膜下腔，故出现阻塞水平以下的脑脊液压力低下，甚至测不出。

马尾部病变（肿瘤）腰椎穿刺时针头有刺入肿瘤的可能，此时抽不出脑脊液或抽出的是黄色较黏稠的肿瘤囊液，压力不受动力试验影响。这种情况不要误认为是蛛网膜下腔完全阻塞，应选择上一个或两个椎间隙重新穿刺，如获得脑脊液，则可判断病变部位。

脊髓压迫症脑脊液蛋白质含量多少与椎管阻塞程度、时间及节段密切相关。一般而言，阻塞越完全、阻塞时间越长、阻塞节段越低，则脑脊液蛋白质含量越高。肿瘤性压迫比非肿瘤性压迫蛋白质含量高。若蛋白质含量超过 10 g/L 时，脑脊液变为浅黄色，流出后自动凝固，称为 Froin 征。脑脊液细胞数随病变性质而异，如为肿瘤则细胞数多属正常。

（五）诊断与鉴别诊断

诊断脊髓压迫症通常首先根据临床表现确定病变部位，然后根据症状常从脊髓一侧开始，逐渐出现脊髓部分受压迫症状，进而表现为横贯性脊髓损害症状，通过腰椎穿刺发现椎管阻塞可以考虑脊髓压迫症的临床诊断，通过 MRI 检查证实脊髓压迫症的存在。急性起病者以血肿、转移性肿瘤、硬膜外脓肿、脊柱结核等为多见。血肿常有外伤史；转移瘤多有病灶处的剧痛，常可发现原发病灶；硬膜外脓肿常有发热、败血症或其他处感染灶；脊柱结核常有结核病史。病程缓慢进展的髓外或髓内压迫均以肿瘤为常见。椎间盘突出常发生于下颈段或下腰段，常有外伤史。亚急性起病，病变范围广泛，感觉缺失呈斑块状，病情时轻时重呈现波动者应考虑蛛网膜炎症、粘连或囊肿。

髓外硬膜内占位病变（多为肿瘤）引起的神经根痛易与心绞痛、胸膜炎、胃或十二指肠球部溃疡、胆石症、胆囊炎、肾或输尿管结石等混淆，但出现脊髓传导束损害的体征时不难鉴别。至于脊髓压迫症与非压迫性病变（急性脊髓炎、脊髓空洞症、亚急性联合变性以及肌萎缩侧索硬化等）的鉴别，可根据各自的临床特点、脑脊液动力学及成分的改变以及影像学检查的特点来明确诊断（见表 11-1）。

（六）治疗及预后

以病因治疗为主。髓外肿瘤应予手术切除，髓内肿瘤也应尽可能行全部或大部切除后再进行放射治疗。对不能手术切除的髓内肿瘤和恶性肿瘤则可在减压术后进行放疗或化疗。不宜手术者可行放疗以缓解剧烈疼痛。脊柱结核手术治疗后必须给予足量、足疗程的抗结核药物治疗。脊髓蛛网膜炎应针对病因进行抗感染和肾上腺皮质激素治疗，晚期可予离子导入等理疗。对瘫痪肢体则进行康复治疗。

预后取决于以下几个因素：①病变的原因，硬膜内髓外肿瘤一般为良性，病灶能全部切除减压，效果较佳；脊椎结核疗效常满意；转移性肿瘤因不能手术而只能放射治疗减轻疼痛，预后最差。②脊髓损害的程度、部位以及病因解除的早晚与预后密切相关。③慢性脊髓压迫通常

案例 11-2

案例 11-2
答案及解析

比急性脊髓压迫预后好。④手术后1个月内仍未见功能改善者提示预后不良。

第四节 脊髓空洞症

脊髓空洞症（syringomyelia）又称脊髓空洞积水症（syringohydromyelia），是一组缓慢进行的以脊髓髓内囊性损害为共同特征的脊髓变性疾病。它包括两种病理类型：①空洞症，指脊髓实质内被液体填充的异常腔隙。②积水症，指有液体蓄积的脊髓中央管扩张。病变多位于下颈段及上胸段。如病变累及延髓，称为延髓空洞症（syringobulbia）。临床主要症状是受损节段的分离性感觉障碍、下运动神经元病损、传导束功能障碍及营养障碍。

（一）病因及发病机制

脊髓空洞症并非是由单一病因造成的一个独立病种，而是由多种致病因素导致的一种综合征。病因及发病机制目前尚未明确，关于空洞形成的原理有以下三种学说。

1. 先天性发育异常 过去多认为是由于胚胎早期神经管闭合不全；也可能是脊髓中央管形成障碍，髓内胚胎上皮细胞残留，胶质细胞增生变性液化而形成空洞。患者常并存某些先天畸形，如寰枕畸形、颅底凹陷、小脑扁桃体下疝（Arnold-Chiari畸形）、脑积水、Dandy-Walker畸形、上颈椎融合、颈肋、脊柱后侧突、脊柱裂等。少数病例有家族史，提示发病与遗传因素有关。

2. 血液循环异常 脊髓血液循环异常可引起脊髓缺血、坏死、液化形成空洞。

3. 脑脊液动力学异常 1965年Gardner提出本病的发生是颅颈结合处的骨质畸形，阻塞第四脑室脑脊液出口；或由于第四脑室出口处被一层渗透膜闭锁或先天性小脑扁桃体下疝等，致第四脑室脑脊液出口不畅而引起压力升高，压力波不断向下冲击脊髓中央管，使其逐渐扩大形成空洞，称为交通性脊髓空洞症。然而，此学说不能解释空洞与中央管并无联系的病例，对于非交通性脊髓空洞症，空洞的形成可能是由于压力影响下脑脊液从蛛网膜下腔沿着血管周围间隙进入脊髓实质形成空洞，也有人认为脑脊液是沿脊后神经进入脊髓。另有一类空洞继发于脊柱或脊髓外伤、脊髓出血、脊髓肿瘤等，称为继发性脊髓空洞症。严重脊髓外伤引起者，可能与局部挫伤、出血、蛛网膜粘连有关，占外伤性截瘫的1.3%~1.8%。感染也可引起。通常在外伤和感染后2~3年内发生脊髓空洞。

（二）病理

空洞最常见于颈髓下段，其次为胸髓上段，腰骶段少见。脊髓外形呈梭形膨大或萎缩变细。空洞呈不规则、不对称的纵长形或念珠状，在脊髓内上下延伸多个节段，也可波及延髓，甚至达脑桥。空洞向四周及上下伸展挤压，多数病变在脊髓首先侵犯灰质前连合，然后对称或不对称地向后角和前角扩展，最后脊髓的整个平面均可累及。病理检查可见空洞形成和胶质增生，空洞内充满清亮或黄色液体。洞壁由环形排列的增生胶质细胞组成，伴随神经细胞萎缩和神经纤维变性。

（三）临床表现

隐匿发生，缓慢进展。多起病于青少年期，以20~30岁为多见。男性与女性患者的比例为3:1。症状和体征取决于空洞部位及其发展过程。

1. 感觉障碍 表现为节段性分离性感觉障碍，首发往往是单侧或双侧手部、上肢或胸背部感觉异常，检查发现节段性痛、温觉减退或消失，而触觉和深感觉正常或接近正常。因痛、温觉缺失，患者常有局部皮肤被烫伤而不知觉的情况。当病变累及脊髓后角的胶状质时，患处可出现自发性烧灼样疼痛（中枢性痛）。当后索和脊髓丘脑束受累时则出现空洞水平以下传导

第十一章 脊髓疾病

束性感觉障碍。个别经 MRI 确诊的脊髓空洞症病例并无分离性感觉障碍。

2. 运动和反射障碍 脊髓前角细胞受累时，病变相应节段的肌肉无力、萎缩、肌束震颤、肌张力低、腱反射减弱或消失。当病变累及锥体束时，则病变平面以下呈上运动神经元性瘫痪征象。

3. 神经营养障碍及其他症状 脊髓侧角受累时皮肤粗糙、角化过度、发绀、指甲无光泽且易脆裂脱落；初期多汗，后期少或无汗。25%~30%的患者出现关节损害，多为上肢关节，关节痛觉缺失引起关节磨损、萎缩和畸形，关节肿大，活动度增加，运动时有摩擦音而无痛觉，称为夏科（Charcot）关节。颈胸段病变损害交感神经通路时，可产生同侧 Horner 征。在节段性痛觉缺失部位的肢端可见新旧瘢痕及顽固性溃疡，手指末节或全部手指无痛性坏死、脱落，称为 Morvan 征。疾病严重者或疾病晚期，患者可出现神经源性膀胱或大小便失禁。

4. 合并其他畸形表现 可伴有多种先天畸形，如 Arnold-Chiari 畸形（小脑扁桃体下疝）、颅底凹陷、脑积水、Dandy-Walker 畸形、颈肋、高腭弓、脊柱后侧突、脊柱裂、弓形足、漏斗胸、Klippel-Feil 综合征（多个颈椎融合、颈项变短等）。

延髓空洞症常与脊髓空洞症合并发生，其主要表现为眩晕、眼球震颤、步态不稳、面部呈洋葱皮分布样（三叉神经核性）感觉障碍、面瘫、吞咽困难、软腭和声带麻痹、舌肌萎缩震颤等脑神经及相应传导通路受损的病征。

（四）辅助检查

1. 脑脊液 压力多正常，细胞数及蛋白质一般正常，个别患者蛋白质可轻度升高。在晚期严重病例偶见椎管阻塞、蛋白质升高。

2. X 线片 可发现伴发的头颅和脊柱先天性骨骼异常。

3. MRI 是目前诊断脊髓空洞积水症的最佳检查手段，能显示空洞以及是否合并 Arnold-Chiari 畸形，能鉴别是原发性或继发性，有助于选择手术适应证和设计手术方案。可见病变脊髓节段增粗、正常或变细，髓内可见长 T1、长 T2 异常信号区，多呈管状，部分可呈多房性或腊肠状。交通性脊髓空洞症的空洞内可因脑脊液波动而出现脑脊液流空现象，表现为高信号的空洞内有低信号区。

4. 神经电生理检查 脊髓受累节段支配区肌电图表现为神经源性损害，神经传导检查多数正常，部分患者体感诱发电位潜伏期可延长。

（五）诊断与鉴别诊断

根据发病年龄、缓慢进展的节段性分离性感觉障碍、局部肌无力和萎缩、皮肤和关节营养障碍以及多种畸形等，可以在临床上考虑到该病的可能。典型病例诊断并不困难，但不典型者并不少见，常规 X 线片检查可以明确是否伴随骨骼畸形，MRI 检查发现脊髓空洞可以明确诊断。

依靠临床表现和 MRI 检查等，脊髓空洞积水症很容易与脊髓肿瘤、血管畸形、颈椎病以及肌萎缩侧索硬化等相鉴别。

（六）治疗

目前尚无特殊治疗，主要是对症处理。对于髓内空腔细小，临床和影像学检查均未发现脑和脊髓受压或肿瘤、畸形等其他病变者，可密切随访。对小脑扁桃体下疝畸形伴脊髓积水症者，尤其伴有延髓、小脑或脊髓受压症状者宜行枕大孔减压术。对临床表现进行性加重、积水空洞腔较大或进行性扩大者，可行脊髓空洞腔-脊髓蛛网膜下腔分流术。对合并其他畸形或肿瘤等其他病变者，如能手术矫正或切除者也应予以手术治疗。应防止烫伤、冻伤、切割伤等，对无痛性溃疡者应做清创和抗感染治疗。对受累关节和肌肉进行物理治疗，防止关节畸形。药物治疗可选用维生素类神经营养药等。对有自发性疼痛者可予对症治疗，如卡马西平等。

案例 11-3

案例 11-3
答案及解析

第五节 脊髓亚急性联合变性

脊髓亚急性联合变性（subacute combined degeneration of the spinal cord）是由于维生素 B_{12} 缺乏引起的神经系统变性疾病。病变主要累及脊髓后索和侧索，可以伴随周围神经以及脑损害。临床表现为深感觉障碍、感觉性共济失调、痉挛性截瘫，部分患者出现周围神经以及脑病变等。多数伴有大细胞性贫血。

（一）病因及发病机制

本病的发生与维生素 B_{12} 缺乏密切相关。维生素 B_{12} 是甲硫氨酸合成酶（又称甲基转移酶）的辅酶，参与甲基的转移。维生素 B_{12} 缺乏可影响甲硫氨酸的合成和四氢叶酸的再生，使组织中游离四氢叶酸含量减少，而四氢叶酸是一碳单位转移酶的辅酶，参与嘌呤、嘧啶等多种物质的合成，因此维生素 B_{12} 缺乏最终将导致核酸合成障碍，从而影响造血系统和神经系统的代谢而发生恶性贫血和神经系统变性。维生素 B_{12} 缺乏时还影响脂肪酸的合成从而影响髓鞘的代谢，最终导致神经系统的有髓鞘神经纤维出现进行性脱髓鞘改变。正常人每日需 $1\sim2\,\mu g$ 的维生素 B_{12}，主要从食物中摄取，摄入的维生素 B_{12} 只有与胃底部黏膜壁细胞分泌的内因子（intrinsic factor）结合成稳定的复合物，才不被肠道细菌破坏而在回肠远端被吸收，吸收后在血液内转运时还需要与运钴胺蛋白结合。在维生素 B_{12} 摄取、吸收、结合和转运的任何环节发生障碍均可导致其缺乏。造成维生素 B_{12} 缺乏的常见原因有：营养不足或体内需要量增加，内因子缺乏（先天性分泌缺陷、萎缩性胃炎、胃癌、胃大部切除术后），小肠疾病（原发或继发性小肠吸收不良综合征、节段性回肠炎、回肠切除），药物影响（如依地酸钙钠、新霉素等）以及血液中运钴胺蛋白（transcobalamin）缺乏等。因为叶酸的代谢与维生素 B_{12} 代谢有密切关系，叶酸缺乏也能产生神经症状。

（二）病理

病变主要累及脊髓后索和侧索的锥体束，亦不同程度地累及脑和脊髓白质、视神经和周围神经。脊髓的上胸段最易受累，下颈段次之。肉眼可见大脑轻度萎缩，脊髓切面可见白质灰暗。镜下可见后索、锥体束和脊髓小脑束髓鞘肿胀、断裂及空泡形成，可以伴有轴突变性。最初病变散在分布，然后融合成片，严重者出现海绵状坏死灶，伴不同程度的星形胶质细胞增生。病变还可累及脊髓前角、侧角和白质的其他传导束。周围神经常见髓鞘脱失和轴突变性。

（三）临床表现

本病常伴发恶性贫血，偶尔合并其他类型贫血。常于 40～60 岁起病，男女发病无差异。亚急性或慢性起病，渐进性加重。多数患者在神经系统症状出现前有贫血的一般表现，如倦怠、乏力、腹泻、舌炎等，部分患者神经系统表现先于贫血。最早的症状常为足趾和手指末端感觉异常，如麻木、针刺或烧灼感，为持续性和对称性，可有手套袜套样浅感觉障碍。而后逐渐出现下肢无力、步态不稳，有踩棉花感，动作笨拙，查体可见步态蹒跚、步基增宽、深感觉障碍、Romberg 征阳性、感觉性共济失调、下肢无力以及锥体束征。这些症状和体征于黑暗或闭目时明显。部分患者有 Lhermitte 征。也有患者可有胸或腹部束带感。

临床体征依病变对周围神经、后索及侧索的锥体束影响程度不同而异。如病变以锥体束变性为主时则双下肢力弱、肌张力增高，腱反射亢进，病理征阳性。如以后索和（或）周围神经变性为主，则肌张力降低，轻度肌萎缩及腱反射减弱，但深感觉障碍明显，病理征常为阳性，伴随周围神经病变可以出现腿部肌肉压痛和浅感觉障碍等。括约肌功能障碍出现较晚。

第十一章 脊髓疾病

少数患者伴随大脑白质损害可出现精神症状，如易激惹、嗜睡、抑郁、多疑、情绪不稳、幻觉、类偏执狂倾向、认知功能减退甚至痴呆等，亦有少数病例可有视神经萎缩、视力减退和中心暗点，提示视神经受累。而其他脑神经则很少受累。

（四）辅助检查

脑脊液检查多正常。多数患者有胃酸缺乏，注射组胺进行胃液分析，通常可发现抗组胺性胃酸缺乏现象。周围血象及骨髓涂片检查在部分患者可表现为巨细胞性贫血。血清中维生素 B_{12} 含量降低，正常值为 140～900 ng/L，若低于 100 ng/L 有诊断意义。口服放射性核素 ^{57}Co（钴）标记的维生素 B_{12}，观察胃肠道吸收情况（正常人吸收量为 62%～82%，尿中排出量为 7%～10%），患者粪便中放射性核素标记的维生素 B_{12} 排泄量明显增多，而尿中明显减少。测定血清中抗内因子抗体有助诊断。脊髓 MRI 检查，在 T_1 加权像和 T_2 加权像矢状位可见脊髓后部髓内条索状 T_1 低信号 T_2 高信号病灶，在轴位可见髓内后索及侧索部位有高信号改变。

（五）诊断与鉴别诊断

中年以上亚急性或慢性起病的脊髓后索、锥体束与周围神经病损的症状和体征，合并有大细胞性贫血，结合血清维生素 B_{12} 水平低于正常以及脊髓 MRI 检查发现后索和侧索损害的证据，可以确诊。在缺乏贫血及实验室检查证据时，本病应与下列疾病鉴别。

1. 多发性周围神经病　多种原因引起的周围神经病，可表现为四肢远端对称性感觉障碍，但脊髓损害的表现少见，多无贫血及维生素 B_{12} 缺乏的证据。

2. 脊髓型多发性硬化　起病较急，病程中常有缓解、复发的特点。常以脊髓横贯性损害为表现，除有深感觉障碍外，还常有病变平面以下浅感觉障碍，无贫血及血清维生素 B_{12} 定量异常，一般无周围神经损害的表现，诱发电位和 MRI 检查有助于鉴别。

3. 梅毒性脊髓炎　也可表现为感觉性共济失调和截瘫，但多伴有阿-罗瞳孔和下肢闪电样剧痛，脑脊液多有细胞数、蛋白质定量增高和 IgG 增高，梅毒血清学检查结果阳性，均提示本病的诊断。

（六）治疗

一旦诊断本病宜尽早治疗，否则神经系统损害不可逆转。

维生素 B_{12} 肌内注射为最好方法，剂量为 500～1000 μg/d，连续 2 周。神经系统表现严重者，剂量可加大。年龄大、合并感染、对维生素 B_{12} 反应欠佳者，也应加大剂量并延长疗程，可连续 1～2 个月，症状明显改善后改为维持量每次 100～200 μg，每周 2～3 次，半年后，可每周 100 μg，长期使用。若病情反复，可恢复每天注射一次。维生素 B_1 肌内注射，剂量为 100 mg/d，对有周围神经病的患者疗效显著，症状改善后可改为口服，每次 20 mg，每天 3 次。维生素 B_6 口服，每次 20 mg，每天 3 次。

贫血患者可用各种铁剂，如硫酸亚铁，每次 0.3～0.6 g，每天 3 次口服；或 10% 枸橼酸铁铵溶液，每次 10 ml，每天 3 次口服；或右旋糖酐铁注射剂，每次 50～100 mg 肌内注射，隔 1～3 日注射 1 次。胃酸缺乏者可口服胃蛋白酶合剂或饭前服稀盐酸合剂每次 10 ml，每天 3 次。

叶酸（维生素 M）可使神经系统症状加重，不宜单独使用，一般在维生素 B_{12} 开始使用以后稍晚给予，对有恶性贫血者应无限期与维生素 B_{12} 共用。剂量为每次 5～10 mg，每天 3 次口服。

加强护理，预防和治疗并发症。加强瘫痪肢体的功能锻炼，进行康复治疗。

案例 11-4

案例 11-4
答案及解析

第六节　脊髓血管病

脊髓血管病（vascular disorders of the spinal cord）的发病率远低于脑血管病，但由于脊髓内部结构紧密，较小的血管损害可比同等的脑血管损害有更为严重的后果。其类型与脑血管病类似，可分为缺血性、出血性和血管畸形三大类。

（一）病因及发病机制

脊髓动脉较少发生动脉粥样硬化和各种动脉炎，由脊髓动脉本身病变导致的缺血性脊髓血管病较少见，更为常见的病因是主动脉粥样硬化、主动脉内膜剥离、主动脉夹层动脉瘤，以及主动脉、胸腔或脊柱手术、心肌梗死、心脏停搏引起的低血压等。脊椎和脊膜病变（炎症、占位）引起的继发性血管受压以及动脉造影、放射性脊髓病、糖尿病性动脉病变、恶性贫血、红细胞增多症等均可导致缺血性脊髓血管病。其中，主动脉病变，尤其是肋间动脉和腰动脉在主动脉开口处狭窄，对缺血性脊髓血管病的发生有重要意义。心源性栓子、动脉粥样硬化斑块脱落、气栓子、脂肪栓子、炎性栓子、转移性癌组织或寄生虫栓子等可导致脊髓血管栓塞。

出血性脊髓血管病的主要原因是外伤、血管畸形、血液病、抗凝治疗和肿瘤等。

脊髓血管畸形是血管先天性发育异常所致的一类疾病，其引起脊髓功能受损的原因包括异常血管对脊髓的直接压迫、畸形血管侵入髓内对脊髓产生不同程度损伤、盗血使脊髓缺血软化、畸形血管破裂出血和血栓形成。

（二）病理

由于脊髓前动脉与脊髓后动脉的解剖差异，以及由脊髓前动脉供血的脊髓灰质对缺血的耐受性比白质差之缘故，脊髓前动脉供血区更易发生缺血性损害。脊髓对缺血的耐受性较好，轻度间歇性供血不足不会对脊髓造成明显的病理损害，当完全断绝供血持续较长时间时才会导致脊髓不可逆性损害。脊髓缺血后的病理改变与脑缺血相似，早期变化不明显，发生梗死后可见病灶处组织苍白、肿胀、变软，灰白质界限不清，晚期皱缩变小。早期镜下可见神经元变性、坏死，髓鞘崩解，轴突断裂，组织水肿和血管周围淋巴细胞浸润，此后缺血灶中心液化，其周围有胶质细胞增生。梗死范围可涉及几个甚至十几个脊髓节段。

脊髓内出血可累及数个节段，中央灰质发生最多；脊髓外出血形成血肿或血液进入蛛网膜下腔。

脊髓血管畸形一般分为动脉性、静脉性、动静脉性和海绵状血管瘤几类。单纯的前两者极为罕见，绝大部分为动静脉性畸形，是由迂曲扩张的异常血管形成网状血管团及导入动脉和导出静脉构成。畸形血管可以侵犯硬膜外、硬膜下或髓内，少数病例可以同时累及几个不同的节段。病变最多见于胸腰段，其次为中胸段，颈段少见。最常见的畸形位于神经根袖的硬膜，其次是位于脊髓外硬膜内以及脊髓实质内。脊髓血管畸形常伴发同节段的其他组织畸形，如血管痣、皮肤血管瘤、椎体血管畸形、下肢静脉曲张或动静脉瘘等。还可合并颅内或内脏血管畸形。

（三）临床表现

1. 缺血性病变

（1）脊髓短暂性缺血发作：最常表现为脊髓间歇性跛行症，表现为行走一定距离后迅速出现单侧或双侧下肢沉重、无力甚至瘫痪，休息后即缓解，或为非运动诱发的发作性肢体无力或瘫痪，可自行缓解，反复发生。部分病例还伴有轻度锥体束征和括约肌功能障碍。症状持续时间一般不超过 24 h。缓解期症状完全消失。

案例 11-5

案例 11-5
答案及解析

（2）脊髓梗死：急性起病，表现为脊髓局部损害的症状和体征。因发生闭塞的供血动脉不同，可表现为以下几种类型。①脊髓前动脉综合征：以脊髓中胸段或下颈段多见，病灶节段的相应部位发生急性神经根痛，短时间内出现截瘫或四肢瘫，病变水平以下痛、温觉丧失而深感觉保留，大小便功能障碍。②脊髓后动脉综合征：很少见，临床表现为急性起病的神经根痛，病变水平以下同侧肢体深感觉缺失和感觉性共济失调，痛、温觉及肌力均保存，括约肌功能常正常，因有良好的侧支循环，症状常轻而恢复较快。③脊髓中央动脉综合征：病变水平相应节段的下运动神经元性瘫痪，多无感觉障碍和锥体束损害。

2. 椎管内出血 包括脊髓内出血、硬脊膜外和硬脊膜下出血以及脊髓蛛网膜下腔出血。前三者形成血肿压迫脊髓，均表现为突然发生的与受损平面一致的剧烈背痛，随之出现弛缓性截瘫和受损平面以下感觉障碍以及大小便功能障碍，症状迅速加重。硬脊膜外和硬脊膜下血肿时，在病变部位的棘突可有明显压痛。脊髓蛛网膜下腔出血是一种特殊类型的蛛网膜下腔出血，表现为突发的背痛、颈痛或肢痛，随即出现明显的脑膜刺激征，多无运动、感觉和括约肌功能障碍，若有也很轻微且为一过性，如出血进入颅内亦可有意识障碍及脑损害表现。

3. 脊髓血管畸形 多在45岁以前起病，约半数在14岁以前出现症状。男性多于女性，约为3∶1。一般为缓慢起病，进行性加重，也有不少间歇性发病者，病程中有症状缓解期。局部疼痛是最多见的首发症状，疼痛部位与畸形所在脊髓节段相吻合。多数患者有不同程度的四肢无力或瘫痪，症状进行性加重或呈缓解、复发过程，最终造成肢体瘫痪。多数患者有各种类型的感觉障碍，可呈根性或传导束性分布。多数患者有括约肌功能障碍。少数患者以脊髓蛛网膜下腔出血为首发症状。女性患者脊髓血管畸形症状的周期性加剧与妊娠有关，可能是妊娠期内分泌改变或静脉压增高所致。部分患者运动可使症状加重，休息后症状减轻。本病预后差，应尽可能早期诊断及治疗。

（四）辅助检查

椎管内出血时腰椎穿刺脑脊液压力增高，血肿形成使椎管不同程度阻塞时脑脊液蛋白质含量增高，蛛网膜下腔出血则有均匀血性脑脊液。CT可显示脊髓出血灶；脊髓MRI可显示出血、梗死灶，可显示血肿部位及大小，增强后可显示海绵状血管瘤等血管畸形。选择性脊髓血管造影可明确畸形血管的范围、类型及与脊髓的关系，确定闭塞的血管，对确诊脊髓血管畸形最有价值。

（五）诊断与鉴别诊断

脊髓血管病的临床诊断比较困难，根据其急性发生的剧烈根痛和脊髓受损表现，以及一些特征性的临床特点，如病情时轻时重，与血压波动有密切关系，有外伤史、手术史、大动脉病变或血压骤降病史等，再结合脑脊液、脊髓影像学检查，可明确诊断。

脊髓间歇跛行症应与马尾和血管性间歇跛行症相鉴别。马尾性间歇跛行症是由于腰椎管狭窄所致，常有腰骶区疼痛，行走后症状加重，休息后减轻或消失，腰前屈时症状减轻，后仰时加重，感觉症状重于运动症状，有间歇性垂足的特征。血管性间歇跛行症是因下肢动脉病变或微小栓子反复栓塞所致，表现为下肢间歇性疼痛、无力、苍白、皮温低，足背动脉搏动减弱或消失，彩色多普勒检查有助于诊断。

（六）治疗

缺血性脊髓血管病的治疗原则与缺血性脑血管病相同，应注意血压不宜过低，尽可能对病因进行治疗。脊髓短暂性缺血发作可行抗血小板治疗。硬膜外或硬膜下血肿应尽早手术清除血肿，解除对脊髓的压迫，以使神经功能尽早恢复。其他类型的椎管内出血应针对病因进行治疗，治疗原则与出血性脑血管病相同，患者安静卧床、使用脱水剂等。上颈髓受累出现呼吸困难者，应及时行气管切开和人工辅助呼吸，以保证氧供应。某些血管畸形可手术治疗或介入治疗，如供应血管结扎术、人工栓塞术、畸形血管切除术。放射治疗不但无益，且因血栓形成或肉芽增生而使病情加剧，现已弃用。截瘫患者应注意预防和治疗并发症，对瘫痪肢体要进行功能训练和康复治疗。

（赵世刚）

练习题 11-1

练习题 11-1
答案

第12章 锥体外系疾病

第一节 概述

锥体外系统是运动系统的一个组成部分，包括锥体系统以外的运动神经核和运动传导束，由纹状体（新纹状体——尾状核及壳核，旧纹状体——苍白球）和丘脑底核、红核、黑质、网状结构等组成，主要调节肌张力、肌肉的协调运动和平衡。锥体外系统损害，可出现肌张力的改变、不自主运动，如帕金森综合征、舞蹈症、舞蹈样手足徐动症和扭转痉挛等。

（一）解剖生理

广义的锥体外系统包括纹状体系统及前庭小脑系统，共同调节上、下运动神经元的功能。纹状体系统是指纹状体、黑质、丘脑底核，总称为基底核。纹状体包括尾状核及豆状核，后者又分为壳核及苍白球。尾状核和壳核组织结构相同，发生学上属纹状体较新部分，故合称新纹状体；苍白球发生学上较古老，故称旧纹状体。一般而言，苍白球、黑质病变常产生肌张力增高及运动减少，并可出现静止性震颤（如帕金森综合征）；新纹状体病变常出现舞蹈症、手足徐动症、扭转痉挛等。

（二）临床表现

锥体外系统病变产生肌张力变化（增强、减低和游走性增强及减低）和不自主运动（舞蹈样运动、手足徐动症、扭转痉挛、震颤等）两大类症状。肌张力增高常伴运动减少，肌张力减低常伴运动过多。临床表现主要有以下几种：

1. 肌强直 伸肌、屈肌张力均增高，被动运动时，向各方向活动所遇的阻力一致，故称"铅管样强直"。伴有震颤时，可感到肌张力断续相间增高，称为"齿轮样强直"，与锥体束受损所致"折刀样肌张力增高"不同。因肌张力增高，故运动僵硬而缓慢，面部缺乏表情（面具脸），语音单调，联合动作减少或消失，走路时两上肢无前后摆动、转颈不灵活，步态很小，起步缓慢，但越走越快，常不能及时停止，称"慌张步态"，常见于帕金森综合征。

2. 静止性震颤 最多见于手指，发生节律性抖动（每秒4~6次），呈"搓丸样"动作，肢体静止状态时易出现，随意运动时减轻，入睡后完全消失。重时下颌、唇、舌以及四肢均可有震颤，多见于帕金森综合征。

3. 舞蹈样运动 为肢体及头面部迅速、不规则、无节律、粗大的不能随意控制的动作，如皱眉、挤眼、歪嘴、撅嘴、伸舌、耸肩转颈、伸臂、抬臂、摆手、伸屈手指等动作。情绪激动时可加重，安静时减轻，入睡后消失，见于风湿性舞蹈症和遗传性舞蹈症等。

4. 手足徐动症（或称指划动作） 指肢体远端游走性肌张力增高或减低的动作，表现为缓慢的、如蚯蚓爬行样、扭转样蠕动，并伴有肢体远端过度伸张，如腕过屈、手指过伸等，且手指缓慢逐个相继屈曲；过多的自发动作使受累部位不能维持在某一姿势或位置，随意运动严重扭曲，出现奇怪的姿势和动作，可伴有异常舌运动的怪相、发音不清等，最常见于遗传性舞蹈症、肝豆状核变性等。

5. 扭转痉挛（或称变形性肌张力障碍） 系围绕躯干或肢体长轴的缓慢旋转性不自主运动，可见于肝豆状核变性、吩噻嗪类药物反应。

6. 偏身投掷运动 为一侧肢体猛烈的投掷样不自主运动，肢体近端重，故运动幅度大、力量强，是对侧丘脑底核损害所引起，亦见于纹状体至丘脑底核通路病变。

7. 抽动症 为单个或多个肌肉的快速收缩动作，固定于一处或呈游走性，如挤眼、面肌抽动、鼻翼翕动、撅嘴，侵犯呼吸肌时发出一种不自主的发音，可能由于基底核病变或精神因素所致。

第二节　帕金森病

帕金森病（Parkinson disease，PD）由英国医生 James Parkinson 于 1817 年首先描述，是一种中老年人常见的神经系统变性疾病，主要神经病理发现为中脑黑质致密部多巴胺（dopamine，DA）能神经元丧失，导致 DA 递质生成障碍；以及存在路易（Lewy）小体和 Lewy 神经突（neurite）。目前病因不能完全明确，多数 PD 患者被认为是由老龄、基因和环境因素共同造成。通常发病于 40～70 岁，50～60 岁为发病高峰。患病率随着年龄的增长逐渐增高，65 岁以上人群中 PD 的患病率约为 1%，而 85 岁以上则上升为 3%～5%，男性患病率略高于女性。随着人口的老龄化，PD 已经成为严重影响老年人健康和生活质量甚至是致残的主要原因之一。

帕金森综合征（parkinsonism），不论有无病因，只要出现运动迟缓，且至少存在静止性震颤或肌强直两个主要体征之一，即可称为帕金森综合征。就广义来讲，帕金森综合征包括帕金森病、继发性帕金森综合征、帕金森叠加综合征（不典型帕金森综合征）及相关遗传性疾病。PD 是最常见的帕金森综合征之一，也称为典型帕金森病（原发性帕金森病）。狭义的帕金森综合征一般将帕金森病排除在外。部分帕金森综合征的病因明确，常见病因见表 12-1。

表 12-1　帕金森综合征的常见病因

类型	相关疾病
典型帕金森病	原发性帕金森病
继发性帕金森综合征	血管性帕金森综合征 药物、毒物、感染、外伤、代谢、颅内肿瘤等引起的帕金森综合征 正常颅压脑积水
帕金森叠加综合征 （不典型帕金森综合征）	包括 α-突触核蛋白病和 tau 蛋白病等神经变性疾病，如多系统萎缩、路易体痴呆、进行性核上性麻痹、皮质基底核变性等
遗传变性性帕金森综合征	肝豆状核变性、亨廷顿病、脊髓小脑变性的某些类型、家族性基底核钙化、X 连锁肌张力障碍-帕金森综合征等

（一）病理

最早发现的 PD 病理特点是黑质致密部多巴胺能神经元细胞的减少。当出现明显锥体外系症状时，该脑区已丧失 50%～70% 的神经元。Braak 提出最早的 PD 病理学改变起源于延髓或脑桥被盖和嗅球（Braak 分期，见表 12-2）。早期（Braak 1 期和 2 期）患者可无症状，当病情进展时（Braak 3 期和 4 期），黑质、中脑其他区域和大脑基底部也受累。最终，病变累及新皮质。

表 12-2 PD 的 Braak 病理分期

阶段	部位	受累的组织核团
1期	延髓	背侧Ⅸ/Ⅹ运动核，和（或）中间网状区，前嗅核
2期	延髓，脑桥顶盖	同 1 期＋缝核尾端，巨细胞网状核，蓝斑-蓝斑下复合体
3期	中脑	同 2 期＋中脑病变，特别是黑质致密部
4期	基底前脑和中间皮质	同 3 期＋前脑病变，皮质受累局限于颞叶中间皮质（过渡内嗅区）和异生皮质（CA2-plexus），新皮质不受累
5期	新皮质	同 4 期＋新皮质的高级感觉联合区和额前新皮质
6期	新皮质	同 5 期＋新皮质的一级感觉联合区和运动前区，偶见原始感觉区和原始运动区轻度病变

Braak 病理分期是基于路易小体的分布。路易小体是 PD 的特征性病理改变，它是在残留神经元胞质内出现的由 α-突触核蛋白（α-synuclein）等胞质蛋白质成分组成的嗜酸性包涵体。α-突触核蛋白是由染色体 4q21～22 上 SNCA 基因编码的一种小分子蛋白质，由 140 个氨基酸构成，分布于神经突触前末梢和核周。病理状态下的 α-突触核蛋白形成 β 片层样结构从而加速聚集，并且抵抗泛素-蛋白酶体系统的降解，形成不溶性的纤维蛋白沉淀，最终导致神经细胞死亡。因此，α-突触核蛋白与 SCNA 基因突变和路易小体的形成有关。路易小体也存在于路易体痴呆患者，但其沉积部位有所不同。

识别 PD 单基因缺失还须着重于泛素-蛋白酶体系统（ubiquitin proteasome system，UPS）。细胞内蛋白质降解依赖于泛素分子转运体通过酶联反应识别目标蛋白，最终通过 UPS 降解。UPS 在细胞内蛋白质分解和维持细胞生存中起重要作用，可清除细胞不需要的蛋白质。UPS 的衰竭可导致蛋白质异常聚集，包括 α-突触核蛋白的聚集形成路易小体。在早期 PD，路易小体首先沉积的部位是嗅球。因此，嗅觉障碍经常是 PD 患者最早的临床表现，这也支持了路易小体形成是疾病激活途径的一部分，并导致神经元功能障碍和细胞凋亡。通过发现 PD 中一些编码泛素-蛋白酶体途径相关蛋白的基因突变，使得 UPS 和神经退行性病变的关系变得更加明确。

(二) 病因及发病机制

1. 遗传因素 尽管 PD 大多数是散发性疾病，但更多的单基因突变已被识别。目前已显示有二十余种基因与 PD 发病有关，被命名为 PARK 基因家族（PARK1～PARK23），包括 α-突触核蛋白基因（PARK1 或 SNCA）、泛素羟基末端水解酶 L1 基因（PARK5 或 UCHL1）、Parkin（PARK2 或 PRKN）、LRRK2（PARK8）、PINK 1（PARK6）和 DJ-1（PARK7）。除 LRRK2 外，这些单基因缺失只与一小部分 PD 患者有关，然而更重要的是，这些单基因突变的识别和所编码的蛋白质为深入研究 PD 和其他神经退行性疾病的病理机制提供了重要途径。

PARK1 基因又名 α-突触核蛋白基因（SNCA 基因），最早发现于一个意大利人。SNCA 基因的点突变导致 PD 患者的早期发病，表现为常染色体显性遗传。有趣的是，受累患者 SNCA 基因双倍体和三倍体的出现，导致 PD 症状在更晚的年龄（40～50 岁）发生，提示 SNCA 过表达可能是散发病的一个因素。

PARK2 基因也称 Parkin 基因，呈常染色体隐性遗传。PARK2 编码一种泛素连接酶，当基因突变时，不能把蛋白质与相应酶连接，导致蛋白质在多巴胺神经元内异常聚积，存留在细胞内，产生神经毒性，是常染色体隐性遗传性 PD 的原因之一，可导致部分家族性早发 PD 和青少年 PD，发病年龄多小于 40 岁，多以步态异常起病，左旋多巴治疗有效，但易出现左旋多巴诱导的运动并发症。

PARK8 基因也称 *LRRK2* 基因，是家族性或所谓"散发性"PD 发病的最常见病因。有家族病史 PD 患者的 *LRRK2* 突变率为 5%～7%。其中 *LRRK2* Gly2019Ser 突变最常被报道，导致编码子 2019 的甘氨酸变成丝氨酸（Gly2019ser）。这种基因突变可见于大部分家族性 PD，在特发性 PD 中发生率高达 1.6%。*LRRK2* 基因编码一种蛋白质，为 dardarin（从"震颤"的巴斯克语引出）。很多 *LRRK2* 患者被报道有典型 PD 特征，在中期或晚期发病。PD 发病时的典型症状为单侧的动作迟缓和强直，可伴震颤，但不是所有患者都出现震颤。病理改变多样，包括路易小体形成和微管蛋白聚集等。

许多单基因突变，如与 *Parkin* 和 *DJ-1* 有关的常染色体隐性遗传 PD，发病时年龄较小，存在肌张力障碍，对左旋多巴效果较好，预后良好。然而，单从临床表现上很难鉴别 *Parkin* 阳性和 *Parkin* 阴性 PD 患者。

现已有大量研究探索 PD 的线粒体基因和功能。氧化磷酸化途径的复合体 1 异常是主要的一致发现，已在 PD 患者的大脑、血小板和骨骼肌中检测到。然而，其他复合体的缺陷也有报道。

黑质致密部神经元细胞损害的原因很可能是氧化损伤。线粒体缺陷可能在导致细胞功能障碍和凋亡的途径中起一定的作用。*PINK1* 基因编码线粒体复合体，研究表明它与 PD 的常染色体隐性遗传有关，但它不是散发性 PD 的一个危险因素。

2. 年龄因素　散发性 PD 主要发生于中老年人，这提示年龄老化与发病有关。30 岁以后黑质多巴胺能神经元和纹状体多巴胺递质逐渐减少，酪氨酸羟化酶和多巴脱羧酶活性逐渐下降，调节能力也随之下降。但老年人仅少数患病，说明生理性多巴胺能神经元退变不足以引起 PD，年龄老化只是 PD 发病的危险因素之一。

3. 环境因素　识别 PD 发病相关的环境因素比较困难。在农村生活者 PD 发病率较高，研究显示这可能与接触杀虫剂、除草剂和木材防腐剂有关。唯一确认的环境因素是该病的发生和吸烟具有很强的相关性。PD 线粒体功能障碍也可能是由一个或更多的环境因素引起。最近发现暴露于特定的溶剂增加 PD 发生的危险，如三氯乙烯、四氯乙烯和四氯化碳。一氧化碳、锰、二硫化碳、氰化物、苏铁苷（Cycasin）的食入和 PD 有关。MPTP（1-甲基-4-苯基-1,2,3,6-四氢吡啶）是一种神经毒素，能够通过破坏黑质多巴胺能神经元细胞而导致类似帕金森病的症状，它被广泛运用于帕金森病各种动物模型的研究。

帕金森病并非单一因素所致，遗传因素可使疾病易感性增加，在与环境因素及老龄的相互作用下，通过氧化应激、线粒体功能衰竭、钙超载、兴奋性氨基酸毒性作用、细胞凋亡、免疫异常等机制导致黑质多巴胺能神经元细胞大量变性丢失而发病。

多巴胺（DA）不能透过血脑屏障，左旋多巴（Levodopa）为多巴胺的前体药物，本身无药理活性，通过血脑屏障进入中枢，经多巴脱羧酶作用转化成 DA 而发挥药理作用。多巴胺能神经元通过黑质-纹状体通路将多巴胺输送到纹状体，参与基底核的运动调节。多巴胺在单胺氧化酶和儿茶酚胺邻甲基转移酶的作用下分解成高香草酸而排出。病变时黑质多巴胺能神经元变性丢失，引起黑质-纹状体系统多巴胺缺乏。纹状体系统中多巴胺与乙酰胆碱处于相对平衡状态才能维持正常生理功能，随着多巴胺减少，乙酰胆碱相对增多，导致锥体外系功能失调。多巴胺递质减少程度与患者症状严重程度一致，病变早期通过多巴胺更新率增加和多巴胺受体失神经后超敏现象，可暂时不出现临床症状或不明显（代偿期），随疾病进展会出现典型 PD 症状（失代偿期）。基底核中其他递质或神经肽如去甲肾上腺素、5-羟色胺、P 物质、脑啡肽、生长抑素在 PD 亦有变化。

（三）临床表现

多于 60 岁以后发病，偶见于 20 多岁。起病隐袭，缓慢发展。

1. PD 运动症状

（1）震颤（tremor）：典型者为静止性震颤（static tremor），特点是缓慢的（3.5~7.0 Hz）、中等幅度或粗大的震颤，呈搓丸样（pill-rolling）动作，两侧不对称，静止时存在，情绪激动、疲劳、紧张、焦虑时加重；入睡时停止；意向性动作时减轻。多由一侧上肢远端开始，逐渐向近端发展，而后累及同侧下肢、对侧上肢及对侧下肢，呈 N 字形发展，早期下颌、口唇、舌及头部受累较少。

（2）肌强直（rigidity）：锥体系病损所致肌张力增高的特点是对被动运动的阻力增高，呈痉挛状态（spasiticity）；而锥体外系疾病所致肌强直的特点为主动肌和拮抗肌皆受累，且在被动运动的整个过程中阻力始终保持不变，称为铅管样肌强直。肌强直主要影响躯干和肢体近端的肌肉，两侧可不对称，在病变过程的早期即可出现（表 12-3）。若伴发震颤，可观察到齿轮样肌强直（cogwheel rigidity）。肌强直可为首发症状。患者主诉硬紧，可出现疼痛和挛缩。早期肌强直很轻，很难查出，可用增强法使之显现，一般是检查上肢时，让患者用对侧手连续快速拍打大腿，检查侧上肢肌强直即变得明显。

表 12-3 肌强直与锥体束病损引起的痉挛状态的比较

肌强直	痉挛状态
主动肌与拮抗肌肌强直同等受累	上、下肢抗地心引力肌群
见于被动运动的全过程	只在被动运动开始时出现
可呈"铅管样/齿轮样"	表现为"折刀样"

（3）运动迟缓（bradykinesia）：运动迟缓影响自发性运动、联合运动（或反复动作-英国诊断标准）和自主运动，这些运动障碍单独或合并出现，与肌强直一起造成多种特征性运动障碍，是影响患者生活能力和致残的最主要的临床表现。自发性运动开始减少，如面部表情缺乏和瞬目动作减少，造成"面具脸"。反复动作的速度和幅度进行性降低，如行走时上肢摆动减少或消失。联合运动障碍有：患者从站位坐下时，因全身联合运动的丧失导致整个身体摔砸到椅子上；取坐位时身体先前屈，同时双腿屈曲和双手扶持方能平稳坐下，从坐位站起亦相同。自主运动的减少和缓慢表现为主动意向运动的启动和执行迟缓和拖延，表现为始动困难和动作缓慢。书写时字越写越小，呈现"写字过小征"。剃须、洗脸、刷牙、系鞋带和纽扣、穿脱鞋袜或裤子等动作困难。行走时步态缓慢拖曳，步伐变小。启动困难是 PD 特征之一，严重者完全不能启步，只有在眼前摆放一障碍物，扶持患者迈过，患者方能向前，但行走呈前冲小步，不能即停或转弯。若伴有躯干前屈症时，表现更加明显，前冲小步向前追赶重心，称为"慌张步态"。口、舌、腭及咽部等肌肉运动障碍可引起流涎、言语单调、低音量（言语过慢，甚至导致言语讷吃）和吞咽困难。

（4）姿势反射丧失和平衡障碍：多是 PD 的后期表现。姿势反射的丧失使患者失去在运动中调节平衡的自发能力，在被轻推时难以保持直立且易摔倒。最终患者不能独自站立。

（5）步态冻僵（freezing of gait）：步态冻僵临床表现为患者站位行走启动不能，但患者脚前放一暗示物体等即能迈步前冲，但行走不能停止，无人照顾则直至跌倒为止；步态冻僵也可表现为行走过程中突然停止不动，过一段时间恢复后继续行走。步态冻僵患者虽表现为严重的行走困难，但能与常人一样骑自行车。现已知是由于脚桥核（pedunculopontine nucleus，PPN）区与脑其他部位纤维联系的病变所致。PPN 由胆碱能和非胆碱能神经元组成，位于脑桥中脑顶盖部，是行走启动和步态调节的中枢。电刺激 PPN 可改善症状。

2. PD 的非运动症状

（1）神经精神症状：包括焦虑、抑郁，幻觉、错觉，认知功能障碍及痴呆，冲动控制障碍等。50%的 PD 患者会出现抑郁和精神错乱。有些患者在出现运动症状之前即有抑郁。轻度抑郁很难诊断，有些 PD 运动症状与抑郁有重叠。还有部分患者同时合并焦虑，应该高度警惕，并应使用国际通用的抑郁/焦虑量表进行评定。

随着疾病进展，PD 患者认知功能障碍变得越来越普遍，有些患者后期会合并痴呆。应定期对患者进行认知功能障碍的评定，如使用简易精神状态检查量表（MMSE）和蒙特利尔认知评估（MoCA）量表，并需排除其他因素引起的痴呆。PD 轻度认知功能障碍预期有发生早期痴呆的高度危险。

（2）睡眠障碍：包括日间睡眠过度、睡眠行为障碍、不宁腿综合征等。46% 的 PD 患者有快速眼动期睡眠行为障碍（以睡眠期间生动的和潜在的暴力行为为特征，如呐喊、踢腿或跳跃），可通过在睡眠检查室进行视频多导睡眠监测进行确诊。不宁腿综合征表现为下肢不适感、活动的欲望，休息时加重或出现，活动后减轻或消失，傍晚及夜间加重。

（3）自主神经功能紊乱：膀胱功能障碍（尿急、尿频、夜尿）、潮热多汗、体位性低血压、性功能障碍等，胃肠道症状可有流涎、味觉减退、吞咽困难、便秘、呃逆等。早期在运动症状出现之前有些患者即有便秘，其他多数症状在疾病后期出现。

（4）感觉障碍：包括嗅觉障碍、疼痛等。帕金森病早期在运动症状出现之前可能就会出现嗅觉障碍，表现为嗅觉减退或丧失，多为双侧性，男性多于女性，可进行嗅觉功能检测帮助评估帕金森病发病风险，筛查高危人群。

3. 其他症状

（1）肌张力障碍：多见足内翻或掌侧下翻，常伴有下肢的肌痉挛和疼痛。趾背屈也可发生，多出现在早晨醒后，不持续、短时间可消失。最常见是上肢和肘部的内收，造成手处于腹部或胸前。

（2）早发性严重的躯干前屈症（camptocormia）：是 PD 的特征表现，但多被 PD 的其他并存症状所掩盖，故对其认识不足。可能是因基底核非多巴胺能神经元功能障碍所致，其临床特征是站立时躯干前屈，而卧位时完全消失。

（3）疲劳、复视等。约 1/3 的 PD 患者诊断时即有乏力，并与疾病的严重程度相关。

（四）辅助检查

1. 血、脑脊液常规检查　均无异常表现。患者脑脊液中多巴胺的代谢产物高香草酸（HVA）含量降低，尿液检查也显示高香草酸的排泄量减少。血液及脑脊液中 PD 相关基因检测及筛选也对 PD 高风险人群有着重要的临床意义。

2. 影像学　普通影像学如 CT、MRI 无特殊发现，近几年功能影像学检查在帕金森病诊断中起到一定作用。以 ^{18}F-多巴为示踪剂的多巴胺转运体（DAT）SPECT 和 PET 显像能反映黑质 DA 能神经元数目。经颅超声（transcranial sonography，TCS）可显示黑质区高回声信号，在鉴别 PD 患者与正常人群中有着较高的敏感性和特异性。SPECT 和 PET 结合放射性代谢示踪剂在提高 PD 诊断准确性的同时，也能监测疾病的严重程度及进展情况。

3. 其他　应用嗅觉检查方法证明存在嗅觉丧失，或应用心脏间碘苄胍（MIBG）闪烁显像法显示存在心脏去交感神经支配，均支持 PD 诊断。患者的认知功能评价、心理测试等辅助检测对临床医生的诊疗也有很大帮助。

（五）诊断

帕金森病（PD）的诊断虽是临床诊断，但不能将帕金森综合征患者误认为 PD，更不能对未行左旋多巴治疗观察和未排除其他相关疾病的初诊患者做出 PD 诊断。国际通用诊断标准为英国帕金森病协会脑库诊断标准，结合国情，我国常用诊断标准为《2016 中国帕金森病诊断标准》（表 12-4）。

第十二章　锥体外系疾病

表 12-4　2016 中国帕金森病诊断标准

一、帕金森综合征的诊断标准
  1. 运动缓慢（自主运动开始缓慢，伴反复动作的速度和幅度进行性降低）
  2. 以及至少下列项目之一：
    （1）肌强直
    （2）4～6 Hz 的静止性震颤

二、帕金森病的支持标准
  1. 患者对多巴胺能药物的治疗有明确且显著的疗效
  2. 出现 L-多巴诱导的异动症
  3. 临床体检观察到单个肢体的静止性震颤（既往或本次检查）
  4. 以下辅助检测阳性有助于鉴别帕金森病与不典型帕金森综合征：存在嗅觉减退或丧失，或头颅超声显示黑质异常高回声（>20 mm^2），或心脏间碘苄胍闪烁显像法显示心脏去交感神经支配

三、绝对的排除标准
  1. 存在明确的小脑性共济失调
  2. 出现向下的垂直性核上性凝视麻痹
  3. 在发病后 5 年内，患者被诊断为高度怀疑的行为变异型额颞叶痴呆或原发性进行性失语
  4. 发病 3 年后仍局限于下肢的帕金森样症状
  5. 多巴胺受体阻滞剂或多巴胺耗竭剂治疗诱导的帕金森综合征
  6. 患者对高剂量（不少于 600 mg/d）左旋多巴治疗缺乏显著的治疗应答
  7. 存在明确的皮质复合感觉丧失以及肢体观念运动性失用或进行性失语
  8. 分子神经影像学检查突触前多巴胺能系统功能正常
  9. 存在明确可导致帕金森综合征或疑似与患者症状相关的其他疾病

四、警示征象
  1. 发病后 5 年内出现快速进展的步态障碍，以致需要经常使用轮椅
  2. 运动症状或体征在发病后 5 年内或 5 年以上完全不进展
  3. 发病后 5 年内出现延髓麻痹症状
  4. 发病后 5 年内出现吸气性呼吸功能障碍
  5. 发病后 5 年内出现严重的自主神经功能障碍
  6. 发病后 3 年内由于平衡障碍导致反复（>1 次/年）跌倒
  7. 发病后 10 年内出现不成比例的颈部前倾或手足挛缩
  8. 发病后 5 年内不出现任何一种常见的非运动症状
  9. 出现其他原因不能解释的锥体束征
  10. 起病或病程中表现为双侧对称性的帕金森综合征症状

一旦患者被明确诊断存在帕金森综合征表现，可按照以下标准进行临床诊断：

1. 临床确诊的帕金森病　需要具备：①不存在绝对排除标准；②至少存在 2 条支持标准；③没有警示征象。

2. 临床很可能的帕金森病　①不符合绝对排除标准；②如果出现警示征象则需要通过支持标准来抵消：如果出现 1 条警示征象，必须需要至少 1 条支持标准抵消；如果出现 2 条警示征象，必须需要至少 2 条支持标准抵消；如果出现 2 条以上警示征象，则诊断不能成立。

（六）鉴别诊断

1. 特发性震颤　对称性姿势性震颤，可影响肢体远端、头部、口唇，家族史常见，饮酒或 β 受体阻滞剂可改善

2. 帕金森综合征　常见病因的鉴别见表 12-5。

第十二章　锥体外系疾病

表 12-5　帕金森综合征常见病因的鉴别

常见病因	疾病	病史
典型帕金森病	帕金森病	
继发性帕金森综合征	血管性帕金森综合征	有脑血管病表现，可出现双下肢为主的帕金森症状，且二者相关联；"磁性足反应"（起步极其困难），认知障碍，对左旋多巴反应差；头 CT/MRI 可见双侧基底节区腔隙灶、脑室周围白质损害
	药物造成的帕金森综合征	①症状开始于使用神经安定药物或多巴胺能耗竭药物；②治疗前无症状；③停用致病药物后 6 个月内症状缓解（若能停药）
	其他原因引起的帕金森综合征	毒物、感染、外伤、代谢、颅内肿瘤等均可引起帕金森样表现，有相关病史及神经系统损害
	正常颅压脑积水	下肢为主的帕金森病样表现，有认知功能障碍、痴呆、尿失禁，有头 CT/MRI 表现，治疗性腰椎穿刺评估脑室腹腔分流术的可行性
不典型帕金森综合征	多系统萎缩	不同程度的自主神经功能障碍、帕金森症状、小脑性共济失调症状和锥体束征等，临床分为 C 型和 P 型。左旋多巴治疗效果差。头 MRI 主要表现为壳核、小脑、脑桥萎缩，严重时可见脑桥"十字面包征"（图 12-1A）或壳核"裂隙征"（图 12-1B）
	进行性核上性麻痹	帕金森病样表现，凝视麻痹（向下多于向上），中轴肌强直比肢体明显，早期出现摔倒，额叶症状及锥体束征，左旋多巴治疗效果差。头 MRI 可见中脑"蜂鸟征"（图 12-2）
	皮质基底核变性	临床表现明显不对称，认知功能障碍，失用，肌阵挛，肌张力障碍，异己手，应行脑电图、认知功能障碍测试。头 MRI 可见大脑半球不对称萎缩
	路易体痴呆	在帕金森综合征之前或同时出现波动性认知功能障碍，生动形象的视幻觉，对左旋多巴反应差

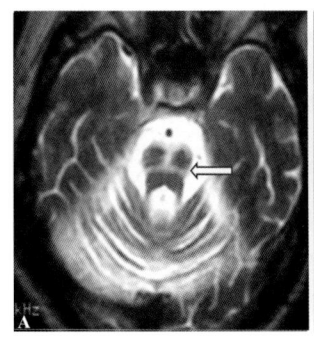
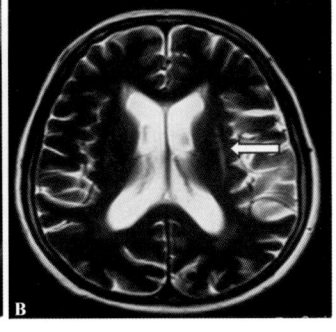
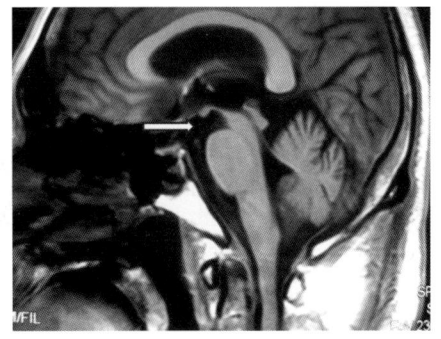

图 12-1　多系统萎缩

头 MRI 主要表现为壳核、小脑、脑桥萎缩，表现为脑桥十字形 T_2WI 高信号。这是因为脑桥横向纤维和小脑中脚变性萎缩，神经胶质增生使其含水量增加，形成 T_2WI 脑桥的十字形高信号，行似十字形面包，故称"十字面包征"（A）。T_2WI 壳核与外囊之间可见条状高信号影，称为壳核"裂隙征"（B）

图 12-2　进行性核上性麻痹

头 MRI 正中矢状位可见中脑萎缩，中脑上缘平坦或凹陷导致中脑腹侧形似蜂鸟的喙，称为中脑"蜂鸟征"

（七）治疗

1. 治疗 PD 运动症状的药物（表 12-6）

表 12-6　治疗 PD 运动症状的药物

药物/药物分类	说明	举例	优点	缺点
左旋多巴（＋周围脱羧酶抑制剂）	补充脑内多巴胺	左旋多巴＋苄丝肼 4：1 比例混合制剂（美多芭）	可以提高运动功能，改善日常生活能力	运动障碍，肌张力障碍，意识模糊，精神障碍，镇静作用。
		左旋多巴＋卡比多巴缓释片（息宁）	餐前 1h 或餐后 1.5h 服用	严重精神疾患、严重心律失常、心力衰竭、青光眼、消化性溃疡和有惊厥史者禁用。孕妇及哺乳期妇女禁用
多巴胺受体激动剂	麦角类，非麦角类	麦角类*：溴隐亭、培高利特	疾病早期可单药治疗，或辅助左旋多巴控制运动并发症	均有多巴胺能药物的不良反应（恶心、呕吐、直立性低血压），神经精神不良反应（幻觉，精神障碍，不能控制的冲动行为），过度的白天睡眠
		非麦角类：普拉克索（森福罗）、罗匹尼罗（力必平）、吡贝地尔	在疾病早期的运动并发症较少	
			部分药物可缓解精神心理症状	麦角类：肺纤维化，心脏瓣膜纤维化，红细胞增多症
单胺氧化酶 B 抑制剂	延长左旋多巴在脑内停留时间，增强疗效，间接起到保护神经元的作用	司来吉兰（咪多吡），雷沙吉兰	疾病早期可单药治疗，疾病晚期可控制运动并发症	苯丙胺（安非他命）和甲基苯丙胺代谢产物可引起不良反应，有 5-羟色胺综合征风险
			每日 1 次给药，耐受性较好	
儿茶酚-氧位-甲基转移酶（COMT）抑制剂	稳定左旋多巴在血中浓度，防止和推迟运动波动和异动	恩他卡朋（珂丹），托卡朋（答是美）	用于治疗运动并发症，无剂末现象（疗效减退），耐药性小，轻度提高日常活动和生活质量评分	有多巴胺能药物的不良反应，尿变色，托卡朋可导致暴发性腹泻和致死性肝毒性
N-甲基-D-天冬氨酸受体抑制剂	促进多巴胺释放，轻微激动多巴胺受体作用	金刚烷胺	对少动、强直、震颤均有改善作用	认知障碍，网状青斑，水肿，出现耐药性，可能出现戒断症状
				肾功能不全、癫痫、严重胃溃疡、肝病患者慎用。哺乳期妇女禁用
抗胆碱药	抑制乙酰胆碱作用，纠正乙酰胆碱和多巴胺的不平衡	苯托品，苯海索	适用于轻症患者，对震颤及肌强直有一定疗效，用于控制年龄小于 60 岁且不伴认知障碍的患者	口干、眼花、无汗、面色红、恶心、失眠、便秘、小便潴留、幻觉、妄想
				有青光眼及前列腺肥大者禁用
注射用多巴胺受体激动剂		阿扑吗啡（我国无此制剂）	疾病晚期药效降低	需要住院治疗和规律的皮下注射

* 我国麦角类制剂因肺和心脏瓣膜的纤维化不良反应，故溴隐亭已不用于 PD，培高利特已停止使用

2. PD 的现用治疗

2014 年《中国帕金森病治疗指南（第三版）》中，强调了"早诊断、早治疗"的用药原则。应对帕金森病的运动症状和非运动症状采取全面综合的治疗。治疗方法包括药物治疗、手术治疗、物理治疗、心理疏导等。

（1）药物治疗：药物治疗是帕金森病的首选治疗方法。不同患者应综合考虑症状轻重、

发病年龄等多种因素来选择药物，用药原则应以改善症状、提高工作能力和生活质量为目标。药物治疗包括疾病修饰治疗药物和症状性治疗药物。疾病修饰治疗是指延缓疾病进展的治疗。目前，临床上可能有疾病修饰作用的药物主要包括单胺氧化酶B（MAO-B）抑制剂和多巴胺受体（DR）激动剂等；除了可能的疾病修饰作用外，这些药物也具有改善症状的作用。症状性治疗药物除了能够明显改善疾病症状外，部分也兼有一定的疾病修饰作用。一般疾病初期多予单药治疗，但也可采用优化的小剂量多种药物（体现多靶点）联合应用，力求达到疗效最佳、维持时间更长而运动并发症发生率最低的目标。

可进行统一帕金森病评分量表（Unified Parkinson Disease Rating Scale，UPDRS）记录日常生活和非动作性症状，也可根据 Hoehn-Yahr 分级（表12-7）将帕金森病分为早期（1~2.5级）和中晚期（3~5级）。

表 12-7　帕金森病的 Hoehn-Yahr 分级

分级	表现
0级	无症状
1级	单侧受累，但没有影响平衡
1.5级	单侧受累，并影响平衡
2级	双侧受累，无平衡障碍
2.5级	轻微双侧疾病，后拉试验可恢复
3级	轻度至中度双侧疾病，平衡受影响，仍可独立生活
4级	严重残疾，仍可独自行走或站立
5级	无帮助时只能坐轮椅或卧床

1）早期药物治疗：非麦角类 DR 激动剂、MAO-B 抑制剂、金刚烷胺、复方左旋多巴制剂、复方左旋多巴＋COMT 抑制剂可以作为早期初始治疗。

单独左旋多巴服用后在脑外迅速脱羧而变成多巴胺，很少进入脑内，不能起到治疗效果。左旋多巴和周围脱羧酶抑制剂同时使用，抑制左旋多巴在周围的代谢，使左旋多巴进入脑内达到有效治疗浓度，而减少不良反应。周围脱羧酶抑制剂有苄丝肼和卡比多巴。苄丝肼（50 mg）合并左旋多巴（200 mg），商品名美道普或美多芭（madopar）；卡比多巴和左旋多巴按 1∶10 或 1∶4 比例配伍制成复方，商品名为西莱美（sinemet）。两种不同的周围脱羧酶抑制剂与左旋多巴合用效果相当，均为治疗运动症状最有效的制剂。（以下将周围脱羧酶抑制剂与左旋多巴合剂简称为左旋多巴。）

息宁是西莱美的缓释剂，它和皮肤贴剂、胃肠道微泵给药等的给药途径类似，以期达到连续多巴胺能刺激的目的，这是因为有假说认为左旋多巴治疗引起的症状波动和异动症与纹状体多巴胺受体的脉冲刺激（pulsatile stimulation）有关。

然而，左旋多巴的早期使用可引起更早出现异动症（异常的不自主运动）。多巴胺受体激动剂如普拉克索（森福罗）和罗匹尼罗（力必平）可直接刺激多巴胺受体，在控制 PD 运动症状上比左旋多巴弱，但异动症的发生率较低。与左旋多巴相比，多巴胺受体激动剂引起的嗜睡、恶心、呕吐、幻觉较多，麦角类多巴胺受体激动剂如卡麦角林、溴隐亭、麦角乙脲和培高利特具有较高的胸膜、腹膜和心脏瓣膜纤维化的风险，故不应该用于一线治疗。（注：麦角乙脲和培高利特在我国现不应用。）如果使用了麦角类多巴胺受体激动剂，则应该检查基础的 ECG、胸部 X 线片、红细胞沉降率和肾功能，并每年复查 1 次。

单胺氧化酶 B 抑制剂对于控制 PD 患者运动症状的效果比左旋多巴和多巴胺受体激动剂均弱，但比左旋多巴的异动症少，比多巴胺受体激动剂的副作用少。多巴胺受体激动剂和左旋多巴联合使用并不能延迟异动症的发生。

初始治疗应在探讨不同药物分类的风险和获益，并考虑患者的功能受损程度后，根据患者的具体情况进行给药。早期患者，可先应用非麦角类 DR 激动剂、MAO-B 抑制剂等治疗，必要时再应用左旋多巴制剂及 COMT 抑制剂；晚发型或伴有智力障碍的患者，一般首选左旋多巴治疗，疗效不佳时可加用 DR 激动剂、MAO-B 抑制剂或 COMT 抑制剂治疗。金刚烷胺花费较少，在不合并认知功能障碍的患者中可使用；如患者出现认知功能障碍，可选择复方左旋多巴或加用 COMT 抑制剂治疗。对于震颤明显的患者，可使用抗胆碱能药物如苯海索。约 40% 的 PD 患者具有可选择的治疗方案。

提倡早期诊断、早期治疗，不仅可以更好地改善症状，而且可能会达到延缓疾病进展的效果。应坚持"剂量滴定"以避免产生药物的急性副作用，力求实现"尽可能以小剂量达到满意临床效果"的用药原则，避免或降低运动并发症（尤其是异动症）的发生率。

2）后期药物治疗：在帕金森病初期或是中期的数年中，服用药物可以获得比较满意和持续的疗效，称为治疗的"蜜月期"。随着疾病的进展，初始治疗效果减弱，并出现运动并发症，包括异动症和症状波动。患者"开期"（症状突然缓解）表现为药物控制 PD 症状的时间变短，而"关期"（症状突然加重）表现为 PD 症状突然或逐渐复发，这些运动并发症会损害患者的功能和生活质量。治疗目标应采用药物治疗，甚至手术治疗减轻帕金森病症状，改善运动并发症，提高患者生活质量，以及降低服药剂量、降低病残率。

有些 PD 辅助治疗可帮助降低症状波动。多巴胺受体激动剂减少关期，并同时改善功能；如前所述，非麦角类多巴胺受体激动剂普拉克索和罗匹尼罗要优于麦角类。阿扑吗啡可以减少关期，但有严重的不良反应，应在有经验的中心进行，但我国无此药。单胺氧化酶 B 抑制剂同样可以减少关期。COMT 抑制剂降低左旋多巴在外周血中的代谢，允许更多的左旋多巴进入脑内，也可以减少关期；但 COMT 抑制剂托卡朋（答是美）可导致致死性肝毒性，应该避免使用。避免饮食（含蛋白质）对左旋多巴吸收及通过血脑屏障的影响，宜在餐前 1 h 或餐后 1.5 h 服药，调整含蛋白质饮食可能有效。

异动症又称为运动障碍，包括剂峰异动症、双相异动症和肌张力障碍。对剂峰异动症的患者，可减少每次复方左旋多巴的剂量；若患者是单用复方左旋多巴，可适当减少剂量，同时加用 DR 激动剂，或加用 COMT 抑制剂；可加用金刚烷胺或加用非典型抗精神病药如氯氮平；若使用复方左旋多巴控释剂，则应换用常释剂，避免控释剂的累积效应。对双相异动症（包括剂初异动症和剂末异动症）的患者，若使用复方左旋多巴控释剂，应换用常释剂，最好换用水溶剂，可以有效缓解剂初异动症；可加用长半衰期的 DR 激动剂或 COMT 抑制剂，可以缓解剂末异动症，也可有助于改善剂初异动症。

微泵持续输注 DR 激动剂或左旋多巴甲酯或乙酯可以同时改善异动症和症状波动。

（2）外科手术治疗：尽管使用最佳的药物治疗，大部分患者将会发展为残疾，后期震颤严重时可考虑深部脑刺激（刺激丘脑底核或内侧苍白球）。对左旋多巴反应好、合并症少、无认知功能损害、无抑郁症或控制良好的抑郁患者，手术的效果也较好，能改善 PD 症状。然而，手术有颅内出血、脑梗死、感染、头颅骨折和死亡的风险。

有研究比较了 6 个月内的药物治疗和深部脑刺激。接受深部脑刺激的患者在开期有明显改善，运动功能和生活质量也得到提高。然而，术后并发症较多，包括手术部位感染、跌倒和抑郁。深部脑刺激并不能延缓疾病的进展，患者最终出现治疗抵抗的症状，如步态冻僵。

（3）物理、职业和特殊治疗：物理治疗可改善 PD 患者的平衡、肌力和步行速度，但没有证据表明某种物理治疗优于其他。虽然有很少的证据表明职业治疗是有益的，但它可帮助患者维持家庭、社会和工作的角色，并提高安全性和运动能力，应该用于有执行困难的患者。

（4）非运动症状的治疗：在 PD 早期即可出现非运动症状，如乏力。在疾病晚期，非运动症状显著降低患者的生活质量。认识和治疗 PD 患者的非运动症状能改善患者及其看护者的生活质量。非运动症状需要多学科联合治疗。

1) 神经精神症状：①精神障碍。应鉴别是否为治疗药物所致精神障碍，抗胆碱能药物、金刚烷胺、MAO-B 抑制剂等均可引起精神障碍。有研究表明普拉克索可缓解帕金森病患者的抑郁症状。三环类抗抑郁药可以导致抗胆碱能不良反应，不能用于有认知障碍患者。在选择抗抑郁药时，应该考虑患者的合并情况及潜在的药物相互作用。氯氮平对有幻视、幻听及妄想的精神障碍患者疗效最好，但由于有粒细胞缺乏症的风险，需要每周检测血常规；如果不能规律检测，喹硫平效果也较好。传统的抗精神病药如氟哌啶醇应该避免使用，因为会加重运动症状。不典型的抑郁常与焦虑同时存在，因此同时要抗焦虑治疗。②痴呆。应评估其他因素引起的痴呆，考虑停用可能导致认知功能下降的抗胆碱能药物和多巴胺能药物。卡巴拉汀治疗对认知和日常生活活动评定有虽小但具临床意义的改善，但有震颤和呕吐的不良反应。多奈哌齐、美金刚等也可以改善认知功能。

2) 睡眠障碍：一半以上的 PD 患者有过多的白天睡眠，可能是由疾病本身或药物的副作用造成，如多巴胺受体激动剂。医生应该对患者进行睡眠卫生教育。褪黑素不能改善睡眠。莫达非尼可改善主观测量的睡眠时间，但不能改变客观睡眠时间，不能用于预防从事潜在危险活动的睡眠发作。医生应该建议有睡眠发作的患者避免危险活动，比如开车和操纵机械。小剂量的氯硝西泮对快速眼动期睡眠行为障碍可能有效。不宁腿综合征首选多巴胺受体激动剂如普拉克索或罗匹尼罗，多巴胺能药物如复方多巴制剂也可有效。对准备做飞机或开车长途旅行的患者，尤其适合使用复方多巴制剂。其他药物，如替马西泮、氯硝西泮对部分患者有一定疗效。

3) 自主神经功能障碍：对 PD 患者的直立性低血压和尿失禁目前尚无有效治疗方法。长期便秘导致生活质量低下，甚至会诱发肠梗阻、颅内压增高及脑出血等严重并发症，给患者带来极大的痛苦。聚乙二醇可以改善大便的次数和性状。

4) 其他症状：苯哌啶醋酸甲酯（利他灵）可以改善患者的乏力症状。

3. PD 治疗的主要推荐（表 12-8）

表 12-8　帕金森病治疗的主要推荐

临床推荐	证据等级*
对 PD 患者治疗经验有限的医生在治疗可疑患者时，应该咨询在运动障碍上有专长的医生，以明确诊断	C
左旋多巴加周围脱羧酶抑制剂、非麦角类多巴胺受体激动剂、单胺氧化酶 B 抑制剂应该用于 PD 早期治疗	A
麦角类多巴胺受体激动剂、COMT 抑制剂或单胺氧化酶 B 抑制剂可用于辅助左旋多巴治疗进展性 PD 的运动并发症	A
金刚烷胺应考虑用于治疗进展性 PD 患者的运动不能	B
有功能性损害的患者除了用最佳的药物治疗外，还需加用深部脑刺激，但应在有经验的中心操作，并有严重不良反应的风险	B
PD 患者有步态异常可加用物理疗法来改善步态，语言障碍可加用语言练习来改善发音	B
职业疗法可帮助 PD 患者维持家庭、社会和工作角色，继续日常生活活动，并改善安全性和运动功能	C

* A：一致的、高质量的、以患者为中心的证据；B：不一致的、质量受限的、以患者为中心的证据；C：可行的、以疾病为中心的证据，常用的、专家的建议，病例分析报道

案例 12-1

案例 12-1
答案及解析

（八）预后

PD 是一种缓慢进展的神经系统变性疾病，目前尚无根治方法，临床上采用 Hoehn-Yahr 疾病分级来记录病情轻重。大部分患者发病数年内仍能生活自理甚至继续工作，数年后逐渐丧

失工作能力。疾病晚期，由于全身僵硬、活动困难，终至卧床不起，直接死亡原因多是肺炎、骨折等并发症。

第三节　肝豆状核变性

肝豆状核变性（hepatolenticular degeneration，HLD）又称威尔逊病（Wilson disease，WD），是以铜代谢障碍为特征的常染色体隐性遗传病。由于 WD 基因（位于 13q14-3）编码的蛋白质（ATP7B 酶）突变，导致肝从胆汁排泄铜的能力降低，造成肝铜含量增高和功能障碍，以及血循环的铜主要载体血清铜蓝蛋白合成不足和循环中含量下降，血清自由态的铜增高，而出现肝外如脑、肾等多器官的铜沉积和功能障碍。

WD 是全球性疾病，世界范围的患病率约为 3/10 万，致病基因携带者约为 1/90，我国的患病率及发病率较高。本病好发于青少年，男性稍多于女性，是迄今少数几种可治的神经系统遗传性疾病之一，关键是早诊断、早治疗，晚期治疗基本无效。

（一）发病机制

铜是人体的必需金属，是很多蛋白质的重要辅酶。铜由食物提供，一般为 2～5 mg/d，推荐摄入量为 0～9 mg/d，多余的铜将被排除。铜由肠道细胞吸收，主要在十二指肠和近端小肠，铜联合白蛋白和组氨酸由门脉循环传递到肝，在此处铜多数从循环中被清除。肝在代谢过程中利用铜合成和分泌含铜蛋白，即血浆铜蓝蛋白（ceruloplasmin，CP），铜蓝蛋白和过量的铜排除入胆汁。故任何损害胆汁排泄的情况都能导致肝铜的含量增加。

常染色体隐性遗传的铜代谢异常在 WD 的发病机制已确定。自 1993 年 WD 的异常基因被鉴定后，对其发病机制有了更确切的认识。该基因为 *ATP7B*，编码 P 型铜转运腺苷三磷酸酶（ATPase），该基因主要在肝细胞表达，具有在肝细胞内跨膜转运铜的功能。*ATP7B* 基因的变异位点繁多，约 500 多个位点。基因突变位点具有种族特异性，我国 WD 患者的 *ATP7B* 基因有 3 个突变热点，即 R778L、P992L 和 T935M，约占所有突变的 60%。近年来有研究发现除 *ATP7B* 以外，其他基因如 *COMMD1*、*XIAP*、*Atox1* 等也与该病相关。ATP7B 蛋白的缺如或降低将导致肝细胞将铜排泄入胆汁的能力降低，结果造成铜在肝的积聚和肝的损害。功能性 ATP7B 蛋白的丧失导致 CP 的减少。CP 是肝合成的蛋白，是血流中铜的主要携带者，约占正常人循环铜的 90%。当 CP 减少时，循环中的自由铜相应增高，导致铜在肝外器官的沉积和功能障碍。最终，铜被释放入血，沉积在肝以外，如脑、肾、角膜等多种器官，引起进行性加重的肝硬化、锥体外系症状、精神症状、肾损害及角膜色素环（Kayser-Fleischer ring，K-F 环）等。

WD 的自然史可分为如下四期：

（1）第一期：铜聚集在肝结合部位的初始阶段。

（2）第二期：肝的铜和由肝释放的循环中铜的急性再分布。

（3）第三期：铜慢性聚集在脑和其他肝外组织，造成进行性和最终致命的多器官损害。神经 WD 即发生在此期。

（4）第四期：长期应用螯合剂或肝移植再建铜的平衡。

（二）病理

WD 是铜代谢障碍，初始于肝，后造成多器官铜沉积。各器官受累的早晚、病情轻重和进展各不一致，故病理表现也不尽相同，很难用一种病理改变来概括。不过，在 WD 出现神经系统症状时，脑部病理表现以壳核最明显，其次为苍白球及尾状核，大脑皮质亦可受累。壳核最早发生变性,后病变范围逐渐扩大到上述诸结构。壳核萎缩,岛叶皮质内陷,壳核及尾状核色素沉着,严重者可形成空洞。镜检可见壳核内神经元和髓鞘纤维显著减少或完全消失,胶质细胞增生。其他受累部位镜下可见类似变化。当出现角膜色素环(K-F环)时,角膜边缘后弹力层及内皮细胞质内,有棕黄色的细小铜颗粒沉积。

(三)临床表现

WD可在任何年龄出现症状,但大部分患者在5~35岁发病。WD是以肝为首的多系统疾病,但各器官的损害程度、发病和进展快慢,以及首发临床表现发生在哪个器官和伴随哪些其他器官损害,均无固定形式,但其中以肝和神经系统病损造成的临床症状最为常见。以下简述常见器官损害的临床表现(表12-9)。

表12-9 常见器官损害的临床表现

器官或系统	临床表现
肝	1. 无症状肝大
	2. 孤立脾大
	3. 持续性血清转氨酶(AST,ALT)活性增高
	4. 脂肪肝
	5. 急性肝炎
	6. 类似自身免疫性肝炎
	7. 肝硬化,代偿性或失代偿性
	8. 急性肝衰竭
神经系统	1. 运动疾患(震颤、不自主运动)
	2. 流涎,构音障碍
	3. 肌强直,肌张力障碍
	4. 假性延髓性麻痹
	5. 自主神经功能异常
	6. 偏头痛
	7. 失眠
	8. 癫痫发作
精神疾病	1. 抑郁
	2. 神经质行为
	3. 人格改变
	4. 精神病
其他系统	1. 眼K-F环,向日葵样白内障
	2. 皮肤:新月状斑
	3. 肾异常:氨基酸尿和肾结石,高钙尿症,肾钙质沉着症
	4. 骨骼异常:早熟骨质疏松和关节炎,软骨钙化症
	5. 心肌病,节律不齐
	6. 胰腺炎
	7. 甲状旁腺功能减退
	8. 月经不规律,不育,反复流产
	9. 肌病
	10. 巨人症

1. 肝症状 神经 WD 患者的肝受累程度和临床表现存在较大差异。部分患者表现为肝炎症状，如倦怠、乏力、食欲缺乏，或无症状的转氨酶持续增高；大多数患者表现为进行性肝大，继而进展为肝硬化、脾大、脾功能亢进，出现黄疸、腹水、食管静脉曲张及上消化道出血等；一些患儿表现为急性重型肝炎伴有肝铜释放入血而继发的 Coomb 试验阴性溶血性贫血。也有不少患者并无肝大，甚至肝缩小。

2. 神经系统症状 可以是极轻微和间断出现多年，但也可发展极快，于数月内进展至完全丧失生活能力和残废。神经 WD 曾被分类为以下四类。①运动不能-肌强直综合征：临床表现为构音困难（可能是小脑或锥体外系统导致的失声）、流涎或口咽部肌张力障碍，与 PD 相似。②假硬化：突出表现为震颤，震颤的特征是粗大、无规律的肢体近端的颤抖，有扑翼样表现。③共济失调。④肌张力障碍综合征：肌张力障碍可呈局限性、节段性或极端严重，累及全身所有部分，导致严重挛缩。面部呈苦笑面容、下颌张开、持续流涎、唇退缩是特征的临床表现。语言改变和流涎可以是最早的神经症状。但多数病例为几种异常并存，且其严重程度各异，故临床实践中很难予以分类。震颤-肌强直综合征（青少年帕金森综合征）病例应高度怀疑 WD。

因运动障碍和进行性肌张力障碍控制困难，患者出现卧床不起、不能照料自己的生活。最终患者严重残废，虽然清醒，但不能说话。但 WD 患者存有晚期肝疾病时，神经系统症状可被误认为是肝性脑病的症状。

3. 精神症状 最常见为注意力分散，导致学习成绩下降、失学。还可见情感障碍，如暴躁、欣快、兴奋、淡漠、抑郁等；行为异常，如生活懒散、动作幼稚、偏执等，少数患者甚至自杀；还有幻觉、妄想。极易被误诊为精神分裂症、躁狂抑郁症等精神病。

4. 眼部症状 具有诊断价值的是铜沉积于角膜后弹力层而形成的 K-F 环，呈黄棕或黄绿色，以角膜的上下缘最为明显，宽 1～3 mm，严重时呈完整的环形。应行裂隙灯检查予以肯定和早期发现。7 岁以下患儿此环少见。

5. 肾症状 肾功能损害主要表现为肾小管的重吸收障碍，出现血尿（或镜下血尿）、蛋白尿、肾性糖尿、氨基酸尿、磷酸盐尿、尿酸尿、高钙尿。部分患者还会发生肾钙质沉积症和肾小管性酸中毒。持续性氨基酸尿可见于无症状患者。

6. 血液系统症状 主要表现为急性溶血性贫血，推测可能与肝细胞破坏致铜离子大量释放入血液，引起红细胞破裂有关。还有继发于脾功能亢进所致的血小板、粒细胞、红细胞减少，以鼻、齿龈、皮下出血为临床表现。

7. 骨骼肌肉症状 2/3 患者出现骨质疏松，还有较常见的是骨及软骨变性、关节畸形、X形腿或"O"形腿、病理性骨折、肾性佝偻病等。少数患者发生肌肉症状，主要表现为肌无力、肌痛、肌萎缩。

8. 其他病变 皮肤色素沉着、皮肤黝黑，以面部和四肢伸侧较为明显；鱼鳞癣、指甲变形。内分泌紊乱如糖耐量异常、甲状腺功能低下、月经异常、流产等。少数患者可发生急性心律失常。

从以上多器官的多种轻重不同的临床表现看来，WD 是多器官受累的疾患，不是肝病科或神经科医生能单独全面认识和多方位处理的疾病，应多学科共同参与。

（四）辅助检查

1. 诊断 WD 推荐的常规检查 见表 12-10。

表 12-10　WD 诊断的常规检查

检查	典型发现	假阴性	假阳性
血清铜蓝蛋白（CP）	比正常低限值降低 50%	有明显肝炎的患者； 免疫法过高估计； 妊娠； 雌激素治疗	铜吸收障碍； 血浆铜蓝蛋白缺乏症； *ATP7B* 突变基因杂合子
24 h 尿铜	>1.6 μmol/24 h， 儿童>0.64 μmol/24 h	尿液收集不当； 无肝病的儿童	肝细胞坏死； 胆汁淤积； 尿液污染
血清游离铜	>1.6 μmol/L	CP 免疫法过高估计	
肝铜	>4 μmol/g 干重（为肝穿刺后根据肝干重计算的铜含量）	由于地区差异，患者有活动性肝病或再生结节	胆汁淤积综合征
裂隙灯下的 K-F 环*	阳性	可出现于 50% 以上的肝性 WD 和大多数无症状的 WD 患者	原发性胆汁性肝硬化

* 角膜 K-F 环：须由有经验的眼科医生在裂隙灯下检查，确定角膜边缘后弹力层及内皮细胞质内，有棕黄色的细小铜颗粒沉积

2. 实验室检查

（1）铜代谢相关生化检测

1）血清铜蓝蛋白（CP）：CP 降低是诊断 WD 的重要依据之一。成人 CP 正常值为 27～37 mg/dl（270～370 mg/L），新生儿的血清 CP 为成人的 1/5，此后逐年增长，至 3～6 岁时达到成人水平。96%～98% 的 WD 患者 CP 降低，其中 90% 以上显著降低（0.08 g/L 以下），甚至为零。杂合子的 CP 值多为 0.10～0.23 g/L，但 CP 正常不能排除该病的诊断。

2）尿铜：尿铜增高也是诊断 WD 的重要依据之一。正常人每日尿铜排泄量为 3～35 μg/24 h（0.047～0.55 μmol/24 h）。未经治疗的 WD 患者尿排铜量可略高于正常人甚至达正常人的数倍至数十倍，少数患者也可正常。

3）肝铜：肝铜量是诊断 WD 最重要的生化证据，但肝穿刺为有创性检查，目前尚不能作为常规的检测手段。

4）血清铜：正常成人血清铜为 70～140 μg/dl（11～22 μmol/L），90% 的 WD 患者血清铜降低，低于 60 μg/dl 有诊断价值。须注意，肾病综合征、严重营养不良和失蛋白肠病也可出现血清铜降低。

（2）血尿常规：有肝硬化伴脾功能亢进时血常规可出现血小板、白细胞、红细胞减少；尿常规镜下可见血尿、微量蛋白尿等。

（3）肝肾功能：可有不同程度的肝功能改变，如血清总蛋白降低、球蛋白增高、晚期发生肝硬化。肝穿刺活检显示大量铜过剩。发生肾小管损害时，可出现氨基酸尿症，或有血尿素氮和肌酐增高及蛋白尿等。

3. 影像学检查　颅脑 CT 多显示双侧对称的基底核区、丘脑密度减低，多伴有不同程度的脑萎缩。MRI 多于基底核、丘脑、脑干等处出现长 T1、长 T2 异常信号，约 34% 伴有轻至中度脑萎缩。神经 WD 患者 CT 及 MRI 的异常率显著高于以肝症状为主的 WD 患者。WD MRI 特征性的发现为"大熊猫脸征"，有诊断价值，但只见于少数患者。

4. 基因诊断　虽然是金标准，但因 WD 的基因突变已有 500 余种，因此基因检测目前仍不能作为常规检测方法。

（五）诊断与鉴别诊断

1. 诊断　神经科见到的神经 WD 必须存有 WD 特有的神经症状（见上述神经系统症状）。虽多在 5～35 岁发病，但年龄不能作为诊断的限制。神经 WD 的诊断多依靠 WD 特有的神经

症状、角膜 K-F 环、CP 降低（<0.1 g/L）和 MRI 特有表现进行诊断。当这些条件不能满足时，再进行铜代谢的其他检查。

2. 鉴别诊断 本病临床表现复杂多样，鉴别诊断应从肝和神经系统两个主要方面的症状及体征考虑，须重点鉴别的疾病有急性和慢性肝炎、肝硬化、血小板减少性紫癜、溶血性贫血、风湿性关节炎、肾炎及甲状腺功能亢进等，还应与门克斯（Menkes）病、扭转痉挛、原发性肌张力障碍、PD、小舞蹈症、青少年性 Huntington 舞蹈病、原发性震颤和精神病等相鉴别。Menkes 病发病年龄更早，病变主要累及脑、毛发和皮肤，肝铜含量降低。

（六）治疗

1. 治疗目的

（1）排除积聚在体内组织过多的铜。

（2）减少铜的吸收，防止铜在体内再次积聚。

（3）对症治疗，减轻症状，减少畸形的发生。

2. 治疗基本原则 低铜饮食，用药物减少铜的吸收，增加铜的排出。治疗愈早愈好，对症状前期患者也须及早治疗。

（1）低铜饮食：尽量避免食用含铜多的食物，如坚果类、巧克力、豌豆、蚕豆、玉米、香菇、贝壳类、螺类、蜜糖、各种动物肝和血等。此外，高氨基酸、高蛋白质饮食能促进尿铜的排泄。

（2）阻止铜吸收：常用于治疗 WD 的药物见表 12-11。

表 12-11 治疗 WD 的常用药物

药物	作用机制	神经系统副作用	其他副作用	注意事项
D-青霉胺	普通螯合剂，形成可溶性复合物从尿中排出	治疗初期时发生率为 10%~20%	发热、皮疹、蛋白尿、狼疮样反应；再生障碍性贫血、白细胞减少、血小板减少；肾病综合征；皮肤退行性改变；匍行穿孔性弹性组织纤维病（又称毛周角化症）；浆液性视网膜炎；肝毒性	首次用药时应做青霉素皮试，阴性者才能使用。手术时减少剂量以促进创伤愈合；妊娠时也需减少剂量；最大量为 20 mg/(kg·d)，当达到临床稳定时减少 25% 的剂量
三乙基四胺	普通螯合剂，形成可溶性复合物从尿中排出	治疗初期时发生率为 10%~15%	胃炎；萎缩性胃炎（罕见）；继发贫血	手术时减少剂量以促进创伤愈合；妊娠时也需减少剂量；最大量为 20 mg/(kg·d)，当达到临床稳定时减少 25% 的剂量
锌剂	金属硫蛋白诱导剂，阻止铜在肠道的吸收	治疗初期时可能发生	胃炎、胰腺炎；锌蓄积；可能发生免疫系统改变	手术和妊娠时无须减量；成人常用剂量：50 mg 锌元素 3 次/日；成人最小剂量：50 mg 锌元素 2 次/日
四硫钼酸盐	螯合剂，阻止铜的吸收	治疗初期时很少报道	贫血；中性粒细胞减少症；肝毒性	在美国和加拿大临床试验中

1）锌剂：通过竞争机制抑制铜在肠道吸收，促进粪铜排泄，尿铜排泄也有一定增加。锌剂能增加肠细胞与肝细胞合成金属硫蛋白而减弱游离铜的毒性。常用为硫酸锌 200 mg，3 次/日；醋酸锌 50 mg，3 次/日；葡萄糖酸锌 70 mg，3 次/日；甘草锌等。不良反应轻，偶有恶心、呕吐等消化道症状。

2) 四硫钼酸铵（ammonium tetrathiomolybdate，TM）：在肠黏膜中形成铜与白蛋白的复合物，后者不能被肠黏膜吸收而随粪便排出；另外能限制肠黏膜对铜的吸收，剂量 20~60 mg，每日 6 次，3 次在就餐时服用，另外 3 次在两餐间服用。由于过量的钼可能滞留在肝、脾及骨髓内，故不能作为维持治疗。不良反应较少，主要是消化道症状。

（3）促进排铜：各种驱铜药物均为铜络合剂，通过与血液及组织中的铜形成无毒的复合物从尿排出。

1) D-青霉胺（D-penicillamine）：是治疗 WD 的首选药物，药理作用不仅在于络合血液及组织中的过量游离铜从尿中排出，而且能与铜在肝中形成无毒的复合物而消除铜在游离状态下的毒性。动物实验还证明，青霉胺能诱导肝细胞合成金属铜硫蛋白（copper metallothionein），该硫蛋白也有去铜毒的作用。成人量 1~1.5 g/d，儿童为 20 mg/(kg·d)，分 3 次口服，需终身用药。有时需数月方起效，可动态观察血清铜代谢指标及裂隙灯检查 K-F 环监测疗效。少数患者可引起发热、药疹、白细胞减少、肌无力、震颤，极少数可发生骨髓抑制、狼疮样综合征、肾病综合征等严重毒副作用。首次使用应行青霉素皮试，阴性才能使用。应补充足量维生素 B。

2) 三乙基四胺（triethyltetramine）：也是一种络合剂，其疗效和药理作用与 D-青霉胺基本相同。成人用量为 1~2 g/d。不良反应小，可用于青霉胺出现毒性反应的患者。

案例 12-2

案例 12-2
答案及解析

3) 二巯丁二钠（Na-DMS）：是含有双巯基的低毒高效重金属络合剂，能与血中游离铜、组织中已与酶系统结合的铜离子结合，形成解离及毒性低的硫酸化合物从尿排出。溶于 10% 葡萄糖液 40 ml 中缓慢静注，每次 1 g，每日 1~2 次，5~7 日为一疗程，可间断使用数个疗程。不良反应较轻，牙龈出血和鼻出血较多，可有口臭、头痛、恶心、乏力和四肢酸痛等。

4) 其他：如二巯丙醇（BAL）、二巯丙磺钠（DMPS）、依地酸钙钠（EdtaNa-Ca）也可用于本病治疗，但现较少用。

（4）对症治疗：如有肌强直及震颤者用金刚烷胺和（或）苯海索，症状明显者可用复方左旋多巴；有舞蹈样动作和手足徐动症时，可选用氯硝西泮、硝西泮、氟哌啶醇，合用苯海索。精神症状明显者应予抗精神病药，抑郁症状明显者可用抗抑郁药，智力减退者可用促智药。无论有无肝损害，均需护肝治疗，可选用葡醛内酯（肝泰乐）、肌苷和维生素 C 等。

（5）手术治疗：包括脾切除和肝移植。对严重脾功能亢进患者，因长期白细胞和血小板显著减少，经常出血、感染，又因青霉胺也有降低白细胞和血小板的不良反应，故患者不能用青霉胺或仅能用小剂量。对于此类患者，应行脾切除术。经各种治疗无效的严重病例可考虑肝移植。

练习题 12-1

（七）预后

本病早期诊断并早期驱铜治疗，一般较少影响生活质量和生存期，少数病情严重者预后不良。

练习题 12-1
答案及解析

（李　新　赵　萍）

第13章 神经系统变性疾病

第一节 概 述

神经系统变性疾病（neurological degenerative disease）是遗传性或尚未确定的内源性因素引起的慢性、进行性神经细胞变性和继发性脱髓鞘，导致运动系统、自主神经系统功能障碍和认知障碍。这些疾病，如阿尔茨海默病、帕金森病、运动神经元病、亨廷顿病、多系统萎缩、遗传型共济失调等，一直被视为顽固而难治的"三不"（病因不明、疗效不好、预后不良）性疾病，是多年来神经病学家们久攻难克的课题。

神经系统变性疾病的临床特点：①起病隐袭，进展缓慢；②选择性侵犯脑与脊髓的某些部位而出现相应的临床症状，如帕金森病主要累及中脑-纹状体的多巴胺能神经元，而运动神经元病则主要累及皮质、脑干及脊髓的运动神经元；③症状多样化，多个系统损害的临床症状互相重叠，体征对称；④少数患者有家族遗传史；⑤临床诊断上尚缺乏特异性生物学标志物；⑥一般影像学检查可以正常，或有轻至重度的脑萎缩性改变。

神经系统变性疾病在镜下的主要表现为神经元缺失和胶质细胞增生，无明显特异性组织反应和细胞反应。目前主要基于突出的临床特征进行分类，部分是基于突出的病理学特征。依据病理损害的范围及临床特征，可分为：①大脑皮质变性，包括阿尔茨海默病、额颞叶痴呆、路易体痴呆；②基底核变性，包括帕金森病、进行性核上性麻痹；③脑干小脑变性，包括各种小脑共济失调、脊髓小脑变性、橄榄体-脑桥-小脑变性等；④脊髓变性，包括进行性痉挛性截瘫；⑤运动神经系统变性，包括运动神经元病；⑥自主神经系统变性，包括Shy-Drager综合征、Riley-Day综合征（又称家族性自主神经失调症）等。

随着医学诊断技术的不断发展和提高，特别是近十多年来分子生物学、分子遗传学以及神经影像学等领域的迅速发展，人们对神经系统变性疾病中原有一些疾病的病因和发病机制有了更加深入的认识和了解，由此产生了新的疾病分类，例如，原属神经系统变性疾病的皮质纹状体变性（又称Creutzfeldt-Jakob病）归于朊蛋白病，肝豆状核变性归于铜代谢障碍疾病等。

目前尚无有效的办法阻止变性疾病的发展，所有的治疗只是暂时缓解和减轻症状的对症治疗。对神经系统变性疾病的攻克首先基于对正常及异常脑功能的全面认识，在此基础上从分子、细胞、动物及临床病理等不同水平进行研究，目前主要困难及关键是建立一种能全面反映人类神经系统变性疾病特征的动物模型，以求进一步研究发病机制及药物治疗效果。随着对发病机制研究的不断深入，相信在不久的将来，神经生物学的一些新突破将使我们有希望解开神经系统变性疾病的奥秘，找到有效的临床治疗方法。

第二节 阿尔茨海默病

阿尔茨海默病（Alzheimer disease，AD）是老年人常见的以进行性认知功能障碍和行为损害为特征的中枢神经系统变性疾病，是老年期痴呆最常见的类型，由Alzheimer（1907）首先描述。AD 临床表现为认知功能不断恶化，日常生活能力进行性减退，伴各种神经精神症状和行为改变。AD 的发病率随年龄增长明显增高，65 岁以上患病率约为 5%，85 岁以上为 20%～30%，男性与女性经年龄矫正的患病率相等。其高发病率和较差的预后为老龄化社会带来沉重的负担。

（一）病因、发病机制与危险因素

AD 的病因迄今不明，可能与遗传和环境因素有关；代谢异常和脑内 β-淀粉样蛋白（β-amyloid，Aβ）异常沉积与发病有关。但确切的发病机制还不明确。

1. 病因 以 65 岁为界，AD 可分为早发性和晚发性；依据其是否与家族发病有关，分为家族性和散发性。在早发性 AD 中以家族性居多，而晚发性 AD 则以散发性为主。家族性 AD（familial Alzheimer disease，FAD）占 5%～10%，多呈常染色体显性遗传。目前研究已确定 FAD 有三种致病基因，它们分别是位于 14、1、21 号染色体上的早老素 1（presenilin 1，PS1）基因（编码跨膜蛋白 PS-1）、早老素 2（presenilin 2，PS2）基因（编码跨膜蛋白 PS-2）、淀粉样前体蛋白（amyloid precursor protein，APP）基因；而位于 19 号染色体上的载脂蛋白 E-4（apolipoprotein E4，ApoE 4）等位基因 ε4 被认为与晚发性 AD 相关联。

2. 发病机制——Aβ 级联反应学说 AD 发病的经典假说认为 Aβ 的产生增加和清除减少将导致 AD 的发生。Aβ 是由 APP 经 β 和 γ 分泌酶异常剪切而来，*PS1*、*PS2* 和 *APP* 等基因异常突变都可使 Aβ 生成增多，从而触发 Aβ 级联反应，导致 Aβ 的生成和清除的代谢失衡，引起 Aβ 在脑组织中的异常积聚。Aβ 的异常沉积可损害线粒体的功能，增强氧化应激反应，促进 tau 蛋白过度磷酸化和诱导神经元的凋亡；也可影响神经突触的可塑性，抑制长时程增强（long-term potentiation，LTP）的形成和破坏学习记忆的过程；还可形成免疫原，进而激活非特异性免疫反应介导的神经元损伤。

近年的研究发现，在 Aβ 的生成过程中，由于水解酶酶切位点的不同可产生多种不同长度，以 Aβ40、Aβ42 为主，具有潜在神经毒性作用的是可溶性 Aβ 低聚体而非 Aβ 纤维斑块。研究认为 Aβ42、Aβ40 增加是导致 AD 早期发病的真正原因，这种可溶性 Aβ 低聚体可以作为 AD 的早期诊断标志物。近年针对 Aβ 的 AD 疫苗是基础和临床研究的热点，虽然在基础研究中获得了重要结果，但是其临床效果和应用价值仍须进一步研究证实。

3. 危险因素 流行病学资料显示，AD 发生除受遗传因素影响外，亦受环境因素影响。文化程度低、职业成就感差、幼年的低智力、晚年智力和体力活动的减少，以及脑外伤、重金属接触史可增加患病风险；高胆固醇血症、高血压、动脉粥样硬化、冠心病、吸烟、肥胖症和糖尿病等也是普遍受人关注的危险因素。

（二）病理

AD 大体病理表现为弥漫性脑萎缩，早期可能仅表现为海马（hippocampus）萎缩。组织病理学特征主要是老年斑和神经原纤维缠结，也可见神经元和突触丢失、颗粒空泡变性和脑血管淀粉样变性。

1. 老年斑（senile plaque） 老年斑是以 β 淀粉样蛋白为核心的，含早老素 1、早老素 2、$α_1$ 抗糜蛋白酶、载脂蛋白 E、$α_2$ 巨球蛋白、泛素等的细胞外沉积物，为 50～200 μm 球形结构。老年斑附近有大量胶质细胞增生和激活的小胶质细胞等免疫炎性反应，故又称神经炎性斑（neuritic plaque，NP）。老年斑广泛分布在大脑皮质，通常是从海马和基底前脑开始，逐渐累及整个大脑皮质和某些皮质下神经核团。老年斑形成的同时，伴随着广泛的进行性大脑突触的丢失，这与最早的临床表现即短时记忆障碍有关。

2. 神经原纤维缠结（neurofibrillary tangle，NFT） NFT 是含过磷酸化的微管相关蛋白（tau 蛋白）和泛素的神经元细胞内沉积物。AD 患者的 tau 蛋白是高度磷酸化的，这使得它与细胞骨架分离，并形成双螺旋结构，导致细胞骨架结构分解破坏。NFT 大量存在于阿尔茨海默病患者的大脑皮质和海马，其数目和分布直接影响痴呆的严重程度。NFT 也见于正常老年人的颞叶和其他神经系统变性疾病，数量较少。

3. 神经递质异常改变 AD 患者大脑内的乙酰胆碱系统、单胺系统、氨基酸类及神经肽类等多种神经递质均发生改变，乙酰胆碱含量减低，乙酰胆碱酯酶活性降低。

（三）临床表现

多数患者隐袭起病，少数患者发病前有诱发因素（如躯体疾病或精神刺激因素）。主要表现为持续进行性的智能衰退及神经精神症状。AD 包括两个阶段：痴呆前阶段和痴呆阶段。痴呆阶段即传统意义上的 AD，临床表现早期为近记忆障碍，随着病情进展，远期记忆也可受损。此外，还有思维和判断力障碍、定向力及计算力障碍、性格和行为异常、情感障碍、言语障碍以及其他神经功能障碍。

1. 痴呆前阶段 此阶段为轻度认知功能障碍期（mild cognitive impairment，MCI），是引起非痴呆性认知损害（cognitive impairment not dementia，CIND）的原因之一，主要表现为记忆力轻度受损，学习能力下降，注意力、执行能力、语言能力、视空间能力轻度受损，其程度尚未达到痴呆标准，不影响日常生活。

2. 痴呆阶段 按其病程演变大致可分为轻、中、重三个阶段。

（1）轻度：记忆力下降是本病的首发症状。早期以近记忆受损为主，表现为对刚才发生的事、刚说过的话不能记忆，刚放的东西找不到，忘记熟悉的人名，而对年代久远的事记忆相对清楚，患者经常重复问同一个问题或出现虚构。此期患者社交礼仪通常保持良好，对已熟悉的工作可能还能胜任，但学习新知识困难，工作稍有变动则难以完成。初时常常容易被忽略，但会逐渐开始影响和妨碍患者的日常生活，如忘记电话号码或关煤气，外出忘记关门，有些患者找不到东西会怀疑周围的人拿了他的东西而就诊。此阶段患者的言语功能也会逐步受损，早期可出现找词或找名字困难的现象。

（2）中度：在疾病中期，患者可出现时间、空间定向力障碍，表现为对不熟悉的环境感到糊涂，逐渐出现迷路，甚至在自己非常熟悉的环境中（如自己家中）也不能顺利到达想去的地点。患者无法再继续维持其日常生活和工作能力，因而需要家人的日常监护。患者的言语障碍更加明显，如言语不流畅、理解及复述能力差，可出现不同程度的失用，如穿衣、吃饭、猜谜语及抄写几何数字等感到困难。患者对简单的计算也感到困难，或无法说出时间。情绪此时通常会受到影响，常可以见到情绪激动，具有攻击性、易激惹、挫折感和焦虑等；也有部分患者出现人格改变如情感淡漠，对家人漠不关心，缺乏主动诉求。一些患者由家人发现其行为改变才就诊。

（3）重度：在疾病晚期，患者虽可行走但为无目的的徘徊，可出现判断力、认知力的丧失而出现幻觉和妄想等精神症状。患者的行为显得复杂古怪，如无端指责配偶、不认识自己的老朋友、认为来访者是盗贼、被镜子中自己的影像吓到等。自我约束力的丧失会使患者显得好斗，或完全相反而处于一种远离社会的消极退缩状态。最后，患者在包括个人卫生、吃饭、穿衣和洗漱等各个方面，都完全需要他人照料。

AD 患者可出现各种神经症状，在病程早期，患者可仅出现病理征而无其他神经系统阳性体征。到病程中、晚期，则逐渐出现帕金森病样表现，如肌张力增高、运动迟缓、拖曳步态、姿势异常等，约 20% 的患者可出现癫痫发作。晚期患者会出现四肢强直或屈曲瘫痪卧床，大小便失禁；多并发肺部及尿路感染、压疮、营养不良、全身衰竭。

（四）辅助检查

1. 一般实验室检查 包括生化、血细胞计数、维生素 B_{12}、同型半胱氨酸、甲状腺功能，可以作为鉴别诊断指标。

2. 脑脊液检查 常规检查无明显异常，脑脊液中 Aβ42 和总 tau 蛋白或磷酸化 tau 蛋白定量，用于 AD 的早期诊断有一定价值。

3. 脑电图 很少用于痴呆检查，除非怀疑朊蛋白病或癫痫时；主要表现为脑电波波幅减低和 α 节律减慢，随病程发展渐出现广泛的 θ 波。

4. 影像学检查 颅脑 CT 和 MRI 检查可见脑萎缩、脑室扩大，MRI 可对海马的体积进行定量检测（图 13-1）。正电子发射断层扫描（PET）、单光子发射计算机断层成像（SPECT）、fMRI 检查可见顶叶、颞叶和额叶，尤其是双侧颞叶的海马区血流和代谢降低。上述影像学表现缺乏特异性。

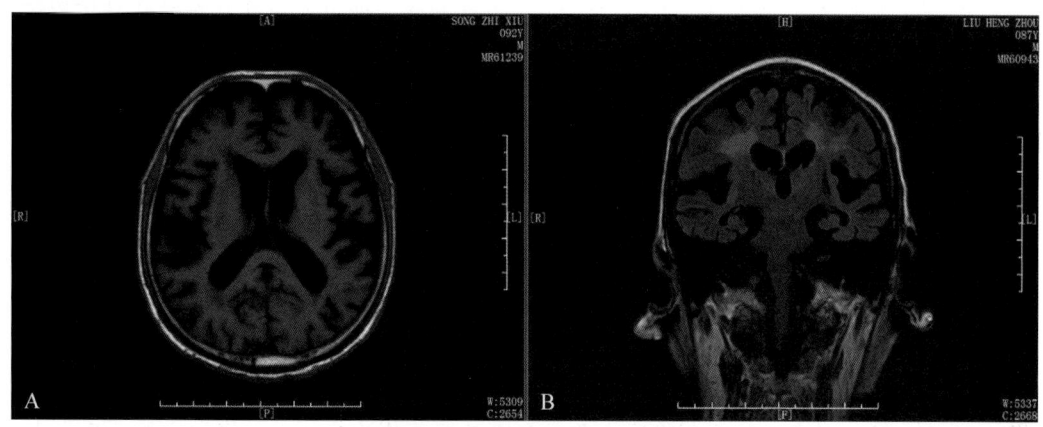

图 13-1 AD 患者 MRI 检查
A. 脑萎缩，脑室扩大；B. 海马萎缩

5. 神经心理学检查 神经心理学测验是 AD 诊断必不可少的内容，包括对注意力、定向力、语言、记忆力、空间构造、操作能力及执行功能等认知活动的七个领域进行认知功能损害评估。临床常用的工具可分为：①智能评定量表，包括简易精神状态检查（MMSE）、蒙特利尔认知测验（MoCA）、阿尔茨海默病认知功能评价量表（ADAS-cog）、韦氏成人智力量表（WAIS-RC）、长谷川痴呆量表（HDS）；②分级量表，包括临床痴呆评定量表（CDR）和全面衰退量表（GDS）；③精神行为评定量表，包括痴呆行为障碍量表（DBD）、汉密尔顿抑郁量表（HAMD）；④用于鉴别的量表，如 Hanchinski 缺血量表。

6. 基因检查 有明确家族史的患者可进行 *APP*、*PS1*、*PS2* 基因检测，直系家属中有 AD 的常染色体显性突变有助于确诊。

（五）诊断与鉴别诊断

1. 诊断 主要根据患者病史、临床症状、影像学资料、精神量表检查等进行诊断，诊断的准确性为 85%～90%。目前，临床上常用的诊断标准包括：疾病国际分类（第 10 版）（ICD-10），美国精神病学会精神疾病诊断和统计手册（DSM-Ⅳ-R），美国神经病学、语言障碍和卒中-阿尔茨海默病相关疾病学会（NINCDS-ADRDA）标准，以及中国精神障碍分类方案与诊断标准（第 3 版）（CCMD-3）。

（1）AD 诊断标准包括：①发病年龄 40～90 岁，多在 65 岁以后；②临床症状确认痴呆；③突出的进行性加重的近记忆力及其他智能障碍症状；④必须有 2 种或 2 种以上认知功能障碍；⑤无意识障碍，可伴精神、行为异常；⑥排除其他可导致进行性记忆和认知功能障碍的脑病。

确诊 AD 符合以下 2 个条件：①有 AD 的临床和组织病理（脑活组织检查或尸体解剖）两方面的证据（符合美国国立老化研究院-里根研究所的死后诊断标准）；②有 AD 的临床和遗传学（1 号、14 号或 21 号染色体的突变）两方面的证据。

(2) 排除标准

1) 病史：突然起病；早期出现步态障碍、癫痫、行为改变等。
2) 临床特征：①局灶性神经表现，包括轻偏瘫、感觉缺失、视野缺损；②早期锥体外系症状。
3) 其他严重到足以引起记忆和相关症状的疾病：①非 AD 痴呆；②严重抑郁；③脑血管疾病；④中毒和代谢异常，需要特殊检查予以明确；⑤MRI 的 FLAIR 或 T2WI 显示内侧颞叶信号异常，符合感染性或血管性损伤。

2. 鉴别诊断

(1) 血管性痴呆（vascular dementia，VaD）：急性起病，偶可亚急性甚至慢性起病，症状呈波动性进展或阶梯性恶化，有神经系统定位体征，既往有高血压或动脉粥样硬化或糖尿病等危险因素，可能有多次卒中史或关键部分卒中史，影像学 CT 或 MRI 表现为多灶性脑梗死，分布于皮质或皮质下；这与 AD 不同，AD 是皮质性痴呆。Hanchinski 缺血量表≥7 为 VaD，≤4 为 AD。

(2) 额颞叶痴呆（frontotemporal dementia，FTD）：起病较早（50～60 岁），可有家族史，行为障碍较认知障碍明显，可早期出现人格改变、行为异常（如退缩、淡漠和言语障碍），没有运动或步态等局灶性异常，空间定向及近记忆保存较好；影像学表现为额叶和（或）颞叶的皮质显著萎缩。组织病理学可见神经元胞质内有嗜银包涵体（Pick 小体），缺乏 AD 特征性 NFT 和老年斑。

(3) 路易体痴呆（dementia with Lewy body，DLB）：表现为波动性认知障碍、幻视和帕金森综合征三主征，对多巴胺能药物反应差或多巴胺能药物治疗加重其精神症状，患者一般对镇静药异常敏感。起病 1 年内出现痴呆和运动障碍是 DLB；帕金森症状出现 1 年以后发生痴呆通常称为帕金森病伴痴呆（PDD）。

(4) 老年人良性健忘症：神经心理学量表显示其记忆力正常，无人格、精神障碍，且健忘经提醒可改善。

(5) 抑郁症或焦虑症：有明显的抑郁倾向，表现为心境恶劣，对各种事物缺乏兴趣，易疲劳无力，注意力难以集中而导致近记忆力减退。抑郁症所致的所谓"假性痴呆"通常不是进行性的，抗抑郁治疗有效。

(6) 正常压力脑积水（normal pressure hydrocephalus，NPH）：表现为步态不稳、记忆力障碍和尿失禁。CT 和 MRI 显示脑室明显增大，而大脑皮质萎缩不明显。脑脊液引流可以改善临床症状。

(7) 麻痹性痴呆（dementia paralytica）：神经梅毒的晚期表现，系中枢神经系统器质性损害所致。在感染数年以后，最初出现的症状包括疲乏、嗜睡、头痛和性情改变。随后出现进行性痴呆，常有夸大、抑郁或偏执等精神病色彩。神经系统体征包括瞳孔异常、震颤、构音障碍、反射改变及共济失调。血清学试验和脑脊液检查有助于确诊。

(8) Creutzfeldt-Jakob 病：急性或亚急性起病，迅速进行性智力丧失伴肌阵挛。脑电图在慢波背景上出现广泛双侧同步的典型的三相周期性尖-慢复合波。

(六) 治疗

至今尚没有药物可以终止或逆转 AD 的进程，目前治疗水平仍只是改善症状，延缓疾病进展。临床上常用的治疗 AD 的药物主要有以下几大类。

1. 乙酰胆碱酯酶（AChE）抑制剂 主要通过抑制 AChE 的活性，增强脑皮质和海马等部位乙酰胆碱的效应，改善 AD 患者胆碱能介导的认知功能障碍和行为异常；在延缓神经变性方面可能具有神经保护作用，但这一点还未得到证实。常用的药物有多奈哌齐（donepezil）、卡巴拉汀（rivastigmine）、加兰他敏（galantamine）和石杉碱甲（huperzine a），主要用于轻、中度 AD 患者。

2. N-甲基-D-天冬氨酸（NMDA）受体拮抗剂　主要通过选择性降低 Ca^{2+} 通过 NMDA 受体的内流，抑制脑内兴奋性神经递质——谷氨酸的毒性作用，调控突触活性和促进长时程增强形成，缓解和改善 AD 患者的认知功能损害。常用的药物有美金刚（memantine），主要用于中、重度 AD 患者。

3. 脑细胞代谢促进剂　主要是促进脑皮质细胞对氨基酸、磷脂及葡萄糖的利用，激活、保护或促进神经细胞功能的恢复。常用的药物有二氢麦角碱、吡拉西坦、奥拉西坦、阿尼西坦和奈非西坦等。

4. 脑循环改善剂　这类药物主要为脑血管扩张剂，具有松弛小动脉血管平滑肌的作用，改善脑组织的供血、供氧。常用药物有银杏叶提取物、尼麦角林和尼莫地平等。

5. 精神症状的治疗　AChE 抑制剂对精神症状有一定帮助，镇静剂偶尔用于有精神症状的患者；苯二氮类偶尔用于激越的治疗，但可能加重认知功能损害；抗抑郁药常用于痴呆合并抑郁的治疗，也可改善行为异常。选择性 5-羟色胺再摄取抑制剂（selective serotonin reuptake inhibitor，SSRI）使用最普遍。

其他治疗措施包括注意患者的饮食、营养和日常的清洁卫生，尽量督促患者自己料理生活，鼓励患者参加适当活动，以减缓其精神衰退。

（七）预后

患者病情通常以不可逆的方式进行性发展和恶化，平均经历 8～10 年，最后出现全面性认知功能障碍，并发展成严重的痴呆，日常生活能力完全丧失，最终常因褥疮、骨折、肺炎等继发性躯体疾患或衰竭而死亡。

第三节　运动神经元病

运动神经元病（motor neuron disease，MND）是一组原因未明的选择性侵犯脊髓前角细胞、脑干运动神经元、皮质锥体细胞和锥体束（皮质脊髓束和皮质延髓束）的慢性进行性神经变性疾病。临床症状和体征因损害的范围和程度不同而呈多样化，可同时、相继或单独出现上、下运动神经元损害的症状和体征，表现为肌无力、肌萎缩、延髓麻痹和锥体束征的不同组合。患者括约肌功能不受影响，无感觉障碍。本病多为散发，其发病率为每年（0.4～2.6）/10万，患病率为（4～6）/10 万。运动神经元病患病率与年龄相关，30 岁以前少见，40～50 岁发病人数增加，年龄更大则患病率又下降。男性多发。

（一）临床分型

临床上，运动神经元病一般分为以下五种类型：
(1) 肌萎缩侧索硬化（amyotrophic lateral sclerosis，ALS）；
(2) 进行性脊髓性肌萎缩（progressive spinal muscular atrophy，PSMA）；
(3) 进行性延髓麻痹（progressive bulbar palsy，PBP）；
(4) 连枷臂综合征（flail arm syndrome）；
(5) 原发性侧索硬化（primary lateral sclerosis，PLS）。

以往认为这五种类型基本过程大致相同，差别在于累及的病变部位先后次序不同。随着对该病病因和发病机制的深入研究，致病基因的不断定位和克隆，人们逐步认识到上述各类型是相对独立的几种疾病单元，而不是同一疾病的不同阶段。MND 是否是一种单一病因、表型不同的疾病尚不清楚，ALS 是 MND 中最为常见和最易识别的表型。

（二）病因及发病机制

目前 MND 的病因和发病机制尚不清楚，研究发现主要与遗传因素、兴奋性氨基酸的毒性作用、氧化应激、神经营养因子障碍、自身免疫因素、环境因素等有关，其中兴奋性氨基酸的毒性作用和氧化应激机制备受关注。

研究发现，家族性ALS与Cu/Zn超氧化物歧化酶（SOD-1）基因及9号染色体上的*C9ORF72*基因非编码区GGGGCC六核苷酸重复序列有关；而1号染色体上TAR DNA结合蛋白（TAR DNA binding protein，TDP-43）基因突变与家族性和散发性ALS均相关。多数学者认为，在遗传背景基础上的氧化损害和兴奋性氨基酸的毒性作用共同损害了运动神经元的线粒体和细胞骨架的结构和功能。大多数散发性ALS患者存在L-型钙通道抗体和抗神经节苷脂GM1抗体。另外，一些研究提出其他潜在的MND病理生理机制的影响因素，包括神经微丝结构和功能障碍、线粒体损伤和功能障碍、谷氨酸的兴奋毒性、继发于自由基毒性的氧化损伤和继发于小胶质细胞激活的神经再生受损。

（三）病理

最显著的病理特征是运动神经元选择性丢失。在大脑半球，皮质大锥体运动神经元数量减少，其相邻的皮质，包括运动前区和颞叶皮质也可见到神经元胞体变性和数量减少，大、小锥体细胞以及相邻的篮状细胞内有磷酸化的神经微丝聚集，形成包涵体；在脊髓，前角运动神经元明显减少，脊髓萎缩变细，以颈髓明显，腰、胸髓次之；在脑干，以脑干下部的舌下、舌咽、迷走和副神经的神经核最常受累。眼外肌运动神经核和支配膀胱、直肠括约肌的骶髓Onuf核一般不受累。镜下可见在残留神经元中有中央染色体溶解、空泡形成、噬神经细胞现象及神经细胞模糊不清等多种不同时相的变性现象并存；脊髓髓鞘染色显示，皮质脊髓侧束和前束脱髓鞘改变，可见胶质化和降解的脂质沉积，轴突肿胀或球样化，内含包裹的神经微丝物质或其他一些细胞残留物质。

肌肉由于失神经支配导致肌纤维萎缩，残存的运动神经末梢侧支芽生使其恢复神经支配。反复的失神经和神经再生，在病变后期产生大小不等的失神经肌纤维聚集在一起，呈群组萎缩，电生理上可见运动单位减少，波幅增高，时限增宽及巨大电位。

（四）临床表现

通常起病隐匿，缓慢进展，偶见亚急性进展者。由于损害部位的不同，临床表现为不同组合存在的肌无力、肌萎缩、延髓麻痹和锥体束征。

1. 肌萎缩侧索硬化 是成人MND最常见的类型，多表现为上、下运动神经元同时受损，侵犯脊髓前角细胞、下部脑干运动神经核、皮质锥体细胞和锥体束，可见肌萎缩、无力、肌束震颤和锥体束征，晚期可出现延髓麻痹。临床多于40～50岁发病，以散发病例为主，少数为家族性。常见首发症状为一侧或双侧手指活动笨拙、无力，随后出现手部小肌肉萎缩，以大小鱼际肌、骨间肌、蚓状肌为明显，双手可呈鹰爪形，逐渐延及前臂、上臂和肩胛带肌群及咽喉肌。随着病程的发展，肌无力和萎缩扩展至躯干和颈部，最后累及面肌和咽喉肌。少数病例肌萎缩和无力从下肢和躯干肌开始。受累部位肌束震颤明显。双上肢肌萎缩，肌张力不高，但腱反射亢进，Hoffmann征阳性；双下肢多呈痉挛性瘫痪，肌张力高，腱反射亢进，Babinski征阳性。患者一般无客观的感觉障碍，括约肌功能保持良好，眼外肌一般不受影响。延髓麻痹一般发生在病程的晚期，在少数病例可为首发症状。本病生存期短者数月，长者10余年，平均3～5年。

2. 进行性脊髓性肌萎缩 病变以脊髓前角细胞为主，表现为肌无力、肌萎缩和肌束震颤等下运动神经元损害的症状和体征。发病年龄20～50岁，多数在30岁左右发病，稍早于ALS，男性多见；起病隐袭，进展缓慢，病程可达10年以上。首发症状常为一侧手或双侧手小肌肉萎缩、无力，逐渐累及前臂、上臂和肩胛带肌，肢体远端萎缩明显，肌张力和腱反射减低，无感觉障碍，括约肌功能不受累，晚期出现延髓麻痹。部分患者可出现轻度肌酶升高。发生延髓性麻痹者存活时间短，常死于肺部感染。

3. 进行性延髓麻痹 病变以延髓和脑桥运动神经核为主，早期累及延髓的舌下神经核、疑核，出现构音不清、声音嘶哑、鼻音重、饮水呛咳、咽下困难、流涎，检查可见上腭低垂、咽反射消失、舌肌萎缩及肌束震颤。多40岁以后发病，进展较快，预后不良，多在1~3年内死于呼吸肌麻痹或肺部感染。

4. 连枷臂综合征 以上肢局限性受累起病，患者表现为双侧肢体近端对称性的无力和萎缩、腱反射低下，也可不对称起病，后期出现吞咽困难和呼吸困难，50~70%出现上运动神经元损害体征。男性多见，预后相对较好。

5. 原发性侧索硬化 极少见，选择性损害皮质脊髓束，导致肢体上运动神经元损害表现。首发症状为双下肢对称的痉挛性无力，渐波及双上肢，出现四肢肌张力增高、腱反射亢进及病理征，无肌萎缩，不伴肌束震颤，感觉正常；皮质延髓束受累出现假性延髓性麻痹，伴情绪不稳、强哭强笑。多于中年以后起病，平均发病年龄50岁；起病隐袭，进展缓慢；偶有长期生存的报告。

（五）实验室及其他辅助检查

1. 神经电生理检查 常规肌电图（EMG）对ALS有一定诊断价值。可见典型神经源性改变，包括①急性失神经损伤：静息状态见纤颤电位、正锐波，有时可见肌束震颤电位；②慢性失神经损伤：运动单位时限增宽、波幅增大、多相波增加，可见巨大电位，募集相呈现单纯相。神经传导速度基本正常，复合肌肉动作电位（compound muscle action potential，CMAP）幅度下降。运动诱发电位（motor evoked potential，MEP）可以为ALS提供上运动神经元受累的客观依据，表现为MEP显著降低或缺失，潜伏期延长，中枢运动传导时间（即传导冲动由运动皮质到颈或腰髓的时间）中度延长。

2. 肌肉活检 呈神经源性肌萎缩，早期可见小范围的萎缩性Ⅰ型和Ⅱ型肌纤维，后期可见群组萎缩现象。

3. 其他 血生化、脑脊液（CSF）检查多无异常，肌酸磷酸激酶（CPK）可轻度升高。影像学检查MRI可显示部分病例受累的脊髓和脑干萎缩变细。

（六）诊断与鉴别诊断

1. 诊断 根据中年以后隐袭起病，缓慢进展，表现为肌无力、肌萎缩和肌束震颤，伴腱反射亢进、病理征阳性等上、下运动神经元受累征象，无感觉障碍，EMG呈典型神经源性改变，通常可进行临床诊断。

1994年世界神经病学联盟提出了诊断ALS的EI Escorial标准，目前已在国际上得到认可；1998年又对这一诊断标准进行了补充和修订，具体如下所述。

将病变部位划分为脑干、颈、胸、腰骶4个区域。ALS的诊断必须有：

（1）临床、电生理或病理的下运动神经元损害的证据。

（2）临床上运动神经元损害的征象。

（3）病变在同一区域或扩展至其他区域。

但必须排除：①可解释临床症状的其他疾病的电生理异常；②可解释临床症状的其他疾病的影像学异常。

诊断分4个层次：①确定（definite），3个区域出现上运动神经元及下运动神经元症状；②很可能（probable），上运动神经元及下运动神经元症状在2个区域出现，且上运动神经元症状多于下运动神经元症状；③可能（possible），上运动神经元及下运动神经元症状在同一区域出现，或者上运动神经元症状在2个或3个区域出现；④可疑（suspected），下运动神经元症状在2个或3个区域出现。

2. 鉴别诊断 根据不同解剖部位，不典型病例需与以下疾病鉴别。

（1）颈椎病性脊髓病：是易与ALS混淆的临床常见疾病之一。该病是由颈椎骨质、椎间盘或关节退行性变造成相应部位脊髓及神经根受压的一种脊髓病变。本病与ALS均好发于中老年人，临床表现相似。但颈椎病性脊髓病无舌肌萎缩和肌束震颤，无延髓性麻痹，胸锁乳突肌肌电图正常，可与本病鉴别。

（2）脊髓空洞症或延髓空洞症：手部小肌肉萎缩、舌肌萎缩、肌束震颤，病情发展缓慢，可出现延髓性麻痹，空洞严重时可有锥体束征阳性。病变节段出现分离性感觉障碍（痛、温觉消失，触觉存在），伴有肌肉萎缩及括约肌功能障碍。MRI可发现脊髓空洞病灶。

（3）多灶性运动神经病（multifocal motor neuropathy，MMN）：是慢性进展的局灶性下运动神经元损害，中青年起病，表现为不对称分布的肌无力，上肢多见，伴肌萎缩、肌束震颤，无锥体束受损、感觉障碍；少数患者可有舌肌受累，腱反射可保留，EMG检查可见周围神经节段性多灶性运动神经传导阻滞和纤颤波。50%～60%的MMN患者血中抗神经节苷脂抗体（GM1抗体）滴度增高，免疫抑制剂或免疫球蛋白治疗效果好。MMN与PSMA发病机制和预后不同，鉴别诊断非常重要，节段性运动神经传导测定（inching技术）是最重要的鉴别手段。

（4）X-连锁脊髓延髓部肌萎缩［肯尼迪病（Kennedy病）］：是X染色体连锁的遗传性下运动神经元病。主要见于青中年男性，表现为缓慢进展的延髓损害和近端肢体对称的肌无力、萎缩和肌束震颤，可有构音不清和吞咽困难，多伴有痛性痉挛或肌痛。锥体束通常不受累，部分患者有深感觉异常。此外，肯尼迪病可有雄激素不足的表现，包括男性乳房女性化、睾丸萎缩、阳痿、不育等。确诊需进行基因检测。

（5）青少年良性远端肌萎缩（平山病）：是一种良性自限性疾病，又称良性单肢肌萎缩，临床易与ALS或PSMA等运动神经元病混淆。本病青少年起病，早期起病隐袭，男性多见；局限于上肢远端，手指及腕无力，伴手和前臂远端肌群萎缩；寒冷麻痹和手指伸展时出现震颤；症状可为单侧或以一侧明显；无感觉、括约肌功能异常及脑神经和锥体束损害；病后数年病情进行性加重，但85%的患者病情在5年内停止发展，预后与运动神经元病截然不同。颈椎MRI可见节段性颈髓萎缩，屈曲位颈椎MRI检查可见椎管后壁前移压迫脊髓，这有助于诊断。

（6）脊髓灰质炎后综合征：所有表现为局灶性肌无力和萎缩的患者应仔细询问脊髓灰质炎病史。通常发生于脊髓灰质炎后15年以上。与原有脊髓灰质炎后遗症的稳定状态不同，本病表现为缓慢进展的肌无力和萎缩，类似PSMA。

（7）脊肌萎缩症：是一组遗传性疾病，大部分为隐性遗传，与5号染色体上的运动神经元存活基因相关。临床上以进行性对称性近端肌无力为主要表现，选择性累及下运动神经元，没有上运动神经元受累。其中最严重的脊肌萎缩症在婴儿期发病，多数在2岁内死亡。起病于儿童、青少年或成年人的脊肌萎缩症则预后良好。

（七）治疗

目前尚无有效措施能阻止运动神经元病的发展或改变疾病的转归。临床主要采取姑息疗法，缓解症状，延缓病情进展及对并发症治疗。

目前病因治疗的研究方向包括抗兴奋性氨基酸毒性、神经营养因子、抗氧化和自由基清除、新一代钙通道阻滞剂、抗凋亡、基因治疗及神经干细胞移植等。这些研究都在探索中，有些在动物实验中已取得成功，有望将来投入临床应用。

利鲁唑（riluzole）是一种谷氨酸能神经递质抑制剂及细胞凋亡抑制剂，有广泛的神经保护作用，是目前唯一经循证医学证据支持可能对疾病有益的药物。利鲁唑虽不能根治ALS，也不能显著改善症状，但能延长患者的存活时间和推迟气管切开的时间。对病史不到5年、肺活量大于 60%、无气管切开的患者效果较好。服用方法是成人每次 50 mg，每日 2 次，不良反应主要有无力、腹痛、恶心、厌食、肝酶升高等，个别患者发生可逆性中毒性肝损害，停药 4～8 周可恢复正常。

晚期患者容易出现呼吸衰竭，防止误吸、感染、保持呼吸道通畅及适当的抗感染治疗可减少或延缓呼吸衰竭的发生。无创性机械通气的早期使用可延缓呼吸衰竭的发生，延缓气管切开时间，严重时需气管切开呼吸肌辅助通气。

(八) 预后

ALS 患者多死于呼吸肌麻痹或其他并发症所致的呼吸衰竭。一般 2～5 年内死亡，约 20% 可生存 5 年。影响 ALS 预后的因素包括①发病年龄：年轻人发病预后相对较好，发病年龄越晚预后越差；②首发症状：下肢受累逐渐累及上肢，最后累及延髓者存活时间较长，延髓为首发症状者预后较差；③临床分型：原发性侧索硬化和连枷臂综合征进展缓慢，预后相对较好，进行性延髓性麻痹、肌萎缩侧索硬化和部分进行性脊髓性肌萎缩的预后较差；④单纤维肌电图，无阻滞的预后相对较好；⑤其他因素，如心脏病和吸烟者预后差，高血压对预后无明显影响。

案例 13-1

案例 13-1
答案及解析

第四节　多系统萎缩

多系统萎缩（multiple system atrophy，MSA）是一组原因不明，累及锥体外系统、锥体系统、小脑和自主神经系统等多部位的神经系统变性疾病，由 Graham 和 Oppenheimer 于 1969 年首先提出，包括以帕金森病样症状为主的纹状体-黑质变性（striatonigral degeneration，SND）、以小脑症状为主的橄榄-脑桥-小脑萎缩（olivopontocerebellar atrophy，OPCA），以及自主神经系统功能障碍为突出表现的 Shy-Drager 综合征（SDS）。多系统萎缩的年发病率为 0.6/10 万，50 岁以上的年发病率为（3～5）/10 万。目前尚未发现独立的环境因素能增加或减少 MSA 的发病风险。

(一) 病因及发病机制

MSA 除了有相应部位神经元缺失的病理表现外，还具有特征性的病理标志物——神经胶质细胞（特别是少突胶质细胞）胞质内包涵体（GCI）及神经元包涵体（NCI），免疫组化研究发现这些包涵体内含有具有免疫活性的细胞周期依赖性激酶、有丝分裂原活化蛋白激酶等。在患者的脑干、脊髓、小脑、下橄榄核等处都发现 α-突触核蛋白表达，提示其在本病发病中起重要作用。

尽管 MSA 是一种散发的神经变性疾病，但是有证据提示 MSA 的发病机制可能与某些基因有关，如 α-突触核蛋白基因（SNCA）、tau 蛋白基因（MAPT）、Parkin 基因等可增加 MSA 患病风险。

(二) 病理

MSA 病变部位广泛，中枢及周围神经系统均可累及。但病变主要累及纹状体-黑质系统、橄榄-脑桥-小脑系统和脊髓的中间内、外侧细胞柱和 Onuf 核。运动减少与黑质及壳核细胞减少有关，强直与壳核病变有关，直立性低血压与脊髓中间外侧柱细胞变性有关，骶髓 Onuf 核变性导致大小便障碍及阳痿。

MSA 的病理学标志是在少突胶质细胞和残存神经元的胞质内发现嗜酸性包涵体，其病理改变还有神经元丢失和胶质细胞增生。MSA 包涵体的核心成分为 α-突触核蛋白。因此，MSA 和 PD、路易体痴呆一起被归为"α-突触核蛋白病（α-synucleinopathy）"。

(三) 临床表现

青中年发病，50~60岁多见，平均发病年龄为54.2岁（31~78岁），男性发病率稍高，多缓慢起病，逐渐进展。首发症状多为自主神经功能障碍、帕金森综合征和小脑共济失调，少数患者以肌萎缩起病。患者可以单一神经系统症状起病，随疾病进展渐出现两个或多个系统的神经症状群。主要临床特点如下。

1. 自主神经功能障碍　男性患者最先出现勃起功能障碍，男女患者均可出现膀胱功能障碍，如尿频、尿急、排尿不尽，甚至不能排尿；站立性头晕，甚至晕厥，直立性低血压，汗少、皮温低、皮肤粗糙等症状。自主神经功能障碍是MSA最常见的症状，有时是唯一临床表现。

2. 运动功能障碍　多表现为帕金森病样症状，也可出现小脑和锥体束受损症状，临床上易与PD和路易体痴呆等混淆。

（1）以帕金森病样症状为主要表现的MSA：患者表现为铅管样或齿轮样肌张力增高、表情少、动作迟缓、姿势异常，静止性震颤相对少见。多数患者有口面部或头颈部的不对称性肌张力障碍（如斜颈），可伴随一种特征性颤抖的高音调构音障碍。此类患者对左旋多巴的反应差，通常只有一小部分患者对左旋多巴反应良好，但这种改善持续时间短暂，易出现左旋多巴诱导性的运动障碍。

（2）以小脑和锥体束症状为主要表现的MSA：可出现眼震、爆破样语言、意向性震颤、宽基底步态等症状，检查可发现指鼻试验、跟膝胫试验阳性，腱反射亢进，病理征阳性等体征。以小脑症状为首发者仅5%，但50%的患者病程中可出现小脑症状。

3. 其他临床表现　包括早期姿势异常、局灶性反射性肌阵挛、肢体挛缩及肌张力障碍、雷诺现象、严重的吞咽困难、打鼾、叹息样呼吸、假性延髓性麻痹所致的强哭强笑、饮水呛咳、构音障碍等。

4. 快速眼动期睡眠障碍　①不正常呼吸：夜间或白天的吸气性喘鸣，不自主深呼吸，睡眠呼吸暂停等；②快速眼动相（REM）睡眠行为障碍，间断失肌张力和梦境中出现动作。

(四) 临床分型

依照主要的临床症状，MSA可分为3个亚型。

1. MSA-P型　以帕金森病样症状为主要表现，即以往所称的纹状体-黑质变性。特点是：①肌张力铅管样增高，行动迟缓，动作僵硬；②卧位时难以翻身；③启动困难；④小写症。

2. MSA-C型　以小脑症状为主的橄榄-脑桥-小脑萎缩。表现为：①动作笨拙，眼球震颤；②系扣困难；③平衡功能障碍，易摔倒；④书写功能障碍；⑤语言功能障碍；⑥锥体束征。

3. MSA-A型　以自主神经系统功能障碍为主的Shy-Drager综合征（SDS）。可有：①排尿障碍；②勃起功能障碍；③直立性低血压伴头昏或眩晕；④便秘；⑤手足发冷；⑥出汗障碍。

(五) 实验室及其他辅助检查

1. 卧立位血压测定　需对疑诊MSA患者常规行卧立位血压检测，分别测量平卧位及由卧位站立后不同时间的血压，同时测量心率变化。卧位时血压正常，直立位收缩压较卧位下降30 mmHg（4.0 kPa）或舒张压下降15 mmHg以上，而无代偿性心率加快者为阳性。

2. 神经电生理检查　尿道括约肌或肛门括约肌肌电图检查即可发现神经源性受损，有助于本病的早期诊断，此点可与帕金森病鉴别。肌电图可见前角细胞损害，神经传导速度减慢。多导睡眠仪（PSG）几乎在所有患者中可检测到REM睡眠行为异常。

3. 膀胱功能评价　有助于早期发现神经源性膀胱功能障碍。尿动力学试验可发现逼尿肌反射兴奋性升高，尿道括约肌功能减退，疾病后期出现残余尿增加。膀胱B超有助于膀胱排空障碍的诊断。

4. ^{123}I-间碘苄胍（^{123}I-MIBG）心肌显影 此检查有助于区分自主神经功能障碍是交感神经节前与节后病变。帕金森患者心肌摄取^{123}I-MIBG能力降低，MSA患者交感神经节后纤维相对完整，无此改变。

5. 发汗试验 发汗试验明显异常，提示有自主神经受损，有一定的诊断价值。

6. MRI 可显示脑干、小脑萎缩，环池及第四脑室扩大，T1加权像示壳核萎缩，T2加权像示壳核信号降低，这是由于铁过度沉积及神经细胞坏死造成双侧壳核对称性的短T2信号。部分患者会出现"脑桥十字征"的高信号改变。

7. PET 发现锥体、小脑蚓部、丘脑及大脑半球后部、脑桥和中脑葡萄糖代谢明显异常。

（六）诊断与鉴别诊断

1. 诊断 MSA的诊断目前仍主要依靠症状和体征。其临床表现的多样性给其诊断带来很大困难。尤其在MSA的早期，很难与帕金森病、进行性核上性麻痹和罕见的纯自主神经功能不全相鉴别。根据成年期缓慢起病、无家族史，临床表现为逐渐进展的小脑共济失调、自主神经功能不全和帕金森综合征，应考虑本病。

1999年Gilman等提出多系统萎缩的四组临床特征，包括：①自主神经功能障碍：男性勃起功能障碍、排尿功能障碍或直立性低血压；②帕金森病样症状；③小脑共济失调；④锥体束征。

Gilman诊断标准：

（1）可能的MSA：有一组临床特征加上另外两个分属不同系统的体征，但如果该临床特征为帕金森病样症状时，对左旋多巴反应差可当作一个体征，即只需附加一个体征。

（2）很可能的MSA：第一组临床特征加上对多巴胺反应差的帕金森病样症状或小脑共济失调。

（3）肯定的MSA：需经神经病理学检查证实存在广泛分布的少突胶质细胞包涵体。

该标准经随后的尸解病理研究证实，具有早期诊断价值及很高的临床诊断准确性。

2. 鉴别诊断

（1）帕金森病：PD可有自主神经功能不全，但不如本病严重，且左旋多巴有较好疗效；伴有自主神经功能不全的PD的特点是严重的直立性低血压、餐后低血压、对去甲肾上腺素敏感，为节后交感神经病变。MSA-P虽有帕金森病样症状，但以强直为主而少有震颤，对多巴治疗无反应。在早期鉴别诊断有困难，肌电图有助于诊断。研究发现先前诊断为PD的患者最终经尸检证实有10%为MSA。PD如要进行手术治疗，术前必须明确鉴别诊断。

（2）老年性直立性低血压：为单纯的自主神经系统功能障碍，不伴帕金森病样症状和小脑症状，与老年人血压增高及老年人对血浆去甲肾上腺素随体位改变的反应增强有关，常由低血容量、药物性、排尿性等低血压反应诱发。

（3）交感张力性直立性低血压：患者站立时心率明显增快，而血压下降。

（4）其他类型的小脑共济失调：如弗里德赖希（Friedreich）共济失调、遗传性痉挛性共济失调等，可根据前者有深感觉障碍、心脏和骨骼改变，后者有肌张力增高、腱反射亢进及锥体束征等，而多无自主神经功能障碍及帕金森病样症状，且有家族史可鉴别。

（5）引起晕厥的其他疾病：应注意与血容量不足或贫血、心源性晕厥、血管抑制性晕厥、糖尿病直立性低血压等鉴别。还应与神经系统其他疾病，如多发性周围性神经病、家族性自主神经功能不全等鉴别，这些疾病影响到正常调节血压的自主神经通路及反射弧，导致直立性低血压。

（七）治疗

MSA目前尚无特效疗法，除了在直立性低血压方面有一些对照研究外，大部分依赖于经验性的证据。

1. 自主神经功能障碍 直立性低血压需要非药物疗法和药物结合治疗。非药物疗法包括穿紧身衣、弹力袜、腹绷带等，以及适当高盐饮食、多饮水增加血容量。药物治疗主要指去甲肾上腺素药物替代治疗，包括麻黄碱、米多君和屈昔多巴。α_1 肾上腺素受体激动剂（盐酸米多君，midodrine）口服可提高患者收缩压，改善因血容量不足引起的头晕及直立性低血压，其主要不良反应有心率减慢、竖毛反应、尿潴留和卧位时血压升高等。此外，该药还可以治疗尿失禁。其推荐剂量开始为每次 2.5 mg，一日 2~3 次。理想的方法是使用去甲肾上腺素本身来替代治疗：L-苏式-3,4-二羟苯基丝氨酸（屈昔多巴，droxidopa），一种人工合成氨基酸，与去甲肾上腺素结构类似但带有一个羧基，口服有效，并通过 L-芳香族氨基酸脱羧酶（多巴脱羧酶）催化，直接转化为去甲肾上腺素作用于靶器官。服用屈昔多巴 1 h 后出现升压效果，在直立的情况下维持 6 h，在仰卧的情况下维持 8 h。最高直立血压在服用屈昔多巴 3~5 h 后出现。

2. 运动障碍 尽管患者对左旋多巴反应较差，但研究表明其有效性仍在 40%~60%，可以试用；也可以给予单胺氧化酶抑制剂或多巴胺受体激动剂，不过疗效同样有限。左旋多巴加重有自主神经功能障碍患者的直立性低血压。目前的研究结果认为多巴胺受体激动剂对帕金森综合征无效果，金刚烷胺也无明显作用。

3. 小脑共济失调 金刚烷胺、5-羟色胺、异烟肼、普萘洛尔等在少数患者有效，但在大宗病例被证实无效。尼古丁系统在小脑功能中发挥一定的作用，尼古丁拮抗剂在 MSA-C 患者中值得一试。

4. 其他运动障碍 30% 的患者可出现吸气性喘鸣，持续呼吸道正压通气对这些患者有帮助。睑肌痉挛和肢体肌张力障碍可局部注射肉毒杆菌毒素-A，但颈项前屈不合适。

（八）预后

MSA 发病后平均可存活 6~9 年，有些病例生存超过 15 年。大约 1/3 患者死于呼吸心搏骤停，其他死亡原因包括尿路感染、吸入性肺炎、感染性肺炎、全身衰竭等。

（余青云）

骨骼肌及神经肌肉接头疾病

第14章

第一节 概 述

骨骼肌疾病是一组遗传性或获得性以肌纤维或神经肌肉接头损害为主的疾病。

(一) 解剖和生理

骨骼肌接受周围神经的运动神经纤维支配，是运动系统的效应器官。骨骼肌重量占体重的40%~50%，供血量占心脏总排血量的12%，耗氧量占全身耗氧量的20%左右，剧烈运动时耗氧量可明显增加。

人体骨骼肌共有600多块，每块肌肉外包肌筋膜，其内含有许多肌束，每个肌束内又含有许多纵向排列的肌纤维，每个肌纤维通过神经肌肉接头和运动神经纤维连接。人类肌纤维的长度从数毫米至数厘米不等，正常直径在新生儿为 7.5 μm，青少年和成年人在 30~80 μm 之间。肌纤维的横断面由肌膜、肌核和肌浆组成。肌膜为肌纤维表面的膜，包括肌浆膜和基底膜。肌核呈椭圆形，紧贴于肌膜下，又称为肌膜核，一个肌纤维的横断面有多个肌膜核（图14-1）。肌浆内有肌原纤维以及和肌膜相连的肌质网系统、细胞骨架和亚细胞器。

肌纤维根据功能进行了不同的分化，形成缓慢收缩和耐受疲劳的红肌纤维（Ⅰ型）以及快速收缩的白肌纤维（Ⅱ型）（图14-2），后者又分为耐疲劳的Ⅱa肌纤维和易疲劳的Ⅱb肌纤维。

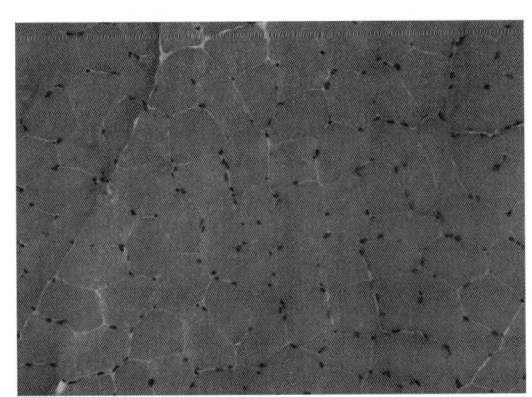

图 14-1（见书后彩图） 正常骨骼肌HE染色

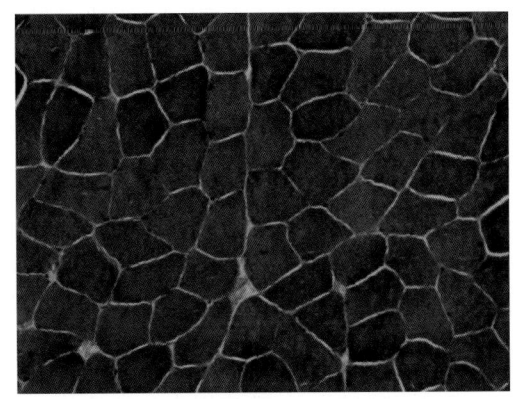

图 14-2（见书后彩图） Gomori染色

深蓝色为Ⅰ型肌纤维，浅蓝色为Ⅱ型肌纤维

肌原纤维呈细丝状纵行排列，直径为 1~2 μm，每束肌原纤维有明暗相间的条纹，称为横纹。电镜下分为明带（Ⅰ带）和暗带（A带）。Ⅰ带中间有一致密线，称为Z线，许多细胞骨架蛋白把不同肌原纤维的Z线相互联系并进一步连接到肌膜上。两个Z线之间为一个肌节，是肌肉收缩的最小单位。A带中央有一个浅的M线。肌原纤维由收缩蛋白和调节蛋白组成，Ⅰ带由肌动蛋白构成的细肌丝组成，A带由凝肌球蛋白构成的粗肌丝组成。肌肉安静状态下，Z线两侧的Ⅰ带仅含细肌丝。在肌肉收缩状态下，Z线两侧的细肌丝向A带滑动而使肌节缩短。调节蛋白有原肌球蛋白和肌钙蛋白等，在钙离子的作用下，收缩蛋白和调节蛋白共同完成肌肉的收缩和舒张。肌肉在收缩过程中所需要的能量主要由线粒体提供（图14-3）。

肌原纤维表面有交织成网的网管系统，称肌质网，因沿肌原纤维纵行排列，又称纵管系统。肌质网在A带和I带交界处扩大成为终池。肌膜向内凹陷，形成与肌原纤维垂直的小管，称为横管或T管系统。T管穿行在肌质网的终池间隙内，与两侧的终池组成结合部，称为三联管结构，其内含钙离子。当神经兴奋时，信号通过神经肌肉接头到达肌纤维，肌细胞表面的动作电位通过T管系统经纵管向肌浆内扩散，导致终池内钙离子释放，引起肌肉收缩。

运动单位是指一个运动神经元所支配的范围。一个运动神经元的轴突可分出数十乃至数千分支分别与所支配的肌纤维形成突触。突触由突触前膜、突触后膜和突触间隙构成。突触前膜的囊泡中含大量乙酰胆碱分子，突触后膜即肌膜的终板含有许多皱褶，每个皱褶的隆起处存在许多乙酰胆碱受体，突触间隙非常狭小，充满了细胞外液，内含使乙酰胆碱降解的乙酰胆碱酯酶（图14-4）。

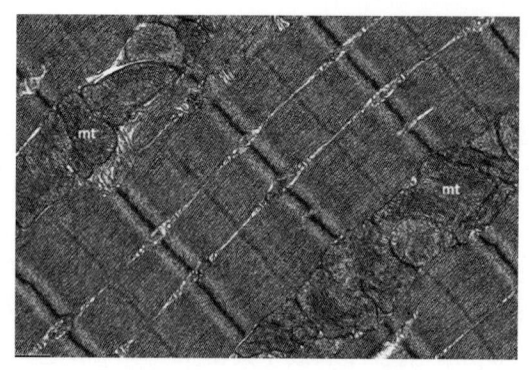

图14-3 正常骨骼肌电镜下结构

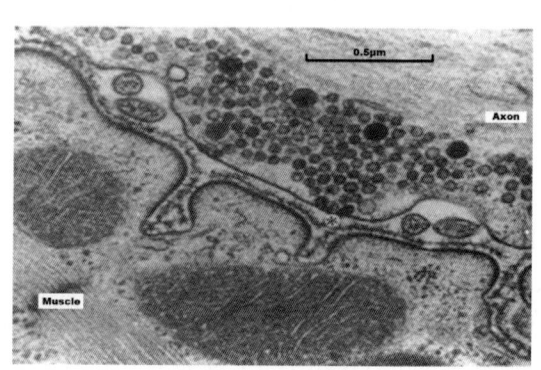

图14-4 神经肌肉接头超微结构

神经肌肉接头的传递过程是电学和化学传递相结合的复杂过程，当生物电冲动从神经轴突传到神经末梢时，电压门控钙离子通道开放，促使钙离子内流，囊泡膜与轴突膜融合并出现裂口，使囊泡中的乙酰胆碱以量子释放形式进入突触间隙。其中1/3乙酰胆碱分子弥漫到突触后膜与乙酰胆碱受体结合，使阳离子通道开放，引起细胞膜的钾、钠离子通透性改变，导致细胞膜的去极化，产生终板电位，促使钙离子从肌质网中释出，肌球蛋白与肌动蛋白结合，细肌丝向粗肌丝滑行并向肌节中心靠拢，使肌节变短，此时肌纤维呈收缩状态，多个运动单位的神经肌肉接头同时兴奋和肌纤维收缩则引起肌肉收缩；另1/3的乙酰胆碱分子被突触间隙中的乙酰胆碱酯酶分解成乙酸和胆碱而灭活；其余1/3的乙酰胆碱分子则被突触前膜重新摄取，准备下一次释放。随后，释放到肌浆中的钙迅速被肌质网纵管系统重吸收，肌浆中Ca^{2+}浓度降低，肌球蛋白与肌动蛋白解离，粗、细肌丝恢复到收缩前状态，引起肌肉舒张。与此同时，肌细胞外的K^+内流、Na^+外流以恢复静息膜电位，完成了一次肌肉收缩周期。

（二）病因及发病机制

导致骨骼肌损害的致病因素包括遗传性和获得性两大类，后者又包括感染、中毒、外伤、免疫性、营养性和肿瘤因素。这些因素导致肌纤维以及间质损害，出现肌无力表现。

肌纤维本身的损害包括肌营养不良、肌炎以及肌病。①肌营养不良为遗传基因突变导致的一类骨骼肌疾病，与肌纤维的蛋白质缺失、信号分子异常、酶蛋白功能缺陷、mRNA加工异常以及蛋白质翻译后修饰异常有关。病理特点是肌纤维出现肥大、发育不良和间质增生，伴随肌纤维坏死和再生，一般无炎细胞浸润。②肌炎是一种免疫异常或微生物感染导致的骨骼肌获得性疾病，常见类型主要是多发性肌炎、皮肌炎、免疫坏死性肌病和包涵体肌炎。病理特点是肌纤维出现坏死和再生以及炎细胞浸润，肌纤维可以有萎缩，通常肌纤维肥大和间质增生不明显。③肌病可分为有显著病理改变或无显著病理改变两大类。前者主要包括遗传性先天性肌病和代谢性肌病，可以在肌纤维内发现特征性的病理改变，无明显肌纤维肥大和萎缩，也没有间质增生和炎细胞浸润；后者主要包括内分泌性肌病以及遗传性或获得性离子通道病，常规组织学检查多正常。

神经肌肉接头疾病有遗传性因素导致的先天性肌无力综合征和免疫性因素导致的重症肌无力和兰伯特-伊顿（Lambert-Eaton）综合征。

（三）临床表现

1. 肌无力 超急性发病多出现在周期性瘫痪，急性或亚急性发病多出现在肌炎，缓慢发病出现在包涵体肌炎、肌营养不良以及先天性肌病。近端肌无力指骨盆带肌和肩带肌的无力，多见于肌营养不良和肌炎；远端肌无力指累及小腿、前臂以及手和足部肌肉的无力，多见于神经源性骨骼肌损害。波动性肌无力多见于周期性瘫痪、重症肌无力和代谢性肌病。活动后肌肉迅速疲乏常见于神经肌肉接头疾病，活动后缓慢出现无力和肌痛多出现在代谢性肌病。

2. 肌萎缩和肥大 神经源性肌肉损害一般萎缩早于无力，而肌源性肌肉损害一般肌无力早于肌萎缩。全身性的肌肥大多见于先天性肌强直和周期性瘫痪，局限性肌肥大多出现在肌营养不良，后者多为假性肥大，骨骼肌硬度加大。

3. 肌肉不自主运动 是神经兴奋性过高所致。肌束震颤指一束肌肉组织的不自主收缩，表现为肌肉表面细小的快速跳动，不引起关节的活动；肌肉颤搐是指一组肌肉在静止状态下出现持续、缓慢、不规则的颤动，呈蠕动样活动；肌强直是肌肉活动后不能及时放松，常持续数秒到 1 min，见于骨骼肌兴奋性增高的疾病，如强直性肌营养不良；肌痉挛指单块肌肉不自主的疼痛性收缩。

4. 肌张力 肌张力低下可以出现在神经肌肉病。

5. 肌痛 严重的肌痛出现在风湿性多肌痛、病毒性肌炎和肌筋膜炎，内分泌、肾性和血管炎性肌肉损害也可以伴有肌痛，活动后肌痛常见于代谢性肌病。

6. 关节畸形和肌挛缩 关节畸形与肌无力及肌张力下降发生比较早有关，多出现在肌营养不良、先天性肌病以及遗传性神经病。肌挛缩多由于肌肉间质内结缔组织增生所致，见于不同类型神经肌肉病的晚期。

7. 其他系统 合并心肺、皮肤、眼以及中枢神经系统等多系统损害的症状和体征多见于代谢性肌病和结缔组织病。

（四）辅助检查

1. 实验室检查 首先检查血清肌酸肌酶（CK），确定是否存在肌纤维损害；考虑到自身免疫性疾病的可能性，应该检查红细胞沉降率、C 反应蛋白、免疫球蛋白以及其他自身免疫指标；考虑到代谢性肌病，应该测定血乳酸和丙酮酸的比值；炎性肌病应该检查肌炎的特异性抗体。酶生化检查用于线粒体病、糖原累积病和脂肪代谢性肌病的诊断。

2. 肌电图 协助判断是否存在神经源性或肌源性骨骼肌损害，缩小鉴别诊断的范围。对于神经肌肉接头疾病和肌强直性肌病，电生理检查具有重要的诊断价值。

3. 肌肉活检 主要用于先天性肌病、肌炎和代谢性肌病、肌营养不良及神经源性肌萎缩的诊断。

4. 基因检查 对于基因突变明确的遗传性肌病可以进行基因检查，包括肌营养不良、周期性瘫痪、线粒体病、肌强直性肌病和先天性肌无力综合征等。

5. 影像学 目前主要有肌肉的 MRI 检查，通过分析不同肌肉的水肿和脂肪化改变，协助诊断并进行随访。

（五）诊断

依据起病方式、发病年龄、病情进展速度、肌无力累及范围、萎缩肌肉的分布及遗传方式，结合实验室检查及基因分析，可对各种肌肉疾病进行诊断和鉴别诊断。

(六) 治疗

治疗目的是提高患者的生存质量，需要医生、护士、患者和社会的配合。任何疾病都存在有效治疗的可能性，在定性诊断清楚的基础上进行相应的病因治疗。炎性肌病以调节免疫为主，代谢性肌病以替代治疗为主。肌营养不良以及其他肌病都应当进行物理治疗、矫形和心理治疗，尽可能维持患者的活动。所有肌肉疾病在手术中都应防止恶性高热发生。

第二节 肌营养不良

肌营养不良（muscular dystrophy，MD）是一类慢性进行性遗传性骨骼肌疾病。遗传方式包括常染色体显性遗传、隐性遗传和X连锁遗传。其发病与肌纤维的结构蛋白缺失、信号分子异常、酶蛋白缺陷、mRNA加工异常以及蛋白质翻译后修饰缺陷有关。临床特点为慢性进行性加重的对称性肌无力和肌萎缩，累及肢体和头面部，无感觉障碍。病理特点是肌纤维出现肥大、发育不良以及间质结缔组织增生，可以伴随肌纤维坏死和再生，一般无炎细胞浸润。CK多存在不同程度的升高，肌电图检查显示为肌源性损害。目前尚无有效的根治方法。

进行性肌营养不良的临床分类主要是根据遗传模式和受累肌肉的分布。常见的类型有面肩肱型肌营养不良、肢带型肌营养不良和强直性肌营养不良，其中肢带型肌营养不良又分为常染色体显性遗传型、隐性遗传型和性连锁遗传型，后者主要为抗肌萎缩蛋白病。少见类型还有眼咽型肌营养不良。

一、抗肌萎缩蛋白病

抗肌萎缩蛋白病（dystrophinopathy）是一种X连锁隐性遗传性肌病，主要包括Duchenne型肌营养不良（Duchenne muscular dystrophy，DMD）和Becker型肌营养不良（Becker muscular dystrophy，BMD）。DMD最常见，发病率约为1/3300活产男婴。

（一）病因及发病机制

抗肌萎缩蛋白的基因也称DMD基因，定位于Xp21.2，全长2.4～3.0 Mb，含79个外显子，编码的抗肌萎缩蛋白主要出现在靠近肌膜的肌浆内，也出现在脑神经细胞、视网膜细胞、性腺细胞以及心肌细胞，具有细胞支架、抗牵拉、防止肌细胞膜在收缩活动时撕裂的功能。该蛋白与肌膜上的抗肌萎缩相关糖蛋白结合，形成抗肌萎缩蛋白-糖蛋白复合体，在细胞外与肌纤维的基底膜粘连蛋白2连接，在细胞内与肌动蛋白连接，维持肌纤维膜的完整性。DMD基因突变引起肌纤维的抗肌萎缩蛋白缺乏或减少，导致肌膜损伤、细胞内慢性钙离子超载、异常免疫反应和细胞内信号转导异常等，造成肌细胞膜不稳定、肌纤维坏死和逐渐丧失再生能力，伴随出现慢性炎症，使肌纤维损害继续恶化。其病理特点是肌纤维肥大、发育不良、灶性坏死和再生以及结缔组织增生（图14-5）。DMD患者大脑皮质神经元突触区抗肌萎缩蛋白的缺乏可能是智力发育迟滞的原因。

（二）临床表现

DMD是我国最常见的X连锁隐性遗传的肌病，女性为基因携带者，所生男孩50%发病，女孩患病罕见。

（1）骨骼肌症状：起病隐袭，绝大多数患者散发出现，起病于儿童早期（3～5岁），一般有出生后运动发育延迟，表现为走路慢、行走时脚尖着地、跑步时易跌倒。肌无力以躯干和四肢近端为主，下肢重于上肢。由于髂腰肌和股四头肌无力而上楼及蹲位站立困难。背部伸肌无力使站立时腰椎过度前凸，臀中肌无力导致行走时骨盆向两侧上下摆动，呈典型的"鸭步"（图14-6）。由于腹肌和髂腰肌无力，患儿自仰卧位起立时必须先翻身转为俯卧位；然后屈膝关节和髋关节，并用手支撑躯干成俯跪位；再后以两手及双腿共同支撑躯干；再用手按压膝部以辅助股四头肌的肌力，身体呈深鞠躬位；最后双手攀附下肢缓慢地站立。上述动作称为 Gower 征（图 14-7），为 DMD 的特征性表现。较晚出现肩胛带肌、上臂肌受累，举臂无力，由于前锯肌和斜方肌萎缩无力，举臂时不能固定肩胛骨内缘，使肩胛骨远离胸壁，翼状竖起于背部，宛如鸟翼称为"翼状肩胛"。肢体近端肌萎缩明显，早期约 90% 的患儿有肌肉假性肥大，以腓肠肌最明显，触之坚韧，称"假性腓肠肌肥大"（图 14-8），为首发症状之一。因萎缩肌纤维周围被脂肪和结缔组织替代，故体积增大但肌力减弱。膝跳反射常在病程早期即减弱或消失，跟腱反射可存在多年。随病情发展，在 4～5 岁开始出现踝关节的挛缩，伴随出现四肢近端肌萎缩。多在 12 岁前不能独立行走。因肌肉挛缩最终卧床不起。在 20～30 岁时因呼吸肌萎缩而出现呼吸道感染、呼吸衰竭、心力衰竭而死亡。

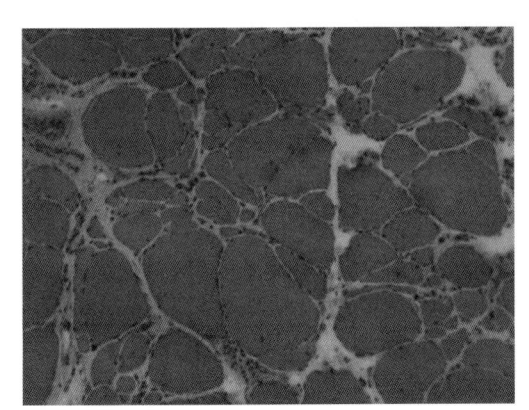

图 14-5（见书后彩图） DMD 肌纤维肥大、坏死、结缔组织增生

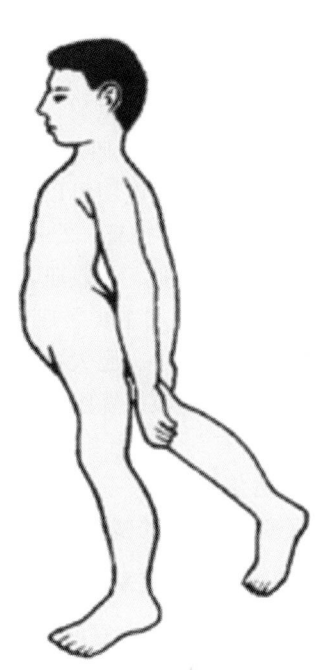

图 14-6 鸭步

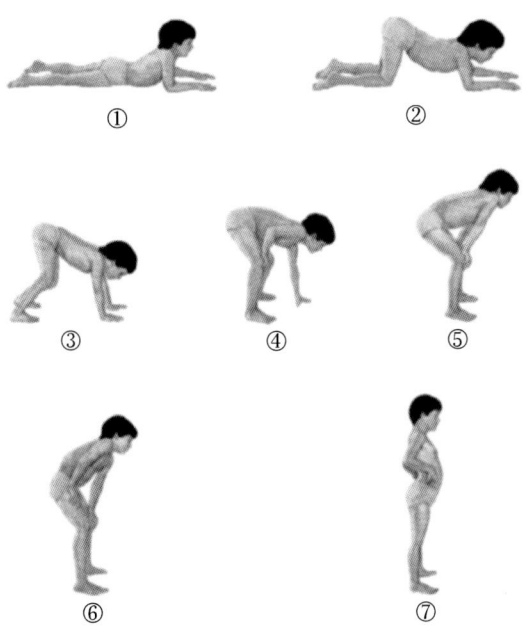

图 14-7 Gower 征

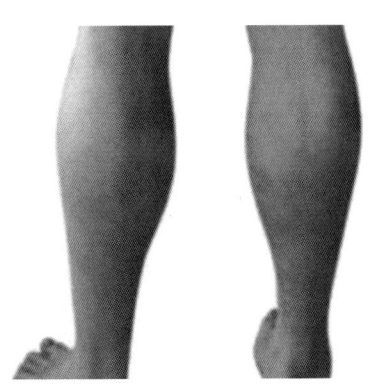

图 14-8 DMD 假性腓肠肌肥大

（2）其他系统：在十余岁时出现心肌病变、心脏扩大、心瓣膜关闭不全、心律失常、心电图异常等。1/3患儿有不同程度的智能障碍。骨密度减低容易骨折。早期因平滑肌受累出现胃动力障碍，也可以出现巨结肠、肠扭转、肠痉挛和吸收障碍等。

BMD是较少见的良性进行性肌营养不良症，呈X连锁隐性遗传，与DMD是等位基因病，因此有DMD的必备特征。发病率为DMD患者的1/10。多在5～15岁起病，病情进展较慢，病程可达25年以上。首先累及骨盆带肌和下肢近端肌肉；心脏很少受累，然而一旦受累则比较严重，极易发生心力衰竭，威胁生命；智力正常。预后较好，接近正常生命年限。

DMD和BMD均有血清酶CK和LDH显著升高，为正常值的25～200倍。肌电图表现为肌源性损害。肌肉MRI检查显示变性肌肉呈"虫蚀现象"。

（三）辅助检查

1. 血生化 血清CK增高，早期可达正常人的50倍以上，出生后即可不正常，到疾病晚期逐渐下降。谷丙转氨酶、谷草转氨酶亦可增高。

2. 电生理检查 肌电图出现典型的肌源性损害表现，到后期成为电静息状态。神经传导速度一般正常。心电图可以发现窦性心动过速和其他异常。

3. 肌肉MRI检查 2～3岁可以发现臀大肌和内收肌的水肿，在3～4岁开始出现肌肉的脂肪化，但缝匠肌、长收肌、股薄肌以及半腱肌脂肪化相对较轻为其特点。

4. 肌肉活检 主要表现为肌肉组织的坏死和再生、间质脂肪和结缔组织增生。早期可见肌纤维坏死、再生、肥大和发育不良等，随着病情进展肌纤维大部分消失，结缔组织增生逐渐明显，最后全部被结缔组织替代。免疫荧光染色可以发现DMD的肌纤维缺乏抗肌萎缩蛋白，在BMD只有部分肌纤维缺乏该蛋白。

5. 遗传学检测 70%的DMD患者存在DMD基因缺失和重复，30%的患者存在DMD基因点突变。BMD的基因突变具有类似规律。

（四）诊断及鉴别诊断

1. 诊断 根据5岁前发病、缓慢发展的四肢无力、腓肠肌肥大、血清CK显著增高和肌电图的肌源性损害，可以考虑DMD的可能性；如果在5岁后发病，疾病发展相对缓慢，可以考虑为BMD。确诊需要进行DMD基因检查。95%的DMD以及85%的BMD患者都可以通过基因检查而明确诊断。如果家系成员的基因突变已知，可以进行产前诊断。需要注意的是约30%的病例为新发突变。

2. 鉴别诊断 需与其他类型的肢带型肌营养不良、先天性肌营养不良、少年型近端型脊髓性肌萎缩等鉴别，这些疾病需要通过基因检查和骨骼肌的病理检查加以区别。少数儿童患者没有明显的肢体无力，只是在检查时发现肝转氨酶和CK异常升高，常常会误诊为肝病，应注意进行DMD基因检查。

（五）治疗

无特效治疗方法，以对症及支持治疗为主。

适宜的对症治疗可以改善患者生活质量。如适当锻炼，尽可能保持肌肉活动，可以防止肌萎缩和关节挛缩，但不鼓励剧烈活动。支具和手术对防止关节畸形和挛缩有重要价值。呼吸肌瘫痪者早期应用呼吸机辅助呼吸可以有效延长生存时间。在饮食方面应注意低蛋白质、低糖饮食，少量多餐。防止过食，肥胖可加重运动困难。保证维生素D和钙剂的摄入，防止骨折。糖皮质激素可以改善肌肉力量和功能，2～4岁开始治疗，泼尼松每周5～10 mg/kg，周五和周六用2.5～5 mg/(kg·d)，或给予0.75 mg/(kg·d)。注意补充钾和钙，也可以加用辅酶Q10以提高治疗效果。禁止用的药物包括抗胆碱能药物和神经节阻滞剂，这些药物可以降低肌力。禁用心脏毒性药物如氟烷。

(六) 预后

多数预后差，部分预后较好，寿命可接近正常年限。

二、强直性肌营养不良

强直性肌营养不良（myotonic dystrophy，DM）是一种常染色体显性遗传性骨骼肌疾病，为第二常见的肌营养不良。主要包括两种类型，即 DM1 和 DM2 型。我国以 DM1 型最常见。

(一) 病因及发病机制

DM1 和 DM2 型都由三核苷酸序列重复扩展引起。DM1 型在 19 号染色体短臂上的 DM 蛋白激酶基因 3'-端非翻译区存在一个三核苷酸串联重复序列，即 p(CTG)n 结构，正常人的 p(CTG)n 结构中的 n 拷贝数为 5~40，而患病者的 n 为 50~2000，称为 (CTG)n 动态突变。该异常扩展的 p(CTG)n 影响基因的表达，对细胞有毒性损害而发病。重复的数目越多，患者的症状越严重，发病年龄越早。DM2 型则由 3 号染色体短臂上的锌指结构 9 基因第一个内含子中的 CCTG 序列重复扩展引起，正常人 CCTG 的重复扩展次数为 10~30，在患者增加到数千。重复扩展产生的"有毒 RNA"可以干扰其他蛋白质的合成，导致骨骼肌出现特征性的多个核内移现象和肌浆块形成（图 14-9）。此外还出现 I 型肌纤维萎缩和 II 型肌纤维肥大。在疾病末期常伴随结缔组织增生。

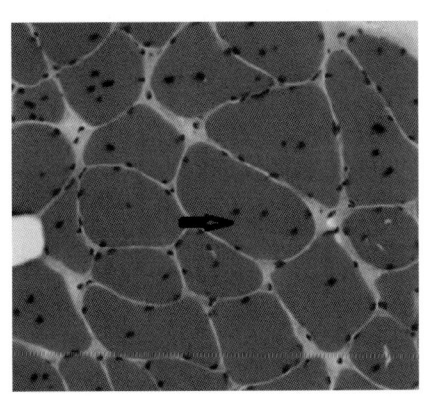

图 14-9（见书后彩图） HE 染色可见大量核内移（箭头）

(二) 临床表现

DM1 型的患病率大约是 1∶7400，而 DM2 型相对罕见。多在青春期或 30 岁以后起病，男性多见；起病隐袭，进展缓慢；严重程度差异较大，部分患者可无自觉症状，发病越早，症状越明显。最常见的临床表现为肌强直、肌无力和肌萎缩，伴随其他系统损害。

1. 肌强直 为本病最显著的特征，是指随意收缩或电刺激后肌肉延迟放松，主要影响手部动作、行走和进食。肌强直在寒冷状态下更为明显，反复活动后肌强直反而会逐渐减轻，表现为用力握拳后不能立即将手伸直，需重复数次才能放松；或用力闭眼后不能立即睁眼；或想咀嚼时不能张口。叩诊锤叩击四肢肌肉、躯干甚至舌肌时，可见局部肌丘形成，持续数秒后才能恢复，该现象具有诊断价值。肌强直可以与肌无力同时或先后出现，严重无力的肌肉一般无肌强直。

2. 肌无力和肌萎缩 无力见于全身骨骼肌，常伴面肌无力和上睑下垂，可在肌强直数年后发生。肌萎缩常最先累及前臂和手部肌肉，逐渐累及头面部肌肉、四肢近端肌和躯干肌。由于面肌无力和萎缩出现睡眠松弛表情和张口，闭眼时处于半张状态，即肌病面容；颞肌和咬肌萎缩最明显，导致下半面部变窄，下颌骨变薄错位，与上睑下垂、额部脱发和前额皱起共同构成患者面容瘦长，颧骨隆起，呈"斧状脸"；胸锁乳突肌变薄无力，使颈部瘦长前屈形成"鹅颈"；胫前肌萎缩可致行走困难、足下垂及跨越步态；咽喉部肌萎缩者有构音障碍和吞咽困难。随疾病的不断发展，逐渐累及四肢近端肌肉。

3. 其他系统受累表现 病变程度与年龄密切相关，大多在成人后出现。

（1）眼部症状：多表现为晶状体混浊和白内障，少数患者有眼压下降、视网膜变性和角膜溶解等。

（2）心脏异常：58%～87%的患者出现心电图改变，包括心脏传导阻滞、心肌病和二尖瓣脱垂。

（3）内分泌异常：多数男性患者出现睾丸萎缩、第二性征缺乏、性欲低下和性功能减退；近半数女性出现卵巢功能低下，月经过多或过少，过早停经，甚至不孕，妊娠妇女流产率比较高；少数患者出现糖尿病或糖耐量异常，许多患者出现秃顶。

（4）消化道症状：出现吞咽困难、弛缓性便秘、直肠痉挛和肛门括约肌松弛，部分患者有胆结石。

（5）骨骼改变：颅骨板肥厚、小蝶鞍以及胸部脊柱后突畸形。

（6）神经系统损害：出现听力下降和振动觉减退，儿童患者出现智力和运动发育迟滞，少数成年患者出现智力下降。

（三）辅助检查

1. 血生化 CK正常或轻度升高。促卵泡激素、绒毛膜促性腺激素升高。35%患者糖耐量异常或胰岛素升高。

2. 肌电图 肌电图出现典型的肌强直放电对诊断具有重要意义。在1岁内肌电图即可以发现异常，表现为受累肌肉出现连续高频强直波逐渐衰减，肌电图扬声器发出一种类似轰炸机俯冲样声音。

3. 肌肉活检 出现Ⅰ型肌纤维萎缩、Ⅱ型肌纤维肥大，显著的核内移现象以及肌浆块，伴随轻度的间质增生改变。

4. 基因检测 是明确诊断首先选择的检查方法。DM1型患者DM蛋白激酶基因中CTG的重复次数增加到50以上，严重者超过1000。DM2型患者锌指结构9基因CCTG的重复扩展次数增加到数千。

（四）诊断和鉴别诊断

1. 诊断 诊断标准包括：①累及头面肌肉的肌萎缩和肌强直，有其他系统损害的表现，体检可见肌强直、肌丘的特点；②肌电图提示强直放电；③基因检查在DM1发现DM蛋白激酶基因出现（CTG）n重复异常扩增，在DM2发现锌指结构9基因出现（CCTG）n重复异常扩增。

2. 鉴别诊断 首先，排除非肌营养不良性肌强直疾病，主要是各种类型的先天性肌强直，这些疾病虽然出现肌强直现象，但肌萎缩和无力不明显，肌肉活检也没有显著的多核内移现象以及肌营养不良改变。其次，排除其他出现面肌无力的疾病，眼咽型肌营养不良和面肩肱型肌营养不良尽管也和三核苷酸异常重复扩增有关，出现面部肌肉的无力，但这些疾病无肌强直现象。再次，患者的四肢无力应当排除肢带型肌营养不良，同样无肌强直现象。

（五）治疗

肌强直一般不需要进行药物治疗，影响到患者的日常生活时才成为用药的指征。可选用普鲁卡因胺、苯妥英钠或卡马西平等，但心脏传导异常可以因普鲁卡因胺和苯妥英钠治疗而加重，因此应当进行心电监护，及时调整用药。常用剂量：普鲁卡因胺1g，每日4次，口服；苯妥英钠0.1g，每日3次；或卡马西平0.1～0.2g，每日3次。

肌强直对肌松药非常敏感，手术前务必把患者的肌肉疾病情况通知麻醉师，否则会加重病情。对于肌营养不良可以给予理疗康复、高蛋白质饮食和生活护理，内分泌异常可以给予相应治疗，白内障可以进行手术治疗。

DM1 型患者的寿命缩短，尤其是发病早及近端肌受累者。

(六) 预后

幼年发病者预后较差，多在未成年就死亡。成年发病者预后较好，可不影响寿命。

三、面肩肱型肌营养不良

面肩肱型肌营养不良（facioscapulohumeral muscular dystrophy，FSHD）是第三个最常见的肌营养不良类型，其发病率是（1~5）/10 万。

(一) 发病机制

基因定位在 4 号染色体长臂末端（4q35），在此区域有一个与 KpnI 酶切位点相关的 3.3 kb DNA 重复片段（D4Z4）复制缺失。对于正常人来说，这个片段长度为 35~300 kb，D4Z4 拷贝数为 11 个以上，而 FSHD 患者只有 11 个或更少的重复片段。虽然重复区域没有转录，但缺失影响到邻近基因的表达。肌肉活检可以发现病理改变在不同患者间变异非常大，有些患者出现肌纤维肥大，非常小的肌纤维分散出现在大肌纤维之间，可以伴随炎细胞浸润；有些患者仅出现个别小的肌纤维。

(二) 临床表现

本型属常染色体显性遗传，男性多见，而且发病早，临床表现的外显率具有年龄依赖性，发病年龄在 10~50 岁之间，绝大多数病例在 20 岁以前，具有遗传早显现象，即在连续几代的病例中发病年龄提前。

症状的发展从面部到上肢，再到下肢。在疾病的早期面部和肩带肌无力是 FSHD 的标志性症状。面部肌肉的无力表现在睫毛征阳性，不能吹哨、皱嘴和鼓腮。受累的患者在试图笑时，稍稍撅起的嘴角会出现特征性的酒窝，为肌病面容。肩带肌肉无力会导致手臂上抬困难，当试图上举时会出现翼状肩胛。病情进展缓慢，有些患者逐渐累及躯干肌和骨盆带肌，造成严重的脊椎前弯和无法步行，可有腓肠肌假性肥大。腹部肌无力常出现在疾病的晚期。一般不影响正常寿命，大约 20% 需坐轮椅。

儿童发病者可以伴随神经性耳聋、咽喉肌受累症状、智能低下及视网膜毛细血管扩张症等。

(三) 辅助检查

1. 血生化 血 CK 正常或升高低于正常高限的 5 倍。

2. 肌电图 大多数为肌源性损害，个别患者可有神经源性损害；神经传导速度正常。

3. 肌肉活检 骨骼肌病理改变在不同患者之间存在非常大的差异，严重者出现肌营养不良改变伴随炎细胞浸润。

4. 基因检查 是确定诊断首选的检查，阳性率达 95%。用 EcoR1 和 BlnI 两种限制性内切酶进行双消化。患者的 D4Z4 拷贝数只有 11 个或更少。

(四) 诊断和鉴别诊断

1. 诊断 根据典型的面部和肩带肌无力表现、血清 CK 轻度升高和肌源性肌电图改变，可以初步考虑到 FSHD 的可能性，通过基因检查可以确定诊断。

2. 鉴别诊断 需要排除其他青少年或成年发病的以累及面肌为特点的骨骼肌疾病。进行性眼外肌瘫痪的主要特点是进行性上睑下垂和眼球活动障碍，少数患者在疾病晚期出现四肢肌肉的无力，肌肉活检可以发现破碎红纤维。DM 也出现面肌瘫痪，但有显著的肌强直现象。眼咽型肌营养不良也是以眼球运动障碍为主，伴随出现吞咽困难和四肢近端的无力，肌肉活检可以发现肌纤维内镶边空泡以及电镜下发现核内包涵体。

(五) 治疗

无特效治疗方法，以对症及支持治疗为主。对于患者的闭眼困难，应当防止干燥性眼炎的发生，可以在患者睡眠时用胶纸把眼睛暂时封起来。对于翼状肩胛可采取手术治疗。

四、肢带型肌营养不良

肢带型肌营养不良（limb-girdle muscular dystrophy，LGMD）是一类具有高度遗传异质性和表型异质性的以累及盆带和肩带肌为主要临床特点的常染色体显性或隐性遗传性肌肉疾病。根据遗传方式，显性遗传型被归为 LGMD1，隐性遗传型则被归为 LGMD2。每个亚型按字母顺序加以后缀而命名。现在已经确定了由不同基因突变所致的 8 个显性遗传型（LGMD1A～1H）和 19 个隐性遗传型（LGMD2A～2S）。

（一）病因及发病机制

LGMD 不同亚型存在各自的基因突变（表 14-1），其中部分类型的编码蛋白不清楚。不同的基因突变导致各种肌纤维细胞外基质蛋白、肌膜蛋白、肌节相关蛋白、核膜蛋白及酶等缺陷，出现肌纤维发育不良、肥大，伴随间质增生。个别类型可以出现显著的炎细胞浸润。在部分类型，免疫组织化学或荧光染色可以发现蛋白质的缺乏。

表 14-1　各亚型肢带型肌营养不良相关的基因与蛋白质

LGMD 亚型	基因位点	缺陷蛋白
LGMD1A	5q31	肌缩素
LGMD1B	1q11～q21	核纤层蛋白 A/C
LGMD1C	3p25	小窝蛋白-3
LGMD1D	6q23	DNAJB6
LGMD1E	2q35	结蛋白
LGMD1F	7q32	TNPO3
LGMD1G	4q21	?
LGMD1H	3p23	?
LGMD2A	15q15.1	钙蛋白酶-3
LGMD2B	2p13	奇异不良素
LGMD2C	13q12	γ-肌聚糖蛋白
LGMD2D	17q12～q21.33	α-肌聚糖蛋白
LGMD2E	4q12	β-肌聚糖蛋白
LGMD2F	5q33～q34	δ-肌聚糖蛋白
LGMD2G	17q11～q12	肌动蛋白链接素
LGMD2H	9q31～q34	TRIM 32 蛋白
LGMD2I	19q13.3	蛋白 O-甘露糖基转移酶 5，福山素相关蛋白
LGMD2J	2q31	肌联蛋白
LGMD2K	9q34	蛋白 O-甘露糖基转移酶 I
LGMD2L	11p14	ANO5
LGMD2M	9q31	蛋白 O-甘露糖基转移酶 4
LGMD2N	14q24	蛋白 O-甘露糖基转移酶 2
LGMD2O	1p32	蛋白 O-甘露糖基转移酶 3
LGMD2P	3p21	蛋白 O-甘露糖基转移酶 7
LGMD2Q	8q24	网格蛋白
LGMD2R	2q35	结蛋白
LGMD2S	4q35	TRAPPC11

(二)临床表现及分型

男女均可患病,多在 10~20 岁起病。所有 LGMD 疾病均起病隐匿,发病年龄在不同亚型之间存在明显的差异,共同临床特征是骨盆肌和肩胛带肌的进行性无力,几乎同等程度受累,可先后发病(表 14-2),表现为骨盆带肌肉萎缩、腰椎前凸、鸭步、上楼困难,可有腓肠肌假性肥大;肩胛带肌肉萎缩、抬臂和梳头困难、翼状肩胛,少数类型可以伴随心肌病,面部肌肉通常不受累。进展缓慢,平均起病后 20 年左右丧失劳动能力。

表 14-2 肢带型肌营养不良的分类及临床表现

LGMD 亚型	起病(岁)	临床表现	CK
LGMD1A	18~40	近端无力,50% 有心肌病,10 年后不能行走	<15×
LGMD1B	4~38	近端肌无力。2/3 患者有心肌病	<20×
LGMD1C	5~40	肢带肌无力,远端肌病,涟漪肌病,高 CK 综合征	<40×
LGMD1D	30~60	近端无力,大腿后部重于前部,少数吞咽困难	<5×
LGMD1E	20 或更晚	近端无力,心律失常和扩张型心肌病	<4×
LGMD1F	1~58	近端无力,晚期远端无力,发病早、进展快	<15×
LGMD1G	30~47	轻度近端无力,晚期指(趾)屈受限	<9×
LGMD1H	16~50	近端无力,腓肠肌肥大	<10×
LGMD2A	2~40	四肢无力,腓肠肌萎缩,部分晚期不能行走	<80×
LGMD2B	17~23	轻度下肢远端无力,30 岁后不能行走	<70×
LGMD2C~2F	3~15	严重者类似 DMD,2C 型和 2F 型 20 岁前死亡	<50×
LGMD2G	9~15	轻度四肢无力,腓肠肌肥大,心脏损害	<30×
LGMD2H	15~30	近端无力,颈无力,晚期不能行走	<20×
LGMD2I	10~40	近端无力,腓肠肌肥大,晚期不能行走	<100×
LGMD2J	5~25	近端无力,晚期远端受累	<2×
LGMD2K	1~3	认知障碍,轻度无力,腓肠肌肥大	<40×
LGMD2L	11~50	股四头肌无力,肌痛,腓肠肌肥大	<30×
LGMD2M	<0.5	四肢无力,腓肠肌肥大,不能行走	<40×
LGMD2N	生后发病	运动延迟,腓肠肌肥大,翼状肩胛	8~15×
LGMD2O	平均 12	四肢近端无力	>25×
LGMD2P	<10	四肢近端无力,智力发育迟缓	很高
LGMD2Q	儿童早期	四肢近端无力	<20×
LGMD2R	各个年龄	四肢近端无力,心肌病	<10×
LGMD2S	儿童	肢体近端无力,髋关节移位,伴随中枢损害	<15×

(三)辅助检查

1. 血清 CK 呈不同程度升高。

2. 肌电图 呈肌源性损害的特点,神经传导速度正常。

3. 肌肉活检 肌纤维出现肥大、发育不良、核内移增多和结缔组织的增生,部分类型出现个别肌纤维坏死、再生以及分裂改变。各个亚型可能存在一定的差异,如在 LGMD2B 型常常伴随大量的炎细胞浸润，而在 LGMD1A 型常存在大量分叶肌纤维。有些类型可以通过免疫组织化学染色确定其亚型。

4. 肌肉 MRI 检查 可以观察到不同 LGMD 亚型的肌肉存在脂肪化和水肿改变，但还不能达到区别不同亚型的目的。

5. 遗传学检测 基因检查可以协助 LGMD 各个亚型的诊断。

（四）诊断及鉴别诊断

1. 诊断 患者出现缓慢进展的四肢近端无力、CK 升高和肌电图呈肌源性损害，在临床上应当考虑到 LGMD 的可能性。肌肉活检提示肌营养不良改变，在排除抗肌萎缩蛋白病后，可以确定是 LGMD。不同 LGMD 亚型的诊断主要依靠基因检查，但也应当在基因检查后进行病理检查，以确定蛋白质丢失的程度。

2. 鉴别诊断 首先，须除外 X 连锁抗肌萎缩蛋白病，行 DMD 基因检测或肌肉活检的抗肌萎缩蛋白免疫组织化学染色可以明确诊断。其次，先天性肌病也可以出现肢带型的肌无力，但肌肉活检可以发现该病特征性的病理改变。再次，多发性肌炎一般发病比较急，肌肉活检可以发现肌纤维坏死，肌纤维肥大不明显，免疫组织化学染色可以发现肌纤维膜各种结构蛋白表达正常，间质增生不明显。

（五）治疗

治疗目的主要在于延长寿命，改善生活质量。可采取以下措施：①控制饮食防止肥胖；②丙种球蛋白在个别 LGMD2B 患者可以增加肌肉力量和延缓疾病的发展，可能和药物的抗炎和减轻纤维化的作用有关；③物理康复和伸展训练提高关节活动性和维持肌肉力量，防止挛缩；④应用机械辅助装置协助行走和活动；⑤整形外科干预治疗关节挛缩。此外还需要进行呼吸机辅助呼吸、亚临床心肌病的监测，以及社会和心理支持及鼓励等。

第三节 炎性肌病

炎性肌病是一种免疫异常或微生物感染所导致的骨骼肌炎性疾病，包括免疫性肌病和感染性肌病。该病以骨骼肌的变性、坏死及淋巴细胞浸润为病理特点，临床上免疫性肌病比感染性肌病常见，成年人常见类型为多发性肌炎（polymyositis，PM）、皮肌炎（dermatomyositis，DM）、免疫坏死性肌病和包涵体肌炎（inclusion body myositis，IBM）。

（一）病因及发病机制

PM 和 DM 发病机制与免疫失调有关，包括细胞免疫和体液免疫的异常。50% 的患者抗核抗体阳性，90% 的患者血清抗肌球蛋白抗体阳性。PM 以细胞免疫异常为主，T 细胞毒性淋巴细胞直接导致肌纤维的破坏，细胞间黏附分子、白细胞介素-1α 与炎性细胞的浸润密切相关。主要病理改变是肌纤维坏死及以肌内膜为主的 $CD8^+$ T 淋巴细胞浸润，可以看到炎细胞侵入非坏死的肌纤维，散在出现肌纤维坏死、再生。DM 发病与抗原刺激导致补体激活、膜攻击复合物形成有关，出现毛细血管坏死和微栓塞形成。在肌肉组织中可检测到多种细胞因子，说明促炎症细胞因子在 DM 发病中也有一定作用。核心病变是炎细胞浸润、毛细血管坏死和肌纤维变性。炎细胞浸润主要位于血管周围或肌束膜，以 B 淋巴细胞浸润为主。毛细血管密度明显下降是最具特征性的病理改变，电镜检查可以在残存的血管内皮细胞发现管网包涵体。肌纤维变性和萎缩主要出现在肌束周围（束周萎缩现象）（图 14-10）。免疫坏死性肌病主要和体液免疫异常有关，骨骼肌存在明显的肌纤维坏死和再生，伴随肌纤维直径异常加大和间质增生，缺乏炎细胞浸润。IBM 的实质是肌纤维的变性，除具有 PM 的病理改变特点外，还伴随肌纤维的镶边空泡形成和类淀粉蛋白沉积，电镜检查可以在肌纤维胞质或核内发现管丝包涵体。

另外，多发性肌炎（PM）有家族报道，说明遗传因素参与了发病；部分患者病前有病毒感染史，推测病毒直接感染可能是多发性肌炎发病的一个因素。

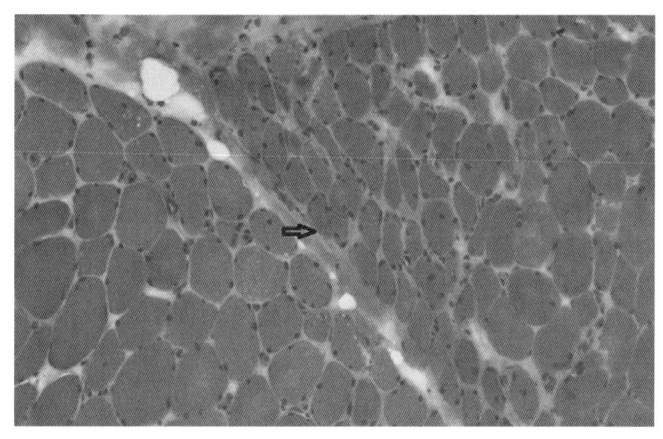

图 14-10（见书后彩图） 皮肌炎患者 HE 染色
可见束周萎缩现象（箭头），为皮肌炎特征性病理改变

（二）临床表现

PM、DM 和 IBM 多为急性和亚急性起病，部分患者慢性起病，逐渐进展，数天、数周或数月达高峰。病前可有感染史。DM 在任何年龄均可发病，一般认为有两个高峰，儿童和 30～60 岁，男女均可受累。PM 和免疫坏死性肌病多在成年发病。IBM 在 50 岁以后发病，我国患者发病率目前在逐渐增加。病前可有感冒或低热史。

1. 肌肉症状 肌无力常为首发症状，从骨盆带肌开始逐渐累及肩胛带肌和四肢近端肌，表现为起蹲、上下楼梯困难及双臂不能高举、梳头困难等，对称或不对称。颈肌无力致抬头困难，咽喉肌无力致构音和吞咽困难，呼吸肌受累则出现胸闷、呼吸困难。常伴有关节和肌肉的自发性疼痛或压痛，但有 30%～40% 的患者没有肌痛。少数有心肌受累，一般不侵犯眼外肌，无感觉障碍。晚期有明显的肌肉萎缩和关节挛缩。

IBM 缓慢发病，出现手指的屈曲无力和股四头肌的无力。少数患者出现吞咽困难和构音障碍。

2. 皮肤受累 这是 DM 的特点，皮疹可在肌肉症状之前、之后或与肌肉症状同时出现。典型表现包括：①眼睑淡紫色皮疹，一侧或双侧眼睑出现，常伴眼睑或面部水肿；②Gottron 征，皮疹位于关节伸面，多见于肘、掌指、近端指间关节处，表现为伴有鳞屑的红斑、皮肤萎缩、色素减退；③暴露部位皮疹，可见面、颈、前胸、背或肩红斑（披肩征），阳光下加重；④甲皱毛细血管扩张和甲皱红斑，皮疹可伴有瘙痒感，早期为紫红色充血性皮疹，逐渐转为棕褐色，后期出现脱屑、色素沉着和硬结。DM 伴结缔组织病较 PM 多见。

3. 其他系统损害 在 PM 和 DM 可以出现：①血管炎，出现胃肠黏膜坏死、胃肠穿孔或视网膜血管炎等，表现为恶心、呕吐、痉挛性腹痛或视力障碍等。②关节挛缩，主要出现在 DM。③心脏病，约 42% 的患者出现心脏损害，表现为心律失常、心力衰竭、心肌炎、心包积液等，可发生猝死。④间质性肺病，约 16% 的患者合并间质性肺炎、肺纤维化、弥漫性肺泡损伤，出现咳嗽、呼吸困难等，严重者出现死亡。⑤皮下钙化，主要出现在 DM，是预后不良的征象，特别在身体受压部位。⑥伴发其他结缔组织病，出现于 15%～30% 的 PM/DM 患者，女性明显高于男性；依次为系统性硬化病、类风湿关节炎、系统性红斑狼疮、干燥综合征、结节性多动脉炎。⑦恶性肿瘤，主要出现在 50 岁以上者，特别是 DM，但不出现在儿童 DM。

IBM 可以合并其他老年性疾病，如糖尿病、高血压病、其他免疫性疾病以及周围神经病，

第十四章 骨骼肌及神经肌肉接头疾病

一般不合并恶性肿瘤。

(三) 辅助检查

1. 实验室检查 急性期周围血白细胞增高，红细胞沉降率增快；大多数 PM 和 DM 患者血 CK 水平增高，达正常的 10 倍以上，免疫坏死性肌病达正常的 20～40 倍，IBM 一般不超过正常的 10 倍，增高程度与病变严重程度相关。1/3 患者类风湿因子和抗核抗体阳性，免疫球蛋白及抗肌球蛋白抗体增高。24 h 尿肌酸可增高。如合并横纹肌溶解者，可出现肌红蛋白尿。

2. 肌炎抗体检查 不典型 DM 出现抗 RNA 合成酶抗体和抗 Mi-2 抗体等，出现这些抗体提示较少合并肿瘤。而免疫坏死性肌病可以发现抗信号识别颗粒抗体。

3. 肌电图 肌电图呈典型的肌源性损害表现：自发电活动增多伴纤颤电位、复合重复放电和正锐波。运动单位电位为低波幅、短时限和多相电位，神经传导速度通常正常。在部分 IBM 患者有时表现为神经源性损害。

4. 肌肉活检 肌纤维坏死、再生为主要病理改变，除免疫坏死性肌病外，其他类型都存在炎细胞浸润；肌纤维肌膜上出现主要组织相容性复合物 I 型抗原，存在于所有类型的炎性肌病，但免疫坏死性肌病改变比较轻。

5. 影像学研究 MRI 有助于评价疾病活动性和指导治疗，一般 DM 的肌肉水肿最明显，累及皮下脂肪；免疫坏死性肌病和 IBM 的肌肉脂肪化最明显。

(四) 诊断和鉴别诊断

1. 诊断 首先根据发病特点、四肢无力、血清 CK 升高和肌源性肌电图损害特征，在临床上提出 PM 的诊断，如果年龄在 50 岁以上、发病比较缓慢应当考虑到 IBM 的可能性。如果同时出现 DM 典型皮疹，考虑 DM 的可能性（表 14-3）。肌肉活检发现各种肌炎的典型病理改变可以明确诊断。在此基础上应注意是否合并其他结缔组织病和恶性肿瘤，还需要通过抗体检查进一步确定不同炎性肌病的亚型。

表 14-3 肌炎诊断标准

1. 对称性进行性近端肌无力
2. CK 升高
3. 肌电图示肌源性损害
4. 肌活检示肌纤维坏死、再生和炎细胞浸润
5. 皮肤特征性皮疹：①眼睑紫红色斑或眶周水肿性紫红色斑；②Gottron 征；③颈和上胸的"V"字形斑及"披肩征"
符合前 4 条诊断 PM，符合前 2～3 条诊断可能 PM；增加第 5 条诊断 DM。

2. 鉴别诊断 主要包括下列疾病。

（1）肢带型肌营养不良：因有四肢近端和骨盆、肩胛带肌无力和萎缩，肌酶增高而需与多发性肌炎鉴别。但本病常有家族史、无肌痛，肌活检可以发现肌纤维肥大、萎缩和间质增生等肌营养不良的典型改变可资鉴别。肢带型肌营养不良 2B 型、面肩肱型肌营养不良可以发现炎细胞浸润，需行免疫组织化学检查或基因检查加以排除。

（2）脂肪累积性肌病：本病出现亚急性发病的四肢无力，进展较快时非常类似于多发性肌炎，但给予糖皮质激素治疗后症状改善速度比 PM 快，肌肉活检可以发现肌纤维内大量的脂肪滴沉积，无炎细胞浸润。

（3）风湿性多肌痛：该病也是在 50 岁后发病，明显的肌肉疼痛为主要特点，患者常因为疼痛而限制其肢体的活动，显著的红细胞沉降率加快和 C 反应蛋白升高为其实验室特点，CK 正常。肌肉活检只出现 II 型肌纤维萎缩。糖皮质激素治疗具有戏剧般的效果。

(五) 治疗

其治疗包括药物治疗、支持治疗和对症治疗。注意加强营养并适当活动。重症患者在卧床休息同时要被动活动肢体，防止关节挛缩和失用性肌萎缩。恢复期可行康复治疗。PM 和 DM 的药物治疗首先选择糖皮质激素，严重患者加硫唑嘌呤和甲氨蝶呤，或免疫球蛋白静脉滴注。治疗无效可以使用单克隆球蛋白抗体。药物使用要及时、足量和足疗程。IBM 没有疗效明确的药物，可以试用免疫球蛋白静脉滴注。

1. 糖皮质激素 DM 和 PM 治疗的首选药物。第一阶段为治疗期，4～8 周，泼尼松 60～80 mg/d 或 1～2 mg/(kg·d)（最大不超过 100 mg/d），同时补充钾和钙。病情稳定后进入第二阶段的巩固疗效和防止复发期，开始每月泼尼松减少 10 mg，到 50～60 mg，而后每月减少 5 mg。儿童维持剂量为 10 mg/d，至疾病控制，可以考虑停药，成年人一般需要长期维持。也可选用地塞米松 10～20 mg/d 静脉滴注 2 周，然后改为泼尼松口服。重症可用甲泼尼龙（solumedrol）冲击疗法治疗，1000 mg/d 静脉滴注 3～5 天，然后改成口服泼尼松 60～80 mg/d，按口服药物治疗程序递减。泼尼松开始治疗 3～6 月内症状改善。当大剂量泼尼松治疗无反应时，应考虑诊断是否正确，有可能是肌营养不良或包涵体肌炎。

2. 静脉注射免疫球蛋白 有条件者可为首选治疗办法，且有较好的效果。丙种免疫球蛋白，0.4 g/(kg·d)，静脉滴注，每次连续 3～5 天，每月可重复 1 次，连续 3～5 个月。

3. 免疫抑制剂 用于激素治疗无效或不能耐受者。可选用其中一种，如甲氨蝶呤、硫唑嘌呤、环磷酰胺、环孢素。硫唑嘌呤 2.5～3 mg/(kg·d)，6～12 个月见效；甲氨蝶呤每周 7.5～22.5 mg，一般 3～6 个月见效。用药期间注意定期查白细胞和肝肾功能。

4. 血浆置换 泼尼松和免疫抑制剂治疗无效者可用血浆置换治疗，以去除血液中的淋巴因子和循环抗体，可改善肌无力的症状。

第四节　周期性瘫痪

周期性瘫痪（periodic paralysis）是一组以反复发作的骨骼肌弛缓性瘫痪为临床特点的离子通道病，分为原发性和继发性（表 14-4）。根据发作时血清钾的改变主要分为低钾型和高钾型周期性瘫痪两种类型，其中低钾型周期性瘫痪最多见。发作时肌无力可持续数小时或数天，发作间歇期肌力完全正常。

表 14-4　周期性瘫痪类型

原发性周期性瘫痪	继发性周期性瘫痪
低钾型周期性瘫痪	低钾型周期性瘫痪
家族性	甲状腺功能亢进
特发性	醛固酮增多综合征
高钾型周期性瘫痪	肾小管性酸中毒
家族性	流行性低血钾
特发性	高钾型周期性瘫痪
Andersen-Tawil 综合征	尿毒症
	摄入钾过多
	肾上腺皮质功能不全

一、低钾型周期性瘫痪

低钾型周期性瘫痪（hypokalemic periodic paralysis，HOKPP）为周期性瘫痪中最常见的类型，是常染色体显性遗传性离子通道病，在女性为不全外显，男性多于女性，男性的发作频率和严重程度均大于女性。散发型患者较常见，包括肾小管酸中毒、钾耗竭综合征。遗传型主要包括3个亚型：1型最多，致病基因位于1号常染色体长臂q31~32，为编码骨骼肌细胞钙通道（calcium channel of skeletal muscle）α_1亚单位的基因突变所致病。α_1亚单位基因的蛋白产物位于横管系统，是二氢吡啶复合受体的一部分，具有调节钙通道和肌肉兴奋-收缩偶联的作用。2型与位于17号常染色体长臂q13的钠通道α_1亚单位有关。3型致病基因位于11号常染色体长臂q13~q14。甲状腺毒性周期性瘫痪与KCNJ18基因突变有关。

周期性瘫痪发作时可以发现肌纤维出现许多空泡，肌浆空泡形成是最显著的表现，尤其在疾病晚期。个别患者出现管聚集现象，但多数患者的骨骼肌没有明显的病理改变。少数患者在发作间期也出现肌纤维内的空泡或管聚集现象。长期反复发作或持续的病情严重者可有肌纤维萎缩呈不规则形态。

（一）临床表现

任何年龄均可发病，可早至4岁或晚至60岁，以20~40岁男性多见。具有家族遗传史者发病略早。典型发作常在后半夜或清晨起床时，尤其在强体力劳动、兴奋、饱餐、寒冷、酗酒和精神刺激后更易发作。表现为双侧对称性的肢体软瘫，下肢重于上肢，近端重于远端，下肢通常先受累，面肌和膈肌一般不累及，也无大小便障碍。严重者出现呼吸困难，腱反射消失。可以合并肌肉酸痛、口渴、少尿、多汗和便秘，但意识清楚，没有其他神经系统症状。瘫痪的严重程度在每次发作时可以不同，一般持续数小时，偶尔达2~3天。先受累的肌肉最先恢复。患者在一生中可以只发作一次，也有每天发作者。发作次数和严重程度随年龄的增加而降低。继发于甲状腺功能亢进、肾小管酸中毒、肾衰竭或代谢性疾病的周期性瘫痪，其发作频率较高，持续时间较短，常在数小时至1天之内。治疗原发病后，发作频率明显降低或消失。多数患者在发作间歇期完全正常，少数发作频繁而严重者出现持续性的肢体近端无力、萎缩和腓肠肌疼痛。少数患者出现呼吸肌麻痹、心动过速或过缓、室性心律失常，甚至心室颤动。个别患者死于瘫痪发作时，呼吸肌瘫痪和室性心律失常是主要死亡原因。

（二）实验室检查

1. 血生化 多数患者在发作期血清钾常低于3.5 mmol/L，最低可达1~2 mmol/L，间歇期正常。常规检查甲状腺功能，排除甲状腺毒性周期性瘫痪。肌酸激酶一般正常，个别患者存在不同程度的升高。

2. 心电图 呈典型的低钾性改变，出现U波、T波低平或倒置、PR间期和PT间期延长、ST段下降和QRS波增宽。

3. 肌电图 发作间期常规肌电图多正常，运动诱发肌电图阳性率超过80%。发作期肌电图检查可见瘫痪肌肉动作电位降低或消失，严重时电刺激无反应。肌力下降出现于运动单位电位丧失和肌纤维表面动作电位传导阻滞之前，膜静息电位低于正常。

4. 基因检查 有家族史者可进行致病基因检查。

（三）诊断及鉴别诊断

1. 诊断 主要依据典型的临床发作和发作时血清钾低于正常，心电图呈低钾性改变，补钾后瘫痪明显好转等进行诊断。在发作期没有出现血钾下降但诱发试验阳性者也可以确定诊断。

2. 鉴别诊断 主要包括各种原因导致的急性四肢瘫痪：①高钾型周期性瘫痪，发病年龄较早，一般在10岁以前发病，白天运动后发病率较高；无力症状持续时间短，补钙后肌力恢复。②Andersen-Tawil综合征，也出现周期性肢体无力，但存在严重的心律失常以及骨骼畸形等，血清钾可以正常、升高或降低。③癔症性瘫痪，多存在明显的心因性诱发因素和精神色彩，血钾正常。④吉兰-巴雷综合征，合并低血钾一般出现持续性肢体无力，伴随轻度的肢体麻木。另外，甲状腺毒性周期性瘫痪、原发性醛固酮增多症、肾小管酸中毒、慢性腹泻性以及药源性低钾瘫痪出现的肢体无力同时有原发病的表现。

（四）治疗

治疗的目的是减轻症状和防止发作。诊断确定后在患者发作时尽快给予10%氯化钾或10%枸橼酸钾40～50 ml顿服，3～4 h后根据肌力情况、血清钾水平和心电图改变可重复一次。不能口服者可给予10%氯化钾溶液10～15 ml入500 ml液体内缓慢静脉滴注，需非常小心，特别是肾病患者。

有呼吸肌瘫痪者应予辅助呼吸，严重心律失常者应积极纠正。伴有甲状腺功能亢进者，原发病控制后发作将明显减少或终止。

减少发作应当改变导致发作的生活习惯，如高碳水化合物和高盐饮食；不要剧烈活动，避免着凉等；停止饮酒和过饱饮食。

轻度发作一般没有必要进行药物预防处理。氯化钾口服不能防止发作。乙酰唑胺250～1000 mg/d，同时服用氯化钾可以减少发作。也可以给予螺内酯100 mg每日2次。甲状腺毒性周期性瘫痪不能给予乙酰唑胺。存在基因突变者无法防止发作。

二、高钾型周期性瘫痪

高钾型周期性瘫痪（hyperkalemic periodic paralysis，HYPP）又称强直性周期性瘫痪，较少见。具有显性遗传特点，是由于第17对染色体长臂q23的骨骼肌钠通道蛋白α亚单位基因（SCN4A）发生突变，导致氨基酸的改变，如Thr704Met、Ser906Thr、Ala1156Thr、Met1360Val、Met1592Val等，引起膜电位下降，膜对钠的通透性增加或肌细胞内钾、钠转换能力缺陷。发作时钾离子逸出肌纤维产生内膜持续去极化，肌细胞膜正常兴奋性消失，导致肌无力。

多数患者没有病理改变，部分患者肌纤维出现空泡和管聚集现象。

（一）临床表现

发病年龄多在5岁前，个别患者在青春期后发病，男性较多。不同患者的发作频率差别很大，开始发作少，而后发作次数增多，发作常出现在早餐前，每次发作持续数分钟到1 h，而后自发缓解。剧烈活动、禁食、紧张、寒冷、妊娠、应用糖皮质激素或过量补充钾后可以诱发和加重病情，轻度运动可以抑制发作，一般在60岁后停止发作。瘫痪从下肢开始向近端发展，10～15 min达到高峰，肢体放入冷水中易诱发强直发作，常伴有肌肉痛性痉挛，瘫痪的程度因人而异，语言和吞咽肌常受影响，也可以仅局限在承重肌群，呼吸肌一般不受累。发作时腱反射消失或降低，个别患者在发作前出现口唇周围和四肢远端麻木和肌束颤动。发作间歇期无症状，少数患者存在持续性近端肌无力。本病目前尚无死亡的记录。

少见症状包括肌强直、副肌强直和心律失常，个别患者合并脊髓性肌萎缩或恶性高热，也可以出现共济失调、高弓足。

（二）辅助检查

1. 血生化　血钾在发作开始时轻度升高或正常。个别患者在发作间歇期的早晨出现轻度血钾升高。部分患者血肌酸激酶（CK）轻度升高。

2. 心电图　出现T波高尖、快速型心律失常等高钾改变。

3. 诱发试验　冷水诱发试验：将前臂浸入11～13℃水中20～30 min，可诱发肌无力，停止浸冷水10 min后可恢复。也可以通过运动诱发。

4. 肌电图 发作间歇期正常，在发作初期出现动作电位时限变短和波幅下降，严重瘫痪时仅几个神经元对慢频率刺激有反应。个别患者在发作间歇期出现自发放电时间变短和插入活动增多。少数患者出现肌源性损害。

5. 基因检查 多数患者存在钠通道蛋白 α 亚单位基因突变，少数患者存在钙通道基因突变。

（三）诊断及鉴别诊断

儿童早期出现的发作性肢体无力应当考虑到 HYPP 的可能性，有家族史或伴随肌强直现象可以协助诊断。发作时血清钾高于正常或出现高血钾性心电图改变可以诊断该病，但多数状态下难以在该病短暂的发作期进行血钾检查，所以基因检查发现钠通道基因突变具有更大的诊断价值。

（四）治疗

发作时可用硫酸沙丁胺醇 0.1 mg 喷 2 次或口服氢氯噻嗪 25 mg，也可用 10% 葡萄糖酸钙静注，或 10% 葡萄糖 500 ml 加胰岛素 10~20 U 静脉滴入以降低血钾。

预防发作应当早起和早晨吃足，一日多餐，可给予高碳水化合物饮食，避免寒冷刺激。发作频繁的患者可口服排钾药物氢氯噻嗪，每天或隔天 25 mg，一般保持血清钾不低于 3.3 mmol/L，钠不低于 133 mmol/L。

三、正常钾型周期性瘫痪

正常钾型周期性瘫痪（normokalemic periodic paralysis）又称钠反应性正常血钾型周期性瘫痪，为常染色体显性遗传，罕见。

多在 10 岁前发病，常于夜间或清晨醒来时发现四肢或部分肌肉瘫痪，甚至发音不清、呼吸困难等。发作持续时间常在 10 天以上。限制钠盐摄入或补充钾盐均可诱发，补钠后好转。血清钾水平正常。

发作期治疗：10% 葡萄糖酸钙 10 ml，每日 2 次静脉注射，或钙片每天 0.6~1.2 g，分 1~2 次口服；每天服食盐 10~15 g 或大量生理盐水静脉滴入；乙酰唑胺 0.25 g，每日 2 次口服。

间歇期可给予氟氢可的松和乙酰唑胺。同时避免进食含钾多的食物，如肉类、香蕉、菠菜、薯类；防止过劳或过度肌肉活动；避免寒冷或暑热。

第五节　重症肌无力

重症肌无力（myasthenia gravis，MG）是一种获得性神经肌肉接头（neuromuscular junction，NMJ）传递障碍的自身免疫性疾病，也是一种获得性钙离子通道病。病变主要累及 NMJ 突触后膜上的乙酰胆碱受体（acetylcholine receptor，AChR），病理改变特点是突触后膜免疫复合物沉积，伴随后膜的破坏和 AChR 减少。临床主要表现为骨骼肌无力和活动后的肌疲劳现象，休息和应用胆碱酯酶抑制剂（cholinesterase inhibitors）后症状明显减轻。一般人群 MG 的发病率为（8~20）/10 万，患病率约 50/10 万。

（一）病因和发病机制

在血清中发现 80%~90% 的 MG 患者存在抗 AChR 抗体。由于体内产生了抗 AChR 抗体，与突触后膜 AChR 产生免疫应答，使 AChR 受到破坏，导致该受体减少和后膜破坏，造成神经肌肉接头处的信息传递障碍，不能产生足够的终板电位，从而产生肌无力。约 10% 的患者在病毒感染后发病，推测病毒抗原改变了 AChR 的特性。

80%以上的 MG 患者伴有胸腺异常，其中 10%～15% 为胸腺瘤，约 70% 存在胸腺增生，切除胸腺后症状改善，故推断胸腺参与发病。在增生的胸腺中可检测到 AChR 亚单位的 mRNA，组织学及免疫学检查证实在正常和增生的胸腺中有"肌样细胞"，其上有 AChR。因此推测胸腺病毒或其他非特异性因子感染胸腺上皮细胞后，导致"肌样细胞"表面的 AChR 构型发生变化成为新的抗原，刺激外周淋巴器官、骨髓和胸腺的浆细胞产生针对 AChR 的多克隆 IgG 抗体，与 AChR 结合而破坏后者。

50% 的血清 AChR 抗体阴性患者存在骨骼肌特异性激酶蛋白（MuSK）抗体，该蛋白在维持神经肌肉接头形态方面发挥作用。此外，部分老年患者出现兰尼碱受体抗体和 titin 抗体。

MG 有时合并其他自身免疫性疾病，如甲状腺功能亢进、系统性红斑狼疮和类风湿关节炎等。

家族性重症肌无力的发现以及本病与人类白细胞抗原密切相关，提示本病的发生与遗传因素有关。

(二) 病理改变

1. 胸腺 多数患者有胸腺增生，在增生的胸腺可以发现淋巴结生发中心增生，其内有 B 淋巴细胞；10%～20% 患者为胸腺瘤，且好发于年龄较大者，可以发现淋巴上皮细胞，大部分为 T 细胞。肿瘤细胞取代整个胸腺，只在边缘残存少量正常组织。

2. 肌纤维 多数患者的肌纤维形态改变不明显，部分可见凝血性坏死、肌纤维周围淋巴细胞浸润和炎性纤维变性。

3. 神经肌肉接头 电镜可观察到神经末梢及面积减少，NMJ 突触前膜变宽，突触后膜皱褶减少、变浅、破碎、皱缩，突触间隙增宽；免疫组化提示在残存的突触后膜皱褶中有 IgG、补体和免疫复合物的沉积。

(三) 临床表现

1. 发病情况 任何年龄均可发病，女性发病多于男性（3:2）。发病有 2 个高峰，第一个高峰在 20～30 岁之间，女性患者较多；第二个高峰在 60～80 岁之间，男、女发病情况类似。胸腺瘤多出现在 50～60 岁发病的患者，以男性居多。感染、精神创伤、过度劳累、妊娠和分娩等可诱发本病发生。大多数隐袭起病，个别病例为暴发型。多数病例迁延数年至数十年，少数患者在发病 2～3 年内自然缓解。仅有眼外肌麻痹者可持续 3 年左右，且多数不发展至全身；病程长短不一，可数月至数十年。

2. 肌无力特点 骨骼肌易疲劳或肌无力呈波动性，表现为肌肉持续收缩后出现无力甚至瘫痪，休息后减轻或缓解。90% 患者首发症状为一侧或双侧眼外肌受累；10 岁以下患者的眼肌受损更常见，表现为上睑下垂、复视，少数以讲话弱和带鼻音以及肢体无力为首发症状。晨起时症状较轻，下午或傍晚无力明显加重，称为"晨轻暮重"现象；有时面肌、舌肌、咽喉肌和咀嚼肌群单独或与其他骨骼肌一起受累，面部肌肉受累表现为皱纹减少、口角低、闭眼和示齿无力；咽喉肌受累表现为讲话疲劳、变弱和带鼻音，长时间讲话出现完全失语，伴随饮水、咀嚼、吞咽困难，严重者可以窒息。颈肌无力表现为抬头困难，肢带肌无力表现为上肢抬举和上楼困难等，呼吸肌受累出现咳嗽无力和呼吸困难。无论哪块肌肉受累或严重程度如何，首次采用抗胆碱酯酶药物治疗都有明显的效果，这是本病的特点。

3. 合并疾病 常合并胸腺瘤和甲状腺疾病，也可以合并其他疾病，如红斑狼疮、多发性肌炎、皮肌炎、肌病伴管聚集、干燥综合征、天疱疮、溃疡性结肠炎、兰伯特-伊顿（Lambert-Eaton）综合征、Sneddon 综合征、结节病和周围神经病。

4. 重症肌无力危象 患者急剧发生呼吸无力，出现咳嗽无力、呼吸困难以致不能维持正常的换气功能时，称为重症肌无力危象。与咽喉肌以及呼吸肌无力有关，是 MG 患者死亡的主要原因。常见诱因是肺部感染、误吸、外科手术、分娩、精神紧张、快速停药、服用加重病情的药物等。

重症肌无力危象包括肌无力危象、胆碱能危象和反拗性危象。临床应注意各种危象的鉴别。

(1) 肌无力危象（myasthenic crisis）：占95%，为疾病发展严重的表现。临床特点是呼吸肌和咽喉肌无力急性加重，出现气管和支气管分泌物阻塞，注射新斯的明后显著好转为本危象特点。

(2) 胆碱能危象（cholinergic crisis）：占4%，系因应用抗胆碱酯酶药物过量，导致终板膜持续去极化，使神经冲动传递障碍，引起肌无力加重，产生呼吸困难，常伴有瞳孔缩小、汗多、唾液分泌增多等药物不良反应。注射新斯的明后症状反而加重。

(3) 反拗性危象（brittle crisis）：占1%，在服用抗胆碱酯酶药物期间，因感染、分娩、手术等因素导致患者突然对抗胆碱酯酶药物治疗无效，而出现呼吸困难；且注射新斯的明后无效，也不加重。

胆碱能危象和反拗危象在实际工作中几乎无人见过。

（四）临床分型

目前国内外广泛采用改良的Osserman分型法，将重症肌无力分为以下类型（表14-5）。

表14-5　重症肌无力的Osserman分类

分类	症状及预后
小儿型/新生儿型	肌无力症母亲生的婴儿中有12%于生后出现一过性肌无力症状，抗胆碱酯酶活性药物有效，一般症状持续时间不超过6周
青少年型	由正常母亲所生，从生后到青春期起病，以眼肌受累为主，常有家族性，危象有一定的抗药性，症状可呈永久性倾向
成人型	
Ⅰ型（眼肌型）	呈局限性及非进行性，多为一侧受累，轻症者抗胆碱酯酶药物有效，预后也好
Ⅱ型（全身型）	多数肌群缓慢受累；伴有缓解和加重，并长期持续，分为Ⅱa和Ⅱb型。Ⅱa型为轻度全身症状及眼症状，对药物有反应，预后良好；Ⅱb型为中度全身症状伴延髓麻痹，对药物反应欠佳
Ⅲ型（急性重症型）	呈急性起病伴有延髓麻痹，呼吸肌早期受累，对药物无反应，易出现危象，预后不好
Ⅳ型（晚期重症型）	以Ⅰ型或Ⅱ型症状发病，持续2年以后症状转重，预后不好
Ⅴ型（肌萎缩型）	Ⅱ、Ⅲ、Ⅳ型伴有肌萎缩者，但不是废用性肌萎缩，多侵犯肩胛腰带肌及舌肌，预后常取决于有无其他疾病

1. 成年型重症肌无力　可分为Ⅰ～Ⅴ五种类型。

(1) Ⅰ型：即单纯眼肌型，占15%～20%。病变始终仅限于眼外肌，表现为上睑下垂和复视。

(2) Ⅱa型：即轻度全身型，占30%。病情进展缓慢，且较轻，无危象出现，对药物治疗有效。

(3) Ⅱb型：即中度全身型，占25%。严重肌无力伴延髓肌受累，但无危象出现，对药物治疗欠佳。

(4) Ⅲ型：即急性进展型，占15%。发病急，常在首次症状出现数周内发展为延髓肌、肢带肌、躯干肌和呼吸肌严重无力，伴重症肌无力危象，需做气管切开，死亡率高。

(5) Ⅳ型：即晚发全身肌无力型，占10%。由上述Ⅰ、Ⅱa、Ⅱb型发展而来，症状同Ⅲ型，常合并胸腺瘤，死亡率较高。

（6）Ⅴ型：较早伴有明显的肌萎缩表现者。

2. 儿童型重症肌无力　约占我国重症肌无力患者的20%，大多数病例仅限于眼外肌麻痹，双眼睑下垂可交替出现。约1/4病例可自然缓解，仅少数病例累及全身骨骼肌。儿童型中还有以下两种特殊亚型。

（1）新生儿型：女性患者所生婴儿中，约有10%因母体抗AChR抗体IgG经胎盘传给胎儿而致肌无力。表现为哭声低、吸吮无力、肌张力低和动作减少。经治疗多在1周至3个月内痊愈。

（2）先天性重症肌无力：出生后短期内出现肌无力，可以是单纯的眼外肌麻痹，也可伴有全身肌无力。对抗胆碱酯酶药物治疗效果不佳，但病情发展缓慢，可长期存活。可有明确的家族史。

3. 少年型重症肌无力　指14岁后至18岁前起病的重症肌无力，多为单纯眼外肌麻痹，部分伴吞咽困难及四肢无力。

（五）辅助检查

1. 疲劳试验　本试验是依据受累肌肉重复活动后症状明显加重的特点，一般用于病情不严重，尤其是症状不明显者。具体做法有：①Jolly试验，嘱患者用力眨眼30次后，眼裂明显变小；两臂持续平举后出现上臂下垂，休息后恢复；起蹲10～20次后，不能再继续进行则为阳性。②Simpson试验，双目上视1 min后出现上睑下垂为阳性。

2. 新斯的明试验　新斯的明1.5 mg（成人剂量）肌内注射，15～30 min后症状明显减轻者为阳性，最长可持续3 h。为预防该药的不良反应，可以同时肌内注射阿托品0.5 mg。

3. 冰袋试验　将一冰袋放在患者的眼睛上2～5 min。如其上睑下垂消失，可视为阳性。

4. 神经电生理检查

（1）重复神经电刺激（repeating nerve electric stimulation，RNES）：典型的改变为低频（2～5 Hz）和高频（>10 Hz）重复刺激面神经、腋神经、尺神经和副神经等运动神经时，出现肌肉动作电位波幅的递减，低频刺激递减程度在10%～15%以上。Ⅰ型MG只有50%的阳性率，其他全身型MG阳性率在75%以上。该检测应在病情允许情况下停用胆碱酯酶抑制剂12～18 h后进行。

（2）单纤维肌电图（single fibre electromyography，SFEMG）：用特殊的单纤维针电极测量同一神经支配的肌纤维电位间的间隔时间是否延长来反映神经肌肉接头处的功能，较RNES敏感，低频RNES阳性者无需此项检查，是最敏感的MG检查方法，但不具有绝对特异性的试验，应由经验丰富的肌电图专家判断。在RNES阴性时采取该检查，主要表现为颤抖（jitter）增宽和（或）阻滞。但多发性肌炎和运动神经元病也可以阳性。

5. 常规肌电图和神经传导速度检查　一般正常。

6. 抗体检查　80%～90%的患者出现抗AChR抗体滴度增加，但Ⅰ型约50%阳性。抗体滴度和临床症状无相关性。在血清AChR抗体阴性患者需要检查MuSK抗体。

7. 影像学检查　可见胸腺增生或胸腺瘤，CT检查的阳性率高于普通X线检查。

（六）诊断和鉴别诊断

1. 诊断　根据患者出现眼外肌或全身肌肉波动性无力、肌疲劳现象和晨轻暮重等特点，应当怀疑MG的可能性，在此基础上药物试验阳性和重复神经电刺激递减现象可以诊断MG。出现AChR抗体可以进一步证实此病的存在，如果该抗体阴性，还需要检查MuSK抗体。

2. 鉴别诊断

（1）Lambert-Eaton综合征：是由突触前膜电压依赖性钙通道抗体导致的神经肌肉接头疾病（表14-6）。

第十四章 骨骼肌及神经肌肉接头疾病

表 14-6　MG 与 Lambert-Eaton 综合征的鉴别

	MG	Lambert-Eaton 综合征
病变性质	自身免疫性疾病	自身免疫性疾病
病变部位	NMJ 突触后膜	NMJ 突触前膜
性别	女性较多	男性较多
年龄	各个年龄段	50 岁以上居多
伴发疾病	其他自身免疫病	肿瘤，肺癌多见
临床特点	脑神经支配肌肉易受累	脊神经支配肌肉易受累
新斯的明试验	阳性	不明显
重复电刺激	波幅降低	低频降低，高频增高
血 AChR 抗体	增高	不增高
治疗	胆碱酯酶抑制剂有效	盐酸胍有效

（2）肉毒杆菌毒素中毒：影响神经肌肉接头的突触前膜，出现骨骼肌弛缓性瘫痪。患者有明确的肉毒杆菌中毒史，肌无力无波动性，具有低频神经电刺激波幅递减和高频神经电刺激波幅递增现象，AChR 抗体阴性。

（3）先天性肌无力综合征：是遗传性的神经肌肉接头疾病，多在出生后发病，临床表现、肌电图改变和药物反应类似 MG，AChR 抗体阴性，基因检查可以协助诊断。

图 14-11 展示了各种神经肌肉接头疾病的机制。

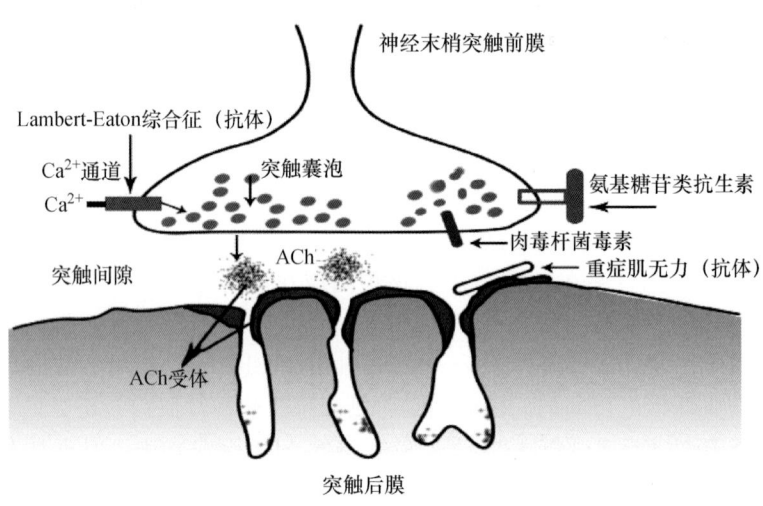

图 14-11　各种神经肌肉接头疾病机制

（4）眼咽型肌营养不良：多在成年晚期发病，具有显性遗传家族史，眼外肌瘫痪和延髓症状持续存在，没有疲劳现象，EMG 为肌源性损害，肌肉活检可以发现肌核内包涵体。

（5）进行性眼外肌瘫痪：可以在各个年龄段发病，眼外肌瘫痪无症状的波动性，EMG 为肌源性损害，肌肉活检可以发现破碎红纤维。

（6）运动神经元病：约 10% 的运动神经元病患者也出现重复神经电刺激递减现象，但显著的肌萎缩和锥体束症状不同于 MG。

（7）慢性疲劳现象：该病多伴随明显的抑郁症状，无上睑下垂，各种 MG 相关的辅助检查无异常。

（七）治疗

首先应当考虑患者是否适合进行胸腺切除术治疗，其次须应用胆碱酯酶抑制剂、免疫抑制剂和血浆置换。应当关注患者的精神状态。

1. 胆碱酯酶抑制剂　对Ⅰ型和Ⅱa型患者效果较好。首先选择溴吡斯的明，从小剂量开始，60 mg 每日 3 次，而后逐渐加大剂量，此药作用持续 3～6 h，可以一天服用 4～5 次，轻中度成人患者药物总量为 120～360 mg/d，不超过 720 mg/d。

胆碱酯酶抑制剂的不良反应包括毒蕈碱样作用和烟碱样作用。前者是药物作用于神经节后副交感神经受体导致，一般出现在开始用胆碱酯酶抑制剂时，可给予阿托品 0.5 mg 肌内注射；后者是药物作用于神经节和神经肌肉接头导致，见于长期用药的患者，可给予解磷定 500 mg 静脉注射。

2. 糖皮质激素　为一线药物，首选泼尼松，作为短期免疫抑制药物，适应证为小到中等剂量的胆碱酯酶抑制剂不能获得满意疗效者、胸腺切除术前或术后恶化者以及不能手术者。80%～90% 的患者可以获得疗效。

（1）冲击疗法：适用于住院的中重度患者，特别是已经进行气管插管或使用呼吸机者。甲泼尼龙（methylprednisolone，MPL）1000 mg，静脉滴注，1 次/日，连用 3～5 天，随后每日减半量，即 500 mg、250 mg、125 mg，继之改为口服泼尼松 50 mg，逐渐减量，症状消失后减至 5～15 mg 长期维持，随病情波动可有增减，使激素不良反应减至最低；也可直接口服泼尼松 60～100 mg，症状减轻后，酌情逐渐减量。应注意部分患者在冲击治疗的短期内可能出现病情加重，甚至出现危象。

（2）小剂量递增法：从小剂量开始，隔日晨顿服泼尼松 20 mg，每周增 5 mg，直到隔日晨顿服达 60～80 mg，症状改善后逐渐减量至 5～10 mg 长期维持。此法可避免初期病情加重。

部分患者在治疗过程中出现严重的并发症，如溃疡出血、无菌性骨坏死、椎体压缩性骨折、白内障和糖尿病，肥胖也是常见不良反应。在治疗前一定要明确告诉患者。给予低盐高蛋白质饮食，补充钾、钙和服用抗酸药物。

3. 其他免疫抑制剂　通常在足量激素疗效仍不理想、激素发生明显的不良反应、激素减量后症状复发时应用。作为长期使用的免疫抑制剂，硫唑嘌呤是一线药物，80% 的患者可以获得疗效。一般成人初始剂量 1～3 mg/(kg·d)，维持剂量为 2～3 mg/(kg·d)，通常为 100～150 mg/d。由于此药有致畸作用，所以男女性患者均应当避孕。临床症状的改善一般出现在治疗后 2～6 个月，应当维持治疗 1～2 年，定期进行血常规、转氨酶和肾功能检查，如果白细胞低于 3×10^9/L 应当立即停药。二线免疫抑制剂有吗替麦考酚酯、环孢素、他克莫司和甲氨蝶呤。MuSK 抗体阳性患者需要多种免疫抑制剂合用。

4. 血液类制品　可缩短肌无力危象患者的机械通气时间，常用于危及生命的 MG 患者以及合并危象时，在上述方法不能很快获得治疗效果的情况下，可以采用血浆置换或免疫球蛋白静脉滴注来挽救患者生命，特别是 MuSK 抗体阳性的患者。

血浆置换一般 10 天内做 5 次，第 1 天病情既有好转，经过几次置换后疗效可以得到巩固，维持数日至数月。此方法作用短暂，有许多并发症，且价格昂贵。

免疫球蛋白静脉滴注的成人剂量为 0.4 g/(kg·d)，连用 5 日，达到 2 g/(kg·d)。副作用可有头痛、寒战和发热等，高凝状态、肾衰竭、免疫球蛋白过敏患者忌用。1～2 天症状开始缓解，间隔 21 天可以重复一次。

严重患者经过上述治疗仍无效时可以用利妥昔单抗进行治疗。

5. 胸腺切除术　胸腺切除术患者的死亡率明显下降，缓解率升高，对胆碱酯酶抑制剂的敏感性加大。一般 76% 的患者在术后症状消失或改善，术前进行放射治疗预后更好，单独应用放射治疗目前只用于不能耐受手术治疗的患者。一般Ⅱb、Ⅲ和Ⅳ型 MG 患者如果在 6 个月内症状未缓解，应当进行手术治疗。胸腺瘤可能为恶性或呈现浸润生长，必须手术治疗。老年患者胸腺出现退化改变，可以不进行手术治疗。

6. 重症肌无力危象的处理

严重 MG 患者应当特别注意其呼吸功能，观察胸廓活动情况、咳嗽力量以及呼吸和心率变化。及时检测肺活量和血气分析。危象的首选抢救措施是进行人工辅助呼吸，只有在进行了气管插管并清除了气管内分泌物后，才能开始寻找导致危象发生的原因及进行其他治疗措施。如果不能马上控制，必须进行气管切开。

肌无力危象确诊后首先静脉注射新斯的明 0.25 mg，而后非常小心地增加剂量，从静脉注射到肌内注射剂量应当增加 1.5~2 倍，如果出现生命危险应当进行血浆置换。胆碱能危象一般先给予阿托品 1 mg 静脉注射，5 min 后如果有必要可以再静脉注射 0.5 mg。长时间应用胆碱酯酶抑制剂可以引起运动终板对乙酰胆碱暂时的不敏感，在持续监护情况下停止所有药物 14 天，而后重新开始治疗，多数患者可以获得满意疗效，继续给予胆碱酯酶抑制剂、糖皮质激素或硫唑嘌呤。

7. 禁用和慎用的药物

一些药物可以通过抑制突触前膜乙酰胆碱的释放或阻滞突触后膜乙酰胆碱的作用，从而导致神经肌肉接头信息传导受阻，使无症状的 MG 出现肌无力危象，使有症状的 MG 病情突然恶化，故应禁用或慎用（表 14-7 和表 14-8）。

表 14-7 重症肌无力慎用或禁用的药物

抗生素	四环素、链霉素、新霉素、庆大霉素、卡那霉素、紫霉素、巴龙霉素、多黏菌素 A 和 B、多黏菌素 E、克林霉素、金霉素以及大剂量青霉素等
抗心律失常药物	奎宁、奎尼丁、普鲁卡因胺、利多卡因等
β受体阻滞剂	普萘洛尔、氧烯洛尔
精神类药物	吗啡、巴比妥类、安定剂等
激素类药物	促肾上腺皮质激素释放激素、糖皮质激素、催产素、避孕药和甲状腺激素等
其他	抗疟疾、风湿和感冒药物，抗痉挛药物、肌松药和麻醉药等

表 14-8 导致重症肌无力（MG）恶化证据最强的药物

药物名称	说明
泰利霉素	治疗社区获得性肺炎的抗生素。 美国 FDA 已发布该药物在 MG 患者的黑框警告，不应将其用于 MG 患者
氟喹诺酮类（如环丙沙星、莫西沙星、左氧氟沙星）	常用的广谱抗生素，与 MG 恶化相关。 美国 FDA 已发布该药物在 MG 患者的黑框警告，就算需要使用也应谨慎
肉毒杆菌毒素	避免使用
D-青毒胺	用于 Wilson 病，罕见用于类风湿关节炎。 与引起 MG 有强烈关联，避免使用
奎宁	偶尔用于下肢痉挛。 在美国除疟疾外禁止使用
镁剂	静脉滴注，用于妊娠晚期先兆子痫或低镁血症。 可有潜在风险，仅当存在绝对必要性时使用，并观察恶化情况
大环内酯类（如红霉素、阿奇霉素、克拉霉素）	常用于革兰氏阳性菌感染的抗生素。 可能导致 MG 恶化，就算需要使用也应谨慎
氨基糖苷类（如庆大霉素、新霉素、妥布霉素）	常用于革兰氏阳性菌感染的抗生素。 可能导致 MG 恶化，如无替代治疗可谨慎使用
糖皮质激素	MG 的标准治疗，但可能导致 2 周内的短暂恶化。需仔细监测这种可能性
普鲁卡因胺	用于心律失常。 可能导致 MG 恶化，应谨慎使用

药物名称	说明
去铁胺	用于血色素沉着病的螯合剂。 可能导致 MG 恶化
β受体阻滞剂	常用于高血压、心脏病和偏头痛。 对 MG 患者存在潜在风险，应谨慎使用
他汀类（如阿托伐他汀、普伐他汀、瑞舒伐他汀、辛伐他汀）	用于降低血清胆固醇。 可能导致 MG 恶化或促成 MG。 如存在指征应谨慎使用，并使用所需最低剂量
含碘造影剂	以往报道称其可加重 MG 无力症状，但现代的造影剂似乎较安全。 应谨慎使用，并观察病情是否恶化

第六节 线粒体病

线粒体病是由于遗传缺损导致的线粒体呼吸链功能障碍，使 ATP 合成障碍、能量来源不足的一组多系统疾病，也称为线粒体细胞病。依侵犯部位不同，分为主要侵犯骨骼肌的线粒体肌病、侵犯骨骼肌和中枢神经系统的线粒体脑肌病以及侵犯中枢神经系统的线粒体脑病。

（一）发病机制

线粒体作为一个重要的细胞器，其主要功能是产生 ATP、产生 95% 的活性氧、调节细胞内的氧化还原平衡以及调控细胞凋亡。线粒体的上述功能出现异常均可以导致细胞代谢的紊乱。其发生和线粒体基因以及核基因突变有关。线粒体基因具有母系遗传特点，因为精子的线粒体基因被降解，只保留卵子的线粒体。线粒体 DNA（mtDNA）突变导致的呼吸链功能缺陷和氧化磷酸化酶异常具有极限效应，即突变线粒体基因的比例必须超过临界极限才能产生临床症状。一类细胞的突变型和野生型 mtDNA 比例不同，导致患者之间各个器官的损害程度也存在差异，这种情况称为遗传异质性。当突变型 mtDNA 比例增高达到阈值时，才表现出临床症状和体征。同一种 mtDNA 突变对于不同患者可引起不同的临床表现，这与突变 mtDNA 的数目有关，突变 mtDNA 数目越多则临床症状越重，这也是线粒体病临床表现复杂多样的原因。代谢高的组织如骨骼肌、脑和心脏通常对 mtDNA 突变有较低的耐受性，是线粒体疾病易累及的器官。

（二）病理

本病的病理特点是，骨骼肌可以看到破碎红纤维和细胞色素氧化酶阴性肌纤维。破碎红纤维（ragged red fiber，RRF）是各种线粒体肌病的病理特点，即用 MGT 染色可以清楚地显示坏变肌纤维肌膜下有大量红染颗粒，是形态异常肿胀堆积的线粒体（图 14-12），有的甚至是整个肌纤维结构不清。还可见较多散在分布的凝固性变性或坏死肌纤维呈紫红色，可伴有吞噬现象。电镜下可以发现巨大线粒体，线粒体内出现类结晶包涵体，为诊断本病的最重要依据。脑损害表现为皮质或基底核的海绵样坏死、神经元变性、水肿、灶性坏死或广泛坏死，伴随毛细血管和星形细胞的显著增生。

（三）临床表现

线粒体病的发病率为 (6~17)/10 万。临床表现具有明显的异质性。有的患者出现多系统损害，有的患者仅出现内分泌异常、心肌损害、听神经和视神经损害。这里重点介绍几个常见的线粒体病亚型。

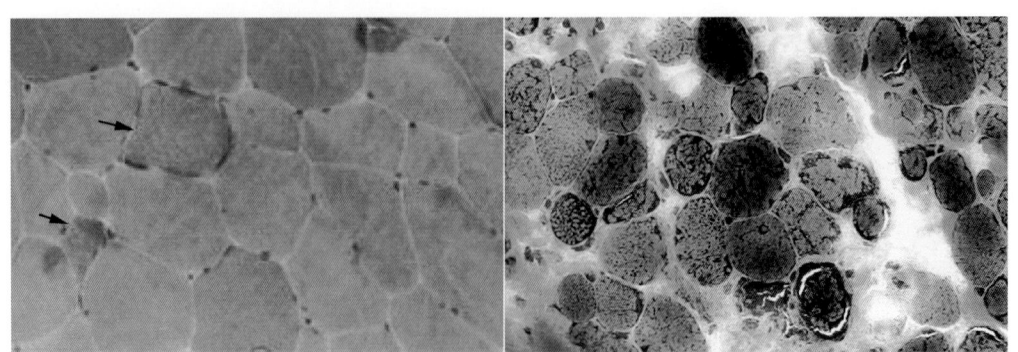

图 14-12（见书后彩图） 线粒体肌病的肌组织病理
肌纤维大小不等，可见破碎红纤维（箭头示）

1. 线粒体肌病 各年龄均可患病，多见于 20 岁左右，男女均可受累，以骨骼肌极度不能耐受疲劳为主要特征，表现为全身无力，轻度活动后即感疲乏，休息后好转，易误诊为重症肌无力，常伴肌肉酸痛。

2. 线粒体脑肌病

（1）线粒体脑肌病伴乳酸酸中毒和卒中样发作（mitochondrial encephalomyopathy with lactic acidosis and stroke-like episodes，MELAS）：为线粒体脑肌病的最常见类型。儿童起病，发病年龄平均 10 岁（2～40 岁），也有中老年发病者，是最常见类型，以卒中样发病为特点。主要临床表现包括：①脑病，表现为发作性头痛或各种类型的癫痫，出现类似卒中的脑局部症状，表现为皮质盲或偏盲、偏瘫。部分患者有听力丧失、痴呆或智能发育迟缓。在发作期进行脑 MRI 检查时，T2 和 DWI 像可清晰显示沿脑回分布的皮质及皮质下高信号，T1 像呈现低信号，脑 CT 扫描显示低密度改变，这种改变常称为"层状坏死"，系本病特征性影像学改变，部分患者可有基底核钙化；且这种影像学改变与脑血管支配分布区不一致。这种改变经过数月后可完全消失，少部分留有局部脑萎缩；但再复发时，这种特征性的改变又可出现在另一部位的皮质。②肌病，多数患者的肌肉损害为亚临床改变或被突出的脑病症状所掩盖，表现为运动不耐受或近端对称性无力，发病时血乳酸及丙酮酸试验可呈阳性。③其他系统损害，包括视网膜色素病、心肌病、身材矮小、多毛和糖尿病。本类型病的死亡原因是心力衰竭和癫痫持续状态。

（2）慢性进行性眼外肌瘫痪（chronic progressive external ophthalmoplegia，CPEO）：有多个亚型，除母系遗传外，还可以表现为常染色体遗传。可以在不同年龄发病，主要表现是出现进行性发展的上睑下垂和眼球活动障碍，甚至眼球固定，但两侧对称，故复视不多见。易误诊为重症肌无力，新斯的明试验不敏感。少数患者在晚期出现四肢无力、神经性聋、构音障碍和轻度面肌无力。卡恩斯-塞尔（Kearns-Sayre）综合征（KSS）是患者出现进行性眼外肌瘫痪、视网膜色素变性和心脏传导阻滞三个症状。部分患者存在智能障碍、身材矮小、小脑症状和脑脊液蛋白质增高等。

（3）肌阵挛性癫痫伴破碎红纤维（myoclonic epilepsy and ragged red fibers，MERRF）：多在儿童期发病，少数在成人发病；有明显的家族史。以肌阵挛为主要特征，肌阵挛出现在 60％的患者，45％的患者伴随其他类型的癫痫，也可以出现小脑共济失调、痴呆、视神经病、周围神经病以及耳聋和四肢近端无力。个别患者伴多发性对称性脂肪瘤和身材矮小。肌肉活检可见有 RRF。

（4）Leber 遗传性视神经病（Leber hereditary optic neuropathy，LHON）：95％以上的患者与 G11778A、T14484C、G3460A 点突变有关。发生率为 1/25 000，男性常见。发病年龄平均 30 岁，出现无痛性中心视野丧失。疾病进展一般超过 4 个月。多数双侧视力同时减退，少数一眼先发病，数周或数月后另一眼也发生视力丧失，其后病情相对稳定，表现为中心视力丧失，周边视力保存,全盲者少见,瞳孔对光反射保存,伴色觉障碍。本病较少伴有其他症状和体征。

(四)辅助检查

1. 生化检查 多数患者的乳酸、丙酮酸最小运动量试验呈阳性,即运动后 10 min 血乳酸和丙酮酸仍不能恢复正常。乳酸/丙酮酸>50:1 提示呼吸链功能障碍。脑肌病者 CSF 中乳酸含量增高。血清 CK 正常或轻度升高。

2. 电生理检查 在部分类型肌电图检查可见肌源性损害。心电图可见心脏传导阻滞表现。脑电图显示癫痫波。

3. 基因检查 线粒体基因检查有助于疾病诊断,80% 的 MELAS 患者是由于 mtDNA tRNA 亮氨酸基因位点 3243 点突变所致,MERRF 是 mtDNA tRNA 赖氨酸基因位点 8344 点突变所致。

4. CT 和 MRI 检查 头颅 CT 或 MRI 可发现特征性改变,尤其是在发作时进行 DWI 检查,可清楚地出现典型层状坏死表现(图 14-13)。大脑半球后部卒中样损害提示 MELAS,大脑白质弥漫性信号降低提示 KSS,基底核钙化提示 KSS 和 MELAS。

5. 肌肉活检 MELAS、CPEO 和 MERRF 可以发现破碎红纤维。LHON 一般没有破碎红纤维。

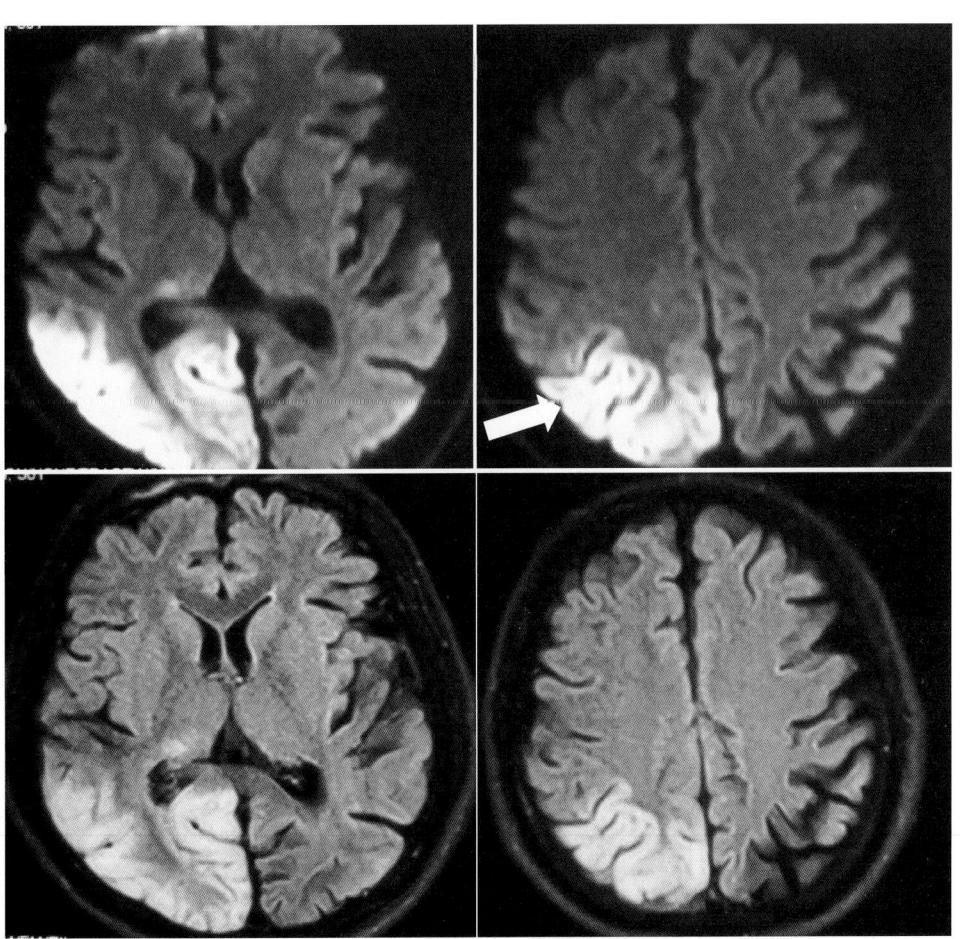

图 14-13 MELAS 患者 MRI 可见典型层状坏死,为特征性改变

(五)诊断和鉴别诊断

1. 诊断 当患者出现骨骼肌、心脏或脑多器官损害,辅助检查发现血乳酸异常增高时,应当考虑到线粒体病的可能性。确诊需要进行基因检测和肌肉活检。

2. 鉴别诊断 首先需要鉴别的是有多系统损害的自身免疫性疾病，根据后者肌肉活检不能发现破碎红纤维可资鉴别；MELAS 需要和病毒性脑炎加以鉴别，脑炎患者的肌肉活检通常正常；CPEO 容易和重症肌无力混淆，但其眼外肌瘫痪症状没有晨轻暮重的特点，也没有 AChR 抗体或肌电图的重复电刺激显著递减现象，从而可资鉴别；MERRF 需要和其他肌阵挛癫痫进行鉴别，特别是 Lafora 小体病，后者的肌肉活检不能发现破碎红纤维；LHON 需要和视神经炎鉴别，前者一般无视盘水肿，周边视野保存，需要进行基因检查而明确诊断。

（六）治疗

无特效治疗办法。鉴于本病是线粒体不能产生足够的 ATP，所以治疗应以减少机体 ATP 的消耗和增加机体 ATP 的产生为主。

感染或精神刺激均可以导致能量消耗增加而诱发疾病，所以应当防止感染和精神刺激的发生。某些药物可以导致线粒体或能量代谢异常，如卡马西平、丙戊酸类药物等，因此对有癫痫发作者应尽量避免使用。有氧耐力锻炼可以提高组织毛细血管的密度、增加血管的通透性及线粒体氧化磷酸化相关酶的活性水平，提高患者的肌力。

饮食方面推荐高蛋白质、高碳水化合物和低脂肪饮食，可以减少内源性毒性产物的产生和代偿受损的糖异生。眼外肌瘫痪可行整形手术，听力丧失可行耳蜗植入术等。

代谢方面可以给予精氨酸、艾地苯醌、辅酶 Q10、烟酸、左旋肉碱、大量 B 族维生素以及维生素 C、维生素 E、维生素 K 等药物治疗。MELAS 急性期可以给予精氨酸静脉滴注，有癫痫发作首先选择拉莫三嗪和左乙拉西坦。辅酶 Q10 或艾地苯醌能抑制脂质的过氧化、抗自由基和直接传递电子给复合酶Ⅲ，维持线粒体内腺苷酸浓度，增加 ATP 的合成和减少细胞的钙超载。辅酶 Q10 给予 100~200 mg 每日 3 次，重度患者可达 1000 mg/d，提高患者运动耐力，降低血乳酸，使卒中样发作和癫痫停止。维生素 C 和维生素 E 为氧化还原剂，一般给予维生素 C 10 mg/(kg·d) 或 100~400 mg/d，维生素 E 为 200~1200 IU/d。二氯乙酸 50 mg/(kg·d)，可以使血和脑脊液中的乳酸和丙酮酸水平明显降低，卒中样发作减少，偏头痛得到缓解。维生素 K 是 NADH 向辅酶 Q 和细胞色素 C 传递电子的重要载体，维生素 K_1 为 10 mg/(kg·d)，治疗酶复合体Ⅰ或Ⅲ缺陷型的线粒体病，维生素 K_3 为 5~80 mg/d。左旋肉碱 300~1000 mg 每日 3 次，维生素 B_1 为 20~50 mg 每日 3 次，维生素 B_2 为 50~200 mg/d。也可以 ATP 80~120 mg 及辅酶 A 100~200 单位，静脉滴注，每日 1 次，10~20 日后改为口服。

（七）预后

预后与发病年龄、症状多少及严重程度有关。发病年龄小、症状多且严重者预后差。脑损害重及心脏传导阻滞者可导致死亡。

练习题 14-1

练习题 14-1 答案及解析

（王玉芬）

周围神经疾病

第一节 概 述

周围神经疾病（peripheral neuropathy）系指原发于周围神经系统的神经结构或功能损害的疾病。

(一) 解剖与生理

周围神经系统包括脑神经核发出的神经纤维和脊髓软膜以外的全部神经结构，即除嗅、视神经以外所有与脑干和脊髓相连的脑神经、脊神经的根和神经节、神经干、神经末梢分支以及自主神经。从大体上看，周围神经系统与中枢神经系统分界在脑干和脊髓的表面。与脊髓腹侧面相连接的部分称为前根（或腹根），主要包括前角运动细胞发出的纤维及自主神经纤维；与背侧面相连的部分称为后根（或背根），主要包括进入脊髓的感觉神经纤维。后根在椎间孔处有膨大的脊神经节（也称背根神经节），在其稍远端，前根与后根汇合成脊神经（图15-1）。神经根位于椎管内的脊髓蛛网膜下隙，浸泡于脑脊液中。脊神经干很短，出椎间孔后随即再分为细小的背支与粗大的前支。背支分布于枕、项、背、腰、骶、臀部的皮肤及深层肌肉。前支中胸神经尚保持着明显的节段性，分布在胸部肌肉皮肤；其他部分分别参与颈丛、臂丛、腰丛、骶丛的形成：颈丛由 $C_{1\sim4}$ 的前支构成，臂丛由 $C_{5\sim8}$ 前支和 T_1 前支的大部分纤维组成，腰丛由 T_{12} 前支的一部分纤维、$L_{1\sim3}$ 前支和 L_4 前支的一部分纤维组成，骶丛由腰骶干（L_4 前支的余部和 L_5 前支合称腰骶干）及全部骶神经和尾神经的前支组成。从这些神经丛分支组成的周围神经，分布于颈部、腹部、会阴及四肢的肌肉和皮肤。

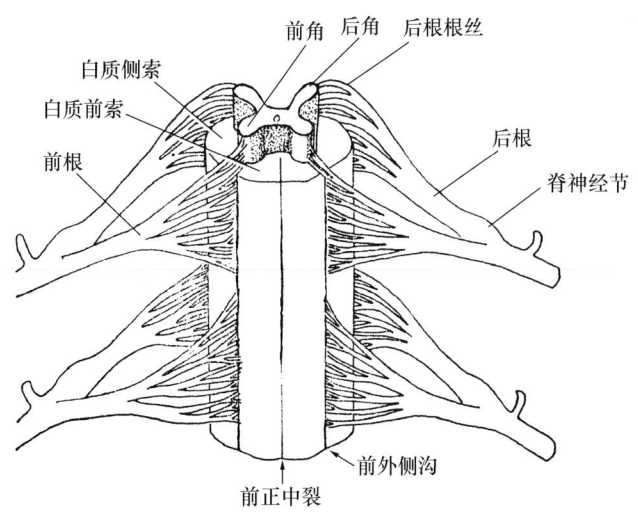

图 15-1　脊神经模式图

脊神经以相对规则的间隔与脊髓相连，共 31 对，包括 8 对颈神经、12 对胸神经、5 对腰神经、5 对骶神经和 1 对尾神经。

与脊神经不同，附着于脑干的 10 对脑神经，间隔不规则，无前根和后根之分。部分脑神经有一个或多个神经节。

运动、感觉和自主神经元都可以分为胞体和突起两部分。神经元的胞体具有胞核及胞质，突起包括树突和轴突。突起的生长、再生以及正常功能的维持依赖于胞体合成的蛋白质、神经递质等向突起的运输。神经元胞体向轴突输送其合成的物质，轴突内物质也可向胞体输送，这种现象称为轴浆运输。

神经纤维一般是指轴突，可分为有髓和无髓两种。周围神经纤维的髓鞘是由施万细胞产生的鞘状被膜一层层环绕轴突形成。每个施万细胞包绕一小段轴突，其间存在细小的间隔，称为郎飞结（Ranvier node）。结间距离与轴突的直径成正比。无髓纤维则是由施万细胞胞膜凹陷处嵌入数个裸露的轴突。无髓纤维的直径远小于有髓纤维。神经纤维传导冲动，就是电兴奋沿轴突全长传导的过程，依赖于细胞内外液的离子浓度差。在有髓纤维，由于髓鞘来源于多层细胞膜的包绕，含有丰富的脂类物质，具有很好的绝缘性，因而只有郎飞结处的轴突与细胞外液接触，仅在相邻的郎飞结处形成兴奋传导的电位差，所以电兴奋的传导由一个郎飞结跳跃到下一个郎飞结，速度较快；相对而言，无髓纤维兴奋的传导是不断地使相邻部位膜电位发生变化，顺序沿着轴突传导而完成的，它比有髓纤维传导速度慢。

(二) 病理

周围神经的病理改变（图 15-2）包括：①沃勒变性；②轴突变性；③神经元变性；④节段性脱髓鞘。

1. 沃勒变性（wallerian degeneration） 是指神经轴突因外伤断裂后，其远端的轴突发生由近端向远端的变性、解体。

2. 轴突变性（axonal degeneration） 通常由中毒、营养缺乏和代谢障碍等原因，胞体内营养物质合成障碍或轴浆运输阻滞，远端的轴突不能得到必要的营养而导致变性。变性从轴突的最远端开始，向近端发展，故也称逆行性死亡（dying back），是周围神经疾病中最常见的一种病理变化。

3. 神经元变性（neuronal degeneration） 是指神经元胞体变性坏死，并继发其轴突在短期内变性、解体，临床上称为神经元病（neuronopathy）。运动神经元损害见于运动神经元病、

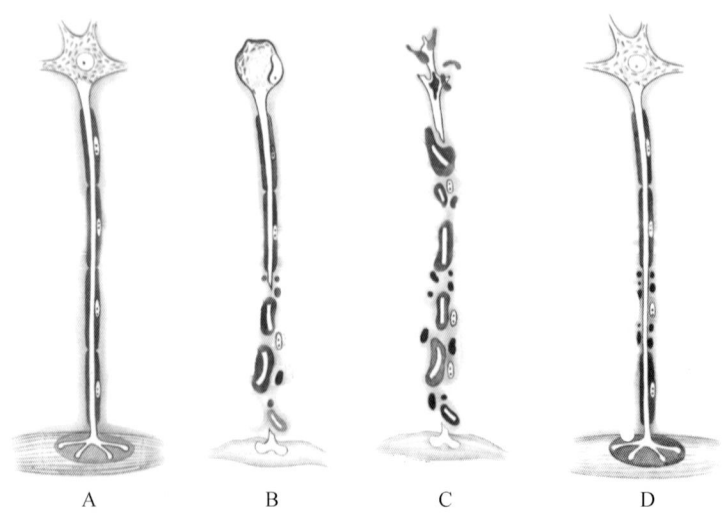

图 15-2　周围神经正常及病理所见

A：正常；B：沃勒变性与轴突变性的病变方向不同，但病理所见相似；C：神经元变性；D：节断性脱髓鞘

急性脊髓灰质炎等，神经节的感觉神经元损害见于有机汞中毒、癌性感觉神经元病等。

4. 节段性脱髓鞘（segmental demyelination） 指髓鞘破坏而轴突相对保持完整的病变。病理上表现为神经纤维呈不规则分布的长短不等的节段性髓鞘破坏，而轴突相对保留。可见于炎性神经病如吉兰-巴雷综合征、中毒、遗传性或代谢性疾病。病变引起的损害在较长的神经纤维更易达到发生传导阻滞的程度，因此临床上常见运动与感觉障碍的表现以四肢的远端更明显。

周围神经节段性脱髓鞘病理活检

神经元的胞体与轴突、轴突与施万细胞之间关系密切。神经元胞体的坏死导致其轴突的变性坏死，沃勒变性如果发生在接近胞体的轴突也可使胞体坏死；轴突变性总是使其外面包绕的髓鞘崩解破坏，而严重的脱髓鞘病变经常导致轴突的继发变性。

周围神经具有较强的再生修复能力，神经元胞体的完好是再生修复的基础。沃勒变性的神经纤维，其与胞体相连的轴突远端以芽生的方式沿 Büngner 带向远端生长，最终部分神经纤维可对其效应细胞再支配。急性脱髓鞘病变的髓鞘再生较迅速而完全，未继发轴突变性时一般功能恢复良好。髓鞘脱失与再生反复发生并有轴突继发变性时，功能难于恢复。

（三）分类

1. 按病理分类 （见前述）。

2. 按病因分类 如感染性、中毒性、营养缺乏和代谢性、遗传性、自身免疫性及副肿瘤性等。

3. 按起病方式和病程演变分类

（1）急性：病情在数秒至 1 周左右进展达到高峰，可见于外伤、缺血、中毒、免疫等因素致病者。

（2）亚急性：病情在 1 个月以内进展达到高峰，可见于中毒、营养缺乏、代谢异常以及副肿瘤性周围神经疾病。

（3）慢性：病情进展超过 1 个月，主要见于遗传性和免疫性周围神经疾病。

（4）复发性：主要见于遗传性和免疫性周围神经疾病。

4. 按受损神经功能分类 感觉性周围神经疾病、运动性周围神经疾病和自主神经病。

5. 按受累神经分布形式分类

（1）单神经病（mononeuropathy）：也称局灶性神经病（focal neuropathy），表现为单根脊神经分布区的功能障碍。可由局部性或全身性原因引起。局部性原因主要有急性创伤、机械性嵌压、高温、电击和射线损伤等；全身性原因可为代谢性或中毒性疾病，如糖尿病、铅中毒等。

（2）多发性单神经病（multiple mononeuropathy，mononeuropathy multiplex）：也称多灶性神经病（multifocal neuropathy），表现为多根神经分布区功能障碍且分布不对称。一部分多灶性神经病呈神经丛病变的表现。其病因与单神经病相同。

（3）多发性神经病（polyneuropathy）：以两侧对称分布的功能障碍和末梢神经受损较重为主要特点。常由中毒、某些营养物质缺乏、全身代谢性疾病或自身免疫性疾病所致。

（4）多发性神经根病（polyradiculopathy）：为广泛的脊神经根损害所致的多发性神经病，此时若合并周围神经干的病变，则称为多发性神经根神经病（polyradiculoneuropathy）。其病因与多发性神经病相同。

（四）临床表现

1. 运动障碍

（1）刺激性症状。①肌束震颤（fasciculation）：是骨骼肌放松状态下肌束出现的不自主抽动，是由一个或多个运动单位自发性放电所致。见于各种下运动神经元病变，但也可见于正常人，如寒冷时可出现，但不持久。②肌痉挛（myospasm）：可能为神经干的刺激症状，多见于面神经。

（2）麻痹性症状。①肌力减弱或消失：即瘫痪，受累程度上可为完全性或不完全性，受累范围符合神经支配区域。②肌张力减低：周围神经的传导障碍使维持肌张力的牵张反射弧中断，表现为肌张力减低或消失。因而周围神经病变引起的瘫痪具有弛缓性的特点。③肌萎缩：轴突变性或神经断伤后，肌肉由于失去神经的营养作用而萎缩。肌萎缩在神经损伤后数周内出现并进行性加重，而且若12个月内未能建立神经再支配，则难以完全恢复。脱髓鞘性神经病不伴有轴突变性时，肌萎缩不明显。

2. 感觉障碍　常见的主观症状包括疼痛（针刺样、电击样、撕裂样、切割样或烧灼样）、麻木、蚁行感、踩棉花感等感觉异常。客观体征包括手套或袜套样分布的痛、温觉和触觉、振动觉、关节位置觉减退或缺失，感觉性共济失调、神经干压痛等。

3. 腱反射减低或消失　周围神经病变同时损害感觉纤维和运动纤维，腱反射弧的向心径路与离心径路同时受损，因而表现为腱反射的减低或消失。

4. 自主神经障碍　自主神经障碍程度与神经内自主神经纤维多寡有关，正中神经、坐骨神经内有大量交感神经纤维，因而自主神经障碍的症状较突出。自主神经障碍的主要表现是血管舒缩功能受损引起的皮肤发绀、无汗或多汗，皮温低，皮肤、皮下组织萎缩变薄，指甲变脆失去光泽。血管舒缩障碍突出时，可有高血压或直立性低血压。迷走神经损害时常出现心律失常和心动过速。也可出现无泪、无涎、阳痿及排尿、排便障碍。

5. 其他　麻风、遗传性及获得性慢性脱髓鞘性神经病、神经纤维瘤病和施万细胞瘤可有周围神经增粗、变形。严重的多发性周围神经损害，尤其是发生于生长发育期时，可致手、足和脊柱的畸形，如爪形手、足下垂、马蹄足和脊柱侧弯等。由于感觉丧失，生理性自我保护机制不健全，加上失神经支配引起的营养障碍，可造成皮肤的营养性溃疡及Charcot关节。

脊神经疾病的主要临床表现是按照受损神经支配区分布的运动、感觉和自主神经功能障碍。肌力减退是运动功能障碍的最常见表现，可由轴突变性或神经传导阻滞引起，运动功能障碍还可表现为痛性痉挛、肌阵挛、肌束震颤等。大多数脊神经疾病可累及所有直径的感觉纤维，某些疾病会选择性破坏粗或细的感觉纤维，出现共济失调和深、浅反射消失提示粗纤维受损，痛、温觉损害提示细纤维受损。自主神经功能障碍见于无髓纤维受损。

（五）辅助检查

1. 神经电生理检查　神经传导速度（NCV）和肌电图（EMG）检查对诊断有重要意义。测定末端潜伏期（distal latency，DL）、神经干的运动神经传导速度（MCV）和复合肌肉动作电位（CMAP）、感觉神经传导速度（SCV）和感觉神经动作电位（SNAP）、F波等数据可以较全面地反映周围神经根、丛、干、末梢等部分的运动和感觉神经受损情况。结合EMG改变，可推断神经病变的性质是轴突变性还是脱髓鞘，对鉴别运动神经纤维损害与肌病也有重要价值。NCV属于无创性检查，EMG为微创性检查，适于对周围神经病进行动态跟踪随访研究。

2. 影像学检查　对探寻病因有较大价值，也是选择治疗方法的依据。如坐骨神经痛可疑神经根受累时，可行腰椎及椎间盘CT扫描或腰部MRI检查，诊断或排除椎间盘突出、肿瘤等神经根的压迫性病变。

3. 周围神经活组织检查　属有创性检查，须严格掌握适应证。在临床及应用常规辅助检查不能明确诊断时可考虑施行。通过病理组织学观察，可提供周围神经病变的病理特点。

（六）诊断与治疗

诊断与病因治疗将在各节中分述。各种周围神经疾病均可应用B族维生素，如维生素B_1

10~20 mg 口服，3 次/日，或 100 mg 肌内注射，1 次/日；维生素 B_{12}，甲钴胺或腺苷钴胺 500 μg 口服，3 次/日，或氰钴胺 500 μg 肌内注射，1 次/日。

第二节　特发性面神经麻痹

特发性面神经麻痹（idiopathic facial palsy）又称 Bell 麻痹或面神经炎，是面神经管中的面神经非特异性炎症引起的周围性面肌瘫痪。

（一）病因与发病机制

病因尚不完全清楚。多认为是由于面神经具有通过狭窄的骨性面神经管出颅的解剖学基础，当风寒、病毒感染和自主神经功能障碍导致面神经的营养血管痉挛，使得面神经缺血、水肿，由于面神经管为骨性腔隙，容积有限，神经纤维在面神经管内受压而发病。另外，神经病毒感染一直是被怀疑的致病因素，如带状疱疹病毒、单纯疱疹病毒、流行性腮腺炎病毒、巨细胞病毒等。近年的研究用不同的手段如病毒分离与接种、病毒基因组检测等，证实了受损面神经存在单纯疱疹病毒感染。

（二）病理

病理改变主要是神经水肿，有不同程度的脱髓鞘。如果面神经水肿明显，则使面神经受压导致不同程度轴突变性，这可能是部分患者恢复不良的重要原因。

（三）临床表现

任何年龄均可发病，男性略多于女性。发病前常有受凉史。部分患者起病前后有病侧耳后乳突区轻度疼痛。起病迅速，一侧面部表情肌瘫痪为突出表现。患者常于清晨洗漱时发现一侧面肌活动不利，口角歪斜，症状在数小时至数天内达到高峰。查体可见一侧面部额纹消失，睑裂变大，鼻唇沟变浅变平，病侧口角低垂，示齿时口角歪向健侧，做鼓腮和吹口哨动作时患侧漏气。颊肌瘫痪使食物常滞留于齿颊之间。不能抬额、皱眉，眼睑闭合无力或闭合不全。闭目时眼球向上外方转动而露出巩膜，称 Bell 征。由于眼睑闭合不全，易并发暴露性角膜炎。下睑松弛、外翻，使泪点外转，泪液不能正常引流而表现为流泪。

由于面神经病变部位的差别（图 15-3），可附加其他症状：

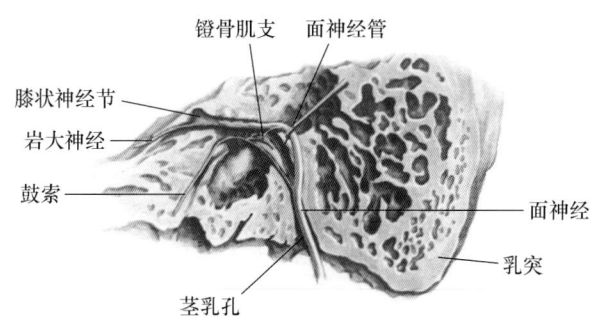

图 15-3　面神经及其分支模式图

（1）茎乳孔处面神经受损，仅表现为同侧周围性面瘫。

（2）面神经管内鼓索神经近端的面神经受损，表现为同侧舌前 2/3 味觉丧失，唾液减少，为鼓索神经受累引起。

（3）如果在镫骨肌神经近端面神经受损，表现为同侧舌前 2/3 味觉丧失和重听（听觉过敏）。

（4）病变在膝状神经节时，除上述表现外，还表现为患侧乳突部疼痛、耳郭和外耳道感觉减退，外耳道或鼓膜出现疱疹，见于带状疱疹病毒引起的膝状神经节炎，称 Hunt 综合征。

（四）辅助检查

为除外小脑脑桥角肿瘤、颅底占位病变、脑桥血管病等颅后窝病变，部分患者需做颅脑 MRI 或 CT 扫描。

（五）诊断与鉴别诊断

根据急性发病、一侧周围性面瘫，而无其他神经系统阳性体征即可诊断。但需与下列疾病鉴别：

1. 吉兰-巴雷综合征　可有周围性面瘫，但多为双侧。少数在起病初期也可表现为单侧，随病程逐渐发展为双侧。其他典型表现还有对称性四肢弛缓性瘫痪、脑脊液（CSF）蛋白-细胞分离等。

2. 面神经附近病变累及面神经　急慢性中耳炎、乳突炎、腮腺炎或肿瘤可侵犯面神经，邻近组织如腮腺肿瘤、淋巴结转移瘤的放射治疗可损伤面神经。应有相应原发病病史。

3. 颅后窝肿物压迫面神经　胆脂瘤、皮样囊肿，及颅底的肉芽肿、鼻咽癌侵犯颅底等，均可引起面神经损害。但起病较慢，有进行性加重的病程特点，且多伴有其他神经系统受累的症状及体征。

4. 脑桥内的血管病　可致面神经核损害引起面瘫，但应有脑桥受损的其他体征如交叉性瘫痪等。

5. 莱姆病（Lyme disease）　该病是由蜱传播的螺旋体感染性疾病，可引起脑神经损害，以双侧面瘫常见，常伴皮肤红斑、肌痛、动脉炎、心肌炎、脾大等多系统损害表现。

（六）治疗

1. 急性期治疗　治疗原则是减轻面神经水肿、改善局部血液循环与防治并发症。

（1）急性期尽早使用糖皮质激素治疗。地塞米松 10～15 mg/d，静脉滴注，连用 7 天，或泼尼松 30～60 mg，晨 1 次顿服，连用 5 天，之后 5 天内逐渐减量至停药。

（2）补充 B 族维生素，如口服维生素 B_1、甲钴胺或肌内注射维生素 B_1、维生素 B_{12} 等。

（3）Hunt 综合征的抗病毒治疗，可用阿昔洛韦（acyclovir）10～20 mg/(kg·d)，分 2～3 次静脉滴注，连用 2 周。

案例 15-1

（4）在茎乳孔附近行超短波透热、红外线照射或局部热敷治疗。注意保护角膜、结膜，预防感染，可采用抗生素眼药水或眼药膏点眼、带眼罩等方法。

2. 恢复期治疗　病后第 3 周至第 6 个月以促进神经功能尽快恢复为主要原则。可继续给予 B 族维生素治疗，同时采用针灸、按摩、碘离子透入等方法治疗。

3. 后遗症期治疗　少数患者在发病 2 年后仍留有不同程度后遗症，严重者可试用面副神经、面舌下神经吻合术，但疗效不肯定。

案例 15-1
答案及解析

第三节　单神经病

一、正中神经麻痹

正中神经由来自 $C_5 \sim T_1$ 的纤维组成，沿肱二头肌内侧沟伴肱动脉下降至前臂分支，支配旋前圆肌、桡侧腕屈肌、各指屈肌、掌长肌、拇对掌肌及拇短展肌（图 15-4）。

（一）病因

正中神经的常见损伤原因是肘前区静脉注射时，药物外渗引起软组织损伤，或腕部割伤，或患腕管综合征。

（二）临床表现

正中神经不同部位受损的临床表现如下。

1. 正中神经受损部位在上臂时，前臂不能旋前，桡侧3个手指屈曲功能丧失，握拳无力，拇指不能对掌、外展。大鱼际肌出现萎缩后手掌平坦，拇指紧靠示指而状如猿手。掌心、大鱼际、桡侧3个半手指掌面和2、3指末节背面的皮肤感觉减退或丧失（图15-5）。由于正中神经富含自主纤维，损伤后常出现灼性神经痛。

2. 当损伤位于前臂中下部时，运动障碍仅有拇指的外展、屈曲与对指功能丧失。

3. 正中神经在腕部经由腕骨与腕横韧带围成的管状结构——腕管到达手部。当腕管先天性狭窄或腕部过度运动而致摩擦损伤时，正中神经可受累，产生桡侧手掌及桡侧3个半手指的疼痛、麻木、感觉减退、手指运动无力和大鱼际肌麻痹、萎缩，称为腕管综合征（carpal tunnel syndrome）。通常夜间症状加重，疼痛可放射到前臂甚至肩部。多见于女性，常双侧发病，但利手侧可能发生更早且症状较重。

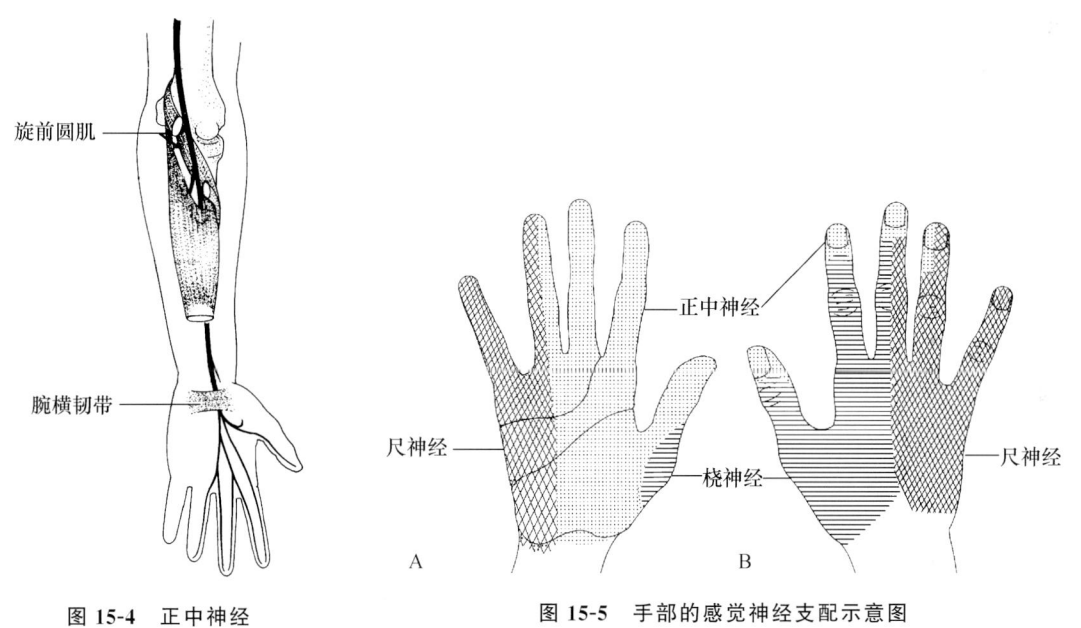

图15-4 正中神经

图15-5 手部的感觉神经支配示意图
A. 手掌面；B. 手背面

（三）治疗

轻症采用局部夹板固定制动，服用非甾体类抗炎药物如布洛芬0.2g，3次/日，配合腕管内注射泼尼松龙0.5ml加2%普鲁卡因0.5ml，每周1次，2次无效者考虑手术离断腕横韧带以解除正中神经受压。

二、尺神经麻痹

尺神经由$C_8 \sim T_1$的纤维组成，初在肱动脉内侧下行，继而向后下进入尺神经沟，再沿前臂掌面尺侧下行（图15-6）。主要支配尺侧腕屈肌、指深屈肌尺侧半、小鱼际肌、拇收肌与骨间肌，还支配手掌面1个半指、背面2个半指的皮肤感觉（图15-5）。

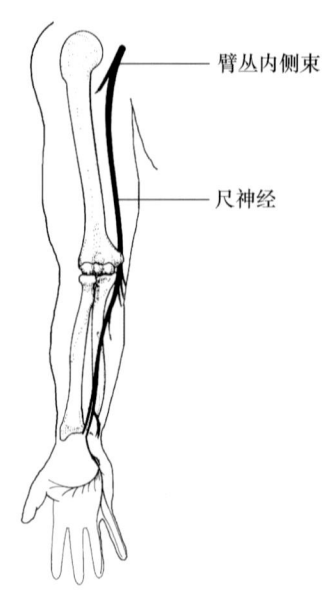

图 15-6　尺神经

(一) 病因

尺神经损伤常见病因是腕、肘部外伤，及尺骨鹰嘴部骨折、肘部受压等。

(二) 临床表现

尺神经损伤的主要表现为手部小肌肉的运动丧失，精细动作困难；屈腕能力减弱并向桡侧偏斜；拇指不能内收，其余各指不能内收和外展；多数手肌萎缩，小鱼际肌平坦，骨间肌萎缩，骨间隙加深。拇指以外和各掌指关节过伸，第 4、5 指的指间关节弯曲，形成"爪形手"。感觉障碍以小指感觉减退或丧失最明显。

尺神经在肘管内受压的临床表现称为肘管综合征。肘管是由肱骨内上髁、尺骨鹰嘴和肘内侧韧带构成的纤维骨性管道，其管腔狭窄，屈肘时其内容积更小，加之位置表浅，尺神经易于此处受到嵌压。主要表现为手部尺侧感觉障碍，骨间肌萎缩，肘关节活动受限，肘部尺神经增粗以及肘内侧压痛等。

(三) 治疗

治疗主要包括肘关节制动、应用非甾体类抗炎药及手术减压。

三、桡神经麻痹

桡神经源自 $C_5 \sim T_1$ 神经根，初行于腋动脉后方，继而与肱深动脉伴行入桡神经沟，转向外下至肱骨外上髁上方，于肱桡肌与肱肌间分为浅、深两终支分布于前臂及手背。支配肱三头肌、肘肌、肱桡肌、旋后肌、指伸肌及拇长展肌等，所支配各肌的主要功能是伸肘、伸腕及伸指（图 15-7）。由于其位置表浅，是臂丛神经中最易受损的神经。

(一) 病因

桡神经损伤的常见病因是骨折、外伤、炎症，或睡眠时以手代枕、手术中上肢长时间外展和受压、上肢被缚过紧及铅中毒和酒精中毒等。近年来，醉酒深睡导致的桡神经受压损伤发病率有所增加，在病史询问中应予重视。

(二) 临床表现

桡神经损伤的典型表现是腕下垂，但受损伤部位不同，症状亦有差异。

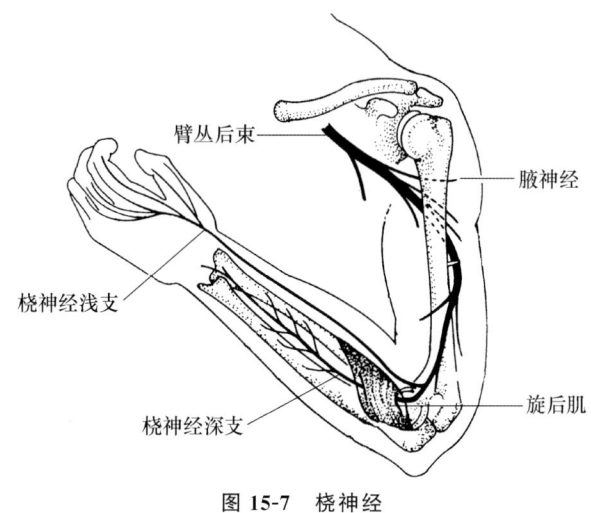

图 15-7 桡神经

1. 高位损伤时（如腋部损伤），上肢所有伸肌瘫痪，肘关节、腕关节和掌指关节均不能伸直。前臂不能旋后，手呈旋前位，垂腕致腕关节不能固定，因而握力减弱。
2. 上臂中 1/3 以下损伤时，伸肘功能保留。
3. 肱骨下端、前臂上 1/3 损伤时，伸肘、伸腕功能保留。
4. 腕关节部位损伤时，仅出现感觉障碍。

桡神经损伤的感觉障碍一般轻微，多仅限于手的虎口区，其他部位因邻近神经的重叠支配而无明显症状。

（三）治疗

桡神经再生能力较好，治疗后可恢复功能，预后良好。

四、腓总神经麻痹

腓总神经源自 $L_4 \sim S_3$ 神经根，在大腿下 1/3 从坐骨神经分出，是坐骨神经的两个主要分支之一。其下行至腓骨头处转向前方，分出腓肠外侧皮神经支配小腿外侧面感觉，在腓骨颈前分为腓深和腓浅神经，前者支配胫骨前肌、趾长伸肌、姆长伸肌、姆短伸肌和趾短伸肌，后者支配腓骨长肌和腓骨短肌及足背 2~5 趾背面皮肤（图 15-8 和图 15-9）。

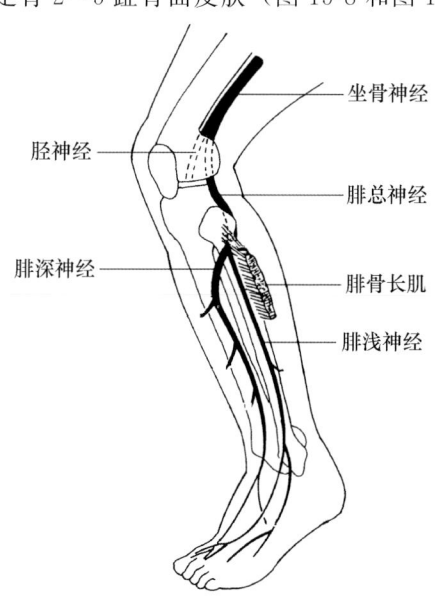

图 15-8 腓总神经及其分支

(一) 病因

腓总神经麻痹（common peroneal nerve palsy）的最常见病因为各种原因的压迫，如两腿交叉久坐、长时间下蹲位、下肢石膏固定不当及昏迷、沉睡者卧姿不当等；也可因腓骨头或腓骨颈部外伤、骨折等引起；糖尿病、感染、酒精中毒和铅中毒也是致病的原因。在腓骨颈外侧，腓总神经位置表浅，又贴近骨面，因而最易受损。

(二) 临床表现

腓总神经麻痹的临床表现包括足与足趾不能背屈，足下垂并稍内翻，行走时为使下垂的足尖抬离地面而用力抬高患肢，并以足尖先着地呈跨阈步态。不能用足跟站立和行走，感觉障碍在小腿前外侧和足背（图15-9）。

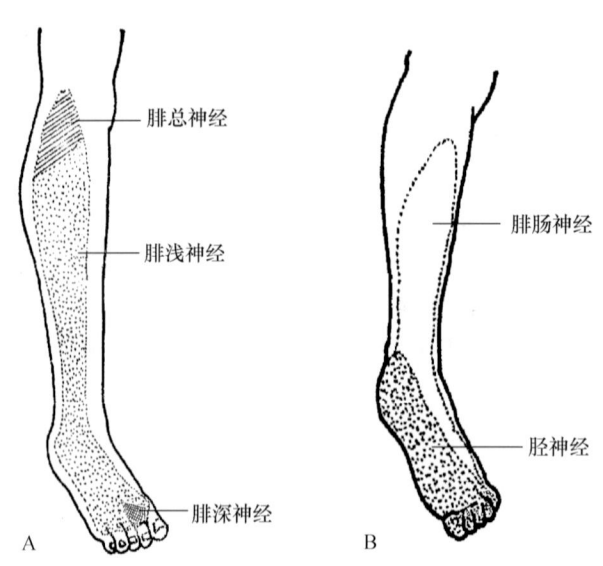

图 15-9　下肢的感觉神经支配示意图
A. 足背面；B. 足底面

(三) 治疗

治疗除针对病因外，可用神经营养剂、理疗等。

五、胫神经麻痹

胫神经由 $L_4 \sim S_3$ 神经根组成。在腘窝上角自坐骨神经分出，在小腿后方下行达内踝后方，分支支配腓肠肌、比目鱼肌、腘肌、跖肌、趾长屈肌和长屈肌以及足底的所有短肌。其感觉分支分布于小腿下1/3后侧与足底皮肤。

(一) 病因

胫神经麻痹多为药物、酒精中毒、糖尿病等引起，也见于局部囊肿压迫及小腿损伤。当胫神经及其终末支在踝管处受压时可引起特征性表现——足与踝部疼痛及足底部感觉减退，称为踝管综合征。其病因包括穿鞋不当、石膏固定过紧、局部损伤后继发的创伤性纤维化以及腱鞘囊肿等。

(二) 临床表现

胫神经损伤的主要表现是足与足趾不能屈曲，不能用足尖站立和行走，感觉障碍主要在足底。

(三) 治疗

治疗除针对病因外，可用神经营养剂、理疗等。

六、股外侧皮神经病

股外侧皮神经病 (lateral femoral cutaneous neuropathy) 也称为感觉异常性股痛 (meralgia paresthetica)、股外侧皮神经炎。股外侧皮神经由 $L_{2\sim3}$ 脊神经后根组成，是纯感觉神经，发出后向外下斜越髂肌深面达髂前上棘，经过腹股沟韧带下方达股部。在髂前上棘下 5~10 cm 处穿出大腿阔筋膜，分布于股前外侧皮肤（图 15-10）。

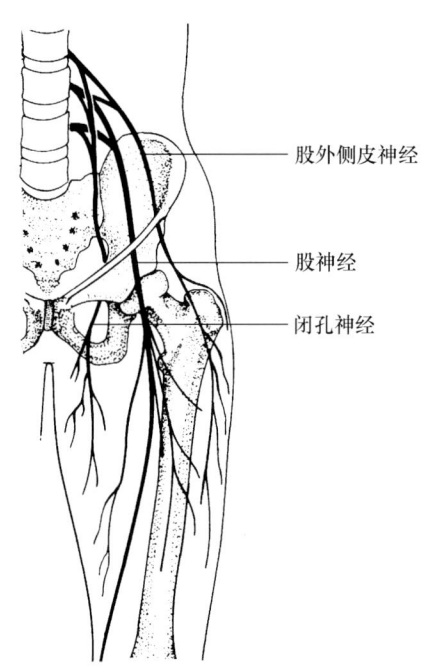

图 15-10　股外侧皮神经

(一) 病因

股外侧皮神经病的主要病因是受压与外伤，如穿着紧身衣、长期使用硬质腰带，或盆腔肿瘤、妊娠子宫等均是可能的病因。其他如感染、糖尿病、酒精中毒及药物中毒、动脉硬化等也是常见病因。部分患者病因不明。

(二) 临床表现

起病可急可缓，多为单侧。大腿前外侧面皮肤感觉异常，包括麻木、针刺样疼痛、烧灼感，可有局部感觉过敏，行走、站立时症状加重，某些患者仅偶尔发现局部感觉减退。

体格检查可有髂前上棘内侧或下方的压痛点，股外侧皮肤可有局限性感觉减退或缺失。

(三) 辅助检查

对于症状持续者应结合其他专业的检查及盆腔 X 线检查，以明确病因。

(四) 治疗

治疗除针对病因外，可给予口服 B 族维生素，也可给予止痛药物。局部理疗、封闭也有疗效。疼痛严重者可手术切开压迫神经的阔筋膜或腹股沟韧带。

七、坐骨神经痛

坐骨神经痛（sciatica）是沿着坐骨神经径路及其分布区域内以疼痛为主的综合征。坐骨神经是人体中最长的神经，由 L_4～S_3 脊神经前支组成，经梨状肌下孔出盆腔，在臀大肌深面沿大腿后侧下行达腘窝，在腘窝上角附近分为胫神经和腓总神经，支配大腿后侧和小腿肌群，并传递小腿与足部的皮肤感觉（图15-11）。

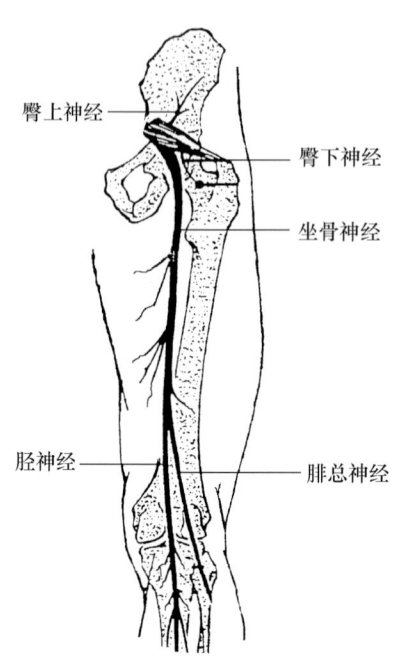

图 15-11　坐骨神经

（一）病因

坐骨神经痛有原发性和继发性两类。原发性坐骨神经痛也称为坐骨神经炎，为感染或中毒等原因损害坐骨神经引起，多与受凉、感冒等有关，病原体或毒素经血液播散而致坐骨神经的间质性炎症；继发性坐骨神经痛临床多见，是因坐骨神经径路受病变的压迫或刺激所致。根据发病部位可分为根性、丛性和干性。根性坐骨神经痛病变主要在椎管内以及脊椎，如腰椎间盘突出、椎管内肿瘤、脊椎骨结核与骨肿瘤、腰椎黄韧带肥厚、粘连性脊髓蛛网膜炎等；丛性、干性坐骨神经痛的病变主要在椎管外，常为腰骶神经丛及神经干邻近组织病变，如骶髂关节炎、盆腔疾患（肿瘤、子宫附件炎）、妊娠子宫压迫、臀部药物注射位置不当以及外伤等。

（二）临床表现

1. 青壮年男性多见，常一侧受累。急性或亚急性起病。
2. 沿坐骨神经走行区的疼痛，自腰、臀部向大腿后侧、小腿后外侧和足部放射，呈持续性钝痛并阵发性加剧，也有呈刀割样或烧灼样疼痛者。往往夜间疼痛加剧。
3. 患者为减轻疼痛，常采取特殊姿势。卧位时卧向健侧，患侧下肢屈曲；平卧位欲坐起时先使患侧下肢屈曲；坐下时以健侧臀部着力；站立时腰部屈曲，患侧屈髋屈膝，足尖着地；俯身拾物时，先屈曲患侧膝关节。以上动作均是为避免坐骨神经受牵拉而诱发疼痛加重所采取的强迫姿势。

4. 坐骨神经痛以腰骶部疼痛明显，在咳嗽、喷嚏和排便用力时产生或加重。在 L_4、L_5 棘突旁有明显压痛，于坐骨神经干走行区的臀点、股后点、腓点及踝点可有轻压痛；丛性坐骨神经痛以骶部疼痛明显，疼痛除沿坐骨神经放射外，还可放射至股前及会阴部，于坐骨神经干走行区的各点压痛明显；干性坐骨神经痛以臀部以下疼痛为特点，沿坐骨神经干走行区的各点压痛明显。

5. 神经系统检查可有轻微体征，Lasègue 征阳性，患侧臀肌松弛、小腿轻度肌萎缩，踝反射减弱或消失。小腿外侧与足背外侧可有轻微感觉减退。

（三）辅助检查

辅助检查的主要目的是寻找病因，包括腰骶部 X 线平片、腰部脊柱 CT、MRI 等影像学检查，脑脊液（CSF）常规、生化及动力学检查（Queckenstedt test），以及肌电图与神经传导速度测定等。

（四）诊断与鉴别诊断

1. 诊断 根据疼痛的分布区域、加重的诱因、可以减轻疼痛的姿势、压痛部位、Lasègue 征阳性及踝反射减弱或消失等，坐骨神经痛的诊断一般并无困难，但应注意区分是神经根还是神经干受损。诊断中的重点是明确病因，应详细询问病史，进行全面的体格检查，注意体内是否存在感染病灶，重点检查脊柱、骶髂关节、髋关节及盆腔内组织的情况，有针对性地进行有关辅助检查。

2. 鉴别诊断 主要区别局部软组织病变引起的腰背、臀部及下肢疼痛。腰肌劳损、急性肌纤维组织炎、髋关节病变引起的局部疼痛不向下肢放射，无感觉障碍、肌力减退、踝反射减弱或消失等神经体征。

（五）治疗

首先应针对病因。对于局部占位病变者，应尽早手术治疗。结核病感染者需抗结核治疗，腰椎间盘突出引起者大多数经非手术治疗可获缓解。

对症处理包括：①卧硬板床休息。②应用消炎止痛药物，如布洛芬 0.2 g 口服，3 次/日。③B 族维生素，维生素 B_1 100 mg 肌内注射，1 次/日；甲钴胺或氰钴胺 500 μg 肌内注射，1 次/日；也可口服 B 族维生素治疗。④局部封闭。⑤局部理疗，可用于非结核病、肿瘤患者。⑥在无应用禁忌的前提下可短期口服或静脉应用糖皮质激素治疗，如泼尼松 30 mg 顿服，1 次/日，地塞米松 10~15 mg 加生理盐水 250 ml 静脉滴注，连用 7~10 天。

第四节 多神经病

一、多数脑神经损害

多数脑神经损害是指一侧或双侧多个脑神经同时受病变累及出现功能障碍或结构破坏。病变部位的不同可导致临床上形成特定的综合征（表 15-1）。治疗措施主要是针对病因。

二、多发性神经病

多发性神经病（polyneuropathy）曾称为末梢神经炎，是由不同病因引起的、以四肢末端对称性感觉、运动和自主神经功能障碍为主要表现的临床综合征。

表 15-1 临床常见的多数脑神经损害综合征

综合征	受累脑神经	临床表现	常见病因
眶上裂	Ⅲ、Ⅳ、Ⅵ、Ⅴ1	①全部眼肌麻痹，表现为上睑下垂，眼球固定于正中位，瞳孔散大，对光反射消失，伴调节反应障碍；②眼裂以上的面部皮肤感觉障碍	眶上裂局部的骨折、垂体瘤、蝶骨嵴脑膜瘤、脊索瘤、动脉瘤或受鼻窦炎波及
眶尖	Ⅱ、Ⅲ、Ⅳ、Ⅵ、Ⅴ1	由眶上裂综合征的表现加上视力障碍构成。视力损害可表现为中心暗点与周边视野缺损	眶尖部外伤、炎症与肿瘤
海绵窦	Ⅲ、Ⅳ、Ⅵ、Ⅴ1 或伴有Ⅴ2、Ⅴ3	除眶上裂综合征的表现之外，眼部静脉回流障碍可致眼睑、结膜水肿充血及眼球突出	继发于蝶窦或面部感染后的感染性海绵窦血栓形成、外伤性海绵窦动静脉瘘及邻近部位的肿瘤侵犯
岩尖	Ⅴ、Ⅵ	外直肌麻痹，出现眼球内斜及复视；眼球后部、额部及面颊中部疼痛、感觉异常或减退	乳突炎、中耳炎、岩尖部肿瘤或外伤
脑桥小脑角	Ⅴ、Ⅶ、Ⅷ 可伴Ⅵ、Ⅸ、Ⅹ	耳鸣、耳聋、眼震、眩晕与平衡障碍；面部感觉障碍，角膜反射减低或消失；周围性面瘫	听神经瘤最常见，也见于局部炎症及其他占位病变、动脉瘤与血管畸形
颈静脉孔	Ⅸ、Ⅹ、Ⅺ	同侧声带麻痹而声音嘶哑，咽部肌肉麻痹而咽下困难，同侧咽反射消失，向对侧转颈无力，同侧耸肩不能	局部肿瘤、炎症

（一）病因与发病机制

引起本病的病因都是全身性因素。

1. 代谢障碍与营养缺乏 糖尿病、尿毒症、血卟啉病、淀粉样变性等疾病由于代谢产物在体内的异常蓄积或神经滋养血管受损均可引起神经功能障碍；妊娠、慢性胃肠道疾病或胃肠切除术后、长期酗酒、营养不良等均可因维持神经功能所需的营养物质缺乏而致病。

2. 中毒 ①药物：呋喃唑酮、呋喃西林、异烟肼、乙胺丁醇、甲硝唑、氯霉素、链霉素、胺碘酮、甲巯咪唑、丙米嗪、长春新碱、顺铂等；②化学毒物：丙烯酰胺、四氯化碳、三氯乙烯、二硫化碳、正己烷、有机磷和有机氯农药、砷制剂、菊酯类农药等；③重金属：铅、汞、铊、铂、锑等；④生物毒素：白喉、伤寒、钩端螺旋体病、布氏杆菌病等。

3. 结缔组织病 系统性红斑狼疮、结节性多动脉炎、类风湿关节炎、硬皮病和结节病等可继发多发性神经病。

4. 遗传性疾病 遗传性运动感觉神经病（hereditary motor and sensory neuropathy，HMSN）、遗传性共济失调性多发性神经病（Refsum病）、遗传性淀粉样变性神经病、异染性白质营养不良等。

5. 其他 恶性肿瘤、麻风病、莱姆病与POEMS综合征等亦可出现多发性神经病，其机制与致病因子引起自身免疫反应有关。

（二）病理

主要病理改变是轴突变性与节段性脱髓鞘，以轴突变性更为多见。通常轴突变性从远端开始，向近端发展，即逆行性死亡或称为远端轴突病（distal axonopathy）。

（三）临床表现

本病可发生于任何年龄。由于病因不同，起病可表现为急性和慢性过程。部分患者有缓解复发。病情可在数周至数月达高峰。

1. 主要症状和体征

(1) 感觉障碍：呈手套或袜套样分布，为肢体远端对称性感觉异常和深浅感觉缺失，常有感觉过敏。感觉异常可表现为刺痛、灼痛、蚁行感、麻木感等。

(2) 运动障碍：肢体远端不同程度肌力减弱，呈对称性分布，肌张力减低。病程长者可有肌萎缩，常发生于骨间肌、蚓状肌、大小鱼际肌、胫前肌和腓骨肌。可有垂腕、垂足和跨阈步态。

(3) 腱反射减低或消失：以踝反射明显，且较膝反射减低出现得早。上肢的桡骨膜、二头肌、三头肌反射也可减低或消失。

(4) 自主神经功能障碍：肢体远端皮肤变薄、干燥、苍白或青紫，皮温低。

2. 由于病因不同，临床表现也略有不同

(1) 呋喃类药物中毒：常见的呋喃类药物有呋喃唑酮（痢特灵）、呋喃妥因等。症状常在用药后5~14天出现。首先表现为肢体远端感觉异常、感觉减退和肢端疼痛。严重者肢端局部皮肤即使与鞋袜或被褥有轻微接触，甚至风吹都可能引起剧烈疼痛，因而不敢穿鞋穿袜、怕盖被。肢端皮肤多汗，可有色素沉着。肌无力与肌萎缩相对轻微。应用此类药物时应密切观察周围神经症状，尤应注意不可超过正常剂量及长时间使用此类药物。

(2) 异烟肼中毒：多发于长期服用异烟肼者。临床表现以双下肢远端感觉异常和感觉缺失为主。可有肌力减弱与腱反射消失。其发病机制与异烟肼干扰维生素 B_6 的正常代谢有关。

(3) 糖尿病：可继发中枢神经、神经根、神经丛及周围神经干的多种损害，但以周围神经损害为多。表现为感觉、运动、自主神经功能障碍，通常感觉障碍较突出，四肢末端可出现自发性疼痛，呈隐痛、刺痛、灼痛，可伴有麻木、蚁行感，夜间症状更重，影响睡眠。症状以下肢更多见。体格检查可有手套、袜套样痛觉障碍，部分患者振动觉与关节位置觉消失，腱反射减弱或消失。也可出现肌力减低和肌萎缩。

(4) 尿毒症：尿毒症引起的周围神经病，男性多于女性。运动与感觉神经纤维均可受累，呈对称性。早期可仅表现为双下肢或四肢远端的感觉异常，如刺痛、灼痛、麻木与痛觉过敏。症状发生于足踝部者称烧灼足（burning feet），发生于双小腿者可表现为不安腿综合征。病情继续进展则出现双下肢麻木、感觉缺失、肌力减弱，严重者可有四肢远端肌肉萎缩。

(5) 维生素 B_1 缺乏：可因消化系统疾病引起的吸收功能障碍、长期酗酒、剧烈的妊娠呕吐、慢性消耗性疾病等导致维生素 B_1 的缺乏。表现为两腿沉重感、腓肠肌压痛或痛性痉挛。可有双足踝部刺痛、灼痛及蚁行感，呈袜套样改变。病情进展可出现小腿肌肉无力，表现为垂足，行走时呈跨阈步态。腱反射早期亢进，后期减弱或消失。

(6) POEMS综合征：为一种累及周围神经的多系统病变。病名由5种常见临床表现的英文字头组成，即多发性神经病（Polyneuropathy）、器官肿大（Organomegaly）、内分泌病（Endocrinopathy）、M蛋白（M-protein）和皮肤损害（Skin changes）。本病也称Crow-Fukase综合征。多中年以后起病，男性较多见。起病隐袭、进展慢。依照症状、体征、出现频率可有下列表现：①慢性进行性感觉运动性多神经病，CSF蛋白质含量增高；②皮肤改变，皮肤可因色素沉着而变黑，并有皮肤增厚与多毛；③内分泌改变，男性可出现阳痿、女性化乳房，女性可出现闭经、痛性乳房增大和溢乳，可合并糖尿病；④内脏肿大，可有肝脾大，周围淋巴结肿大；⑤水肿，可有视盘水肿、胸腔积液、腹水、下肢指凹性水肿；⑥异常球蛋白血症，血清蛋白电泳出现M蛋白，尿检可有本周（Bence-Jones）蛋白；⑦骨骼改变，可在脊柱、骨盆、肋骨及肢体近端发现骨硬化性改变，为本病影像学特征，也可有溶骨性病变，骨髓检查可见浆细胞增多或骨髓瘤；⑧低热、多汗、杵状指。

（四）辅助检查

1. 电生理检查　以轴突变性为主的周围神经疾病表现为运动诱发波幅的降低和失神经支

配肌电图表现，以脱髓鞘为主者则主要表现为神经传导速度减慢。

2. 血生化检测 重点检查血糖、尿素氮、肌酐、T3、T4、维生素 B_{12} 等代谢物质及激素水平。可疑毒物中毒者需进行相应的毒理学测定。

3. 免疫学检查 对疑有自身免疫性疾病者可行自身抗体系列检查，疑有生物性致病因子感染者，应做病原体或相应抗体测定。

4. CSF 常规与生化检查 大多正常，偶有蛋白质增高。

5. 神经活组织检查 疑为遗传性疾病者可行周围神经活组织检查，可提供重要的诊断证据。

（五）诊断与鉴别诊断

1. 诊断 根据四肢远端对称性运动、感觉和自主神经功能障碍可诊断。

2. 查找病因 主要依靠详细的病史、病程特点、伴随症状和辅助检查结果。

3. 鉴别诊断 亚急性联合变性的疾病早期表现与多发性神经病相似，随病情进展逐渐出现双下肢软弱无力、走路不稳、双手动作笨拙等；早期 Babinski 征可为阴性，随病情进展转为阳性；感觉性共济失调是其临床特点之一；肌张力增高、腱反射亢进、锥体束征阳性及深感觉性共济失调是区别于多发性神经病的主要鉴别点。

（六）治疗

1. 病因治疗 毒物中毒引起者应尽快停止与毒物的接触，应用补液、解毒剂等促进体内毒物的清除。药物引起者需停药，异烟肼引起者如果神经病变较轻而抗结核治疗必须继续应用时，可不停药，加用维生素 B_6 治疗。代谢性疾病与营养缺乏所致者应积极控制原发病。与自身免疫性疾病相关者需采用糖皮质激素，重症者用地塞米松 10 mg 加生理盐水 250 ml 静脉滴注，连用 7～10 日，继续用泼尼松 30 mg 清晨顿服，1 次/日，依据病情逐渐减量；免疫球蛋白治疗按 0.4 g/(kg·d)，连用 3～5 日；或应用血浆交换疗法。恶性肿瘤所致者可用手术、化学治疗、放射治疗等手段。

2. 一般治疗 急性期应卧床休息，补充水溶性维生素：维生素 B_1 100 mg 肌内注射，1 次/日；甲钴胺或氰钴胺 250～500 μg 肌内注射，1 次/日；维生素 B_6 及辅酶 A。选择使用各种神经生长因子。严重疼痛者可用止痛药物。恢复期可增加理疗、康复训练及针灸等综合治疗手段。

第五节 吉兰-巴雷综合征

吉兰-巴雷综合征的研究史

吉兰-巴雷综合征（Guillain-Barre syndrome，GBS）是一类免疫介导的急性炎性周围神经病。临床特征为急性起病，表现为四肢对称性、弛缓性瘫痪，症状多在 2 周左右达到高峰，表现为多发神经根及周围神经损害。该病主要包括急性炎性脱髓鞘性多发性神经病（acute inflammatory demyelinating polyneuropathies，AIDP）、急性运动轴突性神经病（acute motor axonal neuropathy，AMAN）、急性运动感觉轴突性神经病（acute motor sensory axonal neuropathy，AMSAN）、Miller-Fisher 综合征（Miller-Fisher syndrome，MFS）、急性泛自主神经病（acute panautonomic neuropathy，APN）和急性感觉神经病（acute sensory neuropathy，ASN）等亚型。

（一）流行病学

GBS 的年发病率为（0.6～2.4）/10 万，男性略多于女性，各年龄组均可发病。欧美的发病年龄在 16～25 岁和 45～60 岁出现两个高峰，我国尚缺乏系统的流行病学资料，但住院患者年龄资料分析显示，该病以儿童和青壮年多见。在北美与欧洲发病无明显的季节倾向，但亚洲及墨西哥以夏秋季节发病较多。丛集性发病的现象在国内外均有报道，国外研究表明丛集性发病的可能诱发因素包括注射流感疫苗、腹泻等。

（二）病因与发病机制

1. 病因 虽然 GBS 的病因尚未确定，但多数学者认为是多因素致病，包括机体内外两方面因素。

（1）外在致病因素：超过 2/3 的患者发病前 4 周内有呼吸道或胃肠道感染症状。曾发现的前驱感染病原体包括空肠弯曲菌、巨细胞病毒、EB 病毒、肺炎支原体、乙型肝炎病毒和人类免疫缺陷病毒等。1982 年便有研究报道空肠弯曲菌（*Campylobacter jejuni*，Cj）感染与 GBS 发病有关，此后的研究发现在许多国家和地区 Cj 感染是最常见的 GBS 发病前驱因素，特别是以腹泻为前驱感染症状的 GBS 患者有 Cj 感染证据者高达 85%，从 AMAN 型 GBS 患者肠道中分离出 Cj 更多见。

（2）免疫遗传学因素：理论上讲，与免疫相关的基因群结构和功能复杂，基因多态性的存在，使得不同个体对特定抗原物质的识别提呈及引起免疫反应的强弱存在差别，因而表现不同的个体对疾病的易感性有差别。但目前尚无公认的 GBS 易感基因被发现。

2. 发病机制 GBS 的确切发病机制仍不明确，但本病是由细胞免疫和体液免疫共同介导的自身免疫性疾病这一观点已得到公认。目前倾向于用分子模拟（molecular mimicry）学说解释发病机制，即外来致病因子因具有与机体某组织结构相同或相似的抗原决定簇，在刺激机体免疫系统产生抗体后，这种抗体既与外来抗原物质结合，又可发生错误识别，与体内具有相同抗原决定簇的自身组织发生免疫反应，从而导致自身组织的免疫损伤。

依照分子模拟学说可以建立不同病理表现的 GBS 动物模型。应用周围神经髓鞘抗原 P2 蛋白可诱发实验性自身免疫性神经炎（experimental autoimmune neuritis，EAN）；应用 P1 蛋白可同时诱发 EAN 和实验性自身免疫性脑脊髓炎（experimental autoimmune encephalomyelitis，EAE）；EAN 的病理改变与人类 AIDP 病变相似。应用神经节苷脂 GM1 或混合的神经节苷脂，可诱发病理改变与 AMAN 相似的动物模型。

（三）病理改变

AIDP 的主要病理改变是周围神经组织中的小血管周围淋巴细胞与巨噬细胞浸润，以及神经纤维的节段性脱髓鞘，严重病例出现继发轴突变性。施万细胞于病后 1~2 周开始增殖以修复受损的髓鞘，此时致病因素对髓鞘的破坏可能尚未停止，因而表现为神经修复与炎性脱髓鞘进展共存的病理表现。

AMAN 的主要病变是脊神经前根和周围神经运动纤维的轴突变性及继发的髓鞘崩解，崩解的髓鞘形成圆形、卵圆形小体，病变区内少见淋巴细胞浸润。早期病变组织的电子显微镜观察可见巨噬细胞自朗飞结处移行至相对完整的髓鞘内破坏轴突。

AMSAN 的病理特点与 AMAN 相似，但脊神经前、后根及周围神经纤维的轴突均可受累。

吉兰-巴雷综合征病理活检

（四）临床表现

1. AIDP 也称经典型 GBS，是 GBS 中最常见的类型，主要病变为神经根和周围神经节段性脱髓鞘。

（1）前驱事件：常见有腹泻和上呼吸道感染，病原体包括空肠弯曲菌、巨细胞病毒、肺炎支原体等；也见于疫苗接种、手术、器官移植后等情况。

（2）起病形式：急性起病，病情多在 2 周左右达到高峰。

(3) 症状和体征

1) 肢体无力：弛缓性瘫痪是 AIDP 的主要症状。多数患者出现相对对称性肌无力，并从双下肢向上肢发展，数日内逐渐加重。肌张力可正常或降低，腱反射减低或消失，经常在肌力仍保留较好的情况下，腱反射已明显减低或消失，病理反射阴性。

2) 感觉障碍：部分患者有四肢末梢型感觉障碍（常有主观感觉异常，如麻木、蚁走感、针刺感和烧灼感，可伴有肌肉酸痛。但客观检查浅感觉缺损不明显，或有轻微的手套-袜套型感觉减退或缺失），神经干压痛和牵拉痛。

3) 脑神经损害：部分患者可有不同程度的脑神经损害，常见面部或口咽部肌肉无力，有时可为首发症状就诊；病情严重者可出现呼吸肌无力，导致呼吸困难。

4) 自主神经功能障碍：部分患者可出现手足少汗或多汗、短暂的二便潴留或失禁、心动过速等。

2. AMAN 以广泛的运动脑神经纤维和脊神经前根及运动纤维轴突病变为主。前驱感染以空肠弯曲菌感染多见；急性起病，平均 6～12 天达到高峰，少数患者在 24～48 h 内即可达到高峰；对称性肢体无力，部分患者有脑神经运动功能受损，重症者可出现呼吸肌无力。腱反射减低或消失与肌力减退程度较一致。无明显感觉异常，无或仅有轻微自主神经功能障碍。

3. MFS 以眼肌麻痹、共济失调和腱反射消失为主要临床特点。前驱感染以空肠弯曲菌感染常见；急性起病，病情在数天至数周内达到高峰；多以复视起病，也可以肌痛、四肢麻木、眩晕和共济失调起病。相继出现对称或不对称性眼外肌麻痹，部分患者有上睑下垂，少数出现瞳孔散大，但瞳孔对光反射多数正常。可有躯干或肢体共济失调，腱反射减低或消失，肌力正常或轻度减退，部分有口咽部肌肉和面部肌肉无力，四肢远端和面部麻木和感觉减退，膀胱功能障碍。

4. AMSAN 以广泛神经根和周围神经的运动与感觉纤维的轴突变性为主。前驱感染及临床症状与 AIDP 相似，出现对称性肢体无力，多有脑神经运动功能受累，重症者可有呼吸肌无力、呼吸衰竭。患者同时有感觉障碍，甚至部分出现感觉性共济失调。常有自主神经功能障碍。

近年，有学者根据血清抗体阳性提出了其他新的 GBS 亚型，例如，抗 GT1a IgG 抗体阳性提示咽颈臂型无力，抗 GD1a 抗体阳性提示截瘫型 GBS。

（五）辅助检查

1. 实验室检查

(1) 脑脊液（CSF）检查：①CSF 蛋白-细胞分离是 GBS 的特征之一，多数患者在发病数天内蛋白质含量正常，2～4 周内 CSF 蛋白质不同程度升高，但较少超过 1.0 g/L；糖和氯化物正常；白细胞计数一般 $<10×10^6$/L。②部分患者 CSF 出现寡克隆区带。③部分患者 CSF 抗神经节苷脂抗体阳性。

(2) 血清学检查：①少数患者出现肌酸激酶（CK）轻度升高，肝功能轻度异常；②部分患者血清抗神经节苷脂抗体阳性，部分 AMAN 患者血清中可检测到抗神经节苷脂 GM1、GD1a 抗体，大多数 MFS 患者血清 GQ1b 抗体阳性；③部分患者血清可检测到抗空肠弯曲菌抗体、抗巨细胞病毒抗体等。

(3) 部分患者粪便中可分离和培养出空肠弯曲菌。

2. 神经电生理检查 主要根据运动神经传导测定，提示周围神经存在脱髓鞘病变，在非嵌压部位出现传导阻滞或异常波形离散对诊断脱髓鞘病变更有价值。通常选择一侧正中神经、尺神经、胫神经和腓总神经进行测定。神经电生理检查结果必须与临床相结合进行解释（表 15-2 和表 15-3）。电生理改变的程度与疾病严重程度相关，在病程的不同阶段电生理改变特点也会有所不同。

表 15-2　AIDP 神经电生理诊断标准

项目	诊断标准
1. 运动神经传导	至少有 2 根运动神经存在下述参数中的至少 1 项异常： ①远端潜伏期较正常值延长 25% 以上 ②运动神经传导速度较正常值减慢 20% 以上 ③F 波潜伏期较正常值延长 20% 以上和（或）出现率下降等 ④运动神经部分传导阻滞：周围神经近端与远端比较，复合肌肉动作电位（CMAP）负相波波幅下降 20% 以上，时限增宽 <15% ⑤异常波形离散：周围神经近端与远端比较，CMAP 负相波时限增宽 15% 以上。当 CAMP 负相波波幅不足正常值下限的 20% 时，检测传导阻滞的可靠性下降
2. 感觉神经传导	一般正常，但异常时不能排除诊断
3. 针电极肌电图	单纯脱髓鞘病变 EMG 通常正常，如果继发轴突损害，在发病 10 天至 2 周后 EMG 可出现异常自发电位。随着神经再生则出现运动单位电位时限增宽、高波幅、多相波增多及运动单位丢失

表 15-3　AMAN 神经电生理诊断标准

项目	诊断标准
1. 运动神经传导	①远端刺激时 CAMP 波幅较正常值下限下降 20% 以上，严重时引不出 CMAP 波形，2~4 周后重复测定 CAMP 波幅无改善 ②除嵌压性周围神经病常见受累部位的异常外，所有测定神经均不符合 AIDP 标准中脱髓鞘的电生理改变（至少测定 3 条神经）
2. 感觉神经传导	通常正常
3. 针电极肌电图	早期即可见运动单位募集减少，发病 1~2 周后，EMG 可见大量异常自发电位，此后随神经再生则出现运动单位电位的时限增宽、波幅增高、多相波增多

3. 神经活组织检查　不需要神经活组织检查确定诊断。腓肠神经活组织检查可见有髓纤维脱髓鞘现象，部分出现吞噬细胞浸润，小血管周围可有炎性细胞浸润。剥离单纤维可见节段性脱髓鞘。

（六）诊断及鉴别诊断

1. 诊断　诊断标准见表 15-4。

表 15-4　不同 GBS 亚型的诊断标准

GBS 亚型	诊断标准
AIDP 和 AMSAN	可根据病前 4 周内感染史，急性或亚急性起病，四肢对称性弛缓性瘫痪，可有手套-袜套样感觉障碍及脑神经损害，CSF 蛋白-细胞分离现象，神经电生理异常表现等作出诊断
AMAN	除了无感觉障碍外，与以上诊断标准相同
MFS	①急性起病，病情在数天内或数周内达到高峰；②临床上以眼外肌瘫痪、共济失调和腱反射减低为主要症状，肢体肌力正常或轻度减退；③CSF 出现蛋白-细胞分离；④病程呈自限性
APN	①急性发病，快速进展，多在 2 周左右达高峰；②广泛的交感神经和副交感神经功能障碍，不伴或伴有轻微肢体无力和感觉异常；③可出现 CSF 蛋白-细胞分离现象；④病程呈自限性；⑤排除其他病因
ASN	①急性起病，快速进展，多在 2 周左右达高峰；②对称性肢体感觉异常；③可有 CSF 蛋白-细胞分离现象；④神经电生理检查提示感觉神经损害；⑤病程有自限性；⑥排除其他病因

2. 鉴别诊断

（1）低钾性周期性瘫痪：为急性起病的两侧对称性肢体瘫痪，病前常有过饱、饮酒或过度劳累病史，常有既往发作史，无感觉障碍及脑神经损害，发作时血钾低及心电图呈低钾样改变，CSF 正常。补钾治疗有效，症状可迅速缓解。

（2）重症肌无力全身型：可表现为两侧对称性四肢弛缓性瘫痪，但多有症状波动，如休息后减轻、劳累后加重即所谓晨轻暮重现象，疲劳试验及新斯的明试验阳性，CSF 正常。重复电刺激低频时呈递减反应，高频时正常或递减反应，血清抗乙酰胆碱受体抗体阳性。

（3）急性脊髓炎：病变部位在颈髓时可表现为四肢瘫痪，早期肌张力减低呈弛缓性，但损害平面以下有传导束型深、浅感觉消失，伴尿、便潴留。脊髓休克期过后表现为四肢或双下肢肌张力升高，腱反射亢进，病理反射阳性。

（4）肉毒杆菌毒素中毒：主要因进食受肉毒杆菌毒素污染的饮食而发病，多有同食者群体发病的流行病学特点。临床表现为急性起病的视物模糊、复视、双侧面肌瘫痪、吞咽障碍及四肢对称性弛缓性瘫痪。可伴有头痛。严重者呼吸肌受累，甚至需要机械通气，心肌受累者有猝死可能。明确的流行病学证据、瞳孔对光反射明显迟钝或消失，神经电生理检查提示神经肌肉接头突触前膜病变高度提示本病。

（5）脊髓灰质炎：起病时常有发热，肌力减低常不对称，多仅累及一侧下肢的一至数个肌群，呈节段性分布，无感觉障碍，肌萎缩出现早。CSF 蛋白与细胞在发病早期均可升高，细胞数较早恢复正常，病后 3 周左右也可呈蛋白-细胞分离现象。确诊常需病毒学证据。

除了以上几种疾病之外，MFS 还需要与 GQ1b 抗体相关的 Bickerstaff 脑干脑炎、急性眼外肌麻痹、脑干梗死、脑干出血、视神经脊髓炎、多发性硬化等相鉴别；APN 需要与其他病因导致的自主神经病，如中毒、药物相关、血卟啉病、糖尿病、急性感觉神经元神经病、交感神经干炎等相鉴别；ASN 要与其他导致急性感觉神经病的病因，如糖尿病痛性神经病、中毒性神经病、急性感觉自主神经元神经病、干燥综合征、副肿瘤综合征等鉴别。在西尼罗（West Nile）病毒感染流行的地域，AMAN 也需与西尼罗病毒引起的神经肌肉病变鉴别。

（七）治疗

1. 病因治疗 以抑制免疫反应、清除致病因子、阻止病情发展为目标。

（1）静脉注射免疫球蛋白（intravenous immunoglobulin，IVIG）：已证实 IVIG 治疗 AIDP 是有效的，特别对病情进展、有出现呼吸肌麻痹可能的病例，应尽早使用。成人常用量为 0.4 g/(kg·d)，静脉滴注连用 3~5 天。治疗作用的机制包括中和致病性自身抗体、抑制炎性细胞因子（白细胞介素-1、肿瘤坏死因子-α 等）、抑制补体结合及干扰和下调 T 细胞功能等。本疗法有效率 50%~70%。不良反应轻微且发生率低，包括发热、面红等，可通过减慢滴速来预防和消除。IVIG 过敏或存在 IgA 型抗体者、心力衰竭或肾功能不全患者禁用。

（2）血浆交换（plasma exchange，PE）疗法：适用于体质情况较好的成年人及大龄儿童，PE 量每次 30~50 ml/kg，1~2 周内进行 3~5 次。治疗作用机制主要是清除血循环中致病性自身抗体。有效率与 IVIG 相当，但两种疗法的疗效覆盖人群不同，在 PE 疗法效果不好时，也可试用 IVIG。需要说明的是，PE 疗法会使得已经静脉输入的免疫球蛋白被置换出体外，故 IVIG 与 PE 不要同时实施。一般也不推荐 PE 和 IVIG 联合应用。少数患者在 1 个疗程的 PE 或 IVIG 治疗后，病情仍无好转或仍在进展或恢复过程中再次加重者，可以考虑延长治疗时间或增加 1 个疗程。PE 可能出现的不良反应有枸橼酸盐中毒、一过性低血压、心律失常等。

（3）糖皮质激素（glucocorticoid）：曾经是治疗 GBS 的主要药物，近年来存在争议。国外的多项临床试验结果均显示单独应用糖皮质激素治疗 GBS 无明确疗效，糖皮质激素和 IVIG 联合治疗与单独应用 IVIG 治疗的效果也无显著差异。因此，国外的 GBS 指南均不推荐应用糖皮质激素治疗 GBS。但是，国外的 GBS 亚型以 AIDP 居多，糖皮质激素对不同类型 GBS 的疗效还缺乏大样本的数据,且激素使用的时机、种类、剂量及给药方法也各不相同。在我国,由于经济条件或医疗条件限制,有些患者无法接受 IVIG 或 PE 治疗,目前许多医院仍在应用糖皮质激素治疗 GBS。对于糖皮质激素治疗 GBS 的疗效以及对不同类型 GBS 的疗效,随着药物基因组学技术的发展,还有待在更深层次上进一步探讨。

2. 神经营养 注意维持患者水、电解质与酸碱平衡,常规使用水溶性维生素,并着重增加维生素 B_1、维生素 B_{12}(如甲钴胺、氰钴胺)的补充。可应用神经生长因子等促进神经修复。

3. 呼吸肌麻痹的处理 呼吸困难和延髓支配肌肉麻痹的患者应注意保持呼吸道通畅,尤其注意加强吸痰及防止误吸。对病情进展快,伴有呼吸肌受累者,应该严密观察病情,若有明显呼吸困难、肺活量明显降低、血氧分压明显降低时,应尽早进行气管插管或气管切开,机械辅助通气。如果患者合并第Ⅸ、Ⅹ对脑神经麻痹,表现为吞咽困难或呛咳,则发生窒息或吸入性肺炎的危险较大,应更早考虑行气管插管或气管切开术。

气管切开术后护理的关键是维持气道通畅,措施包括定时翻身拍背、及时吸除气管内分泌物、定期清洗套管内管、保持适宜的室温及空气湿度、定时在套管内滴入生理盐水、雾化吸入或蒸汽吸入、保持颈部切口清洁。此外还应经常检查套管缚带的松紧程度并及时调整,防止套管意外脱出。

案例 15-2

4. 预防与治疗并发症 ①重症患者应进行连续心电监护直至恢复期开始。窦性心动过速一般无需治疗,如症状明显或心率过快,可用小量速效洋地黄制剂适当控制。心动过缓可由吸痰操作引起,可用阿托品治疗。②坠积性肺炎与吸入性肺炎及由此引发的败血症、脓毒血症应尽早使用广谱抗生素治疗,并可根据痰病原体培养与药敏试验结果调整抗生素。③为预防下肢深静脉血栓形成及由此引发的肺栓塞,应经常被动活动双下肢或穿弹力长袜,对有高凝倾向的病例可给予低分子量肝素腹部皮下注射。④不能吞咽者应尽早鼻饲维持肠道营养供给,但若有麻痹性肠梗阻迹象,则应停止鼻饲,给予胃肠动力药物促进肠蠕动恢复。⑤应用润肠药与缓泻药保持大便通畅。⑥有尿潴留者可行下腹部按摩促进排尿,无效时应留置导尿。⑦应注意监测血清电解质,出现紊乱时应积极纠正。

案例 15-2
答案及解析

5. 康复治疗 瘫痪严重时应注意肢体功能位摆放,并经常被动活动肢体;病情稳定后,早期进行正规的神经功能康复锻炼,以预防废用性肌萎缩和关节挛缩。

(八)预后

GBS 患者大多在 1~3 年完全恢复,约 10% 患者遗留持久的神经功能障碍,死亡率为 3%~5%,常见死因为严重全身性感染、肺栓塞、心肌梗死、心力衰竭与心律失常、成人呼吸窘迫综合征等。老年、有严重神经轴突变性、辅助呼吸时间超过 1 个月或进展快且伴有严重自主神经功能障碍者预后不良。约 3% 患者可能出现 1 次以上的复发。复发间隔可为数月至数十年。

案例 15-3

案例 15-3
答案及解析

第六节 慢性炎性脱髓鞘性多发性神经病

慢性炎性脱髓鞘性多发性神经病(chronic inflammatory demyelinating polyneuropathy,CIDP)是一种慢性复发性炎性周围神经病。既往曾称为"慢性吉兰-巴雷综合征"。虽然 CIDP 在病理上与 AIDP 有相似之处,但临床表现及对治疗的反应却截然不同。目前认为它们是两组不同的疾病。

CIDP 包括经典型和变异型,后者少见,如纯运动型、纯感觉型、远端获得性脱髓鞘性对称性神经病(distal acquired demyelinating symmetric neuropathy,DADS)、多灶性获得性脱髓鞘性感觉运动神经病（multifocal acquired demyelinating sensory and motor neuropathy，MADSAM；或称 Lewis Sumner 综合征）等。

（一）病因与病理

病因不明，多认为免疫机制参与了发病。

病理改变主要是脊神经根与周围神经节段性脱髓鞘和髓鞘再生，呈"洋葱头样"改变，少有炎细胞浸润。浸润的细胞主要是单核细胞。少数可见神经轴突变性。

（二）临床表现

1. 经典型 CIDP

（1）年龄和性别：可发生于任何年龄，男女均可发病。

（2）前驱感染史：起病隐袭，多无前驱因素。

（3）类型：分为慢性进展型和缓解复发型。年龄较轻者，缓解复发型多见，预后较好；年龄较大者，慢性进展型多见，预后较差。

（4）临床表现：慢性起病，症状进展在 8 周以上；但有 16% 的患者呈亚急性起病，症状进展较快，在 4～8 周内即达高峰，且对糖皮质激素反应敏感，称为亚急性炎性脱髓鞘性多发性神经病，这部分患者目前仍倾向归类于 CIDP 而非 AIDP。

CIDP 症状局限于周围神经系统，主要表现为①肌无力：大部分患者出现肌无力，可累及四肢的近端和远端，但以近端肌无力为突出特点；②感觉障碍：大部分患者表现为四肢麻木，部分伴疼痛，可有手套、袜套样感觉障碍，还可有深感觉减退，严重者出现感觉性共济失调；③腱反射异常：腱反射减弱或消失，甚至正常肌力者的腱反射减弱或消失；④脑神经异常：不到 10% 的患者会出现面瘫或眼肌麻痹，支配延髓肌的脑神经偶可累及，少数有视盘水肿；⑤自主神经功能障碍：可表现为直立性低血压、括约肌功能障碍及心律失常等。

2. 变异型 CIDP

（1）纯运动型：占 10%～11%，仅表现为肢体无力而无感觉症状。

（2）纯感觉型：占 8%～17%，仅表现为感觉症状，如感觉性共济失调、麻木、疼痛等。但随着病程的延长可出现运动受累症状。

（3）DADS：肢体的无力和（或）感觉障碍局限在肢体远端。DADS 比经典型 CIDP 进展慢，部分伴 IgM 单克隆 γ 球蛋白血症，属单克隆丙种球蛋白病伴周围神经病范畴，激素治疗无效；而不伴单克隆 γ 球蛋白血症者属 CIDP 变异型，对免疫治疗敏感。

（4）MADSAM：主要表现为四肢不对称的感觉运动周围神经病，临床类似多灶性运动神经病（multifocal motor neuropathy，MMN），但存在感觉损害的证据，且未发现抗神经节苷脂 GM1 抗体滴度升高。

（三）辅助检查

1. 电生理检查 运动神经传导检查提示周围神经存在脱髓鞘病变，在非嵌压部位出现传导阻滞或异常波形离散对诊断脱髓鞘病变更有价值。通常选择一侧的正中神经、尺神经、胫神经和腓总神经进行测定。神经电生理检查结果必须与临床表现相一致。电生理诊断标准如下。

（1）运动神经传导：至少有 2 根神经均存在下述参数中的至少 1 项异常。①远端潜伏期较正常值上限延长 50% 以上；②远端神经传导速度较正常值下限下降 30% 以上；③F 波潜伏期较正常值上限延长 20% 以上[当远端复合肌肉动作电位（CMAP）负相波波幅较正常值下限下降 20% 以上时，则要求 F 波潜伏期延长 50% 以上]或无法引出 F 波；④运动神经部分传导阻滞：周围神经常规节段近端与远端比较，CMAP 负相波波幅下降 50% 以上；⑤异常波形离散：周围神经常规节段近端与远端比较，CAMP 负相波时限增宽 30% 以上；当 CAMP 负相波波幅不足正常值下限的20%时，检测传导阻滞的可靠性下降。

(2) 感觉神经传导：可以有感觉神经传导速度减慢和（或）波幅下降。

(3) 针电极肌电图：通常正常，继发轴突损害时可出现异常自发电位、运动单位电位时限增宽和波幅增高，以及运动单位丢失。

2. 脑脊液检查 80%～90%的患者存在CSF蛋白-细胞分离现象，蛋白质通常在0.75～2.00 g/L，偶可高达2.00 g/L以上。

3. 腓肠神经活组织检查 怀疑本病但电生理检查结果与临床表现不符时，需要行神经活组织检查。主要病理改变为有髓神经纤维出现节段性脱髓鞘，轴突变性，施万细胞增生并形成洋葱皮样结构，单核细胞浸润等。神经活组织检查还可以除外血管炎性周围神经病和遗传性周围神经病。

(四) 诊断与鉴别诊断

1. 诊断 目前仍为排除性诊断。符合以下条件者可考虑本病：①症状进展超过8周，慢性进展或缓解复发；②临床表现为不同程度的肢体无力，多数呈对称性，少数为非对称性（如MADSAM），近端和远端均可累及，四肢腱反射减低或消失，伴有深、浅感觉异常；③CSF蛋白-细胞分离；④电生理检查提示周围神经传导速度减慢、传导阻滞或异常波形离散；⑤除外其他原因引起的周围神经病；⑥糖皮质激素治疗有效。

2. 鉴别诊断

(1) AIDP：急性起病，多在2～4周内进展至高峰，而后逐渐恢复。常有脑神经和呼吸肌受累。CIDP则病情持续进展超过2个月，甚至达数年，恢复常不完全，激素治疗的效果明显。少数CIDP起病较急，与AIDP鉴别有一定困难，但随访观察可呈缓解复发或持续进展的病程。

(2) 中毒与代谢性疾病引起的神经病：有异烟肼、呋喃类等药物应用史或毒物接触史，或可明确诊断糖尿病、尿毒症、肢端肥大症、甲状腺功能减退等疾病。

(3) 副肿瘤性神经病（paraneoplastic neuropathy）：为恶性肿瘤的远隔性神经损害，常累及后根神经节，也可损害前角细胞。感觉损害的症状常较明显，表现为自肢体远端向近端发展的疼痛、深、浅感觉减退或消失，可出现感觉性共济失调，少数有CSF蛋白-细胞分离。肺癌常导致感觉运动性神经病，可表现为亚急性四肢感觉障碍和弛缓性肌力减低。中年以上多发性神经病患者须详细检查，除外肿瘤。

(4) 多灶性运动神经病：也称为伴有多灶传导阻滞的运动神经病（motor neuropathy with multifocal conduction block），是一种仅累及运动神经的不对称性脱髓鞘性神经病，初期为不对称的上肢远端无力，逐渐累及上肢近端和下肢，肌萎缩，反射减低或消失，少数有脑神经受累。神经电生理检查有多灶性运动传导阻滞和F波异常。发病机制与自身免疫有关。激素治疗无效，环磷酰胺或IVIG治疗有效。

(5) 结缔组织病引起的多发性神经病：表现为四肢运动、感觉障碍，尚伴有原发病表现，如发热、面部蝶形红斑、关节疼痛。辅助检查提示器官损害，血中自身抗体阳性。

(五) 治疗

1. 免疫治疗

(1) 糖皮质激素：为CIDP首选治疗药物。甲泼尼龙500～1000 mg/d，静脉滴注，连续3～5天，然后逐渐减量或直接改口服泼尼松1 mg/(kg·d)，清晨顿服，维持1～2个月后逐渐减量；或地塞米松10～20 mg/d，静脉滴注，连续7天，然后改为泼尼松1 mg/(kg·d)，清晨顿服，维持1～2个月后逐渐减量；也可以直接口服泼尼松1 mg/(kg·d)，清晨顿服，维持1～2个月后逐渐减量。上述疗法口服泼尼松减量直至小剂量（5～10 mg）均需维持半年以上，

案例 15-4

案例 15-4
答案及解析

练习题 15-1

练习题 15-1
答案及解析

再酌情停药。在使用激素过程中注意补钙、补钾和保护胃黏膜。

（2）IVIG：0.4 g/(kg·d)，1次/日，静脉滴注，连续3~5日为1个疗程。每月重复1次，连续3个月，有条件或病情需要者可延长应用数月。

（3）血浆交换（PE）：有条件者可选用。每个疗程3~5次，间隔2~3天，每次交换量为30~50 ml/kg，1~2周内进行3~5次。需要注意的是，在应用IVIG后3周内，不能进行PE治疗。

（4）其他免疫抑制剂：如上述治疗效果不理想，或产生激素依赖或激素无法耐受者，可选用或加用硫唑嘌呤、环磷酰胺（CTX）、环孢素、甲氨蝶呤等免疫抑制剂。临床较为常用的是硫唑嘌呤，使用方法为1~3 mg/(kg·d)，分2~3次口服，使用过程中需随访肝、肾功能及血常规等。

2. 神经营养　可应用B族维生素治疗，包括维生素B_1、维生素B_{12}（氰钴胺、甲钴胺）、维生素B_6等。

3. 对症治疗　有神经痛者，可应用卡马西平、阿米替林、曲马多、加巴喷丁、普瑞巴林等。

4. 康复治疗　病情稳定后，早期进行正规的神经功能康复锻炼，以预防废用性肌萎缩和关节挛缩。

（六）预后

有关本病的死亡率文献报道不一，Dyck等对53例CIDP的长期随访研究显示，发病后2~19年有6例（11%）因并发症死亡，3例死于其他疾病。已死亡病例按死前神经功能状态计算，4%完全恢复，可行走并工作但留有轻至中度神经功能损害者占60%，可行走但不能工作者占8%，困于轮椅及长期卧床者为28%。

（郭　力）

第16章 癫痫

第一节 概 述

癫痫（epilepsy）是一组由多种病因引起的慢性脑部疾病，以脑部神经元高度同步化异常放电导致反复、发作性和短暂性的中枢神经系统功能障碍为特征。癫痫是临床上最常见且严重的神经系统疾病之一，已被世界卫生组织（World Health Organization，WHO）列入全球重点防治的五大神经、精神疾病之一。癫痫在任何年龄、地区和种族的人群中都有发病，但以儿童和青少年发病率较高。近年来随着人口老龄化，脑血管病、痴呆和神经系统退行性疾病的发病率增加，老年人群中癫痫发病率已出现上升的趋势。

一、定义

1. 癫痫发作（epileptic seizure） 是指一次脑部神经元高度同步化异常放电所造成的短暂性脑功能障碍。其临床特征具有发作性、反复性、短暂性和刻板性。由于异常放电的神经元在大脑中的部位不同，以及放电和扩散的范围差异，癫痫发作有多种多样的临床表现，可以是运动、感觉、精神、行为、认知或自主神经功能障碍或兼而有之。也就是说一个癫痫患者可以有一个或数个癫痫发作形式。对临床上确实无症状而仅在脑电图（EEG）上出现异常放电者，不称之为癫痫发作。

2. 癫痫（epilepsy） 是一组由多种病因引起反复癫痫发作的慢性脑部疾病。新的癫痫定义要求具有三个要素：①临床上至少需要1次或1次以上的癫痫发作；②反复癫痫发作的倾向及易感性；③有相应神经生物学、认知、心理及社会等方面的影响和障碍。

3. 癫痫综合征（epileptic syndrome） 在癫痫患者中，由特殊的病因、特定的发病机制、特定症状和体征组成的、特定的癫痫现象。

4. 癫痫性脑病（epileptic encephalopathy） 指由于频繁癫痫发作和（或）癫痫样放电造成的进行性神经精神功能障碍或退化，如认知、语言、感觉、运动及行为等方面。损伤可为全面性或具有选择性，且可表现出不同严重程度。它是一组癫痫疾患的总称。在潜在病因所致的脑损伤之外，癫痫性脑病强调的是由于癫痫性异常本身造成的进行性脑病。大多为新生儿、婴幼儿或儿童期发病，脑电图明显异常，药物治疗效果差，临床总体表现为慢性进行性神经功能衰退。West综合征、Lennox-Gastaut综合征、Dravet综合征等均属于癫痫性脑病。

二、流行病学

癫痫是神经内科最常见的疾病之一。据WHO统计，全球大约有5000万癫痫患者。国内流行病学资料显示，我国约有900万癫痫患者，我国癫痫终生患病率在4‰~7‰。近年来，国内外学者更重视活动性癫痫的患病率，即在最近某段时间（1年或2年）内仍有发作的癫痫病例数与同期平均人口之比。我国活动性癫痫患病率为4.6‰，年发病率约为30/10万。据此

第十六章 癫痫

估算，我国有600万左右的活动性癫痫患者，其中约25%为难治性癫痫，同时每年约有40万新发癫痫患者。癫痫患者的死亡危险性为一般人群的2～3倍。

三、病因

癫痫的发生是内在遗传因素和外界环境因素在个体内相互作用的结果。每个癫痫患者的病因学均包括这两种因素，只不过各自所占的比例不同。目前，国际抗癫痫联盟（International League against Epilepsy，ILAE）分类工作组建议将癫痫病因分为6大类：遗传性、结构性、代谢性、免疫性、感染性及病因不明。但临床上仍习惯用特发性、症状性及隐源性的病因分类定义。

（一）癫痫常见的遗传学病因

遗传性原因所导致的癫痫，其中一个主要特征是由已知或推测基因缺陷所直接导致的癫痫，癫痫发作是其核心症状；另一个主要特征是到目前为止，仍然没有发现其脑部有引起癫痫的结构性损伤或生化异常，即遗传因素在致病中起到核心作用。癫痫的遗传学病因主要有四种表现形式：单基因遗传性癫痫、多基因遗传性癫痫、遗传性多系统疾病中的癫痫、细胞（染色体）遗传异常所致的癫痫。遗传因素是导致癫痫（尤其是经典的特发性癫痫）的重要原因。分子遗传学研究发现，大部分遗传性癫痫的分子机制为离子通道或相关分子的结构或功能改变。

（1）良性家族性新生儿癫痫（benign familial neonatal seizures，BFNS）：与钾离子通道上的 *KCNQ2* 及 *KCNQ3* 基因突变有关，它是第一个被成功克隆的原发性癫痫。

（2）良性家族性新生儿-婴儿癫痫（benign familial neonatal-infantile seizures，BFNIS）：与钠离子通道上的 *SCN2A* 基因突变有关。

（3）Dravet综合征：是一种药物难治性癫痫性脑病，绝大部分具有 *SCN1A* 基因突变。

（4）伴有发热的全身性癫痫：与钠离子通道亚单位上 *SCNA*、*SCN1B* 及 *SCN2A* 基因突变有关，还与GABAA受体上GABRG2亚基单位的突变有关。

（5）常染色体显性遗传性青少年肌阵挛癫痫：与GABAA受体上GABRA1亚单位突变有关，与FFHC1（调节钙电流）突变也有关。

（6）常染色体显性特发性全身性癫痫：与氯离子通道上 *CLCN2* 基因突变有关。

（7）儿童失神癫痫（childhood absence epilepsy，CAE）：与镁离子转运子 *NIPA2* 基因突变有关。

（8）常染色体显性遗传伴听力障碍的部分癫痫：与 *LGI1* 基因突变有关，LGI1蛋白参与中枢神经系统的发生。

（二）癫痫常见的获得性病因

1. 颅脑外伤　是癫痫的重要病因之一，发生癫痫的风险取决于外伤的部位和严重程度。对于外伤后的癫痫，50%～60%的患者首次发作出现在外伤后1年内，尤其在4～8个月最容易出现，85%的患者其癫痫发生在外伤后2年内。颅脑外伤后早期出现癫痫发作提示日后发生癫痫的风险增加。脑部手术后发生癫痫的风险取决于潜在疾病的性质、手术的部位和范围，其中立体定向手术和脑室引流术的风险最低（4%），而外科治疗脑脓肿的风险最高（92%）。婴幼儿癫痫发作常与产伤有关。

2. 脑血管病　是老年人癫痫的最主要病因。卒中后癫痫患者中，有2/3是在卒中后5年内发病，其中大多数发生在1年内。部位表浅尤其是皮质或近皮质区域的卒中更容易发生癫痫。出血性卒中要比缺血性卒中更容易患癫痫。颅内出血日后发生癫痫的风险为5%～10%，其中蛛网膜下腔出血的风险最高（约25%）。卒中后2周内出现癫痫发作也提示日后发生癫痫的风险增加。主要发生在中青年的脑血管畸形也可通过血液异常分流引起的缺血缺氧、离子沉积、出血、胶质增生和含铁血黄素沉积等因素诱发癫痫。脑动静脉畸形、海绵状血管瘤、皮质静脉性梗死也是癫痫的常见病因。

3. 中枢神经系统感染　是发生癫痫最常见的病因之一。脑炎或脑膜炎患者发生癫痫的风险是普通人群的7倍，结核性和多种细菌性脑膜炎、病毒性脑炎和脑膜炎、中枢神经系统的真菌感染都可引起癫痫。人类免疫缺陷性病毒感染可通过感染性脑病、中枢内脱髓鞘、代谢障碍等机制引起癫痫发作。寄生虫感染在长江上游主要为脑型肺吸虫，中下游以血吸虫为主，北方以猪囊虫引起癫痫多见，寄生在中枢神经系统的囊虫以皮质运动区为多，存活囊虫很少导致癫痫发作，但在囊虫变性坏死或钙化后则可出现癫痫。

4. 脑肿瘤　癫痫患者中有4%系肿瘤所致，其中以成人患者为主。脑瘤患者中癫痫的总发病率为35%，慢性难治性癫痫行手术治疗的患者中，17%是肿瘤所致。原发性脑肿瘤所致癫痫与其病理特性、生长速度和部位有关。肿瘤位于皮质或近皮质区域时容易出现癫痫，尤其是位于额-中央-颞叶区的肿瘤。

5. 遗传性疾病　神经遗传性疾病中有2/3患者可能出现癫痫发作。脑内表皮囊肿、婴儿蜡样脂褐质贮积症、Ⅱ型唾液酸苷酶贮积症、溶酶体贮积症、黑矇性痴呆等都常引起癫痫发生。

6. 皮质先天发育障碍　皮质发育障碍引起癫痫最常见的原因是神经元移行障碍和局灶性皮质发育不良。前者是神经元迁移过程中由于多种原因受阻，使神经元不能到达正常部位，因而不能形成正常功能所必需的突触联系，反而在局部形成异常神经网络，引起癫痫的发生，而受阻神经元的形态是正常的。局灶性皮质发育不良往往有皮质结构和细胞学的异常，出现无脑回、脑裂和多脑回、局灶性巨脑回，这些都常引起癫痫发作。

7. 神经变性疾病　累及脑皮质的神经变性疾病可以出现癫痫。在Huntington病中，有5%的患者可出现癫痫，通常发生在疾病晚期。青少年型Huntington病更容易出现癫痫，并且偶尔可表现为进行性肌阵挛癫痫。在Creutzfeldt-Jakob病中，癫痫的表现可以很突出，甚至有时呈持续状态。

8. 出生前及围生期脑损伤　颅内出血和出生窒息（缺血缺氧性脑病）与日后的癫痫明显相关。其他因素，如孕期子痫、毒血症、产钳助产、脐带绕颈、低出生体重、新生儿癫痫发作等，对日后癫痫的发生影响有限。

9. 其他　药物能引起癫痫发作，主要有青霉素类、喹诺酮类、胰岛素、利多卡因、吩噻嗪类、茶碱或氨茶碱、包括可卡因（cocaine）、苯丙胺（amphetamine）在内的兴奋剂、哌替啶（meperidine）、东莨菪碱或苯海拉明等抗胆碱能药。8%～20%的系统性红斑狼疮患者可出现癫痫发作。甲状旁腺功能低下出现癫痫发作的比例可达30%～50%，其中主要表现为全面强直-阵挛发作、局灶性发作，部分患者出现癫痫持续状态。糖尿病也可引起癫痫发作，其中有相当部分癫痫发作是糖尿病患者早期唯一或突出的表现，因而对原因不明的癫痫，尤其是持续部分性癫痫状态，常规检查血糖是必要的。癫痫与多发性硬化有一定关系，多发性硬化患者发生癫痫的风险是正常人群的3倍，平均潜伏期为7年。

（三）未知病因

未知病因占癫痫患者的1/3，以往称此类癫痫为"隐源性癫痫"，在新的癫痫分类中描述为：可能为症状性。这类患者引起癫痫的根本病因目前仍是未知的，可能有遗传缺陷的基础，也可能是患有某种尚未被认识的独立疾病。随着医学的进步，检查手段的不断发展和丰富，引起此类癫痫的原因不断被发现，这部分癫痫所占的比例会逐渐缩小。

四、发病机制

癫痫的发病机制复杂，至今尚不完全清楚，但目前认为遗传疾病、大脑神经元结构和代谢异常（神经细胞的缺失、坏死、结构紊乱、胶质增生、血供障碍、生化改变、离子转运异常、抑制性神经递质合成障碍和兴奋性神经递质释放增加等）及部分未知病因等异常因素与癫痫发作的机制有关，这些异常的因素可以导致大脑神经元异常的过度性同步放电。目前也有几种学说受到研究者关注，如离子通道学说、异常网络学说等。

癫痫患者脑细胞出现异常发作性放电是癫痫发作的电生理基础。每次癫痫发作都包含异常放电的启动、放电的维持和扩展、放电的抑制能力减弱三个连续的病理生理过程。正常情况下，神经元自发产生有节律的活动，但频率较低，也不会无限制地影响其他部位，而是维持神经细胞膜电位的相对稳定。在癫痫病灶中，由于神经细胞兴奋性升高、抑制性减低以及神经细胞膜本身的病理变化，引起神经元异常放电，频率可高达每秒数百次至数千次以上（正常神经元的电活动只有 1~10 次/秒），使其轴突所直接联系的神经元产生较大的突触后电位，从而产生连续传播，导致这些神经元的失控性自发性异常放电，出现癫痫发作，直至抑制作用（包括痫性周围抑制性神经细胞的活动、胶质细胞对兴奋性物质的回收以及病灶外抑制机构的参与）使癫痫发作终止。神经元的放电所造成的癫痫发作还可以导致神经细胞结构、神经递质、免疫和神经内分泌等方面的异常。

由于传播途径及范围不同，可引起各种形式发作。痫性活动若仅局限于某一个区域的大脑皮质而不再扩散，引起局灶性发作；若痫性活动沿着中央运动区传导，表现为抽搐自手指-腕部-前臂-肘-肩-口角-面部逐渐延展，称之 Jackson 癫痫；若痫性活动由大脑皮质通过下行投射纤维传播到丘脑和中脑网状结构，可引起意识丧失；若由弥散性丘脑投射系统传布到整个大脑皮质，产生继发的全面性强直-阵挛发作；若起源于颞叶内侧或额叶眶部的痫性活动在边缘系统中扩散，就可导致自动症、意识障碍。

第二节 癫痫分类

一、癫痫发作与癫痫综合征的国际分类

癫痫分类是一切基础研究和临床实践的基石。癫痫分类非常复杂：癫痫发作分类的依据是临床表现和脑电图特征，而癫痫综合征分类是根据癫痫的病因、发病机制、临床表现、疾病的演变过程、治疗效果等综合因素进行分类。目前，世界范围内普遍应用的仍是 ILAE 在 1981 年和 2001 年推出的癫痫发作分类方案（表 16-1 和表 16-2），2010 年 ILAE 分类工作报告对癫痫发作的概念和分类进行了部分修订，建议在临床工作中推广应用。由于原 1981 年分类中部分性发作中的"部分"指代的意义不明，部分性发作中也可有意识障碍发生，同时也并非仅局部受累，可继发较为广泛甚至全脑的电活动异常，在 2010 年 ILAE 修订版将部分性发作的名称修正为局灶性发作，并定义为：恒定起源于一侧大脑半球内，呈局限性或更广泛分布的致痫网络，可以继发累及对侧半球。由于电生理的进展及对解剖功能的深入认识，同样起源的癫痫可以具有不同的传导途径而导致多样化的临床表现，原先部分性的简要分类已经不能满足描述及分类不同个体的发作情况，2010 年 ILAE 新分类建议取消对局灶性发作的进一步分类，代之以具体描述。目前修订后的癫痫发作的主要分类如下：全面性发作、局灶性发作、发作类型不明。新分类与旧分类的具体比较见表 16-3。

表 16-1　癫痫发作的国际分类（ILAE 1981 年）

1. 全面性发作	2. 部分性发作
1.1 失神发作	2.1 单纯部分性发作
典型失神发作	运动性发作
非典型失神发作	感觉性发作
1.2 强直性发作	自主神经性发作
1.3 阵挛性发作	精神症状性发作
1.4 强直-阵挛性发作	2.2 复杂部分性发作
1.5 肌阵挛发作	2.3 部分性发作继发全面性发作
1.6 失张力发作	3. 不能分类的发作

表 16-2　癫痫发作的国际分类（ILAE 2001 年）

1. 自限性发作	1.1 全面性癫痫	强直-阵挛性发作
		强直性发作
		阵挛性发作
		典型失神发作
		非典型失神发作
		肌阵挛失神发作
		肌阵挛性发作
		肌阵挛失张力发作
		失张力发作
		眼睑肌阵挛
		负性肌阵挛发作
		痉挛（指婴儿痉挛症）
		全面性癫痫综合征中的反射性癫痫
	1.2 局灶性发作	局灶性感觉性发作
		局灶性运动性发作
		痴笑性发作
		偏侧阵挛性发作
		局灶性继发为全面性发作
		局灶性癫痫综合征中的反射性发作
2. 持续性发作	2.1 全面性癫痫持续状态	全面性强直-阵挛性癫痫持续状态
		全面性强直性癫痫持续状态
		全面性阵挛性癫痫持续状态
		全面性肌阵挛性癫痫持续状态
		失神性癫痫持续状态
	2.2 局灶性癫痫持续状态	Kojevnikow 部分性癫痫持续状态
		先兆持续状态
		边缘叶性癫痫持续状态
		伴有轻偏瘫的偏侧抽搐持续状态
3. 反射性癫痫	3.1 视觉刺激诱发的反射性癫痫	
	闪光刺激诱发的反射性癫痫	
	其他视觉刺激诱发的反射性癫痫	
	3.2 思考诱发的反射性癫痫	
	3.3 音乐诱发的反射性癫痫	
	3.4 进食诱发的反射性癫痫	
	3.5 操作诱发的反射性癫痫	
	3.6 躯体感觉诱发的反射性癫痫	
	3.7 本体感觉诱发的反射性癫痫	
	3.8 阅读诱发的反射性癫痫	
	3.9 热浴诱发的反射性癫痫	
	3.10 惊吓诱发的反射性癫痫	

表 16-3　1981 年及 2010 年 ILAE 癫痫发作的分类对比

1981 年分类	2010 年分类
全面性发作	全面性发作
强直-阵挛（大发作）	强直-阵挛
失神	失神
肌阵挛	典型失神
阵挛	不典型失神
强直	伴特殊表现的失神（肌阵挛失神、眼睑肌阵挛）
失张力	肌阵挛
	肌阵挛
	肌阵挛失张力
	肌阵挛强直
	阵挛
	强直
	失张力
部分性发作	局灶性发作
单纯部分性发作	根据需要，对局灶性发作进行具体描述
（无意识障碍）	
复杂部分性发作	
（有意识障碍）	
继发全面性发作	
不能分类的发作	发作类型不明
	癫痫性痉挛

除癫痫发作分类外，癫痫综合征的分类也非常重要。癫痫综合征是由一组类似症状和体征组成的特定的癫痫现象（根据发病年龄、发作类型、EEG 及病因），其具有独特的临床特征、病因及预后（癫痫发作和癫痫诊断方案的建议 ILAE，2001），诊断癫痫综合征有助于治疗选择、判断预后。例如，儿童良性癫痫伴中央-颞区棘波的主要 EEG 特征为睡眠期增多的中央-颞区棘波，绝大多数预后良好；青少年肌阵挛癫痫的 EEG 特征为发作期双侧 4～6 Hz 多棘慢综合波，虽然对药物治疗反应良好，但仍需长期治疗；颞叶癫痫如合并海马硬化则可推荐手术治疗。2006 年 ILAE 对癫痫综合征也提出了新的分类报告，此癫痫综合征分类的特点是将起病年龄作为重要参数（表 16-4）。这些癫痫综合征新分类方案的提出，主要是便于临床诊断的逻辑化，并有利于对患者个体进行诊断研究和治疗决策，尽管还未被国际范围内完全接受，但是其中的观点已经开始应用于临床实践。2010 年 ILAE 提出了过渡性分类框架，其相关术语仍在不断修订和补充中。

二、癫痫发作的临床表现

癫痫发作的共同临床特征是症状或体征的发作性、短暂性和刻板性，也就是说癫痫发作是一次临床事件或过程。发作性指癫痫发作突然发生、迅速恢复、间歇期正常；短暂性指发作持续时间短，一般在数秒钟、数分钟，除癫痫持续状态外，很少超过 5 min；刻板性指每次发作的临床表现几乎一致。按 2001 年、2010 年 ILAE 通过的癫痫发作分类方案，将癫痫发作的临床表现叙述如下。

（一）自限性全面性发作

最初的症状学提示发作起源于双侧半球者称为全面性发作。这个双侧分布包括皮质和皮质下结构，但不一定包括所有的大脑皮质。全面性发作可不对称，但多在发作初期就有意识丧失。

表 16-4　癫痫综合征的国际分类（ILAE 2006 年）

新生儿期	1. 良性家族性新生儿发作；2. 早期肌阵挛性脑病；3. 大田原（Ohtahara）综合征
婴儿期	1. 婴儿游走性部分性发作；2. West 综合征；3. 婴儿肌阵挛性癫痫；4. 良性婴儿发作；5. Dravet 综合征；6. 非进行性疾病中的肌阵挛脑病
儿童期	1. 早发性良性儿童枕叶癫痫；2. 肌阵挛站立不能性癫痫；3. 具有中央-颞区棘波的良性儿童癫痫；4. 晚发性儿童枕叶癫痫（Gastaut）；5. Lennox-Gastaut 综合征；6. 肌阵挛失神癫痫；7. 睡眠中持续棘慢复合波的癫痫脑病；8. 儿童失神发作
青春期	1. 青少年失神癫痫；2. 青少年肌阵挛癫痫；3. 进行性肌阵挛癫痫（是一类疾病而非综合征）
与年龄相关的少见的特异性癫痫综合征	1. 常染色体显性遗传夜间额叶癫痫；2. 家族性颞叶癫痫；3. 伴海马硬化的内侧颞叶癫痫；4. Rasmussen 综合征；5. 伴下丘脑错构瘤的痴笑发作
特殊的癫痫情况	1. 未另行详细说明的症状性局灶性癫痫；2. 仅有全面强直-陈挛性发作的癫痫；3. 反射性癫痫（特发性光敏性枕叶癫痫，原发性阅读性癫痫，婴儿热水性癫痫）；4. 热性惊厥附加症；5. 病灶多变的家族性局灶性癫痫
是癫痫发作但不需要诊断为癫痫的情况	1. 良性新生儿惊厥；2. 热性惊厥
在将来分类系统中可能考虑的类别	1. 常染色体显性遗传性癫痫；2. 癫痫性脑病；3. 全面性癫痫伴热性惊厥附加症；4. 特发性全面性癫痫；5. 特发性局灶性癫痫；6. 反射性癫痫

1. 全面强直-阵挛发作（generalized tonic-clonic seizures，GTCS）　是最常见的发作类型，可由部分性发作演变而来，也可一起病即表现为全面强直-阵挛发作，是一种表现最明显的发作形式，故既往也称为大发作（grandmal）。以意识丧失、双侧对称强直，紧跟有阵挛动作，并通常伴有自主神经受累表现为主要临床特征。发作前 15% 患者可有先兆，表现为在意识丧失前感到头晕、恐惧、胸闷、心慌、感觉异常、精神异常、恶心、胃部不适等。先兆一般时间短促，可以单个或多个症状出现。

典型的 GTCS 表现分三期：

（1）强直期：患者突然意识丧失，跌倒在地，全身骨骼肌强直性收缩，头后仰，颈部和躯干先屈曲、后反张，上肢由上举后旋转为内收前旋，下肢先屈曲后强烈伸直，咀嚼肌收缩出现口强张、随后猛烈闭合、可咬伤舌尖，喉肌和呼吸肌强直性收缩使空气强行通过狭窄的声门致患者尖叫一声，眼肌收缩出现眼睑上牵、眼球上翻或凝视。随后，由于呼吸肌强直收缩，呼吸暂停，口唇及全身皮肤出现青紫，此期历时 10～20 s（图 16-1A）。

（2）阵挛期：此期患者从强直转成阵挛，每次阵挛后都有一短暂的间歇，阵挛频率逐渐变慢，间歇期延长，在一次剧烈的阵挛后，发作停止，进入发作后期。表现为全身肌肉发生有节律性收缩，先从面部开始，肢端逐渐呈现细微的震颤，幅度逐渐增大并延及全身，呈现间歇性、屈曲性痉挛，其频率逐渐减低，在一次强烈痉挛后突然停止。此发作期常持续 1～3 min。强直期、阵挛期均伴有呼吸暂停、血压升高、瞳孔扩大、唾液和其他分泌物增多，此时瞳孔反射和各种深浅反射均消失（图 16-1B）。

（3）恢复期：此期患者尚有短暂的阵挛，可引起牙关紧闭和大小便失禁，呈昏睡状态，随后呼吸首先恢复，瞳孔、血压、心率渐至正常，意识障碍逐渐减轻而清醒，醒后患者感头痛、全身酸痛、嗜睡，部分患者有意识模糊，此时强行约束患者可能发生伤人和自伤。有些患者在清醒前表现有精神错乱、兴奋躁动，甚至乱跑。清醒后除先兆症状外，对发作时情况完全不能回忆，自觉有头痛、乏力、全身肌肉酸痛等表现。恢复期历时十余分钟至数小时不等。典型的全面强直-阵挛发作从发作开始到意识恢复历时 1～5 min。

发作间期半数以上脑电图有多棘慢复合波、棘慢复合波和尖慢复合波。强直期前瞬间波幅下降，强直期呈双侧高波幅棘波爆发节律，阵挛期弥漫性慢波伴间歇性棘波，恢复期呈明显脑

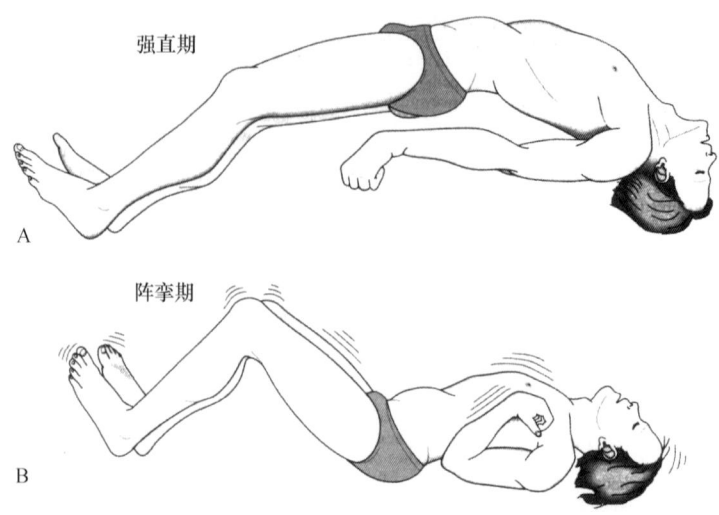

图 16-1 GTCS 强直期（A）、阵挛期（B）表现示意图

电抑制，发作时间愈长，抑制愈明显。

2. 失神发作（absence seizures）

（1）典型失神：多见于 6~12 岁儿童，15 岁以后罕见。发作前无先兆，表现为意识突然丧失或活动突然停止，不跌倒，无抽搐，呼之不应，两眼凝视无神，手中物体落地，状如"愣神"，是失神发作的特征性表现，可伴肌阵挛或自动症。发作后立即清醒，无明显不适，可继续先前的活动，醒后对发作不能回忆。一次发作时间 5~20 s（<30 s）。脑电图出现特征性双侧对称的 3 次/秒棘慢或尖慢复合波，约 90% 的典型失神患者可被过度换气诱发。此类患儿随年龄增长发作可自行停止，预后良好。

（2）不典型失神：发作起始和结束均较典型失神缓慢，意识障碍程度较轻，伴随的运动症状（如自动症）也较复杂，肌张力通常减低，发作持续可能超过 20 s。发作时 EEG 表现为慢的（<2.5 Hz）棘慢波综合节律。主要见于严重神经精神障碍的患者，如 Lennox-Gastaut 综合征。

（3）失神伴眼睑肌阵挛：表现为失神发作的同时，眼睑和（或）前额部肌肉出现 5~6 Hz 肌阵挛动作。发作时 EEG 显示全面性 3~6 Hz 多棘慢波综合节律。

（4）肌阵挛性失神发作：肌肉或肌群突发、短暂、不自主的单发或多发收缩的同时出现失神。发作时 EEG 与典型失神类似。

3. 强直发作（tonic seizures） 表现为躯体中轴、双侧肢体近端或全身肌肉持续性的收缩，肌肉僵直，没有阵挛成分。常伴有明显的自主神经症状，如面色苍白等。通常持续 2~10 s，偶尔可达数分钟。发作时 EEG 显示双侧性波幅渐增的棘波节律（20±5 Hz）或低波幅约 10 Hz 节律性放电活动。强直发作主要见于 Lennox-Gastaut 综合征。

4. 阵挛性发作（clonic seizures） 类似全身强直-阵挛性发作中阵挛期的表现，为全身骨骼肌阵挛。表现为双侧肢体节律性（1~3 Hz）的抽动，伴有或不伴有意识障碍，多持续数分钟。发作时 EEG 为全面性（多）棘波或（多）棘慢波综合节律。

5. 肌阵挛性发作（myoclonic seizures） 表现为快速、短暂、触电样肌肉收缩，可遍及全身，也可限于个别肌群，常成簇发生。表现为不自主、快速短暂、电击样肌肉抽动，每次抽动历时 10~50 ms，很少超过 100 ms。可累及全身，也可限于某局部肌肉或肌群。可非节律性反复出现。发作期典型的 EEG 表现为爆发性出现的全面性多棘慢波。肌阵挛发作既可见于一些预后较好的特发性癫痫患者（如青少年肌阵挛性癫痫），也可见于一些预后较差、有弥漫性脑损害的癫痫性脑病（如 Dravet 综合征、Lennox-Gastaut 综合征）。

6. 失张力发作（atonic seizures） 表现为头部、躯干或肢体肌肉张力突然丧失或减低，发作之前没有明显的肌阵挛或强直成分。发作持续 1~2 s 或更长。临床表现轻重不一，轻者可仅有点头动作，重者则可导致站立时突然跌倒。发作时 EEG 表现为短暂全面性 2~3 Hz（多）棘慢波综合发放或突然电压低减。失张力发作多见于癫痫性脑病（如 Lennox-Gastaut 综合征、Doose 综合征）。

（二）自限性局灶性发作

局灶性发作指最初的症候群提示发作仅起源并局限于一侧半球的部分区域，即最初的临床症状或脑电图改变为脑局部的异常。目前，局灶性发作强调依据症状学特征对发作进行描述，不再依据意识障碍来进行细致划分。发作期的症状或体征由痫性起源的位置决定，而不是由病因而定。定位有赖于病史、体征的正确获得及脑电图、MRI 和脑磁图（MEG）等相关检查，但有时起源的定位是比较困难的。

1. 感觉性发作 有体觉性、特殊感觉性异常，可表现为一侧面部、肢体或躯干的麻感、针刺感、冷感等，也可以有眩晕、虚幻的肢体运动感及味、嗅、听、视幻觉等。

2. 运动性发作 起源于新皮质，表现为阵挛性发作、肌阵挛性发作、抑制性运动发作、失语性发作；起源于海马和海马旁，表现为上腹部先兆、惊恐、口-消化道自动症；其他边缘叶受损的症状，如伴或不伴自动症的认知功能障碍、痴笑发作；可有 Jackson 发作；严重者发作后患肢可有暂时性瘫痪（称 Todd 麻痹）。

3. 痴笑发作 表现为没有适当的情感因素而突然爆发痴笑。

4. 偏侧阵挛发作 一侧肌肉节律性、反复收缩，频率 2~3 次/秒。

5. 局灶性继发全面性发作 先出现局灶性发作，随之出现全面性发作。

（三）癫痫性痉挛（epileptic spasms）

在 2010 年 ILAE 分类工作报告中，明确把癫痫性痉挛作为一种发作类型。癫痫性痉挛可以是全面性起源、局灶性起源或起源不明。癫痫性痉挛表现为突然、主要累及躯干中轴和双侧肢体近端肌肉的强直性收缩，历时 0.2~2 s，突发突止。临床可分为屈曲型或伸展型痉挛，以前者多见，表现为发作性点头动作，常在觉醒后成串发作。发作间期 EEG 表现为高度失律或类高度失律，发作期 EEG 表现多样化（电压减低、高幅双相慢波或棘慢波等）。癫痫性痉挛多见于婴幼儿，如 West 综合征，也可见于其他年龄。

（四）反射性发作（reflex seizures）

反射性发作不是独立的发作类型。它既可以表现为局灶性发作，也可以表现为全面性发作。其特殊之处是，发作具有特殊的外源性或内源性促发因素，即每次发作均为某种特定感觉刺激所促发，并且发作与促发因素之间有密切的锁时关系。促发因素包括视觉、思考、音乐、阅读、进食、操作等非病理性因素；可以是简单的感觉刺激（如闪光），也可以是复杂的智能活动（如阅读、下棋）。发热、酒精或药物戒断等病理性情况下诱发的发作，则不属于反射性发作。反射性发作和自发性发作可同时出现在一个癫痫患者中。

三、癫痫综合征的临床表现

（一）良性家族性新生儿发作

这是一种常染色体显性遗传的离子通道病。主要特征是正常足月新生儿出生后不久（多数在 7 天内）出现强直、阵挛性惊厥发作，常合并自主神经症状和运动性自动症，发作频繁、短暂。发作间期患儿一般状态良好，除家族中有类似发作史和脑电图非特异性改变之外，其他病史和检查均正常。预后良好，惊厥发作多于 2~4 周内消失。EEG 发作间期大多正常，部分病例有全面性或局灶性异常。

(二) 大田原 (Ohtahara) 综合征

该病又称伴爆发抑制的早发性婴儿癫痫性脑病。临床表现为躯干前倾强直性屈曲，每次持续 1～10 s，可单独发作，也可丛集性发作。脑电图显示强直痉挛性和爆发性脑电发作。本病发作多难以控制，预后差。存活者常演变为 West 综合征和 Lennox-Gastaut 综合征。

(三) West 综合征

该病又称婴儿痉挛症，出生后 1 年内发病，男孩多见。波及头、颈、躯干或全身的频繁肌痉挛、精神发育迟滞和脑电图上高幅失律构成本病特征性的三联征。这是临床最常见的癫痫性脑病，总体预后不良。

(四) Dravet 综合征

该病也称婴儿重症肌阵挛性癫痫。出生后 1 年内发病，初期表现为在没有先兆的情况下出现全身或单侧阵挛，常伴意识障碍，后有从局部开始的频繁的肌阵挛，部分患者有局灶性发作或非典型失神，受累儿童有精神运动发育迟缓和其他神经功能缺失。

(五) 具有中央-颞区棘波的良性儿童癫痫

该病又称良性 Rolandic 癫痫。它是儿童期最常见的癫痫综合征，有明显年龄依赖性，多数患者 7～10 岁发病。通常为局灶性发作，表现为面部突发的持续性或成簇阵挛性收缩、面部麻木、口-咽部感觉异常、异常声音、言语剥夺、唾液分泌过多，多在夜间发病，通常发作不频繁，预后良好，可不经治疗于 16 岁前自愈。脑电图在中央-颞区可见一侧或双侧的局灶性棘波，常由睡眠激活。

(六) 晚发性儿童枕叶癫痫 (Gastaut 型)

发病年龄为 3～15 岁，平均年龄 8 岁。发作始于视觉症状，表现为简单幻视、失明或二者皆有，也可以有眼球偏转、强迫眨眼及闭眼、发作性失明，但意识常保留。发作一般持续数秒至 3 min，持续更长时间者罕见。脑电图示发作间期枕叶阵发性活动，发作期出现快节律、快棘波或二者皆有。

(七) Lennox-Gastaut 综合征 (LGS)

好发于 1～8 岁，少数出现在青春期，是儿童难治性癫痫综合征，可表现为强直性发作、失张力发作、肌阵挛发作、非典型失神发作和全面强直-阵挛发作等多种发作类型，常伴有精神发育迟滞，20%～60% 的 LGS 患儿发病时即有智力障碍，75%～90% 发病数年后有智力障碍。脑电图的特征性发现是发作时有 1～2.5 Hz 的棘慢复合波和睡眠中 10 Hz 的快节律。多种痫性发作类型并存、精神发育迟滞及典型的 EEG 改变是本综合征的三大特征。

(八) 儿童失神癫痫

6～7 岁起病，女性较多见，与遗传因素关系密切。表现为频繁的典型失神，一天多次。

(九) 青少年期失神癫痫

青春早期发病，男女无明显差异。发作频率少于儿童失神癫痫，80% 以上出现全面强直-阵挛发作，脑电图上可见广泛性棘慢复合波。

(十) 全面性癫痫伴热性惊厥附加症

这是一个新认识到的癫痫综合征，为常染色体显性遗传方式。与其他的癫痫综合征不同，该病是以整个家族为整体命名的综合征。家族成员中存在热性惊厥和多种癫痫发作形式，如失神发作、肌阵挛发作等，每个受累者可以有一种或者几种。预后良好。

四、与部位有关的癫痫

(一) 颞叶癫痫 (temporal lobe epilepsy, TLE)

颞叶癫痫是指发作起源于包括海马、杏仁核、海马旁回和外侧颞叶新皮质在内的颞叶,是临床最常见的癫痫类型。主要见于成年人和青少年。在成年人癫痫中,约50%以上的病例为TLE。大多数TLE为症状性或隐源性,极少数为特发性(家族性TLE)。海马硬化是TLE最常见的病因和病理改变。临床表现有:①发作先兆多为自主神经性表现,如上腹部不适、恶心、呕吐、面色苍白、出汗、竖毛、瞳孔扩大等。②有各种自动症(看起来有目的,但实际上是没有目的发作性行为异常,称为自动症),表现为反复咂嘴、撅嘴、咀嚼、舔舌、磨牙或吞咽(口-消化道自动症),或反复搓手、抚面,不断地穿衣、脱衣、解衣扣、摸索衣裳(手足自动症),也可表现为游走、奔跑、无目的地开门、关门、乘车上船,还可出现自言自语、叫喊、唱歌(语言性自动症)或机械重复原来的动作。发作后患者意识模糊,常有头昏,不能回忆发作中的情况。③发作性精神症状,如恐惧、坐立不安、似曾相识、似不相识、强迫思维、快速回顾往事、精神错觉、情感异常(恐惧、忧郁、欣快、愤怒)等。④发作性意识障碍,如运动停止、凝视、颞叶性失神,表现为"愣神"多见。⑤幻听、幻视、错觉、幻嗅和幻味。⑥发作性语言障碍、遗忘发作、运动症状(头眼偏斜、肌张力障碍性姿势)等。

(二) 额叶癫痫 (frontal lobe epilepsy, FLE)

额叶癫痫是指发作起源于额叶内任何部位的癫痫,发生率和在手术病例中均仅次于TLE。大多数FLE为症状性或隐源性,极少数为特发性。儿童及成年人都可发病。临床表现复杂多样,不同个体间差异很大。部分病例临床表现怪异,有时需要与非癫痫性发作鉴别。常规脑电图检查的阳性率较低,部分患者脑电图显示额区痫样放电,也可表现为局灶性发作,常有继发性全面性发作。丛集性出现,每次发作时间短暂,刻板性突出,意识模糊轻或不出现,易出现癫痫持续状态。临床表现有:①强直或姿势性发作,表现为怪异的、双侧不对称的强直性姿势和运动过度;②下肢双侧复杂的运动性自动症明显;③Jackson发作,异常运动从局部开始,沿皮质功能区移动,如从手指-腕部-前臂-肘-肩-口角-面部逐渐发展;④肌阵挛发作,单侧或双侧,主要发生于面部或肢体远端;⑤起源于辅助感觉运动区的大部分患者有头部、躯体先兆感觉,如胸部压迫感、呼吸困难、一只手感觉异常、头晕眼花、头痛、头电击感;⑥其余表现可见不自主重复发作前的单音或单词、语言中止、额叶性失神。

(三) 顶叶癫痫 (parietal lobe epilepsy)

顶叶癫痫呈局灶性发作,主要表现为感觉刺激症状(躯体感觉、躯体错觉)、眩晕、视错觉或幻视、语言障碍,一般不伴意识障碍,偶有烧灼样疼痛感。

(四) 枕叶癫痫 (occipital lobe epilepsy)

枕叶癫痫主要为伴有视觉症状的局灶性发作,可有或无继发性全面性发作。主要表现为主观视觉症状(幻视、盲、眼痛等)和客观视觉症状(强制性眼球偏转、眼球阵挛性运动、眼球震颤、反复眼睑闭合等)。

第三节 癫痫的诊断流程

癫痫的诊断通常遵循三步原则:第一步,明确发作性症状是否为癫痫发作;第二步,确定是哪种类型的癫痫或癫痫综合征;第三步,尽可能明确癫痫的病因。图16-2展示了癫痫的诊断流程。

第十六章 癫痫

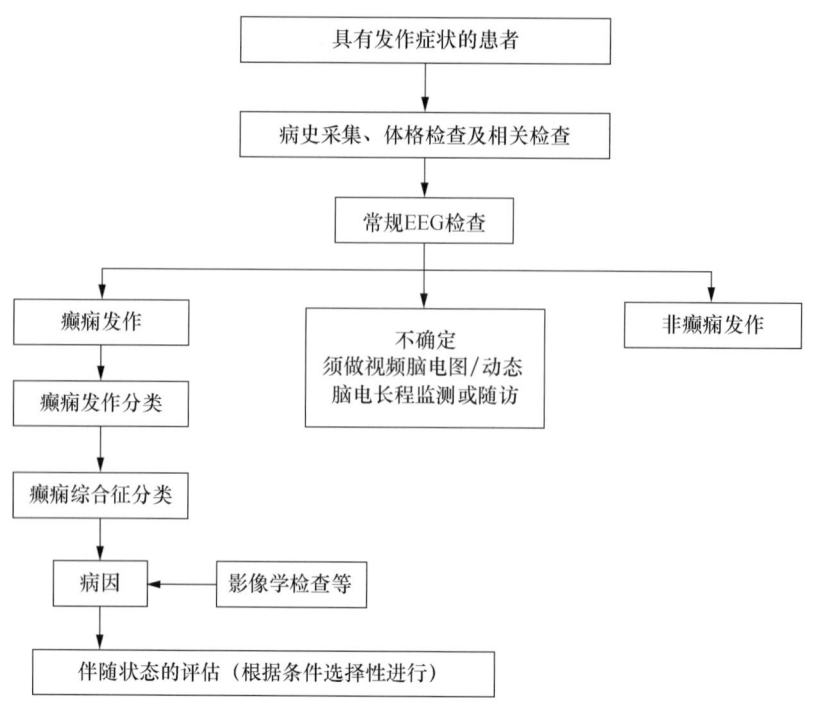

图 16-2 癫痫诊断流程图

一、判定是否存在癫痫发作

癫痫的两个必备特征是癫痫的临床发作和脑电图（EEG）的痫样放电。因为癫痫是脑部疾患引起脑神经元异常放电所致的一组脑功能紊乱临床综合征，故对临床上仅有 EEG 异常放电而无癫痫发作者，不能认为是癫痫。因此，首先应确定患者是否有癫痫发作出现。

（一）寻找癫痫发作的依据

主要依据症状或体征的发作性、短暂性、重复性和刻板性的特征和 EEG 上的痫样放电来判定。

1. 有效的病史询问及详尽的体格检查

（1）病史是诊断癫痫的主要依据，完整病史是癫痫诊断中最重要的环节。检查者一般很难亲自观察到患者的癫痫发作过程，而且除一些局灶性发作外，患者本人很难表达清楚全部的发作过程。故询问病史时，除询问患者外，询问目击者以了解整个发作过程也十分重要，如发作当时患者的面色、有无尿便失禁；通过病史判断患者是否具备发作性、短暂性和刻板性等痫性发作的特征。完善的问诊对癫痫发作的鉴别诊断也有意义，如全面强直-阵挛发作的特征是意识丧失，全身抽搐和强直，如仅有全身抽搐而无意识障碍则须考虑假性发作或低钙性抽搐等，不支持癫痫的诊断；失神发作的特征是突然发生、突然终止的意识丧失，一般不出现跌倒，如意识障碍时伴随跌倒，则需考虑晕厥的可能性；自动症的特征是伴有意识障碍的看似有目的而实际无目的的异常行为，如发作后能复述发作时的细节也不支持癫痫自动症的诊断。

（2）进行必要的包含神经系统在内的详细体格检查，包括意识状态、精神状态、局灶体征（偏瘫/偏盲等）、各种反射及病理征等。注意观察头颅形状和大小、外貌、身体畸形及排查某些神经皮肤综合征。体格检查对癫痫的病因诊断有初步提示作用。有些体征则可能提示抗癫痫药物的不良反应。

（3）注意癫痫发作的诱发因素，如发热、过度饮酒、睡眠不足、内环境改变、情绪因素等。

2. 脑电图（EEG）检查 EEG 是能够反映脑电活动的最直观、便捷的检查方法，是诊断癫痫发作、确定癫痫类型的最重要辅助手段，为癫痫患者的常规检查。因为在癫痫发作时过度放电在 EEG 可记录到棘波、尖波、棘慢波、尖慢波、棘（尖）复合波及多棘慢波，称为痫样放电。当然，临床应用中也必须充分了解 EEG（尤其头皮 EEG）检查的局限性，必要时可延长监测时间或多次检查。若方法得当，多数患者在癫痫发作间期也可记录到痫样放电。结合多种激发方法（如过度换气、闪光刺激、药物、睡眠等）、特殊电极（如蝶骨电极、鼻咽电极）、动态脑电图，尤其是高质量的长程视频 EEG 检查（可以进行 24 h 甚至数天的监测，将患者的录像资料和 EEG 资料同屏显示并储存，可反复回放并分析癫痫发作），至少可在 80% 患者中发现异常癫痫样波，为癫痫的诊断、分类、定位及抗癫痫药的选用和疗效观察提供客观的依据，也有助于非癫痫发作的鉴别诊断及为手术切除病灶提供可靠的定位依据。双侧广泛性放电提示全面性癫痫（图 16-3），局灶性痫样放电常提示局灶性癫痫（图 16-4 和图 16-5）。

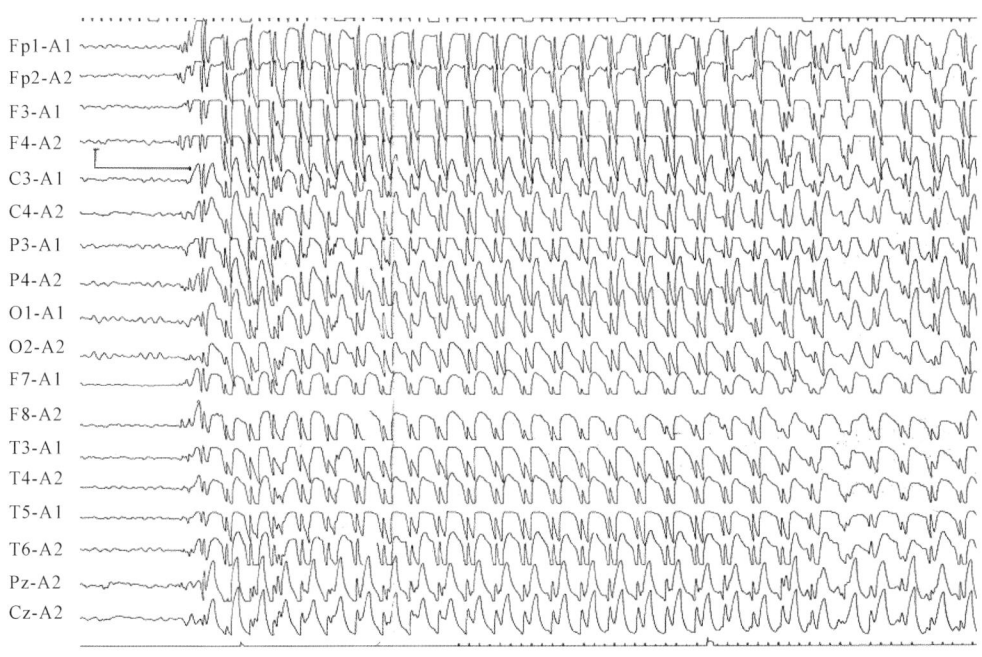

图 16-3 典型失神发作的脑电图表现（双侧对称同步 3 Hz 棘慢波）

儿童失神癫痫：发作期脑电图。可见双侧高波幅 3 次/秒的高波幅棘慢波综合节律，呈长程爆发，起始节律接近 4 次/秒，逐渐变慢。结束时低于 3 次/秒，并且双侧前部区域波幅最高

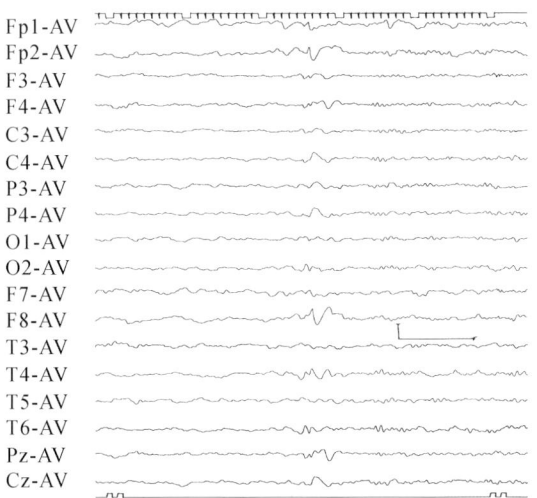

图 16-4 颞叶癫痫平均导联：F8 可见尖慢波综合

第十六章 癫痫

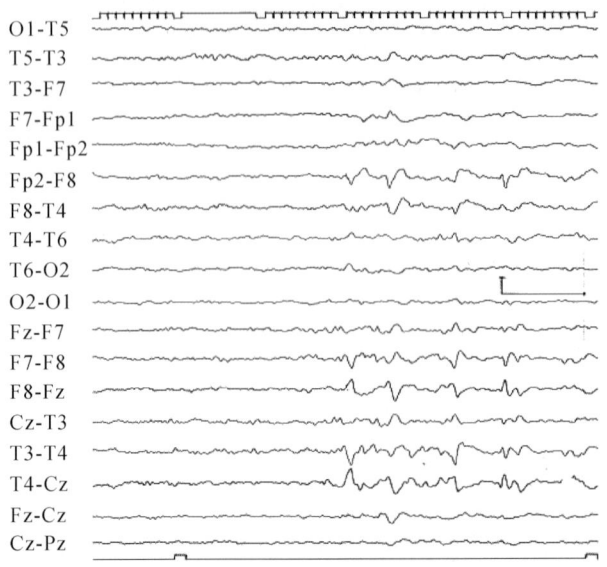

图 16-5　双极导联：F8、T4 可见尖波针锋相对，慢波位相倒置

因为 45%～71% 的成年癫痫患者在发作间期首次常规 EEG 检查无异常，长程视频脑电监测技术仅可将阳性发现提高至 80%～90%，所以，病史和典型的发作在诊断上的价值应该超越常规 EEG。

（二）鉴别诊断

当考虑患者可能有癫痫发作时，尚需与其他非癫痫发作性疾病如假性癫痫发作、晕厥、短暂性脑缺血发作、低血糖症、基底型偏头痛、发作性睡病、抽动症等相鉴别。

1. 假性癫痫发作（pseudoseizure，PS）　这是一种阵发性类痫性发作的发作性疾病，是由一定心理机制引起而非脑电紊乱所致的运动、情绪、感觉或体验变化的发作，极易被误诊为痫性发作，并进行抗癫痫治疗。另一方面，把不典型癫痫发作误诊为 PS，则会延误患者适时的治疗。掌握 PS 与癫痫发作的发作特征，将有助于对二者进行鉴别（表 16-5）。但应注意，10% 的 PS 患者可同时存在真正的癫痫发作，10%～20% 的癫痫发作患者中伴有 PS。

表 16-5　癫痫发作与假性癫痫发作的鉴别

特点	癫痫发作	假性癫痫发作
发作场合	任何情况	有精神诱因及有人在场
发作特点	突然刻板发作	发作形式多样，有表演性
瞳孔改变	散大，对光反射消失	正常，对光反射存在
面色	发绀	苍白或发红
对抗被动运动	不能	可以
舌咬伤、尿失禁	可有	无
持续时间	数分钟	可长达数小时
终止方式	自行终止	安慰及暗示
意识障碍	有	无
EEG	有癫痫样放电	多正常

2. 晕厥（syncope）　为弥漫性脑部短暂性缺血、缺氧所致，常有意识障碍、跌倒，部分患者可出现肢体的强直、阵挛或尿失禁，故需与癫痫鉴别。癫痫发作与晕厥的鉴别要点见表 4-4。

3. 热性惊厥　热性惊厥与癫痫关系密切，尽管复杂热性惊厥以后出现癫痫发作的机会很大，且都表现为惊厥，但热性惊厥不是癫痫。无热惊厥才是癫痫的特征。

4. 短暂性脑缺血发作（transient ischemic attack，TIA）　以下要点支持TIA的诊断：

（1）多见于老年人，多有动脉硬化、高血压、糖尿病、冠心病等危险因素，发作时间从数分钟到数小时不等。

（2）临床症状多为神经系统缺失而非刺激症状，肢体瘫痪、感觉减退等较抽搐常见。

（3）引起的肢体抽动不规则，无头部和颈部的转动，多数患者没有癫痫家族史。

（4）TIA的短暂性全面遗忘症是无先兆而突然发生的记忆障碍，多见于60岁以上老年人，症状常持续15 min到数小时，复发率小于15%，EEG无痫性放电。癫痫性健忘发作持续时间更短，常有反复发作，EEG多有痫性放电。

5. 低血糖反应（hypoglycemic reaction）　是由于血糖过低而引起的临床表现，常有饥饿、软弱、乏力、出汗、心悸等症状，严重时可致抽搐或昏迷，急测血糖显示血糖低于正常，进食或输注葡萄糖可缓解。

6. 睡眠障碍（sleep disorders）　包括发作性睡病、睡眠呼吸暂停症、夜惊症、睡行症、梦魇、快速眼动期行为障碍等。多发生在睡眠期间或者睡眠-清醒转换期间。发作时意识多不清楚，发作内容包含运动、行为等异常。由于很多的癫痫发作类型也容易在睡眠中发病，也表现为一定的运动、意识障碍等，如睡眠中发生的强直-阵挛发作、某些额叶起源的发作，因此，睡眠障碍易被误诊为癫痫发作。睡眠障碍多出现于非快速眼动睡眠的Ⅲ、Ⅳ期和快速眼动睡眠期，而癫痫发作多出现于非快速眼动睡眠Ⅰ、Ⅱ期。视频-睡眠多导监测是鉴别睡眠障碍和癫痫发作最可靠的方法。

7. 抽动症　抽动症有时需要和癫痫发作（如肌阵挛）相鉴别，鉴别要点见表16-6。

表16-6　抽动症和肌阵挛癫痫发作的鉴别

	抽动症	肌阵挛癫痫发作
发病年龄	5~10岁	任何年龄
临床特征	一组或多组肌肉突发、重复和刻板性不随意抽动，通常是非节律性，多见于面、颈、肩和上肢	局灶性：反复节律性抽动；多灶性：涉及多组肌肉快速抽动，可呈同步性
受意识控制	可能短时有效	无效
睡眠	症状减轻或消失	基本无影响
情绪紧张和心理刺激	可能加重	可能加重
发作时意识状态	清楚	清楚、迟钝或丧失
伴随神经系统症状	注意力缺陷，学习困难，强迫行为或秽语	无或脑病改变
脑电图	正常或与抽动无关的背景慢波	慢波或痫样放电

二、判定是哪种类型的癫痫或癫痫综合征

（一）判定是否为癫痫

（1）诊断癫痫需注意3个方面：即至少有1次临床上的痫性发作、EEG显示痫样放电及脑部存在癫痫反复发作的易感性。仅在EEG上的痫样放电不能诊断为癫痫，因为在正常人群中约有1% EEG可能存在痫样放电，并且还可出现在其他非癫痫性疾病中。仅有临床发作也不要轻易下癫痫的诊断。如果不能证实患者脑部存在癫痫反复发作的易感性，则还是需要等待2次或2次以上的痫性发作，以证实患者脑部有癫痫发作的易感性存在。

（2）癫痫常具有重复性发作、症状和体征持续短暂、发作症状的多样性、病因的多重性及慢性过程或趋势等特点。

（3）患者在发作期或发作间期做 EEG 检查时可发现反复痫样放电。

（4）癫痫的临床过程是由 1 个和（或）1 个以上的痫性发作组成。癫痫发作有"共性"和"个性"两个主要特征。"共性"是指所有癫痫发作都有上述的发作性、短暂性、重复性、刻板性。"个性"则指不同类型癫痫具有各自的特征，是临床上根据发作时的不同表现来区分不同类型的依据。

（5）有些痫性发作与特殊状态相关（如高热、缺氧、睡眠剥夺、内分泌改变、电解质失调、药物过量、酒精戒断、过度饮水等），去除相关状态即不再发作，一般不诊断为癫痫。

（二）判定是否为癫痫综合征

癫痫综合征是由一组症状和体征组成的特定癫痫现象，所涉及的不仅仅是发作类型，还包含其特殊的病因、好发年龄、发病机制、病变部位、病理、临床表现、EEG 特征、治疗、预后、转归等。选择药物时不同类型的癫痫综合征也不相同，因此须仔细鉴别癫痫综合征类型。

（三）确定癫痫或癫痫综合征类型

在确诊为癫痫或癫痫综合征之后，应仔细区别其类型。癫痫发作是一种由独特病理生理机制和解剖基础所决定的发作性事件，而癫痫综合征则是由一组症状和体征组成的特定癫痫现象。不同类型癫痫或癫痫综合征所具有的特征是不同类型相区别的主要依据，如全面强直-阵挛发作的特征是意识丧失，四肢抽动；失神发作的特征是突然发生和中止的意识丧失。不同类型癫痫或癫痫综合征的治疗方法亦不同，发作类型诊断错误，可能导致药物治疗失败。如将失神发作诊断为自动症而选用卡马西平治疗，就可能加重病情。

三、判定引起癫痫的病因

癫痫的诊断确定之后，注意分析病史和神经系统症状与体征，并进行头颅影像学检查（如头颅 CT、MRI、MRA、DSA、磁共振频谱分析、脑磁图、SPECT 和 PET 等检查，尤其是头颅 CT 和 MRI 等检查对于癫痫病因的寻找有很大的帮助）以及相关实验室检查（如血常规、肝功能、肾功能、血钙、血糖、血脂、苯丙酸尿测定、粪便查虫卵、药物种类和浓度的检测、脑脊液、相关遗传学检测），从中寻找引起癫痫的病因是遗传性病因，还是结构性和代谢性病因，或是未知病因。一般遗传性病因多在 20 岁前发病，20 岁以后首次发作者多为结构性和代谢性病因。

在不同的年龄阶段，癫痫常有不同的病因分布特征。

1. 新生儿期 可能的病因有先天性发育障碍、产伤、围生期缺氧、代谢障碍（如低钙血症、低血糖、维生素 B_6 缺乏、酶缺乏症、苯丙酮尿症等）。

2. 婴儿期（1~6 月龄） 可能的病因除上述外，还有婴儿痉挛症。

3. 幼儿早期（6 月龄~3 岁） 婴儿痉挛症、热性惊厥、产伤或围生期缺氧、感染、外伤、代谢障碍、皮质发育障碍、药物。

4. 幼儿晚期（3~10 岁） 围生期缺氧、产伤或其他外伤、感染、颅内动静脉血栓、代谢障碍、皮质发育障碍、Lennox-Gastaut 综合征、可能为遗传性的运动性癫痫（Jackson 癫痫）。

5. 青少年期（10~18 岁） 特发性癫痫、青少年肌阵挛性癫痫、外伤、药物。

6. 成年早期（18~35 岁） 特发性癫痫、外伤、肿瘤、酒精或其他镇静药戒断。

7. 中年期（35~60 岁） 最可能的病因为外伤、肿瘤、脑血管疾病。

8. 老年期（>60 岁） 常见病因是脑血管疾病（常见于脑梗死后）、肿瘤、脓肿、神经系统变性疾病、外伤等。

任何年龄段的癫痫都有可能是脑膜炎或脑膜脑炎、代谢障碍所致。在热带和亚热带国家，中枢神经系统寄生虫感染可能为癫痫的常见病因。

第四节　癫痫的治疗

癫痫治疗的原则：积极治疗原发病，规范地控制或消除癫痫发作，防止复发，长期治疗无明显不良反应，提高患者生活质量。

一、病因治疗

癫痫病因明确者应尽早控制或去除病因，如肿瘤患者应及时手术治疗，全身代谢性疾病引起癫痫者应纠正代谢紊乱。去除病因有可能治愈癫痫。

二、癫痫发作的药物治疗

无明显病因或虽然病因明确但不能根治者，需要进行抗癫痫药物治疗。在对癫痫类型进行正确诊断的基础上，给予规范的抗癫痫药物治疗，注意药物不良反应，70%～80%的癫痫都能得到治愈或控制。应该充分地向患者本人或其监护人解释长期治疗的意义及潜在风险，以获得他们对治疗方案的认同，并保持良好的依从性。

（一）药物治疗的一般原则

1. 初始用药原则

（1）有下列情况之一者首次发作后可暂不应用抗癫痫药：①首次发作者，如无明确病因，通常不宜用药，待到下次发作时再决定是否用药；②2次癫痫发作间期长于1年者；③有明显诱发因素者，诱因去除后无癫痫发作者；④一些儿童性癫痫随年龄增长有自愈倾向，若癫痫发作并不频繁时；⑤不能坚持规律服药者。

（2）有下列情况之一者首次发作后就应该及时用药：①有明确的癫痫家族史者；②EEG上有明确痫样放电者；③有持续存在的易导致癫痫反复发作而不能根除的病因，如头外伤、脑血管病后的迟发性癫痫、脑肿瘤、血管畸形、脑炎、系统性红斑狼疮等；④半年内发作2次或2次以上者，一经诊断明确，应立即用药。

（3）另外，半年以上发作1次的患者，可在告知抗癫痫药物不良反应和不治疗的后果的情况下，根据患者及家属的意愿、发作类型、不良反应大小、患者耐受能力及经济情况进行综合考虑，酌情选择是否用药。

2. 剂量原则　从小剂量开始用药，逐渐加量，目标是达到既能有效控制癫痫，又无明显不良反应的最小剂量。有条件的医疗机构服药期间应监测血药浓度，除可作为调整药物剂量的参考标准，还可以了解患者服药的依从性。

3. 选药原则　主要根据癫痫发作的类型来选择最合适的药物，应注意有些药物能加重某些类型的癫痫。另外还须全面考虑到药物不良反应的大小、药物来源、价格和患者的承受能力等多方面因素。

4. 单药原则　单药治疗方便患者服用，提高依从性，减少药物不良反应及药物之间的相互作用。药物不良反应少，治疗费用低，则患者更容易接受。因此，单药治疗是最基本的原则。根据药物的性质可将每日剂量分次服用。半衰期长者每日用1～2次，如苯妥英、苯巴比妥等；半衰期短的药物每日服用3次；24h缓释片剂1日只须服用1次，通常在夜间给药。多数抗癫痫药为碱性，推荐饭后服用。用药应根据个体的差异，注意监控疗效及药物毒性作用，及时调整剂量，以达到最佳疗效，并避免不良反应出现。

5. 换药原则 若药物加量至有不良反应时癫痫还没得到有效控制，或应用到足量后仍不能控制癫痫时应考虑换药。换药时应注意换药期间应有5～7天的过渡期，在第二种药小剂量缓慢加量的基础上，对第一种药实施缓慢减量。不推荐频繁换药。

6. 联合用药原则

（1）在下列情况时，可考虑联合用药：①有多种癫痫发作类型的患者；②由于药物不良反应，部分抗癫痫药可导致另一些癫痫发作类型，如苯妥英治疗部分性发作时可能引起失神发作，故可合用氯硝西泮；③针对患者的特殊情况，如月经性癫痫患者在月经前后可加用乙酰唑胺；④对部分单药无效的患者。

（2）联合用药的注意事项：①不能把药理作用相同的药物合用，如扑米酮进入体内后可代谢成苯巴比妥，故不能将两药合用；②尽量避免有相同不良反应的药物合用，如苯妥英可通过引起肝、肾组织的坏死性血管炎导致肝、肾功能损伤，丙戊酸可引起特异性过敏性肝坏死，因而在对有肝功能损伤的患者联合用药时要注意这两种药物的不良反应；③不能无目的地联合用药；④注意药物之间的相互作用，如一种药物的肝酶诱导作用可加速另一种药物的代谢，药物与蛋白质的竞争性结合也会改变另一种药物主要作用成分的血中游离浓度。

7. 长期原则 治疗是一个长期过程，一旦找到可以完全控制发作的药物和剂量，就应长期、规律服药，这样才能保持血中稳定有效的药物治疗浓度，以达到有效抗癫痫的目的。

8. 停药原则 突然停药是一种非常危险的不正规治疗行为，其后果不仅是引起癫痫复发，往往会导致癫痫持续状态，甚至威胁生命。在考虑停药前应进行EEG检查，若EEG仍有异常，应暂缓减药。一般来说，全面强直-阵挛发作、强直性发作、阵挛性发作完全控制后4～5年，失神发作停止后半年可考虑停药。停药前须缓慢减量，过程不应少于1年至1.5年。停药后有大于40%的患者复发，尤其是青少年肌阵挛性癫痫、自动症、多药联合治疗的癫痫、由颅内病变导致的癫痫而病灶仍未解除等情况，则更易复发，须长期服药甚至终身服药。

9. 注意药物不良反应 包括剂量相关性、特异体质性、长期性及致畸性四类不良反应。剂量相关性不良反应最常见，通常发生于开始用药或增加剂量时，与血药浓度有关，治疗过程中须注意观察。多数常见的不良反应为短暂性；对特异体质的药物不良反应要注意（如卡马西平和丙戊酸钠导致的肝损害，苯巴比妥导致的智力下降）；而抗癫痫药物的致畸性（如神经管缺陷）对于孕龄期女性是最为严重的不良反应，使用药物之前需要跟患者交流药物不良反应，并要跟年轻女性交代其致畸性，并建议服药期间不要怀孕，用药期间服用叶酸可能降低致畸风险。

（二）抗癫痫药物

1. 抗癫痫药物（antiepileptic drug，AED）种类（表16-7）

表16-7 目前临床使用的传统和新型抗癫痫药物（AED）

传统AED	新型AED
卡马西平（Carbamazepine，CBZ）	拉莫三嗪（Lamotrigine，LTG）
丙戊酸（Valproate，VPA）	加巴喷丁（Gabapentin，GBP）
苯妥英钠（Phenytoin，PHT）	托吡酯（Topiramate，TPM）
苯巴比妥（Phenobarbitone，PB）	左乙拉西坦（Levetiracetam，LEV）
氯硝西泮（Clonazepam，CZP）	奥卡西平（Oxcarbazepine，OXC）
乙琥胺（Ethosuximide，ESM）	非尔氨脂（Felbamate，FBM）
扑米酮（Primidone，PRM）	普瑞巴林（Pregabalin，PGB）
	噻加宾（Tiagabine，TGB）
	唑尼沙胺（Zonisamide，ZNS）
	氨己烯酸（Vigabatrin-VGB）

第十六章 癫痫

2. 抗癫痫药物的应用 2006 年 ILAE 基于临床疗效推荐的抗癫痫药物治疗指南见表 16-8。

表 16-8 根据癫痫发作类型的选药原则

癫痫发作类型	传统 AED	新型 AED
成人全面强直-阵挛发作	丙戊酸、卡马西平、苯巴比妥、苯妥英钠	左乙拉西坦、托吡酯、拉莫三嗪、奥卡西平、加巴喷丁
儿童全面强直-阵挛发作	丙戊酸、卡马西平、苯巴比妥、苯妥英钠	托吡酯
成人局灶性发作	卡马西平、苯妥英钠、丙戊酸、苯巴比妥	加巴喷丁、拉莫三嗪、奥卡西平、托吡酯、氨己烯酸
儿童局灶性发作	丙戊酸、卡马西平、苯巴比妥、苯妥英钠	奥卡西平、托吡酯
老年局灶性发作	卡马西平	加巴喷丁、拉莫三嗪

3. 癫痫综合征的药物治疗（表 16-9）

表 16-9 癫痫综合征的药物治疗

癫痫综合征	一线药物	二线药物	可能加重发作的药物
儿童失神癫痫	丙戊酸钠、拉莫三嗪	左乙拉西坦、托吡酯	卡马西平、奥卡西平、苯妥英钠
青少年失神癫痫	丙戊酸钠、拉莫三嗪	左乙拉西坦、托吡酯	卡马西平、奥卡西平、苯妥英钠
青少年肌阵挛癫痫	丙戊酸钠、拉莫三嗪	左乙拉西坦、托吡酯、氯硝西泮	卡马西平、奥卡西平、苯妥英钠
婴儿痉挛	类固醇	氯硝西泮、丙戊酸钠、托吡酯、拉莫三嗪	卡马西平、奥卡西平
Lennox-Gastaut 综合征	丙戊酸钠、托吡酯、拉莫三嗪	左乙拉西坦、氯硝西泮	卡马西平、奥卡西平
具有中央-颞区棘波的儿童良性癫痫	丙戊酸钠、卡马西平、拉莫三嗪、奥卡西平	左乙拉西坦、托吡酯	
伴枕部爆发活动的儿童良性癫痫	丙戊酸钠、卡马西平、拉莫三嗪、奥卡西平	左乙拉西坦、托吡酯	
婴儿期严重肌阵挛癫痫	丙戊酸钠、托吡酯、氯硝西泮	左乙拉西坦	卡马西平、奥卡西平
慢波睡眠中持续棘慢波	丙戊酸钠、类固醇、拉莫三嗪、氯硝西泮	左乙拉西坦、托吡酯	卡马西平、奥卡西平
Landau-Kleffner 综合征（获得性癫痫性失语）	丙戊酸钠、类固醇、拉莫三嗪	左乙拉西坦、托吡酯	卡马西平、奥卡西平
肌阵挛站立不能癫痫	丙戊酸钠、托吡酯、氯硝西泮	左乙拉西坦、拉莫三嗪	卡马西平、奥卡西平

4. 常用抗癫痫药物使用方法及有效血药浓度（表 16-10）

表 16-10 常用抗癫痫药物使用方法及有效血药浓度

	起始剂量	增加剂量	维持剂量	最大剂量	有效浓度	服药次数（次/日）
卡马西平						
成人	100~200 mg/d	逐渐增加	400~1200 mg/d	1600 mg/d	4~12 mg/L	2~3
儿童 <6 岁	5 mg/(kg·d)	5~7 天增加 1 次	10~20 mg/(kg·d)	400 mg		2
6~12 岁	100 mg/d	每 2 周增加 1 次	400~800 mg	1000 mg		3~4
氯硝西泮						
成人	1.5 mg/d	0.5~1 mg/3 d	4~8 mg/d	20 mg/d		3
儿童 10 岁以下或体重 <30 kg	0.01~0.03 mg/(kg·d)	0.3~0.5 mg/(kg·3 d)	0.1~0.2 mg/(kg·d)		20~90 μg/L	2~3
苯巴比妥（鲁米那）						
成人			90 mg/d	极量每次 250 mg，500 mg/d	15~40 mg/L	1~3
儿童			3~5 mg/(kg·d)			1~3
苯妥英钠（大仑丁）						
成人	200 mg/d	逐渐增加	250~300 mg/d		10~20 mg/L	2~3
儿童	5 mg/(kg·d)	逐渐增加	4~8 mg/(kg·d)	250 mg		2~3
丙戊酸钠						
成人	5~10 mg/(kg·d)	逐渐增加	600~1200 mg/d	1800 mg/d	50~100 mg/L	2~3
儿童	15 mg/(kg·d)	逐渐增加	20~30 mg/(kg·d)			2~3
加巴喷丁						
成人	300 mg/d	300 mg/d	900~1800 mg/d	2400~3600 mg/d		3
儿童 12 岁以下剂量未定，12~18 岁剂量同成年人						
拉莫三嗪						
单药治疗						
成人	50 mg/d	每周 25 mg	100~200 mg/d	500 mg/d		2
儿童	0.3 mg/(kg·d)	0.3 mg/(kg·d)	2~10 mg/(kg·d)			2
与丙戊酸类药物合用						
成人	12.5 mg/d	每 2 周 12.5 mg	100~200 mg/d			2
儿童	0.15 mg/(kg·d)	0.15 mg/(kg·d)	1~5 mg/(kg·d)			2
左乙拉西坦（尚无 4 岁以下儿童的使用资料）						
成人	1000 mg/d	每 2 周 500~1000 mg	1000~4000 mg/d			2
奥卡西平						
成人	300 mg/d	每周 300 mg	600~1200 mg/d	2400 mg/d		2
儿童	8~10 mg/(kg·d)	每周 10 mg/kg	20~30 mg/(kg·d)	45 mg/(kg·d)		2
托吡酯						
成人	25 mg/d	每周 25 mg	100~200 mg/d			2
儿童	0.5~1 mg/(kg·d)	0.5~1 mg/(kg·d)	3~6 mg/(kg·d)			

5. 抗癫痫药物的常见不良反应（表16-11）

表16-11 抗癫痫药物的常见不良反应

药物	剂量相关的不良反应	长期治疗的不良反应	特异体质不良反应	对妊娠的影响
卡马西平	复视、头晕、视物模糊、恶心、困倦、中性粒细胞减少、低钠血症	低钠血症	皮疹、再生障碍性贫血、stevens-Johnson综合征、肝损害	FDA妊娠安全分级D级，能透过胎盘屏障，可能导致神经管畸形
氯硝西泮	镇静（成人比儿童更常见）、共济失调	易激惹、攻击行为、多动（儿童）	少见，偶见白细胞减少	FDA妊娠安全分级D级，能透过胎盘屏障，有致畸性及使胎儿镇静、肌张力下降
苯巴比妥	疲劳、嗜睡、抑郁、注意力涣散、多动、易激惹（见于儿童）、攻击行为、记忆力下降	皮肤粗糙（少见），性欲下降，突然停药可出现戒断症状、焦虑、失眠等	皮疹、中毒性表皮溶解症、肝炎	FDA妊娠安全分级D级，能透过胎盘屏障，可发生新生儿出血
苯妥英钠	眼球震颤、共济失调、厌食、恶心、呕吐、攻击行为、巨幼红细胞性贫血	痤疮、齿龈增生、面部粗糙、多毛、骨质疏松、小脑及脑干萎缩（长期大量使用）、性欲缺乏、维生素K和叶酸缺乏	皮疹、周围神经病、Stevens-Johnson综合征、肝毒性	FDA妊娠安全分级D级，能透过胎盘屏障，可能导致胎儿头面部畸形、心脏发育异常、精神发育缺陷及新生儿出血
扑米酮	同苯巴比妥	同苯巴比妥	皮疹、血小板减少、狼疮样综合征	FDA妊娠安全分级D级，同苯巴比妥
丙戊酸钠	震颤、厌食、恶心、呕吐、困倦	体重增加、脱发、月经失调或闭经、多囊卵巢综合征	肝毒性（尤其在2岁以下儿童）、血小板减少、急性胰腺炎（罕见）、丙戊酸钠脑病	FDA妊娠安全分级D级，能透过胎盘屏障，可能导致神经管畸形及新生儿出血
加巴喷丁	嗜睡、头晕、疲劳、复视、感觉异常、健忘	较少	罕见	FDA妊娠安全分级C级
拉莫三嗪	复视、头晕、头痛、恶心、呕吐、困倦、共济失调、嗜睡	攻击行为、易激惹	皮疹、Stevens-Johnson综合征、中毒性表皮溶解症、肝衰竭、再生障碍性贫血	FDA妊娠安全分级C级
奥卡西平	疲劳、困倦、复视、头晕、共济失调、恶心	低钠血症	皮疹	FDA妊娠安全分级C级
左乙拉西坦	头痛、困倦、易激惹、感染、类流感综合征	较少	无报告	FDA妊娠安全分级C级
托吡酯	厌食、注意力、语言和记忆障碍，感觉异常，无汗	肾结石、体重下降	急性闭角性青光眼（罕见）	FDA妊娠安全分级C级

抗癫痫药物之间可能的相互作用

抗癫痫药物与其他非抗癫痫药物的相互作用

三、其他治疗方法

除抗癫痫药物治疗外，还有手术治疗、迷走神经刺激治疗、生酮饮食治疗、皮质类固醇激素治疗等方法（具体见本章第五节"药物难治性癫痫"的治疗）。

第十六章 癫痫

四、患者及家属需要注意的问题

1. 癫痫发作时 应注意①保证患者气道通畅：让患者侧卧位，解开衣领、腰带，使其呼吸通畅。②防止患者自伤：应保证患者远离硬物、尖锐物品、高温物品或危险地理环境。一般对于大发作的患者，要用毛巾或外裹纱布的压舌板塞入其齿间，以防舌咬伤；抽搐时不得用力按压肢体，以免骨折，抽搐停止后，将头部转向一侧，让分泌物流出，避免窒息。③等待并观察患者发作时的表现，直到抽搐停止，意识恢复。

2. 癫痫发作间歇期 应告知患者及家属①目前患者的诊断及癫痫发作时的相关风险，取得患者及家属的积极配合；②坚持规范、规律用药，不可突然停药或更换药物，避免癫痫持续状态、医源性难治性癫痫出现或使本可以控制发作的癫痫患者迁延时日，形成慢性癫痫性脑病，影响患者的生活质量；③虽然癫痫的药物治疗是对症治疗，但是通过有效规律的药物治疗，大部分癫痫能够有效控制；④要注意抗癫痫药的不良反应；⑤服药期间定期检查血常规和肝、肾功能等；⑥对有反射性癫痫可能者，应注意对诱发原因的回避；⑦癫痫患者宜多做适合本人的、有益的、健康的活动和适宜的工作，应避免从事对癫痫患者易造成误伤的工作和娱乐活动，提倡其回归社会。

五、预后

新诊断的癫痫患者，预后一般可分为三类。

1. 预后良好 这类患者在经过一段时间的发作后，即使没有经过治疗也可获得长期缓解。如果治疗，一般第一次或第二次单药治疗即可控制发作，且经过一段时间的缓解期后均可成功停药。属于这类预后的癫痫综合征有良性新生儿癫痫发作、良性 Rolando 癫痫和儿童失神癫痫。

案例 16-1

2. 预后一般 这类患者持续应用抗癫痫药物可控制癫痫发作。有些患者可能需要 2 种或 3 种药物联合治疗方能有效。癫痫发生的原因可能并未消除，停药后容易复发。属于这类预后的癫痫综合征有少年肌阵挛癫痫和大部分与局灶部位有关的癫痫。

案例 16-1
答案及解析

3. 预后较差 此类患者尽管正规治疗仍持续有癫痫发作，反复癫痫发作的频率和程度可有所不同，一些患者频繁发作称为难治性癫痫。药物治疗至多可改善癫痫发作的频率和严重程度。属于这类预后的疾病包括一些症状性或隐源性癫痫以及和部位相关的癫痫，如和海马硬化有关的颞叶癫痫、进行性肌阵挛性癫痫、脑内结构异常所致癫痫、婴儿痉挛等。

第五节 难治性癫痫和癫痫持续状态

一、难治性癫痫

（一）定义

癫痫患者经过正规的药物治疗，约 70% 的患者能够控制癫痫发作，预后良好，但仍有约 30% 的癫痫患者不能完全控制发作，对患者的认知、记忆、生活质量、社会心理及儿童的生长发育等造成影响。目前，世界范围内对难治性癫痫尚无统一的定义。广义的难治性癫痫是指通过抗癫痫药物、手术、生酮饮食、神经调控技术等方法治疗，"仍不能阻止其继续发作的癫痫"或"与治疗前发作没有明显改善的癫痫"。狭义的难治性癫痫指药物难治性癫痫。

药物难治性癫痫目前普遍采用国际抗癫痫联盟（ILAE）2010 年的定义：应用正确选择且能耐受的 2 种抗癫痫药物（单药或联合用药），仍未能达到持续无发作。

(二) 药物难治性癫痫的病因

药物难治性癫痫病因的确定，有利于进一步有针对性地实施治疗。

1. 成年人药物难治性癫痫的病因 主要是有脑结构异常的症状性癫痫或隐源性癫痫。导致药物难治性癫痫的脑结构异常包括海马硬化、皮质发育不良、脑肿瘤、脑血管病、外伤性软化灶等，随着磁共振成像等影像学技术的发展，越来越多的隐源性癫痫被发现存在局灶性的脑结构异常。

2. 儿童药物难治性癫痫的病因 较为复杂，易发展为药物难治性癫痫综合征。有些婴幼儿或儿童期的癫痫综合征是由特定病因引起，如大田原综合征（Ohtahara综合征）由先天发育畸形引起，早发肌阵挛性脑病由先天代谢异常引起。而有些综合征可继发于多种病因，如婴儿痉挛和Lennox-Gastaut综合征可能由染色体异常、代谢异常、结构异常、缺氧性脑病、脑炎、脑膜炎等引起。

(三) 药物难治性癫痫的诊断

根据药物难治性癫痫定义，诊断时首先强调"正规"应用2种抗癫痫药物无效。正规应用药物是指选药正确，并应用足够的剂量和足够长的时间。如果某种药物的应用未按抗癫痫药物选择原则正确应用，或患者因为不能耐受该药物不良反应，在未达到药物有效治疗浓度之前停用，此种药物不能视为正规应用。在药物治疗过程中出现任何形式的发作（包括先兆），或因睡眠剥夺、月经、发热等因素诱发的发作，均应视为未能达到持续无发作。一般认为用该药前最长发作间期时长的3倍时间无发作，或12个月无发作（取时间更长的一项作为标准），就可认为该药治疗后发作完全控制。

(四) 目前药物难治性癫痫采取的主要治疗方法

1. 切除性外科手术 对于有明确致痫灶且致痫灶位于脑非重要功能区的手术风险较低的药物难治性癫痫患者，应尽早考虑切除性手术，包括海马前颞叶切除术、致痫灶切除、脑叶切除、多脑叶切除、大脑半球切除等。影像学没有结构性改变的部分药物难治性癫痫，如果通过高分辨率磁共振成像、功能性影像或颅内埋藏电极等手段能够定位致痫灶，也可考虑手术治疗。

2. 姑息性外科手术 包括胼胝体切开、软膜下横切等手术，通过阻断痫样放电的传导，达到减少发作频率和减轻发作程度的目的。

3. 生酮饮食 适用于儿童各年龄段发作频繁的癫痫综合征，治疗效果可使8%~50%患儿显著减少发作。主要不良反应包括便秘、酮症酸中毒、高脂血症、肾结石等，需要在医师和营养师共同指导下应用此疗法。

4. 神经调控 包括迷走神经电刺激（VNS）、脑深部电刺激（DBS）、脑皮质电刺激、经颅磁刺激等。这些手段的治疗目的是减少发作，改善生活质量，但目前价格昂贵，因此实施前要慎重评价患者的风险与收益比。

5. 进一步抗癫痫药物治疗 包括应用新型抗癫痫药物和尝试多药联合应用。近二十年来，由于新的抗癫痫药物不断出现，有一些和传统抗癫痫药物机制完全不同的药物投入市场，为难治性癫痫患者再次尝试药物治疗提供了可能。

6. 皮质类固醇激素治疗 主要用于部分儿童药物难治性癫痫，如婴儿痉挛症，Landau-Kleffner综合征等。

7. 其他 静脉用免疫球蛋白等。

二、癫痫持续状态

癫痫持续状态（status epilepticus，SE）是神经科最为常见的急危重症，尤其是全面强直-阵挛发作持续状态，如不及时救治可因电解质紊乱、酸碱平衡失调、脑组织缺氧、脑水肿、脑

第十六章 癫 痫

痫、呼吸及循环系统等多器官衰竭而加速患者死亡。幸存者也会留下严重的神经功能障碍。因此，及时正确处理 SE，关乎患者的生命和生存质量。

（一）定义

基于对 SE 的早期临床控制和对脑的保护，目前采用 ILAE 在 2001 年提出的临床上更为实用的定义：一次癫痫发作（包括各种类型癫痫发作）持续时间大大超过了该类型癫痫发作大多数患者发作的时间，或反复发作，在发作间期患者的中枢神经系统功能不能恢复到基线状态。

从临床实际操作角度而言，全面性惊厥性发作持续超过 5 min，或者非惊厥性发作或部分性发作持续超过 15 min，或者 5～30 min 内两次发作间歇期意识未完全恢复者，即可以考虑为早期 SE，因为此期绝大多数发作不能自行缓解，需紧急治疗以阻止其演变成完全的癫痫持续状态。

（二）病因及诱因

引起癫痫持续状态的病因见于不规范的抗癫痫药物治疗、各种原因引起的急性脑病、卒中、脑部感染性病变、外伤、肿瘤和药物中毒等。不适当地减量或停用抗癫痫药、感染、过度疲劳、精神因素、孕产和饮酒等均是癫痫持续状态的诱因。

（三）分类

1. 全面性癫痫持续状态

（1）全面性强直-阵挛性癫痫持续状态：是指如果 1 次全面性强直-阵挛性癫痫发作超过 5 min，就应该考虑 SE 而采取相应的治疗措施，因为很少有单次发作超过该时限的。

（2）其他全面性癫痫持续状态：如强直性癫痫持续状态、阵挛性癫痫持续状态、肌阵挛性癫痫持续状态、失神癫痫持续状态不如全面性强直-阵挛性癫痫持续状态多见。

2. 部分性癫痫持续状态 如 Kojevnikow 部分性癫痫持续状态、持续性先兆、边缘系统性癫痫持续状态、伴有轻偏瘫的偏侧抽搐状态等类型，这些类型的发作除具备各自发作的特点外，还具备癫痫持续状态的共同特点，即一次发作持续时间大大超过了本类型癫痫大多数患者的发作时间和（或）发作间期患者仍存在意识障碍。

（四）治疗

1. 维持生命体征和内环境的稳定（防止误吸、保持呼吸道通畅、给氧、生命体征监护与维持基础生命支持），建立静脉输液通路。

2. 积极有效地终止呈持续状态的癫痫发作，减少发作对脑部神经元的损害。

（1）首选劳拉西泮 0.1 mg/kg（1～2 mg/min）静脉注射。若无劳拉西泮，可选地西泮，成人首次静脉注射 0.2 mg/kg 或 10 mg，速度 2～5 mg/min，如癫痫持续或复发可于 15 min 后重复给药，或于静脉注射后续以 4 mg/h 静脉滴注。儿童 0.2～0.5 mg/kg，最大剂量不超过 10 mg。不良反应主要是呼吸抑制。

（2）苯妥英钠是最常被推荐的次选药物。可与地西泮联合使用，亦可单药治疗。地西泮加苯妥英钠疗法：首先用地西泮 0.2 mg/kg 或 10 mg 静脉注射取得疗效后，给予苯妥英钠 0.3～0.6 g 加入生理盐水 500 ml 静脉滴注，速度不超过 50 mg/min。单药控制法：剂量和方法同上。苯妥英溶液对静脉血管有高度的腐蚀性，且当药物外渗时可引起组织坏死。快速给药会导致低血压和心律失常，因此须监测血压及 ECG。

（3）目前临床上还可以选用丙戊酸针剂控制持续状态，并且可以快速提高丙戊酸血药浓度以达到有效范围。用法是 15～45 mg/kg 静脉推注后，以 1～2 mg/(kg·h) 的速度静脉滴注。其优点是不引起镇静作用及低血压，因此在患者未插管状态或苯妥英过敏时可选用。不良反应有高氨血症脑病、胰腺炎、帕金森综合征、肝功能异常（罕见）、血小板减少。

(4) 苯巴比妥是另一个二线用药。常在经上述处理发作控制后选用，以维持和巩固疗效。一般剂量为 0.1～0.2 g 肌内注射，每日 2 次。该药为强镇静剂，它还可能引起呼吸抑制及低血压。

3. 难治性癫痫持续状态的治疗。难治性癫痫持续状态（refractory status epilepticus，RSE）是指经足量一、二线抗癫痫药（如地西泮、苯妥英钠、苯巴比妥等）治疗不能控制的持续癫痫发作，且超过 1 h 的状态。发作超过 1 h 的患者体内环境的稳定性被破坏，将引发中枢神经系统许多不可逆损害，因而 RSE 的首要任务是迅速控制发作。在选用药物之前，应进行气管插管、机械通气，以维持正常的呼吸功能，并进行有效的血流动力学监测。

（1）首选咪达唑仑：推荐的负荷剂量是 0.2 mg/kg，每 5 min 重复一次直至发作停止，最大负荷剂量为 2～3 mg/kg。初始静脉维持速度为 0.1 mg/(kg·h)，持续维持速度为 0.05～0.6 mg/(kg·h)。不良反应是呼吸抑制和低血压。

（2）异戊巴比妥：成人每次 0.25～0.5 g，1～4 岁儿童每次 0.1 g，大于 4 岁儿童每次 0.2 g，加入注射用水缓慢静注，每分钟不超过 100 mg。呼吸抑制、低血压、复苏延迟是其主要不良反应。

（3）丙泊酚：2～3 mg/kg 静脉注射，可追加 1～2 mg/kg 直至发作停止，然后持续静脉滴注 4～10 mg/(kg·h)。

（4）其他还可以选用利多卡因、氯胺酮、硫喷妥钠、左乙拉西坦等。

4. 发作停止后，应及时给予足量的同种或其他口服抗癫痫药物维持治疗。在此期间，静脉药物至少持续 24 h，并根据替换药物的血药浓度监测结果调整用量，以免复发。

5. 处理并发症：控制脑水肿，防治多器官衰竭（心律失常、肺水肿、肝肾损害等），纠正水电解质和酸碱失衡，处理发热，以减少致残率和死亡率。

6. 寻找并尽可能根除病因及诱因。

7. 若发作初期没有目击者，须检查是否有颅脑外伤或颈椎外伤等。

练习题 16-1

练习题 16-1
答案及解析

（窦志杰）

第17章 神经系统遗传性疾病

第一节 概　述

神经系统遗传性疾病是指在个体发生过程中，由于生殖细胞或受精卵遗传物质的数量、结构或功能上发生改变，使发育的个体出现以神经系统功能缺损为主要临床表现的疾病。它是人类遗传性疾病的重要组成部分，具有家族性和终身性特点，致畸、致愚及致残率很高，危害极大，治疗困难。随着现代生物学、生物化学、分子生物学及神经系统遗传性疾病的基因定位、基因诊断和治疗等方面的进展，对此类疾病的本质、发病基础和发病机制的认识越来越深入。

在人类已发现的7000多种遗传性疾病中，半数以上累及神经系统，我国神经系统单基因遗传病患病率为109.3/10万，其中以遗传性共济失调和进行性肌营养不良症最常见。神经系统遗传性疾病可发生于任何年龄，出生后即表现异常的如先天愚型和半乳糖血症，在婴儿期发病的如婴儿型脊肌萎缩症和黑矇性痴呆，在儿童期发病的如假肥大型肌营养不良，在少年期发病的如肝豆状核变性、少年型脊肌萎缩症，在青春期发病的如腓骨肌萎缩症，在中年期发病的如强直性肌营养不良、遗传性舞蹈病及遗传性共济失调，在老年期发病的如橄榄脑桥小脑萎缩。

神经系统遗传性疾病的病种很多，不少疾病的病因和发病机制尚未阐明。在家族性神经系统遗传性疾病中，基因遗传是起病的主要形式。在没有家族性遗传的情况下，因染色体畸变和基因突变导致的神经系统遗传性疾病，其可能的因素是细菌毒素、代谢产物及理化因子等。

（一）遗传方式及分类

神经系统遗传性疾病和其他遗传性疾病一样，根据受累的遗传物质不同可分为单基因遗传病、多基因遗传病、染色体病和线粒体遗传病四大类。

1. 单基因遗传病　是单个基因的突变所致，如基因发生碱基替代、插入、缺失、重复或动态突变引起的疾病。包括常染色体显性遗传、常染色体隐性遗传、X连锁隐性遗传、X连锁显性遗传、Y连锁遗传和动态突变性遗传等。临床常见的单基因遗传病包括遗传性脊髓小脑性共济失调、假肥大型肌营养不良、腓骨肌萎缩症和肝豆状核变性等。

2. 多基因遗传病　是多个基因突变的累加效应与环境因素共同作用引起的疾病。神经系统较常见的多基因遗传病有癫痫、偏头痛、脊柱裂和脑血管病等。

3. 染色体病　是染色体数目或结构异常引起的一系列疾病或综合征，往往导致严重的精神发育迟缓和多种先天性发育异常。如先天愚型患者体细胞中多了一个21号染色体。

4. 线粒体遗传病　是线粒体DNA（mtDNA）发生突变所致的疾病，主要为母系遗传。常见的线粒体遗传病包括线粒体肌病、线粒体脑肌病、帕金森病、阿尔茨海默病等。

（二）病因及发病机制

人类遗传性疾病的主要病因来自染色体畸变和基因突变。每一个基因编码产生肽链或蛋白质，基因的突变将导致相应肽链或蛋白质（或酶）的缺失、结构异常或功能改变而产生各种遗传性疾病。根据受累基因的改变方式、所影响的部位及所表达蛋白质的改变形式等，将目前已明确的神经系统遗传性疾病的病因及发病机制归类为：三核苷酸重复扩增、离子通道病、遗传代谢病、异常蛋白质产物沉积和金属离子转运障碍。

（三）病理

神经系统遗传性疾病可有不同的病理改变，但共同表现为变性。不同的疾病大体上均表现有神经系统各部及肌肉萎缩。一些典型疾病的病理变化将在本章各节中叙述。

（四）临床表现

神经系统遗传性疾病的临床表现具有多样性，其中部分表现具有共性，称为共同性症状，如发病年龄早，进行性加重，家族聚集现象，认知、行为和发育异常，语言、运动障碍，多系统、多器官和多功能障碍。

除上述共同性症状外，神经系统遗传性疾病也具有各自的特征性症状，如神经纤维瘤的咖啡牛奶色素斑、肝豆状核变性的 K-F 环、结节性硬化症的面部血管纤维瘤等。

具体的症状和体征可表现为：

1. 高级神经系统活动障碍　精神发育不全，痴呆，行为异常（如发作性兴奋、冲动、易激惹、烦躁不安、有时用力捶打头部、不能分辨干净与肮脏等），语言障碍。

2. 运动障碍　不自主运动（如舞蹈动作、震颤、手足徐动、扭转痉挛、肌束颤动、口面部不自主运动），尚有共济失调、瘫痪（包括上、下运动神经元性瘫痪和肌病性瘫痪）、步态异常、抽搐等。

3. 感觉障碍　可见于周围神经受损害的遗传病，其共同特点是感觉异常主要出现在下肢远端，呈对称性、袜套样分布，深浅感觉均可累及。遗传性感觉神经根神经病的感觉异常有多种表现，其中最具特征性的表现是全身或部分躯体痛觉缺失。有些病例尚可出现自发性疼痛。

4. 肌肉异常　可表现为肌萎缩、假性肌肥大、肌无力、肌张力增高（分为强直性及痉挛性）或降低。

5. 其他异常　眼部异常最为常见，如眼肌瘫痪、眼睑下垂、角膜混浊、虹膜萎缩、角膜 K-F 环、结膜毛细血管扩张、眼球震颤、晶体异位、青光眼、视神经萎缩、眼底樱桃红斑、视网膜色素变性、夜盲等。皮肤及黏膜异常有皮脂腺瘤、神经纤维瘤、血管瘤、牛奶咖啡斑、腋窝雀斑、叶状白斑、鱼鳞癣、光敏感性皮炎、皮纹异常、皮肤及黏膜毛细血管扩张等。

尚有特殊面容，耳、鼻、口、舌异常，头颅及四肢异常（如颅狭窄症、小头及大头畸形、脊柱裂、脊柱后凸及侧凸、四肢短小、指趾异常、弓形足等），侏儒，毛发颜色淡，毛发粗糙有沙粒、卷发及易断裂、特殊尿味（霉臭味、焦糖味）等。

（五）辅助检查

1. 生化检查　生化检查对神经系统遗传性疾病的诊断非常重要。例如，进行性肌营养不良症的肌酸激酶（CK）、丙酮酸激酶（PK）、乳酸脱氢酶（LDH）等；肝豆状核变性的铜蓝蛋白、血清铜、尿铜等。

2. 脑脊液检查　脑脊液压力增高见于颅狭窄症、易染性脑白质营养不良和半乳糖脑苷脂累积病（即 Krabbe 病）等。

3. 病理检查　如进行性肌营养不良的肌肉活检，腓骨肌萎缩症和遗传性淀粉样变性神经病的神经活检。

4. 电生理检查　如脑电图检查遗传性阵挛性癫痫的携带者，神经传导速度测定检查腓骨肌萎缩症的携带者。

5. 影像学检查　头颅影像如发现脑内病理钙化影呈脑回状、树枝状或平行的线条状，有较大的诊断价值。怀疑为脊髓小脑性共济失调患者可作 CT 和 MRI 检查，以观察小脑和脑干是否有萎缩。家族性基底节钙化和结节性硬化的颅脑 CT 扫描可发现不同部位的钙化斑或钙化点。颅脑 MRI 发现胼胝体变薄，是某些常染色体隐性遗传的遗传性痉挛性截瘫的特点。

6. 细胞学检查及细胞培养　如对疑诊 Niemann-Pick 病（鞘磷脂累积病）的患儿，在骨髓涂片中找到"泡沫细胞"有助诊断。细胞培养可用于染色体病、代谢病的诊断，如皮肤成纤维细胞培养，进行铜含量的测定可帮助诊断疑难的肝豆状核变性病例。

7. 染色体检查　染色体检查对于一些神经系统遗传性疾病是不可缺少的，如出现下列情况需作染色体检查：①家族成员中有先天性畸形的病例；②多次流产的妇女及其丈夫；③疑为先天愚型的小儿及其双亲；④精神发育不全伴体态异常者。

8. 基因检查　主要对象包括遗传病患者、症状前患者、隐性遗传病的携带者（杂合子）和产前诊断。基因检查的特点是灵敏度高、特异性高。

（六）诊断

神经系统遗传性疾病的诊断方法主要包括临床诊断（表型的诊断）、遗传学和基因诊断。虽然神经系统遗传性疾病种类繁多，但每种疾病的发病率较低，甚至罕见，因而给诊断造成极大的困难。因此，在诊断过程中应综合多种方法，以提高诊断的准确性。

通过病史、症状、体征及常规辅助检查等发现上述临床表现的共同特征时，应首先考虑到遗传病的可能，然后依据遗传学特殊诊断方法，如系谱分析、染色体检查、DNA 和基因产物分析来提示和确定诊断。其诊断步骤包括：①临床资料，包括年龄、性别、家系调查、特殊的症状和体征（如 K-F 环、皮肤牛奶咖啡斑等）、详细的神经系统体格检查、详细的体态和掌指指纹检查；②系谱分析，可以判定是否为遗传病，区分是何种类型的遗传病；③常规检查，包括生化、病理、电生理和影像学检查等，对诊断和鉴别诊断十分重要；④遗传物质和基因产物检测，包括染色体检查、基因诊断和基因产物检测。

（七）防治

目前大部分神经系统遗传性疾病尚缺乏有效的治疗方法，治疗可从以下几个方面着手：临床水平、代谢水平及基因水平。

1. 临床治疗

（1）药物的对症治疗：是目前对大多数神经系统遗传性疾病的主要治疗方法，如抗癫痫药物治疗癫痫患者，苯海索或左旋多巴类药物治疗遗传性帕金森病或一些有类帕金森症状的遗传病（如肝豆状核变性等）。

（2）手术治疗：畸形者可考虑手术矫正，对特别易引起癌变的病灶应早期切除。

（3）康复治疗：主要对智力低下及某种功能缺陷的患者，加强教育和训练，并尽可能给予适当的职业训练。

2. 改善代谢的治疗

（1）饮食治疗：在遗传性代谢异常时，机体可表现为某些必需物质的缺乏和某些代谢物质的大量积累，治疗的原则是补其所缺，去其所余。如苯丙酮尿症患者的饮食应去除苯丙酮酸，患儿尽早断奶，最好采用特殊制备的低苯丙氨酸水解蛋白，另加糖、脂肪、含蛋白质低的蔬菜，以及维生素、无机盐等。

（2）减少有害代谢底物或蓄积物：如青霉胺等螯合剂帮助体内铜的排出以及锌剂减少铜的吸收，以治疗肝豆状核变性。

（3）补充缺乏的物质：用正常酶替代患者所缺陷的酶，如治疗黏多糖Ⅰ型，可输入正常人的细胞，以补充患者缺乏的酶而发挥作用。

3. 基因治疗　基因治疗是把外源性的基因导入人体的细胞或组织中，纠正其基因缺陷，补充失去的基因功能，通过表达正常的基因产物，或关闭/降低异常基因的表达，以达到治疗遗传病的目的。人类疾病的基因治疗研究开始于 20 世纪 80 年代，1990 年 FDA 批准基因治疗正式应用于人类遗传病和癌症的临床试验，其中最为成功的例子是用反转录病毒介导的基因转移纠正腺苷脱氢酶缺乏以治疗儿童严重复合型免疫缺陷。

4. 干细胞治疗　干细胞是人体及各种组织细胞的初始来源，由于其具有不断自我更新的能力，又有多向分化的潜能，因此对各种变性病变和器官损害，包括神经遗传性疾病具有潜在的治疗价值。虽然干细胞治疗的前景诱人，但要将这一技术真正应用于临床，还有漫长的路程，还有许多悬而未决的问题。

目前大部分神经系统遗传性疾病的疗效多不满意，因此早期预防特别重要。预防措施包括避免近亲结婚、遗传咨询、携带者基因检测及产前诊断等。

第二节　遗传性共济失调

遗传性共济失调（hereditary ataxia，HA）是一组以慢性进行性共济失调为突出表现的一大类中枢神经系统遗传变性疾病，多为常染色体显性遗传或隐性遗传，偶有伴性连锁遗传。其病因及发病机制尚不清楚，可能与生化酶缺陷、免疫缺陷、DNA修复功能缺陷、红细胞膜异常及病毒感染有关。

本组疾病病变主要累及脊髓后索、侧索、小脑及传入和传出纤维、脑干橄榄核、小脑脚及有关神经核等部位，亦可累及大脑皮质、基底核、丘脑、丘脑下部、脑神经、脊神经及周围神经等。由于受损部位和程度的不同，其临床表现复杂多样，交叉重叠，分类困难，目前多采用Harding（1993）根据发病年龄、临床特征、遗传方式和生化改变提出的分类方法（表17-1）。早发性（20岁前发病）共济失调，如Friedreich型共济失调，为常染色体隐性遗传；晚发性共济失调，为常染色体显性遗传，由于其病理改变主要表现为小脑、脊髓和脑干变性，故又称为脊髓小脑性共济失调。

表 17-1　遗传性共济失调的分类、遗传方式及特点

病名	遗传方式	染色体定位	三核苷酸重复	起病年龄（岁）
早发性共济失调（20岁前发病）				
常染色体隐性遗传				
Friedreich共济失调	AR	9q	GAA（N<42，P=65~1700）	13（婴儿~50）
腱反射存在类Friedreich共济失调				
Marinese-Sjognen综合征				
晚发性共济失调				
常染色体显性小脑共济失调（ADCA）				
常伴有眼肌麻痹或锥体外系特征，但无视网膜色素变性（ADCA Ⅰ）				
SCA1	AD	6p	CAG（N<39，P≥40）	30（6~60）
SCA2	AD	12q	CAG（N=14~32，P≥35）	30（婴儿~67）
SCA3（MJD）	AD	14q	CAG（N<42，P≥61）	30（6~60）
SCA4	AD	16q		
SCA8	AD	13q	CTG（N=16~37，P≥80）	39（18~65）
常伴有眼肌麻痹或锥体外系特征和视网膜色素变性（ADCA Ⅱ）				
SCA7	AD	3p	CAG（N<36，P≥37）	30（婴儿~60）
纯ADCA（ADCA Ⅲ）				
SCA5	AD	11cent		
SCA6	AD	19p	CTG（N<20，P=21~29）	48（24~75）
SCA10	AD	22q		35（15~45）
齿状核红核苍白球丘脑底核萎缩	AD	12p	CTG（N<36，P≥49）	30（儿童~70）

续表

病名	遗传方式	染色体定位	三核苷酸重复	起病年龄（岁）
已知生化异常的共济失调				
维生素 E 缺乏性共济失调				
低 β 蛋白血症				
线粒体疾病	母系遗传		线粒体 DNA 突变	
氨基酸尿症				
肝豆状核变性	AR	13q14	点突变	18（5~50）
植烷酸累及症（Refsum）				
共济失调毛细血管扩张症	AR	11		

注：N，正常；P，患者

一、脊髓小脑性共济失调

脊髓小脑性共济失调（spinocerebellar ataxia，SCA）是常染色体显性遗传的小脑共济失调中最常见类型，目前根据基因分型的 SCA 已有 30 种。在我国，SCA3 是最常见的类型，其次为 SCA1、SCA7、SCA6、SCA12。其共同特征是成年发病、常染色体显性遗传及共济失调等。

（一）病因及发病机制

SCA 亚型的发病与其致病基因编码区的三核苷酸重复序列异常扩增有关。最具特征性的基因缺陷是扩增的 CAG 三核苷酸重复编码多聚谷氨酰胺通道，该通道包含在功能不明蛋白（ataxins）和神经末梢发现的 P/Q 型钙通道 α1A 亚单位上。其他类型突变包括 CTG 三核苷酸（SCA8）和 ATTCT 五核苷酸（SCA10）重复序列扩增，在许多病例中这种扩增片段的大小与疾病严重性有关，且发病年龄愈小，病情愈重。每种 SCA 亚型基因位于不同的染色体，其基因大小及突变部位各不相同。此外，根据 SCA 各亚型之间临床表现的差异及病变部位和程度的不同，认为除了多聚谷氨酰胺毒性作用外，其他因素也可能参与发病。

（二）病理

主要病理改变有：小脑、脑桥、下橄榄核萎缩，细胞脱失伴胶质增生；小脑浦肯野细胞脱失，颗粒层变厚，小脑上脚和齿状核变性；脊髓后索、橄榄脊髓束、皮质脊髓束及脊髓小脑束变性，Clarke 柱细胞和前角细胞脱失；黑质、苍白球外侧部、红核可有不同程度的变性。

但各亚型也有其特点，如 SCA1 主要是小脑、脑干的神经元丢失，脊髓小脑束和后索受损；SCA2 以下橄榄核、脑桥、小脑损害为重；SCA3 主要损害脑桥和脊髓小脑束；SCA7 的特征是视网膜神经细胞变性。

（三）临床表现

SCA 临床症状复杂，各亚型之间症状相似，交叉重叠，既有共同症状，又有各自特点。其共同临床表现是：任何年龄均可发病，多在 30~40 岁发病。隐袭起病，缓慢进展。共同临床特点是缓慢进行性的小脑性共济失调和构音障碍，表现为步态不稳，走路摇晃，有时突然跌倒，随病情进展而出现双上肢共济失调，双手笨拙，持物不准，意向性震颤，言语含糊不清，发音困难，可出现眼球震颤、痴呆和远端肌萎缩；查体可见肌张力障碍，腱反射亢进，病理征阳性，位置觉和震动觉减退等。

除上述共同症状外，每个亚型又各有其特点，如 SCA1 眼肌麻痹，以上视不能较明显；

SCA2 腱反射减弱或消失，肌阵挛，眼球慢扫视较明显；SCA3 表现为肌萎缩、突眼、面肌纤颤、肌痉挛、凝视障碍及周围神经病；SCA5 表现为单纯小脑综合征；SCA6 早期大腿肌肉痉挛、眼震、复视和位置性眩晕；绝大多数 SCA7 合并有黄斑萎缩、视网膜色素变性、心肌损害等；SCA8 常伴有发音困难；SCA10 表现为纯小脑征和癫痫发作。

（四）辅助检查

1. CT 或 MRI 显示明显的小脑萎缩，有时可见脑干萎缩，尤其是脑桥和小脑中脚萎缩，部分伴有大脑萎缩。

2. 脑干诱发电位可异常，肌电图示周围神经损害，眼震电图可发现眼快速扫视困难。

3. 基因检测可确定 SCA 不同基因亚型。

（五）诊断与鉴别诊断

1. 诊断 根据隐袭发病、缓慢进行的小脑性共济失调，其特点是双侧基本对称、下肢重于上肢，有构音障碍、锥体束征等典型共同症状，以及伴眼肌麻痹、锥体外系症状及视网膜色素变性等表现，结合 MRI 检查发现小脑、脑干萎缩，并排除其他累及小脑和脑干的疾病，可临床确诊。但因 SCA 各型之间临床表现存在较大的重叠，临床分型非常困难，因此诊断 SCA 分型必须依靠基因检测。

2. 鉴别诊断 需要与扁平颅底、多发性硬化、慢性乙醇中毒、慢性重金属中毒（如锰、汞等）、慢性苯妥英钠中毒等可引起共济失调的疾病鉴别。

（六）治疗

目前尚无有效疗法，主要是对症治疗。

1. 药物治疗 左旋多巴可缓解强直等锥体外系症状，毒扁豆碱或胞二磷胆碱促进乙酰胆碱合成，巴氯芬（Baclofen）可减轻痉挛，金刚烷胺可改善共济失调，共济失调伴肌阵挛首选氯硝西泮。另外，ATP、辅酶 A、肌苷和维生素 B 等神经营养药可以试用。

2. 手术治疗 可行视丘毁损术。

3. 康复训练及物理治疗 对功能恢复可能有效。

4. 预防措施 主要是做好遗传咨询工作。

二、Friedreich 型共济失调

Friedreich 型共济失调（Friedreich ataxia，FRDA）是常染色体隐性遗传性共济失调中较常见的一种，由 Friedreich（1863）首先报道。本病通常在儿童期发病，主要临床特征是肢体进行性共济失调，腱反射消失，常伴锥体束征、发音困难、深感觉障碍、脊柱侧凸、弓形足和心脏损害等。

（一）病因及发病机制

Friedreich 型共济失调（FRDA）是 9 号染色体长臂（9q13～12.1）*frataxin* 基因非编码区 GAA 三核苷酸重复序列异常扩增所致，正常 GAA 重复扩增 42 次以下，患者异常扩增（66～1700 次）形成异常螺旋结构，可抑制基因转录。FRDA 基因产物 Frataxin 蛋白存在于脊髓、骨骼肌、心脏及肝等细胞线粒体内膜，导致线粒体功能障碍而发病。

（二）病理

肉眼可见脊髓变细，以胸段较为显著，部分病例可见小脑萎缩。镜检可见脊髓萎缩变性、轴突断裂，髓鞘脱失，胶质细胞增生。后根神经节和 Clarke 柱神经元丢失，脑干神经核和脑神经也变性萎缩。多数患者心脏因心肌肥厚而扩大。

(三) 临床表现

1. 通常 4~15 岁发病，偶见婴儿和 50 岁以后发病者，无性别差异。首发症状多为以双下肢为重的共济失调，表现为步态蹒跚、步态不稳、左右摇晃、易于跌倒，站立时需两腿分开。查体可见双下肢肌张力减低，早期出现踝反射消失，继而膝反射消失，双下肢关节位置觉和振动觉减退，浅感觉正常或轻度减退，闭目难立征和跟膝胫试验阳性。

2. 随着病情进展，可累及小脑、脊髓小脑束及脊髓侧束，出现动作笨拙，取物不准，意向性震颤，小脑性构音障碍或暴发性语言，反应迟钝，步态更加蹒跚，行走更加困难，个别出现肌力减退，甚至瘫痪。查体可见四肢肌张力减低，可出现眼球震颤，多为水平性，指鼻试验不准，晚期出现双下肢肌张力增高，深反射亢进，一侧或双侧病理征阳性。

3. 部分患者可出现神经性耳聋、智力缺陷、感觉异常、眩晕、痉挛等。80% 患者发育差，75% 有上胸段脊柱畸形，表现为脊柱侧凸或前凸，约 25% 患者有视神经萎缩，50% 伴弓形足，85% 伴心律失常或心脏杂音，10%~20% 伴有糖尿病。

(四) 辅助检查

1. 心电图见 QT 间期延长、T 波倒置、心律失常和传导阻滞；超声心动图示心室肥大。
2. X 线片可见脊柱和骨骼畸形。
3. 肌电图显示感觉神经传导速度减慢，运动神经传导速度正常或轻度减慢。脊髓体感诱发电位引不出，视觉诱发电位波幅下降。
4. MRI 可见脊髓萎缩变细，而小脑和脑干正常。
5. 脑脊液可有轻度的蛋白质升高。
6. 神经肌肉活检可见大直径的神经纤维脱髓鞘及轴突断裂，以及非特异性的神经肌肉萎缩。
7. DNA 分析 FRDA 致病基因 18 号内含子 GAA 大于 66 次重复。

(五) 诊断与鉴别诊断

根据儿童或少年期起病，有阳性家族史，逐渐从下肢向上肢发展的进行性共济失调，明显的深感觉障碍，腱反射消失和锥体束征阳性等，常可诊断。如同时伴有构音障碍、脊柱侧凸、弓形足、心脏病变，MRI 显示脊髓萎缩和 FRDA 基因 GAA 异常扩增，可以确诊。

需要与腓骨肌萎缩症、共济失调毛细血管扩张症和遗传性运动感觉神经病等鉴别。

(六) 治疗

本病尚无特效治疗方法。轻症者可给予支持疗法、对症处理和功能训练，有严重骨骼及其他畸形影响功能者可行矫正手术。加强遗传咨询，开展植入前诊断和产前诊断，可减少发病。

第三节 神经皮肤综合征

神经皮肤综合征（neurocutaneous syndrome）是指起源于外胚层的器官发育异常所致的遗传性疾病，病变不仅累及神经系统、皮肤和眼，也可累及中胚层、内胚层器官如心、肺、骨、肾和胃肠等。临床表现为多系统、多器官的形态和功能异常。其中，以结节性硬化症、神经纤维瘤病和脑面血管瘤病多见。

一、结节性硬化症

结节性硬化症（tuberous sclerosis complex，TSC）又称 Bourneville 病。主要临床特征为

面部皮脂腺瘤、癫痫发作和智力减退。年发病率为 3.3/10 万，患病率 5/10 万，男：女为 (2～3)：1。

（一）病因及发病机制

本病为常染色体显性遗传，可见散发病例。有两个致病基因：一个是在常染色体 9q34 上的 *TSC1*，也称为 *hamartin*；另一个是在常染色体 16q13 上的 *TSC2*，也称为 *tuberin*。二者为肿瘤抑制基因，其基因产物分别为 Hamartin 和 Tuberin，均调节细胞生长。

（二）病理

本病的特征性病理改变是大脑皮质、白质、基底核和室管膜下散在分布的多发性神经胶质增生性硬化结节，以额叶为多见，数目及大小不一，常伴钙质沉积，可出现异位症及血管增生等。硬化结节突入脑室内可形成特有的"烛泪"影像征，若阻塞室间孔、第三脑室等可引起脑积水和颅内压增高。皮脂腺瘤是由皮肤神经末梢、增生的结缔组织和血管组成，视网膜可见胶质瘤、神经节细胞瘤，心、肾、肺、肝等也可发生肿瘤。

（三）临床表现

1. 皮肤症状 最具特征意义。约 88％患者有面部皮脂腺瘤，呈蝶形分布于口鼻三角区。为对称、散在、针头大小的粉红或淡棕色透亮的蜡状丘疹，按之不退色、质地坚硬（图 17-1）。约 90％出现于 4 岁前，随年龄增长丘疹也逐渐增大，青春期后可融合成片，可发生在前额。85％的患者出生后就有 3 个以上 1mm 长树叶形色素脱落斑，沿躯干及四肢分布。约 20％的患者 10 岁后可有鲨鱼皮斑，位于躯干背部、腰骶部，呈褐色。也可见牛奶咖啡斑、甲床下纤维瘤和神经纤维瘤等。

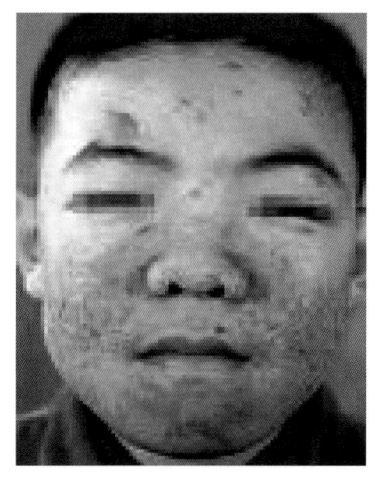

图 17-1（见书后彩图） 结节性硬化症

2. 神经症状

（1）癫痫：70％～100％患者有癫痫发作，在皮损和颅内钙化之前即可出现。智力正常者 70％有癫痫发作，而智力障碍者几乎达 100％。多在 2～3 岁前发病，多数患者以此为首发症状，发作形式多样，开始可为婴儿痉挛症，渐发展为全面性、简单部分性和复杂部分性发作，频繁发作者多有执拗、固执和呆滞等性格改变。

（2）智力减退：约占 55％。患者常伴有行为异常、情绪不稳、易冲动，少数出现幻觉、思维紊乱和精神分裂症样症状。多呈进行性加重，常伴行为异常、情绪不稳、行为和人格异常及其他精神症状，智力减退几乎都伴有癫痫发作。

（3）神经系统阳性体征：9％患者有神经系统阳性体征，如肌张力减退或增高、单瘫、偏瘫、截瘫、锥体外系症状（包括手足徐动、帕金森综合征）以及小脑性共济失调等。

（4）颅内高压：极少数患者因室管膜下小结节阻塞脑脊液通路，或并发脑室内星形细胞瘤而阻塞室间孔等引起颅高压。

3. 眼部病损 50%的患者有视网膜和视神经胶质瘤。通常位于眼球后极，呈黄白色或灰黄色而略带闪光，圆形或椭圆形，表面稍隆起，大小为视盘的1/2至2倍。少数可突然失明。此外，还可见到小眼球、突眼、青光眼、晶体混浊、白内障、玻璃体出血、色素性视网膜炎、视网膜出血和原发性视神经萎缩等。

4. 骨骼病变 主要是骨质硬化及囊性变，少数合并脊柱裂、多趾（指）畸形和髋关节先天性脱臼。

5. 内脏损害 以肾肿瘤最多见，其次为心脏横纹肌瘤，其他内脏损害涉及甲状腺、胸腺、乳腺、胃肠、肝、脾、胰腺、肾上腺、卵巢、膀胱和子宫等。

（四）辅助检查

1. 头颅 X 线平片 可见脑内结节性钙化及巨脑回压迹。

2. 头颅 CT 检查 发现侧脑室结节和钙化、皮质和小脑结节有确诊意义。

3. 头颅 MRI 可见脑回肿胀和皮质结节，发现白质损害的敏感性大于CT，提示髓鞘形成不良和移行异常。可显示室管膜下巨细胞型星形细胞瘤。

4. 脑电图检查 有婴儿痉挛发作者可见高幅失律脑电图，合并其他类型的发作者亦有相应的痫样放电。

5. 眼底检查及眼底荧光血管造影 具有诊断意义。

（五）诊断与鉴别诊断

1. 诊断 根据典型的面部皮脂腺瘤、癫痫发作以及智力减退等临床表现，结合家族遗传史，即可作出临床诊断，如 CT 检查发现颅内钙化灶及室管膜下结节可以确诊。

2. 鉴别诊断 需与其他症状性癫痫以及原发性癫痫相鉴别，主要依据是本病的典型临床表现及影像学改变。神经纤维瘤病也可表现为皮肤症状、神经症状和眼部症状等，应予鉴别。

（六）治疗

目前尚无有效的治疗方法，主要是对症治疗。

1. 控制癫痫发作 给予抗癫痫药物治疗。伴有高幅失律的婴儿痉挛症，可用促肾上腺皮质激素（ACTH）或泼尼松龙及氯硝西泮等治疗，以减少发作。

2. 手术切除 适于局灶性巨大脑回或阻塞脑室系统的皮质或脑室结节。

3. 面部整容 面部皮脂腺瘤可采用液氮冷冻或移动式接触冷冻法，分期分区治疗，也可用电灼方法。

二、神经纤维瘤病

神经纤维瘤病（neurofibromatosis，NF）又称多发性神经纤维瘤病，为源于神经嵴细胞异常所导致的多系统损害的神经系统遗传性疾病。它是常染色体显性遗传病，是由于基因缺陷使神经嵴细胞发育异常导致多系统损害。根据临床表现和基因定位分为：Ⅰ型神经纤维瘤病（neurofibromatosis type Ⅰ，NFⅠ）（又称 von Recklinghausen 病）；Ⅱ型神经纤维瘤病（neurofibromatosis type Ⅱ，NFⅡ），即双侧听神经瘤；Ⅲ型（节段型），皮肤牛奶咖啡斑和神经纤维瘤呈单侧节段性分布，无虹膜错构瘤；Ⅳ型为其他神经纤维瘤病。

（一）病因及发病机制

NFⅠ基因组跨度 350 kb，cDNA 长 11 kb，含 59 个外显子，编码 2818 个氨基酸，组成分子量 327000 的神经纤维素蛋白（neurofibronin），分布在神经元；NFⅡ的致病基因为 *merlin*

NFⅠ基因是一种肿瘤抑制基因，当该基因发生易位、缺失、重排或点突变时，其肿瘤抑制功能丧失而致病。NFⅡ基因的缺失或突变引起Schwann细胞瘤和脑膜瘤。

（二）病理

主要病理特征是外胚层神经组织过度增生和肿瘤形成。NFⅠ神经纤维瘤好发于周围神经远端、脊神经根，尤其是马尾，脑神经受累多见于听神经、视神经和三叉神经。脊髓肿瘤包括室管膜瘤和星形胶质细胞瘤，颅内肿瘤最常见为脑胶质细胞瘤，肿瘤大小不等，成梭形细胞排列，细胞核似栅栏状。皮肤或皮下神经纤维瘤多位于真皮或皮下组织，无胞膜，皮肤色素斑由表皮基底细胞层内黑色素沉积所致。NFⅡ多见双侧听神经瘤和多发性脑膜瘤，瘤细胞排列松散，常见巨核细胞。

（三）临床表现

1. Ⅰ型神经纤维瘤病

（1）皮肤症状：皮肤色素沉着为最早期的临床表现，往往在出生时即已存在，因其颜色而被称为牛奶咖啡斑。通常好发于躯干，随年龄增长有增多、扩大的趋势（图17-2）。6个以上牛奶咖啡斑，且青春期前直径超过5 mm、青春期后15 mm以上方可诊断本病。此外，腋窝、腹股沟雀斑也是本病皮肤表现的特征之一。

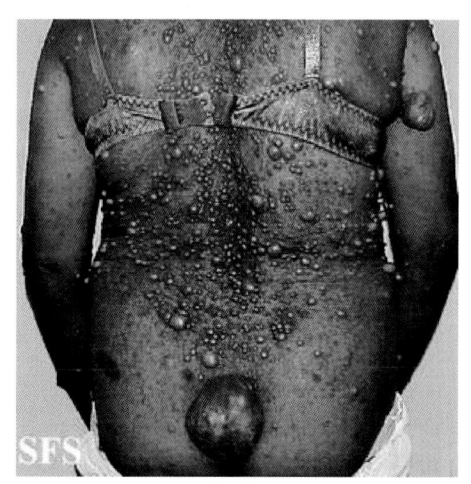

图17-2（见书后彩图） 神经纤维瘤病

（2）多发性神经纤维瘤：于儿童后期出现。皮肤纤维瘤和纤维软瘤主要分布于躯干、面部，也可累及四肢。颅神经纤维瘤以一侧或两侧听神经瘤最为常见，其次累及三叉神经、舌咽神经、迷走神经、副神经以及舌下神经。部分累及脊髓和周围神经干。若神经干及其分支的弥漫性神经纤维瘤，伴皮肤和皮下组织的大量增生而引起颞、面、唇、舌、颈后或一个肢体的皮下组织弥漫性肥大，则称为丛状神经纤维瘤。此类神经纤维瘤即使单发，对NFⅠ亦有诊断价值。

（3）眼部症状：裂隙灯下见虹膜上粟粒状、棕黄色圆形小结节，此为Lisch结节，又称虹膜错构瘤，为本病的特征性表现之一。眼底可见灰白色肿瘤。约15%患者有视神经胶质瘤，常引起视神经萎缩和视力丧失。

（4）骨骼改变：包括先天骨发育异常和肿瘤直接压迫两类。先天骨发育异常包括脊柱畸形，如脊柱侧凸、后凸、前凸、脊柱裂、颈椎融合、椎体扇形凹陷和脊柱前移；颅骨畸形，如颅骨缺损、颅骨皮质变薄、蝶骨发育不良、颅骨或面骨生长过度、颅底凹陷等；长骨畸形，如骨皮质变薄、骨干弯曲和假关节形成，也有长骨骨质增生过度呈肢端肥大现象。肿瘤直接压迫所致骨骼改变包括听神经瘤引起内听道扩大、脊神经根纤维瘤引起椎间孔扩大、骨质破坏缺损等，生长在脊髓附近的肿瘤可引起骨质侵蚀或囊性变等。

(5) 内脏症状：由生长于胸腔、腹腔或盆腔内的神经纤维瘤引起。

(6) 合并症：少数患者可合并先天性心脏病、腓骨肌萎缩症、Becker型肌营养不良症、共济失调毛细血管扩张症、先天性血管畸形等。也有报道合并其他恶性肿瘤病变，如白血病等。

2. Ⅱ型神经纤维瘤病

慢性起病，病程长。主要表现为：①前庭及耳蜗神经症状，表现为眩晕、耳鸣、耳聋；②枕额部头痛伴枕大孔区不适；③邻近脑神经受损症状，如面部疼痛、面肌抽搐、面部感觉减退、周围性面瘫等；④小脑性共济失调；⑤颅内高压症状，如持续性头痛、呕吐、视盘水肿等；⑥晚期症状有吞咽困难、饮水呛咳等；⑦部分患者可伴有皮肤、皮下组织、周围神经及脊髓的多发性神经纤维瘤，以及皮肤牛奶咖啡斑和先天性骨骼畸形。

(四) 辅助检查

1. X线平片可见各种骨骼畸形。
2. CT、MRI及椎管造影可发现中枢神经系统肿瘤。
3. 脑干诱发电位对听神经瘤有较大诊断价值。
4. 基因分析可确定NFⅠ和NFⅡ的突变类型。

(五) 诊断与鉴别诊断

1. 美国国立卫生研究院（NIH）1987年制订的NFⅠ诊断标准 ①6个或6个以上皮肤牛奶咖啡斑，在青春期前最大直径>5 mm，青春期后>15 mm；②腋窝和腹股沟区雀斑；③2个或2个以上神经纤维瘤或丛状神经纤维瘤；④一级亲属中有NFⅠ患者；⑤2个或2个以上Lisch结节；⑥骨损害。

2. NFⅡ诊断标准 ①影像学确诊为双侧听神经瘤；②一级亲属患NFⅡ伴一侧听神经瘤，或伴下列肿瘤中的两种：神经纤维瘤、脑脊膜瘤、胶质瘤、Schwann细胞瘤，或伴青少年后囊下晶状体混浊。

3. 鉴别诊断 应注意与结节性硬化、脊髓空洞症、Watson综合征、骨纤维结构不良综合征、局部软组织蔓状血管瘤等相鉴别。

(六) 治疗

目前无特效治疗。仅有皮肤损害而无压迫症状者可不予治疗。有压迫症状者可手术切除解除压迫、恢复功能，癫痫发作者可用抗痫药，配合对症治疗。部分患者可用放疗。

三、脑面血管瘤病

脑面血管瘤病（brain-face angiomatosis）又称脑三叉神经血管瘤病（encephalotrigeminal angiomatosis）或Sturge-Weber综合征（Sturge-Weber syndrome，SWS），是以一侧面部三叉神经分布区血管痣和颅内血管瘤病为主要特征的神经皮肤综合征。多为散发病例，部分为常染色体显性和隐性遗传。

(一) 病因及发病机制

本病可能与遗传有关，遗传方式未确定，曾有报道属常染色体显性遗传或不完全显性遗传。也有人基于同胞兄弟发病（症状差异大）而父母无症状，且发现近亲婚配者多见，因而提出为常染色体隐性遗传。另外，有研究发现一些病例的染色体核型为22-三体型，认为可能是染色体畸变所致。其发病与先天性外、中胚层发育障碍有关。

（二）病理

主要病理改变为一侧面部、软脑膜血管瘤和毛细血管畸形。面部血管瘤为毛细血管扩张或毛细血管瘤，常位于一侧三叉神经分布区，也可见于颈部、躯干、四肢或内脏。患侧大脑半球可见萎缩、变硬，血管异常增生伴出血。镜下可见神经元丧失、胶质细胞增生和钙质沉着等。

（三）临床表现

1. 皮肤症状　主要是面部血管痣，出生即有，呈暗红色或红葡萄酒色，扁平状，边缘清楚，压之不褪色。常沿三叉神经第1、2支范围分布，也可波及第3支。有些病例并不按三叉神经范围分布。严重者可蔓延至对侧面部、颈部和躯干，少数可见于口腔黏膜。

2. 神经症状　主要症状是癫痫发作，约90%患者有癫痫发作，多表现为血管痣对侧肢体局限性抽搐，全身大发作少见，复杂部分性发作偶见。30%～50%的患者其血管痣对侧有中枢性瘫痪，表现为手持物不灵、跛行，以及偏侧肢体较正常侧发育慢。智力障碍的程度不一，主要表现为注意力减退、记忆力下降、语言障碍、行为改变和智力低下。

3. 眼部症状　36%～70%的患者有眼部疾患。其中25%出生后即有青光眼。还可有眼球突出、视力减退、同侧偏盲、角膜血管翳、视网膜血管瘤、视神经萎缩、脉络膜血管痣或萎缩、视网膜血管怒张、晶体混浊或移位以及视网膜剥离等。若枕叶受损可致对侧同向偏盲。这些改变可以是先天性的，也可以是血管瘤压迫的结果。

4. 其他症状　有些患者可伴有内脏血管瘤而引起胃肠道出血或血尿；也有合并其他先天性畸形，如隐睾、脊柱裂、下颌前突等。

（四）辅助检查

1. 头颅X线平片　可显示颅内钙化影，呈脑回状、线状、树枝状、双轨状，其中与脑回外形一致的双轨状是特征性改变。颅内钙化影可见于大脑各叶皮质，多位于一侧。

2. 头颅CT平扫　可见团块状混杂密度病灶，边缘不清，可有钙化影，局部脑萎缩，增强扫描可见异常血管强化影。

3. 头颅MRI　T_1和T_2加权像均显示低信号影，MRI梯度回波序列可显示由于软脑膜血管瘤引起的脑回钙化、萎缩和胶质增生，部分患者可见脉络膜丛扩大。

4. 数字减影血管造影（DSA）　有助于脑部畸形血管的定性、定位。

5. 脑电图　可显示两侧波幅不对称，病侧α波减少或消失，弥散的慢波活动，爆发性慢波发放及尖慢波灶。

（五）诊断与鉴别诊断

1. 诊断　根据典型面部皮肤改变、癫痫（或异常脑电图改变）、青光眼三主征，即可诊断。如仅有皮肤和眼部改变，或仅有癫痫、智力低下等神经系统征象者，需作头颅X线平片检查，见到脑回状、树枝状或平行的双轨状等病理性钙化影者，或颅脑CT见钙化影，亦有助于诊断。

2. 鉴别诊断　对有不明原因癫痫和青光眼的患者，要注意是否有面部血管痣，必要时行颅内血管影像学检查以排除脑膜血管瘤。

（六）治疗

目前无特效治疗，主要是对症治疗。如控制癫痫发作，青光眼应降低眼内压或手术治疗，面部血管瘤可行激光治疗或整容术等。如癫痫属难治性或患者有反复出血者，可做数字减影血管造影，并手术切除引起出血的脑部血管瘤。

（刘　斌）

练习题 17-1

练习题 17-1
答案及解析

第18章 头面痛

第一节 概 述

头面痛是临床上最常见的症状之一，通常是指局限于头颅上半部，包括眉弓、耳郭上缘与枕外隆凸连线以上部位的疼痛。外眦和外耳道连线以下及下颌角以前部位发生的疼痛则称为面痛。

一、病因及发病机制

引起头面痛的病因繁多，大致可分为原发性和继发性两大类。原发性头痛不能归因于某一确切原因，又称特发性头痛，常见的有偏头痛、紧张性头痛、丛集性头痛；继发性头痛可因各种颅内病变（如脑血管疾病、颅内感染、颅脑外伤）或全身性疾病（如发热、内环境紊乱以及药物滥用等）引起。

头面痛的发病机制复杂，主要是由于机械、化学、生物刺激和体内生化改变作用于颅内外痛觉敏感结构内的痛觉感受器，经感觉传导通路传导至大脑皮质感觉中枢而引起。颅内痛觉敏感结构包括静脉窦、硬脑膜动脉、颅底硬脑膜、大脑镰、小脑幕、颈内动脉颅内段及其Willis环附近的分支、三叉神经、舌咽神经和迷走神经、大脑导水管周围灰质和丘脑感觉中缝核等；颅外痛觉敏感结构主要有头部皮肤、皮下组织、帽状腱膜、头颈部肌肉、颅外动脉、第2～3颈神经、眼、耳、鼻（包括鼻旁窦）、口腔黏膜等；其中，头颈部肌肉包括颞肌、半棘肌、头最长肌、颈最长肌、枕下肌群、项中和项浅肌群等。

头面痛的发病机制主要有以下几方面：

（1）脑神经或颈神经受压、牵拉或炎症刺激，导致病变直接作用于头面部感觉神经引起的疼痛，如三叉神经痛、枕神经痛等。

（2）颅内外动脉扩张或牵拉，颅内静脉或静脉窦的移位、挤压所致，如偏头痛、颞动脉炎等。

（3）颅、颈部肌肉痉挛、炎症刺激或创伤，如紧张型头痛等。

（4）各种原因引起的脑膜刺激病变（如炎症、出血、颅内压增高、脑水肿等）也是引起头痛发生的重要原因。

（5）颅内5-羟色胺能神经元投射系统功能紊乱等，如精神因素（焦虑、抑郁等）对头痛的影响。

二、分类

国际头痛协会（International Headache Society，IHS）于2013年推出了国际头痛疾病分类第3版（ICHD-Ⅲ），对每种类型的头痛都有着非常明确的诊断标准，可更好地指导临床应用。在国际头痛疾病分类第3版（ICHD-Ⅲ）中，将头痛分为3大类、14种头痛，详见表18-1。

表 18-1　国际头痛疾病分类第 3 版（ICHD-Ⅲ，2013）

1. 原发性头痛
　1.1 偏头痛
　1.2 紧张型头痛
　1.3 三叉自主神经性头痛
　1.4 其他的原发性头痛疾病
2. 继发性头痛
　2.1 由于头颅和（或）颈部外伤所致的头痛
　2.2 由于颅内或颈部血管疾病所致的头痛
　2.3 由于颅内的非血管性疾病所致的头痛
　2.4 由于某些物质或某种物质戒断所致的头痛
　2.5 由于感染所致的头痛
　2.6 由于代谢障碍所致的头痛
　2.7 由于头颅、颈部、眼、耳、鼻（包括鼻窦）、牙齿、口腔或其他头面部结构疾患所致的头痛
　2.8 由于精神疾患所致的头痛
3. 痛性脑神经病和其他的面痛和头痛
　3.1 痛性脑神经病和其他的面部疼痛
　3.2 其他的头痛疾病

三、诊断中应注意的事项

1. 详细的病史采集　询问病史是头痛诊断的第一手资料，应重点询问起病的方式，以及头痛的部位、性质、程度、伴随症状、发作频率、诱发因素、加重或减轻的因素等。另外，还应全面了解患者睡眠、职业、服药史、中毒史、家族史等对头痛发病的影响。根据以上病史，在头痛诊断过程中，首先判断是原发性头痛还是继发性头痛。

2. 全面细致的体格检查　对头痛患者必须进行详尽的体格检查，尤其是神经系统检查及其头颅、五官的体征，有助于发现头痛的病变所在，为头痛的诊断提供帮助。如体温升高，往往提示颅内感染的存在，如脑炎、脑膜炎、脑脓肿等；若伴血压升高，应用降压药物治疗后，血压降低的同时头痛改善，提示高血压性头痛；脑膜刺激征阳性提示蛛网膜下腔出血、颅内感染、颅内压增高等；颞动脉增粗、变硬、压痛是巨细胞动脉炎的表现；伴肢体瘫痪、锥体束征阳性要考虑脑出血、颅内占位的可能。眼底检查视盘水肿，常提示颅内压增高或视盘炎。

3. 恰当必要的辅助检查　能为头痛的病因提供客观依据。如 X 线片对明确鼻窦炎、颈椎病、额窦发育不全引起的头痛有帮助；疑有颅内占位性病变、脑出血者，头颅 CT 或 MRI 扫描可明确诊断；脑脊液检查对颅内感染的确定有着不可或缺的意义；因脑静脉或静脉窦血栓闭塞引起的头痛，DSA 检查是金标准。

四、头痛的防治原则

头痛的防治原则包括病因治疗、对症治疗和预防性治疗。病因明确者应尽早去除病因，如颅内肿瘤切除术、颅内感染抗感染治疗、颅内高压宜脱水降颅压等。对于各种原发性头痛急性发作或病因不能立即纠正的继发性头痛，可给予对症止痛以终止或减轻头痛症状。对慢性头痛呈反复频繁发作者应给予适当的预防性治疗。

第二节　偏头痛

偏头痛（migraine）是临床最常见的原发性头痛类型之一，其特征是反复发作性单侧或双侧搏动性头痛，单侧多见，常伴有恶心、呕吐和（或）畏光、畏声，一般持续数小时至 72 h，

休息、睡眠可缓解头痛。多起病于儿童和青春期，青、中年期达发病高峰，女性多见，男女患者比例为 1：（2～3），人群中患病率为 5%～10%，常有遗传背景。偏头痛是一种常见的慢性神经血管性疾病。全球疾病负担调查表明偏头痛是第 7 种致残性疾病，亚洲人群头痛就诊者中偏头痛患者为 66.6%。

一、病因

偏头痛的病因尚未完全阐明，可能与以下因素有关。

（一）遗传因素

约 60% 的偏头痛患者有家族史，其亲属出现偏头痛的风险是一般人群的 3～6 倍，提示本病具有遗传易感性，但遗传模式至今仍未明了。家族性偏头痛患者尚未发现一致的孟德尔遗传规律，反映了不同外显率及多基因遗传特征与环境因素的相互作用。家族性偏瘫性偏头痛（familial hemiplegic migraine，FHM）呈高度外显率的常染色体显性遗传，已定位在 19p13（与脑部表达的电压门控 P/Q 钙通道基因错译突变有关）、1q21 和 1q31 等三个疾病基因位点。

（二）内分泌与代谢因素

本病女性多见，多在青春期发病，青、中年期达发病高峰，且发作多数出现在月经期或月经前后，妊娠期或绝经后头痛发作有自发性缓解或停止的趋势。偏头痛发作还与 5-羟色胺（5-HT）、去甲肾上腺素、P 物质和花生四烯酸等代谢异常有关。这些现象提示偏头痛的发生可能与内分泌及代谢因素有关。

（三）饮食与精神因素

某些食物可诱发偏头痛的发作，包括含酪氨酸、苯丙胺的食物（如奶酪、腊肉、火腿）、巧克力、红酒以及某些食物添加剂如谷氨酸钠（味精）、香料等。药物如口服避孕药、血管扩张剂（如硝酸甘油、利血平、硝苯地平）也可诱发偏头痛发作。精神因素如精神紧张、焦虑、应激、睡眠障碍、过劳、气候变化等均可为诱因。

二、发病机制

偏头痛的发病机制尚不十分清楚，目前主要有以下学说。

（一）血管学说

传统血管学说认为偏头痛是原发性血管疾病。颅内血管收缩引起偏头痛先兆症状，随后颅外、颅内血管扩张导致搏动性的头痛。颈动脉和颞浅动脉局部压迫、血管收缩剂麦角生物碱（如麦角胺）可缓解发作期头痛支持这一理论。但最近的神经影像学研究包括 SPECT、PET 及 fMRI 等证实，偏头痛发作时并非一定存在脑血管扩张情况。

（二）神经学说

神经学说认为偏头痛发作时神经功能的变化是首要的，血流量的变化是继发的。偏头痛先兆是由扩展性皮质抑制（cortical spreading depressing，CSD）引起。CSD 由巴西生理学家 Leao 首先提出，是指各种有害刺激引起大脑后部皮质（枕叶）的神经电活动抑制，此抑制带以 2～5 mm/min 的速度向邻近皮质扩展，并伴随出现扩展性血量减少（spreading oligemia）。CSD 能很好地解释偏头痛先兆症状。另外。5-HT 含量的异常与偏头痛的发病密切相关。有研究表明，在偏头痛发作期血浆中的 5-HT 含量降低，其收缩血管作用降低，使血管扩张而产生头痛发作。利血平是中枢神经系统的 5-HT 耗竭剂，可诱发偏头痛，睡眠减少 5-HT 神经元的点燃，可终止偏头痛发作。曲普坦类药物就是中枢性 5-HT 受体激动剂或部分激动剂，提示神经功能紊乱参与偏头痛的发作过程。

(三) 三叉神经血管学说

该学说的解剖生理基础是三叉神经血管复合体 (trigeminovascular complex)。颅内痛觉敏感组织的周围神经纤维随三叉神经眼支进入三叉神经节，或入 C_1、C_2 后根至 C_1、C_2 脊神经节，发出纤维至三叉神经血管复合体，换元后发出神经纤维，经脑干交叉后投射至丘脑。三叉神经血管学说认为偏头痛是三叉神经传入纤维末梢释放 P 物质 (substance P，SP) 及其他神经递质，传出神经作用于颅内外血管，引起头痛和血管扩张。与三叉神经系统相关的最主要的神经肽是降钙素基因相关肽 (calcitonin gene related peptide，CGRP)，其次是 P 物质 (SP)、神经激肽 A (neurokinin A，NKA)。P 物质是传递并降低痛阈的神经递质，与神经激肽 A (NKA) 有协同作用，而降钙素基因相关肽 (CGRP) 具有较强的扩血管作用。动物模型已经证实，高选择性曲普坦类药物可抑制三叉神经血管末梢释放神经肽，抑制血浆蛋白外渗和脑膜血管扩张，还对传入三叉神经二级神经元的冲动具有抑制作用，其药理作用也支持三叉神经血管学说。

三、临床表现

偏头痛多在儿童和青年期发病。统计显示，10 岁前发病者占 25%，20 岁前发病者占 55%，40 岁以前发病者＞90%。女性多见，男女比例为 1：(2～3)，部分患者有家族史。严重偏头痛发作常影响日常工作及生活。2013 年国际头痛协会 (IHS) 制订的偏头痛分型见表 18-2。

表 18-2 国际头痛协会偏头痛分型 (ICHD-Ⅲ，2013)

1.1 无先兆性偏头痛	1.4.2 无梗死的持续先兆
1.2 先兆性偏头痛	1.4.3 偏头痛性脑梗死
1.2.1 伴典型先兆的偏头痛	1.4.4 偏头痛触发的痫性发作
1.2.1.1 典型先兆伴偏头痛性头痛	1.5 可能的偏头痛
1.2.1.2 典型先兆不伴头痛	1.5.1 可能的无先兆性偏头痛
1.2.2 脑干先兆性偏头痛	1.5.2 可能的先兆性偏头痛
1.2.3 偏瘫性偏头痛	1.6 偏头痛相关症状性综合征
1.2.3.1 家族性偏瘫性偏头痛 (FHM)	1.6.1 反复发作性胃肠功能紊乱
1.2.3.2 散发性偏瘫性偏头痛	1.6.1.1 周期性呕吐综合征
1.2.4 视网膜性偏头痛	1.6.1.2 腹型偏头痛
1.3 慢性偏头痛	1.6.2 良性发作性眩晕
1.4 偏头痛并发症	1.6.3 良性阵发性斜颈
1.4.1 偏头痛持续状态	

(一) 偏头痛的主要临床特征

偏头痛的主要临床特征包括：①急性发作的一侧或双侧搏动性头痛，单侧可左右交替出现；②常伴恶心、呕吐、畏光、畏声、倦怠等自主神经症状；③每次发作持续数小时至 72 h 不等，可自发缓解；④反复发作，间歇期不定，频繁者每月可发作数次；⑤体检无阳性体征，间歇期完全正常。

(二) 常见类型偏头痛的临床特点

1. 无先兆性偏头痛 (migraine without aura) 又称普通型偏头痛 (common migraine)，是最常见的偏头痛类型，约占 80%。发病前无明显先兆症状，反复发作的一侧或双侧额颞部搏动性疼痛，常伴有恶心、呕吐、畏光、畏声、出汗、全身不适、头皮触痛等症状，疼痛程度多为中重度；日常活动如散步或上楼梯可使头痛加重；与月经周期明显相关。疼痛持续时可伴颈肌收缩，使症状复杂化。因发作频率高，故严重影响患者工作和生活，患者常需要频繁应用止痛药治疗，易导致"药物过度使用性头痛（medication-overuse headache，MOH）"。

2. 先兆性偏头痛（migraine with aura） 又称典型偏头痛（classic migraine），约占偏头痛患者的10%，常有家族史。发作前数小时至数日可有注意力不集中、倦怠、打呵欠等前驱症状。头痛发作之前或发生时，常出现可逆的局灶性神经系统症状（如视觉、言语、感觉、运动缺损或刺激症状）为先兆。最常见的是视觉症状，如视物模糊、暗点、闪光、视野缺损、视物变形及黑矇等；其次为感觉先兆，言语及运动先兆少见。持续时间通常在5~30 min，不超过60 min。头痛可在先兆同时或消失后出现，多为一侧眶后或额颞部搏动性头痛，常伴厌食、恶心、呕吐、畏光、畏声、苍白或出汗、烦躁、易激惹、倦怠等症状。持续4~72 h，活动或摇头可使头痛加重，睡眠可缓解头痛。头痛消退后常有疲劳、烦躁、食欲减退等症状。

（1）伴典型先兆的偏头痛性头痛：为最常见的先兆性偏头痛类型，先兆表现为完全可逆的视觉、感觉或言语症状，但无肢体无力表现。与先兆同时或先兆后60 min内出现符合偏头痛特征的头痛，即为伴典型先兆的偏头痛性头痛。若与先兆同时或先兆后60 min内发生的头痛表现不符合偏头痛特征，则称为伴典型先兆的非偏头痛性头痛；当先兆后60 min内不出现头痛，则称为典型先兆不伴头痛。后两者应注意与短暂性脑缺血发作相鉴别。

（2）脑干先兆性偏头痛：先兆表现为脑干和（或）两侧大脑半球受损症状，如构音障碍、眩晕、耳鸣、听力减退、复视、双眼视觉症状、共济失调、意识障碍、双侧同时出现感觉异常，但无运动无力症状。在先兆同时或先兆60 min内出现符合偏头痛特征的头痛，常伴恶心、呕吐。

（3）偏瘫性偏头痛：临床少见。先兆除必须有运动无力症状外，还应包括视觉、感觉和言语三种先兆之一，先兆症状持续5 min至24 h，呈完全可逆性，在先兆同时或先兆60 min内出现符合偏头痛特征的头痛。如在偏瘫性偏头痛患者的一级或二级亲属中，至少有一人具有包括运动无力的偏头痛先兆，则为家族性偏瘫性偏头痛；若无，则称为散发性偏瘫性偏头痛。

（4）视网膜性偏头痛：表现为反复发生的偏头痛发作伴完全可逆的单眼视觉障碍，包括闪烁、暗点或失明，发作间期眼科检查正常。视觉症状仅局限于单眼，缺乏起源于脑干或大脑半球的神经缺失或刺激症状。

3. 慢性偏头痛 偏头痛每月发作超过15天，连续3个月或3个月以上，并排除药物过量引起的头痛，可考虑为慢性偏头痛。

4. 偏头痛并发症

（1）偏头痛持续状态：偏头痛发作持续时间≥72 h，疼痛程度较严重，睡眠或应用药物可获得短暂的缓解期。

（2）无梗死的持续先兆：指有先兆性偏头痛患者在一次发作中出现一种先兆或多种先兆症状持续1周以上，多为双侧性；本次发作其他症状与以往发作类似；须经神经影像学排除脑梗死病灶。

（3）偏头痛性脑梗死：极少数情况下在偏头痛先兆症状后出现颅内相应供血区域的缺血性梗死，此先兆症状常持续60 min以上，而且缺血性梗死病灶为神经影像学所证实，称为偏头痛性脑梗死。

（4）偏头痛诱发的痫性发作：极少数情况下偏头痛先兆症状可触发痫性发作，且痫性发作发生在先兆症状中或先兆症状后1 h以内。

5. 周期性呕吐综合征 即腹型偏头痛，临床可见周期性呕吐、反复发作的腹部疼痛伴恶心、呕吐。发作时不伴有头痛，随着时间的推移可发生偏头痛。可视为偏头痛等位症。

四、诊断

根据临床表现、神经系统检查通常可作出诊断。须行颅脑 CT、CTA、MRI、MRA 等检查排除脑血管疾病、颅内占位等器质性疾病。偏头痛诊断标准（ICHD-Ⅲ，2013）如下所述。

（一）无先兆性偏头痛诊断标准

1. 符合下述第 2～4 项特征的至少 5 次头痛发作。
2. 头痛发作（未经治疗或治疗无效）持续 4～72 h。
3. 至少有以下 4 项中的 2 项头痛特征：①单侧性；②搏动性；③中或重度头痛；④日常活动（如步行或上楼梯）会加重头痛，或头痛时主动回避此类活动。
4. 头痛过程中至少伴有以下 1 项：①恶心和（或）呕吐；②畏光和畏声。
5. 不能归因于其他疾病。

（二）伴典型先兆的偏头痛性头痛诊断标准

1. 符合下述第 2～4 项特征的至少 2 次头痛发作。
2. 先兆至少有下列中的 1 种表现，但没有运动无力症状：①完全可逆的视觉症状，包括阳性表现（如闪光、亮点或亮线）和（或）阴性表现（如视野缺损）；②完全可逆的感觉异常，包括阳性表现（如针刺感）和（或）阴性表现（如麻木）；③完全可逆的言语功能障碍。
3. 至少满足以下 2 项：①同向视觉症状和（或）单侧感觉症状；②至少 1 个先兆症状逐渐发展的过程≥5 min，和（或）不同的先兆症状接连发生，过程≥5 min；③每个先兆症状持续 5～60 min。
4. 在先兆症状同时或在先兆发生后 60 min 内出现头痛，头痛符合无先兆性偏头痛诊断标准中的第 2～4 项特征。
5. 不能归因于其他疾病。

五、鉴别诊断

1. **蛛网膜下腔出血** 活动状态下突然发病，出现剧烈头痛，伴有恶心、呕吐，多为持续性，睡眠不能缓解，查体脑膜刺激征阳性，腰椎穿刺脑脊液呈血性，头颅 CT 扫描见蛛网膜下腔有高密度影，可资鉴别。

2. **高血压脑病** 突然起病，出现剧烈头痛，可伴有恶心、呕吐，伴意识障碍，发病时血压明显增高，血压降低后头痛缓解，有助于鉴别诊断。

3. **紧张型头痛** 头痛部位较弥散，位于前额、双颞、顶、枕及颈部，呈持续性钝痛，头部压迫感、紧箍感，很少伴有恶心、呕吐。查体头皮颈部有压痛点，按摩可使头痛减轻。多见于青、中年女性，情绪障碍可加重头痛症状。

4. **丛集性头痛** 表现为局限于一侧眼眶部、球后和额颞部的严重的钻痛，伴结膜充血、流泪、流涕、鼻塞、前额出汗，少数患者头痛中可出现 Horner 征，无恶心、呕吐。起病突然而无先兆，反复密集发作，时间固定，持续 15 min 至 3 h，发作从隔天 1 次到每日 8 次。男女之比约为 4∶1。

5. **Tolosa-Hunt 综合征** 又称痛性眼肌麻痹（painful ophthalmoplegia），为阵发性眼球后及眶周的顽固性胀痛、刺痛或撕裂样疼痛，伴随动眼、滑车和（或）展神经麻痹，眼肌麻痹可与疼痛同时出现或疼痛发作后 2 周内出现，MRI 或活检可发现海绵窦、眶上裂或眼眶内有肉芽肿病变，持续数周后能自行缓解，适当的糖皮质激素治疗可较快缓解症状。

六、治疗

偏头痛的治疗目的是减轻或终止头痛，缓解伴随症状，预防头痛复发。治疗包括药物治疗和非药物治疗两个方面。非药物治疗主要是物理疗法，可采用磁疗、氧疗、心理疏导，缓解压力，保持健康的生活方式，避免各种偏头痛诱因。药物治疗分为发作期治疗和预防性治疗。应根据头痛程度、伴随症状、既往用药情况等综合考虑，进行个体化治疗。

(一) 发作期治疗

以终止头痛发作为主要目标。为取得最佳疗效，通常应在症状起始时立即服药。治疗药物包括非特异性止痛药如非甾体抗炎药（NSAID）和阿片类药物，特异性药物如麦角类制剂和曲普坦类药物。

1. 轻-中度头痛 通常单用 NSAID 可有效，如对乙酰氨基酚、萘普生、布洛芬、洛索洛芬钠等。如以上药物治疗无效，可考虑应用治疗偏头痛的特异性药物。阿片类制剂如哌替啶因具有成瘾性，不推荐常规用于偏头痛的治疗，但对于有麦角类制剂或曲普坦类药物应用禁忌的病例，如合并有心脏病、周围血管病或妊娠期偏头痛，则可给予哌替啶治疗以终止偏头痛急性发作。

2. 中-重度头痛 可直接选用偏头痛特异性治疗药物如麦角类制剂和曲普坦类药物（表18-3），以尽快改善症状；部分患者虽有严重头痛，但以往发作对 NSAID 反应良好者，仍可选用 NSAID。麦角类制剂为 5-HT1 受体非选择性激动剂，药物有麦角胺（ergotamine）和二氢麦角胺（dihydroergotamine，DHE），能终止偏头痛的急性发作；曲普坦类药物为 5-HT1B/1D 受体选择性激动剂，可能通过收缩脑血管、抑制周围神经和"三叉神经血管复合体"二级神经元的神经痛觉传递，进而发挥止痛作用，常用药物有舒马曲普坦、那拉曲普坦、利扎曲普坦、佐米曲普坦、阿莫曲普坦。麦角类和曲普坦类药物不良反应包括恶心、呕吐、心悸、烦躁、焦虑、周围血管收缩，大量长期应用可引起高血压和肢体缺血性坏死。以上两类药物具有强力的血管收缩作用，严重高血压、心脏病和孕妇患者均为禁忌。另外，如果麦角类和曲普坦类药物应用过频，则会引起药物过量使用性头痛，为避免这种情况发生，建议每周用药不超过 2～3 天。

3. 伴随症状的处理 恶心、呕吐是偏头痛突出的伴随症状，严重的呕吐可能妨碍患者服用药物，可选用甲氧氯普胺 10 mg，肌内注射或入液体内静脉滴注；溴米那普鲁卡因 2 ml 肌内注射，氯丙嗪 25～50 mg 肌内注射，以止吐。烦躁者，可给予苯二氮䓬类药物，以促使患者镇静和睡眠。

表 18-3 偏头痛特异性治疗药物

药物	半衰期	用法用量	日最大量	推荐/证据级别
麦角胺类制剂				
麦角胺	2.0 h	1～2 mg PO/SL/PR	6 mg PO/SL/PR	Ⅱ/B
二氢麦角胺	2.5 h	1～2 mg IM；1～3 mg PO	4 mg IM；9 mg PO	Ⅱ/B
曲普坦类药物				
舒马曲普坦	2.0 h	6 mg SC；25～100 mg PO	12 mg SC；300 mg PO	Ⅰ/A
那拉曲普坦	5.0～6.3 h	2.5 mg PO	5 mg PO	Ⅰ/A
利扎曲普坦	2.0 h	5～10 mg PO	30 mg PO	Ⅰ/A
佐米曲普坦	3.0 h	2.5～5 mg PO	10 mg PO	Ⅰ/A
阿莫曲普坦	3.5 h	6.25～12.5 mg PO	25 mg PO	Ⅰ/A

注：PO，口服；SL，舌下含服；PR，经直肠给药；IM，肌内注射；SC，皮下注射

（二）预防性治疗

预防性治疗的主要目的是减少或预防偏头痛复发，其适用于：①频繁发作，尤其是每周发作 1 次以上，严重影响日常生活和工作者；②急性期治疗无效，或因不良反应和禁忌证无法进行急性期治疗者；③可能导致永久性神经功能缺损的特殊变异型偏头痛，如偏瘫性偏头痛、脑干先兆性偏头痛或偏头痛性脑梗死等。预防性治疗包括非药物治疗和药物治疗 2 个方面。

1. 非药物治疗 首先消除或减少偏头痛的诱因，避免情绪紧张、保证睡眠，避免服用血管扩张剂等药物，避免饮酒和进食含奶酪的食物（如咖啡、巧克力、熏鱼等）。也可采取物理疗法。

2. 药物治疗 小剂量单药起始，缓慢加量至有效剂量，须每日服用，用药后至少 2 周才能见效，若有效应持续服用 6 个月，随后逐渐减量到停药。因需要较长时间服药，须注意药物的不良反应。临床用于偏头痛预防的药物如下。

（1）β 受体阻滞剂：普萘洛尔 10~20 mg 口服，每日 2~3 次；美托洛尔 25~50 mg 口服，每日 3 次。应用过程中，应注意监测血压和心率。支气管哮喘、心脏传导阻滞、窦性心动过缓、重度心力衰竭患者禁用。

（2）钙通道阻滞剂：①氟桂利嗪 5~10 mg 口服，每晚 1 次，睡前服。推荐 65 岁以下患者 10 mg 口服，65 岁以上患者 5 mg 口服。疗效满意者维持治疗 4~6 个月，每周连服 5 天，停 2 天。常见不良反应为嗜睡和疲惫感，驾驶员和机械操作者应慎用，以免发生意外。②尼莫地平 30 mg 口服，每日 2~3 次。

（3）抗癫痫药物：丙戊酸 200~400 mg 口服，每日 3 次；加巴喷丁 300 mg 开始，逐渐加量至 300~600 mg 口服，每日 3 次；托吡酯 25 mg 口服，每日 3 次。

（4）抗抑郁药：阿米替林 25 mg 口服，每日 3 次。常见不良反应有口干、镇静、困倦、嗜睡等，驾驶员和机械操作者应慎用，以免发生意外。另外，严重心脏病、青光眼和前列腺增生伴排尿困难者禁用。

（5）5-羟色胺拮抗剂：有抗组胺作用。常用药物是苯噻啶 0.5~1 mg 口服，每日 1~3 次，最常见不良反应为嗜睡，故驾驶员、高空或危险作业者慎用。青光眼、前列腺肥大患者及孕妇忌用。

七、预后

大多数偏头痛患者预后良好。可随年龄的增长而症状逐渐缓解，部分患者可在 60~70 岁时不再发作。

第三节　紧张型头痛

紧张型头痛（tension-type headache，TTH）又称肌收缩性头痛（muscle contraction headache），是原发性头痛的常见类型之一，也是临床最常见的慢性头痛，约占头痛患者的 40%。主要表现为双侧枕部或全头部紧缩性或压迫性头痛，常为轻、中度，部分患者可有颅周压痛。

一、病因及发病机制

紧张型头痛的病因和发病机制尚不清楚，目前认为有两种机制可能与其发病有关。"周围性疼痛机制"是指颅周肌肉或肌筋膜收缩、细胞内外钾离子转运障碍、炎症介质释放增多等导

案例 18-1

案例 18-1
答案及解析

致痛觉敏感度增加所致。"中枢性疼痛机制"是指患者由于脊髓后角、三叉神经核、丘脑、皮质等功能和（或）结构异常导致痛觉阈下降，易产生痛觉过敏。神经影像学研究证实紧张型头痛患者存在中枢神经结构异常，这可能是引起慢性紧张型头痛的重要机制。另外，应激、紧张、焦虑及抑郁等可加重头颈部肌肉疼痛。

二、TTH 的临床分型

2013 年国际头痛协会头痛疾病分类对 TTH 进行了分型，详见表 18-4。

表 18-4 紧张型头痛的分型（ICHD-Ⅲ，2013）

1. 偶发性紧张型头痛
   1.1 伴有颅周压痛的偶发性紧张型头痛
   1.2 不伴颅周压痛的偶发性紧张型头痛
2. 频发性紧张型头痛
   2.1 伴有颅周压痛的频发性紧张型头痛
   2.2 不伴颅周压痛的频发性紧张型头痛
3. 慢性紧张型头痛
   3.1 伴有颅周压痛的慢性紧张型头痛
   3.2 不伴颅周压痛的慢性紧张型头痛
4. 可能的紧张型头痛
   4.1 可能的偶发性紧张型头痛
   4.2 可能的频发性紧张型头痛
   4.3 可能的慢性紧张型头痛

三、临床表现

多在 20 岁左右发病，随年龄增长发病率增加，40～49 岁达高峰，男女性均可患病。头痛多为双侧枕部、颈项部、颞部、顶部、额部或全头部，呈持续性钝痛，头周紧箍感、头顶压迫感，一般无恶心和呕吐，也可伴有畏光或畏声，局部按摩可减轻症状，应激、生气、失眠、焦虑或抑郁等因素可使头痛加重，基本不影响工作或日常生活。体检可发现疼痛部位肌肉触痛或压痛、颈肩部肌肉僵硬。

四、诊断与鉴别诊断

根据临床表现，排除颅颈部疾病如颅颈交界区畸形、颈椎病、占位和炎症性疾病等，通常可确诊。国际头痛协会（IHS）最新的紧张型头痛诊断标准（ICHD-Ⅲ，2013）如下所述。

（一）发作性紧张型头痛

1. 诊断标准

（1）至少有 10 次头痛发作，并符合下述（2）～（4）特征。

（2）每次发作持续时间 30 min 至 7 天。

（3）至少有以下 2 项头痛特征：①双侧头痛；②压迫性或紧缩性头痛（非搏动性）；③轻至中度疼痛；④日常活动如步行或爬楼梯不会加重头痛。

（4）符合以下 2 项：①无恶心或呕吐；②畏光或畏声症状不超过一项。

（5）不能归因于其他疾病。

2. 偶发性发作性紧张型头痛 平均每月发作＜1 天，每年发作＜12 天。

3. 频发性发作性紧张型头痛 平均每月发作≥1天而<15天，至少3个月以上；每年发作≥12天而<180天。

4. 根据颅周肌肉触诊有无压痛，又将以上类型分为**伴或不伴颅周肌肉压痛**的偶发性发作性紧张型头痛和频发性发作性紧张型头痛。

(二) 慢性紧张型头痛

1. 诊断标准

（1）至少有10次头痛发作，并符合下述（2）～（4）特征；平均每月发作≥15天，3个月以上；每年发作≥180天。

（2）每次头痛发作持续时间30 min至7天。

（3）至少有以下2项头痛特征：①双侧头痛；②压迫性或紧缩性头痛（非搏动性）；③轻至中度疼痛；④日常活动（如步行或上楼梯）不会加重头痛；

（4）符合以下2项：①无中重度恶心或呕吐；②畏光、畏声、轻度恶心症状不超过一项。

（5）不能归因于其他疾病。

2. 根据颅周肌肉触诊有无压痛，又分为**伴或不伴颅周肌肉压痛**的慢性紧张型头痛。

五、治疗

1. 非药物治疗 解除患者紧张情绪，缓解焦虑和抑郁，改善睡眠等。包括热浴、按摩、音乐等松弛疗法，以及物理治疗、生物反馈、针灸治疗等，能改善部分患者症状。

2. 药物治疗 基本同偏头痛。急性发作期主要是对症止痛处理，选用非甾体抗炎药（NSAID）。对频发性和慢性紧张型头痛应采用预防性治疗，如抗抑郁药、肌肉松弛剂和轻型的镇静药等。

（1）NSAID：用于治疗偏头痛的NSAID也可用于治疗紧张型头痛。

（2）肌肉松弛剂：氯唑沙宗、盐酸乙哌立松、巴氯芬等。

（3）抗焦虑和抗抑郁药：阿米替林、多塞平，或选择性5-羟色胺再摄取抑制剂如舍曲林、氟西汀等。

（4）镇静剂：苯二氮䓬类药物如阿普唑仑、地西泮等。

案例18-2

案例18-2
答案及解析

第四节　丛集性头痛

丛集性头痛（cluster headache）是一种少见的发生于一侧眼眶周围发作性的剧烈疼痛，属于原发性神经血管性头痛。具有反复密集发作的特点，常伴有患侧眼结膜充血、流泪、流涕、头面部出汗、瞳孔缩小等自主神经症状。国际头痛协会头痛疾病分类（ICHD-Ⅲ，2013）将其归类于原发性头痛——三叉自主神经性头痛。

一、发病机制

发病机制尚不明确。目前研究发现丛集性头痛患者发作期脑静脉血中CGRP明显增高，提示三叉神经血管复合体参与其发病。发作的昼夜节律性以及同侧颜面部的自主神经症状提示可能与下丘脑功能紊乱有关。神经影像学fMRI和PET研究证实发作期存在下丘脑后部灰质的异常激活，且脑深部电刺激术可缓解难治性丛集性头痛，更加支持此观点。因此推测，丛集性头痛可能是下丘脑神经功能障碍引起的、三叉神经血管复合体参与的原发性神经血管性头痛。

二、临床表现

多见于青年人，20～40 岁发病，男性多见，约为女性的 4 倍，通常在一段时间内密集反复发作，故名丛集性头痛，常在每年春季和（或）秋季发作。头痛突然发生，无先兆症状，位于一侧眼眶、眶上、球后和（或）颞部，呈尖锐、烧灼样、爆炸样、钻凿样、非搏动性剧烈疼痛，2～15 min 内达到高潮，多在夜间发作，使患者从睡眠中痛醒，伴同侧结膜充血、流泪、鼻充血、流涕、前额和面部出汗、瞳孔缩小、上睑下垂、眼睑水肿等自主神经症状，每次发作持续 15 min 至 3 h 不等。发作频率不一，从每日 8 次至隔日 1 次不等，可连续发作数周至数月。在丛集发作期，饮酒、服用硝酸甘油均可诱发。

若丛集期持续 7 天到 1 年不等，但至少有大于 1 个月的无头痛缓解期分隔时，称为发作性丛集性头痛，占所有患者的 90%；而丛集期持续时间超过 1 年，不伴有缓解期或缓解期小于 1 个月者，则称为慢性丛集性头痛，占 10%。

三、诊断

根据临床表现，并经神经影像学排除颅内器质性疾病，通常可作出诊断。国际头痛协会（IHS）最新的丛集性头痛诊断标准（ICHD-Ⅲ，2013）如下所述。

1. 至少有 5 次头痛发作并符合下述第 2～4 项标准。
2. 一侧眼眶、眶上和（或）颞区的重度或极重度疼痛，持续 15 min 至 3 天（未经治疗）。
3. 头痛发作时至少同侧有以下 1 个症状和体征：①结膜充血、流泪；②鼻充血和（或）流涕；③眼睑水肿；④前额和面部出汗；⑤前额和面部发红；⑥耳塞满感；⑦瞳孔缩小和（或）上睑下垂。另外，患者出现不安或躁动。
4. 头痛发作期半数以上隔日发作 1 次，也可 1 日发作达 8 次。
5. 排除其他病因。

四、鉴别诊断

1. 偏头痛　偏头痛与丛集性头痛的鉴别要点见表 18-5。

表 18-5　偏头痛与丛集性头痛的鉴别要点

鉴别要点	偏头痛	丛集性头痛
家族史	可有	无
性别	女性多见	男性多见
先兆	可有	无
周期性	不明显	明显
部位	额、颞部	眼眶、眶上、额前部
性质	搏动性疼痛	烧灼样疼痛
程度	中至重度	重度至极重度
发作时间	多白天发作	多夜间发作
伴随症状	恶心、呕吐、畏光、畏声	结膜充血、流泪、鼻充血、流涕、前额和面部出汗、瞳孔缩小、上睑下垂、眼睑水肿、躁动或不安
持续时间	4～72 h	15 min～3 h

2. 痛性眼肌麻痹（Tolosa-Hunt 综合征） 为一侧眼眶周围的剧烈头痛，常伴有眼痛、眼肌瘫痪、复视。头颅影像学检查可发现部分病例海绵窦不对称性扩大或海绵窦壁有异常组织影像。激素治疗效果好。

五、治疗

（一）急性期治疗

1. 吸氧疗法为丛集性头痛急性发作期的首选治疗措施。吸入纯氧 7~10 L/min，10~20 min，可有效阻断头痛。约 70% 的患者有效、安全，无禁忌证。

2. 早期及时应用 5-HT 受体激动剂、吲哚美辛、皮质类固醇激素治疗可控制密集发作，并可获得迅速缓解。

（1）5-HT 受体激动剂：舒马普坦 6 mg 皮下注射，可在数分钟内终止头痛。

（2）麦角胺制剂：麦角胺 0.5 mg 皮下注射，如果疗效不佳可再次给药，24 h 内不超过 1 mg；或麦角胺咖啡因 2 片口服，30 min 后如果效果不佳可再口服 1~2 片，24 h 内不超过 4 片，1 周不超过 12 片。

（3）吲哚美辛：25~50 mg 口服，每日 3 次。

（4）皮质类固醇激素：泼尼松 40~80 mg/d 口服，连用 1 周，有效后在 1 周内逐渐减量至停药，无效者 48 h 后停药。地塞米松 5~10 mg/d 静脉滴注，连用 5 天，后改为口服泼尼松维持至头痛不再复发。

（5）利多卡因：采用 2% 利多卡因 1 ml 滴鼻，滴于下鼻甲的最尾侧部分，能够产生蝶腭神经节阻滞作用，可使 1/3 的患者头痛缓解。

（二）预防性治疗

因丛集性头痛发作频繁、程度剧烈，故预防尤为重要。预防药物包括：①维拉帕米，240~320 mg/d，2~3 周内发挥最大疗效。②锂制剂，起效慢、治疗窗窄，仅用于其他药物无效或有禁忌者；主要不良反应为甲状腺功能亢进、震颤和肾功能损害等。③糖皮质激素，泼尼松 40~60 mg/d，第 2 周内逐渐减量至停药。④其他，如托吡酯、丙戊酸、苯噻啶、吲哚美辛、褪黑素等。

第五节 痛性眼肌麻痹

痛性眼肌麻痹（painful ophthalmoplegia）又称 Tolosa-Hunt 综合征，是以一侧眼眶部疼痛伴第Ⅲ、Ⅳ、Ⅵ对脑神经一支或多支同时受累的一组症状群。本病对皮质类固醇激素治疗反应较好，但有复发倾向。国际头痛协会头痛疾病分类（ICHD-Ⅲ，2013）将其归类于痛性脑神经病和其他的头面部疼痛。

一、病因及发病机制

本病的病因及发病机制尚不清楚，皮质类固醇激素等免疫抑制剂治疗有效，支持本病的免疫学假说。许多病例有海绵窦的非特异性炎症、胶原组织病、巨细胞性血管炎、鳞状上皮癌的周围神经转移、慢性感染性疾病等。但外伤、神经梅毒、多发性硬化和其他脱髓鞘病、肿瘤、颅底动脉瘤、急性或亚急性脑膜炎、颅内静脉窦血栓形成、脑炎、急性前角脊髓灰质炎、白喉、糖尿病、延髓空洞症、脑干血管意外、铅中毒、肉毒中毒酒精性脑灰质炎（Wernick 脑炎）、颅骨骨髓炎等均可引起类似临床表现。

二、临床表现

任何年龄均可发病，以壮年多见，男女发病无性别差异。约70%患者病前有上呼吸道感染、咽喉炎、上颌窦炎、低热等病史。病初常表现为一侧眼球后部及眼眶周围的持续性胀痛、刺痛或撕裂样剧痛，可伴有恶心、呕吐。眼肌麻痹可与疼痛同时或2周内出现，伴同侧眼睑水肿、球结膜充血水肿、眼球突出，也可出现视盘水肿，还可累及视神经。本病持续数周或数月能缓解，但易复发，多次发作后常不能完全恢复。

三、辅助检查

1. 血常规 外周血白细胞、红细胞沉降率、血浆γ球蛋白、C反应蛋白可出现增高。

2. 脑脊液检查 可出现蛋白质和细胞计数轻度增高。

3. 脑CT检查 部分病例可发现视神经变粗、眶尖附近有异常区。海绵窦侧壁凸起成弓形，窦的两侧不对称或窦内密度不正常。

4. 脑MRI检查 可发现部分病例海绵窦不对称性扩大或海绵窦壁有异常组织影像，经皮质类固醇激素治疗后临床症状改善，此影像体积也随之缩小或消失。

5. 脑血管造影检查 少数患者可发现颈内动脉末端到虹吸部狭窄。眶静脉造影可表现为眼上静脉闭塞、形成侧支静脉，同侧海绵窦显影模糊混浊。

四、诊断与鉴别诊断

（一）诊断标准（ICHD-Ⅲ，2013）

1. 单侧头痛发作，并符合下述第3项标准。
2. 符合下列2项标准：①MRI或病理检查发现海绵窦、眶上裂或眼眶内肉芽肿性炎症；②同侧第Ⅲ、Ⅳ和（或）Ⅵ对脑神经一支或多支麻痹。
3. 符合下列2项标准：①头痛先于第Ⅲ、Ⅳ和（或）Ⅵ对脑神经麻痹≤2周发生或同时发生；②头痛局限于同侧眼眶。
4. 不能归因于其他疾病。

（二）鉴别诊断

1. 颈内动脉瘤 颈内动脉海绵窦段动脉瘤可引起第Ⅲ、Ⅳ、Ⅵ对脑神经和三叉神经眼支麻痹的海绵窦综合征表现。伴有一侧面部、颈部、下颌或眶周的搏动性、刀割样疼痛，亦可为钝痛，颈部活动、吞咽、咀嚼或咳嗽等可诱发或加重，颈部常有触痛。每次发作可持续数日或数周，慢性病例可持续数周至数年。脑CT增强扫描、CTA、MRA或DSA检查可发现动脉瘤而确诊。

2. 眶上裂综合征和眶尖综合征 大多由副鼻窦炎的蔓延引起眶上裂或视神经孔处的骨膜炎所造成，也可为肿瘤侵袭该区域引起。眶上裂综合征表现为动眼、滑车和展神经以及三叉神经眼支的麻痹，但没有局部炎症性表现。若兼有视力障碍者，则称为眶尖综合征。

3. 丛集性头痛 多见于青壮年男性，发生于一侧眼眶周围的发作性剧烈疼痛，具有反复密集发作的特点，常伴有患侧眼结膜充血、流泪、流涕、头面部出汗、瞳孔缩小等自主神经症状，无眼肌麻痹表现。

五、治疗

主要应用大剂量皮质类固醇激素，一般用泼尼松60～80 mg/d，症状消失后逐渐减量。可同时应用抗生素和维生素类药物。对疼痛明显者可给予镇痛药物。由于本病对皮质类固醇激素特别敏感，多在用药后48 h内症状缓解，1周左右症状消失，因此，皮质类固醇激素的早期及彻底应用，对促进炎症改善和减少后遗症具有重要意义。

第六节　三叉神经痛

三叉神经痛（trigeminal neuralgia，TN）又称原发性三叉神经痛，是一种最常见的头面部疼痛，表现为三叉神经分布区内短暂的反复发作性剧痛。国内统计的发病率为52.2/10万，女性略多于男性，发病率可随年龄而增长，多发生于中老年人，右侧多于左侧。间歇期完全正常。

一、病因及发病机制

本病的病因尚未完全明确。"周围学说"认为各种原因压迫半月神经节到脑桥间部分所致，"中枢学说"认为三叉神经痛是三叉神经脊束核或脑干部位异常放电致感觉性癫痫样发作。

发病机制迄今仍在探讨中，目前比较支持的是三叉神经微血管压迫导致神经脱髓鞘学说及癫痫样神经痛学说。较多学者认为是邻近血管袢压迫三叉神经导致局部脱髓鞘产生异位冲动，相邻神经伪突触形成或产生短路，轻微刺激即可形成一系列冲动，通过短路传入中枢，中枢传出冲动亦可通过短路传入，如此叠加造成三叉神经痛。

二、临床表现

本病多见于中老年人，40岁以上起病者占70%~80%，女性稍多于男性。发作前常无预兆，疼痛局限于单侧三叉神经分布区，以第2、3支分布区多见，第3支约占60%，第2支约占30%，第1支较少受累。同时累及3支者少见。表现为面颊上、下颌及舌部明显的剧痛，呈电击样、刀割样、针刺样、烧灼样或撕裂样疼痛。持续数秒到1~2 min，突发骤止，间歇期完全正常。常因洗漱、进餐、说话等诱发，轻触鼻翼、面颊、口角或舌部等处可诱发疼痛发作，故将其称为扳机点或触发点（trigger point）。严重者可伴有面部肌肉反射性抽搐，口角牵向一侧，称为痛性抽搐。可呈周期性发作，每次持续数日、数周或数月，缓解期亦可数周或数年。随病情发展，发作间歇期逐渐缩短，很少自愈。神经系统查体无阳性体征。部分患者发病与气候有关，春季与冬季容易发生。

三、诊断与鉴别诊断

根据疼痛发作部位、性质、面部扳机点及神经系统检查无阳性体征，原发性三叉神经痛不难诊断。

1. 诊断标准（ICHD-Ⅲ，2013）

（1）至少有3次一侧面部疼痛发作，并符合下述（2）和（3）标准。

（2）疼痛发生在三叉神经一支或多支分布区，不超出神经分布范围。

（3）疼痛至少满足以下4项中的3项标准：①周期性反复发作，持续时间从数秒至2 min不等；②重度的疼痛；③性质为电击样、刀割样、针刺样、尖锐疼痛；④轻微刺激受累侧面部可诱发疼痛。

（4）神经系统检查无阳性体征。

（5）排除其他病因。

第十八章 头面痛

2. 鉴别诊断

（1）继发性三叉神经痛：疼痛常呈持续性，神经系统检查可见阳性体征，如患侧面部感觉减退、角膜反射迟钝等，常合并其他脑神经损害表现。颅脑影像学检查可发现脑干及周围部位病变。多见于多发性硬化、延髓空洞症、原发性或转移性颅底肿瘤。

（2）牙痛：呈持续性钝痛，无扳机点，持续时间较长，牙齿对合或叩击时常有疼痛，因进食过冷或过热食物可加剧。X线片可发现龋齿等牙科疾病，有助于鉴别。

（3）鼻窦炎：为局部持续性钝痛，局部压痛，伴发热、流脓涕等表现，血常规检查示白细胞增多，鼻腔检查、X线片或CT检查可确诊。

（4）颞颌关节炎：疼痛局限于颞颌关节区，咀嚼时疼痛而运动受限，颞颌关节局部有压痛。可行X线及专科检查协助诊断。

（5）舌咽神经痛（glossopharyngeal neuralgia）：疼痛部位在一侧软腭、扁桃体、咽舌壁、舌根及外耳道等处，表现为阵发性剧痛，吞咽、讲话、呵欠、咳嗽时常可诱发发作。丁卡因涂于患侧扁桃体和咽部可暂时缓解疼痛发作。

（6）非典型面痛：疼痛性质与部位不定，情绪是唯一加重疼痛的因素，无触发点。多发生于忧郁和神经质的患者。

四、治疗

治疗原则以止痛为主要目标，首选药物治疗，疗效确切。药物治疗无效或失效时，可选用其他治疗。

1. 药物治疗

（1）卡马西平：为首选治疗药物，有效率可达70%～80%。首次剂量0.1 g口服，每日2次，耐受后每日增加0.1 g至疼痛控制为止，最大剂量不超过1.0 g/d。有效剂量维持2～3周后逐渐减量，以最小有效剂量维持数月。可有嗜睡、恶心、呕吐、眩晕和药疹等不良反应，一般不严重，减量或停药后可自行消失。在监测血药浓度和密切观察临床中毒体征的情况下，也可应用较大剂量。

（2）奥卡马西平：为原发性三叉神经痛的一线治疗药物（600～1800 mg/d），疗效逊于卡马西平，但安全性更高。

（3）苯妥英钠：初始剂量0.1 g，每日3次，数日后若效果不佳可每日增加0.05 g，至0.6 g/d，近半数病例有效。不良反应有齿龈增生、共济失调和白细胞减少等。

（4）普瑞巴林：初始剂量为75 mg，每日2次，或50 mg，每日3次，1周内根据疗效和耐受性增加至150 mg，每日2次。74%患者疼痛好转。最常见的不良反应有头晕、嗜睡、共济失调等。

（5）其他抗癫痫药物：加巴喷丁、拉莫三嗪等用于辅助治疗。

（6）大剂量维生素 $VitB_{12}$ 1000～2000 μg，肌内注射，2～3次/周，4～8周为一疗程，部分可缓解疼痛。

2. 封闭治疗 药物治疗无效或有明显不良反应者，可试行无水酒精或甘油封闭三叉神经分支或半月神经节，破坏感觉神经，可达止痛效果。不良反应为注射区面部感觉缺失。

3. 经皮三叉神经半月神经节射频温控热凝术 CT引导下将射频针经皮穿刺至三叉神经半月神经节处，射频发生器加热使针头温度达75℃，维持1 min，可选择性地破坏半月神经节内传导面部痛觉的细纤维，达到即刻止痛。射频热凝术的疼痛消除率为95%，2年复发率仅为20%，重复应用有效。适用于年老体弱、不能耐受手术者。20%患者可出现面部感觉异常、角膜炎、咀嚼肌无力、复视、带状疱疹等并发症。

4. 手术治疗 微血管减压术是目前治疗三叉神经痛中疗效最好、缓解持续时间最长的治

案例 18-3

案例 18-3
答案及解析

疗方法，术后疼痛完全缓解率大于 90%，术后 1、3 和 5 年的疼痛完全缓解率为 80%、75% 和 73%。但是，也可出现面部感觉减退、面瘫、听力下降、复视等并发症。

第七节 枕神经痛

枕神经痛（occipital neuralgia）包括枕大神经痛和枕小神经痛，是一种位于枕神经分布区内的发作性刺痛，有时伴有病变区域内的感觉减退或过敏。受累神经通常有压痛。

一、病因及发病机制

一般认为枕神经痛是多种因素综合作用的结果。例如，在上呼吸道感染或受凉后可导致枕神经非特异性炎症引起疼痛；还可继发于各种颈椎和颈髓的病变，如颈椎病、寰枕畸形、颈髓肿瘤、外伤、多发性硬化等。这些病理改变将影响枕神经的特殊通道结构，刺激枕神经产生疼痛。

二、临床特征

枕神经痛可发生于任何年龄，以青壮年发病多见，男女发病无差异。最突出的症状为一侧后枕部及颈部的阵发性针刺样疼痛或锐痛，或闪电样疼痛，可向上放射至头顶部，疼痛位置较固定，可反复频繁出现，部分患者在间歇期也仍有钝痛。多数患者在枕神经出口处有压痛，也可出现枕神经分布区内局部的感觉减退或过敏。转动头颈、咳嗽、喷嚏，常可使疼痛加重。

三、影像学检查

1. X 线检查 对诊断颈枕区病变有价值，包括颅底的上颈椎及张口正位像，以显示寰枕部情况，必要时借助汤氏位及断层摄影，了解枕大孔及齿状突的形态。

2. CT 扫描检查 可同时观察椎间盘，对排除椎间盘疾病具有意义。

四、诊断与鉴别诊断

（一）诊断标准（ICHD-Ⅲ，2013）

1. 单侧或双侧的疼痛，并符合下述第 2~5 项标准。
2. 疼痛位于枕大、枕小神经和（或）第三枕神经分布区内。
3. 疼痛具有以下 3 项特征中的 2 项：①反复发作性疼痛持续数秒至数分钟；②重度疼痛；③性质为闪电样痛、刺痛、锐痛。
4. 疼痛伴有下列 2 项
   （1）头皮感觉减退和（或）感觉过敏；
   （2）下列 1 项或 2 项：①受累神经分支上有压痛；②扳机点在枕大神经发出处或 C_2 神经分布区内。
5. 受累神经的局部麻醉阻滞可暂时缓解疼痛。
6. 排除其他病因。

（二）鉴别诊断

1. 中间神经痛 表现为发作性烧灼样痛，持续时间长，短者数分钟，长者数小时。疼痛主要位于一侧外耳道、耳郭及乳突部位，严重者可向同侧面部、舌外侧、咽部以及枕部放射，

第十八章　头面痛

局部常伴以带状疱疹，还可有周围性面瘫、味觉和听觉改变、泪腺和唾液腺分泌障碍等。

2. 脑脊膜炎、蛛网膜下腔出血　可出现颈、枕部疼痛合并明显的颈项强直，应行腰椎穿刺和脑脊液检查以便排除。

3. 高血压致枕部疼痛　区域弥散，多呈钝痛，重时为跳痛，常伴高血压、恶心、眩晕等症状，疼痛多于晨起后出现或加重。

4. 肺、胸膜、心脏或肝等疾病的牵涉性痛　亦可表现为颈枕部疼痛，同时有原发病的临床表现。

五、治疗

治疗原则是非手术治疗为主，除了病因治疗，还可采取以下措施。

1. 一般治疗　局部热敷，避免头部剧烈活动。

2. 药物治疗　卡马西平每次 100 mg，初始每日 2 次，渐增加剂量。也可选用 NSAID 药物。

3. 封闭治疗　如果疼痛剧烈而顽固或口服止痛药物疗效不佳，可行枕大神经或枕小神经的局部阻滞，可使疼痛得到长期持续性或永久性缓解。

4. 局部理疗　可采用超短波、紫外线、碘离子透入等。

5. 针刺治疗　可取风池、外关、合谷、后溪、翳明、昆仑等穴。

（李雪梅）

练习题 18-1

练习题 18-1
答案及解析

第19章 颅内压异常

第一节 概 述

颅内压异常是神经疾病中常见的临床综合征。颅脑损伤、肿瘤、血管病、脑积水、炎症等多种病理损害发展至一定阶段,使颅腔内容物体积增加或减少,导致颅内压异常,从而引起相应的综合征。了解颅内压形成的物质基础、熟悉其调节机制、掌握颅内压增高的发生机制,是学习和掌握颅内压异常的重点和关键。

一、颅内压的形成与正常值

颅腔与脑组织、脑脊液、血液是颅内压形成的物质基础。颅缝闭合后颅腔的容积固定不变,为 1400~1500 ml。颅腔内的上述三种内容物,使颅内保持一定的压力,称颅内压(intracranial pressure,ICP)。成人的正常颅内压为 70~180 mmH$_2$O,儿童为 50~100 mmH$_2$O。临床可以采用颅内压监护装置,持续地动态观察颅内压。

二、颅内压调节与代偿

生理状态下,由于血压和呼吸的关系,颅内压可有小范围的波动。收缩期颅内压略有增高,舒张期颅内压稍下降;呼气时颅内压略增,吸气时颅内压稍降。颅内压发生变化时,构成颅内压力的各个部分对颅内压的调节作用是不同的。颅内压的调节除部分依靠颅内的静脉血被排出到颅外血液循环之外,主要是通过脑脊液量的增减来调节。当颅内压高于 70 mmH$_2$O 时,脑脊液的分泌较前减少而吸收增多,使颅内脑脊液量保持在正常范围,以代偿增加的颅内压;当颅内压低于 70 mmH$_2$O 时,脑脊液的分泌增加,而吸收减少,使颅内脑脊液量增多,以维持正常颅内压不变。脑脊液的总量占颅腔总容积的 10%,血液则依据血流量的不同占总容积的 2%~11%,颅内增加的临界容积约为 5%,超过此范围,颅内压开始增高。当颅腔内容物体积增大或颅腔容量缩减超过颅腔容积的 8%~10% 时,就会产生严重的颅内压增高。

第二节 颅内压增高

颅内压增高(intracranial hypertension)是指在病理状态下,颅内压力超过 200 mmH$_2$O。常以头痛、呕吐、视盘水肿为主要表现,多为颅腔内容物的体积增加并超出颅内压调节代偿的范围所致,是颅内多种疾病所共有的临床综合征。

一、颅内压增高的原因

引起颅内压增高的原因可分为五大类:①颅内占位性病变挤占了颅内空间,如颅内血肿、脑肿瘤、脑脓肿等；②脑组织体积增大，如脑水肿；③脑脊液循环和（或）吸收障碍所致梗阻性脑积水和交通性脑积水；④脑血流过度灌注或静脉回流受阻，见于脑肿胀、静脉窦血栓等；⑤先天性畸形使颅腔的容积变小，如狭颅症、颅底凹陷症等。

二、颅内压增高的病理生理

（一）影响颅内压增高的因素

1. 年龄 婴幼儿及小儿的颅缝未闭合或尚未牢固融合，颅内压增高可使颅缝裂开而相应地增加颅腔容积，从而延缓病情的进展。老年人由于脑萎缩使颅内的代偿空间增多，病程亦较长。

2. 病变扩张速度 实验数据显示，随着颅内病变体积扩增，颅内压开始上升，颅腔内容物的体积与颅内压之间的关系可用图 19-1 中的曲线表示，称体积/压力关系曲线。当颅内有占位性病变时，随着病变的缓慢增长，可长期不出现颅内压增高症状，一旦由于颅内压代偿功能失调，则病情将迅速发展，在短期内即出现颅内高压危象或脑疝。

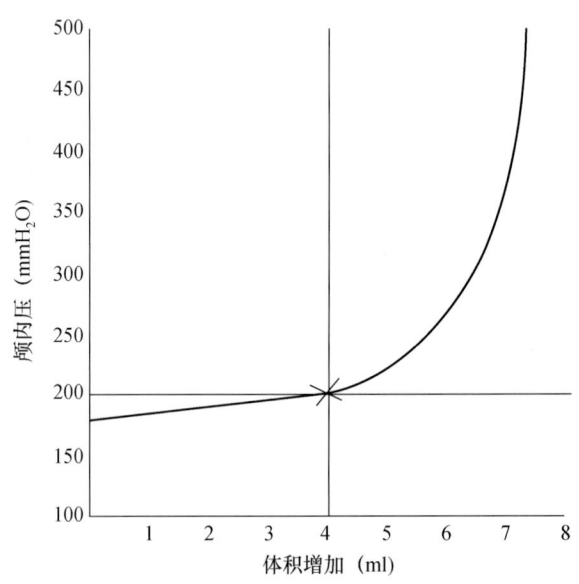

图 19-1 颅内体积/压力关系曲线

如体积/压力关系已达到 X 处，再增加体积时，颅内压上升速度将明显增快

3. 病变部位 颅脑中线或颅后窝的占位性病变，易阻塞脑脊液（CSF）循环通路而发生梗阻性脑积水，故颅内压增高症状可早期出现并且严重。颅内静脉窦附近的占位性病变，早期即可压迫静脉窦，引起颅内静脉血液回流障碍或 CSF 吸收障碍，颅内压增高症状亦可早期出现。

4. 伴发脑水肿程度 脑转移性肿瘤、脑肿瘤放射治疗后、炎症反应等均可伴有较明显的脑水肿，故早期即可出现颅内压增高症状。

5. 全身系统性疾病 电解质及酸碱平衡失调、尿毒症、肝性脑病、毒血症、肺部感染等都可引起继发性脑水肿而致颅内压增高。高热往往会加重颅内压增高的程度。

（二）颅内压增高后果

颅内压持续增高可引起一系列中枢神经系统功能紊乱和病理变化，主要包括如下方面。

1. 脑血流量的降低，造成脑缺血甚至脑死亡 正常成人每分钟约有 1200 ml 血液进入颅内，通过脑血管的自动调节功能进行调节。公式为：脑血流量（CBF）＝脑灌注压（CPP）/脑血管阻力（CVR），其中脑灌注压（CPP）＝平均动脉压（MAP）－颅内压（ICP）。

正常脑灌注压为 70～90 mmHg，脑血管阻力为 1.2～2.5 mmHg，此状态下脑血管的自动调节功能良好。如因颅内压增高而引起脑灌注压下降，则可通过血管扩张以降低血管阻力的自动调节反应使比值不变，保证脑血流量的稳定。如公式比值变小，脑血流量就会急剧下降，从而造成脑缺血。当颅内压升至接近平均动脉压（MAP）水平时，颅内血流几乎完全停止，甚至出现脑死亡。

2. 脑移位和脑疝 颅内占位性病变发展到严重程度则会导致颅内各分腔压力不均，脑组织从高压力区向低压力区移位，导致脑组织、血管及神经等结构受压和移位，被挤入小脑幕裂孔、枕骨大孔、大脑镰下间隙等生理性或病理性间隙或孔道中，从而出现一系列严重临床症状，称脑疝（brain herniation）。如不及时发现或救治，可直接危及生命。临床上最常见、最重要的是小脑幕裂孔疝和枕骨大孔疝。

3. 脑水肿 颅内压增高可直接影响脑的代谢和血流量从而产生脑水肿，使脑的体积增大，进而加重颅内压增高。颅内压增高时血管源性脑水肿与细胞毒性脑水肿可先后或同时发生，故出现混合性脑水肿。

4. 库欣（Cushing）反应 颅内压急剧增高时，患者出现心跳和脉搏缓慢、呼吸节律减慢和血压升高，称库欣反应，多见于急性颅内压增高患者。

5. 胃肠功能紊乱及消化道出血 部分颅内压增高患者可首先出现呕吐等消化道功能紊乱的症状，这与颅内压增高引起下丘脑自主神经中枢缺血致功能紊乱相关。也有人认为颅内压增高时消化道黏膜血管收缩造成缺血，导致胃十二指肠溃疡形成而发生出血或穿孔。

6. 神经源性肺水肿 在急性颅内压增高患者中，神经源性肺水肿的发生率达 5%～10%。这是因为下丘脑、延髓受压导致 α 肾上腺素能神经活性增强，血压反应性增高，左心室负荷过重，左心房及肺静脉压增高，肺毛细血管压力增高，液体外渗，引起肺水肿。

三、颅内压增高的类型

1. 根据颅内压增高原理 可分为：①弥漫性颅内压增高，颅内各处无明显压力差，颅内结构无明显的移位。临床上常见于蛛网膜下腔出血、脑膜脑炎等。②局限性颅内压增高，通过脑组织移位将压力传送至附近脑组织，造成整个颅内压增高；在颅内不同部位有明显压力差，易造成脑疝。常见于脑瘤、脑实质内出血、大面积脑梗死等。

2. 根据病因 可分为：①特发性颅内压增高，又称良性颅内压增高，主要是由于颅内静脉系统阻塞、脑水肿和脑脊液分泌过多造成，需排除颅内占位性病变、梗阻性脑积水、颅内感染、高血压脑病及其他脑内器质性病变才可诊断。多数患者可自行缓解，预后良好。②继发性颅内压增高，由于机体其他疾病造成颅内容积增加而导致。临床上常见于局灶性脑病，如脑瘤、脑实质出血、脑寄生虫病等。

3. 根据病情发展快慢 可分为：①急性颅内压增高，见于急性颅脑外伤、脑出血、大面积脑栓塞等。病情发展快且较重，常出现生命体征异常，影响意识状态。②亚急性颅内压增高，多见于增长较快的颅内恶性肿瘤、颅内感染、各种转移性颅内肿瘤。病情发展较快，颅内高压的三联征不太明显。③慢性颅内压增高，见于慢性硬脑膜下血肿、颅内良性肿瘤缓慢生长等慢性脑病。病情发展缓慢，无典型的颅高压症状，或出现时轻时重的头痛，需仔细询问病史并进行体格检查，以防误诊。

四、临床表现

（一）颅内压增高的典型征象

颅内压增高的典型征象包括头痛、呕吐、视盘水肿三联征。

1. 头痛 头痛是颅内压增高最常见的症状之一，有时也是首发症状。部位多在额部及颞部，可从颈枕部向前方放射至眼眶。程度不同，以早晨或晚间较重，头痛程度随颅内压的增高而进行性加重。当用力、咳嗽、弯腰或低头活动时常使头痛加重。疼痛性质以胀痛和撕裂痛为多见，并可出现全头的压迫感，患者描述为"头痛得要爆炸了"。

2. 呕吐 头痛剧烈时可伴有恶心和呕吐。呕吐呈喷射性，易发生于饭后，有时可导致水电解质紊乱和体重减轻。

3. 视盘水肿 颅内压增高的重要体征之一。表现为视盘充血，边缘模糊不清，中央凹陷消失，视盘隆起，静脉怒张；严重时视力丧失。若视盘水肿长期存在，则视盘颜色苍白，视力减退，视野向心性缩小，称为视神经继发性萎缩。此时如果颅内压增高得以解除，往往视力的恢复也并不理想，甚至继续恶化和失明。

（二）生命体征异常

急性颅内压增高可以出现血压升高，心率加快，呼吸深快继而发生潮式呼吸。如形成脑疝，压迫生命中枢，随时可能出现呼吸、心搏骤停。

（三）意识及精神障碍

颅内压急剧增高时可导致昏迷，或呈不同程度的意识障碍，如意识模糊、嗜睡等。慢性颅内压增高时，轻者记忆力减退、注意力不集中，重者可出现进行性痴呆、情感淡漠、大小便失禁。老年及中年患者精神症状多见。

（四）脑疝

脑疝是颅内压增高的严重后果，是部分脑组织因颅内压力差而造成移位，当移位超过一定的解剖界限时则称之为脑疝。如不及时发现或救治，可直接危及生命。临床上最常见、最重要的是小脑幕裂孔疝和枕骨大孔疝。

1. 小脑幕裂孔疝 因颅内压增高而移位的脑组织由上而下挤入小脑幕裂孔，称之为小脑幕裂孔疝（tentorial herniation）。小脑幕裂孔疝可分为外侧型（钩回疝）和中央型（中心疝）。

（1）钩回疝：颞叶内侧海马回及钩回等结构疝入小脑幕裂孔而形成钩回疝。其临床特征包括：①常有剧烈头痛、频繁呕吐和烦躁不安等先兆症状。②早期有意识障碍，病灶侧瞳孔先缩小随后散大，眼外肌运动、瞳孔反射均正常。③随病情进展，病灶侧瞳孔极度散大、光反射消失、眼外肌麻痹和反射性眼球运动消失；脑干网状结构上行激活系统受损，导致意识障碍加重，出现深昏迷。④病灶对侧偏瘫加重，出现锥体束征，是钩回疝压迫病灶侧大脑脚所致。海马回疝偶可将脑干推向对侧，使对侧大脑脚受天幕缘或岩骨嵴挤压，出现病灶同侧偏瘫及锥体束征，或出现双侧锥体束征。⑤随着中脑损害加重出现去大脑强直发作，是中脑红核水平网状结构下行激活系统兴奋性增高所致。⑥生命体征改变。初期表现为呼吸深而缓慢，血压升高和脉搏加快；中期呼吸深大呈中枢性过度呼吸，血压继续升高，脉搏减慢；晚期呼吸变浅，不规则，血压下降，脉搏快而弱，心律不齐，最后呼吸先停，心搏后停。

（2）中心疝：中线或大脑深部组织病变使小脑幕上内容物尤其是丘脑、第三脑室、基底核等中线及其附近结构双侧受到挤压、向下移位，并压迫丘脑下部和中脑上部，通过小脑幕裂孔使脑干逐层受累。其临床特征表现为明显的意识障碍，呈进行性加重，呼吸改变较明显，瞳孔可至疾病中晚期才出现改变，较易出现去皮质或去脑强直。多见于中线或大脑深部占位性病变，也可见于弥漫性颅内压增高。

2. 枕骨大孔疝 小脑扁桃体及邻近小脑组织向下移位，经枕骨大孔疝入颈椎管上端称之为枕骨大孔疝（herniation of foramen magnum），可分为慢性和急性枕骨大孔疝。枕骨大孔疝表现为枕、颈部疼痛，颈强直或强迫头位，意识障碍，伴有后组脑神经受累表现。慢性枕骨大孔疝症状相对轻，而急性枕骨大孔疝多突然发生或在慢性脑疝基础上因某些诱因（如用力排便、不当的腰椎穿刺等）导致。急性枕骨大孔疝可有明显的生命体征改变，如突发呼吸衰竭、循环功能障碍等。主要见于颅后窝占位性病变，也可见于严重脑水肿的颅内弥漫性病变。幕上病变先形成小脑幕裂孔疝，随病情进展合并不同程度的枕骨大孔疝。

钩回疝和枕骨大孔疝在临床最为常见，二者的鉴别见表 19-1。

（五）其他症状

特发性颅内压增高有时可引起一侧或双侧展神经麻痹及复视，极度侧视时出现细小水平性眼震。

表 19-1 钩回疝与慢性枕骨大孔疝的鉴别

	钩回疝	慢性枕骨大孔疝
病变部位	大脑半球病变	后颅凹及小脑病变
意识障碍	早期出现	出现较晚
瞳孔改变	早期出现，一侧瞳孔散大	晚期出现，双侧瞳孔散大，呼吸障碍
呼吸障碍	晚期出现呼吸不规整	早期出现，且以呼吸障碍为主征
强迫头位	无	有，并有颈项强直，而克氏征阴性
对侧偏瘫	有	无，有时疝后出现一过性双侧锥体束征

五、治疗

1. 一般处理 凡有颅内压增高患者，应留院观察。密切观察神志、瞳孔、血压、呼吸、脉搏及体温变化。有条件可行颅内压监测，根据监测中所获得的压力信息指导治疗。频繁呕吐者暂禁食，以防吸入性肺炎。不能进食者应予补液，以维持出入量的平衡为度，补液过多可促使颅内压增高恶化。注意补充电解质，并调节酸碱平衡。嘱患者不可用力排便，保持呼吸道通畅。给予氧气吸入有助于降低颅内压。病情稳定者应尽早查明病因，以明确诊断，尽快施行去除病因治疗。

2. 病因治疗 对无手术禁忌的颅内占位性病变患者，首先考虑病变切除术。位于大脑非功能区的良性病变，应争取根治性切除；不能根治的病变可作大部分切除、部分切除或减压术；若有脑积水者，可行脑脊液分流术。颅内压增高已引起急性脑疝时，应进行紧急抢救或手术处理。

3. 药物治疗降低颅内压 适用于颅内压增高但暂时尚未查明原因，或虽已查明原因，但仍需要非手术治疗的患者。若患者意识清楚，颅内压增高较轻，先选用口服药物。常用的口服药物有：①氢氯噻嗪 25～50 mg，每日 3 次；②乙酰唑胺 250 mg，每日 3 次；③呋塞米（速尿）20～40 mg，每日 3 次；④50% 甘油盐水溶液 60 ml，每日 2～4 次。

若有意识障碍或颅内压增高症状较重的患者，选用静脉或肌内注射药物。常用注射制剂有：①20% 甘露醇 250 ml，快速静脉滴注，每日 2～4 次；②甘油果糖注射液，静脉滴注，成人一次 250～500 ml，每日 1～2 次；③呋塞米 20～40 mg，肌内或静脉注射，每日 2～3 次；④高渗盐水 3%～10%，一次性推注或连续输注，或先给予较大剂量然后缓慢输注等。此外，也可用浓缩 2 倍的血浆 100～200 ml 静脉注射，20% 人血清白蛋白 20～40 ml 静脉注射，对减轻脑水肿、降低颅内压有效。

4. 激素 地塞米松 5～10 mg 静脉或肌内注射，每日 1～2 次；氢化可的松 100 mg 静脉注射，每日 1～2 次。可减轻毛细血管通透性，保护和稳定血脑屏障和细胞膜结构，减少脑脊液形成，缓解颅内压增高。

5. 亚低温冬眠疗法 通过冬眠药物，配合物理降温，患者处于亚低温状态，有利于降低脑新陈代谢率，防止脑水肿的发生与发展，对降低颅内压起到一定作用。

6. 其他方法　包括巴比妥治疗、辅助过度换气、去骨瓣减压术及对症治疗等。

第三节　低颅压综合征

由各种原因引起的侧卧位蛛网膜下腔的脑脊液压力低于 60 mmH$_2$O，主要临床症状为体位性头痛的综合征即为低颅压综合征（intracranial hypotension syndrome），也称低颅压性头痛（intracranial hypotension headache）。患者常在体位变换后 15 min 内出现头痛或头痛明显加剧，卧位后头痛缓解或消失。临床上此综合征并不少见，但由于未能认识而误诊。

（一）病因与发病机制

低颅压性头痛包括自发性（特发性）和继发性两种。自发性者病因不明，大多认为可能与脑血管舒张障碍引起脑脊液分泌减少或吸收增多有关，已证实多数自发性低颅压与自发性脑脊液漏（spontaneous CSF leak）有关。继发性者可由多种原因引起，以硬膜或腰椎穿刺后低颅压性头痛最为多见，头颈部外伤和手术、脑室分流、脊柱创伤和手术等促使 CSF 漏出增多也可导致低颅压性头痛。另外，脱水、糖尿病酮症酸中毒、全身严重感染、脑膜脑炎、过度换气和低血压等可使 CSF 产生减少。

由于脑脊液量减少、压力降低、脑组织移位下沉等促使颅内痛觉敏感结构（如脑膜、血管、三叉神经、舌咽神经及迷走神经等脑神经）受到牵拉而引起头痛。

（二）临床表现

本病见于各个年龄，自发性多见于体弱女性，继发性无明显性别差异。起病可很急骤，头痛特点与体位有明显关系。

1. 头痛　以双侧枕部或额部多见，也可颞部或全头痛，呈轻至中度钝痛或搏动样疼痛。与体位有明显关系，立位时出现或加重，卧位时减轻或消失，头痛多在变换体位后 15～30 min 内出现。

2. 伴发症状　常伴有恶心、呕吐、耳鸣、畏光、眩晕、步态不稳，少数有短暂的晕厥发作、精神障碍、抽搐、心悸、出汗，老年患者则表现为眩晕，并伴以头痛或头昏感。

3. 体征　神经系统可无阳性体征。体格检查部分患者有直立时脉搏徐缓、颈强直、颈部肌肉压痛、眼底视盘模糊、双侧或一侧展神经核不全麻痹、视野缺损、面瘫等脑组织下坠压迫脑神经的相关体征。

（三）辅助检查

1. 脑脊液检查　腰椎穿刺脑脊液压力＜60 mmH$_2$O；部分患者压力测不出，放不出 CSF，呈"干性穿刺"。少数患者 CSF 细胞数轻度增加，蛋白质、糖、氯化物正常。对于颅脑 MRI 检查已显示弥漫性脑膜强化者，须慎行腰椎穿刺检查。

2. 影像学检查　颅脑 MRI 检查可表现为弥漫性硬脑膜强化、硬膜下积液、脑静脉窦扩大、垂体增大、小脑扁桃体下疝畸形（Arnold-Chiari 畸形）等。脊髓造影和放射性核素脑池造影能准确定位脑脊液漏出部位。大多数自发性脑脊液漏发生在颈、胸椎连接处水平或胸椎水平。

（四）诊断与鉴别诊断

1. 诊断　根据体位性头痛的典型临床特点应疑诊低颅压性头痛，腰椎穿刺测定脑脊液压力降低（＜60 mmH$_2$O）可以确诊。根据病因可将低颅压性头痛分为硬膜（或腰椎）穿刺后头痛、脑脊液漏性头痛、自发性（或特发性）低颅压性头痛。

2. 鉴别诊断　本病应注意与体位性头痛的某些疾病相鉴别，如脑和脊髓肿瘤、脑室梗阻综合征、寄生虫感染、脑静脉血栓形成、亚急性硬膜下血肿等。

（五）治疗

1. 病因治疗 针对病因进行治疗，如控制感染、纠正脱水和糖尿病酮症酸中毒等。对手术或创伤后脑脊液瘘者可行瘘口修补术等。

2. 药物治疗 咖啡因可阻断腺苷受体，使颅内血管收缩，CSF 压力增加，缓解疼痛。可用苯甲酸咖啡因 500 mg，皮下或肌内注射，或加入 500～1000 ml 乳酸钠林格液缓慢静脉滴注。

3. 自体硬膜外血贴疗法 患者在卧床休息、补液 2000～3000 ml/d、穿紧身裤和束腹带的基础上，用自体血 15～20 ml 缓慢注入腰或胸段硬膜外间隙，血液自注射点向上下扩展数个椎间隙，可压迫硬膜囊和阻塞脑脊液漏出口，迅速缓解头痛。适用于腰椎穿刺后头痛和自发性低颅压头痛。

4. 对症治疗 包括卧床休息（平卧位或头低脚高位）、大量饮水（5000 ml/d）、静脉补液（生理盐水 3500～4000 ml/d，5％葡萄糖液 2800～3000 ml/d）、穿紧身裤和束腰带、给予适量镇痛剂等。

（陈金波）

案例 19-2

案例 19-2
答案及解析

练习题 19-1

练习题 19-1
答案及解析

第20章 系统性疾病的神经系统损害

第一节 概述

神经系统是机体重要的组成部分，在人体内调节其他各系统和器官的功能，保持机体内环境相对稳定，统一整体活动，使人能适应并改变客观环境。机体其他系统对神经系统亦有密切的影响。因此，当身体其他系统、器官发生疾患时，可引起神经系统功能障碍或病理损害。例如，甲状腺功能亢进症可引起周期性瘫痪，糖尿病可致周围神经病变，呼吸、肝、肾衰竭可导致脑病，心房颤动可引起脑栓塞；癌症性病变可导致神经系统损害，主要通过肿瘤转移、肿瘤局部浸润或压迫及副肿瘤综合征三种途径造成影响；系统性红斑狼疮累及神经系统，可出现精神症状、癫痫发作等脑部受损的症状，也可损害肌肉、周围神经及脊髓出现相应的临床症状；理化因素亦是导致神经损害的重要因素，如肿瘤患者接受放射治疗导致脑和脊髓损害，急性大量饮酒和长期酗酒均可直接导致中枢神经系统损害。系统性疾病并发神经损害的诊断通常较为容易，但以神经系统损害为首发症状的疾病常导致诊断困难，需要仔细鉴别。其治疗通常包括原发病病因治疗和继发神经损害对症处理，对原发性疾病的有效治疗有时能缓解神经系统损害的症状。由于篇幅所限，本章只选择一些临床常见的伴有神经系统症状的系统性疾病加以论述。

第二节 肝性脑病

肝性脑病（hepatic encephalopathy，HE）是一种由于急、慢性肝功能严重障碍或各种门静脉-体循环分流（门-体分流）异常所致，以代谢紊乱为基础的、不同程度的神经精神异常综合征，是严重肝病常见的并发症及死亡原因之一。

（一）病因与诱因

各种肝病或门-体分流异常是肝性脑病发生的基础，多种因素可以诱发肝性脑病。

1. 肝功能严重障碍的肝病 各种原因引起的急性肝衰竭及肝硬化是肝性脑病的主要原因，占90%以上，在我国以病毒性肝炎最为常见，其中乙型肝炎病毒（HBV）感染居多；其次是酒精、药物、化学毒物等肝毒性物质所致，肝癌、急性妊娠脂肪肝、自身免疫性肝病、严重胆道感染等也可导致肝衰竭。

2. 门-体分流异常 缘于分流手术或自然形成的门-体分流异常，伴或不伴肝功能障碍，胃肠道内的氨等有害物质未经肝代谢去毒，直接经体循环入脑。肝硬化的基础上在各种诱因作用下可逆性脑病反复发作，须考虑同时存在门-体分流异常。

3. 其他代谢异常 尿素循环的关键酶异常或其他任何原因导致的血氨增高，如先天性尿素循环障碍等，均可诱发肝性脑病，肝组织活检证实肝组织学正常。

4. 肝性脑病的诱因 包括上消化道出血、高蛋白饮食、大量放腹水、应用大剂量排钾利尿剂、外科手术、感染（特别是自发性腹膜炎、尿路感染和肺部感染）、便秘、尿毒症、缺氧、酸碱失衡、电解质紊乱、含氮药物、催眠镇静剂、麻醉剂等。

(二) 病理

脑部大体标本观察可能无异常。光镜下在大脑皮质深部、豆状核、齿状核、丘脑、黑质、红核、脑桥核可见弥漫性"原浆型星形细胞"增生，其数目和大小均增加。它们可能是 Alzheimer II 型星形细胞，此变化在所有死于肝衰竭的患者中均可发现，与神经系统损害的程度及时间大致成正比。半数患者脑实质可有水肿，属于继发改变，神经元仍保持正常。

(三) 发病机制

肝性脑病的发病机制较为复杂，迄今尚未完全阐明，目前多数学者认为本病的发生是由多种综合因素所致，已提出多种学说。

1. 血脑屏障通透性增高 急性肝衰竭和门-体分流性脑病的动物模型证明，血脑屏障通透性可逆性增高，因此血中氨、低级脂肪酸（如辛烷酸）、硫醇等脑内浓度高于正常人数倍，即使在正常情况下不易通过血脑屏障的抑制性神经递质 γ-氨基丁酸（γ-aminobutyric acid，GABA）也容易进入脑内，进一步加重脑病。

2. 氨中毒学说 氨代谢紊乱引起的氨中毒，是肝性脑病（特别是门-体分流性脑病）的重要发病机制。肝衰竭时，肝将氨合成尿素的能力减退；门-体分流存在时，肠道氨未经肝解毒而直接进入体循环，通过血脑屏障达到脑组织而引起中枢神经系统紊乱。

3. 假性神经递质学说 肝衰竭时肝对食物中芳香族氨基酸（aromatic amino acid，AAA）的清除发生障碍，使其过多地进入脑组织，经 β-羟化酶的作用分别形成 β-羟酪胺和苯乙醇胺，两者的化学结构与正常神经递质去甲肾上腺素相似，但不能传导神经冲动或传导作用很弱，因此称为假性神经递质（false neurochemical transmitter，FNT）。当 FNT 被脑细胞摄取并取代了突触中正常递质时，则导致神经传导障碍，兴奋冲动不能正常传导至大脑皮质而产生异常的抑制，出现意识障碍。

4. 氨基酸代谢失调学说 肝衰竭时胰岛素在肝内灭活减少，血中浓度升高，促使支链氨基酸（branched-chain amino acid，BCAA）大量进入肌肉组织而被清除，致 BCAA/AAA 比值明显降低。BCAA 减少导致进入脑中的 AAA 增多。纠正氨基酸失衡能使肝对蛋白质的耐受性增加，应用精氨酸、谷氨酸与门冬氨酸或其衍生物对实验性肝性脑病具有逆转作用。

5. 兴奋性递质与抑制性递质失调 肝性脑病时，兴奋性递质张力降低，导致抑制性递质活力增强。例如，由于血氨显著增高，使脑内谷氨酸大量损耗；多巴胺（dopamine，DA）在脑内可转化为儿茶酚胺，当 DA 减低时，儿茶酚胺含量亦下降，使网状结构觉醒系统功能降低，出现意识障碍。

(四) 临床表现

肝性脑病的临床表现多种多样，发病形式与原发肝病有关。

1. 临床类型

(1) 急性型：见于两种情况，一种为急性重型肝炎，常在起病数日内由轻度的意识错乱迅速陷入深昏迷，甚至死亡，而无明确诱因，并伴有急性肝衰竭的表现，如黄疸、出血、凝血酶原活动度降低等；另一种为较严重的肝炎或肝硬化末期，在某些诱因下迅速发生昏迷。

(2) 慢性型：常表现为间歇性的波动性意识与运动障碍，病程可长达数月至数年，多表现为定向障碍，进而发生昏迷，发病往往与摄食高蛋白质食物有关。本病常见于门静脉型肝硬化合并广泛侧支循环或门-体分流术后。

(3) 亚临床型：占肝硬化病例的 60%～70%，与过去是否有过临床型肝性脑病无关。临床表现无脑病证据，但进行特殊的精神方面检查或智力测验可发现某些异常。关注亚临床型肝性脑病将有助于本病的早期诊断和治疗。

2. 临床分期 根据意识障碍的程度、神经系统表现及脑电图改变,将肝性脑病分为四期(表 20-1)。

表 20-1 肝性脑病分期

分期	主要神经精神表现	神经系统体征	脑电图
Ⅰ期(前驱期)	轻度性格、行为改变,睡眠障碍	可有扑翼样震颤	无明显异常
Ⅱ期(昏迷前期)	以意识错乱、行为失常和智力障碍为主	扑翼样震颤,腱反射亢进,肌张力增高,锥体束征阳性	常出现异常的慢波(θ波)
Ⅲ期(昏睡期)	以昏睡和精神错乱为主	仍有扑翼样震颤、锥体束征阳性	出现明显异常的θ波和三相慢波
Ⅳ期(昏迷期)	意识丧失,不能唤醒	深昏迷期不能引出扑翼样震颤,反射消失	出现δ波

肝性脑病均有肝衰竭的表现,除肝昏迷外,尚有黄疸、腹水等相关临床表现,且有各种感染和肾衰竭,其直接死因常与感染和呼吸衰竭有关。

(五)诊断

肝性脑病的诊断条件为:①有引起肝性脑病的基础疾病如严重肝病和(或)广泛门-体分流的病史如肝硬化、肝癌、门-体分流术后等;②有肝性脑病的诱因;③有明显肝功能损害表现;④神经精神症状及体征;⑤扑翼样震颤和肝臭;⑥血氨增高;⑦Ⅱ期及以上肝性脑病患者的脑电图可见明显异常,两侧前额及顶部出现对称的特征性θ波或极慢的δ波。

上述①~④是主要的诊断条件,⑤~⑦则有重要的参考价值。亚临床型肝性脑病(Ⅰ期)的诊断如前所述。

(六)鉴别诊断

本病主要应与中枢神经系统疾病(感染、脑血管意外、肿瘤和外伤等)进行鉴别,还应注意与尿毒症、糖尿病昏迷、中毒(包括药物及酒精)等进行鉴别。精神或行为异常突出者应注意与精神病相鉴别。

(七)治疗

肝性脑病是严重肝病或门-体分流时复杂代谢紊乱的结果,是严重的内科急症,病死率极高。治疗原则应为积极治疗原发病,维持机体的功能,消除各种可能诱发肝性脑病的因素,纠正各种代谢障碍和防治各种并发症。

1. 消除诱因 避免并有效消除加重肝性脑病的诱因。
(1)禁用催眠镇静剂、麻醉剂。
(2)避免大量快速放腹水。
(3)使用利尿剂时注意水、电解质及酸碱平衡。
(4)及时有效地控制消化道出血,尽量排出胃肠道内残留的血液。
(5)避免使用库存血。
(6)出现氮质血症、低血钾时立即停用利尿剂,并予以处理。
(7)积极控制各种感染。

2. 减少体内氨的产生
(1)停止摄入蛋白质食物。
(2)灌肠和导泻:临床常用1%白醋,每日一次保留灌肠,以保持肠道弱酸环境,有利于血液中NH_3从肠黏膜逸入肠腔,形成NH_4^+从粪便中排出。便秘者可以口服硫酸镁20g导泻或 50% 甘油 60 ml 灌肠。

(3) 应用肠道非吸收抗生素：肠道微生物在肝性脑病的发病中有重要作用，口服抗生素可减少肠道中产氨细菌的数量，有效治疗肝性脑病。利福昔明是一种利福霉素衍生物，肠道几乎不吸收，可广谱、强效地抑制肠道内细菌生长，临床推荐剂量为 400 mg，每 8 h 口服 1 次。

(4) 改变肠内环境减少氨吸收：乳果糖和拉克替醇是肠道不能吸收的双糖，能酸化肠道，减少氨的吸收。乳果糖常用剂量是每次 15～30 ml，每日 2～3 次，以每日产生 2～3 次 pH<6 的软便为宜，若不能口服，可保留灌肠给药；拉克替醇初始剂量 0.6 g/kg，分 3 次于就餐时服用，以每日排软便 2 次为标准来增减拉克替醇的剂量。

(5) 调整肠道菌群生态：益生菌等微生态制剂可促进宿主肠道内乳酸杆菌等有益细菌群的生长，抑制有害细菌的生长，改善肠上皮细胞的营养状态、降低肠道通透性，从而减少细菌移位和内毒素血症的发生，可减轻肝细胞的炎性反应和氧化应激，从而减少氨的生成和吸收。

3. 去氨药物治疗 门冬氨酸-鸟氨酸可增加氨基甲酰磷酸合成酶及鸟氨酸氨基甲酰转移酶的活性，促进脑、肝、肾利用氨合成尿素和谷氨酰胺，从而降低血氨。

4. 纠正 BCAA/AAA 比例失调 使用以支链氨基酸为主的氨基酸混合液，可纠正氨基酸代谢不平衡，但有研究认为对肝性脑病的疗效不确切，还需要进一步研究，其作为肝性脑病患者的营养支持是安全的。常用制剂有 14 氨基酸、六合氨基酸等。

5. 拮抗假性递质 左旋多巴是多巴胺的前体物质，通过血脑屏障入脑后经过多巴胺脱羧酶转化为多巴胺，与假性神经递质竞争，使大脑恢复正常生理功能。然而，左旋多巴制剂（如美多芭）治疗肝性脑病缺乏高质量的随机对照研究。

6. 其他措施

(1) 肾上腺皮质激素：目前有报道应用大剂量肾上腺皮质激素治疗急性重型肝炎所致的肝性脑病有效，但多数人持不同意见，且认为大剂量肾上腺皮质激素有一定危险性，如并发感染及消化性溃疡出血等，故非一般常规用药。

(2) 镇静剂的应用：患者烦躁不安常为昏迷的先兆，故使用镇静剂应慎重。必要时可以减量使用地西泮、东莨菪碱、异丙嗪、苯海拉明等，而禁用氯丙嗪、水合氯醛及哌替啶等。

案例 20-1

(3) 换血疗法：可治疗由各种原因引起的急性肝性脑病，但本疗法用血量多、技术操作复杂，且易引发感染，故只能在条件较好的医院内进行。

(4) 透析或灌注疗法：包括血液透析、腹膜透析、血浆吸附和"人工肝"等方法，对肝性脑病有暂时苏醒作用。

案例 20-1
答案及解析

(5) 肝移植：对于肝硬化、慢性肝衰竭基础上反复发作的肝性脑病，肝移植可能是唯一有效的治疗方法。

7. 并发症的治疗

(1) 低血糖症：低血糖症的发生常提示严重的肝损害。有学者认为低血糖症是由于肝内糖原分解及糖原异生作用缺陷所致，故对肝性脑病患者应定期测定血糖，以防低血糖症的发生。

(2) 脑水肿：临床观察证明，部分急性肝性脑病并发脑水肿（发生率为 38%～50%），甚至可发生脑疝。故一旦出现脑水肿征象，应及早使用脱水剂。急性肝性脑病昏迷发生 2～3 天后，即使无明显脑水肿表现，亦常需脱水治疗。可选用 20% 甘露醇，每次 1 g/kg，每 6～12 h 1 次，快速静脉滴注（约 30 min 滴完）。甘露醇长期大量应用，可损害肾小管而发生血尿，此时应改用其他脱水剂。应用脱水剂后如症状好转，可延长给药间隔时间或减少给药次数，并逐渐停药。

案例 20-2

(3) 出血：重症肝功能不全时，在肝内合成的多种凝血因子缺乏或不足，再加上脾功能亢进所致的血小板减少，常易表现出血倾向。在急性肝衰竭时还可能出现弥散性血管内凝血（DIC），故应注意检测凝血项目和及时对症处理。

(4) 电解质紊乱：定期测定血清钾的浓度，若低于正常，应及时纠正。

案例 20-2
答案及解析

(5) 继发感染：常见的感染有肺炎和泌尿道、肠道、腹膜感染或败血症等。并发感染可加重昏迷。应早期使用足量的抗菌药物。在药物选择方面，应尽量选用对肝、肾损害较少的抗生素。

第三节 肾性脑病

肾性脑病（renal encephalopathy）为肾衰竭的严重并发症，是指急、慢性肾疾病所致肾衰竭引起的以氮质潴留为主而发生严重精神障碍的一组疾病。主要表现为精神症状、意识障碍、抽搐和不自主运动。临床症状具有显著的波动性，且个体差异很大，死亡率高。

（一）发病机制

急性肾衰竭的少尿期、无尿期或多尿期均可出现神经精神症状，更可在尿毒症阶段出现。慢性肾衰竭的患者约有65%出现神经系统损害，经间断血液透析治疗者的神经系统并发症发病率明显降低（约20%）。

肾性脑病的发病机制至今尚未完全明确，可能与多种因素有关，包括各种代谢产物的积聚、水和电解质紊乱、酸碱平衡失调、渗透压改变以及高血压和贫血，这些因素均可导致神经系统病变。各种因素在致病作用上存在明显差异。目前认为肾衰竭时神经系统并发症是由多种因素综合作用的结果。

1. 毒性物质蓄积 肾衰竭时，体内尿素、多氨类、胍类及中分子物质蓄积，导致脑功能障碍。实验表明，将透析后的透析液注入动物体内可引起中毒，而去除其中的中分子物质（分子量300~5000）后则不引起毒性反应；腹膜透析时神经系统并发症的发病率较血液透析时为低，而前者更易使中分子物质通过，证实中分子物质可导致肾衰竭时的神经系统并发症，但其作用机制尚未明了。

2. 内分泌功能改变 甲状旁腺激素（parathyroid hormone，PTH）在肾衰竭时常有明显增高。PTH被认为是一种重要的大分子尿毒素，可促使细胞钙离子内流，使脑以及外周神经组织钙离子含量增高，改变细胞内外钙离子的比例，从而使这些组织的正常功能受到影响；PTH还可以抑制线粒体的氧化磷酸化过程，影响组织的能量代谢，是引起肾性脑病的一个重要因素。

3. 电解质紊乱

（1）低血钙：由于肾衰竭患者体内活性维生素D_3水平降低，可影响肠道钙吸收，易发生低血钙。而钙离子是神经肌肉兴奋偶联的主要因子，故低血钙可引起焦虑失眠、手足抽搐等症状。

（2）稀释性低钠血症：因肾小球滤过率降低，排水困难，在患者饮水未控制的情况下，体内总钠量正常或降低，导致稀释性低钠血症，脑组织外液水过多，钠离子浓度降低，呈低渗状态，水分子由低渗向高渗转入细胞内，引起脑细胞水肿，及脑细胞代谢和功能紊乱，出现神经精神症状。

4. 代谢性酸中毒 由于肾功能丧失，酸性代谢产物积聚，pH下降，血脑屏障通透性增加，脑细胞间质水分增多，产生脑水肿；同时星形胶质细胞肿胀，机械压迫周围微血管，导致脑组织缺血缺氧，从而引起脑功能障碍。

5. 能量代谢异常 肾衰竭患者的血脑屏障通透性增高，核苷酸代谢异常，ATP酶受抑制，氧的摄取和利用障碍，这一系列的能量代谢异常均可导致神经系统损害。

除以上因素外，肾衰竭患者常出现持续性高血压，可能发生高血压脑病，其原因可能与高血压、铝中毒和甲状旁腺功能亢进引起的血管钙化有关。

（二）病理

肾性脑病的病理变化缺乏特异性。外观可见脑膜轻度增厚，脑表面苍白，弥漫性脑水肿和白质瘢痕形成，可见广泛的灶性和血管性周围坏死，伴有胶质结节形成和白质脱髓鞘改变。神经元损害可见于大脑皮质、皮质下核团、脑干、小脑甚至脊髓的神经核团，主要以嗜铬细胞增多、色素沉着、空泡形成、基膜肿胀弯曲、染色质消失等为特点，有报道指出脑干的迷走神经核和蓝斑核受损最严重。

（三）临床表现

1. 精神症状 早期表现为注意力不集中、淡漠、精神萎靡、疲乏无力等，易与神经症混淆；随着病情进展可出现思维涣散、认知功能减退，常出现欣快或抑郁、不安、易激动、困倦、间歇性意识模糊和定向力障碍，以上症状极易波动，易受心理、环境及药物等多种因素的影响而急剧变化，通过恰当的透析治疗可以改善。重者出现木僵、昏迷，少数出现强迫性恐怖感、人格分离、非真实感，精神症状常随着肾功能的恶化而加重，直至出现意识障碍。病程中可有周期性、短暂性精神活动正常，但仍可出现病态行为。

2. 意识障碍 随着肾功能不全的加重，患者可由定向力障碍和精神异常发展至各种意识障碍。其程度深浅不一，可见嗜睡、昏睡以至昏迷，甚至去大脑强直状态。通常在尿毒症患者中所见到的精神症状也大都有意识障碍的背景。此外，继发于肾功能不全的水、电解质紊乱和代谢性酸中毒可加速和加重意识障碍的发生。脑电图的异常与意识障碍和脑损害的程度相一致。

3. 抽搐发作 肾功能不全时脑的兴奋性增高，出现癫痫发作，几乎均为全面性发作。肾衰竭伴发的高血压脑病、非蛋白氮的突然升高或降低，以及水、盐代谢紊乱和血液pH的急剧变化等常为其诱发因素。急性肾衰竭患者的抽搐大多数发生在无尿期的第8～11天，常伴严重的脑病，为终末期症状。

4. 不自主运动震颤 最为常见，四肢均可受累，以上肢为著，震颤的振幅不规则。肾功能不全患者一旦出现意识障碍，几乎均伴有扑翼样震颤，双侧可不对称。另外，还可出现投掷样动作、震颤麻痹样综合征、舞蹈指划样动作及面部表情肌多动等不自主运动。

5. 头痛及脑膜刺激征 慢性肾衰竭出现尿毒症时可发生头痛，头痛与尿毒症并发的高血压无关。有1/4～1/3的患者可出现脑膜刺激症状，表现为颈项强直、Kernig征阳性。脑脊液压力可升高，有时可呈现淡黄色，淋巴细胞增多，蛋白质轻度增加，这可能与肾衰竭存在出血有关。

6. 脑神经及脑干症状 脑神经的损害呈轻微、短暂和易波动的特点。视神经的损害最为常见，表现为视力减退、视野缺损，出现暗点或偏盲，最后视力可完全丧失，发生所谓"尿毒症性黑矇"。此外还可出现眼球震颤、瞳孔缩小、复视、嗅觉减退、头晕、听力减退、吞咽乏力等脑神经受损的表现。伴有颅内压增高者还可出现视盘水肿及眼底出血，也可能出现继发性的视神经萎缩。

7. 自主神经功能障碍 急性肾衰竭可合并持久性的皮肤划纹症、足部皮肤干燥、膀胱和直肠括约肌功能障碍等。慢性肾衰竭晚期可出现唾液分泌减少、心动过速或过缓、进食后呕吐或腹泻、皮肤苍白、体温过低等症状。

8. 其他神经症状 尿毒症时还可出现其他一些神经症状，如单瘫、偏瘫、中枢性面瘫和舌瘫，以及感觉过敏、感觉异常、失语、失用和共济失调等。

（四）诊断

急性或慢性肾功能不全的患者，在肾功能不全期间出现神经精神症状，其脑功能抑制与兴奋性症状混合出现，且无神经精神病史，应考虑肾性脑病的可能。

（五）鉴别诊断

1. 高血压脑病 肾衰竭常合并高血压，当血压急剧上升时，脑小动脉痉挛并产生脑水肿，可出现颅内压增高症状。检查时可见血压极度升高，视网膜动脉痉挛，脑脊液压力增高或呈血

第二十章　系统性疾病的神经系统损害

性。如未继发脑出血，脑部症状可随血压的降低而迅速恢复，不留任何后遗症。

2. 透析治疗的神经系统合并症　例如平衡障碍综合征和透析性脑病。平衡障碍综合征系因透析后血液和脑组织间形成渗透压差，导致水向脑组织转移而出现急性脑水肿，表现为头痛、呕吐、意识障碍等高颅压症状。透析性脑病系因长期透析患者的脑内铝含量明显增加，影响体内一些重要的酶系统，并干扰钙、磷的正常代谢而引起，表现为进行性言语障碍、肌阵挛、抑郁和痴呆等精神神经症状。

3. 肝性脑病或门脉性脑病　患者有肝病或门腔静脉吻合术史，常在进食动物蛋白或服用含氨类药物及消化道出血后出现症状。实验室检查发现肾功能正常而肝功能异常，且血氨增高。

4. 颅脑损伤时的肾衰竭　脑外伤、癫痫和颅内肿瘤等重度颅脑损伤可继发急性肾小管坏死，并导致肾衰竭，在病史上神经系统的病变先于肾衰竭，易于鉴别。

（六）治疗

1. 积极治疗基础疾病，纠正酸碱失衡和电解质紊乱，积极控制感染，避免诱发或加重神经精神症状的一切因素。

2. 抽搐发作者可给予地西泮、苯妥英钠等抗癫痫药物，兴奋躁动者给予氟哌啶醇治疗，有自主神经症状者可给予 B 族维生素、谷维素等治疗。

3. 透析治疗可以改善症状并延缓病情进展。一般当患者血尿素氮≥35.7 mmol/L，肌酐（Cr）≥884.02 μmol/L 时进行透析，若血钾≥6.5 mmol/L 或有急性肺水肿时也应立即透析，但透析不能使尿素氮降低过快以免引起透析失衡综合征。

4. 肾移植手术是最后的选择，成功的肾移植可使患者肾功能恢复正常，从而进行正常生活和工作。

案例 20-3

案例 20-3
答案及解析

第四节　肺性脑病

肺性脑病（pulmonary encephalopathy）又称肺心脑综合征，是指由于各种慢性肺胸疾病伴发呼吸功能不全，导致高碳酸血症、低氧血症及动脉血 pH 下降而引起的脑组织损害及脑循环障碍，从而出现神经精神症状的一组综合征。

（一）发病机制与病理生理

肺性脑病发生的机制复杂，目前尚未完全阐明，但大多数学者认为：①由于慢性肺部疾患导致肺部损害，引起二氧化碳潴留，低氧血症，导致脑组织缺氧，脑内酸性代谢产物增加引起脑血管扩张、毛细血管通透性增加，从而产生脑水肿，颅内压增高，引起神经精神症状；②由于脑缺氧，亦可导致红细胞的渗出，引起周围血管病变而出现神经症状；③由于伴发氮质血症、心力衰竭而加重神经精神症状。

1. 动脉血 $PaCO_2$ 和 pH 与肺性脑病的关系　肺性脑病的发生及其程度的轻重，与动脉血中 $PaCO_2$ 和 pH 关系极为密切。正常动脉血 $PaCO_2$ 为 35~45 mmHg，pH 为 7.35~7.45。当 $PaCO_2$>70 mmHg 时，即出现呼吸性酸中毒；$PaCO_2$>90 mmHg 而 pH<7.25 时，则出现精神症状，表现为精神障碍、烦躁、兴奋不安甚至嗜睡；$PaCO_2$>130 mmHg 而 pH<7.15 时，精神症状加重，表现为昏迷和明显的颅高压症状，甚至瞳孔散大，直接和间接对光反射迟缓或消失，腱反射减弱或消失。神经精神症状的出现与动脉血 $PaCO_2$ 及 pH 有一定关系，但两者并不一定平行。

2. 氮质血症　肺性脑病患者的缺氧和 CO_2 潴留可能影响整个机体，可引起非蛋白氮增高。反之，非蛋白氮的增高也容易导致肺性脑病的发生。

3. 其他 心力衰竭、电解质紊乱、血氨增高和继发感染等对肺性脑病的发生均有一定影响。

（二）临床表现

1. 前驱症状 头痛、头晕、记忆力减退、精神萎靡、失眠、多汗和睡眠时间颠倒；性格改变、突然多语或沉默、易怒或易笑、嗜好改变；定向力、计算力障碍；球结膜充血水肿。

2. 临床类型 ①兴奋型：烦躁不安、呕吐、紧张、幻听、幻视、言语杂乱，甚至狂叫乱动、抽搐、肌颤、瞳孔改变和视盘水肿，严重时可出现痫样抽搐、偏瘫及病理反射，然后进入深昏迷；②抑制型：表情淡漠、精神萎靡等，逐渐进入嗜睡、浅昏迷、呼吸不规则，当瞳孔改变时，随之进入深昏迷；③不定型：兴奋与抑制症状交替出现，最后进入深昏迷。

3. 临床分级 ①轻型：神志恍惚、淡漠、嗜睡、精神异常或兴奋、多语，无神经系统阳性体征；②中型：出现浅昏迷、谵妄、躁动、肌肉轻度抽搐或语无伦次、结膜充血、水肿、多汗和腹胀，对各种刺激反射迟钝、瞳孔对光反射迟钝，无上消化道出血或弥散性血管内凝血（DIC）等并发症；③重型：结膜充血、水肿、多汗或有眼底视盘水肿，对各种刺激无反应、反射消失或出现病理反射、瞳孔扩大或缩小、昏迷或出现痫样抽搐，可合并有上消化道出血、休克或 DIC。

（三）诊断

肺性脑病的诊断标准为：①慢性肺胸疾病伴有呼吸衰竭，出现缺氧及二氧化碳潴留；②临床表现有意识障碍、神经精神症状和定位神经体征；③血气分析有肺功能不全和高碳酸血症之表现，表现为 50 mmHg（6.67 kPa）＜ $PaCO_2$ ＜ 60 mmHg（8 kPa），并可伴有 pH 异常和（或）电解质紊乱等；④排除了其他原因引起的神经、精神障碍而诊断。

（四）鉴别诊断

1. 低钠血症 多见于老年肺源性心脏病（肺心病）患者，可出现神经精神症状。但肺心病并发低钠血症者血清钠常明显降低，补充钠盐后症状可迅速改善，而血氧分压无明显降低，发绀也不显著。

2. 中枢神经系统感染 可能是病毒、细菌、结核分枝杆菌感染所致，可以出现神经精神症状，尤其老年患者要注意行腰椎穿刺与肺性脑病相鉴别

3. 药物反应 肺心病患者应用激素、氯霉素、尼可刹米和阿托品药物时，由于患者敏感或剂量较大，常可引起神经精神症状，但在停药后神经精神症状可逐渐消失，血气分析无明显缺氧表现。

4. 老年性精神障碍 由脑萎缩、血管性痴呆、慢性酒精中毒等所致精神障碍的患者伴有呼吸衰竭时，应分清神经精神障碍的原因。

5. 其他疾病 如脑血管意外、CO 中毒、肝性脑病、尿毒症和低血糖症等也应注意鉴别。

（五）治疗

1. 去除诱因 对各种慢性呼吸道疾病进行治疗，如应用抗菌药物控制感染及应用祛痰剂保持呼吸道通畅。

2. 处理呼吸衰竭

（1）纠正缺氧：宜用低流量持续吸氧，氧浓度保持在 25%～30%，氧流量为 1～1.5 L/min。

（2）使用呼吸中枢兴奋剂：在保持呼吸道通畅的前提下，可用洛贝林持续静脉滴注。

3. 纠正电解质紊乱与酸碱平衡失调。

4. 防治脑水肿，促进脑细胞功能恢复。

（1）脱水剂：目前多主张甘露醇快速静脉滴注，重者可联用利尿剂或人血白蛋白。

案例 20-4

案例 20-4
答案及解析

(2) 肾上腺皮质激素：地塞米松 10~20 mg/d，分 2~4 次静脉注射或稀释于液体中静脉滴注。

(3) 脑保护治疗：如亚低温疗法和钙离子拮抗剂的应用，或纳洛酮 2 mg 加入 10% 葡萄糖 500 ml 静脉滴注，每日 1 次。

5. 镇静剂的应用问题 肺性脑病患者禁用呼吸中枢抑制剂（如吗啡、哌替啶等）。一般尽可能不用镇静剂。对烦躁严重或抽搐者，应首先寻找原因（特别注意有无碱中毒及呼吸道阻塞）予以正确处理，必要时应用水合氯醛 15 ml 灌肠或小剂量地西泮肌内注射，但必须严密观察神志和呼吸变化，若呼吸衰竭加重或痰液阻塞不能解除，应立即气管插管、吸痰及人工机械通气。

第五节　红斑狼疮性脑病

系统性红斑狼疮（systemic lupus erythematosus，SLE）合并中枢神经系统及周围神经系统的损害，可引起多种神经及精神症状，称为红斑狼疮性脑病或神经精神狼疮（neuropsychiatric systemic lupus erythematosus，NPSLE）。NPSLE 是 SLE 的严重并发症之一，据文献报道，25%~80% 的 SLE 患者在病程中可出现 NPSLE。NPSLE 可发生在 SLE 诊断之前、同时或之后，但常发生在 SLE 诊断后的第一年（50%~60%），其中 40%~50% 发生在疾病活动期。患者除了 SLE 原有症状，还可出现头痛、癫痫、脑血管病、精神障碍、运动障碍、脊髓病及周围神经病等。

（一）病因及发病机制

SLE 导致神经系统损伤的机制十分复杂。目前公认的发病机制仍然为免疫介导损伤，同时，近年来的一些研究表明，遗传和基因突变也可能参与了 NPSLE 发病的过程。

1. 免疫机制

(1) 神经特异性抗体：SLE 患者体内可检测出多种以神经组织作为靶点的自身抗体，如抗神经元抗体、抗神经胶质细胞抗体、抗灰质和白质抗体等，这些特异性抗体通过结合于神经细胞，促进细胞因子和炎症因子的分泌，导致广泛的神经组织损伤（包括神经元和轴突）。此外，还可能存在一些神经细胞表面的膜蛋白抗体，这些抗体只是影响了神经细胞的功能，而没有使细胞发生溶解和坏死，因此影像学可能没有发现病灶，但患者出现了短暂性或慢性神经症状，如精神症状、癫痫发作、狼疮性舞蹈症等。

(2) 抗体与脑血管损伤：部分 NPSLE 患者内皮细胞膜磷脂上可检测到抗磷脂抗体（aPL），此抗体在磷脂结合蛋白 β2-糖蛋白存在的情况下与心磷脂结合，可造成颅内、外中小动脉内皮损伤；此外，抗磷脂抗体表面带有正电荷，与带有负电荷的磷脂结合后可影响凝血机制，这些都可导致动脉内血栓或栓子形成，引发脑梗死、短暂性脑缺血发作。另外，NPSLE 患者的中枢神经和周围神经的小血管可出现 SLE 特征性血管炎改变，包括血管结构破坏、纤维素样变性或透明变性伴坏死，合并小血管增殖性改变伴闭塞等。

(3) 免疫复合物和细胞因子对血脑屏障的破坏：研究发现，NPSLE 患者鞘内补体系统激活后可迅速促发一系列反应，包括白细胞趋化、促进吞噬作用等，使平滑肌和毛细血管通透性增加；而抗原-抗体复合物的沉积可造成脉络膜和血脑屏障的稳定性破坏，使抗体进入脑组织。

2. 遗传机制及基因突变 既往的研究显示，NPSLE 发病不仅存在种族遗传倾向，而且有家族聚集趋势，如 NPSLE 患者的第一代亲属发病率为 3%~5%，其中又以同胞姐妹和单卵双胎发病更多，提示 NPSLE 发病可能与某些易感基因相关。近年来，有学者发现人类白细胞抗原 HLA-DR2 组等位基因 HLA-DRB1*1501 与神经精神症状呈正相关，与阳性狼疮细胞呈负相关，但通过何种途径致病尚不清楚。此外，回顾性研究发现 SLE 患者血浆同型半胱氨酸（Hcy）的水平升高，而导致 Hcy 代谢异常最常见的基因缺陷是 5,10-亚甲基四氢叶酸还原酶的基因突变。研究者发现，该基因在 SLE 和非 SLE 的癫痫患者中都有不同程度的纯合子/杂合子突变，并且与 NPSLE 的癫痫发作有关，在种族分布中以高加索人最常见。

（二）病理

NPSLE 病理改变包括中枢神经系统和周围神经系统病变。最常见的显微镜下病理改变为脑内小血管病变，可出现透明变性、血管周围炎症及内皮增生。脑实质的损害可弥漫全脑，最多见的改变为梗死和出血，包括新旧不一的微梗死、出血、皮质萎缩、脱髓鞘等；其中脱髓鞘病灶有时类似于多发性硬化，而周围神经损害可出现多灶性不对称的脱髓鞘改变，部分周围神经可因为供血动脉病变而出现轴突变性。

（三）临床表现

NPSLE 是 SLE 的一种并发症，往往出现在 SLE 活动期，可因感染、劳累、受凉、日光曝晒、情绪激动、精神紧张或妊娠等诱发。NPSLE 因累及部位和病情严重程度的不同可有不同表现，最常见的症状为头痛、癫痫发作和脑血管病症状；相对少见的有严重认知功能障碍、严重抑郁、急性精神错乱状态和周围神经异常；比较罕见的有精神异常、脊髓炎、舞蹈症、脑神经病变和无菌性脑膜炎等。

1. 头痛 是 SLE 继发神经系统病变最常见的症状，占 32%～70%，但多因程度较轻而没有得到患者或医师的重视。主要表现为偏头痛，其次为紧张型头痛。偏头痛可伴或不伴视觉先兆，糖皮质激素治疗可以缓解。

2. 癫痫 是另一种常见症状，占 NPSLE 的 17%～37%。发作类型多样，包括全面强直-阵挛发作（GTCS）、单纯部分性发作、复杂部分性发作、癫痫持续状态、反射性癫痫、精神运动性发作等，以 GTCS 最为常见。其中 5%～10% 为 SLE 的首发症状，容易被误诊为原发性癫痫，值得注意。癫痫发作的原因多数是由于大脑皮质小血管炎引起血管闭塞，或蛛网膜下腔出血；也可继发于高血压、尿毒症、脑水肿或颅内高压。SLE 患者单次癫痫发作常见且与疾病活动度相关，但反复发作概率与健康人群相当。尽管如此，癫痫仍是 NPSLE 患者的主要死因之一，若癫痫发作得不到有效及时的控制，多数患者在发作后数天至 1 个月内死亡。

3. 脑血管疾病 也是 SLE 常见的神经症状，占 NPSLE 的 3%～15%。由于小血管炎造成血管闭塞、血管破裂，可造成脑梗死、脑出血或蛛网膜下腔出血；血小板减少也可引起颅内或脑出血。其次，来源于心脏附壁血栓的脱落可造成心源性脑栓塞。而 SLE 并发的高血压、尿毒症本身也可引起脑血管疾病。

4. 认知功能障碍及精神障碍 轻中度认知功能障碍常见，主要表现为记忆力减退，可以恢复，也可以复发。严重者表现为胡言乱语、意识模糊、躁动不安甚至谵妄、幻觉、痴呆、抑郁等。影像学可有脑梗死和脑白质疏松改变。

5. 无菌性脑膜炎 包括急、慢性脑膜炎，常常出现在 SLE 早期，容易复发。由于免疫复合物沉积于脑内小血管使血管通透性增加，导致脑水肿、颅内压增高。临床表现包括头痛、呕吐、脑膜刺激征。腰椎穿刺脑脊液压力增高，白细胞升高，以淋巴细胞为主，病原菌检查阴性。激素治疗有效。

6. 脑神经病变 多数脑神经均可受累，以运动性脑神经为主，如第Ⅲ、Ⅳ、Ⅶ、Ⅸ、Ⅹ、Ⅻ对脑神经等，视神经病变也较常见。

7. 周围神经病变 较少见，主要为非对称性神经炎，少数可为对称性。最常见的症状是感觉异常，可有手套-袜套样痛觉减退；深感觉减退可出现感觉性共济失调。少数患者以累及神经根为主。脑脊液蛋白质可升高，有的患者还可以出现蛋白-细胞分离现象。

8. 脊髓病 主要由脊髓血管炎导致脊髓缺血坏死、软化所致，可导致横贯性脊髓损伤。常急性或亚急性起病，胸段脊髓受累多见，表现为双下肢乏力，甚至完全性截瘫，受损平面以下深浅感觉消失、大小便功能障碍等。MRI可发现相应节段脊髓呈长T_2信号，水肿、增粗，部分强化，但部分患者脊髓MRI检查可无异常发现。值得注意的是，约25%的脊髓病变患者可合并视神经病变，需与视神经脊髓炎相鉴别。

9. 运动障碍 为小血管炎致小脑和（或）基底核病变所致，可引起狼疮性舞蹈症、小脑性共济失调、帕金森综合征等。其中以狼疮性舞蹈症最为常见，可出现在疾病的任何时期，但以急性发作期多见。舞蹈症多为一过性，可单侧或双侧受累，影像学无异常改变，约四分之一患者可复发。

（四）辅助检查

与SLE相关的检查参见内科学相关章节，本节主要介绍神经系统检查。

1. 脑脊液检查 首先须除外中枢神经系统感染，尤其隐球菌感染，因此应常规进行脑脊液（CSF）的病原学检查。NPSLE患者CSF常规检查无特异性改变，CSF压力可轻度升高或正常，极少数可超过300 mmH$_2$O；CSF压力明显升高者，需高度警惕是否合并感染。CSF白细胞可轻度升高，以淋巴细胞为主；蛋白质增高，多在0.51~2.92 g/L；糖和氯化物多正常。此外，CSF抗双链DNA（dsDNA）抗体、抗磷脂抗体、IgG及免疫复合物水平升高。CSF中可查到抗神经元抗体和抗淋巴细胞的IgG抗体，对诊断NPSLE有帮助；而CSF中C4补体降低或抗磷脂抗体出现常提示活动性红斑狼疮性脑病。

近年来有报道称NPSLE患者活动期CSF中TNF-α、IFN-γ含量明显升高，可溶性白细胞介素-2受体（SIL-2R）轻微升高，症状缓解后可明显下降，与狼疮活动有关。

2. 血清抗体测定 有报道称抗核糖体P蛋白抗体与狼疮性脑病的精神症状有关，抗核糖体P蛋白抗体IgA、IgM水平与精神症状的严重程度相关，可作为红斑狼疮性脑病精神异常的诊断及随访方法之一。而抗磷脂抗体与血栓形成、血管闭塞相关。抗淋巴细胞抗体与认知障碍有关。目前认为，抗磷脂抗体是狼疮性脑病最有意义的实验室检查。

3. 脑电图 脑电图对红斑狼疮性脑病具有较高的敏感性，对提示早期NPSLE有重要意义。NPSLE的脑电图可表现为：①弥漫性慢波，提示脑部弥漫性病变，可能与患者体内存在抗神经元抗体有关，抗体与细胞结合后导致神经元被广泛性破坏，从而引起弥漫性脑功能障碍；②弥漫性慢波伴阵发性高幅θ波、δ波，往往提示颅内高压；③癫痫波，如局灶性棘波、尖波、棘慢复合波、尖慢复合波，提示继发性癫痫。此外，脑电图异常会随着患者病情好转而好转，因此，可用于监测病情和指导治疗。

4. 肌电图及其他神经电图检查 可帮助判断病灶位置，如周围神经受累患者可出现神经传导速度减慢，个别可显示轴突损害的改变；视神经受累患者可出现视觉诱发电位异常，脑干病变患者可出现脑干听觉诱发电位异常，脊髓病变患者可出现体感诱发电位特异性改变等。

5. 影像学检查 NPSLE的影像学检查缺乏特异性改变，但对于了解病灶情况有重要作用。CT可发现脑出血、脑室扩张、大面积梗死等，但对大脑弥漫性病变不可靠；MRI较CT阳性率高，MRI检查可发现脑部多发梗死灶、脑出血、脑萎缩、白质疏松及脊髓异常信号等，尤其对脊髓病变是较理想的选择。

6. 脑血管造影 其主要适用于血管病变的诊断，如中枢神经系统血管炎所致闭塞，但往往缺乏特征性改变，需通过结合病史及其他实验室检查与动脉硬化性血管闭塞等相鉴别。

（五）诊断与鉴别诊断

1. 诊断 中华医学会风湿病学分会推荐SLE的诊断目前仍使用美国风湿病学会1997年推荐的SLE分类标准。至今为止，NPSLE的诊断尚缺乏统一的分类和诊断标准。SLE确诊后，当患者出现其他原因难以解释的神经系统症状和体征或肌肉症状时，影像学证实脑实质或脊髓损伤，并排除其他疾病，可诊断 NPSLE。

诊断 NPSLE 的前提是必须严格排除其他神经系统疾病，如中枢神经系统感染、其他原因所致卒中、多发性硬化等。

值得注意的是，早期或经过免疫治疗的 NPSLE 患者，常规 MRI 检查可无阳性表现，此时可加做磁共振波谱（MRS）、弥散张量成像（DTI）等进一步检查。

2. 鉴别诊断

（1）SLE 患者容易合并中枢神经系统感染，尤其隐球菌感染，须保持高度警惕，切勿误诊、漏诊。SLE 患者易合并隐球菌感染的原因在于：SLE 患者须长期使用糖皮质激素和免疫抑制剂，其中糖皮质激素可减弱机体的炎症反应，影响循环淋巴细胞的再分布及淋巴细胞功能，使细胞免疫功能异常，减少免疫球蛋白和补体合成，从而影响机体的防御机制；而免疫抑制剂的使用使 SLE 患者抗感染的免疫功能进一步低下。此外，SLE 患者存在细胞免疫和体液免疫异常，如 T 淋巴细胞减少、补体水平下降、多核粒细胞功能异常等，在 SLE 活动期尤为明显。SLE 患者合并隐球菌性脑膜炎时可出现头痛、癫痫发作、精神异常或脑神经受损等相关表现，腰椎穿刺脑脊液压力明显升高，白细胞和蛋白质均可升高，但脑脊液墨汁染色可找到隐球菌是确诊的关键。

（2）NPSLE 常表现为急性脑梗死，需与动脉硬化性脑梗死相鉴别。前者多见于青中年，女性居多，有明确的 SLE 病史，部分患者抗磷脂抗体阳性；MRI 表现为颞、顶、枕叶深部脑白质多发点片状等长 T_1、长 T_2 信号，病变以单侧多见，但一次病程中可同时有多条血管受累。而动脉硬化性脑梗死多见于中老年人，多有高血压、糖尿病、高脂血症、吸烟等血管危险因素，抗磷脂抗体等血管炎指标阴性；MRI 显示梗死灶符合病变动脉的供血区域，病灶无强化，一次发病往往由一条责任血管闭塞所致，灰质、白质均可受累。

（3）NPSLE 的头颅 MRI 表现有时与多发性硬化相似，但后者颅内异常信号主要见于室管膜下区、侧脑室和第三脑室周围，且病变长轴多垂直于侧脑室，活动期病变可强化，有占位效应；并且患者无 SLE 病史。

（六）治疗

NPSLE 患者病情严重程度和表现不一，治疗措施必须个体化，轻症患者可能只需对症处理，但大部分患者需要接受长期免疫抑制治疗，且病程中可能需要不断调整治疗方案。

1. 一般治疗 患者应尽量避免一些诱发因素，如紫外线照射、感染、精神刺激、劳累等，妊娠和分娩也可能加重病情。此外，慎用一些可能加重 SLE 的药物，如普鲁卡因胺、肼屈嗪等。

2. 免疫抑制治疗

（1）糖皮质激素：目前激素仍是治疗本病的主要药物。急性狼疮性脑病一般可采用泼尼松每日 1 mg/kg 进行治疗。对于重症患者，目前多主张进行大剂量甲泼尼龙冲击治疗：甲泼尼龙 500～1000 mg/d，连续 3 天，然后给予泼尼松 1 mg/(kg·d)；病情稳定后 2 周或疗程 8 周内，开始以每 1～2 周减 10% 的速度缓慢减量，减至 0.5 mg/(kg·d) 后，减药速度根据病情适当调慢；如果病情允许，泼尼松维持治疗的剂量尽量 <10 mg/d。

（2）免疫抑制剂：免疫抑制剂对症状的控制不如激素快，且不良反应较大，一般不作为首选。但对激素治疗效果欠佳的患者，可选用免疫抑制剂：甲氨蝶呤 7.5～15 mg，每周 1 次，不良反应包括胃肠道反应、口腔黏膜糜烂、肝功能损害、骨髓抑制，偶见肺炎和肺纤维化；硫唑嘌呤 1～2.5 mg/(kg·d)，常用剂量为 50～100 mg/d，不良反应包括骨髓抑制、胃肠道反应、肝功能损害等；环磷酰胺对体液免疫的抑制作用较强，且抑制作用持久，是治疗重症 SLE 的有效药物之一。

(3) 联合冲击疗法：近年来普遍认为大剂量激素与环磷酰胺联合冲击疗法对于治疗 NPSLE 的疗效优于甲泼尼龙或环磷酰胺单冲击疗法。联合冲击治疗既可以抑制炎症反应，迅速控制 SLE 活动期的血管炎，改善临床症状，又可减少激素用量，缩短用药时间，减少不良反应，改善预后。用法及用量：甲泼尼龙 500～1000 mg/d，连续 3 天，第 4 天用环磷酰胺 0.6～1.0 g 冲击治疗 1 次，同时给予水化、碱化尿液等；之后改为口服泼尼松 1 mg/(kg·d)。此外，还可增加丙种球蛋白冲击 0.4 g/(kg·d) 3～5 天。

(4) 鞘内注射疗法：鉴于联合冲击疗法仍对于部分患者疗效不佳，且甲氨蝶呤等免疫抑制剂难以通过血脑屏障，因此有学者指出鞘内注射甲氨蝶呤和地塞米松可有效减轻狼疮性脑病的病情。用法及用量：生理盐水 3 ml＋甲氨蝶呤 10 mg＋地塞米松 10 mg 鞘内注射，若一次注射后狼疮性脑病短期内无明显好转，可重复注射，2 次鞘内注射间隔时间为 7 天，一般不宜超过 3 次。

3. 对症治疗

(1) 头痛：轻症患者如头痛、偏头痛，可采用非甾体抗炎药（NSAID）减轻头痛；对合并焦虑、抑郁患者，可选用氟西汀、盐酸帕罗西汀等抗抑郁药物治疗。

(2) 癫痫：虽然抗癫痫药物可能引起药物性狼疮，但对于已经确诊的 SLE，并不会加重病情，相反具有治疗作用。若单次癫痫发作，但 MRI 无抽搐相关病灶且脑电图无明确痫样放电时，可暂不给予抗癫痫药治疗；反复癫痫发作或 MRI 有明确致痫病灶、脑电图有明确痫样异常放电时，需长期服用抗癫痫药治疗。

(3) 抗凝：以脑梗死起病的 NPSLE 患者，符合抗磷脂抗体综合征诊断者应将长期抗凝治疗作为卒中复发的二级预防。而对于抗磷脂抗体持续中到高滴度阳性的 SLE 患者，目前推荐使用抗血小板药物作为一级预防。

(4) 运动异常：症状持续存在者应给予对症治疗，如舞蹈症状给予多巴胺拮抗剂氟哌啶醇等。

(5) 精神异常：除免疫抑制治疗外，精神症状明显的患者可加用抗精神病药物治疗，如奥氮平等。

(6) 脑神经或周围神经病变：除免疫抑制治疗外，可加用维生素 B_1、B_{12}、神经生长因子、神经节苷脂等药物促进神经修复。

4. 其他 对重症、危及生命的 NPSLE 经激素和免疫抑制剂治疗后效果欠佳时，有报道称大剂量化学治疗联合自体干细胞移植可使临床症状缓解，抗体水平下降，但仍需更多临床试验去进一步验证。此外，新的药物也在不断问世，如一种特异性针对 B 淋巴细胞刺激因子的人类单克隆抗体贝利木单抗（belimumab），已被证实能有效降低 SLE 复发率、减少激素用量和缩短治疗时间，目前已经进入第三期临床试验。基因治疗将来也许是一种有效的治疗手段。

案例 20-5

案例 20-5
答案及解析

（七）预后

本病预后不良，文献报道该病死亡率高达 18.8%。患者晚期可出现多器官衰竭，特别是肾衰竭，也可以死于癫痫、大面积脑梗死以及药物不良反应等。但随着新的药物和治疗手段的不断出现，也许本病的预后能逐渐得到改善。

第六节　放射性脑病

放射性脑病（radiation encephalopathy，REP），又称放射性脑损伤（radiation induced brain injury），为头颈部恶性肿瘤患者放射治疗后产生神经系统损害症状的一组疾病，是肿瘤患者放射治疗后的严重并发症，偶发于电离辐射事故中。许多因素影响着放射性脑损伤的发病率，包括放射治疗的相关因素及个体因素等。1994年Crossen总结了748例接受头颈部放射治疗的病例，发现213例出现程度不等的放射性脑病，发生率高达28.5%。随着影像学检查的普及，实际的放射性脑病发生率可能更高。

(一) 病因和发病机制

关于放射性脑病的发病机制还没有定论，目前主要有下述四个学说。

1. 电离辐射的直接损伤 放射线照射脑组织后，受照射组织的细胞被电离辐射从而启动细胞损伤。染色体DNA是射线损伤细胞的主要结构。DNA双链断裂是放射过程中DNA损伤的主要类型，可直接导致关键基因的失活和突变，导致细胞死亡和（或）功能缺失。此外，部分酶受放射线作用后也可降低或丧失其活性。放射亦可直接破坏膜系的分子结构，如线粒体膜、溶酶体膜、内质网膜、核膜和质膜，从而干扰细胞器的正常功能。以上各种损伤，均可引起细胞凋亡的发生。

2. 放射后自由基损伤 自由基主要通过损伤细胞内大分子物质从而导致细胞损伤和坏死。此外，自由基还对线粒体、DNA、修复酶、转录蛋白等信号肽有调解作用，造成细胞凋亡。自由基对细胞的损伤主要包括以下途径：脂质过氧化损伤、DNA分子损伤、蛋白质和酶分子失活、活性氧（ROS）激活死亡基因程序等，自由基还可作为第二信使激活一系列炎症反应。

3. 放射后血管损伤 脑组织受到照射后脑内血管系统的变化主要为内皮细胞损伤、血脑屏障破坏和血管性水肿等，它们与早期损伤的发生有密切的关系，甚至有启动作用。血管损伤是早期放射损伤的重要病理基础之一。在分子和细胞水平，放射诱导的内皮细胞凋亡是由第二信使神经酰胺介导，神经酰胺由鞘磷脂酶活化后产生。鞘磷脂酶基因敲除后放射治疗动物模型的中枢神经系统内皮细胞凋亡减少，支持内皮细胞凋亡由鞘磷脂酶介导的学说。

4. 免疫及炎症损伤机制 放射线作用于神经细胞，使细胞蛋白质或类脂质发生结构改变，具有新的抗原性，产生自身免疫反应，引起水肿、脱髓鞘或坏死。受照射的神经胶质细胞也释放抗原，发生免疫反应，加重脑损伤。

总之，放射后脑损伤的过程是一个连续、动态的过程。放射后神经胶质细胞、神经元和内皮细胞迅速出现凋亡，而且微环境的改变（如缺血/缺氧和炎症反应）亦介导继发损伤和细胞死亡。

(二) 病理

放射性脑损伤的病理改变常见有局部坏死、弥漫性白质损伤、萎缩和微血管病变。其血管病变包括血管内皮细胞增殖、血管壁变厚伴有纤维蛋白样坏死、血管变窄或闭塞。继血管损害之后，出现神经脱髓鞘、反应性胶质细胞增生和慢性炎症等一系列神经组织改变。一般在大于$50\sim60$ Gy常规剂量照射后，或每次分剂量均超过或多数超过 2 Gy/d，此时十分容易发病。脑组织的放射性反应与损伤可分为三个不同时期。

1. 急性期 尽管在放射性损伤后超早期，一般肉眼观察不到组织病理学改变，但是可以检测到分子和细胞水平的改变。在急性反应期，其病理特征是细胞毒性脑水肿和血管源性脑水肿。上述变化发生在放射后数天至1个月，临床表现主要是脑水肿所致颅内压增高症状。

2. 早迟发反应期 放射后$1\sim6$个月，较大的血管发生迟发性改变，小动脉硬化变性，管腔狭窄或血栓形成，造成细胞毒性和血管源性脑水肿的进一步加重，并引起围绕闭塞小血管周围的小灶性脱髓鞘区。此期为早迟发反应期，临床表现仍主要是脑水肿所致的颅内压增高症状。

3. 晚迟发反应期 此期出现在放射结束6个月后，主要病理改变是血管系统的缓慢变性，特别是小动脉玻璃样变和纤维蛋白样坏死。白质出现局灶凝固性坏死，表现为神经细胞和神经胶质细胞变性、固缩和消失，毛细血管明显增多，管壁增厚呈玻璃样变性、管腔闭塞，周围伴有陈旧性出血、胶质瘢痕形成和少量炎细胞浸润，病灶周边脑组织水肿、神经纤维脱髓鞘和胶质细胞增生，最后形成较大范围的放射性脑坏死。此期临床表现主要是脑水肿所致的颅内压增高和坏死脑组织所致的定位症状与体征。

（三）临床表现

1. 临床分期 放射性脑损伤潜伏期 7~54 个月。再程放射治疗后放射性脑损伤出现的潜伏期较单程放射治疗明显缩短。放射性脑损伤根据出现的时间分为急性期、早迟发反应期、晚迟发反应期，各期有相应的临床表现。

（1）急性期：常发生于放射治疗过程中或照射后数天至 1 个月，多数在 7 日内。当照射量超过脑组织的耐受范围时，可产生直接损害，如脑膜无菌性炎症反应，脑脊液分泌增多；血管内皮细胞损害，使毛细血管壁通透性增加，引起毛细血管周围和间质水肿，颅内压增高，因此在照射初期表现为头痛、恶心、呕吐、记忆力减退等症状，严重者可迅速转为意识障碍、定向障碍、震颤、共济失调，部分可在数日内出现昏迷，伴发心血管功能衰竭而死亡。急性期脑损伤多数为可逆性过程，经脱水、激素及停止照射后症状可减轻或消失。

（2）早迟发反应期：常发生于照射后 1~6 个月，主要表现为嗜睡、恶心、呕吐、易怒、食欲不振、兴奋性增高、学习记忆力减退等，也可表现为一过性、自限性的疲劳感或局部神经系统症状的恶化。

（3）晚迟发反应期：症状多出现于照射结束后 6 个月到 7 年，国内资料认为多在放射治疗后 1~5 年。根据病变的范围可分为局限性脑坏死和弥漫性脑白质损伤。局限性脑坏死的症状和体征取决于照射部位，常表现为一侧运动、感觉和（或）神经反射障碍、失语、癫痫、意识障碍和精神异常等；弥漫性脑白质损伤可出现精神症状，包括人格改变、记忆力减退、精神错乱、注意力降低、学习困难、痴呆等，严重者可致死。

2. 临床分型 放射性脑损伤的症状按受累的脑区分为大脑型、脑干型、混合型。

（1）大脑型：颞叶最常受累且损害最重。主要表现为精神症状和颅内高压的症状。精神症状有①记忆力减退：远近记忆力均减退，特别是近事遗忘，严重者甚至记不得亲人的名字；②定向力障碍：对时间、地点、人物均有不同程度的认识错误；③精神状态：表现为退缩、呆滞、答非所问，个别病例出现幻觉，包括视、听、嗅、触等幻觉；④智能：有不同程度的智力减退，甚至完全痴呆。颅内高压的症状表现为头痛、呕吐、发作性昏迷、抽搐。

（2）脑干型：病灶以脑桥为中心，可向中脑及延髓延伸，偶可向上累及丘脑，向下累及颈髓上段。表现为复视、头晕、构音不清、吞咽困难、走路不稳。客观检查有眼球外展麻痹、眼球震颤、舌肌萎缩、咽反射消失、肢体共济失调等脑桥及延髓受损征象。有学者总结了 89 例鼻咽癌放射治疗后放射性脑损伤的临床特点，结果显示放射后脑损伤的首发症状及常见症状中占前三位的均是延髓性麻痹症状、神经功能障碍及头痛，这些是 LENT/SOMA 量表中可客观评估的脑损伤症状。其中，延髓性麻痹（包括声嘶或言语欠清、吞咽困难、饮水呛咳、咽反射减弱、软腭提升欠佳）远高于首发和常见症状中其他症状的比例，考虑是因为大脑、脑干或后组脑神经受损均可导致延髓性麻痹。

（3）混合型：同时存在上述的各种表现，多是疾病发展的晚期阶段，预后较差。

（四）辅助检查

1. 脑部 CT 典型者表现为白质内均匀的"指状"分布低密度灶，边缘较模糊，伴有水肿和不同程度的占位效应，部分两侧不对称性病变或单侧病变可因脑室受压使中线向健侧或病变程度较轻侧移位，增强扫描无强化或轻微周边强化。晚期 CT 表现为圆形或椭圆形、边界较为光整的低密度区，CT 值常显示其中心部分为液性，此时占位效应多不明显，甚至可以出现脑实质萎缩、中线向患侧移位等表现，增强扫描没有强化或轻度强化。由于血脑屏障的异常通透性，放射性坏死区在 CT 上可强化，因而与肿瘤复发有时难以鉴别。

2. 脑部 MRI 放射性脑损伤的影像学病理基础是水肿和脱髓鞘。早期 MRI 表现为损伤组织的 T_1、T_2 弛豫时间延长，即 T_1WI 呈低信号，T_2WI 呈高信号（图 20-1）。晚期病变出现液化坏死，则 T_1WI 信号更低，T_2WI 信号更高，与脑脊液相仿。血管损伤导致血脑屏障通透性增高，再加上异常血管的增生，增强扫描时可见受损区强化。强化后的病灶形态多样，大多数病变位于深部白质，在边缘明显强化的较大病变内，低信号（即无强化）中央区代表坏死。

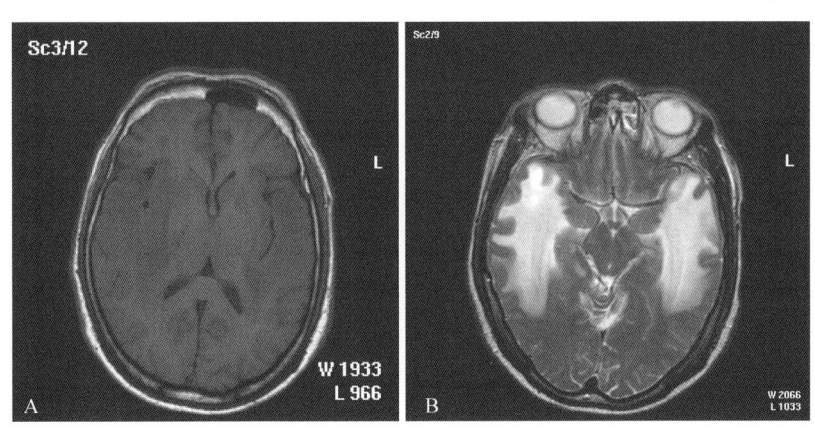

图 20-1　MRI 显示局部脑组织轻度肿胀。T_1 病灶呈均匀指状低信号（A），T_2 呈均匀指状高信号，无明显占位效应（B）

3. 脑脊液检查 可发现脑脊液压力增高，淋巴细胞增多，蛋白质含量增高。

（五）诊断和鉴别诊断

1. 诊断 依据放射治疗后产生神经系统损害症状的时间，可分为三期：急性期（照射后数天至 1 个月）、早迟发反应期（照射后 1~6 个月）和晚迟发反应期（照射 6 个月后）。

根据病变的范围可分为局限性脑坏死和弥漫性脑白质损伤。局限性脑坏死其症状和体征取决于照射部位，常表现为一侧运动、感觉和（或）神经反射障碍、失语、癫痫、意识障碍和精神异常等；弥漫性脑白质损伤可出现精神症状，包括人格改变、记忆力减退、精神错乱、注意力降低、学习困难、明显痴呆等，严重者可致死。

2. 鉴别诊断

（1）原颅内肿瘤复发：肿瘤复发多伴有颅底骨破坏，在复发灶周围少见水肿，累及脑才伴脑水肿；而放射性脑损伤早期出现脑水肿，病情发展缓慢。MRI 扫描有助于鉴别，PET 和 MRS 也可鉴别。

（2）脑转移瘤：脑转移瘤虽可发生于任何年龄，但在 40 岁以上好发，有系统肿瘤病史，表现为症状性癫痫伴消瘦、多组脑神经损害、发展迅速的肢体无力，但一般无颅高压表现。放射性脑病则以颅高压及大脑皮质损害的症状为主，脑神经损害较少。影像学检查以 CT 和 MRI 为主。脑转移瘤的 MRI 信号无特异性，多为 T_1WI 低信号、T_2WI 高信号，由于转移瘤周围水肿明显，因此小转移灶在 T_1 像难以显示，在 T_2 像则显示清晰；静脉注射顺磁性造影剂（Gd-DTPA）后可提高本病发现率。脑转移瘤的 CT 典型表现为边界清楚、圆形、低密度肿块，增强后可有不均匀强化，如肿瘤囊变或出血，可出现"环征"，但这种强化环的壁较厚且不规则，有时可见瘤结节。

（3）脑脓肿：大多继发于颅外感染，少数因开放性颅脑外伤或开颅术后感染所致。细菌通过不同途径侵入脑内形成脓肿，临床上可有畏寒、发热、头痛、呕吐、意识障碍、脑膜刺激征或局灶性的神经系统定位体征等。外周血白细胞总数和中性粒细胞增多，红细胞沉降率加快。颅内压增高症状常在全身感染症状消退后出现，表现为曾一度好转的头痛、呕吐又出现或加重，半数患者有视盘水肿，严重者可并发脑疝。脑脓肿的头颅 CT 表现为边界清楚的低密度灶，增强后脓肿包膜呈均匀环状高密度带，脓肿中央密度不变。MRI 可见脓肿中央区在 T_1 加权像上为低信号，在 T_2 加权像上信号较脑脊液高，包膜则为边界清楚的高信号环。

(4) 多发性硬化：典型病例为青壮年发病，中枢神经系统病损，病灶多发，病程波动，有缓解、复发。头颅 CT 可发现脑室周围低密度影，而 MRI 的 T_1WI 表现与 CT 相似，T_2WI 上可见脑室周围、侧脑室前后角和脑白质，特别是胼胝体，有散在高信号硬化斑，但斑块的大小、多少与临床症状和体征的严重程度并不一致。有典型的视觉、听觉或躯体感觉诱发电位异常。脑脊液中 IgG 指数增高或寡克隆带阳性。

(5) 放射诱发脑瘤：常见的放射诱发脑瘤依次为脑膜瘤、肉瘤（特别是纤维肉瘤）和神经胶质瘤。大剂量照射者潜伏期比小剂量照射者短，诱发良性脑膜瘤的潜伏期长而恶性脑膜瘤则短。一般认为放射诱发脑瘤与放射剂量有关，大剂量放射引起细胞水平的突变，多诱发恶性肿瘤；小剂量放射后，在产生局部组织非特异性炎症基础上，发生组织错生而形成肿瘤，多为良性肿瘤。

(六) 治疗

放射性脑损伤在放射后不同时期有不同的病理特点和临床表现，故治疗方案有一定的差异。

1. 药物治疗

(1) 急性期和早迟发反应期：其病理改变主要是细胞毒性脑水肿和血管源性脑水肿。多表现为头痛、恶心、呕吐、体温升高，甚至表现为精神和意识改变、局部神经系统症状的恶化或癫痫发作。此期主要的治疗方法是脱水改善脑水肿和对症支持治疗，症状多可缓解。

常用的脱水药物有甘露醇、甘油果糖、呋塞米、七叶皂苷钠及糖皮质激素。①糖皮质激素可获得较好的效果，但是激素可以暂时缓解症状，无法阻止病情进展。推荐甲泼尼龙（methylprednisolone）0.5 g/d 静脉滴注，持续 3～5 天后改用口服泼尼松 60 mg，此后每周减量 10 mg 至停药。使用激素时需注意其不良反应的防治。②甘露醇每次常用量 1～2 g/kg，用 20% 溶液快速静脉注射或滴注，半小时内注完，每 4～8 h 1 次。③甘油果糖成人剂量 0.8～1.0 g/(kg·d)，可给予甘油果糖每次 250ml，每日 1～2 次，缓慢静脉滴注（每分钟不超过 40 滴）。用药后 10～20 min 颅内压开始下降，降压效果维持 10～12 h。④呋塞米（速尿）成人通常用 20～40 mg，2～3 次/日，静脉推注。静脉用药后 5 min 出现利尿作用，1 h 药效达高峰，维持 2～4 h，适用于脑水肿合并左心衰竭或肾功能不全者，可与甘露醇交替使用，减少各自的不良反应。

新的研究发现，血管内皮生长因子受体抑制剂贝伐珠单抗（bevacizumab）对放射性脑病的脑水肿病灶有较好的改善作用。

对症支持治疗包括加强营养，输注白蛋白、丙种球蛋白、血浆等，有助于改善症状。这在一般情况较差的患者尤其重要。由于延髓性麻痹易致吞咽困难、呛咳，应注意进食速度，必要时鼻饲食物，防止吸入性肺炎，加强抗感染。康复治疗如针灸、理疗、高压氧等，对疾病恢复有一定帮助。

(2) 晚迟发反应期：此期发生在放射结束 6 个月后，临床表现主要仍是脑水肿所致的颅内压增高和坏死脑组织所致的定位症状或体征。与急性期和早迟发反应期相比，此期药物脱水效果不佳，应同时联合脑保护剂（如吡拉西坦、胞磷胆碱、神经节苷脂）、改善微循环药物、自由基清除剂（如超氧化物歧化酶、维生素 E、依达拉奉）、免疫抑制剂（如环孢素 A、硫唑嘌呤）等。

1) 脑保护剂：包括吡拉西坦、胞磷胆碱、神经节苷脂（GM1）、神经生长因子、甲氯芬酯等。如有神经损伤可采用营养神经治疗，常用药物包括神经生长因子、维生素 B_1、维生素

E、鱼肝油、辅酶 A 等。对肿瘤放射治疗后产生脑神经损伤的患者，不建议使用维生素 B_{12}，因其可能促进肿瘤组织生长导致复发。

2）改善微循环药物：包括①中药，如血栓通、川芎嗪、葛根素等，可改善循环、抗血小板聚集。②二氢麦角碱类药物，常用药物有尼麦角林、二氢麦角碱等。尼麦角林，每次 0.5～1 mg，每日 3 次口服；静脉滴注每次 4～8 mg，溶于 100 ml 生理盐水或 5％葡萄糖中缓慢滴注。③钙离子拮抗剂，常用药物有尼莫地平等。尼莫地平，每次 30～60 mg，每日 3 次口服。改善微循环药物在有出血倾向者忌用。

3）自由基清除剂：如超氧化物歧化酶（superoxide dismutase，SOD）、维生素 E、依达拉奉等，能清除自由基，减轻自由基损伤，改善辐射所致的后期效应。依达拉奉，常用剂量为 30 mg 加入生理盐水 100 ml，静脉滴注，2 次/日，14 天为一个疗程。

4）其他免疫抑制剂：放射性脑损伤的病理损害涉及免疫机制，部分患者单纯使用糖皮质激素效果欠佳时，加用其他免疫抑制剂，可有一定效果。

2. 手术治疗　对于糖皮质激素反应不佳的患者，手术切除坏死病灶常常可以减少激素的用量，并且缓解患者由脑水肿产生的症状。故经过积极的内科治疗后，症状无改善并呈进行性加重者应果断采取手术治疗。关于手术时机与对象的选择，有报道认为对有严重脑水肿、颅内压增高可能继发脑疝且经保守治疗无效、深度昏迷危及生命的患者，可根据具体情况选用去骨瓣减压术、分流术或坏死灶清除术。

（七）预防

肿瘤放射治疗并发症的出现除了与放射治疗剂量有关外，更主要是与病灶容积有关。由于治疗后短期内体积不会有明显缩小，若肿瘤容积过大，势必引起散射范围的增大，致使较多的正常组织一次性接受较大剂量的辐射。因此，第一，对于体积过大的肿瘤，仍应以手术切除为主，术后若有肿瘤残留，再考虑放射治疗。第二，精心设计剂量计划，最大限度地避免周围正常结构的损伤。第三，对于颅内某些对放射线特别敏感的组织（如视通路、脑干等）或特殊部位的某些病灶（如凸面或纵裂脑膜瘤），由于易出现明显的放射反应，照射剂量的选择应特别慎重。第四，定期影像学随访，及早发现和预测可能出现的并发症，并积极进行预防性治疗。三维适形放射治疗（3 dimensional conformal radiation therapy，3D-CRT）技术利用挡铅的修饰使剂量仅局限于肿瘤区，达到保护正常组织的目的。虽然与单纯外照射的 3 年总生存率及局部控制率无统计学差异，但 3D-CRT 并发症远低于单纯外照射放疗组。

第七节　神经系统副肿瘤综合征

一、概述

神经系统副肿瘤综合征（paraneoplastic neurological syndrome，PNS）为肿瘤的远隔效应（remote effects），是肿瘤对患者机体远处器官或组织非转移性损害的统称。当恶性肿瘤非直接地或非转移性地侵犯神经系统时，出现神经系统受累的临床症状群，称为神经系统副肿瘤综合征。它不包括由于恶性肿瘤直接蔓延、浸润、压迫、转移所产生的相应器官组织的症状，也不包括由于对恶性肿瘤进行放射治疗、化学治疗或其他治疗所引起的症状。恶性肿瘤长期接受免疫抑制剂治疗出现的机会性感染，或恶性肿瘤侵犯某器官出现的全身代谢障碍等也不属于神经系统副肿瘤综合征。

1888 年 Oppenheim 首先报告 1 例恶性肿瘤合并周围神经病变的病例。其后，他又报道 1 例淋巴瘤合并延髓性麻痹。1890 年 Auche 报道了胃、胰腺、子宫的恶性肿瘤合并周围神经病。

第二十章　系统性疾病的神经系统损害

1956年Guichara提出了"副肿瘤综合征"的概念。此后，国内外均陆续有文献报道PNS差异甚大的临床表现类型。PNS的临床表现复杂多样，既可出现中枢神经系统各个部位损伤的症状，也可出现周围神经和肌肉损伤的症状。PNS与恶性肿瘤的病程往往不同步，可以先出现原发灶症状，也可以原发灶症状和PNS同时出现，但多数是先出现神经系统症状后才发现原发肿瘤病灶，时间间隔可以长达1～2年。据统计，大约1%的恶性肿瘤患者出现PNS，50%以上病例为肺癌所致，尤其是小细胞肺癌，PNS也见于卵巢癌、淋巴瘤、食管癌、淋巴瘤、乳腺癌、胃癌、前列腺癌和胸腺瘤等多种恶性肿瘤。

（一）病因和发病机制

PNS的病因和发病机制至今尚未完全清楚，目前已有人提出如下几种学说。

1. 自身免疫反应学说　该学说认为某些癌肿与神经、肌肉组织存在共同抗原决定簇，肿瘤细胞作为抗原，启动机体产生高度特异性抗体，在补体的参与下不仅杀伤肿瘤细胞，同时也损伤机体的神经、肌肉组织。被破坏的神经、肌肉组织刺激B淋巴细胞产生更多的抗体，引起更强烈、更广泛的自身免疫反应。近年来在PNS患者的血液和脑脊液中发现了一些与神经组织相关的抗体，如抗神经元抗体（抗Hu抗体）、抗神经元骨架蛋白抗体（抗Ri抗体）、抗浦肯野细胞抗体（抗Yo抗体）等。自身免疫反应学说是目前比较公认的发病机制。

2. 病毒感染学说　目前尚无病毒感染的有力证据。但病毒感染往往可激发自身免疫反应，如吉兰-巴雷综合征。因此，自身免疫和病毒的机会性感染两者在PNS的发病中所起的作用很难区分。

3. 神经毒素学说　该学说认为是恶性肿瘤分泌的神经毒素引起机体神经、肌肉组织损伤。目前缺乏有力的证据。

另外，某些恶性肿瘤可引起高血钙、低血糖、低血钠和抗利尿激素分泌增加等，这些内分泌和代谢障碍等因素也可引起神经、肌肉组织损害。

因此，PNS的发病可能是上述多种因素共同作用的结果。

（二）病理

除了原发肿瘤的病理改变外，受损的神经、肌肉组织可以出现严重程度不等的组织病理学改变。大脑半球、小脑、脑干和脊髓可出现广泛的神经细胞变性、脱失，伴有胶质细胞增生，血管周围有单核细胞浸润；周围神经可出现节段性髓鞘脱失和轴突变性，后根神经节细胞脱失，血管周围不同程度单核细胞浸润；肌肉组织偶见炎性细胞浸润。脑脊液检查常常显示细胞增多、鞘内合成IgG增多和出现寡克隆带。部分PNS在血液和脑脊液中可以查到与肿瘤相关的抗体。

（三）临床表现

神经系副肿瘤综合征的临床表现错综复杂，症状可单独出现，亦可合并或重叠发生，累及中枢神经系统、周围神经系统、自主神经系统、神经肌肉接头和肌肉等不同部位。神经系统症状可发生于恶性肿瘤被诊断前数月、甚至数年，亦可在恶性肿瘤出现后数周、数月甚至数年后才出现神经系统症状。目前我国临床上尚没有统一的PNS分类，表20-2为2006年荷兰学者de Beukelaar的分类。

（四）诊断和鉴别诊断

神经系副肿瘤综合征发病率较低，约占恶性肿瘤的1%，以肺癌最多，诊断有一定难度。恶性肿瘤明确诊断后出现神经症状，排除肿瘤直接侵犯与转移或除外放射治疗、化学治疗影响，需要考虑PNS。中年以上发病，出现典型神经系统多组临床症状且不能用单一局部病灶解释时，应注意积极查找是否存在肿瘤可能。PET对于早期发现肿瘤原发灶具有重要价值。PNS可以同

第二十章 系统性疾病的神经系统损害

时导致神经系统多灶性损害，多种神经症状出现叠加，易与神经系统变性疾病相混淆，必须仔细观察，加以鉴别。相关肿瘤抗原筛查，对 PNS 的诊断和鉴别诊断具有重要意义。

（五）治疗与预后

针对原发肿瘤的治疗是最重要的，部分 PNS 患者的神经、肌肉症状可获得不同程度改善或恢复。有人主张采用糖皮质激素、免疫抑制剂和血浆置换疗法等进行治疗，但疗效难以肯定，且总的预后不良。PNS 对治疗的反应很大程度取决于它的神经病理改变，只要神经元胞体不受累，经治疗后症状会改善并有自发缓解的可能。

下面重点描述几种临床比较常见的 PNS。

表 20-2 神经系统副肿瘤综合征的分类

中枢神经系统
脑脊髓炎（encephalomyelitis）*
边缘叶性脑炎（limbic encephalitis）*
脑干脑炎（brainstem encephalitis）
亚急性小脑变性（subacute cerebellar degeneration）*
斜视性眼阵挛-肌阵挛（opsoclonus-myoclonus）*
僵人综合征（stiff-person syndrome）
副肿瘤性视觉障碍综合征（paraneoplastic visual syndrome）
肿瘤相关的视网膜病变（cancer-associated retinopathy）
黑色素瘤相关的视网膜病变（melanoma-associated retinopathy）
副肿瘤性视神经病（paraneoplastic optic neuropathy）
运动神经元综合征（motor neuron syndromes）
亚急性运动神经元病（subacute motor neuronopathy）
其他运动神经元综合征（other motor neuron syndromes）
周围神经系统
亚急性感觉神经元病（subacute sensory neuronopathy）
急性感觉运动神经病（acute sensorimotor neuropathy）
伴有 M 蛋白的慢性感觉运动神经病（chronic sensorimotor neuropathy with M-proteins）
亚急性自主神经病（subacute autonomic neuropathy）
副肿瘤性周围神经血管炎（paraneoplastic peripheral nerve vasculitis）
神经肌肉接头疾病及肌肉疾病
Lambert-Eaton 肌无力综合征（Lambert-Eaton myasthenic syndrome）*
神经性肌强直（neuromyotonia）
皮肌炎（dermatomyositis）*
急性坏死性肌病（acute necrotizing myopathy）
恶病质肌病（cachectic myopathy）

* 代表经典的神经系统副肿瘤综合征

二、副肿瘤性脑脊髓炎

副肿瘤性脑脊髓炎（paraneoplastic encephalomyelitis，PEM）早在 1965 年已被人们所认识。PEM 病变较广泛，侵犯中枢神经系统多个部位，包括边缘叶、脑干、小脑和脊髓等。临床命名以突出症状为依据，实际上病变往往互相重叠。引起 PEM 最常见的恶性肿瘤是小细胞肺癌。

（一）病理

病变可广泛累及大脑半球、小脑、脑干和脊髓等。最显著的形态学改变为神经细胞脱失和胶质细胞增生，伴有血管周围淋巴细胞浸润。灰质病变重于白质。坏死的神经细胞远端发生沃勒变性（Wallerian degeneration），软脑膜也可见到淋巴细胞浸润。临床症状的突出表现往往取决于受损害部位和病理改变的严重程度。

（二）临床表现

1. 副肿瘤性边缘叶性脑炎 边缘叶性脑炎是 PNS 的经典类型之一，常合并小细胞肺癌。病变主要侵犯大脑的边缘系统，包括胼胝体、扣带回、穹窿、海马、杏仁核、额叶眶面、颞叶内侧面和岛叶，灰质重于白质。起病多呈亚急性、慢性，进展达数周之久，也可隐袭起病。早期症状常常是焦虑和抑郁，以后则出现严重的近记忆力减退。其他尚有烦躁、错乱、幻觉，部分或全身癫痫发作。部分患者表现为进行性痴呆，偶可自然缓解。脑脊液检查常见白细胞增多，蛋白质含量增高。80% 脑电图异常，表现为局灶或普遍慢波，可伴颞叶痫样放电。MRI 典型改变为 T_2 加权像单侧或双侧颞叶内侧高信号，强化少见，也可以表现为脑萎缩。部分患者的血清和脑脊液中可检测出抗 Hu 或抗 Ma2 抗体，提示合并小细胞肺癌或睾丸癌的可能。神经症状常在肿瘤被诊断前出现，有的长达 2 年之后才发现肿瘤。应注意与皮质-纹状体-脊髓变性（Creutzfeldt-Jakob 病）和阿尔茨海默病相鉴别。部分病例在治疗肿瘤后症状获得改善。因此，应该高度重视潜在肿瘤的寻找和治疗。血浆置换或静脉滴注大剂量免疫球蛋白与免疫抑制剂联合治疗，具有一定的疗效。

2. 副肿瘤性脑干脑炎 病变主要累及下部脑干，包括下橄榄核、前庭神经核、脑神经运动核、黑质、脑桥基底部和背盖部。临床症状包括眩晕、呕吐、共济失调、眼球震颤、眼球运动障碍、延髓性麻痹和病理反射阳性等。少见症状有耳聋、肌阵挛、不自主运动，也可出现帕金森综合征样表现。迄今尚无有效疗法。

3. 副肿瘤性脊髓炎 常为脑脊髓炎的部分表现。可以累及脊髓的任何部位，特别是脊髓前角细胞。临床表现为进行性对称或不对称肢体瘫痪和肌萎缩，上肢重于下肢，可伴有肌束震颤。有时因颈项肌和肋间肌受累而导致抬头无力和呼吸困难。如脊髓后角受损则可出现分离性感觉障碍。如交感神经受损则可表现为自主神经功能障碍。本病也无有效疗法。

三、亚急性小脑变性

亚急性小脑变性，又称副肿瘤性小脑变性（paraneoplastic cerebellar degeneration，PCD），是临床最常见的 PNS，可合并任何恶性肿瘤，但最常见的是小细胞肺癌，也可见于女性生殖系统肿瘤和霍奇金病等。半数以上患者的神经系统症状先于肿瘤数月到 2~3 年出现，给诊断带来一定的困难。

（一）病因和发病机制

本病为自身免疫性疾病。研究发现，PCD 患者血清或脑脊液存在抗 Yo 抗体提示合并女性生殖系统肿瘤，抗 Hu 抗体提示合并小细胞肺癌，抗 PCA-Tr 抗体和抗 mGluR1 抗体提示合并霍奇金病。亚急性小脑变性经常合并其他类型的神经系统副肿瘤综合征，尤其是 Lambert-Eaton 肌无力综合征。也有部分亚急性小脑变性并不合并恶性肿瘤，可能与自身免疫反应有关。

（二）病理

最突出的病理改变为小脑的浦肯野细胞广泛而严重脱失，存活的细胞呈变性改变，伴有胶质细胞增生。血管周围有单核细胞浸润及成片的浸润灶。上述病理改变也可见于大脑半球、脑干和脊髓，但都比较轻。

（三）临床表现

本病多见于成年人，女性稍多。多呈亚急性或慢性病程，症状在几周到几个月进行性加重，达到高峰后趋于稳定。首发症状常表现为眩晕或步态不稳，经数周至数月发展为肢体和躯干对称性共济失调，很快即丧失生活自理能力，可伴有构音障碍、进食困难、复视和眼球震颤（以垂直性眼震为主）。有的病例呈急性发病，数小时至数日内症状达高峰；也有的病例进展缓慢。除了小脑损伤症状外，还可以出现认知能力下降、锥体束和锥体外系症状，也可有精神症状。部分患者可合并周围神经病的症状和体征。

（四）辅助检查

1. 脑部 CT 或 MRI 早期正常，后期出现弥漫性小脑萎缩。
2. 脑脊液检查可以发现淋巴细胞增多，蛋白质含量增高，IgG 增高和寡克隆带阳性。
3. 血清和脑脊液中可检测出抗 Yo 抗体、抗 Hu 抗体、抗 PCA-Tr 抗体和抗 mGluR1 抗体等自身抗体。

（五）诊断和鉴别诊断

临床表现为亚急性进行性小脑性共济失调，结合血清或脑脊液检测到特异性抗体，则不难诊断。应与原发性或转移性小脑恶性肿瘤相鉴别。其次应与晚发型遗传性共济失调相鉴别，后者多有阳性家族史，常合并骨骼异常和心脏改变，基因检测可以帮助明确诊断。急性发病者应与小脑出血、小脑梗死、小脑脓肿、感染及中毒等引起的小脑共济失调相鉴别。

（六）治疗

主要针对原发肿瘤进行治疗。部分患者原发肿瘤治愈后，PCD 症状也随之好转。免疫抑制剂治疗和血浆置换疗法有一定疗效。对症和支持治疗也有助于提高患者的生存质量。

四、Lambert-Eaton 肌无力综合征

Lambert-Eaton 肌无力综合征（Lambert-Eaton myasthenic syndrome，LEMS）又称肌无力综合征，是最常见的神经系统副肿瘤综合征。该病特点是肢体近端肌群进行性无力和易疲劳，患肌短时间内反复收缩肌无力症状减轻，持续收缩后呈病态疲劳。

（一）病因和发病机制

LEMS 为自身免疫性疾病，至少一半以上的患者伴有肿瘤，其中 80% 以上为小细胞肺癌。LEMS 患者的肿瘤细胞表面的抗原决定簇与突触前膜神经末梢钙通道蛋白具有交叉免疫性，前者所产生的抗体也对神经末梢突触前膜产生免疫应答，导致钙通道，特别是电压依赖性钙通道不能正常开放。当神经冲动到达神经末梢时，钙内流减少，突触前膜不能正常释放乙酰胆碱（ACh），最终导致神经肌肉接头传递功能障碍。

（二）病理

肌肉活检显示靶纤维轻度增生，非特异性 Ⅱ 型肌纤维萎缩。电镜显示突触后膜皱褶和二级突触间隙面积增加，ACh 囊泡和受体数目正常，神经末梢无变性。定量冰冻刻蚀电镜研究发现，ACh 释放部位单位面积膜内大颗粒数减少，排列不正常的膜内大颗粒丛集数增加。

（三）临床表现

成年男性多见。约 2/3 的患者伴发恶性肿瘤，其中约 80% 为小细胞肺癌，也可伴发其他

自身免疫性疾病。通常呈亚急性起病，主要表现为进行性四肢和躯干骨骼肌无力，下肢重于上肢，近端重于远端，走路呈鸭步或摇摆步态。LEMS 肌无力表现特点：患肌在短时间内（约 15 s）反复收缩肌无力症状减轻，而持续收缩后肌无力又有所加重。腱反射减弱或消失，少有感觉障碍。部分患者主诉肌痛，以股部肌肉明显，无肌束震颤。晚期可出现脑神经支配的肌肉麻痹，如眼外肌麻痹、面瘫和吞咽困难。80% 以上病例出现胆碱能自主神经功能障碍，最常见者为唾液、泪液和汗液分泌减少，直立性低血压、阳痿和括约肌功能障碍等。症状出现顺序通常为下肢无力、自主神经功能障碍、上肢无力、脑神经支配肌无力、肌痛和肌僵直。可以合并其他 PNS。

（四）辅助检查

1. 肌电图检查 低频（3~5 Hz）重复电刺激波幅变化不大，肌肉复合动作电位可下降；高频（20~50 Hz）重复电刺激动作电位波幅可增高 2~20 倍（波幅增高 200% 以上为阳性）。大力收缩 15 s 后，如波幅增高超过 25% 应高度怀疑本病，超过 100% 可以确诊。

2. 药物试验 依酚氯铵或新斯的明试验往往阴性，有时呈阳性，但远不如重症肌无力患者明显。

3. 血清肌酶谱多正常，约 34% 的 LEMS 患者可检查出器官特异性抗体和免疫球蛋白异常。

（五）诊断和鉴别诊断

根据肌无力的分布特点，短暂用力后肌无力症状可暂时减轻，伴有自主神经功能障碍，加上肌电图的特征性改变和抗胆碱酯酶药物疗效不肯定，临床可行诊断。对 40 岁以上的 LEMS 患者应进行全面检查，以发现潜在的恶性肿瘤，特别是小细胞肺癌。本病应与重症肌无力鉴别。

（六）治疗

如合并恶性肿瘤则应进行手术、放疗或化疗。可以应用免疫抑制剂和血浆置换疗法进行治疗。而单独应用血浆置换治疗的效果并不理想。免疫球蛋白静脉滴注有一定疗效。应避免应用钙通道阻滞剂。应用增加递质释放的药物，如 3,4-二氨基吡啶，可缓解症状。胆碱酯酶抑制剂通常无效。

第八节　糖尿病性周围神经病

糖尿病性周围神经病（diabetic peripheral nerve disease）是糖尿病最常见的慢性并发症之一，是一组以感觉和自主神经症状为主要临床表现的周围神经病。它与糖尿病肾病和糖尿病视网膜病变共同构成糖尿病三联征，严重影响糖尿病患者的生活质量。流行病学调查显示 20 世纪 70 年代末期，我国 20 岁以上人群中糖尿病的患病率不足 1.0%，1996 年已经上升至 3.2% 左右，而且还在以 1.0‰ 的速度逐年增加；经济较发达地区的患病率已高于 5.0%。据估计，目前我国 1 型糖尿病患者已达 400 万人，2 型糖尿病患者已近 4000 万人。

糖尿病性周围神经病是各型糖尿病最常见的并发症之一，发病率高达 60%~90%。男女发病率相同。糖尿病发病后 5 年内远端感觉神经病的发病率为 4%，20 年后为 20%。本病多为隐匿起病，也可在血糖控制不佳或发生糖尿病昏迷后突然发病。少数患者在出现周围神经病症状后才发现患有糖尿病。糖尿病性周围神经病的基本病因是糖尿病未得到有效控制，导致周围神经病变。临床表现多样，其发生机制有多种学说，目前很难用单一的机制来解释如此多样的神经病变。多元病理机制的共同作用可能最终导致复杂多变的临床表现。

(一) 发病机制

1. 代谢紊乱学说

(1) 组织蛋白糖基化：血糖升高可引起组织蛋白发生糖基化，糖基化蛋白终产物不仅是造成糖尿病全身性并发症的重要因素，而且还可破坏周围神经的髓鞘结构，引起髓鞘脱失。微丝、微管蛋白的糖基化可导致轴突变性。糖尿病患者这种组织蛋白的糖基化过程在血糖水平恢复正常后仍可继续进行，造成持续性的周围神经损害。

(2) 肌醇代谢异常：肌醇是合成磷脂酰肌醇的底物，而磷脂酰肌醇不仅能影响细胞膜Na^+-K^+-ATP酶的活性，而且还是细胞跨膜信息传递的重要物质。细胞对肌醇的摄取需要一种Na^+依赖性载体，肌醇与葡萄糖的结构相似，高血糖可竞争性抑制Na^+依赖性载体，减少细胞对肌醇的摄取，使细胞内肌醇水平下降，直接影响神经结构和功能。

(3) 山梨醇果糖代谢障碍：高血糖可使周围神经施万细胞内的醛糖还原酶活性增加，加速葡萄糖转化生成山梨醇的过程，山梨醇又在山梨醇脱氢酶的作用下氧化生成果糖，使山梨醇和果糖在细胞内过多积聚，引起细胞内渗透压增高，水钠潴留，结果导致周围神经的神经膜细胞（施万细胞）坏变、髓鞘脱失和轴突变性。

2. 微循环障碍学说

(1) 微血管病变和缺血缺氧：高血糖可使微血管的结构蛋白糖基化，造成血管内皮增生、内膜增厚、玻璃样变性和基底膜增厚以及毛细血管通透性增加。严重者可致血管狭窄，甚至血栓形成，引起周围神经组织缺血缺氧性损害。对单纯糖尿病和糖尿病合并周围神经病患者甲皱循环的对比研究显示，合并周围神经病变的糖尿病患者微循环的能见度明显下降，视野呈暗红色，大部分管袢模糊不清，且数目减少，同时管袢变细变短，可见输入支痉挛及微血管瘤存在，袢周渗出。血流速度明显减慢，呈泥沙样团聚样流态。

(2) 血管活性因子减少：糖尿病性周围神经病血管活性因子一氧化氮（NO）减少，神经内膜滋养血管对血管舒张因子的敏感性降低，平滑肌舒张功能异常，导致微循环障碍。此外花生四烯酸的代谢异常使前列环素（PGI_2）和血栓烷素（TXA_2）的比例下降，血管收缩，血液呈高凝状态，其结果是神经组织缺血缺氧。

3. 免疫机制学说 研究显示12%的糖尿病性周围神经病患者血清抗GM1抗体阳性，且与远端对称性多发性神经病有关。88%的患者抗磷脂抗体阳性，而无神经并发症的糖尿病患者仅32%有该抗体阳性。表明糖尿病性周围神经病的发病机制与自身免疫有关。

4. 遗传因素 部分患者的糖尿病性神经病变与糖尿病的严重程度不一定平行，这可能与个体的遗传易感性有关。目前发现有几种基因，其中醛糖还原酶基因多态性与糖尿病微血管病变密切相关。

5. 炎症反应 黏附分子有维持正常炎症反应和免疫应答的作用。糖尿病性神经病变患者比无神经病变患者的P2选择素和细胞间黏附分子-1基础值高，导致周围神经传导速度减慢，提示炎症因子可能参与了神经病变的发生和发展。

6. 其他因素 蛋白激酶C、必需氨基酸、前列腺素等代谢失调均可以引起神经膜结构和微血管改变。氨基己糖代谢异常、脂代谢异常、维生素缺乏、亚麻酸的转化等均与糖尿病的神经病变有关。

(二) 病理

糖尿病性周围神经病的主要病理特征为轴突变性和节段性脱髓鞘同时存在，且伴有明显的髓鞘再生和无髓纤维增生。有关坐骨神经、腓肠神经和迷走神经病变的空间分布特点研究显示，轴突变性和脱髓鞘均呈逆向性改变（dying back），即神经轴突远端变性较重，近端相对较轻。多发性节段性髓鞘脱失可以是原发性，也可以是继发性。部分患者有肥大神经病的病理特点，表现为施万细胞增生形成洋葱头样结构，可见胶原纤维增生伴胶原囊形成。临床表现为痛性神经病患者的腓肠神经活检可见选择性细有髓纤维缺失，伴无髓纤维轴突发芽。糖尿病性周围神经病的尸检病理观察有时还可以发现后根节细胞和脊髓前角细胞脱失以及神经根和后索的神经轴突变性。

血管病变是糖尿病性周围神经病的病理特征之一。神经外膜和内膜的小血管内皮细胞肿胀，管腔狭窄甚至闭塞，血管外膜明显增厚并伴单核细胞浸润。基底膜增厚是糖尿病性周围神经病的另一病理特征。神经束膜、施万细胞和血管内皮细胞处的基底膜均可有明显增厚，其中以神经束膜最为显著。病程越长的远端对称性神经病，其基底膜增厚越明显，病程短的单神经病则增厚的程度较轻。

（三）临床表现

糖尿病性周围神经病的临床表现多种多样，通常根据临床病理特征分为以下几种类型（表20-3）。

表 20-3　糖尿病性周围神经病的临床分类

1. 对称性多发性神经病
   1.1 远端型原发性感觉神经病
       大髓纤维受累为主
       小髓纤维受累为主
       两者混合受累
   1.2 自主神经病
   1.3 慢性进行性感觉运动自主神经病
2. 非对称性神经病
   2.1 急性或亚急性近端型运动神经病
   2.2 脑神经单神经病
   2.3 单神经病和多发单神经病
   2.4 嵌压性神经病

1. 远端型原发性感觉神经病　表现为远端肢体对称的多发性周围神经病，是糖尿病性周围神经病最常见的类型，主观感觉明显而客观体征不明显。多起病隐匿，首先累及下肢远端，自下向上进展，很少波及上肢。细有髓纤维受累时表现为痛性周围神经病或痛温觉缺失，主要症状有发自肢体深部的钝痛、刺痛或烧灼样痛，夜间尤甚。双下肢有袜套样的感觉减退或缺失，跟腱和膝跳反射减退或消失。严重的感觉神经病可累及躯干下半部分的腹侧，背侧不受累，称为糖尿病躯干多神经病，此时如忽略躯干背侧的感觉，查体易误诊为脊髓病。粗有髓纤维受累时主要表现为深感觉障碍，出现步态不稳、易跌倒等感觉性共济失调症状。

2. 自主神经病　可以发生在糖尿病的任何时期，最易发生在病程20年以上和血糖控制不良的患者，交感和副交感纤维均可受累。心血管自主神经功能障碍时，表现为心率对活动和深呼吸的调节反应减弱，甚至发展为完全性心脏失神经。由于交感缩血管功能减退，易发生直立性低血压，起立时出现头晕、黑矇甚至晕厥。胃肠自主神经功能症状包括食管和胃肠蠕动减慢，胃排空时间延长，即所谓糖尿病胃轻瘫症。其他胃肠功能障碍还包括恶心、呕吐、腹胀、便秘和腹泻。泌尿生殖系统自主神经功能异常时表现为性功能低下、阳痿、排尿无力、残余尿多和尿潴留。这种低张力性膀胱易诱发尿路感染和肾衰竭。其他自主神经损害的症状还有瞳孔异常和汗腺分泌障碍，表现为瞳孔缩小、对光反射迟钝、下肢无汗、头和手代偿性多汗。

3. 慢性进行性感觉运动自主神经病　少数患者除有四肢远端感觉障碍外，还同时合并远端肌无力和肌萎缩，腱反射减低或消失，也可同时合并自主神经功能损害，即所谓糖尿病感觉运动神经病或慢性进行性感觉运动自主神经病。

4. 急性或亚急性近端型运动神经病　又称近端糖尿病神经病或瘫痪性糖尿病神经炎，1995 年由 Garland 正式命名为糖尿病肌萎缩（diabetic amyotrophy）。其发生率为 0.8%，肌活检病理表现为散在或成小群的肌纤维萎缩，两型纤维均可受累，以 1 型为主，有时可见靶纤维，肌间质明显增生。神经活检可见轴突变性和脱髓鞘改变同时存在。神经电生理检查发现以近端肌肉和脊旁肌的神经分支受累为主，而远端很少受累。

近端糖尿病神经病可急性、亚急性或隐袭起病，见于各期糖尿病，也可与远端运动感觉型神经病先后发生。主要累及一侧或两侧骨盆带肌，尤其是股四头肌，此外，髂腰肌、臀肌和大腿的内收肌群也可受累。上肢带肌几乎不受累。早期以一侧下肢近端肌无力和肌萎缩起病，约半数逐渐累及双下肢近端，表现为起立、行走和走楼梯困难，常伴有大腿深部和腰骶区锐痛。近端糖尿病性神经病约有 1/5 患者在 6~18 个月后完全恢复肌力。约有 1/5 可复发。

5. 糖尿病引起的脑神经损害　以单侧动眼神经麻痹最为常见，其次为展神经、滑车神经、面神经和三叉神经。有时可表现为多数脑神经损害。多为骤然起病，可为单侧或双侧，也可反复多次发作。

6. 糖尿病性单神经病或多发单神经病　以股神经、坐骨神经、臂丛神经和正中神经受累多见，其次为腓肠神经、尺神经、冈上神经和胸长神经。一般起病较急，表现为受累的神经支配区突发疼痛或感觉障碍，肌力减退。

7. 糖尿病引起的嵌压性神经病　主要表现为腕管综合征、肘管综合征和跗管综合征。

（四）辅助检查

1. 电生理检查　糖尿病性周围神经病患者可有神经传导速度减慢和末端运动潜伏期延长，反映周围神经脱髓鞘性损害。肌电图检查可见动作电位波幅下降，反映轴突变性。F 波潜伏期、传导速度、波幅和时限的改变可反映近端神经的病变，弥补远端神经传导速度测定的不足。H 反射可测定 α 运动神经元的兴奋性和运动纤维的功能状态，为神经损害提供依据。单纤维肌电图（SFEMG）可通过纤维密度和颤搐（twitch）参数反映神经轴突的发芽和神经再支配情况。

2. 脑脊液检查　66% 的糖尿病性周围神经病可有蛋白质升高，平均 0.6 g/L，很少超过 1.2 g/L，以球蛋白升高为主。有电生理检查异常但无临床症状的亚临床期糖尿病性周围神经病很少有脑脊液蛋白质升高。

3. 实验室检查

（1）血糖及糖耐量测定。

（2）其他血液检查：包括肝功能、肾功能、红细胞沉降率常规检查，以及风湿系列、免疫球蛋白电泳等与自身免疫有关的血清学检查。

（3）血清重金属（铅、汞、砷、铊等）浓度检测。

（4）尿液检查：包括尿糖、尿常规、本周蛋白、尿卟啉以及尿内重金属排泄量。

4. 其他辅助检查　必要时行组织活检（包括皮肤、腓肠神经、肌肉和肾），与其他感觉性周围神经病进行鉴别。

（五）诊断

根据 WHO 糖尿病性周围神经病协作组标准，糖尿病性周围神经病的诊断标准为：①有确定的糖尿病，即符合糖尿病的诊断标准；②四肢或双下肢有持续性疼痛和（或）感觉障碍；③至少一侧或双侧踇趾振动觉减退；④双踝反射消失；⑤主侧（即利手侧）腓神经传导速度低于同年龄组正常值的 1 个标准差。

此外 F 波和 H 反射的测定以及单纤维肌电图可为近端和亚临床期的糖尿病性周围神经病的诊断提供线索。

(六) 鉴别诊断

本病应与其他感觉性周围神经病和痛性周围神经病进行鉴别,与农药、重金属和一些有机化合物中毒相鉴别。糖尿病肌萎缩应与股四头肌肌病、进行性脊髓性肌萎缩以及腰骶神经根病变所引起的股四头肌肌萎缩相鉴别,此外,还应与癌性周围神经病、亚急性联合变性、晚发的遗传性周围神经病等相鉴别。

(七) 治疗

1. 对症治疗

(1) 糖尿病性周围神经病的疼痛症状可口服苯妥英钠 0.1 g,2~3 次/日,也可用卡马西平 0.1 g,2~3 次/日。疼痛伴有焦虑症状的患者可用阿普唑仑 0.4 mg,2 次/日,或阿米替林 25 mg,2~3 次/日,均可获得满意疗效。吲哚美辛(消炎痛)和吡罗昔康(炎痛喜康)对顽固性的神经痛可能有一定疗效。

(2) 糖尿病胃肠轻瘫综合征可用红霉素来增加胃动素与其受体的结合,加强胃壁肌收缩,促进胃排空。治疗方法为红霉素 200~250 mg,3~4 次/日。目前多用多潘立酮(吗丁啉)10 mg,3 次/日。

(3) 对低张性神经性膀胱可用新斯的明 0.25~0.5 mg,肌内或皮下注射,同时加用诺氟沙星预防和治疗泌尿系统感染。

2. 病因治疗

(1) 控制糖尿病:应用降糖药和控制饮食使血糖维持在正常水平是治疗和预防糖尿病性周围神经病的根本原则。

(2) 肌醇治疗:6 g/d,连服 6 个月,可能取得一定疗效。

(3) 免疫抑制治疗:近年发现糖尿病患者血清内有抗胰岛细胞抗体,且病理可见周围神经血管周围有淋巴细胞和单核细胞浸润,表明免疫机制可能参与其发病。静脉注射用免疫球蛋白已用于治疗糖尿病肌萎缩,不但可明显改善肌力,而且可以缓解疼痛。用药方法为:人血丙种球蛋白 400 mg/(kg·d),连用 5 天,然后用泼尼松 60 mg/d,至少 3 个月,用时应增加胰岛素和降糖药的用量,密切监测血糖。也有报道用环磷酰胺、硫唑嘌呤及血浆置换治疗有效。

3. 促神经代谢和神经营养治疗

(1) 神经营养药:维生素 B_1、维生素 B_6、维生素 B_{12}、三磷酸腺苷(ATP)和烟酸对轻型患者及预防有益。

(2) 神经节苷脂:具有增强 Na^+-K^+-ATP 酶的活性、刺激神经芽生、促进神经再支配和触发神经肌肉接头形成的药理作用,可改善糖尿病性周围神经病的感觉症状。用法为:20~40 mg/d,肌内注射,或 40~80 mg/d,静脉点滴。

4. 中药治疗 由于病理机制不清,西药治疗无肯定疗效,近年来中药治疗本病取得了一些令人鼓舞的结果。中医辨证分析认为本病以气阴两虚为本,痰瘀阻络为标。中药治疗多从活血化瘀、温补肾气、益气养阴的角度着手,标本兼顾,并与"重则防标,缓则治本"的原则相结合。

(八) 预后

糖尿病性周围神经病是糖尿病的严重并发症之一,合并自主神经病的患者有较高的致残率和死亡危险性,一项前瞻性的随访研究显示有自主神经功能症状和自主神经功能试验异常的患者,2.5 年后病死率为 44%,5 年后病死率为 56%,半数死于肾衰竭,半数死于突发的呼吸循环骤停和低血糖,以及继发于无张力膀胱的泌尿系统感染。

糖尿病肌萎缩的患者预后相对良好,开始起病的数周内进展较快,但以后的病程中极其缓慢。约 1/5 的患者在 6~18 个月后肌力完全恢复,其中又有 1/5 的患者可复发。

(九) 预防

主要是防治糖尿病，一级预防重点是合理膳食、适量运动、控制血糖、防止并发症。

第九节　慢性酒精中毒性脑病

慢性酒精中毒性脑病可因长期饮酒成瘾后，饮酒者无法控制自己的饮酒行为，逐渐出现躯体症状或突然停饮后急剧产生躯体症状，通常还伴有患者兴奋、话多、自控能力下降、易激惹、行为异常；随后出现动作精确性差、步态不稳；最后出现中枢抑制，从嗜睡到昏迷，严重者可因中枢抑制而死亡。

(一) 发病机制

1. 个体素质

(1) 遗传因素：家系研究发现，酒精依赖患者血缘亲属中患酒精依赖者高于一般人群，而酒精依赖患者一级亲属患酒精依赖的危险性较普通人群高4~7倍。双生子研究发现，酒精依赖的发病率，单卵双生明显高于二卵双生。寄养子研究发现，后代嗜酒与血缘父母嗜酒关系密切，而与寄养父母嗜酒关系不密切。另有研究发现，起病年龄较早的男性酒精依赖患者受遗传因素影响明显，起病年龄较晚和女性患者受遗传因素影响较小。

(2) 生化因素：东方人如中国人、日本人、越南人、印度尼西亚人，体内乙醛脱氢酶较西方人低，饮酒易引起乙醛在体内积聚，释放出胺类物质，产生面红、头痛、头晕、嗜睡、呕吐和心动过速等不良反应，因此酒精依赖发生率较西方人低。

2. 心理因素　有人指出，嗜酒者病前人格特征常为被动、依赖、自我中心、易生闷气、缺乏自尊心等。依据行为学理论，饮酒可以使焦虑、忧伤等负性情绪明显缓解；另外饮酒可以使饮酒者获得主观上的力量感、生理上的温暖感、心理上的强健与满足感，因此饮酒行为很容易被固定下来，久之就会成瘾。

3. 社会文化因素　我国酿酒、饮酒已有五千余年历史，在节假日以及庆典、聚会上饮酒已成为一种习俗。我国还有以酒浸药的习惯，将酒赋予各种医疗功能。而且随着人民生活水平的提高，对酒的需求量在不断增加。这些都促进了饮酒行为的增加。

(二) 临床表现

1. 酒精依赖 (alcohol dependence)　又称为酒精成瘾，是指由于反复饮酒引起的对酒渴求的一种特殊心理和生理状态，表现为对酒精强烈的渴求和经常需要饮酒的强迫性体验。可连续或周期性出现，停止饮酒常出现戒断症状，如感到坐立不安或出现肢体震颤、恶心、呕吐、出汗等症状，恢复饮酒则这类症状迅速消失，否则持续数天。如进一步发展，则可有短暂的错觉、幻觉和视物变形，发音不清，最后可有癫痫发作或震颤谵妄。因此，酒精依赖者存在对酒精的精神或躯体依赖。酒精依赖症状有轻有重，取决于诸多因素，如饮酒量、酒的种类、饮酒的时间及方式、种族及个体素质等。酒精依赖患者的判定，应结合文化背景进行，在某些不受酒量、时间和场合限制均可饮酒的国家和地区容易陷于酒精依赖。如果饮酒量、时间及场合不顾及文化背景的允许而随意追求饮酒的，则往往是已陷入了酒精依赖的患者。酒精依赖者为了谋求饮酒后的精神效应或避免停酒产生的戒断综合征而不断饮酒。有的酒精依赖者常在清晨饮酒 (晨饮)，或随身带酒频繁饮用。他们对酒精往往耐受性高，饮酒量大，为了饮酒常影响社会功能。大多数酒瘾者都曾多次试图戒酒却以失败告终。

2. 慢性酒精中毒性神经系统表现

(1) 酒精性小脑变性 (alcoholic cerebellar degeneration)：在长期酗酒患者可以造成小脑

皮质浦肯野（Purkinje）细胞的变性。长期酗酒后可能由于酒精直接对浦肯野细胞的损害或干扰维生素 B_1 代谢或缺乏维生素 B_1 使浦肯野细胞损害。

酒精性小脑变性一般逐渐缓慢起病，偶尔起病较急。本病也可与 Wernicke 脑病合并存在。主要表现为行走不稳，步态蹒跚。查体可见双下肢共济失调，上肢可无共济失调的表现。少数患者可同时有构音障碍、上肢共济失调的表现。MRI 和 CT 扫描可见小脑萎缩。临床上小脑性共济失调症状的严重程度与酗酒时间的长短和影像学显示的小脑萎缩程度不成正比。

在鉴别诊断时，必须考虑到酒精性神经病或维生素 B_1 缺乏性周围神经病造成的感觉性共济失调，与本病相鉴别。

禁酒和给予维生素 B_1 可改善共济失调的症状。

（2）脑桥中心髓鞘破坏（central pontine myelinolysis）：脑桥中心髓鞘破坏通常发生在酗酒者。这些酗酒者的血钠可以正常。本病也可以发生在下列情况：①各种原因的慢性低钠血症（hyponatraemia），如大量长期应用噻嗪类利尿剂（thiazide diuretics）、抗利尿激素分泌不当综合征、Addison 病、肿瘤等；②烧伤面积广泛，造成脱水的高渗状态。

慢性低钠血症纠正时应十分小心，静脉补钠盐，使血清钠浓度增加的速度每日应小于 8 mmol/L。如果血清钠浓度迅速增加，速率大于每日 12 mmol/L，则血清钠浓度纠正后平均 6 日会产生本病的临床症状。

脑桥中心髓鞘破坏的病理主要是脑干中部、脑桥中央，尤其是第四脑室前部的大片脱髓鞘，但轴突保留，造成此处的皮质脊髓束破坏，部分患者也有皮质核束的破坏。故出现双侧对称的截瘫或四肢瘫，引起肢体肌张力增高、反射亢进、双侧病理征阳性。少数患者有假性延髓性麻痹的表现，严重患者会有类似闭锁综合征（locked-in syndrome）的表现。

脑桥中央脱髓鞘病灶在 MRI 中显示十分清楚。在 T_1 加权像中显示脑桥中部的第四脑室前有大片低信号区，T_2 加权像呈高信号。本病注意和脑桥梗死、闭锁综合征、多发性硬化、脑干肿瘤等相鉴别。

（3）Marchiafava-Bignami 病：主要发生在饮意大利红酒的酗酒者并伴营养不良的患者。病情发展缓慢，逐渐行走困难呈痉挛性步态，以后有四肢肌力减退、反射亢进、锥体束征阳性，构音障碍，有痴呆发生。数年后大部分死亡。

本病主要累及胼胝体，脑桥中央也可累及，大片脱髓鞘病灶在 MRI 中表现为 T_1 加权像呈低信号，T_2 加权像呈高信号。

（4）酒精性周围神经病（alcoholic peripheral neuropathy）和酒精性肌病（alcoholic myopathy）：酒精性周围神经病表现为手套-袜套样感觉减退，伴有共济失调。神经电生理检查提示感觉神经轴突变性明显。由于酗酒后神志模糊、昏睡，常有压迫性神经损害，造成诸如尺神经、正中神经或腓总神经麻痹。

慢性酒精性肌病，主要是长期大量摄入酒精所致，有文献报道若在其一生中摄入酒精量累计超过每公斤体重 13 kg 酒，则发生肌病的可能性很大。轻症者可无症状，症状明显者有四肢近端的无力和轻微酸痛；可伴有心肌损害。病情缓慢加重。约 1/3 患者血清肌酸磷酸激酶（CPK）增高。肌肉活检为非特异的肌肉改变，肌纤维有不同程度的坏死。肌电图示肌源性损害。

急性酒精性肌病表现为在慢性肌病的基础上，有急性发作的肌无力和肌红蛋白尿。肌肉活检可见大片肌纤维坏死。

禁酒是重要的治疗手段。少数慢性酒精性肌病的肌力可以改善。

（5）酒精中毒性痴呆（alcoholic dementia）：在长期大量酗酒的患者中，有些出现脑器质性痴呆。患者可由于慢性酒精中毒反复发生震颤谵妄、痉挛发作，出现急性或慢性进行性人格改变、智力低下、记忆力障碍的痴呆状态。

(6) 痉挛发作（convulsion rumfits）：是指严重酒精中毒患者在急剧中断饮酒或大量饮酒等情况下出现的痉挛大发作，也称之为酒精性癫痫。其发生是由于严重躯体依赖，断酒后血中酒精浓度发生急剧变化，引起血清镁、钾离子浓度降低，动脉血的pH上升，这时诱发肌阵挛的阈值降低，导致痉挛发作。

(7) 柯萨可夫精神病（Korsakov psychosis）：本病由Kopcakob于1887年首先报道，大多数患者是震颤谵妄的后遗症，也可是酒精中毒性幻觉症的后遗症；也有由于严重嗜酒数十年后缓慢发展而成。常发生于长期饮酒者，起病缓慢或紧接震颤谵妄后发生。表现为近记忆力障碍，常伴有错构和虚构、定向障碍和欣快症。严重者智力减退，多伴有周围神经炎等症状和体征。本症以严重近记忆力障碍、遗忘、错构及虚构、定向力障碍为基本症状。新近的研究又指出本病是顺行性遗忘、逆行性遗忘、视知觉与解决问题能力缺陷的认知综合障碍。不同患者可有轻重不等的多发性神经炎、肌萎缩或肌麻痹、腱反射减弱。呈慢性病程，往往经久不愈。也有患者在数月中完全恢复到正常。

(8) 韦尼克（Wernicke）病（高位出血性脑灰质炎）：是最严重的酒精中毒性精神病。该病是由于维生素B_1（即硫胺）缺乏引起的中枢神经系统代谢性疾病，长期饮酒者1次过量饮酒后突然发生谵妄、昏睡、肌肉抽搐、眼球麻痹、去大脑强直，严重者由昏迷而死亡。清醒后可转为柯萨可夫精神病或酒精中毒性痴呆。本症是由于长期饮酒，引起弥漫性皮质性脑萎缩。

(9) 其他酒精中毒性精神症状：包括酒精性幻觉症（alcoholic hallucinosis）、震颤谵妄（delirium tremble）、酒精中毒性嫉妒妄想（alcoholic delusion of jealousy）、酒精所致情感障碍（如严重抑郁症状）、人格衰退（personality deterioration）或人格改变等。

(三) 诊断

有长期或反复饮酒史，并具有与酒精依赖及酒精中毒相关的各种神经系统及精神障碍的症状和体征，以及相关社会问题。

(四) 治疗

由于酒精依赖患者对酒精的强烈渴求和身体依赖，以致不能自拔，因此，除轻症外一般应在住院条件下戒酒，而且住院期间也应杜绝一切酒的来源，以保证戒酒成功。对酒精依赖的治疗传统上分为急性期治疗（或称解毒治疗）及恢复期治疗两个阶段。

1. 解毒治疗 戒酒，对明显酒精依赖患者不仅一定要在住院条件下进行，而且早期最好在封闭病房中进行。这一方法是为了对抗常出现的严重的戒断综合征，另一方面为了对抗早期戒酒阶段非常艰难、痛苦而易于重新饮酒的渴求。戒酒应该是立即的、完全的，而逐渐减酒会增加戒酒的难度。从长远利益出发，戒酒也应该是绝对的，而不应是控制的饮酒。只是那些严重酒精依赖者，而且合并严重的躯体疾病或躯体状况十分不佳，一次戒酒会发生严重反应或可能出现严重戒断症状可考虑采用逐渐减酒，且一般时间不要过长。

在解毒期治疗的患者，最初应如躯体疾病患者一样进行全面的神经病学和内科学方面的检查，对电解质、心脏及血液循环功能应特别注意，合并严重的躯体疾病应及时处理。控制严重的躯体戒断症状是解毒期的关键。

(1) 苯二氮䓬类药物：能较好地缓解和改善戒酒过程中出现的颤抖、抽搐、焦虑不安，甚至震颤谵妄等症状。此类药物与酒精有交叉依赖作用，对心血管系统影响小，本身较安全，很少出现抑制呼吸、降低血压的不良反应，用量以不使患者出现戒断症状为原则。国内常用的药物有地西泮（安定）、氯氮䓬（利眠宁）、阿普唑仑（佳静安定）等，近年来也常用氯硝西泮（氯硝安定）注射。用药量一般第1天应使患者无明显戒断症状为宜，如果出现过度睡眠，可少用1次，如果仍有明显的戒断症状，则应加大剂量。常用地西泮或氯硝西泮口服或注射。对于戒断中出现的痉挛发作可给予地西泮 10 mg 肌内注射或静脉注射，每2~4 h一次，发作消失后不需要继续给药预防。为了防止苯二氮䓬类药物的滥用及成瘾，国外主张在控制症状后的第2天开始递减20%的药量，一般5天减完。我们的临床经验是，根据症状加量或减量，一般不超过7天，患者戒断症状基本消失，药物可渐停用。对戒断症状及慢性中毒的躯体及神经系统并发症，应及时对症治疗。

（2）支持疗法：酒精依赖患者，尤其严重慢性酒精依赖患者常常以酒代饭，导致营养不良、维生素缺乏，尤其是B族维生素缺乏，因此应给予营养支持治疗。需大量补充B族维生素和维生素C，并及时补充营养，维持水电解质平衡。

（3）胰岛素低血糖治疗：10%葡萄糖500 ml加入胰岛素10～20 mg静脉滴注，并给予大量B族维生素。

2. 恢复期治疗　教育，及对症支持治疗。

（五）预防

要积极宣传酒精对人体造成的危害，提高人群的整体认识水平。严禁未成年人饮酒，加强法律监督和检查工作。提倡生产低度酒，控制或禁止烈性酒的生产。

（曾国熙　邢红霞）

练习题 20-1

练习题 20-1 答案及解析

中英文专业词汇索引

α-突触核蛋白（α-synuclein） 206
α-突触核蛋白病（α-synucleinopathy） 231

A

阿尔茨海默病（Alzheimer disease，AD） 61，142，222
阿昔洛韦（Acyclovir） 150，268
奥本海姆征（Oppenheim sign） 24

B

Becker型肌营养不良（Becker muscular dystrophy，BMD） 238
巴宾斯基征（Babinski sign） 23
伴猝倒发作的睡病（narcolepsy with cataplexy） 43
伴有多灶传导阻滞的运动神经病（motor neuropathy with multifocal conduction block） 285
包涵体肌炎（inclusion body myositis，IBM） 246
贝利木单抗（belimumab） 360
闭锁综合征（locked-in syndrome） 29，82，124
辨距困难（dysmetria） 18
病毒性脑膜炎（viral meningitis） 150
病感失认（anosognosia） 41，77
病理反射（pathologic reflex） 23
病理性眩晕（pathologic vertigo） 33
不伴猝倒发作的睡病（narcolepsy without cataplexy） 43
不宁腿综合征（restless leg syndrome，RLS） 43
布鲁津斯基征（Brudzinski sign） 25
步态冻僵（freezing of gait） 208

C

CT灌注成像（CT perfusion imaging，CTP） 54，120
CT血管造影（CT angiography，CTA） 53，120
查多克征（Chaddock sign） 24
称闭锁综合征（locked-in syndrome） 82
弛豫（relaxation） 56
持续植物状态（persistent vegetative state） 29
重复神经电刺激（repeating nerve electric stimulation，RNES） 64，255

抽搐发作（convulsive seizure） 5
抽动症（tic） 90
触发点（trigger point） 337
触觉忽略（tactile inattention） 77
触觉失认（tactile agnosia） 41
穿衣失用（dressing apraxia） 40
传导性失语（conduction aphasia） 39
磁共振波谱成像（magnetic resonance spectroscopy，MRS） 55
磁共振静脉成像（magnetic resonance venography，MRV） 121
磁共振血管造影（magnetic resonance angiography，MRA） 55
磁敏感加权成像（sensitivity weighted imaging，SWI） 55，134
丛集性头痛（cluster headache） 333
卒中（stroke） 114
卒中单元（stroke unit） 121

D

Duchenne型肌营养不良（Duchenne muscular dystrophy，DMD） 238
D-青霉胺（D-penicillamine） 221
大脑半球（cerebral hemisphere） 76
单纯疱疹病毒（herpes simplex virus，HSV） 50，147
单纯疱疹病毒性脑炎（herpes simplex virus encephalitis，HSE） 147
单光子发射计算机断层成像（single photon emission computed tomography，SPECT） 125
单神经病（mononeuropathy） 265
单纤维肌电图（single fibre electromyography，SFEMG） 255
胆碱（choline，Cho） 57
胆碱能危象（cholinergic crisis） 254
胆碱酯酶抑制剂（cholinesterase inhibitors） 252
低钾型周期性瘫痪（hypokalemic periodic paralysis，HOKPP） 249
低颅压性头痛（intracranial hypotension headache） 346

低颅压综合征（intracranial hypotension syndrome） 346
低血糖反应（hypoglycemic reaction） 301
癫痫（epilepsy） 287
癫痫持续状态（status epilepticus，SE） 309
癫痫发作（epileptic seizure） 287
癫痫性痉挛（epileptic spasms） 295
癫痫性脑病（epileptic encephalopathy） 287
癫痫综合征（epileptic syndrome） 287
淀粉样前体蛋白（amyloid precursor protein，APP） 223
跌倒发作（drop attack） 130
顶叶癫痫（parietal lobe epilepsy） 297
定性诊断（qualitative diagnosis） 112
短潜伏期体感诱发电位（short latency somatosensory evoked potential，SLSEP） 31
短暂性脑缺血发作（transient ischemic attack，TIA） 57，114，129，301
短暂性全面遗忘症（transient global amnesia，TGA） 130
对比增强磁共振血管成像（contrast-enhanced magnetic resonance angiography，CEMRA） 120
多巴胺（dopamine，DA） 205
多发性单神经病（multiple mononeuropathy） 265
多发性肌炎（polymyositis，PM） 246
多发性神经病（polyneuropathy） 265，275
多发性神经根病（polyradiculopathy） 265
多发性硬化（multiple sclerosis，MS） 170
多系统萎缩（multiple system atrophy，MSA） 231
多灶性获得性脱髓鞘性感觉运动神经病（multifocal acquired demyelinating sensory and motor neuropathy，MADSAM） 283
多灶性神经病（multifocal neuropathy） 265
多灶性运动神经病（multifocal motor neuropathy，MMN） 230，284

E

额颞叶痴呆（frontotemporal dementia，FTD） 226
额叶癫痫（frontal lobe epilepsy，FLE） 297
儿童失神癫痫（childhood absence epilepsy，CAE） 288
二氢麦角胺（dihydroergotamine，DHE） 330

F

Friedreich 型共济失调（Friedreich ataxia，FRDA） 317
F 波（F-wave） 66
发作性睡病（hypnolepsy） 30
反拗性危象（brittle crisis） 254
反射（reflex） 111
反射性发作（reflex seizures） 295
反转录病毒（retrovirus） 167
泛素-蛋白酶体系统（ubiquitin proteasome system，UPS） 206
放射性脑病（radiation encephalopathy，REP） 360
放射性脑损伤（radiation induced brain injury） 360
放射性疼痛（radiating pain） 93
非快速眼动相（non-rapid eye movement，NREM） 60
腓总神经麻痹（common peroneal nerve palsy） 272
肺性脑病（pulmonary encephalopathy） 354
分子杂交（molecular hybridization） 73
风疹病毒（rubella virus，RV） 50
复合肌肉动作电位（compound muscle action potential，CMAP） 66
副交感神经（parasympathetic never） 109
副肿瘤性脑脊髓炎（paraneoplastic encephalomyelitis，PEM） 367
副肿瘤性神经病（paraneoplastic neuropathy） 285
副肿瘤性小脑变性（paraneoplastic cerebellar degeneration，PCD） 368
腹壁反射（abdominal reflex） 23

G

Glasgow 昏迷量表（Glasgow coma scale，GCS） 7
肝豆状核变性（hepatolenticular degeneration，HLD） 216
肝性脑病（hepatic encephalopathy，HE） 348
感觉倒错（dysesthesia） 92
感觉过度（hyperpathia） 92
感觉过敏（hyperesthesia） 92
感觉神经传导速度（sensory nerve conduction velocity，SCV） 65
感觉异常（paresthesia） 5，92
感觉异常性股痛（meralgia paresthetica） 273
橄榄-脑桥-小脑萎缩（olivopontocerebellar atrophy，OPCA） 231
肛门反射（anal reflex） 23
高分辨率磁共振成像（high resolution magnetic resonance imaging，HRMRI） 55，57
高钾型周期性瘫痪（hyperkalemic periodic paralysis，HYPP） 251
高效抗反转录病毒治疗（highly active antiretroviral therapy，HAART） 168
戈登征（Gordon sign） 24
跟膝胫试验（heel-knee-shin test） 19
更昔洛韦（Ganciclovir） 150
功能磁共振成像（functional magnetic resonance imaging，fMRI） 55

肱二头肌反射（biceps reflex） 21
肱三头肌反射（triceps reflex） 21
共济运动（coordination movement） 18
股外侧皮神经病（lateral femoral cutaneous neuropathy） 273
观念性失用（ideational apraxia） 40
观念运动性失用（ideomotor apraxia） 40
灌注加权成像（perfusion-weighted imaging，PWI） 55，120

H

H反射（H-reflex） 66
踝反射（ankle reflex） 22
幻肢症与动觉性幻觉（phantom limb and kinesthetic hallucinations） 41
昏迷（coma） 28
昏睡（sopor） 28
获得性免疫缺陷综合征（acquired immunodeficiency syndrome，AIDS） 166
霍夫曼征（Hoffmann sign） 24

J

肌醇（myoinositol，MI） 57
肌僵直（rigidity） 89
肌力（muscle strength） 16
肌强直（rigidity） 208
肌容积（muscle bulk） 16
肌肉活组织检查（biopsy of muscle） 72
肌收缩性头痛（muscle contraction headache） 331
肌束震颤（fasciculation） 265
肌酸（creatine，Cr） 57
肌萎缩侧索硬化（amyotrophic lateral sclerosis，ALS） 67，227
肌无力危象（myasthenic crisis） 254
肌营养不良（muscular dystrophy，MD） 238
肌张力（muscle tone） 16
肌阵挛性癫痫伴破碎红纤维（myoclonic epilepsy and ragged red fibers，MERRF） 260
肌阵挛性发作（myoclonic seizures） 294
基底动脉尖综合征（top of the basilar artery syndrome） 124
基底核性失语（basal ganglion aphasia） 39
基底神经节（basal ganglion） 78
基因诊断（gene diagnosis） 73
吉兰-巴雷综合征（Guillain-Barre syndrome，GBS） 278
急性播散性脑脊髓炎（acute disseminated encephalomyelitis，ADEM） 182

急性泛自主神经病（acute panautonomic neuropathy，APN） 278
急性感觉神经病（acute sensory neuropathy，ASN） 278
急性横贯性脊髓炎（acute transverse myelitis） 191
急性炎性脱髓鞘性多发性神经病（acute inflammatory demyelinating polyneuropathies，AIDP） 278
急性运动感觉轴突性神经病（acute motor sensory axonal neuropathy，AMSAN） 278
急性运动轴突性神经病（acute motor axonal neuropathy，AMAN） 278
脊髓（spinal cord） 83
脊髓空洞积水症（syringohydromyelia） 197
脊髓空洞症（syringomyelia） 197
脊髓小脑性共济失调（spinocerebellar ataxia，SCA） 316
脊髓血管病（vascular disorders of the spinal cord） 201
脊髓压迫症（compressive myelopathy） 194
脊髓亚急性联合变性（subacute combined degeneration of the spinal cord） 199
脊柱X线检查（X-rays examination of spine） 51
计算机X线摄影术（computed radiography，CR） 51
甲泼尼龙（methylprednisolone，MPL） 193，257
假性癫痫发作（pseudoseizure，PS） 300
假性神经递质（false neurochemical transmitter，FNT） 349
间脑（diencephalon） 79
简易精神状态检查（mini-mental state examination，MMSE） 11
降钙素基因相关肽（calcitonin gene related peptide，CGRP） 327
交感神经（sympathetic never） 109
角膜反射（corneal reflex） 8，14
脚桥核（pedunculopontine nucleus，PPN） 208
节段性脱髓鞘（segmental demyelination） 265
结构性失用（constructional apraxia） 40
结核性脑膜炎（tuberculous meningitis，TBM） 153
结节性硬化症（tuberous sclerosis complex，TSC） 318
睫脊反射（ciliospinal reflex） 9
紧张型头痛（tension-type headache，TTH） 331
进行性多灶性白质脑病（progressive multifocal leukoencephalopathy，PML） 168
进行性脊髓性肌萎缩（progressive spinal muscular atrophy，PSMA） 227
进行性延髓麻痹（progressive bulbar palsy，PBP） 227

进展性卒中（progressive stroke）123
经颅磁刺激运动诱发电位（transcranial magnetic stimulation motor evoked potential，TMS-MEP）63
经颅多普勒超声（transcranial Doppler，TCD）31，69
经皮质感觉性失语（transcortical sensory aphasia）39
经皮质混合性失语（mixed transcortical aphasia）39
经皮质运动性失语（transcortical motor aphasia）39
颈内动脉（internal carotid artery，ICA）68
颈外动脉（external carotid artery，ECA）68
颈总动脉（common carotid artery，CCA）68
静脉注射免疫球蛋白（intravenous immunoglobulin，IVIG）282
静止性震颤（static tremor）89
酒精性肌病（alcoholic myopathy）376
酒精性小脑变性（alcoholic cerebellar degeneration）375
酒精性周围神经病（alcoholic peripheral neuropathy）376
酒精依赖（alcohol dependence）375
酒精中毒性痴呆（alcoholic dementia）376
局部疼痛（local pain）93
局灶性神经病（focal neuropathy）265
巨细胞病毒（cytomegalovirus，CMV）50
聚合酶链反应（polymerase chain reaction，PCR）73

K

凯尔尼格征（Kernig sign）25
抗肌萎缩蛋白病（dystrophinopathy）238
克-雅病（Creutzfeldt-Jakob disease，CJD）51，164
库鲁病（Kuru disease）164
快速血浆反应素试验（rapid plasma reagin，RPR）163
快速眼动相（rapid eye movement，REM）60
奎肯施泰特试验（Queckenstedt test）48

L

Lambert-Eaton 肌无力综合征（Lambert-Eaton myasthenic syndrome，LEMS）369
Leber 遗传性视神经病（Leber hereditary optic neuropathy，LHON）260
莱姆病（Lyme disease）268
郎飞结（Ranvier node）264
老年斑（senile plaque）223
利鲁唑（riluzole）230
利妥昔单抗（rituximab）170
连枷臂综合征（flail arm syndrome）227
联合抗反转录病毒治疗（combination antiretroviral therapy，cART）167
良性家族性新生儿-婴儿癫痫（benign familial neonatal-infantile seizures，BFNIS）288
良性家族性新生儿癫痫（benign familial neonatal seizures，BFNS）288
临床孤立综合征（clinically isolated syndrome，CIS）170，172
颅内压（intracranial pressure，ICP）341
颅内压增高（intracranial hypertension）341
路易体痴呆（dementia with Lewy body，DLB）226
罗索利莫征（Rossolimo sign）25

M

Miller-Fisher 综合征（Miller-Fisher syndrome，MFS）278
麻痹性痴呆（dementia paralytica）226
麦角胺（ergotamine）330
慢性进行性眼外肌瘫痪（chronic progressive external ophthalmoplegia，CPEO）260
慢性炎性脱髓鞘性多发性神经病（chronic inflammatory demyelinating polyneuropathy，CIDP）72，283
梅毒螺旋体血细胞凝集试验（treponema pallidum hemagglutination，TPHA）163
酶联免疫吸附试验（enzyme linked immunosorbent assay，ELISA）50
美国国立卫生研究院卒中量表（National Institute of Health Stroke Scale，NIHSS）119
梦魇（nightmare）44
弥散加权成像（diffusion-weighted imaging，DWI）55，120
弥散张量成像（diffusion tensor imaging，DTI）55
米托蒽醌（mitoxantrone）170
免疫重建炎症综合征（immune reconstitution inflammatory syndrome，IRIS）168
面肩肱型肌营养不良（facioscapulohumeral muscular dystrophy，FSHD）243
面孔失认（prosop agnosia）41
命名性失语（anomic aphasia）39
末端潜伏期（distal latency，DL）266
木僵（stupor）30

N

N-甲基-D-天冬氨酸（N-methyl-D-aspartic acid，NMDA）51
N-乙酰-天冬氨酸（N-acetyl-aspartate，NAA）57
那他珠单抗（natalizumab）170
难治性癫痫持续状态（refractory status epilepticus，RSE）311

脑出血（intracerebral hemorrhage，ICH） 132

脑电图（electroencephalography，EEG） 59

脑淀粉样血管病（cerebral amyloid angiopathy，CAA） 132

脑干（brain stem） 81

脑干听觉诱发电位（brainstem auditory evoked potential，BAEP） 62

脑活组织检查（biopsy of brain） 71

脑脊液（cerebrospinal fluid，CSF） 46

脑脊液漏性头痛 346

脑静脉系统血栓形成（cerebral venous thrombosis，CVT） 143

脑面血管瘤病（brain-face angiomatosis） 322

脑囊虫病（neurocysticercosis） 160

脑三叉神经血管瘤病（encephalotrigeminal angiomatosis） 322

脑神经（cranial nerves） 96

脑死亡（brain death） 30

脑血管病（cerebrovascular disease，CVD） 114

脑血管意外（cerebrovascular accident） 114

脑诱发电位（cerebral evoked potential，CEP） 62

内-中膜厚度（intima-media thickness，IMT） 68

内囊（internal capsule） 78

逆行性死亡（dying back） 264

颞叶癫痫（temporal lobe epilepsy，TLE） 296

扭转痉挛（torsion spasm） 90

P

帕金森病（Parkinson disease，PD） 205

帕金森综合征（parkinsonism） 205

皮肌炎（dermatomyositis，DM） 246

皮质下失语综合征（subcortical aphasia syndrome） 39

偏身失认（hemiasomatognosia） 41

偏身投掷运动（hemiballismus） 90

偏头痛（migraine） 325

破碎红纤维（ragged red fiber，RRF） 259

Q

牵涉性疼痛（referred pain） 93

强直发作（tonic seizures） 294

强直性肌营养不良（myotonic dystrophy，DM） 241

丘脑性失语（thalamic aphasia） 39

躯体感觉诱发电位（somatosensory evoked potential，SEP） 62

去皮质综合征（decorticated syndrome） 29

全面强直-阵挛发作（generalized tonic-clonic seizures，GTCS） 293

缺血半暗带（ischemic penumbra） 57，123

R

桡骨膜反射（radial reflex） 22

人类T淋巴细胞病毒1型（human T-lymphocytic virus type 1，HTLV-1） 168

人类免疫缺陷病毒（human immunodeficiency virus，HIV） 166

乳酸（lactic acid，Lac） 57

朊蛋白病（prion disease） 164

S

Sturge-Weber综合征（Sturge-Weber syndrome，SWS） 322

三叉神经痛（trigeminal neuralgia，TN） 337

三乙基四胺（triethyltetramine） 221

烧灼足（burning feet） 277

舌咽神经痛（glossopharyngeal neuralgia） 338

神经病学（neurology） 1

神经传导速度（nerve conduction velocity，NCV） 64

神经活组织检查（biopsy of nerve） 71

神经肌肉接头（neuromuscular junction，NMJ） 252

神经梅毒（neurosyphilis） 162

神经皮肤综合征（neurocutaneous syndrome） 318

神经系统变性疾病（neurological degenerative disease） 222

神经系统副肿瘤综合征（paraneoplastic neurological syndrome，PNS） 365

神经纤维瘤病（neurofibromatosis，NF） 320

神经纤维素蛋白（neurofibronin） 320

神经元变性（neuronal degeneration） 264

神经元病（neuronopathy） 264

神经原纤维缠结（neurofibrillary tangle，NFT） 223

肾性脑病（renal encephalopathy） 352

生理性眩晕（physiologic vertigo） 33

失眠（insomnia） 42

失认症（agnosia） 40

失神发作（absence seizures） 294

失用症（apraxia） 40

失语（aphasia） 38

失张力发作（atonic seizures） 295

时间窗（time window） 123

视觉空间失认（visual-spatial agnosia） 41

视觉失认（visual agnosia） 41

视觉物品失认（visual object agnosia） 41

视觉诱发电位（visual evoked potential，VEP） 62

视觉障碍（visual disorder） 6

视神经脊髓炎（neuromyelitis optica，NMO） 170

嗜睡（somnolence） 28

手足徐动症（athetosis） 89
数字 X 线摄影（digital radiography，DR） 51
数字减影血管造影（digital substraction angiography，DSA） 52，121
睡眠障碍（sleep disorders） 301
睡行症（sleep walking） 43
四硫钼酸铵（ammonium tetrathiomolybdate，TM） 221
锁骨下动脉（subclavian artery，SA） 68

T

T_1 加权成像（T_1 weighted imaging，T_1WI） 56，120
T_2 加权成像（T_2 weighted imaging，T_2WI） 56，120
瘫痪（paralysis） 5
糖尿病性周围神经病（diabetic peripheral nerve disease） 370
糖皮质激素（glucocorticoid） 282
特发性面神经麻痹（idiopathic facial palsy） 267
疼痛（pain） 5
提睾反射（cremasteric reflex） 23
体像障碍（body image disturbance） 41
听觉失认（auditory agnosia） 41
痛性眼肌麻痹（painful ophthalmoplegia） 335
头颅 X 线检查（X-rays examination of skull） 51
头痛（headache） 5，34
头眼反射（oculocephalic reflex） 9
头晕（dizziness） 5

W

完全性卒中（complete stroke） 123
完全性失语（global aphasia） 39
玩偶眼试验（doll eye test） 9
腕管综合征（carpal tunnel syndrome） 269
威尔逊病（Wilson disease，WD） 216
纹状体-黑质变性（striatonigral degeneration，SND） 231
沃勒变性（Wallerian degeneration） 264，368
无动性缄默症（akinetic mutism） 29
舞蹈样运动（choreic movement） 89

X

膝反射（knee jerk） 22
系统性红斑狼疮（systemic lupus erythematosus，SLE） 356
纤颤电位（fibrillation potential） 65
痫性发作（seizure） 35
线粒体脑肌病伴乳酸酸中毒和卒中样发作（mitochondrial encephalomyopathy with lactic acidosis and stroke-like episodes，MELAS） 260
小脑（cerebellum） 82
性病研究实验室（venereal disease research laboratory，VDRL） 163
眩晕（vertigo） 5，33
血管性痴呆（vascular dementia，VaD） 141，226
血浆交换（plasma exchange，PE） 282
循证医学（evidence-based medicine，EBM） 3，121

Y

亚急性硬化性全脑炎（subacute sclerosing panencephalitis，SSPE） 61
延髓空洞症（syringobulbia） 197
颜色失认（colour agnosia） 41
眼前庭反射（oculovestibular reflex） 9
腰椎穿刺术（lumbar puncture） 46
夜惊（sleep terror） 43
液体衰减反转恢复（fluid attenuation inversion recovery，FLAIR） 56，120
遗传性共济失调（hereditary ataxia，HA） 315
遗传性运动感觉神经病（hereditary motor and sensory neuropathy，HMSN） 276
乙酰胆碱受体（acetylcholine receptor，AChR） 252
异态睡眠（parasomnias） 43
意识模糊（confusion） 29
意识障碍（disturbance of consciousness） 6
意志缺乏症（abulia） 29
癔症发作（hysteria attack） 30
隐球菌性脑膜炎（cryptococcus meningitis） 156
荧光法密螺旋体抗体吸附试验（fluorescent treponemal antibody-absorption test，FTA-ABS） 163
原发性侧索硬化（primary lateral sclerosis，PLS） 227
远端获得性脱髓鞘性对称性神经病（distal acquired demyelinating symmetric neuropathy，DADS） 283
远端轴突病（distal axonopathy） 276
远隔效应（remote effects） 365
运动迟缓（bradykinesia） 208
运动神经传导速度（motor nerve conduction velocity，MCV） 65
运动神经元病（motor neuron disease，MND） 227
运动诱发电位（motor evoked potential，MEP） 63
晕厥（syncope） 5，30，36，300

Z

早老素 1（presenilin 1，PS1） 223
谵妄状态（delirium） 29
阵挛（clonus） 22
阵挛性发作（clonic seizures） 294

枕神经痛（occipital neuralgia） 339
枕叶癫痫（occipital lobe epilepsy） 297
震颤（tremor） 208
正常钾型周期性瘫痪（normokalemic periodic paralysis） 252
正常压力脑积水（normal pressure hydrocephalus，NPH） 226
支链氨基酸（branched-chain amino acid，BCAA） 349
肢带型肌营养不良（limb-girdle muscular dystrophy，LGMD） 244
肢体运动性失用（melokinetic apraxia） 40
植物状态（vegetative state） 29
跖反射（plantar reflex） 23
指鼻试验（finger-to-nose test） 18
致死性家族性失眠症（fatal familial insomnia，FFI） 164
中枢运动传导时间（central motor conduction time，CMCT） 63
重症肌无力（myasthenia gravis，MG） 252

周期性瘫痪（periodic paralysis） 249
周期性同步放电（periodic synchronous discharge，PSD） 165
周围神经（peripheral nerve） 108
周围神经疾病（peripheral neuropathy） 263
轴突变性（axonal degeneration） 264
蛛网膜下腔出血（subarachnoid hemorrhage，SAH） 136
椎动脉（vertebral artery，VA） 68
锥体外系（extrapyramidal system） 88
灼性神经痛（causalgia） 93
自发性脑脊液漏（spontaneous CSF leak） 346
自体部位失认（autotopagnosia） 41
自体认识不能（autotopagnosia） 77
自主神经（autonomic never） 109
阻塞性睡眠呼吸暂停（obstructive sleep apnea，OSA） 43
左旋多巴（Levodopa） 207
坐骨神经痛（sciatica） 273

主要参考文献

[1] 陈孝平,汪建平. 外科学. 8版. 北京:人民卫生出版社,2013.

[2] 高绪文,郑明新. 临床脊髓病学. 北京:人民卫生出版社,1997.

[3] 何志成,郑南南. 病史采集和体格检查医学行为的人文思考. 医学与哲学,2006,27(1):63-79.

[4] 洪震,江澄川. 现代癫痫学. 上海:复旦大学出版社,2007.

[5] 黄如训. 神经病学. 北京:高等教育出版社,2010.

[6] 贾建平,陈生弟. 神经病学. 7版. 北京:人民卫生出版社,2013.

[7] 贾建平. 神经病学. 8版. 北京:人民卫生出版社,2018.

[8] 蒋雨平,王坚,蒋雯巍. 新编神经病学. 上海:上海科学普及出版社,2014.

[9] 李大年. 现代神经内科学. 济南:山东科学技术出版社,2009.

[10] 刘斌. 以多血管病变为主的表皮痣综合征一例报告. 中华神经科学杂志,2005,38(1):24.

[11] 蒲传强,吴卫平,郎森阳. 神经系统感染免疫病学. 北京:科学出版社,2003.

[12] 神经病学中华医学会神经病学分会帕金森病及运动障碍学组,中国医师协会神经内科医师分会帕金森病及运动障碍专业委员会. 中国帕金森病的诊断标准(2016版). 中华神经科杂志,2016,49(4):268-270.

[13] 史玉泉,周孝达. 实用神经病学. 3版. 上海:上海科学技术出版社,2004.

[14] 粟秀初,孔繁元,黄如训. 进一步提升眩晕、头晕和头昏诊疗工作中的理性共识. 中国神经精神疾病杂志,2011,37(11):702-704.

[15] 粟秀初. 眩晕的临床诊断. 中国现代神经疾病杂志,2005,5(5):292-297.

[16] 王文献,张冬,刘卫金,等. 神经皮肤综合征的影像学特征和诊断. 第三军医大学学报,2008,30(14):1381-1384.

[17] 王新德. 现代神经病学. 北京:人民军医出版社,2008.

[18] 王拥军,张星虎. 医学专业必修课考试辅导丛书——神经病学. 北京:科学技术文献出版社,2002.

[19] 王拥军,张星虎. 医学专业必修课考试辅导教材——神经病学(修订版). 北京:科学技术文献出版社,2006.

[20] 王拥军. 神经病学临床评定量表. 北京:中国友谊出版公司,2005.

[21] 王拥军. 神经病学. 3版. 北京:北京大学医学出版社,2013.

[22] 魏岗之. 神经病学. 第16卷,神经系统脱髓鞘性疾病. 北京:人民军医出版社,2003.

[23] 吴江,贾建平. 神经病学. 3版. 北京:人民卫生出版社,2015.

[24] 许贤豪. 神经免疫学. 武汉:湖北科学技术出版社,2000.

[25] 查锡良,药立波. 生物化学与分子生物学. 8版. 北京:人民卫生出版社,2013.

[26] 张培林. 神经解剖学. 北京:人民卫生出版社,1987.

[27] 赵志刚,张星虎,张永革. 当代神经精神科用药选择. 北京:人民卫生出版社,2003.

[28] 中国睡眠研究会. 中国失眠症诊断和治疗指南. 中华医学杂志, 2017, 97 (24): 1844-1856.

[29] 中国中医科学院失眠症中医临床实践指南课题组. 失眠症中医临床实践指南(WHO/WPO). 世界睡眠医学杂志, 2016, 3 (1): 8-25.

[30] 中国免疫学会神经免疫学分会, 中华医学会神经病学分会神经免疫学组. 重症肌无力诊断和治疗中国专家共识. 中国神经免疫学和神经病学杂志, 2012, 19 (6): 401-408.

[31] 中国医学会神经病学分会, 中国医学会神经病学分会神经肌肉病学组, 中华医学会神经病学分会肌电图与临床神经生理学组. 中国神经系统线粒体病的诊治指南. 中华神经科杂志, 2015, 48 (12): 1045-1051.

[32] 中国抗癫痫协会. 临床诊疗指南: 癫痫病分册 (2015修订版). 北京: 人民卫生出版社, 2015.

[33] 中华医学会神经病学分会帕金森病及运动障碍学组, 梁秀龄, 杨任民, 等. 肝豆状核变性的诊断与治疗指南. 中华神经科杂志, 2008, 41 (8): 566-569.

[34] 中华医学会神经病学分会帕金森病及运动障碍学组, 中国帕金森病治疗指南 (第三版). 中华神经科杂志, 2014, 47 (6): 428-433.

[35] 中华医学会神经病学分会, 中华医学会神经病学分会脑血管病学组. 中国急性缺血性脑卒中诊治指南. 中华神经科杂志, 2018, 51 (9): 666-682.

[36] 中华医学会神经病学分会帕金森病及运动障碍学组, 中国医师协会神经内科医师分会帕金森病及运动障碍专业委员会. 中国帕金森病的诊断标准 (2016版). 中华神经科杂志, 2016, 49 (4): 268-271.

[37] 中华医学会神经病学分会, 中华医学会神经病学分会神经肌肉病学组, 中华医学会神经病学分会肌电图与临床神经生理学组. 中国假肥大型肌营养不良症诊治指南. 中华神经科杂志, 2016, 49 (1): 17-20.

[38] 中华医学会风湿病学分会. 多发性肌炎和皮肌炎诊断及治疗指南. 中华风湿病学杂志, 2010, 14 (12): 828-831.

[39] 中华医学会神经病学分会, 中华医学会神经病学分会神经肌肉病学组, 中华医学会神经病学分会肌电图与临床神经电生理学组. 中国特发性面神经麻痹诊治指南. 中华神经科杂志, 2016, 49 (2): 84-86.

[40] 中华医学会神经病学分会神经肌肉病学组, 中华医学会神经病学分会肌电图及临床神经电生理学组, 中华医学会神经病学分会神经免疫学组. 中国吉兰-巴雷综合征诊治指南. 中华神经科杂志, 2010, 43 (8): 583-585.

[41] Ascherio A, Schwarzschild MA. The epidemiology of Parkinson's disease: risk factors and prevention. Lancet Neurology, 2016, 15 (12): 1257-1272.

[42] Bandmann O, Weiss KH, Kaler SG. Wilson's disease and other neurological copper disorders. Lancet Neurology, 2015, 14 (1): 103-113.

[43] Beilina A, Cookson MR. Genes associated with Parkinson's disease: regulation of autophagy and beyond. Journal of Neurochemistry, 2016, 139 (S1): 91-107.

[44] Berg AT, Berkovic SF, Brodie MJ, et al. Revised terminology and epilepsies: report of the ILAE Commission on Classification and Terminology, 2005—2009. Epilepsia, 2010, 51 (4): 676-685.

[45] Braak H, Del Tredici K. Neuropathological staging of brain pathology in sporadic parkinson's disease: separating the wheat from the chaf. Journal of Parkinsons Disease, 2017, 7 (Suppl 1): S73-S87.

[46] Buysse DJ. Insomnia. Journal of the American Medical Association, 2013, 309 (7): 706-716.

[47] Fisher RS, Acevedo C, Arzimanoglou A, et al. ILAE official report: apractical clinical definition of epilepsy. Epilepsia, 2014, 55 (4): 475-482.

[48] Fling BW, Cohen RG, Mancini M, et al. Asymmetric pedunculopontine network connectivity in parkinsonian patients with freezing of gait. Brain, 2013, 136 (8): 2405-2418.

[49] Greenberg DA, Aminoff MJ, Simon RP. Clinical Neurology. 8th ed. New York: McGraw-Hill Medical, 2012.

[50] Hirschbichler ST, Erro R, Ganos C, et al. "Atypical" parkinsonism: critical appraisal of a cohort. Parkinsonism Relat Disord, 2017, 37: 36-42.

[51] H. Royden Jones. 奈特神经系统疾病彩色图谱. 樊东升, 张俊, 译. 北京: 人民卫生出版社, 2009.

[52] Kumar DR, Aslinia F, Yale SH, et al. Jean-Martin Charcot: the father of neurology. Clin Med Res, 2011, 9 (1): 46-49.

[53] Lennon VA, Kryzer TJ, Pittock SJ, et al. IgG marker of optic-spinal multiple sclerosis binds to the aquaporin-4 water channel. J Exp Med, 2005, 202: 473-477.

[54] Levin J, Kurz A, Arzberger T, et al. The differential diagnosis and treatment of atypical Parkinsonism. Deutsches Arzteblatt International, 2016, 113 (5): 61-69.

[55] Lovato N, Lack L, Wright H, et al. Evaluation of a brief treatment program of cognitive behavior therapy for insomnia in older adults. Sleep, 2014, 37 (1): 117-26.

[56] Lublin FD, Reingold SC, Cohen JA. Defining the clinical course of multiple sclerosis: The 2013 revision. Neurology, 2014, 83: 1-9.

[57] Mahlknecht P, Seppi K, Poewe W. The concept of prodromal Parkinson's disease. Journal of Parkinsons Disease, 2015, 5 (4): 681-697.

[58] Mcfarland NR. Diagnostic approach to atypical Parkinsonian syndromes. Continuum, 2016, 22 (4): 1117-1142.

[59] Mckeith IG, Boeve BF, Dickson DW, et al. Diagnosis and management of dementia with Lewy bodies: fourth consensus report of the DLB Consortium. Neurology, 2017, 89 (1): 1-13.

[60] Nussbaum RL. The identification of alpha-synuclein as the first parkinson disease gene. Journal of Parkinsons Disease, 2017, 7 (Suppl 1): S45-S51.

[61] Poewe W, Seppi K, Tanner CM, et al. Parkinson disease. Nat Rev Dis Primers, 2017, 3 (1): 17013.

[62] Ramón Cacabelos. Parkinson's disease: from pathogenesis to pharmacogenomics. International Journal of Molecular Sciences, 2017, 18 (3): 551-579.

[63] Ropper AH, Samuels MA, Klein JP. Adams and Victor's Principles of Neurology. 10th ed. New York: McGraw-Hill Education, 2014.

[64] Ropper AH, Samuels MA. Adams and Victor's Principles of Neurology. 9th ed. New York: McGraw-Hill, 2009.

[65] Rowland LP. Merritt's Neurology. 11th ed. Baltimore: Lippincott Williams & Wilkins, 2005.

[66] Saeed U, Compagnone J, Aviv RI, et al. Imaging biomarkers in Parkinson's disease and

Parkinsonian syndromes: current and emerging concepts. Translational Neurodegeneration, 2017, 6 (1): 8.

[67] Sateia MJ. International Classification of Sleep Disorders (3rd edition) (ICSD-3). Chest, 146 (5): 1387-1394.

[68] Schapira AHV, Chaudhuri KR, Jenner P. Non-motor features of Parkinson disease. Nature Reviews Neuroscience, 2017, 18 (8): 435-450.

[69] Talbot LS, Maguen S, Metzler TJ, et al. Cognitive behavioral therapy for insomnia in posttraumatic stress disorder: a randomized controlled trial. Sleep, 2014, 37 (2): 327-341.

[70] Therapeutic Guidelines Limited. 治疗指南: 神经病学分册. 张星虎, 赵志刚, 杨莉, 译. 北京: 化学工业出版社, 2006.

[71] Thompson AJ, Banwell BL, Barkhof F, et al. Diagnosis of multiple sclerosis: 2017 revisions of the McDonald criteria. Lancet Neurol, 2018, 17 (2): 162-173.

[72] Trinka E, Cock H, Hesdorffer D, et al. A definition and classification of status epilepticus-report of the ILAE Task Fore on classification of status epilepticus. Epilepsia, 2015, 56 (10): 1515-1523.

[73] Tyagi A. Management of spontaneous intracranial hypotension. Practical neurology, 2016, 16 (2): 87-88.

[74] Victor M, Ropper AH. 亚当斯-维克托神经病学 (英文影印版). 7版. 北京: 科学出版社, 2001.

[75] Wakerley BR, Uncini A, Yuki N. Guillain-Barré and Miller Fisher syndromes-new diagnastic classification. Nature Reviews Neurology, 2014, 10: 537-544.

[76] Weingarten CP, Sundman MH, Hickey P, et al. Neuroimaging of Parkinson's disease: expanding views. Neuroscience & Biobehavioral Reviews, 2015, 59: 16-52.

[77] Wingerchuk, DM, Banwell B, Bennett JL, et al. International consensus diagnostic criteria for neuromyelitis optica spectrtum disorders. Neurol, 2015, 85 (2): 177-189.

[78] Wu F, Wang J, Pu CW, et al. Review Wilson's disease: a comprehensive review of the molecular mechanisms. Int J Mol Sci, 2015, 16: 6419-6431.

彩 图

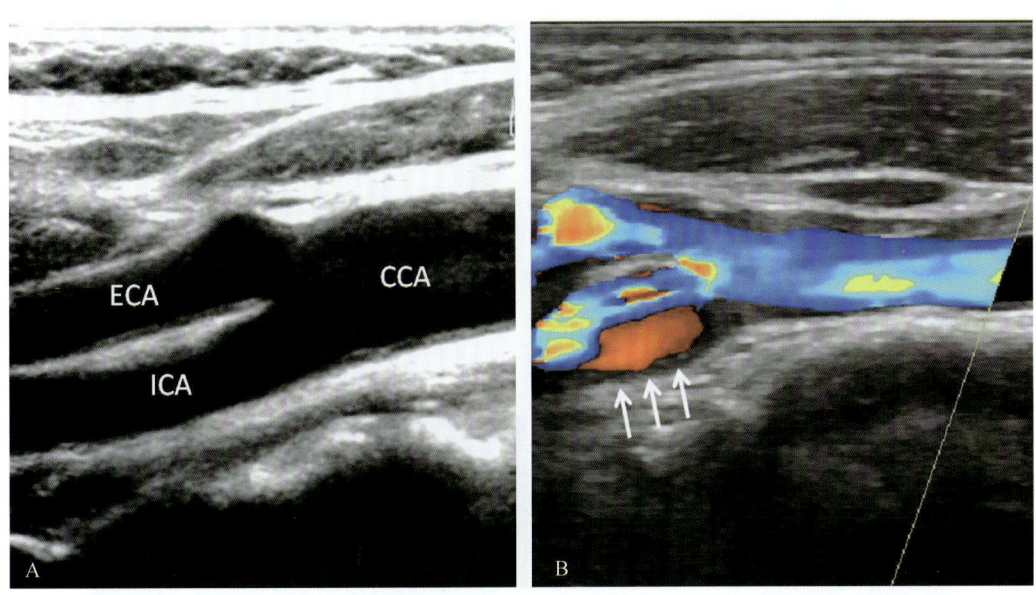

彩图 5-13　颈动脉超声显像

A. 二维超声显示正常颈动脉；B. 彩色多普勒血流显像示动脉粥样硬化斑块，颈内动脉近端扁平型低回声斑块（箭头）。CCA，颈总动脉；ECA，颈外动脉；ICA，颈内动脉

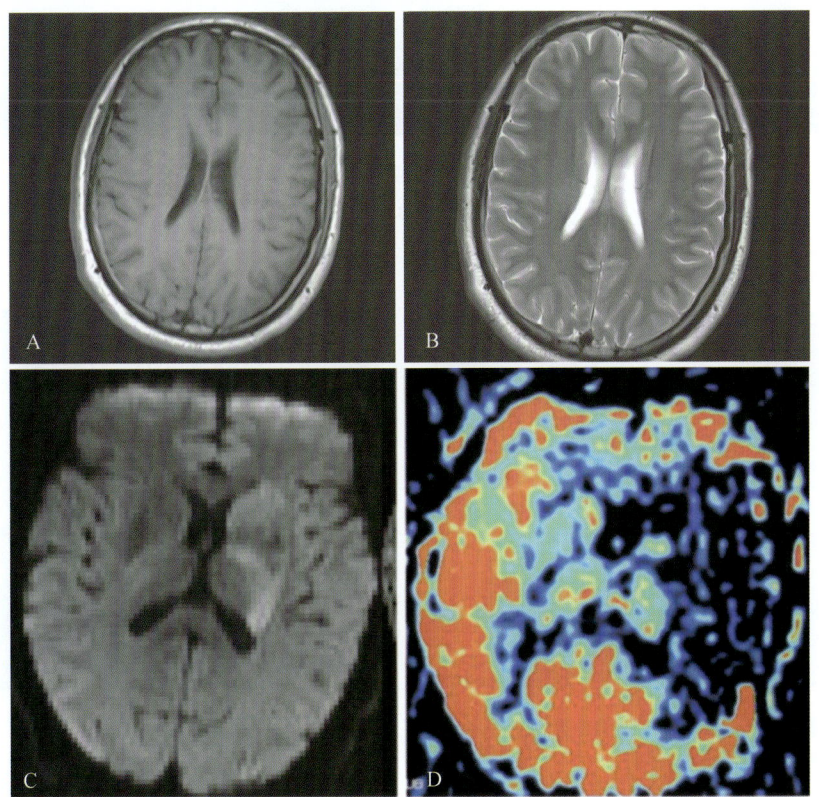

彩图 8-9　在 MRI 上，缺血性卒中早期在 T_1 加权像（A）、T_2 加权像（B）无明显异常信号影，弥散加权成像（DWI）上高信号（C），灌注加权成像（PWI）上有异常灌注区（D），PWI 异常区域较 DWI 区域大

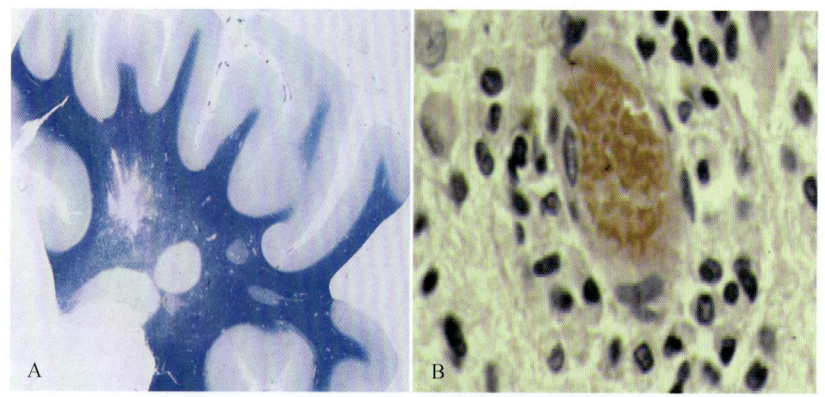

彩图 10-1　A. 脑组织 LFB 染色显示髓鞘脱失；B. 脑组织内有血管周围炎性细胞浸润

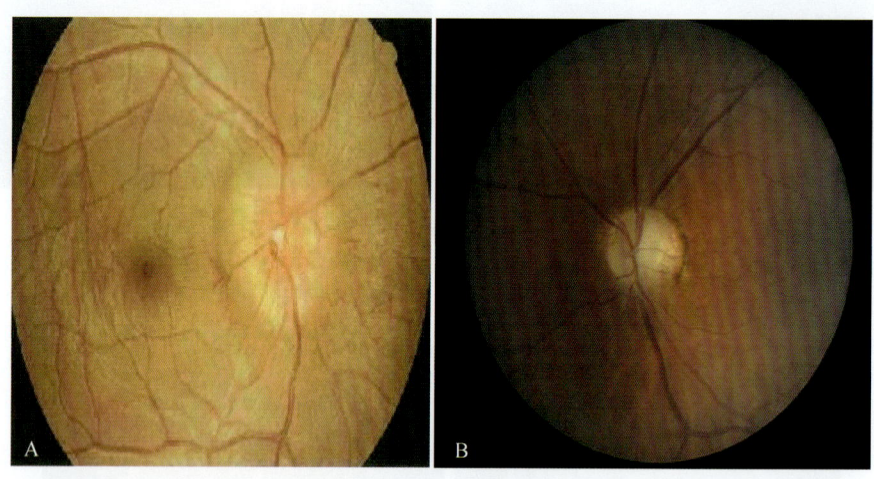

彩图 10-6　视神经受累

A. 视盘水肿；B. 视神经萎缩

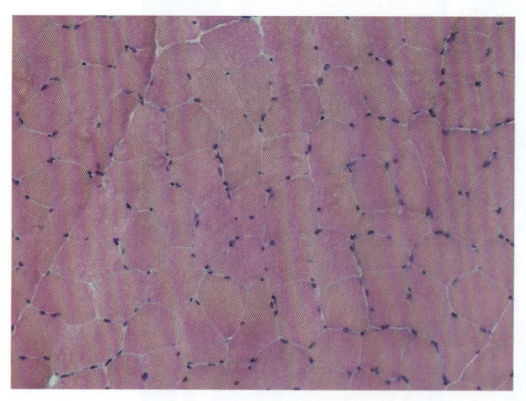

彩图 14-1　正常骨骼肌 HE 染色

彩图 14-2　Gomori 染色

深蓝色为 Ⅰ 型肌纤维，浅蓝色为 Ⅱ 型肌纤维

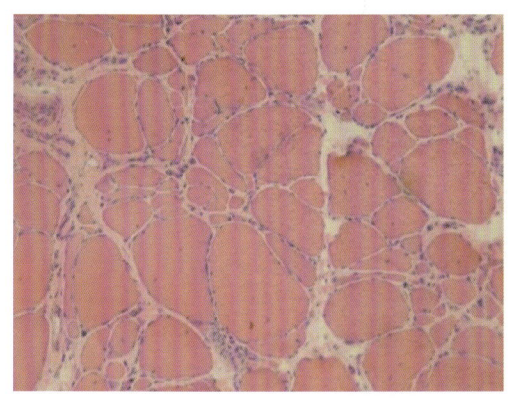

彩图 14-5 DMD 肌纤维肥大、坏死、结缔组织增生

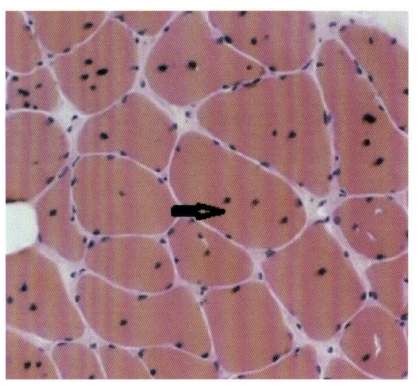

彩图 14-9 HE 染色可见大量核内移（箭头）

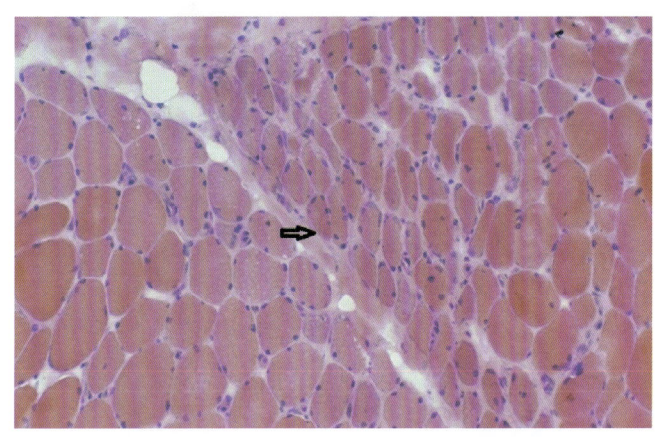

彩图 14-10 皮肌炎患者 HE 染色

可见束周萎缩现象（箭头），为皮肌炎特征性病理改变

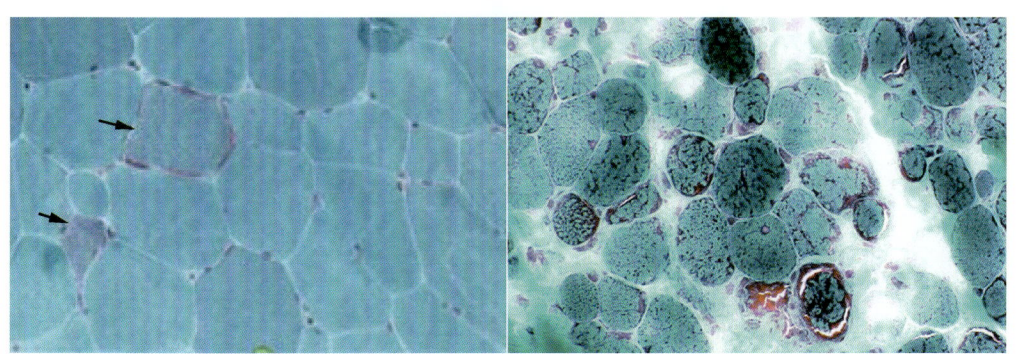

彩图 14-12 线粒体肌病的肌组织病理

肌纤维大小不等，可见破碎红纤维（箭头示）

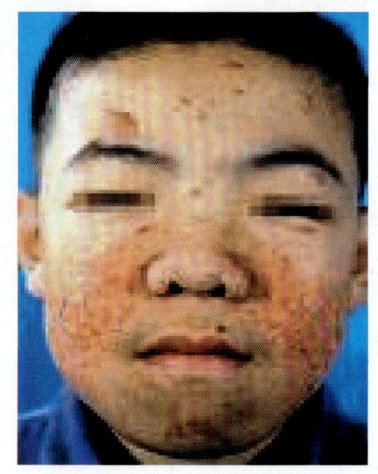

彩图 17-1 结节性硬化症

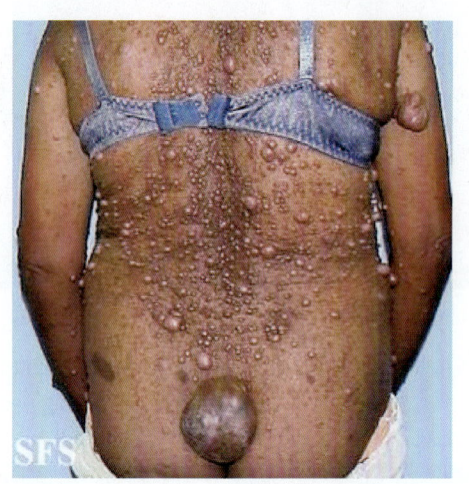

彩图 17-2 神经纤维瘤病